Gordon Rattray Taylor

Zukunfts-bewältigung

Mit einem Gespräch
zwischen Rüdiger Proske
und dem Autor

Hoffmann und Campe

Titel der Originalausgabe: How to Avoid the Future
Erschienen bei Martin Secker & Warburg Limited, London 1975

Aus dem Englischen von Wolf-Dieter Bach

1. bis 30. Tausend 1976
Hoffmann und Campe Verlag, Hamburg 1976
Gesetzt aus der Korpus Aldus-Antiqua
Satzherstellung Süddeutsche Verlagsanstalt, Ludwigsburg
Druck- und Bindearbeiten Richterdruck, Würzburg
ISBN 3-455-07640-8 · Printed in Germany

Frank und Ivy
in herzlicher Verbundenheit
gewidmet

Inhalt

Danksagung

Mein aufrichtiger Dank für freundlich erteilte Zitaterlaubnis gilt Lord Ashby, Dr. Patricia Elton Mayo, Dr. Earl Cook, Professor Irenäus Eibl-Eibesfeldt, Herrn T. E. Geddes und Herrn J. O. Long, Dr. Theodore Gordon, Herrn Tony Parker, Herrn Colin Ward und Sir George Young sowie dem Herausgeber der ›*Technology Review*‹, der ebenso wie Dr. Cook die Erlaubnis zur Verwendung des Diagramms auf Seite 316 gegeben hat.

Auch danke ich wärmstens den nachgenannten Personen und Institutionen, die mir unveröffentlichtes Material oder sonstige Informationen zur Verfügung gestellt haben.

Es sind dies: Dr. J. I. W. Anderson, Herr W. Blake und die British Overseas Airways Corporation, Professor Harrison Brown, Herr Peter Cadogan, Professor John Calhoun, Herr Colin Crouch, Dr. Byrd Curtis, Herr J. L. Davidson, Herr Freeman A. Ford, Dr. John Fulkerson, Professor T. R. Gerholm, Herr E. J. Gibson, Herr Edward Goldsmith, Herr J. N. Haresnape, Herr D. A. Horner, Dr. James G. Horsfall, Dr. N. J. Keen, Dr. J. W. King, Professor Hubert Lamb, Professor Gordon Manley, Frau F. M. Paxton, Herr Leonard Pearce, Professor Norman Pirie, Herr S. Redman, Herr Gordon Rose, Herr Stig Siegers, Professor Roberto Vacca und Herr R. H. Wilby; ferner die Association of Chief Police Officers, ›*Farmer's Weekly*‹, die National Association for the Care and Resettlement of Offenders, das National Research Development Council, der leitende Beamte des Sahel-Hilfsprogramms, das Population Reference Bureau, die Bibliothek der Vereinten Nationen, außerdem zahlreiche andere, die einzeln aufzuzählen unmöglich ist. Besonderen Dank schulde ich Herrn und Frau Alvin Toffler, die mir bei der Beschaffung von US-Material behilflich waren.

Schließlich danke ich sehr herzlich Frau Hope Malik, die wesentlichen Anteil an der Recherchierarbeit hatte, meiner Sekretärin Frau Elizabeth Kurn sowie Fräulein Pamela Avis, welche die Reinschrift des Manuskripts besorgte.

Freshford/St-Jacques/St-Cézaire *G. Rattray Taylor*

Vorbemerkung

Menschen, die ihren Kopf in den Sand stecken, hat Robert Graves mit witziger Wortschöpfung »struthious« genannt – »vogelstraußmeierisch«, ließe sich deutsch übersetzen. Gern hätte man dazu das entsprechende Substantiv: Arthur Koestler schlug »Old Struthonians« vor – »Ewige Vogelstraußmeier«. Mein Buch richtet sich nicht an Aspiranten dieser Bruderschaft.

Wer Zukunftsgefahren abwenden will, sollte sie zunächst schärfer ins Auge fassen. Zwar ahnen viele Menschen, daß es höchste Zeit ist, Zukunftsgefahren abzuwenden, aber sie denken lieber nicht daran, solange sie sich einbilden können, es ginge auch so. Schließlich ist es eine Binsenweisheit der Psychologie, daß der eine sich um Probleme herumdrückt, indem er so tut, als gäbe es sie nicht, während der andere sie klug hinwegargumentiert. Beides führt zu nichts.

Jeder Versuch, Voraussagen auf die Zukunft zu wagen, ist ein gefährliches Spiel. Man sieht es einem noch nach, wenn die Prophezeiung falsch war. Hat man aber recht, dann ist das schon unverzeihlich. Optimismus ist ja so herrlich bequem. Wer seinen Optimismus in Frage gestellt sieht, wird kurzerhand die Berechtigung warnender Einwände in Zweifel ziehen. Mit dem Wort »Untergangsmache« wischt man alles vom Tisch. Manche meiner biologischen Erwägungen, die seinerzeit als weit hergeholt abgetan wurden, bestätigen sich mit jedem weiteren Jahr. Die Hungerkatastrophe, die ich vor fünf Jahren kommen sah, ist bereits eingetroffen, und alle, die damals schwarz auf weiß verlauten ließen, wir würden einen Überschuß an Nahrungsmitteln produzieren, können jetzt schwerlich stolz auf ihre prognostische Bauchlandung sein. »Ja, jetzt haben wir den Hunger«, wird allenfalls unwirsch zugegeben, »aber mit ein paar Bestsellern kommt man auch nicht dagegen an.« Die Zukunft, um es rundheraus zu sagen, wird verdammt hart werden:

mehr Gewalt als seit Menschengedenken, mehr soziale Unruhe, mehr Unsicherheit. Das Leben wird ein höheres Maß an Unannehmlichkeiten mit sich bringen, die Enttäuschung wird allgemein wachsen, der Lebensstandard wird sinken, Finanzkatastrophen werden sich häufen, ganze Gesellschaftsschichten sind zum Untergang verdammt. Es wird Mangel herrschen an Nahrungsmitteln und Rohstoffen; Lärmbelästigung und Umweltverschmutzung sind nicht mehr zu bewältigen. Hungersnöte, Kriege und Bürgerkriege lösen einander ab. Das Klima wird sich verschlechtern. Und all dies wird mit Sicherheit eintreffen, wenn wir nicht ganz entschlossene Schritte dagegen unternehmen – besser noch gestern als heute. Es sieht im Augenblick aber gar nicht so aus, als sei Bereitschaft zu solchem Handeln gegeben. Lieber hofft man darauf, es werde da schon einer auf den richtigen Knopf drücken, damit solche Entwicklungen abgewendet oder doch abgemildert werden. Was ich hierüber geschrieben habe, soll nicht bloß als geballte Ladung oder als Zeitbombe im leeren Raum verpuffen. Es ist das Ergebnis meiner Überlegungen zur Entwicklung der Menschheit während der letzten dreißig Jahre, die ich immer wieder in Veröffentlichungen vorgebracht habe. Ein Manuskript blieb mir allerdings im Schreibtisch liegen, weil kein Verleger zu finden war: *»Theorie des sozialen Zusammenbruchs«* hätte es heißen sollen – um 1950 hatte ich es geschrieben. Dieses Buch hier ist nun das sechste in einer Reihe, die ich *»Der soziale Imperativ«* nennen möchte.

Wie die Probleme anzupacken wären, liegt eigentlich klar auf der Hand, ebenso, daß dies mit Unannehmlichkeiten verbunden ist. Auf allen Gebieten, die von den entscheidenden Fragen berührt werden, gibt es Experten, die erleben müssen, daß die jedem Fachmann einsichtigen Notwendigkeiten und Möglichkeiten des Handelns einfach nicht erkannt werden, weil die Regierungen entweder die Fragen nicht verstehen oder die Wählerschaft nicht verärgern wollen oder aber unter dem Einfluß von Interessengruppen stehen. Wer daran etwas ändern will, muß die öffentliche Meinung wachrütteln. Dazu aber bedarf es eines realistischen Blicks auf die Probleme, und es ist notwendig, ganz deutlich zu machen, welche Folgen es für jeden einzelnen haben wird, wenn er den Kopf in den Sand steckt. Hier aber soll jetzt versucht werden, einen abwägenden Blick auf die treibenden Kräfte zu richten, die Anlaß zu großer Besorgnis geben.

Die moderne Industriegesellschaft kann nicht ihre Aufgaben erfüllen, wenn nicht ein hohes Maß an sozialer Verzahnung der einzelnen Gruppen gegeben ist. Aber diese Verzahnungen sind schon sehr locker geworden. In welchem Land das erste Auseinanderbrechen der Sozialstruktur eintreten wird, bleibt der Mutmaßung überlassen. Italien etwa? Ich möchte eher auf Großbritannien tippen. Denn Großbritannien ist auch das erste Land gewesen, das die Demokratie versucht hat, das mit der Industrialisierung begann, das Gewerkschaften ins Leben rief – und was immer sich an Erst-Errungenschaften noch nennen ließe.

So besteht einiger Grund zu der Annahme, daß es auch auf dem Wege der sozialen Auflösung schon weiter fortgeschritten ist als andere Länder. Und sicherlich gibt es in dieser Hinsicht höchst beunruhigende Anzeichen, auf die noch zurückzukommen sein wird. Mir schienen daher aus Großbritannien stammende Beispiele und Daten besonders geeignet, Zukunftsperspektiven zu illustrieren – daß ich in England lebe, hat damit weniger zu tun.

Erster Teil

Ist die Zukunft schon vergeben?

Kapitel 1
Möglichkeiten der Zukunft

Auch die Zukunft ist nicht mehr das, was sie war.

Arthur Clarke

Gefühle des Ungenügens

Was hält die Zukunft für uns bereit? Diese Frage ist niemals dringlicher gestellt, niemals häufiger aufgeworfen worden als in unseren Tagen. Das hat seine Gründe. Das rapide Tempo, mit dem die Industriegesellschaft sich verändert, hat mehr Ungewißheit gebracht als je zuvor. Wenn vor hundert Jahren ein Mann einen Baum pflanzte, dann tat er das in der sicheren Erwartung, ihn auch zu einiger Höhe heranwachsen zu sehen. Wenn er ein Haus kaufte, blieb er meist bis zu seinem Tod darin wohnen. Wenn er als alter Mann die schwankenden Gestalten seiner Jugend wieder an Ort und Stelle Revue passieren ließ, dann hatte sich die Bühne kaum bis zur Unkenntlichkeit verändert. Aber heute: Da wird das Haus abgerissen, weil eine Straße gebaut werden muß oder ein großes Bauvorhaben der öffentlichen Hand zur Realisierung drängt; die vertraute nachbarliche Umgebung verschwindet, ganz Neues tritt an ihre Stelle; selbst die Sprache hat sich oft so gewandelt, daß die Verständigung zwischen den Generationen leidet, und was gestern noch als Norm und Richtschnur galt, ist morgen schon hoffnungslos veraltet.

Darum die zahlreichen Institute der Zukunftsforschung, die Flut der Veröffentlichungen, die sich mit Futurologie und technologischen Prognosen befassen, häufig unterstützt von Auftraggebern der Großindustrie. All diesen Bemühungen zum Trotz bleibt es für den Mann auf der Straße nahezu unmöglich, die dort getroffenen Aussagen zu verstehen. Da gibt es die Meinung der Untergängler, der die Meinung der Aufschwüngler kraß widerspricht. Was soll man da glauben? Wie kann man da planen?

Die zukünftige Entwicklung wird uns nach meiner Meinung vor zwei unterscheidbare Problemtypen stellen: praktische Probleme und menschliche Probleme. Zunächst soll es hier um die Probleme praktisch-materieller Art gehen, die heute schon allgemein gesehen werden: Rohstoffverknappung und Umweltverschmutzung. Im weiteren Verlauf soll dann versucht werden, diese Fragen auf eine Weise abzuhandeln, die jedem Leser ein eigenes Urteil erlaubt. Sieht man von allen Voreingenommenheiten für oder gegen Untergang hier, Aufschwung dort ab, so wird man bei nüchterner Betrachtung fraglos zugeben müssen, daß uns die Verknappung von Rohstoffen und Nahrungsmitteln in naher Zukunft vor schwere Probleme stellen wird. Dabei kann es durchaus sein, daß auf dem Sektor der Energieversorgung eine Zeit der Verknappung vorübergehend durch ausreichende Möglichkeiten der Bedarfsdeckung wieder aufgehoben wird, wobei aber dann die Probleme der Umweltverschmutzung (vor allem durch Radioaktivität) sich nur um so schärfer stellen werden. Und was den Hunger angeht, so haben ihn nur die Industrienationen noch nicht.

Doch ernster noch als diese Fragen, dringlicher noch sind die Probleme des sozialen Miteinanders. Gewalt ist heute in einer Weise an der Tagesordnung wie seit den Zeiten der Renaissance nicht mehr. Wenn wir von Kerlen lesen, die einen 72jährigen Mann zur Herausgabe seiner geringen Ersparnisse zwingen wollten, wobei sie ihm die Ohren abschnitten und ihn aufhängten, danach auch noch auf seine Frau losgingen, so wirkt das doch wie finsteres Mittelalter – aber es ist England von heute. Wenn wir weiter lesen, daß ein Pony mit zusammengeschnürten Hufen zum Ertränken in einen Kanal geworfen wurde – »nur so zum Spaß« –, dann müssen wir uns fragen, wie weit derartige krankhafte Auswüchse noch gehen mögen. Noch schlimmer aber ist, daß Regierungen angeblich zivilisierter Länder in Haft gehaltene Personen foltern, allen internationalen Abmachungen zum Spott, die sie mitunterzeichnet haben. Es ist aber nicht nur diese Flut außergewöhnlich abstoßender Vergehen, von denen täglich in der Zeitung zu lesen ist, etwa brutaler Massenvergewaltigungen oder von Computerhirnen erklügelter Untaten. Viel weiter verbreitet sind mildere Formen sozial fragwürdigen Verhaltens,

Kavaliersdelikte wie Kaufhausdiebstahl oder Rücksichtslosigkeit im Verkehr, die mehr oder weniger hingenommen werden.

Erstaunlich ist ja, daß Diebstahl und selbst Gewaltanwendung heute überall ihre Verteidiger finden. Es gibt philosophische Rechtfertigungen der Gewalt, und schon mancher, der auf Raub ausging, verwies zu seiner Verteidigung auf den Satz, daß Eigentum Diebstahl sei. Da finden sich Gegner jeglicher Autorität neben solchen, die keine freie Meinungsäußerung mehr zulassen wollen.

Alle diese Erscheinungen spiegeln offensichtlich die Schwierigkeiten bei der Integration der einzelnen Menschen in die Gesellschaft wider, die Schwierigkeiten eines Gesellschaftsvertrags, der hier Pflichten, dort Rechte vorsieht. An sozialer Kooperation mangelt es häufig auch im Arbeitskampf, wenn einerseits der Ruf nach mehr Geld für Investitionen laut wird, andererseits aber die Einsicht in deren Notwendigkeit oft zu kurz kommt, weshalb dann Veränderungen unterbleiben, die Erleichterung am Arbeitsplatz und auch eine Erhöhung des Lebensstandards mit sich brächten.

Aber während einzelne wie Interessengruppen immer weniger Bereitschaft zeigen, sich an Spielregeln zu halten, wird die Zahl der Spielregeln in unserer Welt immer größer. Immer häufiger wird unser Leben von außen her bestimmt, zusehends weniger sind wir Herren unser selbst.

Dabei enthält das Alltagsleben ein steigendes Maß an Unsicherheit. Da werden auf dem Verwaltungsweg alle möglichen Versuche angestellt, dem Menschen Sicherungen und Vergünstigungen zu verschaffen; gleichzeitig aber weiß keiner mehr, ob er morgen noch Arbeitsplatz und Wohnung wird behalten können, und das Vertrauen, daß heute getroffene Entscheidungen auch morgen noch ihren Sinn haben werden, schwindet allmählich dahin.

Von den Werten, auf denen die bürgerliche Gesellschaft beruhte – Redefreiheit, durchschaubare Spielregeln, Ehrlichkeit, Verantwortung für andere, Verläßlichkeit, Kontrolle der Regierung durch das Volk, Unbestechlichkeit –, ist in der Realität wenig geblieben. Wem dies klar wird, der fühlt sich desillusioniert, verunsichert und hoffnungslos.

Das Gefühl tiefen Ungenügens über die Zukunftsaussichten der westlichen Welt wächst allgemein. Wir haben die Warnungen bedeutender Persönlichkeiten gehört. Lord Ashby, ein Wissenschaftler von Rang, sprach davon, daß wir uns nicht in einer Entwicklungskrise, sondern in einer Untergangskrise befänden. Maurice Strong, verantwortlicher Leiter der Umweltprogramme der UNO, gab zu verstehen, daß bei realistischer Einschätzung der Lage »wir zugeben müssen, daß der Weltuntergang zwar nicht unvermeidlich, aber immerhin möglich, vielleicht sogar wahrscheinlich ist – wenn wir wie bisher weitermachen«.

Drei Formen lassen sich unter den Beurteilungen der Lage feststellen. Da gibt es die pragmatische Sicht, in der die gegenwärtige Krise nichts weiter ist als ein neues Stadium im ewig währenden Kampf um die an Rosinen reichsten Stücke des globalen Kuchens. Dann gibt es die Apokalyptiker: Sie sehen »die Krise der Gegenwart als Aspekt der zum Tode führenden Krankheit der industriellen Gesellschaft als solcher«, wie bei einem Autor zu lesen steht.

Die dritte Auffassung geht dahin, daß zwar das Leben auf der Erde nicht gefährdet sei, die westliche Gesellschaft aber einer Krise entgegengehe. »Es liegt nahe«, schreibt die Londoner ›*Times*‹, »unsere Situation mit jener zu vergleichen, die etwa im Römischen Reich bestand, als Heliogabal den Purpur trug und die Goten an der Donau Heerschau hielten. Oder mit der Lage der Bewohner der Stadt Ur, als der Euphrat seinen Lauf veränderte und ihrer starr spezialisierten Wirtschaft dadurch den Boden entzog.« Wie tröstlich, daß die ›*Times*‹ immerhin zu dem Schluß kommt, daß solche Vergegenwärtigungen »dem wahren Zustand der Dinge weit voraus zu sein scheinen« und daß die gegenwärtigen Probleme »keinen Anlaß für die Vorhersage geben, daß der westlichen Gesellschaft nun die Basis unter den Füßen weggeschlagen würde . . .«.

Ich weiß nicht, ob man eine solche Frage der freundlichen Beurteilung durch einen Leitartikler überlassen darf. Wie ernst müssen wir die Probleme der Gegenwart nehmen?

Welche Gefahren der Umwelt drohen, wissen wir mittlerweile, aber viel weniger ist ins Bewußtsein gedrungen, wie problematisch das Gefüge unserer Gesellschaft geworden ist. Wenn es den Mitgliedern der westlichen Gesellschaft nicht gelingt, ihre sozialen Probleme rational durch Zusammenarbeit zu lösen, dann besteht wenig Hoffnung für sie, mit den wirtschaftlichen und von der Umwelt gestellten Problemen fertig zu werden. Die Entwicklung führt von der Wachstumswirtschaft in eine Wirtschaftsform, die Professor R. S. Scorer vom Imperial College of Science als »Defensivwirtschaft« bezeichnet hat. Doch das Gefühl, unter Druck zu stehen, hat mit der wirtschaftlichen Situation der Defensivwirtschaft weniger zu tun als mit der Zunahme der Gewalt, mit Protest- und Abwehrhaltungen, zerstörten Hoffnungen und dem Fehlschlag sozialer Zusammenarbeit. Einerseits wachsen Neid und Ressentiments, andererseits besteht eine fast krankhafte Gleichgültigkeit gegenüber der Pflicht für den Nächsten. Solche Gefühle artikulieren sich stets auch politisch, vor allem dort, wo erbärmliche Lebensbedingungen herrschen. Ausbrüche von Gewalt sind da unvermeidlich.

Romesh Thapar, der Herausgeber der internationalen indischen Zeitschrift ›*Seminar*‹, formuliert bündig: »Die Blumenkinder, die der Dschungel der Überflußgesellschaft hervortrieb; der leicht entflammbare Haß derer, die in den sich ausbreitenden Elendsgebieten nicht länger warten wollen; die verzweifelten Aktionen der Kulturrevolutionäre; das Wiederaufleben anarchistischer Ideen; der Nihilismus der Sensitiven und die zynische Gleichgültigkeit von Millionen von Jugendlichen mit bester Schulung – all dies sind in der Tat nur Aspekte eines einzigen Entwicklungstrends, in dem die Ablehnung des sozialen Gefüges zum Ausdruck kommt, in dessen Rahmen wir zu leben haben.«

Wie hoch ist die Flut der Unzufriedenheit schon gestiegen? Alexander King, Generaldirektor für Wissenschaftsfragen bei der OECD, ist der Ansicht: »Ich selbst glaube nicht, daß wir schon den kritischen Punkt sozialer Auflösung erreicht haben, aber vieles spricht dafür, daß wir uns auf einem Weg befinden, der leicht in eine Weltkrise führen könnte; es ist daher dringend notwendig, die anstehenden Fragen noch eingehender zu diskutieren, um ein noch detaillierteres und präziseres Bild der Situation zu gewinnen.«

Der wohl am meisten beunruhigende Zug der gegenwärtigen Lage scheint mir die Unfähigkeit staatlicher Organe zu angemessenen Reaktionen zu sein. Ja es gibt noch nicht einmal Anzeichen, aus denen sich schließen ließe, sie hätten den Ernst der Lage auch wirklich verstanden. Aus der Geschichte läßt sich lernen, daß immer dann, wenn Regierungen sich als unfähig erweisen und das Vertrauen in sich selbst verlieren, auch das Volk ihnen kein Vertrauen mehr schenken mag und revolutionäre Veränderung ins Auge faßt. Wie noch zu zeigen sein wird, deuten nicht wenige Anzeichen darauf hin, daß die Länder des Westens sich auf dem Weg der Abkehr von der Demokratie befinden, den so viele Länder geringeren Entwicklungsstandes bereits durchschritten haben. Willy Brandt, Altbundeskanzler und Parteivorsitzender der SPD, ließ verlauten, er gebe der Demokratie in Europa bestenfalls noch einmal zwanzig Jahre – und er steht mit einer solchen Warnung nicht allein.

Alles in allem konfrontieren uns diese Fragen mit einer Herausforderung, der zu begegnen an sich nicht unmöglich ist. Die richtige Einschätzung der Situation, die richtige Wahl hinsichtlich der einzuschlagenden Wege, Maßnahmen und konkreten Ausführungen wird letztlich entscheiden. Wird aber eine kranke Gesellschaft mit der Entschlossenheit und dem inneren Schwung reagieren können, die hier not tun? Falls nicht, wird die westliche Gesellschaft in Unordnung und Bedeutungslosigkeit versinken. Es geht aber nicht nur um die Einschätzung der Probleme, sondern auch um Richtlinien für unser zukünftiges Verhalten.

Beginnen wir also damit, einen allgemeinen Begriff von der Zukunft zu gewinnen, dann aber einen Rückblick auf historische Parallelen zu vollziehen, um für die Einschätzung unserer eigenen Position die rechte Perspektive zu erhalten. Danach soll unser Interesse den Problemen der Gegenwart gelten, wobei versucht sei, bestimmte Gefahren und Bedrohungen ins Blickfeld zu rücken, die zu einem Zusammenbruch führen könnten. Zuletzt seien Strategien des Handelns zur Diskussion gestellt. Zuvor aber wollen wir uns mit den Zukunftsprognosen der zuständigen Fachleute für die nächsten Jahrzehnte befassen. Ist das Bild in den Kristallkugeln der Zukunftsschau düster oder hoffnungsvoll?

Bestandsaufnahme der Zukunft

Viele, die sich als Fachleute mit Zukunftsprognosen befassen, geben sich vergleichsweise optimistisch. Nicht optimistisch ist allerdings Dr. Theodore J. Gordon, Gründungsmitglied des Institute for the Future in Middletown, Connecticut, USA. Nach seinen Berechnungen stehen uns für die nächsten zwanzig Jahre mindestens fünf größere Krisen ins Haus. Und alle fünf erscheinen ihm unabwendbar.

Zum einen, so meint er, dürfte das Gleichgewicht des Schreckens zwischen den Supermächten weniger stabil werden. Es sei nicht mehr die Situation gegeben, in der keine der Supermächte den Krieg wagen konnte aus Furcht vor massiver und vernichtender Vergeltung, denn inzwischen bestehe ein ganz neues Arsenal an Waffen: taktische Atombomben, die kleinere Ziele präzise zu treffen vermögen; chemische und bakterielle Waffen, über deren Einsatzmöglichkeiten nur wenig in die Öffentlichkeit dringe; Techniken wirtschaftlicher und sogar meteorologischer Beeinträchtigung, deren aggressiver Charakter lange Zeit im unklaren bleibe. Auch rückten begrenzte Kriege zusehends in den Bereich des Denkbaren.

Zum anderen stehe zu befürchten, daß der Mangel an Nahrungsmitteln bei weiterem Ansteigen der Bevölkerung und der landwirtschaftlichen Bedarfsdeckungslücken eine gefährliche Größenordnung erreichen könne. Zudem habe es den Anschein, als ob Klimaverschlechterungen – vor allem eine weltweite Abkühlung, die eine neue Eiszeit befürchten läßt – mit der Umweltzerstörung Hand in Hand gingen, wodurch die Landwirtschaft vor weitere Schwierigkeiten gestellt wäre. Gordon hält es für notwendig, eine synthetische Erdkrume herzustellen, die an die Stelle unserer ausgelaugten und erosionsgeschädigten Böden treten müsse, und glaubt, daß derartige »künstliche Anbaugelegenheiten« in den 1990er Jahren zum Alltag zu rechnen seien. Die Inflation werde unterdessen nicht aufzuhalten sein. Das Anwachsen multinationaler Konzerne müsse zur Erweiterung der Kluft zwischen armen und reichen Völkern beitragen. Gleichzeitig aber könne die Bildung internationaler Kartelle nach dem Muster der Ölländer die Volkswirtschaften der Reichen in arge Bedrängnis bringen, die der Armen aber an den Rand des Zusammenbruchs drängen.

Schon ein jedes dieser Probleme für sich genommen stelle vor »enorme und nie dagewesene Schwierigkeiten«, sagte Gordon in einer Ansprache vor der American Association for the Advancement of Science im Jahr 1974; »zusammen formen sie ein unheilvolles Gespinst, das unserer Vertrauensseligkeit den Fehdehandschuh hinwirft«. Zwar ist meiner Vertrauensseligkeit noch niemals durch ein Gespinst ein Fehdehandschuh hingeworfen worden, aber im Kern der Aussage möchte ich Gordon doch zustimmen, und die hier berührten Fragen sollen später noch eingehender erörtert werden.

Bemerkenswert an Gordons Äußerungen erscheint mir vor allem die Bereitschaft zur negativen Sicht. Die meisten Futurologen befassen sich mit Entwicklungsvorgängen, die ihnen ermutigend erscheinen, wobei sie die weniger ermutigenden Trends mehr als kleinere Störungen hinstellen. Daß solche Trends einmal die Grenzen des Erträglichen erreichen könnten, sind sie nicht gewillt zuzugeben, weil sie dann ja auch eine radikale Umorientierung der Gesellschaft ins Auge fassen müßten. Die Umkehrung von Entwicklungsvorgängen liegt ebenso außerhalb ihres Denkens wie das Auftreten scharfer Gegenreaktionen. Es genügt, an die Situation vor einem Jahrzehnt zu erinnern: Die seit über einem Jahrhundert zunehmende Umweltverschmutzung schien damals auch für die weitere Zukunft zuzunehmen. Niemand hat damals voraussehen können, daß die Öffentlichkeit durch ihren Widerstand diesen Trend abgeschwächt hat und vielleicht sogar eine Umkehr herbeizuführen vermag.

Ein anderer Pessimist, Hasan Ozbekhan, damals für die Rand Corporation tätig, unternahm 1969 einen kühnen Vorstoß, indem er Zeitangaben aufstellte, nach denen bestimmte Weltprobleme »explosive Ausmaße« anzunehmen drohten. Prüfen wir doch, inwieweit Ozbekhan recht hatte:

	Prospektiver Zeitraum	*Zeitpunkt*
Gleichgewicht der nuklearen Abschreckung wird instabil	in 5–15 Jahren	1974–1984
Überforderung der Institutionen durch anstehende Aufgaben	in 3–30 Jahren	1972–1999
Drängen auf Entscheidungsteilhabe	in 1– 5 Jahren	1970–1974
Rassenkonflikte	in 1– 5 Jahren	1970–1974
politisches Drängen der Jugend	in 1– 5 Jahren	1970–1974
Hungerkatastrophen	in 3–15 Jahren	1972–1984
Unbewohnbarkeit der Städte	in 20 Jahren	1989
Gesetzlosigkeit der Verwaltung in den USA	in 3– 8 Jahren	1972–1977

Unter dem letzten Punkt verstehe ich eine allgemeine Zurücknahme der öffentlichen Zustimmung gegenüber Regierung und höheren Verwaltungsstellen. Auch die Bedeutung der anderen Punkte habe ich mir klarzumachen versucht. Zweierlei scheint sich hier vor allem herauszuschälen: Die den Hunger betreffende Voraussage hat sich in Afrika erfüllt, und in keinem Land der Welt werden die zuständigen Organe mit der Inflation fertig. Das Drängen der Jugend ist allerdings etwas abgeklungen, jedenfalls vorläufig, ebenso der Rassenkonflikt. Das atomare Patt könnte allerdings bald aufbrechen. Die Forderung nach Entscheidungsteilhabe wird zwar erhoben, jedoch nicht unabweisbar energisch. Drei von acht Voraussagen treffen immerhin zu.

Professor Harrison Brown von der National Academy of Sciences in Washington, Mitautor eines Buches voll optimistischer Voraussagen im Bereich der technischen Entwicklung, hielt bei der Nobel-Tagung in Stockholm von 1969 dennoch mit seinem politischen Pessimismus nicht hintan. Er entwarf dreierlei verschiedene Zukunftsperspektiven:

1. Die reichen Nationen werden zunehmend reicher. Die Kluft zwischen ihnen und der Dritten Welt nimmt zu. Letztere wird ihrer Naturschätze beraubt. Die reichen Völker gehen in einem Atomkrieg unter. Die Dritte Welt lebt danach mehr schlecht als recht weiter.

2. Hier geschieht die Atomkatastrophe unter den reichen Völkern noch vor Aufzehrung aller Naturschätze der Dritten Welt, so daß diese sich zu einer Gesellschaft von Reichen weiterentwickeln und die Katastrophe nun ein zweites Mal herbeiführen kann.

3. Es muß ein Programm der Vernunft entwickelt werden, das geeignet ist, Ungerechtigkeit und Ungleichheit zu beseitigen und den Atomkrieg zu bannen.

Die letztgenannte Variante, gab Brown zu, sei »am wenigsten wahrscheinlich . . . und in der Tat fast schon ein Wunder«.

Der Biologe John Platt, der dem leitenden Team des Mental Health Research Center der Universität Michigan angehört und sich intensiv mit Zukunftsfragen befaßt hat, gelangt zu einem nicht minder finsteren Ausblick. Er befürchtet die Heraufkunft einer Diktatur der atomaren Vernichtung, »bei der irgendein Diktator durch nukleare Erpressung die Welt im Griff hält, vielleicht, nachdem er zuvor durch Anwendung der Waffe weltweite Einschüchterung betrieb . . . Heute hat die Menschheit noch keine Gegenmittel zur Ausschaltung einer solchen Möglichkeit gefunden.« Eine andere Möglichkeit scheint ihm eine Situation zu sein, in der im Stil von Orwells Schreckensutopie für das Jahr 1984 zwei oder drei Großmächte einen labilen Frieden wahren, der auf totalitärer Unterdrückung beruht. Dennoch hofft er auf einen »offenen Pluralismus« und glaubt, daß weltweite Fernsehübertragungen über Satelliten sowie Computerdiagnosen organischer und sozialer Störungen diesen herbeiführen können.

Das war 1972. Drei Jahre zuvor klang's noch nicht so optimistisch. »Einen Ansturm von Krisenproblemen aus jeder Richtung« sah er da kommen, den abzuwenden »nichts Geringeres erfordert als die volle Aktivierung aller Verstandeskräfte unserer Gesellschaft«. Er machte den kühnen Versuch, die Weltprobleme nach zwei Gesichtspunkten zu klassifizieren: zum einen nach der voraussichtlichen Dauer bis zur Erreichung des Krisenstadiums, zum anderen nach ihrer Gewichtigkeit, gemessen an der Anzahl der betroffenen Menschen multipliziert mit dem Ausmaß der Krise. Er kam zu dem Schluß, daß die harmlosesten Probleme noch jene seien, die von den Wissenschaftlern als die wichtigsten angesehen würden – und umgekehrt. Ganz unten auf seiner Liste standen Fragen wie Wasserversorgung, Entwicklungsplanung, Wirtschaftsprobleme und Raumnutzung, die oft allzu gründlich untersucht wurden. Ganz oben aber standen: totale Vernichtung, physikalische oder biologische Umkippreaktionen, katastrophale politische Entwicklungen; also die Probleme der Umweltzerstörung, des Hungers, der Kluft zwischen Armen und Reichen. Von ihnen befürchtete er binnen der nächsten zwanzig Jahre das Schlimmste. Im Mittelfeld der Aufzählung stand »weltweite Spannung bis zur Unerträglichkeit«, greifbar in Problemen wie fehlender Bedürfnisdeckung, Zerstörung der Umwelt, Rassenkämpfen und dem Drängen nach Teilhabe an Entscheidungen, Informationen, Gütern und Entwicklungsprozessen. Alle diese Fragen sind heute schon virulent.

Zu ihrer Lösung bedürfte es unter anderem auch der Methoden, die Maßstäbe an die Hand geben, wie dies etwa der Preisindex tut, der den Lebensstandard zu messen erlaubt. Ansätze in dieser Richtung berechtigen zu einiger Hoffnung.

Allerdings fand Platt auch wieder zu einer optimistischeren Einschätzung, und 1973 schien ihm die Veröffentlichung einer Reihe von Büchern über die Weltprobleme ein Anzeichen dafür zu sein, daß dieses Jahr »die Entwicklung einer Bewegung für das Überleben der Welt« markiere. Die Tatsache, daß so viele Autoren sich damit befaßten, von verschiedenen Standpunkten aus ein Bild der Zukunft unseres Planeten zu gewinnen, schien ihm »erstaunlich und ermutigend«. Wenn diese Bücher und die hinter ihnen stehenden Gruppen tatsächlich eine breite Bewegung hervorzurufen vermöchten, meinte Platt, so könnte das zu einem Kristallisationspunkt der Hoffnung werden; ein neuer Gemeinschaftssinn hätte hier seinen Ansatz, aus dem heraus die Aktivierung individueller wie gesellschaftlicher Kräfte im großen Maßstab erwachsen könne, kraft der allein Problemlösungen globaler Natur möglich würden. Es wäre dabei nicht nur der organisierte Zusammenschluß von Menschen entscheidend, sondern auch die Hereinnahme wissenschaftlicher und biologischer Perspektiven, durch die jener fatale Abwärtstrend aller Prognostik von seinen realen Anlässen her veränderbar würde.

Mir scheint jedoch, daß ein neuer Gemeinschaftssinn ebensowenig durch eine Reihe von Publikationen bewirkt werden kann wie eine Änderung in der Haltung der politisch Verantwortlichen. Ein Lichtschimmer am Ende des Tunnels mag das allerdings sein.

Aus verschiedenen Gründen scheinen mir Zukunftsprognosen, die sich nur auf isolierte Problempunkte konzentrieren und dabei ganz aus dem sozialen Kontext herausgenommen sind, der jeweils immer spezifisch durch Zeit und Umstände geprägt ist, so gut wie unbrauchbar. Unberücksichtigt bleibt da zunächst die Wechselwirkung der Problemfelder untereinander, bleibt vor allem die Tatsache, daß niemals der volle Umfang der Probleme bekannt ist. So finden wir bei den vorgenannten Autoren kein Wort über praktische Probleme wie die Verknappung von Energie und Rohstoffen oder über mögliche Rückwirkungen einer Klimaverschlechterung infolge weltweiter Abkühlung. Ebenso lassen sie soziale Problematik außer acht – etwa Hunger oder die Forderung nach Gleichberechtigung. Noch weniger finden bei ihnen solche vernachlässigbaren Trivialitäten wie Selbstverwirklichung oder Gestaltung des Lebens Erwähnung. Auch hätte man wohl nicht ungern über eine Reihe weiterer Fragen gehört, etwa darüber, ob Irrationalismus, religiöse Bewegtheit, Aberglaube und chiliastische Heilserwartung zunehmen dürften oder nicht und in welchem Maße »anerzogene Unfähigkeit« (wie Herman Kahn sozial bedingte Erziehungsmängel zu nennen pflegt) die Gesellschaft als Ganzes daran hindert, Probleme wahrzunehmen, sie zu lösen – also zu überleben.

Die Optimisten

In scharfem Gegensatz zu den Apokalyptikern unter den Futurologen stehen jene, die ausschließlich eine Weiterentwicklung bereits bestehender Trends sehen wollen – die Schule der Immergleichwachstumisten – und die sich in ihrer Haut sehr wohl fühlen.

Typisch für diese frisch-fröhliche, sich an bestehenden Trends orientierende Futurologie ist Burnham Beckwiths Buch »*The Next 500 Years*«, laut dem alles bis in die aschgraue Zukunft so wie bisher weitergehen soll. Beckwith zählt 31 Entwicklungstrends auf, deren Weiterführung er erwartet. Genannt seien: weitere Industrialisierung, weitere Verstädterung, weitere Spezialisierung, mehr Freizeit, mehr Forschung, mehr Ausbildung, mehr Wissen, mehr Menschen, mehr Einfluß staatlicher Organe, mehr Einfluß der Frauen, mehr Toleranz in allem, stärkere kulturelle Uniformität, stärkere Monopolisierung, höhere Einkommen. Und irgendwie soll dabei auch noch ein Zuwachs an persönlicher Freiheit herauskommen!

Mit dem Brustton der Überzeugung behauptet dieser Autor, daß all dies nicht nur fünfhundert, sondern sogar tausend Jahre so weiterginge. Zum Wohle der Menschheit, versteht sich. »Die Welt des Jahres 2500 wird nicht durch brutale Diktatoren regiert werden, die ihre Untertanen ausbeuten und terrorisieren, wie Orwell und Wells dies befürchteten, sondern durch wohlwollende und hochqualifizierte Verwaltungskräfte.« Augenscheinlich werden zumeist Frauen diese Positionen einnehmen, denn bereits im Jahr 2100 sollen 20–50% aller in der Legislative tätigen Personen weiblichen Geschlechts sein; für Großbritannien, die USA und die UdSSR sieht er bereits für das Jahr 2000 Frauen an der Spitze des Staates.

Der einzige Trend, der doch nicht so ganz ermutigend klingt, ist jener, nach dem die Vielfalt der auf dem Markt angebotenen Güter immer mehr abnehmen soll. Auch werde trotz zunehmender Permissivität (und aufblühender Pornographie) kein Land bis zum Jahr 2100 die Polygamie gestatten. Mit den Scheidungen allerdings dürfte es nach Beckwith munter bergauf gehen, so daß für Europa bis zum Jahr 2060 amerikanische Scheidungsziffern ins Haus stehen müßten. Arbeiten wird dann jeder nur noch täglich 2–3 Stunden an 200 Tagen im Jahr, wobei das Einkommen der reichsten Leute doppelt so hoch wäre wie das des schlechtestbezahlten Hilfsarbeiters.

Ein Atomkrieg wäre nach Ansicht dieses Autors nur geeignet, diese Entwicklung zu beschleunigen. Bis zum Jahr 2200 gäbe es dann eine Weltregierung, die sich stark auf öffentliche Meinungsumfragen zu anstehenden Problemen stützen würde. Die Weltbevölkerung hätte dann 8,6 Milliarden erreicht – 600 Millionen Menschen lebten in den USA. Für das Jahr 2500 aber sei gar mit einer Weltbevölkerung von 11 Milliarden (1,2 Milliarden in den USA) zu rechnen.

Ich mag kein Wort davon glauben.

Solche Botschaften des Immergleichwachstumistentums erreichen uns auch aus dem Hudson Institute, sofern sich dies aus der vieldeutigen Darstellungsweise Herman Kahns entnehmen läßt, die so viele Alternativen und Gegenmöglichkeiten enthält, daß es nicht immer leicht ist, das Gemeinte genau zu verstehen. Viel Vergnügen hat mir jedenfalls folgende seiner Prognosen bereitet: »Ein gewisses Maß an Beschleunigung, aber auch ein gewisses Maß an gleichmäßiger Weiterführung, dazu ebenfalls eine selektive Ausfächerung gebündelter Trends (vermutlich mit zeitweiligen Umkehrtendenzen)« – da hat man nun freilich alle Möglichkeiten beisammen. Die Wellenlänge von Herman Kahn ist 1 oder 2 oder 3 oder 4 oder auch 5, wodurch er sich allerhand Freiheitsspielraum offenhält.

Sieht man nun einmal von derlei Einschätzungen und sonstiger Mehrdeutigkeit ab, so bleibt doch, daß er weiteres Bevölkerungswachstum, zunehmende Verstädterung und Industrialisierung sowie wachsende Machtkonzentration für die Zukunft annimmt. »Auf lange Sicht sehe ich eine Zukunft, in der die Bessergestellten zwei oder drei Häuser besitzen werden, in der jeder Erwachsene Besitzer eines Autos ist, jedermann die Möglichkeit zu Flugreisen hat – und vielleicht sogar über eigene Hubschrauber verfügt –, zwei Boote sein eigen nennt, ein Unterseeboot . . . und ich beginne mich zu fragen, ob das wirklich so gut ist.« Amerikanische Maßstäbe und Lebensformen werden, so Kahn, weltweit verbreitet sein, und die ganze Erde sei dann »verwestlicht« – was zu heißen scheint: pragmatischer, philiströser, anarchischer und weltlichen Zerstreuungen mehr zugetan. (Eigentümlicherweise scheint Kahn zu glauben, eine solche Welt sei dann der hellenistischen Spätantike vergleichbar – mir hingegen kommt kaum etwas der hellenistischen Lebensform unähnlicher vor als jene, die er entwirft.) Anarchisch wird Kahns Zukunftswelt also sein, aber auch wiederum ziemlich gut geordnet und einheitlich, wiewohl um das Jahr 1980 illegitime Gewalt ein ernstes Problem zu werden verspricht. (Was bei diesen widersprüchlichen Aussagen herauskommt, macht jede Logik kopfscheu: »Ich habe recht und die anderen auch.«) Und plötzlich soll dann den westlichen Nationen die Wahl zwischen Anarchie und Zwang gestellt sein. Ziemlich präzise wird Kahn allerdings, wenn er das Karibische Meer als Gefahrenzone anpeilt: »In nahezu jeder Nation um das Karibische Meer liegt ein starkes Potential für ein irrationales, von wildem Haß erfülltes, den Weißen wie allen Fremden überhaupt feindlich gesinntes antikapitalistisches und revolutionäres Regime . . . Die Auswirkungen solcher Regime auf die Wirtschaft der Länder wäre verheerend, doch wären sie imstande, den Stolz der Massen zu wecken.«

Aber Kahn hat keinen Blick dafür, daß vielleicht auch der Hunger zur Weltproblematik beitragen könnte, denn nach ihm wird die Politik der USA so geführt, daß wir »voll Zutrauen für die Mitte der 1970er Jahre eher einen Überhang in der Lebensmittelproduktion annehmen dürfen als eine Verknappung« – das schrieb er 1972. Heute, nur drei Jahre später, ist Hunger in vielen Ländern ein Alltagsproblem.

Die größte Gefahr in Herman Kahns Augen wird 1985 fällig, wenn nach seiner Erwartung die Industrie mehr produzieren wird, als die Nachfrage aufzunehmen vermag, weshalb die Produktion dann auch etwas beschnitten werden müsse. Er nennt das eine »technologische Krisis«; andere würden wohl eher von »wirtschaftlicher Krise« sprechen.

Davon nun abgesehen, und ungerechnet ein bißchen Gewalt in Südamerika, die andere Länder nicht beunruhigen müsse, pinselt Kahn eine rosige Zukunftsperspektive aus. Wir können der Zukunft »mit positiven Reaktionen« entgegensehen, denn Schreckensbilder wie ein Atomkrieg, die Ökokatastrophe oder die Wandalen mitten unter uns seien ohnehin nicht vor 1985 zu befürchten.

Wie für andere bereits genannte Zukunftsdesigner ist es auch für Kahn eine ausgemachte Sache, daß Veränderungen in den Wertmaßstäben der Gesellschaft in naher Zukunft nicht zu erwarten sind. Die Anti-Kultur der Jugend habe ihren Höhepunkt bereits überschritten; eine weitere Verbreitung der von ihr propagierten Werte werde nicht erfolgen. Ohne Sachkenntnis und voll Hysterie, könnten ihre Führer keinen Einfluß auf das politische Geschehen gewinnen. Vielleicht stehe noch eine Art religiöser Gegenreformation bevor, wahrscheinlich aber würden sich die Wertmaßstäbe des amerikanischen Mittelstandes durchsetzen.

Die Reformer

Eine weitere Art, Zukunftsfragen zu behandeln – häufiger in Europa als in den USA –, ist jene Blickführung, die zunächst sich ein Bild von der Welt macht, wie man sie gerne haben möchte, und nach diesem Bild dann versucht, die Realität umzuformen, um eine möglichst große Annäherung an dieses Bild zu gewinnen. Futurologie vermischt sich hier mit Politik. Es ist dies die einzige Art von Futurologie, die hinter dem Eisernen Vorhang sich entfalten kann, da hier ja das Zukunftsziel – die Diktatur des Proletariats – vorweg bestimmt ist und es allein darum gehen soll, den dorthin führenden Prozeß zu beschleunigen.

Die Zukunftsentwürfe dieser Art Futurologie weichen voneinander oft ab, sind aber kraß verschieden von jenen der Immergleichwachstumisten und den Perspektiven aus dem Hudson Institute. In jedem Fall erwartet diese europäische Richtung der Futurologie tiefgreifende soziale Umwälzungen.

Ein sehr sorgfältiger Versuch, Zukunftsdenken dieser Art auf Schwerpunkte anzusetzen, wurde vor etwa einem Jahr unter der Schirmherrschaft der Europäischen Kulturstiftung unternommen, und zwar im Zusammenhang mit einem Projekt, das unter dem Namen »Europa 2000« lief. Bereits 1971 hatte man vorbereitende Schritte unternommen, um Pläne für die Entwicklung von Landwirtschaft, Städten, Erziehungswesen und Industrie zu gewinnen. Die Mitgliederländer begründeten Arbeitsgemeinschaften, durch die Menschen ganz unterschiedlichen sozialen Hintergrunds über ihre Zukunftswünsche befragt wurden, wobei sie gleichzeitig die nach ihrer Meinung bestehenden Hindernisse und notwendigen Änderungen nennen sollten. Bei einem Treffen der Vertreter aller beteiligten nationalen Gruppen wurden dann diese Gedanken verwendet, um verschiedene Alternativbilder der Zukunft zu entwerfen.

Es ergaben sich dabei vier Grundmuster, deren Beschreibung ich hier kurz versuchen will, wobei ich mich meiner eigenen Ausdrucksweise bediene:

1. *Eigenentwicklung im Wettbewerb:* Das Wirtschaftssystem wird bestimmt vom freien Unternehmertum, wobei sich die Rolle des Staates auf seine Aufsichtsfunktion beschränkt. Das Privateigentum ist garantiert, und die Einkommen orientieren sich an der Leistung. Dies führt zu wachsendem Wohlstand, Bevölkerungsanstieg, mehr Freizeit und einer gewissen Dezentralisierung. Im großen und ganzen handelt es sich um die Weiterführung der gegenwärtig in den Industriestaaten Europas herrschenden Trends.

2. *Lebensqualität:* Sie wird erreicht durch planvolle Nutzung der zur Verfügung stehenden Kapazitäten. Die Idee einer ökologischen Abstimmung steht im Vordergrund, weshalb dem Wettlauf nach den Naturschätzen eine planmäßige Eindämmung der Überflußgesellschaft regulierend entgegengesetzt wird. Der Landwirtschaft ist nicht nur die Lebensmittelproduktion als Aufgabe gestellt, sondern auch die vernünftige Nutzung des Bodens und des Grundwassers. Die Wissenschaft hat sich um die Erhaltung der Rohstoffquellen der Erde zu kümmern. Die Erziehung der Kinder zielt auf Zusammenarbeit; regionale Autonomie der Verwaltung ist in Grenzen möglich.

3. *Selbstverwirklichung:* Hier liegt der Schwerpunkt bei der menschlichen Individualität und ihrer Würde. Obenan in der Wertskala stehen schöpferische Freiheit und soziale Verantwortlichkeit. Es besteht die Tendenz zu einer Angleichung der Einkommen; Mindesteinkommen sollen garantiert werden. An der Entscheidungsbildung haben alle teil, Bürokratie und staatlicher Zwang werden abgebaut. Der einzelne ist frei, sein Leben nach Gutdünken zu gestalten. Die Kluft zwischen dem Leben in der Stadt und dem Leben in der ländlichen Provinz verschwindet, ebenso jene zwischen körperlicher und geistiger Tätigkeit. Arbeit soll sowohl Pflicht als auch persönliche Erfüllung sein. Genossenschaftliche Wirtschaftsweise in der Landwirtschaft und Zusammenschlüsse größerer Personengruppen zwecks gemeinsamer Lebensgestaltung werden verwirklicht.

4. *Kommunismus:* Die völlige Veränderung der Klassengesellschaft schafft eine Gesellschaft egalitären Typs. Privates Eigentum an Produktionsmitteln gibt es nicht mehr, und es wird nach gesellschaftlichen Gesichtspunkten entschieden, welche Güter produziert

und welche Dienstleistungen erbracht werden. Die Landwirtschaft gewinnt an Selbständigkeit gegenüber der Industrie. Arbeit ist ein moralischer Ansporn, ein Recht, aber auch eine Pflicht. Jeder einzelne muß nach Maßgabe seiner Fähigkeiten seinen Beitrag leisten und wird entsprechend dafür entlohnt. Langfristige ökonomische Planung soll das Geld nicht zu einem Instrument kurzfristiger Machtentfaltung werden lassen. Oberste Werte sind Solidarität und Einfügung in die Gruppe.

Es wäre zu wünschen, daß dieses Material in eine Form gebracht würde, die herauszufinden erlaubt, zu welchen Anteilen die Menschen in den verschiedenen Ländern Vorliebe für dieses oder jenes Konzept entwickelt haben. Es ist ein Zeichen unserer Rückständigkeit, daß derart grundsätzliche Fragen nie mit wissenschaftlichen Methoden an die Menschen herangetragen worden sind.

Interessant ist, daß in allen hier skizzierten Konzeptionen sich eine Zielsetzung erkennen läßt, die das Auseinanderklaffen von Industrie und Landwirtschaft rückgängig machen möchte. Tatsächlich besteht auf der einen Seite eine gewisse Gemeinsamkeit zwischen den Selbstverwirklichern und den Wortführern der Lebensqualität, und sie unterscheiden sich grundsätzlich in ihrer harmonistischen, in die Natur sich einstimmenden, Gleichklang mit anderen Menschen suchenden Haltung von dem puritanischen Hintanstellen selbstbezogener Regungen, wie sie die kommunistische Sicht verlangt und wie sie in anderer Weise auch vom Konkurrenzkampf im Kapitalismus gefordert wird. Nun scheint es doch leider so zu sein, daß in einer Welt, die sich an politischer und militärischer Macht orientiert, die idealistisch-schwärmerischen Vorstellungen weniger Verwirklichungschancen haben als solche, die der Realität des Bestehenden Rechnung tragen.

Läßt sich Zukünftiges voraussagen?

Es ist gesagt worden, daß die Zukunft entweder nach irgendeinem göttlichen Plan determiniert sei – was Voraussagen möglich, Änderungen aber unmöglich mache – oder daß die Zukunft offen sei, was Änderungen zuließe, Voraussagen aber ausschließen müsse.

Zum Glück ist die Wirklichkeit nicht derart nach Entweder-Oder Ausschließlichkeiten modelliert, wie dieses Paradoxon uns glauben machen will. Die Zukunft ist zwar nicht determiniert, sie ist andererseits aber auch nicht gänzlich offen; sie wird schon dadurch in Grenzen gehalten, daß sie sich ja nur aus dem Vorgegebenen der Gegenwart entwickeln kann. Der historische Prozeß hat sein eigenes Schwergewicht. Wir können daher Zukunft mit einiger Zuversicht voraussagen, wobei diese Zuversicht allerdings in dem Maße abnehmen muß, in dem wir in entferntere Zukunft zu blicken versuchen. Tatsache ist auch, daß Zukunftsprognosen Kräfte mobilisieren können, die einen Entwicklungstrend verändern und ihn gleichsam Lügen strafen, wodurch Voraussagen immer ein wenig Lotteriespiel bleiben. Um es deutlicher zu sagen: Wir sollten Warnungen von Prognosen unterscheiden. Wenn einer »Feuer!« schreit, dann will er damit nicht das Niederbrennen des Hauses als unvermeidbar voraussagen; er versucht vielmehr ebendies zu verhindern, indem er auf Folgen hinweist, falls keine Gegenmaßnahmen ergriffen werden.

Die Futurologen neigen jedoch dazu, Entwicklungstrends einfach zu extrapolieren, ohne sich zu fragen, wieweit Gegenreaktionen zu erwarten sind. Der französischen Futurologengruppe Credoc war dies bewußt, als sie ein Bild der totalen Verstädterung Frankreichs bei gleichzeitiger Entvölkerung des flachen Landes entwarf und die vorläufige Natur einer solchen Projektion unterstrich, indem sie von einer »Durchspielung des Unannehmbaren« sprach.

Aber noch aus einem anderen Grund ist die Verlängerung von Trends in die Zukunft keine geeignete Methode. Jedermann, der im 19. Jahrhundert Zukunftsperspektiven für den Pferdedroschkenverkehr entworfen hätte, dürfte ein enormes Anwachsen bis in unsere Tage vorausgesagt haben. Aber durch die Entwicklung des Automobils hatte die Pferdedroschke keine Zukunft mehr. Eine Veränderung wirtschaftlicher Bedingungen kann Entwicklungen umkehren; so nahm während des 19. Jahrhunderts die Beschäftigung von Dienstpersonal zu, während sie in den letzten Jahrzehnten im Abnehmen begriffen ist.

Jene Art von Zukunftsprognosen, über die wir uns einen Überblick verschafft haben, sind selbst dann von begrenzter Brauchbarkeit, wenn sie sich als richtig erweisen. Denn auf lange Sicht gesehen bedeutet es wenig, zu erfahren, daß Atomkraft ein Viertel unseres Strombedarfs decken wird oder daß in der Geschäftswelt Kandidaten mit geisteswissenschaftlicher Vorbildung mehr Chancen haben werden als Naturwissenschaftler.

Die Feststellung, daß seit der Renaissance sich die Menschheit um ein neues Selbstverständnis bemühe, trifft einen Aspekt unserer Gesellschaft wesentlich genauer, der den Futurologen entgeht. Was das Leben wirklich von Grund auf zu ändern vermag, sind neue Wege des Denkens, neue Wünsche und Erwartungen, neue Verhaltensweisen gegenüber der Gesellschaft und von Mensch zu Mensch. Das interessanteste Faktum, das ein mittelalterlicher Futurologe hätte voraussagen können, wäre doch das Aufbrechen des mittelalterlichen Weltbildes und die Heraufkunft des Rationalismus gewesen. Nützlich und interessant hätte ebenso eine Prognose im Jahr 1950 sein können, welche die Entwicklung einer permissiven Gesellschaft in allen ihren Details vorausgesehen hätte: die Nachlässigkeit der Kleidung wie die sexuelle Freiheit, die Gleichgültigkeit wie das Verschwinden äußerlicher Unterscheidungsmerkmale zwischen den Geschlechtern. Solche Voraussagen sind jedoch nicht gemacht worden. Damals, nach dem Weltkrieg, hätte man eher auf eine Wiedererstehung des Nationalsozialismus getippt.

Nimmt in der Welt das Maß der Ungerechtigkeit ab? Nimmt die Gewalt zu? Wird es zu einer Wiederbelebung im Bereich des Religiösen kommen? Oder steht eine neue Form von Totalitarismus bevor? Sind die Tage der Kunst gezählt? Wird der Menschheit mehr Glück zuteil werden? Das sind Fragen, auf die wir gern Antworten hätten – aber da schweigen unsere Führer in die Zukunft.

Falls die Futurologie tatsächlich eine brauchbare Disziplin werden soll, muß sie sich mit der Dynamik sozialen Wandels befassen und ihre Vorhersagen durch eine Theorie absichern, welche die Umverteilung von Machtverhältnissen zwischen sozialen Gruppen und Veränderungen im menschlichen Streben wie in den Grenzen des Duldenkönnens in Rechnung stellt.

Wir brauchen offenbar eine Methode, die soziale Veränderung als Ganzes behandelt. Ebenso, wie wir Wachstums- und Entwicklungsvorgänge in der Biologie mittels ganzheitlicher Terminologien beschreiben (»die Knospe entfaltete sich zur Blume«), so müssen wir auch soziale Entwicklungsvorgänge ganzheitlich beschreiben. Dies vorausgesetzt, läßt sich das Ganze in Teilprozesse aufspalten, die dann weiterer Analyse unterzogen werden. Wir können nicht vom Detail zum Ganzen gelangen ohne umfassende Kenntnis von der Natur und den Möglichkeiten jedes einzelnen Elements. Wir verfügen aber über eine solch detaillierte Kenntnis nicht einmal für biologische Systeme, um so weniger aber für soziale.

Voraussagen anhand bestehender Trends werden auch leicht durch unerwartete Ereignisse widerlegt, die günstiger oder ungünstiger Natur sein mögen. Die Pest hat die Entwicklung des mittelalterlichen Europa verändert, indem sie menschliche Arbeitskraft rar werden ließ, wodurch die Kornpreise anstiegen, was wiederum kriegerische Auseinandersetzungen nach sich zog. Auch die Erfindung der Dampfmaschine hat den Gang der Geschichte verändert, vielleicht zu ihrem Guten. Allerdings dauert es bei den günstigen Ereignissen oft lange, bis sie zu Buche schlagen, während die Katastrophen sofort in aller Schärfe wirken – aus dem gleichen Grund, warum die Herstellung einer Sache länger dauert als ihre Zerstörung.

Was aber könnte in den nächsten Jahrzehnten eintreffen, das geeignet wäre, allen Voraussagen in positiver Weise entgegenzuwirken? Vielleicht die Erfindung einer leichten und raumsparenden Vorrichtung zur Speicherung von elektrischem Strom; oder künstliche Photosynthese, wodurch wir wie die Pflanzen Energie aus Sonnenlicht gewinnen könnten. Uns stünde dann sowohl eine billige Energiequelle als auch ein praktischer Energiespeicher zur Verfügung. Die Ernährungsfrage könnte sich ganz anders stellen, sofern es gelänge, stickstoffbildende Bakterien, die sich an Pflanzen aus der Ordnung der Hülsenfrüchter ansiedeln, auch an Pflanzen anderer Gattungen zu kultivieren, da hierdurch die Pflanzen selbst den Boden düngen könnten. Mittel zur Steigerung menschlicher Intelligenz wären noch nützlicher. Allerdings müßte man bis zur Anwendung solcher Neuerungen mit Jahrzehnten rechnen. Der Verbrennungsmotor war bereits im 19. Jahrhundert erfunden worden, hat aber fünfzig Jahre lang das Leben kaum verändert. Zwar entwickeln sich heute die Dinge meist schneller, doch müßte man wohl immer noch mit einer Generation rechnen, bis neuartige Stromspeicher oder stickstoffbildende Bakterien als Dünger allgemein im Gebrauch wären. Da müssen Fabriken gebaut werden, da sind Fehler rückgängig zu machen, vor allem aber müssen die Leute zum Mitmachen überredet werden. Es sind also nicht die positiven Entwicklungen, sondern die Katastrophen, die für den Zeitraum der nächsten fünfundzwanzig Jahre alle Prognosen durchkreuzen könnten. Es sei daher versucht, katastrophale Möglichkeiten in Betracht zu ziehen.

Kapitel 2
Das Unerwartete sehen

Der Reichtum des Unerwarteten übertrifft bei weitem die Voraussicht des Staatsmannes.

P. J. Proudhon

Seuchen und Krankheiten

Die Möglichkeit einer neuen verheerenden Seuche von weltweitem Ausmaß, mit der verglichen der Schwarze Tod des Mittelalters noch harmlos erscheinen mag, muß heute durchaus ernst genommen werden. Schon haben die Wissenschaftler gewarnt, und in den Behörden diskutiert man bereits, welche Maßnahmen dann zu treffen seien.

Gefahr ist deshalb gegeben, weil die Biologie heute in der Lage ist, Bakterien zu züchten, Viren künstlich aufzubauen und sogar Typen von Viren ganz neu zu schaffen, die es früher nicht gegeben hat. Bereits 1960 hatte der australische Nobelpreisträger Sir Macfarlane Burnet auf diese Gefahr aufmerksam gemacht. Er wies darauf hin, daß die damals entwickelten Mutanten die Gefahr mit sich brächten, daß eine gefährliche neue Mutante ihren Weg aus den Laboratorien in die Außenwelt finden könne. Gegen eine solche Bedrohung sei die Weltbevölkerung und vielleicht auch die Tierwelt ohne Schutz, da die natürlichen Immunsysteme für eine derartige Mutante einfach keine Abwehr vorgesehen hätten. Er schrieb, daß das Auftreten »eines serologisch neuartigen Virus von großer Virulenz . . . eine sehr ernste Gefahr« darstelle. Könnte dieses sich in der Öffentlichkeit verbreiten, ohne daß sofortige Gegenmaßnahmen erfolgten, so müßte das zu »einer fast schon unvorstellbaren Katastrophe« führen, »von der alle dicht besiedelten Gebiete der Erde betroffen wären«.

Diese Gefahr ist inzwischen näher gerückt.

Burnets Sorge entsprang seiner heute allgemein anerkannten Theorie, daß der Körper eine »Bibliothek« bestimmter chemischer Muster besitzt, auf die er bei der Erzeugung von Antikörpern zur Bekämpfung eindringender Viren und Bakterien zurückgreift. Wenn also ein solcher Eindringling chemische Muster in den Körper einbringt, die nicht in der »Bibliothek« niedergelegt sind (oder wenn er gar keine solchen Muster besitzt), so hat der Körper auch keine Möglichkeit, den Eindringling als solchen zu erkennen und Immunreaktionen in Gang zu setzen.

Seit Macfarlane Burnets Warnung hat sich das Instrumentarium der Biologie enorm verfeinert. Gegenwärtig verdient die Verfahrensweise der Hybridisation in der Biologie die meiste Aufmerksamkeit. Hierbei verschmilzt man genetisches Material (DNS) zweier verschiedener Arten, um daraus eine ganz neue Kombination von Erbanlagen zu gewinnen. Das hybride Gen läßt sich dann zum Aufbau eines bisher nicht dagewesenen Organismus verwenden. Gegenwärtig allerdings beschränkt sich solche genetische Montage auf Viren und Bakterien. Aber wenn Burnet seinerzeit nur Zufallsmutationen befürchten mußte, so hätte er heute schon mit Mutationen auf Bestellung zu rechnen.

Im Sommer 1973 wurde in den USA eine Tagung abgehalten, auf der die sich schnell entwickelnden Methoden dieser Forschungsrichtung diskutiert wurden, wobei auch Ergebnisse und Verfahrensweisen zur Mitteilung gelangten. Bei dieser »Gordon Conference«, gehalten in New Hampton im Staate New Hampshire, waren 130 Wissenschaftler durch das Vorgetragene so sehr beunruhigt, daß sie bei dem Sekretär und Tagungspräsidenten darauf drangen, einen »Bedenklichkeitsbrief« abzufassen und ihn an den Präsidenten der National Academy of Sciences, Philip Handler, sowie an John R. Hugness, den Präsidenten des National Institute of Medicine in den USA, zu schicken. Eine Kopie des Schreibens ging auch an die führende US-amerikanische Wissenschaftszeitschrift *›Science‹*.

Mit dem Hinweis, daß einige der Hybridmoleküle »möglicherweise eine Gefahr für das Laborpersonal wie für die Öffentlichkeit darstellen«, drang der Brief darauf, von seiten der Academy eine Gutachtergruppe zu bilden, um Richtlinien für einschlägige Forschungsvorhaben aufzustellen. Auch wurde darauf hingewiesen, daß

»die Risiken, die mit einer derartigen Präparierung von Viren in großem Umfang gegeben sind, sorgfältig zu erwägen bleiben« – wohl ein Hinweis auf die Möglichkeit einer militärischen Anwendung solcher Präparate. Die Gutachtergruppe setzte sich schließlich dafür ein, derartige Experimente, bei denen Bakterien künstlich gegen Antibiotika resistent gemacht oder mit virulenten Eigenschaften versehen würden (einschließlich des Einbaues von genetischem Material aus Viren in Bakterien), gänzlich zurückzustellen. Da die Experimentatoren ja in der Regel mit normalerweise harmlosen Bakterien aus dem menschlichen Darmtrakt arbeiten, bestand tatsächlich erhöhte Gefahr, daß ein modifiziertes Bakterium in einen menschlichen Darm gelangen könnte – Sprungbrett für eine anschließende epidemische Verbreitung auf der ganzen Welt. Nicht undenkbar waren auch experimentell erzeugte Krebserreger von starker Ansteckungskraft. Somit verbiete sich eine derartige Arbeit eigentlich schon von selbst, befand die Zeitschrift ›*Nature*‹. Englische Forscher verhielten sich zwar hinsichtlich der Gefahr einer Immunisierung der Bakterienwelt gegen Antibiotika etwas zögernder, sahen aber doch in der Einbringung von krebserregenden Genen in Bakterien ein ernsthaftes Risiko. Die Abteilungen für biologische Kriegführung in den Verteidigungsministerien haben bislang eisiges Schweigen bewahrt.

Von allen Risiken, die während des nächsten Vierteljahrhunderts der Menschheit drohen, betrachte ich dieses als das schwerwiegendste – vielleicht weil ich selber von der Biologie herkomme. Auch Professor Joshua Lederberg von der University of California in Los Angeles ist der Auffassung, daß die jüngsten Fortschritte in der Erforschung molekularer Erbstrukturen »zweifellos in eine Richtung gehen, in der es zur Entwicklung von wirksamen Mechanismen kommen wird, gegen die keine angemessene Abwehr mehr zu mobilisieren ist«. Leider können wir nicht mit einem zeitlichen Sicherheitsspielraum von mehr als zehn Jahren zwischen einer gefährlichen Entdeckung in den Labors der biologischen Kriegsforschung und ihrer Nutzung durch unverantwortliche und gewaltanwendende Kräfte außerhalb dieser Labors rechnen. Es droht nicht so sehr die Gefahr, daß Großmächte sich solcher Waffen bedienen; viel gefährlicher erscheint ihre Anwendung durch kleine Mächte, Aufständische und Terroristen – oder einfach die Möglichkeit eines

Unfalls. In dichtbesiedelten Gebieten mit unterernährter Bevölkerung sind die gefahrenträchtigsten Bedingungen für die Ausbreitung eines Virus gegeben. »Die biologische Kriegführung enthält mehr Unkalkulierbarkeiten als jede andere Art von Waffenanwendung«, sagt Lederberg. Die Forschung allein wäre noch gar nicht so gefährlich; zu fürchten sind mehr Gefahren, die durch die Herstellung und Lagerung sowie durch die Erprobung im Freien gegeben sind. Diese Aspekte sind mit einem noch dichteren Schleier der Geheimhaltung umgeben als die einschlägige Forschungsarbeit. »In der Hauptsache sollen diese Sicherheitsvorkehrungen nicht etwa dazu dienen, dem Feind Informationen vorzuenthalten«, sagt Lederberg, »sondern dazu, derartige Einrichtungen vor Kritik aus dem eigenen Land zu schützen.«

Unverständlich bleibt, warum staatliche Gesundheitsbehörden sich nicht darauf einlassen wollen, die Möglichkeit größerer Pandemien, gleichgültig, ob spontaner oder beabsichtigter Genese, auch nur zu erwägen. Steckt dahinter etwa gar eine pessimistische Grundhaltung gegenüber dem Gesundheitszustand der Weltbevölkerung? Lederberg empfiehlt, die Öffentlichkeit möge ein wachsames Auge auf Mißbrauchmöglichkeiten bakterieller Waffen haben; er plädiert für freien Informationsfluß und für eine eingehendere Untersuchung der Möglichkeiten zur Risikobewältigung, vor allem aber für die Einigung auf Sanktionen, denen Personen oder Nationen unterworfen sein sollen, die sich solcher Mittel bedienen.

Die Vorstellung, ein verrückt gewordener Wissenschaftler könnte eine Weltseuche auslösen wollen, scheint manchem allzusehr nach Science-fiction zu schmecken. Wirklich? Im November 1973 hatte ein Verrückter vier Erpressungsbriefe an das Bundeskanzleramt und Willy Brandt geschrieben. Seine Forderung: 8 200 000 Dollar. Bei Nichterfüllung drohte er mit der Verbreitung von Milzbrand- und Botulismuserregern durch die Post, mit ihrer Einschleppung in Fabriken, Geschäftszentren und die Wasserversorgung. Das Gift des Botulismuserregers ist das wirksamste Gift, das wir kennen: Ein Teelöffel voll genügt, alle Lebewesen der Erde auszurotten. Das Geld sollte als Sühnegeld für die Erschießung der palästinensischen Terroristen dienen, die Sportler aus Israel 1972 während der Olympischen Spiele zu Geiseln genommen und ermordet hatten.

Massenvergiftungen oder genetische Schädigung ganzer Bevölkerungsgruppen können natürlich auch daraus erwachsen, daß alljährlich Tausende neuer Substanzen synthetisiert werden und daß dank solcher Produktivität im chemischen Betrieb auch immer wieder neue und ganz unterschiedliche Substanzen in unsere Nahrungsmittel gelangen – selten hinreichend (wenn überhaupt) geprüft. Als jüngst Wissenschaftler des US-amerikanischen Department of Agriculture chemische Verbindungen analysierten, die in der Landwirtschaft Verwendung finden, erkannten sie zu ihrem Erschrecken, daß Stoffe aus der Gruppe der Polyvinylchloride (PVC) sich unter bestimmten natürlichen Bedingungen in hochgiftige Substanzen (Dioxine) aufspalten können. Ein millionstel Gramm dieser Substanz vermag ein Meerschweinchen zu töten. Auf diese Tatsache war man gestoßen, nachdem 1957 Millionen von Küken einer Hühnergroßfarm eingegangen waren. Polyvinylchlorid enthält aber darüber hinaus auch noch die hochgiftigen Furane!

Doch abgesehen von solchen herrlichen Geschenken der Wissenschaft besteht die Gefahr eines Massensiechtums in den übervölkerten Gebieten Südostasiens aufgrund der dort üblichen Methoden der Müllablagerung. »Es ist anzunehmen, daß vor dem Jahr 2000 zumindest *ein* größerer Ausbruch einer Seuche im Weltmaßstab erfolgen wird«, befürchtet John Vallentyne, ein kanadischer Fachmann für Fragen der Trinkwasserqualität. Er schreibt weiter: ». . . ziemlich sicher wird das Ausbruchszentrum irgendwo in Asien liegen, vermutlich im südlichen Asien.« Eine Virusepidemie müßte »verheerende Folgen auf der ganzen Welt« mit sich bringen.

Fragt man mich, welcher Art eine unerwartete Katastrophe sein könnte, die in den nächsten zwanzig Jahren die Welt zu treffen vermag, so schiene mir auf den ersten Blick eine durch Nahrungsmittelzusätze hervorgerufene Schädigung weiter Personenkreise nach der Art der Contergan-Tragödie am wahrscheinlichsten – allerdings in Ausmaßen ganz anderer Größenordnung. Man schätzt heute, daß etwa 2000 verschiedene Substanzen als Nahrungsmittelzusätze Verwendung finden: Backpulver, Enzyme, Bindemittel, Festiger, Puffersubstanzen, Appetitzügler, Formfestiger, Aromen, Konservierungsmittel, Feuchthaltemittel, Farbstoffe, Antioxidbildner, Eindikkungsmittel, Stabilisatoren, Streckungsmittel und was sonst noch alles. Nur wenige dieser Substanzen sind auf ihre langfristigen biologischen Auswirkungen hin untersucht worden, und die Regeln, die über ihre Zulassung entscheiden, sind weder international einheitlich, noch werden sie mit der nötigen Strenge gehandhabt. Das Buttergelb und viele andere Farbstoffe von zweifellos krebsbegünstigender Wirkung haben jahrzehntelang unbeanstandet ihre schädlichen Wirkungen entfalten können. Aber keineswegs sind künstliche Färbungsmittel konsequent in allen Fällen verboten worden.

Wenn wir schon viel zuwenig über die Wirkungen der einzelnen Substanzen wissen, so wissen wir überhaupt nichts über die Summenwirkung all dieser Zusätze. Ich fürchte, daß eines Tages ein tüchtiger Unternehmer ohne Wissen und Willen zwei Zusätze in sein Fertigprodukt geben wird, die chemisch miteinander reagieren und ein giftiges oder Mutationen bewirkendes Endprodukt bilden. Aber während Contergan nur von einem kleinen Prozentsatz schwangerer Frauen genommen wurde, gelangen Nahrungsmittel in den Magen von jedermann. Ist die Wirkung unmittelbar, so kann es zu Vergiftungsepidemien mit Erkrankungen und Todesfällen kommen, aber immerhin wird man nach einigen Wochen die Ursache ermittelt haben. Wo aber Langzeitwirkungen ins Spiel kommen (wie das bei krebserregenden Zusätzen ohnehin der Fall ist), können zwanzig Jahre dahingehen, bis ein plötzlicher Anstieg der Krebssterbefälle oder der Mißgeburten ein Warnzeichen setzt. Dann aber dürften bereits Millionen von Menschen die giftige Substanz im Körper tragen und vom Tod gezeichnet sein. Das Erkennen des verursachenden Wirkstoffs kann sich so schwierig gestalten und von solch widersprüchlichen Stellungnahmen begleitet sein wie im Falle der Dingfestmachung des Tabaks als Verursacher des Lungenkrebses. Bis zur Ausschaltung des Schadstoffs mögen also Jahre vergehen. Die Leichtfertigkeit, welche die Öffentlichkeit in Fragen der Lebensmittelreinhaltung an den Tag legt, ist daher für einen Biologen kaum zu verstehen.

Ökokatastrophen

Mit Argumenten ganz unterschiedlicher Art haben Biologen vor der Gefahr einer Ökokatastrophe, vor dem Zusammenbruch des natürlichen Gleichgewichts gewarnt. Paul Ehrlich, Genetiker an der

Stanford University, hat ein eindrucksvolles Bild einer solchen Katastrophe entworfen. Ich selbst beschrieb andere Ausdenkbarkeiten in meinem Buch »*Das Selbstmordprogramm*«. Seither waren die Wissenschaftler eifrig dabei, alle Möglichkeiten zu überschlagen, weil sie hofften, dadurch ließe sich bösen Überraschungen zuvorkommen. Die sich ergebenden Perspektiven waren zum Teil erschreckend. Es bleibt zudem die Schwierigkeit, daß wir noch längst nicht genug über das natürliche Gleichgewicht wissen, um einigermaßen zuverlässige Voraussagen zu machen.

Jüngst hat Dr. A. W. Fairhall vom New Zealand Institute of Nuclear Sciences in einem Leserbrief an die Zeitschrift ›*Nature*‹ eine solche Voraussage versucht. Er sprach von der Möglichkeit eines Verschwindens der Korallenriffe der Südsee und darüber hinaus von der Möglichkeit, daß auch die Gehäuse und Stützskelette verschiedener Meerestiere sich auflösen könnten. Diese Lebewesen erhalten das Calcium für ihre Schalen und Skelette aus dem im Meerwasser reichlich gelösten Calcit und Aragonit. Das Meerwasser ist mit diesen Substanzen so übersättigt, daß es geradezu auf ihre Ausscheidung drängt. Wäre aber der Gehalt des Meerwassers an diesen Substanzen unter der Sättigungsgrenze, so bestünde die Tendenz, sie aus der festen Form der Riffe und Schalen durch Lösung ins Meerwasser überzuführen, da die Natur nach ihren Gesetzen einen Ausgleich zwischen dem Lösungsvermögen einer Flüssigkeit und den vorhandenen löslichen Stoffen anstrebt. Von der Übersättigung des Meerwassers mit gelöstem Calcit und Aragonit hängt aber nun sehr viel ab.

Wird Kohlendioxid vom Meerwasser aufgenommen, so sinkt der Gehalt an Aragonit. Wenn zum Beispiel auf 1 Million Einheiten Meereswasser nur noch 41 Teile Aragonit entfallen, wäre damit der Aragonitgehalt auf ein Viertel seiner derzeitigen Menge reduziert. Zweifellos hat nun die Menschheit durch die Verbrennung von Kohle, Erdöl und Erdgas den Kohlendioxidgehalt der Atmosphäre nicht unwesentlich erhöht. Fairhall rechnet damit, daß bei einem weiteren Abbrand natürlicher Energiespender gemäß den bisher gegebenen Zuwachsraten die Ozeane im Jahr 2008 nur noch ein Viertel der heutigen Aragonitmenge aufweisen werden. Wollten wir sie dagegen auch künftig in einem Zustand der Sättigung halten, so müßten wir die Verbrennung fossiler Energie auf dem Stand von 1969 einfrieren.

Nach dem von Fairhall erstellten mathematischen Modell der beteiligten chemischen und physikalischen Prozesse soll das Kohlendioxid in der oberen Schicht des Meerwassers im nächsten Jahrzehnt um 1,4 % zunehmen. Träfe diese Voraussage zu, dann ließe sich der weitere Verlauf innerhalb der nächsten drei bis fünf Jahre klar erkennen. »Wenn dies erkannt sein wird«, bemerkt Fairhall etwas gewunden, »wird wenig Zeit mehr zur Verfügung stehen, um Überlegungen anzustellen, was dann – wenn überhaupt – noch getan werden kann.«

In der Zwischenzeit sollte man aber doch den ganzen Fragenkomplex näher untersuchen. Wir wissen nichts darüber, ob Lebewesen des Meeres ihre Schalen und Stützskelette unter derart verschlechterten Bedingungen noch aufbauen können und ob diese Schalen dann auch ihre Funktion erfüllen.

Viele der katastrophalen Entwicklungen, über die sich Wissenschaftler den Kopf zerbrechen, gelten heute aufgrund experimenteller Untersuchungen für unwahrscheinlich – so etwa auch die Befürchtung, daß es auf der Erde zu einer Sauerstoffverknappung kommen könne. Ernster nimmt man indes die Gefahr, die durch empirische Befunde anscheinend bestätigt wird, daß die Flotten von Stratosphärenflugzeugen die Ozonschicht zerstören könnten, welche die Erde von der Ultraviolettstrahlung der Sonne abschirmt. Bereits hat sich der US-amerikanische Kongreß über diese Möglichkeit besorgt gezeigt, und ein Gremium wurde damit beauftragt, die biologischen Auswirkungen eines Fortfalls des Ozonschildes zu untersuchen. Der 1972 dem Kongreß erstattete Bericht gab zur Kenntnis, daß bei einer Reduzierung des Ozons dieser Höhenzone um nur 5 % ein Anstieg schädigender Strahlung auf der Erdoberfläche um 26 % zu erwarten sei. Dies würde bedeuten, daß allein in den USA alljährlich 8000 Fälle von Hautkrebs zur bisher bestehenden Anzahl der Hautkrebsfälle dazukämen und daß darüber hinaus genetische Schäden bewirkt würden, deren Folgen nicht abzusehen wären.

Gegen diese Argumentation ist eingewendet worden, daß die oberirdischen Atombombenexplosionen bis zum Jahr 1963 Stickstoffoxid freisetzten, wodurch nur eine geringfügige Verminderung des stratosphärischen Ozons erfolgt sei. Leider weiß jedoch kein Mensch wirklich, in welchem Umfang Stickstoffoxide durch Atombombenexplosionen gebildet wurden, und auch über die Menge des natürlichen Ozons vor jenen Explosionen ist so gut wie nichts bekannt. Wollte man die Dinge noch relativ optimistisch sehen – unter der Voraussetzung nämlich, daß Atombombenexplosionen eine gewisse Menge solcher Oxide freisetzten und daß natürliches Ozon in großen Mengen vorhanden war –, so sah es doch immerhin so aus, als habe die Ozonmenge bereits um 10 % abgenommen. Legte man weniger optimistische Voraussetzungen zugrunde, mochte der Ozongehalt um ein Vielfaches stärker beansprucht worden sein, was zweifellos verheerende Folgen haben müßte. Die Untersuchungen gingen daher weiter, und im Jahr 1974 gelangte eine Untersuchergruppe in Harvard zu dem Schluß, daß die Ozonverminderung nur etwa bei 1 % liege. Unterdessen hat die National Ocean and Atmosphere Authority (NOAA) mit Meßballons Untersuchungen in der Ozonschicht in 20 Kilometer Höhe vorgenommen. Aus ihnen ging hervor, daß die natürlichen Anteile von Stickstoffoxiden weitaus geringer waren als zunächst angenommen. War also auf die Theorie Verlaß, so müßte durch die Vermehrung des Stickstoffoxidanteils »eine merkliche Schädigung der Ozonschicht hervorgerufen werden«.

Erschwert wird die Diskussion dieser Fragen durch den Umstand, daß wir über den Umfang atmosphärischer Mischungsvorgänge nur wenig wissen, weshalb auch Lord Rothschild, der damals dem Beratergremium der britischen Regierung vorstand, erklären konnte, daß die von seiner Seite angestellten Untersuchungen die klimatischen Auswirkungen der Concorde als vernachlässigbar erscheinen ließen.

Die Stratosphärenflugzeuge stellen nicht wegen des erzeugten Wasserdampfes eine Gefahr für die Ozonschicht dar, sondern wegen der Ausstoßung von Stickstoffoxiden, die mit dem Ozon in verschiedener Weise reagieren und es in gewöhnlichen Sauerstoff umwandeln. Als eine Gruppe des US-Handelsministeriums die Ansicht vertrat, daß Stratosphärenkreuzer die Menge der Stickstoffoxide um den Faktor 23 erhöhen könnten, sah Professor Harold Johnstone von der University of California darin die Möglichkeit einer ökologischen Katastrophe. Anhand der notwendigen Berechnungen machte er deutlich, daß die Möglichkeit schwerwiegender Wirkungen zu groß sei, als daß man sie vernachlässigen könnte. Nach ihm gelangte Professor Paul Crutzen, Oxford, unter Annahme anderer chemischer Reaktionsfolgen zu noch viel alarmierenderen Resultaten. Zwar herrscht jetzt die Ansicht, daß die Schätzungen des US-Handelsministeriums zu hoch gegriffen seien, aber selbst bei niedrigeren Werten kann die Möglichkeit nicht ausgeschlossen werden, daß in Lufträumen mit starkem stratosphärischem Verkehr der Ozongehalt auf ein gefährlich niedriges Niveau abzusinken droht.

Unglücklicherweise reagiert der Durchschnittsbürger kaum auf Umweltverschmutzung, die er weder sehen noch riechen kann. Der Krebstod kann jahrelang zunehmen, und genetische Schädigungen mögen sogar noch länger sich auswirken, bis die Menschen den Ernst der Situation begreifen, wie an der Geschichte des Tabakkonsums und des Krebses zu lernen ist.

Es ist nun einmal Tatsache, daß die Biosphäre viel weniger unzerstörbar ist, als man gemeinhin glaubt, und es steht zu befürchten, daß der Mensch trotz aller Warnungen sie unabwendbar zerstört. Zu erwarten wäre dann eine globale Veränderung der klimatischen Verhältnisse.

Der Eisrutsch

»Mag auch der Gedanke an einen möglichen Mißbrauch der Umwelt zur Manipulation des Klimas für nationale Zwecke uns mit tiefem Unbehagen erfüllen, so darf nicht übersehen werden, daß die technischen Voraussetzungen für einen solchen Mißbrauch sich im Verlauf des nächsten Jahrzehnts beträchtlich entwickeln werden.« Dr. Gordon J. F. Macdonald, Geschäftsführender Vizepräsident des Institute for Defense Analyses und Vorsitzender einer Sondergruppe zur Untersuchung von Fragen der Klimabeeinflussung, hat diese Ansicht vorgetragen, aus der die Besorgnis des Fachmanns spricht.

Die US-Luftwaffe hat in Kambodscha bereits versucht, durch Impfung von Wolken mit Silberjodid Regen zu erzeugen, um Überflutungen hervorzurufen, und zweifellos dürften bis zum Ende unseres Jahrhunderts noch ausgeklügeltere Versuche unternommen werden, Klimaverhältnisse künstlich zu verändern. Die Sowjetunion hätte durchaus Gründe, ihre nördlichen Häfen eisfrei zu machen, denn die Nutzung der sibirischen Erdölfelder wäre dann leichter zu bewerkstelligen. Nach dem Vorschlag Gordon Macdonalds wäre dies möglich durch die künstliche Auslösung eines Eisrutsches in der Antarktis. Da Eis unter hohem Druck bekanntlich schmilzt, vermuten die Wissenschaftler, daß das Eis am Grund der mächtigen Gletschermassen der Antarktis – dort also, wo es auf dem Felsgestein des Untergrunds aufliegt – sich nahe dem Schmelzpunkt befindet. Jeder weitere Anstieg des Drucks müßte somit über einen kritischen Punkt hinaus zu einer völligen Verflüssigung der untersten Eisschichten führen, wodurch die Eiskappe des Südpols an ihrer Basis von der Verhaftung mit den Unebenheiten des Untergrunds gelöst würde und nun entsprechend der Neigung des Geländes sehr rasch zum Abrutschen käme. Dabei müßten zuerst die meeresnahen Ränder, später auch die zunächst noch mehr landeinwärts gelegenen Eiszonen fortlaufend ins Meer »kalben«. Die Reibung des meerwärts gleitenden Eises würde Wärme erzeugen, die den weiteren Abschmelzprozeß an der Basis beschleunigen müßte, was wiederum eine Intensivierung des Eisrutsches zur Folge hätte. In kleinerem Maßstab sind solche Eisrutsche tatsächlich beobachtet worden. Wäre indes die ganze Antarktis Schauplatz einer solchen kontinentalen Eisbewegung, so käme es infolge der Abnahme des antarktischen Eises und des Abschmelzens der ins Meer hinausgetriebenen Eisschollen und Eisberge zu einer Erwärmung der südlichen Polarzone, die schließlich auch in einer Erwärmung der Nordkalotte sich auswirken müßte. Die Eismeerhäfen wären somit von Packeis befreit. Bisher kennen wir keinen größeren Eisrutsch als jenen, der in den Jahren 1935–1938 auf Spitzbergen beobachtet wurde. Damals drang dort das Eis auf einer Breite von 30 Kilometern etwa 21 Kilometer vor. Von anderen Eisrutschen wird berichtet, bei denen die Fließgeschwindigkeit des Eises 100 Meter am Tag erreichte. Bei kleineren Gletschern unter extremer Hangneigung sind Geschwindigkeiten von bis zu 8 Kilometern in der Stunde festgestellt worden.

Macdonald rechnet nun vor, daß bei Annahme einer Schmelzkraft von 100 Millionen Tonnen Eis für die einzelne Atomsprengladung etwa 100 Megatonnen-Atomsprengsätze ausreichend seien, um einen kontinentalen Eisrutsch auf der Antarktis auszulösen. Die unmittelbare Folge eines solchen Eisrutsches wäre indes »die völlige

Verwüstung der Küstenregionen selbst auf der nördlichen Erdhalbkugel«. So glaubt Macdonald nicht an die Auslösung einer derartigen Katastrophe, ausgenommen, eine nicht ans Meer angrenzende, auf Hochländer beschränkte Binnenmacht entschlösse sich zu einem solchen Schritt als einem Mittel der Kriegführung.

Andererseits aber ist J. T. Hollin von der Yale University der Auffassung, daß der Zeitpunkt nicht mehr allzu fern sein mag, an dem sich eine solche Katastrophe auf natürlichem Weg ereignet, weshalb er anrät, die Wissenschaft solle nach möglichen Vorzeichen Ausschau halten. Auch er glaubt an eine globale Überflutung der Küstengebiete, weshalb er in Meldungen über größere Bewegungen antarktischer Eismassen Grund genug für Küstenbewohner sähe, sich fluchtartig in höher gelegene Regionen zu begeben.

Sobald die Massen des antarktischen Inlandeises sich weit nach Norden ins Meer hinaus ausgebreitet haben, wäre damit nach seiner Auffassung eine geschlossene Eisdecke von ungleich größerer Ausdehnung entstanden, welche die Albedo der Erde – die Abstrahlung von Sonnenenergie in den Weltraum – so wesentlich vergrößern müßte, daß ein globaler Temperatursturz von 6° Celsius zu erwarten wäre. Durch Einschießen der gewaltigen Eismassen von mehreren Tausend Metern Mächtigkeit in die Ozeane und die dadurch ausgelöste Flutwelle würden alle Tiefländer der Erde überschwemmt (in der Folge auch durch das spätere Abschmelzen der im Meer treibenden Eisberge). Mit einem Ansteigen des Meeresspiegels um 20 bis 30 Meter wäre zu rechnen – womit die größten Städte der Welt dem Untergang geweiht wären.

Freilich wäre jetzt der Unterschied herauszustellen zwischen einer solchen Ad-hoc-Katastrophe und einer langsameren Verschlechterung von Umweltbedingungen, bei der ein Prozeß durch schleichende Annäherung schließlich einen Punkt erreicht, an dem der Zusammenbruch unvermeidlich wird. In einem solchen Fall ließe die Langsamkeit der Entwicklung noch zeitlichen Spielraum für Versuche, die Dinge kausal zu durchschauen und sie durch entschlossenes Handeln abzuwenden.

Doch wollen wir hier zunächst davon ausgehen, daß derartige Blitzkatastrophen von der Art eines Eisrutsches nicht geschehen. Welche Zukunft aber haben wir aller Voraussicht nach zu erwarten? Nach meiner Auffassung, die ich im weiteren Verlauf noch begründen möchte, werden die großen Zukunftsgefahren, die uns zu überwältigen drohen, weniger physikalischer Natur sein, sondern vielmehr im Sozialen wurzeln: Gewalt, Terrorismus, Wirtschaftskämpfe, Inflation, Unfähigkeit der Regierungen und wohl auch Versuche, demokratischen Ländern totalitäre Systeme aufzuzwingen. Je nachdem, wie ernst man diese oder jene Möglichkeit nimmt, lassen sich eine Reihe von Zukunftsalternativen entwickeln. So seien sie zunächst in Form gegensätzlicher Möglichkeiten in Kürze hier vorgeführt. Nach ihrer Kenntnisnahme mag entschieden werden, welches der entworfenen Bilder am meisten Wahrscheinlichkeit hat.

Durchspielungen von Zukunftsalternativen

Fünf verschiedene Zukunftsbilder zeichnen sich ab; zwei sind apokalyptisch, zwei sind ziemlich bedrückend, eines aber recht optimistisch. Begonnen sei mit dem finstersten aller Zukunftsbilder, dem weltweiten Atomkrieg, da bei seinem Eintreffen keine anderen Zukunftsmöglichkeiten mehr zu erwägen blieben.

1. *Der Atomkrieg:* Johan Galtung, der Direktor des International Peace Research Institute in Oslo, ist der Auffassung, daß ein größerer Krieg in den nächsten zwanzig Jahren nicht zu erwarten sei. Er stützt seine Meinung auf die Tatsache, daß ein Geflecht internationaler Organisationen die ganze Welt immer enger zusammenbinde, und führt auch Faktoren wie die Zunahme von Heiraten zwischen Menschen verschiedener Nationalitäten, Zunahme von Auslandsreisen und Arbeit in anderen Ländern an. Nach ihm wird es in Zukunft leicht sein, gleichzeitig die Staatsbürgerschaft verschiedener Länder zu besitzen; auch sieht er voraus, daß künftig internationale Grenzen kein größeres Hindernis mehr bieten werden, als es etwa heute die Grenze zwischen Norwegen und Schweden darstellt. Angesichts der noch immer bestehenden Beschränkungen für Ein- und Ausreisen in den sozialistischen Ländern scheint dies doch eine etwas optimistische Sicht zu sein. Die Entscheidung über Krieg und Frieden hängt auf keinen Fall von den angeführten Kriterien ab.

Mich beunruhigt hingegen sehr, daß gegenwärtig ein Dutzend Staaten über die Hilfsmittel verfügen, die zum Bau einer Wasserstoffbombe erforderlich sind. Das Risiko eines Drucks auf den falschen Knopf ist damit natürlich gestiegen, da kleinere Staaten wahrscheinlich nicht derart ausgeklügelte Vorsichtsmaßnahmen und Sicherungen einbauen können, wie die Sowjetunion und die USA dies taten. In der folgenden Durchspielung werde ich allerdings einer Anregung Galtungs folgen.

Durchspielung A: Ende der 1970er Jahre war Brasilien unter dem harten Regiment einer Militärregierung zu einer Wirtschaftsmacht ersten Ranges geworden. Nicht zuletzt durch eine Ankurbelung der Einwanderungspolitik hatte die Bevölkerung zugenommen, und die Erschließung des Amazonasbeckens hatte eine Pionieratmosphäre nicht unähnlich der in den Vereinigten Staaten des 19. Jahrhunderts geschaffen. Darauf bedacht, mehr Einfluß auf das Weltgeschehen zu nehmen, und bestrebt, eindeutig die Führung Lateinamerikas zu übernehmen, suchte Brasilien unter Geheimhaltung die Hilfe Indiens und setzte sich bald darauf in den Besitz atomarer Waffen. Inzwischen waren auch Israel, Ägypten und Südafrika Mitglieder des »Atomklubs« geworden. Unter Berufung auf die Dreimonatsklausel traten Schweden und die Schweiz vom Atomsperrvertrag zurück. Was in Japan vorging, wo einige abgelegene Inseln für Besucher gesperrt waren, wußte niemand zu sagen.

Zu jener Zeit gab es atomare Kleinstwaffen verschiedenen Kalibers, mit denen sich ein einzelner Industriebetrieb oder ein ausgedehntes Regierungsgebäude auf einen Schlag vernichten ließen, ohne daß dadurch eine ganze Stadt zerstört worden wäre. Es war auch schon die Rede von Bomben mit gebündelter Sprengwirkung, welche imstande sein sollten, einen einzelnen Wolkenkratzer so sauber wie einen Zahn aus einer Stadtlandschaft zu entfernen. Einige Versuche nuklearer Erpressung hatten die Welt bereits vor den Schirmen der Farbfernseher erstarren lassen, bis die geforderte Summe bezahlt worden war. Länder, die solchen Erpressungsversuchen zum Opfer gefallen waren, holten sich das verlorene Geld einfach dadurch wieder, daß sie ihrerseits andere Staaten erpreßten. Eine Art machtpolitisches »Monopoly« war im Schwange.

Aber während die wohlhabenderen Nationen sich dieses »Monopoly« leisten konnten, fielen die armen Länder im Konkurrenzkampf immer weiter zurück. Dort hatte inzwischen eine neue Generation die Zügel ergriffen, die sich dieses wirtschaftlichen Unterschieds erbittert bewußt war. Die Spannung zwischen den armen und den reichen Völkern nahm an Schärfe zu. Der Klassenkampf fand jetzt zwischen den Völkern statt.

Zu diesem Zeitpunkt erklärte sich China plötzlich zum Führer der armen Völker und bot an, Kernwaffen überall dort zur Verfügung zu stellen, wo man sie wünsche. Gleichzeitig rief Peking die Staatsmänner aller unterentwickelten Nationen zu einer Konferenz auf. Den reichen Staaten wurde ein Ultimatum gestellt, ihren Verbrauch bis auf den Weltdurchschnitt einzuschränken, einen Teil ihrer Fabriken zu demontieren, um sie den Entwicklungsländern zu überlassen, gleichzeitig auch die Versorgung der ärmeren Staaten mit Erdöl, Baumwolle, Holz, Wolle und Fertigwaren sicherzustellen. Rußland, das sich damals zum erstenmal in seiner Geschichte allgemeinen Wohlstands erfreute, fühlte sich durch diese Forderung fast noch mehr als die USA vor den Kopf gestoßen – wer von den beiden Atomgroßmächten jedoch zuerst auf den Auslöseknopf drückte, weiß niemand mehr.

2. *Ökonomisch-ökologische Katastrophe:* Es war bereits die Rede von möglichen und gleichwohl immer noch recht unwahrscheinlichen Ökokatastrophen. Es gibt aber daneben doch auch ziemlich wahrscheinliche Entwicklungsmöglichkeiten katastrophaler Natur, die in keinem realistischen Zukunftsbild fehlen dürfen. »Ich muß gestehen, daß mich beim Blick in die nächsten dreißig Jahre die möglichen ökologischen Schwankungen in den landwirtschaftlich fortgeschrittenen Anbaugebieten der Erde ziemlich beunruhigen, denn moderne Landwirtschaft ist abhängig von Energie, Kunstdünger, Monokultur und dauernder züchterischer Weiterentwicklung«, gibt der Agrarwissenschaftler Kenneth Boulding zu bedenken. Er fährt fort: »Dies beunruhigt mich mehr als Abstriche in der Energieversorgung für den Privatverkehr oder selbst für die Produktion. Derartige Einschränkungen wären nicht mehr als Unannehmlichkeiten, aber ein Zusammenbruch der modernen Landwirtschaft, wie wenig wahrscheinlich er gegenwärtig auch sein mag, müßte für die Menschheit ein ungleich größeres Unglück bedeuten . . .«

Durchspielung B: In den 1980er Jahren war die kurzlebige Ölkrise bereits Vergangenheit. Anstrengungen zur Erschließung neuer Ölquellen und die Ausbeutung von Ölschiefern hatten das Tempo des industriellen Wachstums erneut beschleunigt. Tatsächlich war durch eine Klimaverschlechterung und durch die Verknappung von Rohstoffen, welche zur Verarbeitung minderwertiger Eisenerze zwang, ein solcher Anstieg des Ölverbrauchs erfolgt, daß selbst noch die großzügigsten Vorhersagen übertroffen wurden.

Natürlich hatte es einige kleinere Unfälle gegeben, so etwa die Zerstörung der Nordsee im Jahr 1980, nachdem einige Ölleitungen infolge tektonischer Vorgänge auf dem Meeresgrund gebrochen waren. Nach der Ansicht von Fachleuten war durch die schnelle Gewinnung großer Ölmengen untermeerisch ein Hohlraum geschaffen worden, in den sich der Seeboden absenkte, wobei er die meisten Ölbohrinseln mit sich in die Tiefe zog. In der Nordsee gab es nun keinen einzigen Fisch mehr, und den Seebädern war ihre wirtschaftliche Grundlage entzogen. Die Friesischen Inseln hatten geräumt werden müssen, aber dank verzweifelter Anstrengungen war es immerhin gelungen, den Austritt von mehr als einer kleinen Menge des über die ganze Nordseefläche verteilten Öls in den Atlantik zu verhindern. Großbritannien war durch Streiks lahmgelegt und zum Kerzenlicht sowie zu Eseln als Transportmitteln zurückgekehrt.

Die Gefahren einer Ölverschmutzung waren den Menschen ziemlich gleichgültig geworden, und niemand zeigte sich sehr besorgt durch die Nachricht, daß zwei Tanker von je 1 Million Tonnen, von Atomkraft angetrieben, in der Beaufortsee, einem Teil des Nordpolarmeeres westlich der kanadischen Inselwelt, zusammengestoßen waren. (Die Pipeline von der Nordküste durch die Tundra Alaskas war so oft von den sogenannten Ökobombern in die Luft gesprengt worden, daß sie im Jahr 1978 aufgegeben werden mußte.)

In der Beaufortsee kreist das Wasser in einer strudelartigen, doch langsamen Strömung, da es durch Landvorsprünge an einem stärkeren Wasseraustausch mit dem Beringmeer gehindert ist. Es vergingen daher einige Jahre, bis die Welt davon erfuhr, daß 1 Million Tonnen des aus den Tankern ausgelaufenen Öls sich langsam über die ganze Arktis verbreitet hatte, unter der Eisdecke hervor durch Spalten an die Oberfläche getreten war und schließlich die ganze Polareisdecke mit einer Ölschicht überzogen hatte. Bei Temperaturen unter dem Gefrierpunkt ist Öl sehr zähflüssig und dem bakteriellen Abbau kaum unterworfen.

Da die Eisfläche durch das Öl immer dunkler wurde, begann sie einen größeren Anteil der eingestrahlten Sonnenenergie aufzunehmen, wodurch sie rasch abzuschmelzen begann. Hierdurch wurde noch mehr Öl an die Oberfläche gebracht, so daß der Prozeß immer schneller voranging. Wettersatelliten hielten Bilder fest, aus denen der schnelle Schwund des Polareises ersichtlich wurde. Rasch hatten die Wissenschaftler ausgerechnet, daß bei einer Abnahme der Albedo oder Rückstrahlmenge um 20 % das Eis innerhalb von zwei Jahren abgeschmolzen sei und infolge der atmosphärischen Erwärmung auch nicht wieder neu gebildet werden könne. Tatsächlich war das ganze Polareis im Lauf von drei Jahren zu Wasser geworden. Durch eine Laune der meteorologischen Verhältnisse hatte die Erwärmung der Arktis eine Abkühlung in den mittleren Breiten zur Folge. Nicht nur die Landwirtschaft, auch die Fischerei verlor in weiten Gebieten ihre Grundlage. Doch angesichts des Ansteigens des Meeresspiegels war dies ein nur noch unerheblicher Schaden: Seitdem London, Paris, Stockholm, Oslo, Leningrad, Montevideo, Sydney, Melbourne, Kalkutta, San Francisco, Kapstadt und Tokio unter den Wellen verschwunden waren, hatte die Zivilisation in ihrer bis dahin gültigen Form eine Ende gefunden.

3. *Zukunft à la Orwell:* Die nächste Stufe unterhalb eines in der Katastrophe gipfelnden Zukunftsbildes wäre wohl eine Welt im Stil von George Orwells *»1984«*. Bis an die Zähne bewaffnet halten die Großmächte, ihre eigenen Völker durch Terror bändigend, einen prekären Frieden aufrecht. Erwartungsängste vor drohenden Angriffen der Außenfeinde werden geschürt, um Ungerechtigkeiten im eigenen Land zu rechtfertigen und jeden Widerstand gegen den Staat zu ersticken. Mit halbreligiösem Eifer hält die herrschende Partei alle Volksgenossen am kurzen Riemen, ähnlich wie im Mittelalter die Kirche Verzicht auf weltliche Glückserfüllung predigte. Jeder Widerstand gilt als Ketzerei, die mit Feuer und Schwert unterdrückt werden muß.

Da George Orwell eine derartige Zukunftsperspektive bereits mit einer Meisterschaft dargestellt hat, der ich mich nicht gewachsen fühlen kann, folge hier nur der Ratschlag, die *Durchspielung C* in der Version zu lesen, wie Orwell sie in seinem obengenannten Roman entwickelt hat.

4. *Welt der Extreme:* Viele Verfasser von Science-fiction-Romanen haben uns eine Zukunft ausgemalt, in der Kriege vermeidbar geworden sind, doch haben sie meistens die in der gegenwärtigen

Gesellschaft bestehenden Tendenzen nur bis ins unerträgliche Extrem verlängert.

Durchspielung D: Donnerstag war ein recht mieser Tag. Schon morgens war kein Wasser in der Leitung, als ich mich waschen wollte, und als ich den Stecker meines Elektrorasierers in die Steckdose schob, war da 'n Stromausfall. Ohne Strom kein Kaffee und keine Klimaanlage. Mir wurde dann so heiß, daß ich ums Haar meine kugelsichere Weste nicht angelegt hätte. Wär' mir doch auch wurscht gewesen. Auf dem Haus gegenüber saß schon wieder dieser Heckenschütze, und als ich vom Haus losrannte, zur Garage rüber, hatte er mich schon erwischt. Das Geschoß traf mich mit solcher Wucht, daß ich in die Garage reinflog. Wenn ich erst im Auto bin, wußte ich, konnte mir nichts mehr passieren. Die neue Plastikschutzschicht hält alles aus, wenn einer nicht gerade mit 'nem schweren MG draufballert. Aber erst tastete ich Kofferraum und Motor ab, ob da nicht 'ne Bombe irgendwo drinhängt. Dann stieg ich ein – das ist immer der schlimmste Moment, weil man ja doch nie weiß, ob da nicht am Sitz oder unter der Bodenmatte ein druckempfindlicher Explosivstoff reingeschoben wurde.

Im Büro mußte ich elf Stockwerke hochstrampeln. Dabei kam ich so aus der Puste, daß ich nicht mal die Wache richtig grüßte, der ich meinen Ausweis zeigte – denn wegen dem Stromausfall wurde nicht gestochen. Arbeit gab's ja nicht viel, die Stimmschreiber und Minicomputer standen alle still, und Post kam heute auch keine rein. War wohl wieder geklaut worden. Seitdem es mit dem Papier so knapp wurde, gibt's da so Banden, die leeren einfach die Briefkästen und führen den Inhalt wieder der Papierfabrikation zu.

Dann staubte ich meinen Schreibtisch ab und leerte den Papierkorb – Raumpflegerinnen kommen ja schon lange nicht mehr. Danach blieb nur noch: ans Wochenende denken. Hoffentlich kriegen wir dann auch Fleisch am Freitag. Marie hat so 'n kleinen Laden gefunden, da verkaufen sie an bekannte Kunden Würstchen. Schmecken tun die ja etwas seltsam, und Marie sagt, die seien wohl aus Rattenfleisch gemacht – ich glaube allerdings eher an Hund.

Nach dem Essen schießen wir uns dann 'n bißchen Euphorium, und dann machen wir zwei Stunden im neuen Pseudosexer weg, den wir gerade gekauft haben. Junge, das ist vielleicht 'n Ding! Das ist so wie damals, als ich Marie zum erstenmal gelegt habe – da geht's immer wieder. Ohne das wär' das Leben ja gar nichts mehr wert. Marie findet das auch; das entschädigt für alles, sagt sie.

5. *Optimistische Durchspielung:* Denken wir nun ernsthaft darüber nach, wie sich denn eine optimistische Sicht der Zukunft gewinnen lasse, dann wird sogleich klar, daß Optimismus eine völlig andere Zukunftshaltung der Regierungen zur Voraussetzung haben müßte: also nicht nur dieses kurzfristige Wursteln bis zur nächsten Wahl, nicht nur die Engherzigkeit, mit der da die Regierungsvertreter am nationalen Prestige kleben. Und auch nicht diese blinzelnde Halbblindheit gegenüber der zunehmenden Kluft zwischen reichen und armen Völkern. Wenn sich da nichts ändern sollte, dann werden die wohlhabenden Nationen allerdings bald in den Ruin schlittern, wie verschiedentlich prophezeit worden ist. Erbfeindschaften und nationaler Verfolgungswahn sind nicht mehr zu rechtfertigen. Machtkonfrontationen wie die zwischen USA und UdSSR, Indien und Pakistan, Israel und Ägypten müssen durch den guten Willen auf beiden Seiten in einen Modus der Zusammenarbeit übergeführt werden. Wie das im einzelnen zu bewerkstelligen wäre, bleibt schwer abzusehen.

Durchspielung E: Unter den höheren Dienstgraden der Stäbe im Pentagon wurden Gerüchte diskutiert, wonach in der englischen Forschungsanstalt Porton ein neuartiges und wirkungsvolles Mittel der chemisch-bakteriologischen Kriegführung entwickelt worden sei. Es gelang schließlich aufgrund des gegenseitigen Hilfeabkommens, einige Proben der neuen Substanz zu erhalten. Bei einer Geländeübung wurden zwei Kompanien mit diesem Mittel besprüht. Das Ergebnis war überraschend: Es dauerte nur wenige Minuten, bis die Soldaten sich weigerten, auch nur zum Schein weiterzukämpfen. Sie standen nicht unter irgendwelchen benebelnden Drogen, sie hatten keine Halluzinationen. Sie weigerten sich einfach, weiterhin Krieg zu spielen. Dabei hatte ihre Tüchtigkeit in anderen Dingen keinesfalls gelitten – im Gegenteil. Als ein Mann aus einem Kettenfahrzeug fiel und sich dabei Verletzungen zuzog, wurde er von den Kameraden gerettet und mit großer Umsicht und voll Verantwortungsbewußtsein zu einer Sanitätsstation gebracht.

Das wirksame Prinzip dieser Sinneswandlung war nicht einfach eine Chemikalie, sondern eine bestimmte Pilzart, die gewöhnlich auf Getreidearten wächst und dem Schwarzrost des Weizens ähnelt.

Durch genetische Manipulation hatten die Biologen des Instituts in Porton die chemischen Funktionsketten des Pilzes derart verändert, daß er eine pharmakologisch hochwirksame Substanz als Stoffwechselprodukt erzeugte, die in ihrer Wirkung Ähnlichkeit mit dem Lach- oder Lustgas aufwies. Sie wirkte sich so aus, daß sie im Bewußtsein der davon Beeinflußten ein intensives Gefühl der Verbundenheit mit anderen Menschen und der Natur erzeugte, ein Gefühl der Harmonie mit allem, was lebt und in der Umwelt begegnet.

Natürlich war man sich im Pentagon wie zuvor schon bei den britischen Stellen klar, daß eine solche Wirksubstanz, sobald ihr Vorhandensein bekannt würde, jeden Krieg zu verhindern geeignet sei, was die Militärs dann notwendig brotlos machen müsse. Sofort wurden strenge Maßnahmen ergriffen, um nichts über diese Substanz in die Öffentlichkeit durchsickern zu lassen. Doch vergebens: Durch das zufällige Austreten einer kleinen Menge aus einem Tank war bereits einer der Wissenschaftler völlig umgestimmt worden, und dieser Mann sah nun, daß es das einzig Vernünftige wäre, das Herstellungsgeheimnis auch an Russen und Chinesen weiterzugeben. Diese hatten bald Pläne ausgearbeitet, nach denen die ganzen Landwirtschaftsflächen Europas aus der Luft besprüht werden sollten, damit die Substanz Eingang in den Körperhaushalt vieler Millionen Menschen finde. Der Pilz vermochte nämlich in menschlichen Verdauungstrakt zu gedeihen und gab nun von dort aus kontinuierlich die Wirksubstanz an den Wirtsorganismus ab. Was jetzt dem Pentagon noch übrigblieb, war die Besprühung der russischen und der chinesischen Felder.

Damit war der Krieg abgeschafft, im Bewußtsein aller Menschen verbreitete sich Harmonie, die teuren Rüstungsgüter wurden verschrottet, und es stellte sich nun als wichtigste Aufgabe die Rückführung von Abertausenden von Wissenschaftlern und Technikern in die Produktion für friedliche Zwecke. Bald hatte man neue Stämme des Reises und der Sojabohne gezüchtet. Auch fand die Wissenschaft einen Weg, der Kühen ein zweimaliges Kalben im Jahr erlaubte. Die Mittel zur Geburtenkontrolle wurden mit anderen Zusätzen versehen, die ohne Nebenwirkungen die psychische Disposition der Einnehmenden derart beeinflußten, daß sie sich geradezu gedrängt fühlten, aus eigenen Stücken auch weiterhin empfängnisverhütende Mittel einzunehmen. Es dauerte nicht lange, bis ein Rückgang der Weltbevölkerung einsetzte. Der nächste Schritt voran war nun die Erfindung einer Substanz, kraft der sich eine signifikante Steigerung der Intelligenz erzielen ließ – und somit eine Lösung aller bis dahin noch anstehenden Probleme. Da die Produktion jetzt nicht mehr durch die Herstellung von Kriegswaffen beansprucht war, konnte sie ganz der Ausgestaltung einer menschengemäßen Umwelt dienen: Das Goldene Zeitalter war angebrochen.

Vergleicht man nun diese fünf verschiedenen Möglichkeiten, so kann man sich des Gefühls nicht erwehren, daß deren letzte, die optimistische, weniger wahrscheinlich ist als die anderen vier. Aber gerade in diesen vier schlechteren Möglichkeiten müßten wir Tendenzen ausfindig machen, deren Vermeidung oder Blockierung zu planen wäre.

Nach meiner Auffassung liegt das zentrale Problem im Zusammenhang und Zusammenhalt der Gesellschaft selbst. Die materiellen Probleme können nicht von einer Gesellschaft gelöst werden, die von ihren Widersprüchen zerrissen wird. Worin aber beruht sozialer Einklang, und wie war es möglich, daß er zerstört wurde? Wieweit ist diese Zerstörung schon fortgeschritten? Welche Symptome liegen hierfür vor?

Am besten ist bei einer Untersuchung solcher Fragen wohl von dem Phänomen auszugehen, daß Gewaltanwendung in der modernen Gesellschaft sowohl nach ihrer Variationsbreite als auch nach ihrer Intensität zugenommen hat. Wie Fieber das Anzeichen für eine Erkrankung des Organimismus ist, so ist Gewalt Anzeichen für eine Erkrankung der Gesellschaft als Ganzes.

Zweiter Teil
Die Risse im Inneren

Kapitel 3
Sozialer Verfall

Gewalt verändert die Welt, aber die Veränderung ist mit hoher Wahrscheinlichkeit eine Veränderung in eine gewaltsamere Welt.

Hannah Arendt, »*On Violence*«

Dreipartnerverbrechen

Der Bürgermeister des modischen Mittelmeerbades Saint-Tropez erhielt 1974 die Warnung, man werde Bomben in der Stadt legen, wenn er weiterhin das Nacktbaden erlaube. Ob dies nun eine ernst zu nehmende Drohung war oder nur ein Versuch, durch satirische Übertreibung die verbreitete Neigung zur Gewalt gegen unschuldige Dritte ins Licht der Absurdität zu stellen, war nicht zu ermitteln. Zweifellos aber haben derartige Drohungen gegen zunächst unbeteiligte Dritte in den letzten Jahren enorm zugenommen, und es spricht vieles dafür, daß sie künftig noch häufiger auftreten werden.

In Italien sind seit 1960 dreihundert Entführungen verübt worden, wobei es um Lösegeldsummen in Höhe von 30 Millionen Dollar ging – und dies nur in einem einzigen Land. Bombenanschläge gehören zum täglichen Brot der Nachrichtenmedien, bald von Arabern, bald von der IRA, bald von der Baader-Meinhof-Gruppe oder durch die Weathermen und ihre Nachfolger in den USA, die Vereinigte Rote Armee Japans und andere Terrorgruppen. Das State Department der USA legt es Geschäftsleuten vor Südamerikareisen nahe, sich anhand einer Broschüre über Verteidigungsmöglichkeiten bei Überfällen von Terroristen zu informieren. Ein Raketenwerfer und sieben Mörser wurden auf der Bude eines Studenten (!) der East Anglia University gefunden. Das Massaker auf dem Flugplatz von Lod und bei den letzten Olympischen Spielen ist noch in Erinnerung.

Bislang sind kaum ernsthafte Versuche unternommen worden, mit dieser neuen Art von Gewalt fertig zu werden, wiewohl wir annehmen müssen, daß es damit zunehmend schlimmer wird, was bei allen Zukunftsüberlegungen zu berücksichtigen wäre. Die Regierungen der Welt sahen keine Möglichkeit, sich über eine Regelung zu einigen, kraft der Flugzeugentführer gerichtlich belangt werden könnten, obgleich sie häufig Besitzer der teuren Flugzeuge und damit unmittelbar Betroffene sind. Von den 28 palästinensischen Terroristen, die sich 1973 verschiedenen arabischen Regierungen ergaben, ist kein einziger bestraft worden. Von rund 80 Terroristen aus fünf Jahren wurden etwa ein Dutzend gerichtlicher Aburteilung zugeführt, die meisten allerdings wieder in Freiheit gesetzt. Es scheint eine gewisse Bereitschaft zur Verdrängung solch unschöner Tatsachen zu bestehen – viele hoffen, daß bei Nichtbeachtung der Unannehmlichkeiten diese von selbst verschwinden.

Sie werden allerdings nicht von selbst verschwinden. Wenn ich an solche unguten Vorfälle erinnere, so deshalb, weil sie ein wichtiges Element im Gesamtbild der Auflösung sozialer Faktoren des Zusammenhalts darstellen, das hier untersucht werden soll. Dies mag uns warnen, daß unsere Zivilisation allgemein in Gefahr steht und daß wir da genauer hinschauen müssen. Denn einerseits spricht sich in solchen Vorfällen eine Absage an demokratische und rationale Verfahrensweisen allgemein aus; vor allem aber wird hier die Meinung der Mehrheit mißachtet. Gleichzeitig aber zeugen sie von mangelnder Einsicht in die Belange anderer, die nachgerade psychotisch genannt werden muß. Keine Gesellschaft kann sich ein Überhandnehmen dieser Einstellung leisten.

Das Charakteristikum derartiger Verbrechen ist nicht ihre politische Motivation – es gibt auch unpolitische Verbrechen ähnlicher Art –, sondern vielmehr der Umstand, daß drei Partner durch das Verbrechen verkettet werden: der Verbrecher selbst, dann der vom Verbrecher bedrohte Partner und schließlich der eigentliche Zielpartner, der durch das Verbrechen zu einem bestimmten Tun gezwungen werden soll. Ich nenne diese Art Kriminalität daher Dreipartnerverbrechen. Sie stellen moralische Erpressung verächtlichster Art dar, und die Untersuchung solcher krimineller Akte soll nichts an unserem Abscheu gegen sie ändern. Der Terrorist erpreßt das Gute in anderen Menschen, er setzt auf die Hemmungen gesitteter Menschen, andere sterben zu lassen. Um so höher die Gesittung seiner Widersacher ist, desto schwächer sind diese gegenüber dem Terror. In einer Diktatur kann sich eine Regierung der vorgehaltenen Pistole erwehren; in demokratischen Ländern ist dies viel schwieriger. So drängt der Terrorist die Welt geradezu in autoritäre Reaktionen hinein und treibt sie damit in jene Barbarei zurück, der die Menschheit gerade erst halb entwachsen ist. Da er im internationalen Rahmen operiert, nützt er weiter die Gegensätze zwischen den Staaten aus.

Gewiß hat es Entführungen mit Lösegelderpressung auch schon früher hier und da gegeben, wenn dies auch immer Ausnahmefälle blieben; nicht ungewöhnlich war allerdings Geiselnahme im Krieg, etwa um einen Parlamentär zu sichern. Heutzutage aber hat die Entwicklung der Technik solchen Aktionen eine ganz andere Größenordnung verliehen, hat auch ihre Ausführung ungleich leichter gemacht. Mit Schußwaffen lassen sich unbewaffnete Bürger leichter entführen, und im Auto sind die Entführer mit ihrem Opfer davon, ehe dieses noch geschrien hat. Mit Sprengstoffen ist es ebenfalls leicht, eine große Anzahl von Menschen unterschiedslos in Schrecken zu setzen, wobei die Bedrohten noch nicht einmal immer gewarnt werden können, wodurch der Druck auf den Zielpartner verstärkt wird. Andererseits machen die Gegebenheiten des modernen Verkehrs wie die exakte zeitliche Abstimmung der damit verbundenen Vorgänge es dem Kriminellen leicht, Bomben ohne Risiko für seine Person zu legen. Sollte sich die Technik des Bombenlegens durch den allgemeinen technischen Fortschritt noch weiter verfeinern lassen, so wäre sie damit noch leichter handhabbar und noch zerstörungsmächtiger geworden – das Leben könnte dann leicht einen Grad von Unerträglichkeit erreichen, der jede Gesellschaft zum Auseinanderbrechen verurteilte.

Es sind indes weniger die gewöhnlichen Verbrechen, die uns auf diese Weise bedrohen, als vielmehr jene, die politische Zielsetzungen für sich in Anspruch nehmen. Wer sich intensiver mit politischen Terroristen befaßt, wird die psychopathologischen Komponenten nicht übersehen können. Der Verdacht ist so abwegig nicht, daß für viele die Politik nur als rationalisierende Entschuldigung für Aggressionsakte dient, die sie ihre Psyche ohnehin zu begehen zwingt. Bei manchen ist die treibende Kraft ein pervertierter Drang zur Selbstbestätigung: Sich vor aller Augen betätigen zu können und dadurch im Brennpunkt weltweiter Aufmerksamkeit zu stehen, ist ein gemeinsames Motiv von Flugzeugentführern wie anderer mit Mord drohender Gewalttäter. (Bezeichnend ist, daß ein arabischer Terrorist erklärte, er habe an solchen Unternehmungen teilgenommen, weil er »jemand sein wollte«.) Daneben mag es auch eindeutige Nihilisten oder sogar Sadisten geben. Rose Dugdale, »Freiheitskämpferin« von eigenen Gnaden, pflegte Feuerzeugbenzin über ihre Hände zu schütten und es anzuzünden, während ihre Freunde sich vor Verlegenheit wanden, und solches Verhalten mag mehrfach motiviert sein. Daß sie ihre Fingernägel bis auf die Kuppen abbeißt, ist ein geradezu klassisches Symptom gestauter Aggression. In den ausgeklügelten Strafmethoden der IRA – Zerschießen der Kniescheibe, Zerschmettern des Unterkiefers, von Schlimmerem ganz zu schweigen – steckt deutlich ein gerüttelt Maß an Sadismus. Bis zum Oktober 1974 wurde 110 Männern und Frauen die Kniescheibe zerschmettert, nicht nur mit Schüssen, sondern auch mit Elektrobohrern. Sadismus wird gleichfalls erkennbar in terroristischen Methoden, wie sie von Freischärlern auf den Philippinen und anderswo angewandt werden. Es handelt sich dabei keineswegs um Affekthandlungen und Exzesse im Kampfgeschehen, sondern um Anweisungen, die zuvor im Druck niedergelegt worden sind. »Töte nicht nur ... mache deinen Feind zum Krüppel ... stich ihm die Augen aus ... schneide ihm die Arme ab ... und hänge ihn auf«, empfiehlt die Studentenzeitschrift ›*Ez-Zitouna*‹ in Tunis. Auf den Philippinen ließen Rebellen Männer durch Pferde in zwei Hälften zerreißen – von anderem zu schweigen.

Durch ihre noch so häufig abgelegten Bekenntnisse für politische Zielsetzungen können solche Terroristen jedoch nicht darüber hinwegtäuschen, daß ihnen eine echte politische Motivation fehlt, denn die politische Erfahrung hat hinreichend gezeigt, daß unterschiedslose Akte des Terrors einer politischen Sache niemals voranhelfen. Vor einer Reihe von Jahren hatten die Vietcong noch wahllos Bombenanschläge unternommen, lernten jedoch bald, daß sie sich dadurch nur Feinde schufen. Derartige Aktionen wurden dann verboten, wenngleich gezielter Terror, etwa zur Sicherstellung der Gefügigkeit eines Dorfältesten, weiterhin zur Anwendung kam.

Es soll damit nicht gesagt werden, daß Terrorismus in keinem wirklichen Zusammenhang mit Politik stehe. Immerhin gibt es Regierungen, die den Terroristen das Geld zuschieben und ihnen moralisch den Rücken stärken. Und vielfach soll die Anwendung von Terror den Zusammenbruch einer Gesellschaft bewirken, damit eine neue Macht mit hartem Durchgreifen nunmehr die ihr genehme Ordnung schaffen kann.

Die neuen Terroristen

Nicht nur Geld, sondern auch Waffen und Ausbildung werden heute Terroristen auf internationaler Ebene zur Verfügung gestellt. Als Ulrich Schmücker, der 22 Jahre alte Sprengstoffsachverständige einer kleinen deutschen revolutionären Gruppe, die sich als »Bewegung 2. Juni« bezeichnet, von der Polizei festgenommen wurde, sagte er aus, die Gruppe sei ständig von arabischer Seite gegen Bezahlung mit Ausrüstung beliefert worden. (Gewehre und Granaten kosteten 5000 DM.) Doch nicht nur Waffen wurden angeliefert – die Gruppenmitglieder konnten sich auch für einige Zeit in Libanon dem möglichen Zugriff deutscher Behörden entziehen, wofür 3000 DM zu zahlen waren, oder aber für 10 000 DM an einem militärischen Ausbildungslehrgang teilnehmen. (Nach seiner Entlassung aus der Haft wurde Schmücker von Mitgliedern der Gruppe wegen Geheimnisverrats »hingerichtet«.)

Es ist klar, daß die Sowjetunion manche subversive Gruppen unterstützt, und wie von westlichen Geheimdiensten mitgeteilt wurde, haben sowohl der KGB wie sein Gegenstück für Armeeangelegenheiten, der GRU, zur Ausbildung, Ausrüstung und Finanzierung der Volksfront für die Befreiung Palästinas beigesteuert. Solche Hilfeleistungen wurden über fünf Jahre aufrechterhalten, und sie schlossen auch die Ausrüstung mit Boden-Luft-Raketen vom Typ SAM-7 ein. Juri Iwanow Startschinow, der vor drei Jahren Militärattaché an der sowjetischen Botschaft in Libanon wurde, soll hinter dieser Gruppe stehen, deren Gründung seinem Vorgänger zugeschrieben wird.

John Barron, Redakteur von ›*Reader's Digest*‹, hat in seinem Buch »*KGB*« die Ansicht vertreten, daß der KGB beide Flügel der IRA bewaffnet und ausgebildet habe und »ziemlich offen Mittelsmänner nach Irland schicke«, die mit Rat und Tat helfen. Ein Korrespondent der ›*Prawda*‹, Juri Jasnew, wird als Kontaktmann genannt, doch sei das eigentliche Ausbildungszentrum in Kuba gewesen. Gewiß ist allerdings so viel, daß von der IRA Handfeuerwaffen und Raketenwerfer sowjetischer Herkunft verwendet werden. Oberst Gaddafi hat sich in einem Interview 1973 in Paris gerühmt, daß seine Regierung nicht allein die palästinensischen Guerillas finanziert habe, sondern auch die IRA »und viele andere« revolutionäre Gruppen. »Die Regierung Libyens und wohl noch die eine oder andere Regierung arabischer Staaten haben die Aktionen der Palästinenser zweifellos unterstützt. Weniger bekannt ist, daß es auch Anzeichen für eine Unterstützung durch die Sowjetunion gibt«, bemerkt der ›*Economist*‹ und weist darauf hin, daß die Mitglieder der Baskischen Befreiungsfront bei einer Pressekonferenz Waffen tschechoslowakischer Herkunft trugen, daß die Palästinenser mit russischen Kalaschnikow-Sturmgewehren kämpfen und daß russische Luftabwehrraketen vom Typ »Strela« nach Italien und Belgien eingeschmuggelt wurden. Da es sich bei dem letztgenannten Waffensystem um eine recht neue Entwicklung handelt, ist es unwahrscheinlich, daß es von internationalen Waffenhändlern verkauft wurde. Auffallend ist auch der Umstand, daß Palästinenser verschiedentlich Ost-Berlin zum Ausgangspunkt ihrer Aktionen gemacht haben.

Extremisten erhalten natürlich nicht nur Unterstützung durch interessierte Regierungen, sondern unterstützen sich auch gegenseitig. Sie bilden eine Art internationaler Verschworenengemeinschaft. So erhielt die Volksfront für die Befreiung Palästinas Hilfe aus Japan, der Türkei, der Bundesrepublik und Amerika. Zu Beginn des Jahres 1974 knackte die Polizei in Paris eine Terroristenzelle, deren Mitglieder Türken und Palästinenser waren. Wenige Tage später wurde am Londoner Flughafen Heathrow eine Gruppe festgenommen, die aus einem Pakistani, einem Marokkaner und einer Amerikanerin bestand. Selbst Koreaner sollen in Nord-Irland schon aktiv geworden sein. Die IRA pflegt auch enge Kontakte mit der baskischen ETA und der Bretonischen Befreiungsfront. Mitglieder der verbotenen Gruppe für ein freies Quebec rühmten sich, daß sie eine Guerillaausbildung in Jordanien und Kuba erhalten hätten.

Es ist letztlich der Stand der technologischen Entwicklung, der solche internationalen Aktionsgemeinschaften möglich macht, da schnelle Verkehrswege und Nachrichtenkanäle die ständige Fühlungnahme der Gruppen untereinander ermöglichen. In seinem 1973 erschienenen Buch »*To-day's Revolutionaries*« sagt Ian Greig, daß Gelder für die Black-Power-Bewegung in Großbritannien aus Moskau, Peking, Daressalam, kommunistischen Quellen in Belgien und wenigstens in einem Falle auch aus Kuba zuflossen.

Haben sich terroristische Techniken erst einmal in einem Land als erfolgreich erwiesen, so finden sie in anderen Ländern schnell Nachahmung. Nachdem brasilianische und guatemaltekische Kidnapper ausländische Diplomaten entführt hatten, griffen sich auch argentinische Guerillas ausländische Geschäftsleute. Ihr Beispiel fand dann in Belfast Nachahmung, wo ein deutscher Industrieller entführt wurde. In ähnlicher Weise haben die Araber die Technik der Flugzeugentführung von Abenteurern gelernt, die auf diese Weise aus den USA nach Kuba gelangten. Sprengsätze am Auto, gelegentlich von der Mafia der Vereinigten Staaten verwendet, wurden von der IRA und später auch von der baskischen Terroristengruppe ETA in Nordspanien angewendet.

Andererseits werden nun wiederum terroristische Techniken von gewöhnlichen Kriminellen übernommen. Bankräuber nehmen Geiseln, und Kidnapper haben erkannt, welche Gelegenheit die Entführung prominenter Geschäftsleute bietet, da sich mit solchen Geiseln leicht Geld von den reichen Firmen erpressen läßt, in deren Dienst die Entführten arbeiten. Für die Freilassung des Ölmanagers Willkie zogen Gangster nach Schätzungen 1 Million Dollar aus den Tresoren der Amoco an Land, während zu Anfang des Jahres 1974 für einen Manager der französischen Autofirma Peugeot, M. Boisset, 3 Millionen Dollar gezahlt worden sein sollen. Allein in Argentinien wurden im Jahr 1973 vierhundert Fälle von Personenraub registriert.

Viele dieser Entführungen gingen auf Kosten der ERP, der Volksrevolutionäre, die auf diese Weise über 30 Millionen Dollar zusammenbekommen haben sollen, einschließlich des Rekordlösegeldes von 14,2 Millionen Dollar, welches von der Erdölfirma Exxon für den Generalbevollmächtigten der Campana-Raffinerie Samuelson gezahlt wurde. In anderen Fällen ging es offenbar weniger um die Beschaffung von Geld als um blinde Rache: Internationale Post- und Telegrafenämter waren in Nürnberg, Berlin, New York, Rom und

Paris das Ziel von Sprengstoffanschlägen, hinter denen die deutsche Gruppe »Schwarze Hilfe« und eine französische Gruppe mit dem programmatischen Namen »Wir müssen handeln« standen, nachdem in einem Buch über ihre politischen Aktivitäten berichtet worden war. Palästinensische Gruppen wie die Volksfront für die Befreiung Palästinas richteten Angriffe gegen prominente jüdische Geschäftsleute. Nicht mehr als eine Drohung scheint jedoch nach Ansicht des ›*Economist*‹ hinter einer angeblichen Gruppe zu stehen, die sich »Freunde der Vereinten Nationen« nennt und Maßnahmen gegen Firmen mit Geschäftsinteressen in Südafrika ankündigt. Doch auch die bloße Drohung mit Sabotage kann wirksam sein, und es wird behauptet, daß die Volksfront für die Befreiung Palästinas von vier Luftfahrtgesellschaften, die den Flugplatz von Lod anfliegen, ein Schutzgeld erhalte. »Es spricht manches dafür, daß künftige Erscheinungsformen . . . Sabotageandrohungen gegen besonders verletzliche und leicht zu zerstörende Einrichtungen wie Ölleitungen, Ölraffinerien und Computeranlagen einschließen werden«, meint der ›*Economist*‹.

Die Rücksichtslosigkeit und Abgefeimtheit, mit der solche Gruppen ihr Ziel verfolgen, wird augenfällig in den Anweisungen eines während der Entführung von Patty Hearst durch die Black Liberation Army Kaliforniens herausgegebenen Handbuchs: »1. Beträgt die bis zur Übergabe des Lösegeldes gesetzte Frist eine Woche oder weniger, so sollte die Geisel unterirdisch in Gewahrsam gehalten werden, mit soviel Nahrungsmitteln und Wasser versorgt, daß sie durchkommt. Die Terroristen können dann entweder den Aufenthalt der Geisel bekanntgeben, ohne daß sie sich ihr noch einmal nähern müssen, oder sie aber bei nicht erfolgter Zahlung eines Lösegeldes verhungern lassen. 2. Ist nur eine Frist von 24 Stunden gesetzt, so sollte das Opfer betäubt werden und im Kofferraum eines Wagens liegen bleiben. Bei Nichtauszahlung des Lösegelds kann es dann von einem vorüberfahrenden Wagen aus mit Vollmantelgeschossen durchsiebt werden.«

Der ›*Economist*‹, der diese Anweisungen im Auszug bringt, schließt folgenden Kommentar an: »Es werden auch zunehmend Terroristen, die in ihrem eigenen Land keinen Erfolg hatten, im Ausland leichtere Ziele suchen. Einige der ausgewiesenen südamerikanischen Revolutionäre dürften als erste in dieser Richtung aktiv werden. Zu kaum weniger Besorgnis gibt die Entstehung einer

Möchtegern-Guerilla unter Minderheiten in Westeuropa Anlaß. Die Aktivitäten solcher Gruppen bilden eines der Alltagsrisiken, mit denen Firmen wie Regierungen zu rechnen haben.«

Das größte terroristische Potential dürfte gegenwärtig in der arabischen Welt konzentriert sein. Nimmt man zusammen Al Fatah, die Volksfront für die Befreiung Palästinas (PFLP), die Demokratische Volksfront für die Befreiung Palästinas (PDFLP), Al Sa'iqa (den syrischen Ba'athisten nahestehend), dazu den »Schwarzen September«, so ergibt sich für das Jahr 1972 eine Gesamtzahl von etwa 14 000 Mitgliedern von terroristischen Organisationen, wenn man die Angaben des Institute for the Study of Conflict zugrunde legt. Eine japanische Gruppe, die mit arabischen Terroristen zusammengearbeitet hat, die Vereinigte Rote Armee, wird auf 300 Anhänger in Japan geschätzt, wo sie allerdings nicht sehr in Erscheinung trat.

Frauen sind unter den Terroristen mehrmals spektakulär hervorgetreten, und ein Sicherheitsexperte namens Peter Hamilton meint, daß in jeder Terroristengruppe zumindest der stellvertretende Führer eine Frau sei. Er weiß auch, daß in der Schweiz eine Schule betrieben wird, in der »anti-men women« in Guerillatechnik unterwiesen werden.

Bisher ist wenig unternommen worden, um die Motive zu erhellen, die Menschen dazu bringen können, andere Menschen bereitwillig aus der Welt zu schaffen. Jene Männer, die das Blutbad bei der Münchener Olympiade auslösten, wurden als junge, gut erzogene Leute beschrieben, die sich auf französisch, deutsch und englisch auszudrücken verstanden. Die Mitglieder der Vereinigten Roten Armee Japans kamen aus Kreisen des mittleren Bürgertums. Die Anfangsführer dieser Gruppe waren der Sohn eines Hotelbesitzers und die Tochter eines Geschäftsmannes.

Als die japanische Polizei Mitglieder dieser Vereinigten Roten Armee in einer abgelegenen Berggegend nördlich von Tokio verfolgte, stieß sie auf eine Reihe von Leichen, alles ehemalige Mitglieder dieser Bewegung, die wegen »Abweichlertum« gefoltert und erwürgt worden waren. Wie sich herausstellte, waren einige wegen mangelnder revolutionärer Entschlossenheit für schuldig befunden worden, andere wegen »bourgeoiser Neigungen« (so wegen einer Liebesgeschichte zwischen einem der Jungen und einem Mädchen). Ein anderes Mädchen war getötet worden, weil sie schwanger wurde.

Eine Frau hatten sie zur Tötung ihres Mannes gezwungen, zwei Jungen zur Tötung ihres Bruders. Der Schauer, der einen beim Lesen solcher Tatbestände überfällt, resultiert wie bei den Morden Mansons und seiner »Familie« in Kalifornien aus der Abartigkeit der Motivation.

In eklatanter Weise stellen politische Dreipartnerverbrechen eine Abkehr von demokratischer Entscheidungsbildung dar. Wer sie begeht, hat alle Hoffnung aufgegeben, seine Ziele auf dem üblichen Wege zu verwirklichen, weshalb er zur Gewalt greift. Hier befinden wir uns bereits auf der langen, abschüssigen Bahn, die schließlich zur Diktatur der rücksichtslosesten Kräfte führen muß. Wie aber kann dies vermieden werden? Sicherlich müssen wir Unterscheidungen machen. Es gibt ja Fälle, in denen Regierungen sich völlig über Erwartungen und Bedürfnisse eines Volkes hinwegsetzen und deren Artikulierung brutal unterdrücken – Gewaltanwendung gegen die Regierung wird dann von der Zustimmung breiter Bevölkerungsschichten getragen. Entweder muß eine solche Regierung nachgeben, oder sie riskiert ihren Sturz. Ziemlich häufig aber werden gewaltsame Aktivitäten gegen den Staat von kleinen Gruppen einer Minderheit getragen, die sich keineswegs auf die Zustimmung des ganzen Volkes berufen können – so etwa in Nord-Irland, wo Befragungen wiederholt ergeben haben, daß die Mehrheit der Bürger ein Verbleiben im Vereinigten Königreich wünscht. Ähnlich liegen die Dinge bei faschistischen Gruppen in Italien und extremen Linksgruppen in Großbritannien sowie bei Gruppen beider Richtungen in Frankreich. In all diesen Fällen ist die einzige radikale Lösung – und radikal bedeutet: »an der Wurzel ansetzend« –, daß untersucht wird, aus welchen Ursachen diese Extremisten in Gegensatz zur Gesellschaft geraten sind. Es ist also zu fragen, warum sie eine so feste Überzeugung von der Rechtmäßigkeit ihres Vorgehens entwickeln können, daß sie dieses selbst gegen den klaren Erweis des Gegenteils verteidigen. Eine solche Haltung erinnert an die Unüberzeugbarkeit von Vertretern der Hohlwelttheorie oder an die starren Glaubenssätze mittelalterlicher Häretiker.

Man hat die Neurose als Abwehrhaltung definiert, die zwar an sich ganz natürlich, aber durch Erstarrung und den Überschlag ins Extreme gekennzeichnet sei. So ist es vernünftig, sich die Hände zu waschen, aber der Neurotiker wäscht sie hundertmal am Tag. So gesehen entpuppen sich die meisten Extremisten als Neurotiker. Gegenwärtig verfügt die Gesellschaft noch nicht über sehr viele Möglichkeiten, ihnen zu helfen. Gewiß, durch Koagulation bestimmter Gehirnzentren lassen sich neurotische Impulse ausschalten – aber daß von Staats wegen ein Recht bestehen soll, Eingriffe im Gehirn politischer Gegner vorzunehmen, liegt außerhalb des Wünschenswerten. Immerhin gibt es therapeutische Betreuung, und Betreuung von Menschen, die mit der Gesellschaft im Konflikt stehen, ist gängige Praxis. Allerdings zeigt das Beispiel Rußlands, wo Regimegegner durch therapeutische Maßnahmen an öffentlicher Kritik gehindert werden, daß auch hier Mißbrauchmöglichkeiten gegeben sind. Auf lange Sicht bleibt also nur, die sozialen Bedingungen der Neurose – und es sind nicht zuletzt auch Familienbedingungen – so weit wie möglich auszuschalten. Dies wäre allerdings ein Weg, der viel Zeit erfordert. Nun besteht aber eine weitverbreitete Tendenz, Haltungen, die sich gegen die Gesellschaft richten, nicht als negativ zu bewerten, sondern sie zumindest in Teilbereichen zu akzeptieren.

Lob der Gewalt

Eine auffällige Erscheinung der gegenwärtigen Entwicklung sind die durchdachten Rechtfertigungen der Gewalt, die man wohl nur mit etwas Sympathievorgabe als »Philosophie« bezeichnen möchte. Vorgebracht von Intellektuellen extrem linker Position, fanden sie bereitwillige Aufnahme in der jüngeren Generation, ungeachtet der enthaltenen Irrationalismen.

Deutsche wie französische Autoren, vor allem Nietzsche und Sorel, können als Begründer dieser Denkrichtung angesehen werden. Stets ist das Lob der Gewalt verbunden mit der symbolischen Auflehnung gegen die Autorität des Vaters, wobei die »Söhne« diese Autorität ihrerseits durch ein Mehr an Autorität zu übertrumpfen suchen.

Frantz Fanon, aus Martinique stammender schwarzer Psychiater, ist während der vergangenen Jahre ein wichtiger Wortführer dieser Richtung gewesen, und sein Erfolg dürfte gerade aus der mystischen, ratiofernen Haltung seiner Schriften zu erklären sein. Denn für

Fanon ist Gewalt nicht etwa nur eine bedauerliche Notwendigkeit, sondern vielmehr ein Wunschziel. Die »reinigende Flamme der Gewalt« lasse die Verdammten zur Wiedergeburt gelangen, mache sie schön und heilige sie, schrieb er in seinem Buch *»Die Verdammten dieser Erde«*. Auch die Frau habe ein Recht auf Gewaltanwendung: »indem sie zur Gewalt greift, wird sie ein ganzer Mensch«.

Während des Zweiten Weltkriegs waren Tausende von französischen Seeleuten, die sowohl vor Hitler wie vor den Engländern geflohen waren, nach Martinique eingeströmt. Als gebürtiger Martiniquais war Fanon völlig in der französischen Kultur groß geworden, war er seinem Selbstverständnis nach Franzose und mußte nun mit anhören, wie seine Landsleute von der Insel durch die vermeintlichen Landsleute aus dem Mutterland als »Schwarze Affen« verhöhnt wurden. So wurde er zu einem erbitterten Wortführer der antikolonialen Erhebung. Eine Kolonie, die sich durch Gewalt befreit habe, reinige sich dadurch selbst von allem Übel, lautete seine These. Durch Gewalt stelle sich ein Gemeinschaftsgefühl her; der Akt der Befreiung werde »geheiligt durch Blut«. Er lebte lange genug, um noch zu sehen, was Gewalt wirklich eintrug: schwache, korrupte und unfähige Verwaltungen, die sich nur wieder durch Gewalt, Unrecht und Terror halten konnten.

Fanons Schriften sind nicht nur weithin im Irrationalen verankert, sondern stehen einfach auch im Widerspruch zu den Fakten. »Kolonialherrschaft kann immer nur durch Gewalt abgeschüttelt werden«, erklärt Fanon ungeachtet gegenteiliger Beispiele. »Die bäuerliche Bevölkerung ist allein revolutionär«, und die Bauern akzeptierten die moderne Medizin als eine revolutionäre Waffe, meint er an anderer Stelle. Sexuelle Abartigkeit sei bei Negern nicht zu finden; allein der Europäer, der seine Sexualität zugunsten des beruflichen Fortkommens unterdrücken müsse, werde dadurch pervertiert – Anleihen beim Freudschen Modell mit dem Ziel einer kollektiven Absolution von der Neurose zugunsten der schwarzen Rasse. Nach der Revolution, so meint er weiter, müsse man alle Institutionen der Weißen zerstören, da sie Gift für die neu entstehende Welt seien. (Welche Institutionen freilich an die Stelle der von Europa übernommenen treten sollen, sagt Fanon nicht.)

In Frankreich war es Jean-Paul Sartre, der zunächst seit dem Verebben der existentialistischen Welle etwas in den Hintergrund getreten war, dann aber als Befürworter der Gewalt erneut Einfluß gewann. Zwar lehnte er Sorels *»Reflexions sur la Violence«* als »faschistisches Geschwätz« ab, doch entwickelte er selbst ein Konzept der Gewaltanwendung, wobei er zwischen reaktionärer und revolutionärer Gewalt unterschied, erstere als verwerflich, letztere aber als wünschenswert darstellend. Zwei seiner Theaterstücke *(»Die schmutzigen Hände«* und *»Der Teufel und der liebe Gott«*) führen vor Augen, daß sich in der Politik nicht viel erreichen lasse, ohne daß man seine Hände durch Gewalt und Terror schmutzig mache. »Das essentielle Problem«, so meinte er gegenüber einem Interviewer, sei die Überwindung der Vorstellung, daß die Linke auf Gewalt nicht mit Gewalt antworten solle. Im Jahr 1966 sprach er über den Einsatz sowjetischer nuklearer Raketen gegen amerikanische Stützpunkte in Fernost und bezog selbst die Möglichkeit eines dritten Weltkriegs in seine Überlegungen ein.

Der deutsche Autor Herbert Marcuse sollte schließlich das Buch schreiben, das zur Bibel einer ganzen Bewegung wurde. Als deutscher Jude, der aus der Unterdrückung in eine Demokratie floh, wo er frei seine Meinung äußern konnte und hierbei sogar Förderung erfuhr, hätte er darin vielleicht etwas Positives sehen können. Er tat dies jedoch nicht. Für ihn ist Demokratie nichts als Betrug, und ihre Meinungsfreiheit scheint ihm illusorisch. In der Toleranz der Demokratie sieht er nur eine besonders subtile Form der Repression, weil sie den Menschen erlaube, Dampf abzulassen, wodurch die Herrschaft um so leichter aufrechterhalten werde. Der Protest allein diene nur der »Stärkung repressiver Herrschaft«. Anstelle der Toleranz scheint ihm befremdlicherweise Intoleranz ein angemesseneres Mittel zur Lösung der Probleme, wobei diese Intoleranz natürlich von links her auszuüben wäre. Da sich die Gesellschaft in einem Ausnahmezustand befinde, seien die Rechte der freien Rede und der ungehinderten Versammlung ohnehin zu suspendieren, und dies je früher, desto besser. »Intoleranz selbst gegen Gedanken, Meinungen und Worte« sei zu fordern, weil die Demokratie »die Basis universaler Toleranz zerstört hat«. Marcuse, der Kritiker des Stalinismus, fordert nicht nur Gewalt, sondern deren Herrschaft.

Gewiß hatte Marcuses Wirkung bei der jüngeren Generation nicht zuletzt in seinen Sexualtheorien ihren Grund, die vielfach in einer Umkehrung Freudscher Einsichten bestanden. Wo immer etwas falsch war mit der Gesellschaft, führte Marcuse dies auf sexuelle Repression zurück. Auch sei die angebliche sexuelle Permissivität der modernen Gesellschaft nur ein weiterer Fall von Vorspiegelung. Was not tue, sei »die Erotisierung der ganzen Persönlichkeit«. Die Arbeit müsse »erotisiert« werden. Für Marcuse stellt sich eine ganz klare Analogie zwischen sexueller und politischer Repression her, und vielleicht fällt aus diesem Zusammenhang Licht auf sein intensives Verharren bei dieser Problematik.

Bedenklicher als derartige Gelehrsamkeiten ist seine Forderung, daß der Voreingenommenheit mit Voreingenommenheiten begegnet werden müsse. So erst sei Freiheit zu gewinnen!

Wie der Londoner Politologe Maurice Cranston in einem erhellenden Essay schreibt, ist Marcuses Haltung zur heutigen Welt oft kaum von der eines ältlichen Stehkragenideologen oder Junkers zu unterscheiden. »Das Ausmaß, in dem es der Bevölkerung erlaubt wird, friedliches Leben dort zu stören, wo noch immer Friede und Stille herrscht, sich häßlich zu geben und Dinge zu verhäßlichen, in familiäre und private Sphären einzudringen, gegen die gute Form zu verstoßen, ist erschreckend.« So beklagt sich Marcuse und fügt hinzu, es sei höchst unangenehm, »teilnehmen zu müssen an ihren Geräuschen, ihrem Anblick, ihren Gerüchen«. Wie Cranston zu Recht bemerkt, zeige Marcuse, der dem Begriff der »Entfremdung« so viel Raum gebe, selber Merkmale der Entfremdung. »Marcuse hat den Magen eines Ästheten der Oberklasse, *übersensibel, wählerisch und menschenfeindlich.*«*

Eine vollständige Darstellung der Philosophie der Gewalt müßte auch die beiden englischen Psychiater R. D. Laing und David Cooper einbeziehen, doch würde uns die Thematik der »Entmystifizierung der Gewalt« tiefer in die Kontroversen der Psychiatrie hineinführen, als den meisten Lesern lieb sein dürfte.

Außergewöhnlicher ist ohnehin wohl die Tendenz mancher katholischer Priester und Theologen, sich auf den Flirt mit der Gewalt

* Es entbehrt nicht der komischen Akzente, die realitätsferne Betrachtungsweisen sich oft einhandeln, wenn Marcuse den Stil des ›*Time Magazine*‹ kritisiert und ihn ausgerechnet mit dem des »*Kommunistischen Manifests*« vergleicht. Wenn er Marxens Sprache der Ausdrucksweise von ›*Time*‹ vorzieht, indem er auf dessen klare Durchsichtigkeit verweist, so mag man dies gegen Marcuses eigenen Stil sehen, der oft genug voll Zweideutigkeiten und krausen Verschnörkelungen ist.

einzulassen, was denn auch Jacques Ellul in seinem Buch über die Gewalt moniert.

Pater Cardonnel, ein französischer Ordensmann, ist repräsentativ für diese »Theologen der Revolution«. Er stellt die Frage nach der zeitgemäßen Form des Fastens und gibt gleich die Antwort: »Durch einen wohlgeplanten Generalstreik. Dies ist die Gott wohlgefällige Art des Fastens, die Osterliturgie unserer Zeit.« In seinem Enthusiasmus für die Revolution wird er allerdings von einem Franziskaner, dem Frater Maillard, übertroffen, der erklärte: »Wenn ich sähe, daß mein Glaube mich nur um ein weniges von den anderen Menschen trennte und meine revolutionäre Entschlossenheit beeinträchtigte, so würde ich nicht zögern, meinen Glauben zu opfern.« Die Revolution wird so zu einem Ziel von nahezu endzwecklicher Bestimmtheit, ist nicht mehr bloßes Mittel zum Zweck, eine Sicht, die auch der amerikanische Religionsphilosoph Richard Shaull vertritt. Wie Jacques Ellul zu bedenken gibt, sei diese Einstellung zur Revolution unsinnig, da hierdurch die Revolution zu einem absoluten Wert gemacht würde. Shaull vertritt in der Tat die Auffassung, daß Christen an *allen* Revolutionen teilnehmen sollten, und zwar gleichgültig, ob von rechts oder von links, von Nationalisten, Faschisten oder welchen Gruppen auch immer.

Die für das Christentum doch zentrale Idee der Nächstenliebe wird einfach zur Seite geschoben. Frater Maillard sagt hierzu: »Wir dürfen die weltweite Revolution unserer Brüder nicht durch unsere eigenen Skrupel behindern. Wir stehen vor einer wahrhaftigen Wahl. Liebe in der Form von Großherzigkeit muß als zu idyllisch abgelehnt werden; die wahre Liebe ergibt sich aus politischen, ökonomischen und soziologischen Studien.«

Doch Ellul weist darauf hin, daß diese revolutionären Christen sich nicht in gleicher Weise aller unterdrückten Völker annehmen. Sie unterscheiden zwischen den »interessanten Armen« – amerikanischen Negern, Nordvietnamesen, Palästinensern und den Armen Südamerikas – und den »uninteressanten Armen«, um die es sich nicht gleichermaßen lohnt, Sorge zu haben: »die von den Bundestruppen Nigerias massakrierten Biafraner; die monarchistischen Jemeniten, die im Napalm und in den Bomben der ägyptischen Luftwaffe während der Jahre 1964–1967 untergingen; die Südsudanesen, die von den Nordsudanesen in Massen umgebracht wurden;

die von den Chinesen unterdrückten und nach China deportierten Tibetaner; die Kurden, von denen zwischen 1968 und heute wohl eine halbe Million Menschen in Irak und in Iran massakriert worden sind.« Auch die Ausrottung der Patacho-Indianer durch das Brasilianische Indianerbüro, so läßt sich hinzufügen, hat keinen Aufschrei unter den Christen ausgelöst.

»Die interessanten Armen«, meint Ellul, »sind jene, für die einzutreten gleichzeitig ein Schlag gegen Europa, gegen den Kapitalismus, gegen die USA ist.« Die uninteressanten Armen sind jene, die nur für ihr Überleben als Volk oder für ihre Kultur kämpfen. Mit Liebe zu den Armen hat eine solche christliche Stellungnahme also nichts zu tun, wohl eher schon mit dem Haß auf die Reichen. Wie sich die Forderung nach Abschaffung der Armut im christlichen Kontext glaubwürdig stellen läßt – nachdem Christus selbst die Armut gepredigt hat –, bleibt ohnehin fraglich.

Allerdings geht es nicht an, solche Rationalisierungen der Gewalt als belanglos abzutun, nur weil die Apologeten rationale Argumentation verlassen oder zweideutig bleiben. Das Bedürfnis nach derlei Gedankengut wächst, weil die Situation der Welt in eine Art Pattstellung geraten ist. Wie soll man mit einem sich festkrallenden Regime verfahren, nachdem alle Wege der Gewaltlosigkeit ohne Erfolg versucht worden sind? Die mittelalterliche Moraltheologie kannte den Begriff des »gerechten Kriegs«. Und angesichts faschistischer Unterdrückung fühlen sich nicht wenige sonst friedfertige Menschen berechtigt, wenn nicht gar verpflichtet, gewaltsam einzuschreiten. Die mittelalterliche Kirche war bestrebt, Kriegsmöglichkeiten einzugrenzen, weshalb sie darauf drang, erst alle anderen Handhaben auszuschöpfen, ehe man den Krieg wählte. Was man den Befürwortern der Gewalt vorwerfen muß, ist, daß sie die Tendenz zeigen, die Gewalt um ihrer selbst willen zu glorifizieren. Das ist eine Perversion, die eigentlich mehr des Zensors bedürfte als die Pornographie, über die sich in unserer Gesellschaft immer noch so viele ereifern, die selbst in dieser Hinsicht etwas zu kurz kommen.

Wenn also schon die Seelsorger für Gewaltanwendung eintreten, kann es kaum wunder nehmen, daß Elridge Cleaver, ein Führer der Black-Power-Bewegung, von sich selber sagt, er sei ein »ehemaliger Sträfling, Vergewaltiger, Befürworter der Gewalt«, und erklärt: »Die Nigger werden in die Villenvororte der Weißen gehen und aus den

Villenvororten der Weißen Schießplätze machen.« Cleaver nannte Fanons *»Die Verdammten dieser Erde«* die »Bibel« der Befreiungsbewegung der Schwarzen in Amerika.

Das Mysterium des Nihilismus

»So werden wir Unruhe stiften, und Verwüstung wird sich ausbreiten – Verwüstung, wie sie die Welt zuvor nicht erlebt hat.« Das sind die Worte Petr Verchowenskijs in Dostojewskijs Roman *»Die Dämonen«*, einer Gestalt, deren größter Ehrgeiz es war, »ein solches Durcheinander anzurichten, daß alles zur Hölle geht«, weil »dieser Gedanke aus irgendeinem Grunde etwas so Verlockendes an sich hat«. Worin aber liegt das Verlockende? Bei D. H. Lawrence finden wir den gleichen Gedanken noch etwas weiter vorangetrieben: »Es wäre ein Spaß, den Spieß umzudrehen. Machen wir eine Revolution zum Spaß.« Warum ist dieser Gedanke allgemeiner Zerstörung für manche Menschen verlockend? Tatsächlich haben viele der Extremisten von heute mehr auf das Niederreißen ihr Denken gerichtet als darauf, wie sich etwas besser machen ließe, um unsere zweifellos recht unvollkommene Gesellschaft zu ersetzen – und gerade das muß bedenklich stimmen.

Bei den modernen Extremisten finden wir genau den Widerhall der oben skizzierten Ideen. *»Revolution for the Fun of It«* heißt etwa ein Buch Abby Hoffmans. Der Herausgeber einer obskuren Protest-Publikation, der *›Loving Couch Press‹*, ein gewisser Steve Jones aus dem kanadischen Manitoba, dürfte ziemlich sicher seine illustre geistige Vorfahrenschaft nicht gekannt haben, als er seine Funktion als Herausgeber mit diesen Sätzen umschrieb: »Mein persönliches Ziel ist es, zu zerstören. Meine Leser für 25 Cents zusammenzuficken.«

Der Herausgeber der Zeitschrift *›Oz‹*, Richard Neville, hat zur Erklärung solcher Haltungen beigesteuert, als er die Provos der 1960er Jahre als Menschen begriff, die es auf öffentliche Gegenmaßnahmen abgesehen hatten, damit sie etwas zu protestieren hätten, »da sonst kein Anlaß zu Beschwerden gegeben war«. Aber meist ist es doch mehr als nur der Wunsch nach Protest, mehr auch als nur der Spaß am Untergang. Es gibt eine bösartig nagende Zerstörungswut, wie sie etwa ein Lehrbeauftragter der Vincennes University zum Ausdruck brachte. »Es ist harte Arbeit, aber wir machen Fortschritte«, sagte er zu einem britischen Journalisten, der sich nach den Zielen der militanten Studentenschaft erkundigte, »mit einigem Glück wird hier bald keine Universität mehr existieren, in die man nach den Herbstferien zurückkehren könnte.«

Nicht ohne unfreiwillige Komik hat Carl Ogleby, der ehemalige Vorsitzende der militanten amerikanischen Organisation Students for a Democratic Society (SDS), sein nihilistisches Glaubensbekenntnis umrissen: »Der Rebell ist ein unverbesserlicher Absolutist, der an die Stelle der ›Probleme‹ das ›falsche System‹ setzt. Er erhebt den großen Anspruch, daß wegen der Falschheit des ganzen Systems auch die Änderung eine totale zu sein habe, und statt eines Bündels von Krankheitsdiagnosen stellt er gleich den Totenschein aus.« Doch bald darauf wird deutlich, daß es ihm weniger um totale Veränderung als um den Sturz von Autorität geht: ». . . totale Veränderung bedeutet nichts anderes, als daß jene, die heute noch alle Macht haben, sie dann nicht länger mehr haben werden, und daß jene, die heute noch machtlos sind, dann über alle Macht verfügen.« Die Söhne wollen an die Stelle der Väter.

Aus alldem folgt, daß jedes Konzept einer stufenweisen Reform »überholt« ist. Verfechter einer Verbesserung durch kleine Schritte werden erbitterter bekämpft als selbst der Reaktionär. »Wir müssen uns alle Illusionen über ›friedliche‹ und ›gesetzliche‹ Wege der Veränderung aus dem Kopf schlagen«, sagt Tom Hayden in *»Rebellion and Repression«*. »Wir werden ein Amerika schaffen, wo sich die Regierung gezwungen sehen wird, hinter Stacheldraht zu amtieren, wo der Präsident nur noch auf Militärbasen eine Rede zu halten wagt und wo es schließlich notwendig sein wird, zurückzuschlagen.«

Wie alarmierend dies alles auch klingen mag – ich glaube doch, daß dahinter letztlich der Wunsch vieler junger Leute nach einer erfüllenden Aufgabe steht, deren Bewältigung verbunden ist mit dem Reiz körperlicher Anstrengung, mit Gefahr und dem Entwerfen von Plänen. Wirkliche Gefahren drohen aus anderer Richtung. Gleichwohl bleibt die Zunahme nihilistischer und blind verabsolutierender revolutionärer Strömungen doch ein Trend, dem bei der Beurteilung zukünftiger Entwicklungen einiges Gewicht zukommt.

Der nihilistische Drang erreicht seine extremste Ausdrucksform in der Selbstzerstörung. Jene Japaner, die auf dem Flughafen von Lod ein Massaker veranstalteten, erklärten danach, daß sie die Todesstrafe für ihr Verbrechen nicht scheuten, da sie dann »wie Sterne am Himmel« zusammen mit ihren Opfern strahlten. Man wird dies nicht psychisch gesund nennen wollen. Übrigens scheinen Japaner für selbstmörderische Anwandlungen besonders anfällig zu sein, wie die Kamikaze-Piloten des letzten Krieges zeigten. Als Samson den Tempel sich über dem Kopf zusammenriß, tat er dies, weil er sonst keine Hoffnung mehr hatte und weil das einzige, was er noch tun konnte, eben dieser Racheakt war. Es geht den Nihilisten von heute ähnlich; auch sie haben keine Hoffnung mehr, auch sie sind aufs äußerste verbittert. Wenn wir ihre Handlungen auch verurteilen müssen, so wollen wir doch – und sei es auch nur im eigenen Interesse – diese Handlungen von ihrer Motivation her zu verstehen suchen, um Mittel gegen Hoffnungslosigkeit und Erbitterung zu finden.

Wenngleich Extremisten stets bereit sind, die Übel der Gesellschaft zu attackieren und ihr Engagement für Benachteiligte in anderen Ländern zu betonen, so fällt andererseits doch auf, daß sie nur selten versuchen, den Benachteiligten unmittelbar zu helfen – etwa indem sie in ein unentwickeltes Land gehen, um dort bessere Anbaumethoden zu lehren.

Sie versuchen den Neger als Symbol der Unterdrückung herauszustellen. Menschen der gelben Rasse sind dafür weniger geeignet, da hier der Gegensatz von Schwarz und Weiß mitsamt seiner eingängigen Farbsymbolik nicht ins Feld geführt werden kann. Tatsächlich ist die Motivation ihres Handelns nicht in der Liebe für ihre Mitmenschen zu suchen, auch nicht im Mitleiden mit ihrer Misere, sondern im Haß. Che Guevara hat dies unverblümt ausgesprochen: »Haß ist ein Element des Kampfes – rückhaltloser Haß gegen den Feind, der ihn [den Revolutionär] über die natürliche Beschränktheit des Menschen hinaushebt und aus ihm eine wirksame, zerstörerische, kühl wägende und kalt tötende Maschine macht.«

Was die Persönlichkeit des Extremisten trägt, ist natürlich die ins Extrem getriebene Verneinung jeglicher Autorität. Daher erklärt sich, warum für diesen Typus des Revolutionärs »flammender Kampf wichtiger ist als das Dogma . . . Wenn es überhaupt ein Dogma gibt, so jenes von der Konfrontation.«

Das heißt: Die Revolution wird zu einem Selbstzweck, denn in ihr versichert man sich der eigenen Ungebundenheit, die das einzige Ziel ist. Aus diesem Grunde kommen von den Revolutionären auch kaum Ideen zum Aufbau der neuen Welt, die sie an die Stelle der zerstörten setzen wollen. Und hieraus erklärt sich auch, warum sie den Liberalismus so geringschätzen und Toleranz und Rationalität so scharf angreifen. Deshalb schreien sie Redner nieder, die nicht ihrer Meinung sind. Deshalb versuchen sie, Leute mit einem gewissen Ansehen niederzuziehen, ihnen etwas anzuhängen, sie anzuschwärzen. Ob das Angehängte der Realität entspricht oder nicht, ist dabei gleich; es kommt nur darauf an, ein Idol zu demontieren.

Gossensprache wird als Mittel benutzt, Menschen der älteren Generation in einer Art Nervenkrieg weichzumachen. Wie Professor Marcuse großartig sagt, sei Gossensprache »eine methodische Unterwanderung der sprachlichen Welt des Establishments«. Dadurch wird sie natürlich höchst respektabel! Wenn einer den Präsidenten als »Sau« bezeichnet – so führt er ernsthaft aus – oder während einer Vorlesung tierische Geräusche hervorbringt, dazu obszöne Redensarten schwingt, dann sei dies »der große Entwurf einer Desublimierung der Kultur, die für die Radikalen ein zentraler Aspekt der Befreiung ist«.

Daß es vor allem Studenten sind, die solche extremen Standpunkte übernehmen, läßt sich durch ihr Alter erklären sowie durch den Umstand, daß sie zum erstenmal in ihrem Leben als Erwachsene behandelt werden, wobei noch hinzukommen dürfte, daß viele von denen, die heute auf die Universität gehen, im Grunde von ihren Voraussetzungen her durch den akademischen Betrieb überfordert werden, da sie gar nicht von Natur aus für theoretisch-wissenschaftliches Arbeiten angelegt sind, sondern sich durch die Tat bewähren wollen. Dies ist wohl eine Folge der Befürwortung einer sozial möglichst breit gestreuten akademischen Ausbildung, die man nicht vorausgesehen hat. Viele der rebellischen Studenten kommen nach ein oder zwei Jahren in ruhigere Bahnen. Es ist daher fraglich, inwieweit die studentische Unruhe eine langfristig wirksame Gefährdung der Gesellschaft darstellen kann. Ein gewisses Maß an Radikalisierung wird insgesamt wohl erfolgen, denn selbst jene Studenten, die nicht unmittelbar selbst Akteure sind, werden doch gezwungen, einige der angeschnittenen Fragen wahrzunehmen – und ich kann einen dadurch geschärften Sinn für wirkliche soziale Probleme nur als Gewinn betrachten. Bloß die ganz Extremen, vor allem wenn sie durch starke Ressentiments aufgeheizt sind, werden sich weiter politisch betätigen. Diese Restgruppe stellt eine ernste Gefahr da.

Gewalt der Machthaber: Terror

Wortführer der Gewaltanwendung weisen gewöhnlich darauf hin, daß der Staat Gewaltmethoden anwende und daß daher Gegengewalt legitim sei. Das ist Wortklauberei. Alle Gesellschaften, selbst die allerurtümlichsten, sehen den bemessenen Gebrauch von Gewalt ausdrücklich vor. Richtet sie sich gegen Personen, die eine Gefahr für die Gesellschaft darstellen, so wird sie durch Gesetz oder Herkommen scharf eingegrenzt und bedarf eines Rückhalts in der öffentlichen Meinung. Erlaubt ist auch die Anwendung von einem Mindestmaß nötiger Gewalt im Falle der Selbstverteidigung. Solche Regulationen rechtfertigen jedoch in keiner Weise die unbegrenzte Anwendung von Gewalt gegen Unbeteiligte und ohne jegliche Zustimmung breitester Schichten der Öffentlichkeit; das wäre nicht legitime, sondern illegitime Gewalt.

Gleichwohl ist es eine traurige Wahrheit, daß immer mehr Regierungen zu illegitimer Gewalt greifen und daß genau in dem Maße, wie die Gesellschaft ihr Gefüge verliert, die führenden Schichten immer mehr in Versuchung geraten, durch Gewaltanwendung die Ordnung aufrechtzuerhalten und ihre eigene Existenz zu sichern. Es gibt offenbar eine weltweite Tendenz zur Anwendung der Folter, des politischen Mords, der geheimdienstlichen Überwachung und subversiver Methoden, die einst von den großen Diktaturen ausgingen – die schon stets skrupellos im Umgang mit Gewalt und Terror waren –, sich dann auf die Militärdiktaturen übertrugen, die früher noch gewisse Spielregeln einhielten, jetzt aber bereits beginnen, auf die USA, Frankreich und andere Demokratien überzugreifen. Terror hat es nicht nur in Rußland und China gegeben, sondern auch in Rhodesien und Korea. Pragmatische Erwägungen fegen die Prinzipien vom Tisch, und alle Methoden scheinen schließlich annehmbar, vorausgesetzt, sie zeitigen Erfolg und kommen nicht ans Licht der Öffentlichkeit.

Regime, die sich nur durch derartige extreme Methoden behaupten können, verfügen offenbar über keine anderen Kräfte des Zusammenhalts.

Wie Amnesty International mitteilt, verlassen sich immer mehr Regierungen auf die Folter zur Aufrechterhaltung ihrer Macht, und haben zuerst nur Polizisten gefoltert, so werden bald auch Soldaten herangezogen. In einem ausführlichen Bericht, den diese in London ansässige Organisation im November 1973 herausgab, stand zu lesen, daß »die Praxis der Folter sich gegenwärtig international ausbreitet. Experten und ihre Ausbildungsmethoden wie auch ihre einschlägige Ausrüstung werden von einer Regierung an die andere weitergereicht, um im Ausland zum Einsatz zu kommen.« Der Bericht zählt 60 Länder auf, von denen die Anwendung der Folter zu politischen Zwecken bekannt wurde, darunter die Sowjetunion, Argentinien, Brasilien und Portugal. Die Foltermethoden schlossen Vergewaltigung, Erstickung, Entzug jeglicher Außenreize und audiovisuelle Techniken ein.

Die Regierungen sind bemüht, solche Praktiken geheimzuhalten, doch wurde 1972 bekannt, daß der pakistanische Militärattaché Vorrichtungen für Folter und Gehirnwäsche in den USA eingekauft hat. Die pakistanische Regierung stritt ab, davon gewußt zu haben, und ließ eine Debatte dieses Falles in der Nationalversammlung zu.

Selbst in Großbritannien mit seiner starken, wenngleich nicht allzu alten Tradition, die das Foltern als politische Waffe ächtet, gestattet man sich die Anwendung der neueren psychologischen Techniken, die körperliche Folter bereits altmodisch erscheinen lassen. In Rußland ist man mit der Anwendung von Haloperidol in Neuland vorgedrungen, einer Droge, die von Russen als »chemische Zwangsjacke« bezeichnet wurde; nach erzwungener Injektion lähmt sie die seelische Widerstandskraft des Betroffenen. »Die regellose und sinnlose Verabfolgung großer Dosen von Haloperidol führte zu einer drastischen Verschlechterung seiner Gesundheit, zu schweren Erschöpfungszuständen und ständigem Zittern, allgemeiner Schwäche, Schwellungen, Krämpfen und Appetitverlust«, beanstandete eine Eingabe des russischen Akademiemitglieds Dr. Andreij Sacharow, mitunterzeichnet von seiner Frau und anderen. »Plyusch ist nicht mehr imstande, zu lesen, Briefe zu schreiben oder die einstündige Sportstunde wahrzunehmen, die den Gefangenen gestattet ist.« Schrecklicher noch ist die Anwendung von Succinylchlorid, das alle Muskeln entspannt und dazu führen kann, daß das Opfer in die Gefahr des Erstickungstods gerät.

Wir müssen leider damit rechnen, daß sich die Anwendung der Folter noch weiter ausbreiten wird, zunehmend in ihrer verfeinerten Form. Zu befürchten ist auch ihre Ausdehnung auf Kinder, da Kinder neuerdings systematisch von Terroristen herangezogen werden, um Nachrichten, ja selbst Bomben zu überbringen, auch den Gebrauch von Waffen lernen und Instruktionen erhalten, wie man Polizei oder Militär behindert. Die Anwendung von Gewaltmethoden durch die Regierungen selbst desavouiert natürlich deren Aufrufe zu friedlichem Wohlverhalten an der Heimatfront.

Ein weiterer kennzeichnender Trend ist die zunehmende Bereitschaft der Regierungen, subversive Aktionen in anderen Ländern zu unterstützen oder sogar in die Wege zu leiten und Gewaltandrohung statt rationaler Überredung ins Spiel zu bringen. Führend waren hierin die USA, die hinter einer Reihe von Rechtsputschen in südamerikanischen Staaten standen. Jüngst erfuhr man, daß die CIA (Central Intelligence Agency) in Thailand ihre Finger in der Politik habe, wo sie in der amerikanischen Botschaft allein ein ganzes Stockwerk für sich in Anspruch nimmt. Jedermann erinnert sich auch ihrer Rolle bei dem mißglückten Schweinebucht-Unternehmen zur Beseitigung Fidel Castros auf Kuba, ebenso ihrer Rolle bei der Absetzung des Präsidenten Jagan von Guyana. Auch die 1974 gestürzte griechische Militärdiktatur wurde mit amerikanischer Hilfe in den Sattel gehoben; sie hatte sich einen infamen Ruf durch ihre sadistischen Foltermethoden erworben – sadistisch deshalb, weil mit dieser Art Folter kein bestimmtes Ziel, etwa die Beschaffung von Informationen, verbunden war, sondern weil sie einzig und allein um des Terrors willen ausgeübt wurde.

Agenten der CIA fungierten auch als Ausbilder südamerikanischer Polizeikräfte, die sie nach verläßlichen Angaben mit Foltergerät belieferten, vor allem mit Vorrichtungen für die Erteilung von Elektroschocks an den Hoden.

Der nächste Schritt in dieser Richtung ist dann die von der Regierung geförderte Ermordung unliebsamer Politiker. Dem Senat der USA lagen Beweismaterialien vor, daß mindestens ein Mördertrupp der CIA nach Kuba entsandt worden war, wahrscheinlich zur Ermordung Fidel Castros – und wie Salvador Allende starb, ist zwar nicht ganz geklärt, aber der Anteil des amerikanischen Geheimdienstes am Putsch der Militärs ist erwiesen. Auch Israel hat sich des politischen Mordes bedient, vielleicht in Befolgung der alttestamentlichen Regel des »Auge um Auge, Zahn um Zahn«.

Wird irgendwo der Polizei ein Freibrief für die Ausmerzung subversiver Organisationen oder Individuen erteilt, so finden sich immer Typen, die diese Gelegenheit für straflose Gewaltausübung nur allzu gern wahrnehmen, und oft ist die Polizei von sich aus bestrebt, solche Sadisten und Schlächter in ihre Reihen zu ziehen. Diese Entwicklung dürfte gegenwärtig in Brasilien am weitesten vorangeschritten sein. In der Mitte des Jahres 1973 waren nach vorsichtiger Schätzung etwa 1300 Menschen stillschweigend beseitigt worden.

Eine solche Anwendung von illegalen, jeder Kultur hohnsprechenden Mitteln wird von Regimegegnern unvermeidlich zur Rechtfertigung eigener Terrormaßnahmen gleichen Kalibers ausgeschlachtet.

Bedrückend ist nicht nur das Auftreten von Gewalt überhaupt, sondern daß in einem Moment der allgemeinen Menschheitsentwicklung, da Hoffnung auf Überwindung der Barbarei bestand, die Menschheit schon wieder im Begriff steht, in jenen Sumpf hinabzugleiten, dem sie gerade zur Hälfte glücklich entronnen schien. Der Umstand, daß ein zivilisiertes Land wie die Vereinigten Staaten mit alter Demokratie und traditioneller Freiheit der Meinungsäußerung so unbedenklich Gewaltanwendung unterstützt, läßt für die Zukunft anderer, als zivilisiert geltender Völker nichts Gutes vermuten.

Das Beispiel von Nord-Irlands Hauptstadt Belfast zeigt, daß selbst in Lagen mit erhöhtem Risiko das Leben wie gewöhnlich weitergeht. Ähnlich wie im Krieg versuchen die Menschen wenigstens den Anschein der Normalität zu wahren. So werden wir auch künftig mit Flugzeugen fliegen, unsere Post öffnen, ins Kino und in Warenhäuser gehen. Aber je weiter die Technik voranschreitet, desto schwerer wird es auch werden, der unverhofft jähen Konfrontation mit dem Tod auszuweichen. Die Bomben werden bald nur noch so klein sein wie ein Heft flacher Abreißzündhölzer oder eine Aspirintablette. Die Ausfälle der öffentlichen Dienste werden zunehmen und länger dauern. Es wird zu unvorhergesehenen Großpannen kommen – so etwa, wenn sich Terroristen eines Computerprogramms bemächtigen.

Bisher allerdings haben sich die Terroristen hauptsächlich auf die Einschüchterung anderer Menschen verlegt. Einige Versuche wurden unternommen, wertvollen Besitz zu zerstören, etwa berühmte Gemälde. Der nächste Schritt mag sein, daß es nun an historische Statuen und Bauwerke, an Museumsstücke und ähnlichen Allgemeinbesitz geht. Eines Tages wird dann nur noch hinreichend ausgewiesenen Personen der Zutritt zu Museen und Sammlungen gestattet sein. Schwerwiegender aber wäre es, wenn Extremisten mit gezielterer politischer Stoßrichtung Aktionen gegen die technischen Grundlagen der Gesellschaft unternähmen.

Kapitel 4
Verwundbare Welt

Eine Kultur ist so leicht zerstörbar wie ein Leben.

Paul Valéry

Das neue Gleichgewicht der Macht

Im November 1972 brachten drei Bewaffnete eine DC-9 der Luftfahrtgesellschaft Southern Airways auf einem Linienflug zwischen Birmingham und Montgomery (beide Alabama) in ihre Gewalt und verlangten für die 30 Fluggäste und die Besatzung pro Kopf ein Lösegeld von 10 000 Dollar. Zusätzlich verlangten sie ein amtliches Schriftstück, versehen mit dem Siegel der Regierung der Vereinigten Staaten, in dem bestätigt werden sollte, daß die Lösegeldsumme eine »Staatsanleihe« darstelle. Bei Nichtbefolgung ihrer Bedingungen, so drohten die Luftpiraten, würden sie das Flugzeug über dem Atomenergiezentrum von Oak Ridge abstürzen lassen. Tatsächlich ist Oak Ridge das experimentelle Zentrum der Atomic Energy Commission, ein ausgedehnter Komplex aus zahlreichen Bauten, von denen die meisten keine Reaktoren beherbergen – also keine allzu günstige Zielauswahl. Aber selbst wenn sich die Luftpiraten entschlossen hätten, ihr Flugzeug auf einen deutlicher auszumachenden Atomreaktor zu lenken, so dürfte mit hoher Wahrscheinlichkeit der Stahlmantel des Reaktorgebäudes dem Aufprall standgehalten haben. Falls nicht, so hätten weitere Sicherheitsvorkehrungen den Reaktor zum Erlöschen gebracht. Gefährlicher wäre schon ein Treffer im Maschinenhaus gewesen, wo die Turbinen untergebracht sind. Die mit sehr hoher Drehzahl laufenden Schaufelradturbinen würden durch den Aufprall eines abstürzenden Flugzeugs jäh angehalten, die messerscharfen Turbinenblätter infolge des Drehmoments nach allen

Seiten abgeschleudert. Die Folge: durchtrennte Dampfleitungen, Stromkabel – auch Menschen wären mit Sicherheit tot oder verletzt.

Dieser Fall beleuchtet eine ganze Reihe typischer Erscheinungen moderner Gewaltanwendung. Zunächst finden wir die Bereitschaft, Unbeteiligte in großer Zahl in Gefahr zu bringen. Dann haben wir da den selbstmörderischen Wunsch, in einem Inferno unterzugehen, wenn das Ziel sich nicht erreichen läßt. Hier erscheint nihilistisches Verhalten in einem nicht politisch motivierten Kontext.

Es wird aber noch ein anderer Aspekt unserer Situation deutlich: die entscheidende Wandlung, welche die moderne Technik herbeigeführt hat, indem sie dem Kriminellen Mittel zur Hand gibt, weitaus gefährlicheren Schaden zu stiften, als dies früher möglich gewesen wäre, und sich ungleich leichter vom Ort des Verbrechens abzusetzen. Ein Bandit war früher wohl imstande, ein paar Geiseln zu nehmen – der Luftpirat von heute aber kann 150 in seine Gewalt bringen. Ein Terrorist vergangener Zeit mochte ein Haus in Brand stecken; heute könnte er mit einem Knopfdruck tausend Häuser in die Luft jagen. In Amerika haben Halbwüchsige zum Spaß ganze Wohnblocks unbewohnbar gemacht, einfach durch die Zerstörung der Aufzüge.

Wir befinden uns in der Tat in einer ganz neuen Phase der Geschichte der Gewaltanwendung, denn es sind nicht nur die Waffen und Zerstörungsmöglichkeiten um den Faktor Tausend oder gar eine Million gewachsen – auch die Gesellschaft insgesamt ist weitaus verwundbarer als früher.

Das Gleichgewicht der Macht, beruhend auf der Balance von aggressiven und defensiven Möglichkeiten, hat sich gewandelt. Wir kennen das aus der Kriegsgeschichte: Da gab es Zeiten, in denen die Angriffswaffen stärker waren, und Zeiten, in denen die Defensivwaffen dominierten. Im Ersten Weltkrieg blieben die Kämpfe in den Gräben stecken, im Zweiten Weltkrieg waren meist die großen Bewegungsschlachten mit Panzerverbänden entscheidend. Das Gleichgewicht der Macht in der Gesellschaft hat sich heute in ähnlicher Weise zugunsten der aggressiven Möglichkeiten verlagert, zugunsten des beweglichen, wohlbewaffneten Terroristen und zum Nachteil seiner Opfer. In fünfzig Jahren mag sich diese Balance wieder anders darstellen, weil dann womöglich ganz anders wirksame neuartige Methoden antiaggressiver Gehirnwäsche oder Medikation zur Verfügung stehen. Im Augenblick aber hält der Terrorist, hält der Kaputtmacher alle Trümpfe in seiner Hand.

Bruchstellen der Technik

Die technische Gesellschaft ist hochspezialisiert und daher besonders abhängig von Systemen wechselseitigen Austauschs, wechselseitiger Abhängigkeit: Wenn irgendwo eine spezifische Funktion ausfällt, macht sich dieser Ausfall bald in der gesamten Gesellschaft bemerkbar. Einen Vorgeschmack solcher Zusammenhänge bekommen wir bereits immer dann, wenn durch einen Streik eine der Grundlagen des modernen Alltags vorübergehend ausfällt: Strom oder Postverkehr. Als noch die Windmühlen und Wasserräder liefen, war es selbst für eine organisierte Gruppe nicht möglich, die Industrie eines ganzen Landes lahmzulegen. Auch die Verbindungen der Menschen untereinander waren durch Gruppen nicht ernstlich zu gefährden. Heute hingegen ist das nur allzu einfach. Um bloß ein Beispiel zu nennen: Ein Großteil des europäischen Luftverkehrs wird heute von zwei oder drei Überwachungszentren aus gesteuert. Ein Guerillakämpfer mit einer Bombe oder einem Schnellfeuergewehr könnte beim Eindringen in solch ein Luftfahrtkontrollzentrum einen nicht geringen Teil des Flugverkehrs über einem Land zum Erliegen bringen, wobei es im Nebeneffekt wohl noch zu einigen verheerenden Luftzusammenstößen käme.

Allein vom Londoner Flughafen Heathrow werden pro Tag zwischen 900 und 1000 An- und Abflüge gemeldet, während manche amerikanische Luftverkehrszentren das Zehnfache bewältigen.

Anfällig sind auch Einrichtungen des Nachrichtennetzes. Viele Länder benutzen für ihre Rundfunknetze hauptsächlich Ultrakurzwellensender, die auf hohen Funktürmen installiert sind. Da Ultrakurzwellen sich nur über gerade Strecken fortpflanzen können, muß jeder der hohen Funktürme so postiert sein, daß er in Sichtlinie zum nächsten steht, ohne daß sich Hügel oder Bauwerke dazwischenschieben. In Großbritannien stehen etwa 100 solche Türme mit Zwischendistanzen von 35 bis 40 Kilometern. Sie wären durch

Sprengstoffanschläge leicht zu zerstören, ebenso durch Kappen der ein- und ausleitenden Mehrstrangkabel. Systeme dieser Art haben gewisse Sicherheitsspielräume; so etwa könnte der Verkehr durch Kabel wieder in Gang gebracht werden, die gesichert unter der Erde laufen. Zweifellos sind Leitungen, die für den Verteidigungsfall vorgesehen sind, auf diese Art in mehrfacher Ausführung verfügbar. Bei einer Zunahme der Sabotage könnte ihr also dadurch begegnet werden, daß diese Sicherheitsspielräume bis zu einem Grad erhöht werden, der künftigen Aktionen kaum noch Aussicht auf Erfolg läßt.

Anfälliger wäre da schon die Stromversorgung. Am 1. April 1973 bestanden in Großbritannien 174 Kraftwerke mit einem Verbundnetz aus 4268 Kilometer Hochspannungsleitungen von 400 000 Volt sowie Netzen geringerer Kapazität von 275 000 und 132 000 Volt. Die einzelnen Kraftwerke werden dem Versorgungsnetz angeschlossen, je nach Tageszeit und hierdurch bedingtem Bedarf, und dies bewerkstelligt ein komplexes Kontroll- und Regelsystem, das auf sieben lokale Zentren verteilt ist, die ihrerseits aber unter dem für ganz England zuständigen Zentrum in London zusammengefaßt sind. Das National Centre in London erhält über das Telefonnetz mehr als 1100 Meter Ablesungen aus den Unterstationen und 9000 Angaben, die sich auf die An- und Abschaltungen in anderen Zentren beziehen. Der Vorsitzende des Central Electricity Generating Board, Arthur Hopkins, äußerte sich darüber jüngst wie folgt: »Um es ganz offen zu sagen – wir segeln etwas hart am Wind, weil das im wohlverstandenen finanziellen Interesse unserer Kunden liegt, und dank des Könnens unserer Leute an den Schaltungen haben wir nur selten nasse Füße bekommen. Dieses Das-Boot-gerade-noch-über-der-Wasserlinie-Halten ... verlangt oft Entscheidungen im Bruchteil einer Sekunde und stählerne Nerven.« Es verlangt aber auch noch mehr. Ein Mann mit einer Bombe oder einem Gewehr könnte die in einem solchen Zentrum Tätigen unschwer daran hindern, die nötigen Ausgleichsmaßnahmen im Stromnetz vorzunehmen, und das müßte zum sofortigen Zusammenbruch großer Teile der englischen Stromversorgung führen. Nachhaltiger noch wären die Auswirkungen, wenn die Verantwortlichen im Zentrum von den eingehenden Daten abgeschnitten würden, die für jede Entscheidung Voraussetzung sind.

Es wäre also gar nicht nötig, eine Bombe zu zünden; es genügt schon, einige Schalter verkehrt zu bedienen, und schon ist kein Ausgleich zwischen Stromverbrauch und Stromzufuhr mehr gegeben; das ganze System gerät durcheinander.

Ähnlich störanfällig ist jeglicher Transport zu ebener Erde. Wer eine Autostraße sperren will, muß nur ein Fahrzeug auf einer Überführung oder Brücke quer zur Fahrbahn stellen – wenn er sie nicht durch Sprengung für länger unpassierbar machen möchte. Im Eisenbahnverkehr bricht das Chaos aus, wenn nur ein einziger Zug auf einer Strecke liegenbleibt, wo er viele andere blockiert. Ebenso sind die Signale an sehr stark überfahrenen Weichen oder Kreuzungen neuralgische Punkte. Hochgradig gefährdet sind auch die Untergrundbahnen, da hier für die Fahrgäste kaum eine Möglichkeit des Entkommens besteht. Dabei brauchte man weder den Schienenweg zu zerstören noch auch die Wagen selbst oder das Signalsystem, da Untergrundbahnen vom Funktionieren der Ventilation abhängen. Vor dem letzten Krieg untersuchten deutsche Agenten die Möglichkeiten einer Einleitung von Giftgas in die Londoner Untergrundbahn, indem sie harmlose Bakterien vor dem Lufteinzug des Ventilationssystems verbreiteten und dann nachprüften, ob diese Bakterien auch an anderen Stellen des Systems auftauchten – was der Fall war.

Praktisch jeder Weg, auf dem wichtiger Bedarf angeliefert oder verteilt wird, bietet dem Terroristen oder Zerstörungswütigen einen Ansatzpunkt. Nicht allein Wasser, Milch, Öl, Strom, Müll – jede Leitung, jeder Leitungsdraht, jeder Kanal der Medien birgt ein Risiko. Der Tunnel unter dem Ärmelkanal (man hat die Pläne gegenwärtig wieder einmal in die Schublade gelegt) wäre nach Professor Richard Clutterbuck von der Exeter University, einem Experten in Fragen der Stadtguerilla, ein höchst lohnendes Ziel. Eine einzige Bombe könnte hier den Handel Großbritanniens mit dem Kontinent auf einen Schlag ins Stocken bringen und ein unvorstellbares Verkehrschaos auf 100 Kilometern nach jeder Einfahrt auslösen. Ein anderes augenfälliges Ziel sind die 40 Ölbohrinseln und die 23 Erdgasplattformen in der Nordsee, leicht zugänglich für einheimische wie landesfremde Terroristen. Gar nicht erwähnen will ich die Pipelines auf dem Meeresgrund. Die britische Navy spielt gegenwärtig mit dem Gedanken, einige Fischkutter zu kaufen und zu bewaffnen, als eine Art Wach- und Schließgesellschaft auf See – eine nicht eben sehr verläßliche Abwehrmaßnahme angesichts der

Möglichkeiten von Angriffen aus der Luft und mit Kleinst-U-Booten.

In gewissen Industriezweigen, etwa in der Papierindustrie, bei der Stahlerzeugung und in einigen Bereichen der chemischen Industrie, hängt die ganze Branche von einigen wenigen, fest in das System integrierten Herstellungsbetrieben ab. Die Explosion im Chemiewerk von Flixborough zog die gesamte britische Plastikindustrie in Mitleidenschaft. Die Möglichkeiten der Industriesabotage in großem Stil sind heute so horrend, daß es einen wundern muß, wie wenig noch immer passiert ist.

Zwar ist es richtig, daß durch Bombardierungen im Krieg die Industrie nicht zum Erliegen kam, aber so ohne weiteres ist die Situation von heute mit der von damals nicht vergleichbar. Die Angriffe waren meist nicht sehr präzise; auch war vor dreißig Jahren die Integration der einzelnen Betriebe in die Herstellungskette weniger eng als gegenwärtig. Außerdem sind ja in Kriegszeiten Sicherungsvorkehrungen getroffen, die im Frieden nicht oder noch nicht existieren. Bislang waren nur gelegentlich Sprengstoffanschläge gegen die industrielle Struktur gerichtet, vielleicht weil Terroristen mehr darauf abzielen, Menschen Schaden zu bringen, als darauf, tatsächliche Erfolge zu erreichen. Wenn aber jemals eine politische Gruppe eine planmäßige Zerstörungsaktion beginnen sollte, so hätte sie damit sicher einige Zeit für Chaos gesorgt und könnte das für ihre Ziele nutzen.

Am allerempfindlichsten sind die Steuerungssysteme einer Gesellschaft, einschließlich der Steuerung auf geldwirtschaftlichem Gebiet. Sollten die Banken einmal streiken, so wäre die Gesellschaft in einer vertrackten Lage. Heutzutage basieren alle unsere Steuerungssysteme, gleich, ob für die Energieversorgung, den Geldverkehr, die öffentliche Sicherheit oder selbst nur für die lokale Verwaltung, auf der Funktion von Computern – und das sind hochanfällige, leicht zu zerstörende Geräte. Wohl nicht von ungefähr haben Studenten in Amerika verschiedentlich Aktionen gegen Computer unternommen. Dabei muß gar nicht einmal die Apparatur selbst kaputtgemacht werden. Es reicht aus, wenn die Daten einfach gelöscht werden oder die Programmierungen verschwinden. Computer können durchaus im wichtigen Moment etwas Falsches machen. Erst jüngst mußte eine Bank feststellen, daß versehentlich die Geldeingänge einer ganzen Woche gelöscht worden waren, worauf die Kunden gebeten wurden, doch anzugeben, wieviel Geld ihrer Meinung nach auf den Konten stand. Die immer häufiger über Computer in Datenbanken umgewandelten Polizeikarteien sind ein Ziel, das sich nachgerade anbietet. In England hat die Angry Brigade bereits versucht, den Polizeicomputer im Tintagel House in die Luft gehen zu lassen. Wäre aber gesellschaftliches Chaos das Ziel, so müßte es sich als wirkungsvoller erweisen, Daten über Einkünfte des Staates oder über Börsengeschäfte zu vernichten.

Gegenwärtig erfährt gerade die Steuerung des Verkehrs durch Computer einen zügigen Ausbau – da bieten sich phantastische Möglichkeiten an. Buchungen für Flugreisen laufen zumeist schon über Computer, und die Kosten im Falle einer Panne wären so enorm, daß gewöhnlich Duplikate angefertigt werden. Was aber dann, wenn irgendwo ein verbiesterter Programmierer sitzt und den Computer einfach mit falschen Daten füttert? Das hätte ein viel größeres Durcheinander zur Folge als ein bißchen Löschen der Informationen. Eine solche Störaktion könnte dann etwa nach der Regel gehen: Teile alle Bankguthaben über 50 000 DM durch 10; multipliziere alle Bankguthaben unter 10 000 DM mit 10 – wäre ja doch ganz spaßhaft.

Unsere Gesellschaft hat sich dazu entschlossen, ihren Sicherheitsspielraum herabzusetzen. Heute werden Brücken gebaut, deren Höchstbelastbarkeit um 40–50 % über den Werten liegt, die im normalen Verkehr die obere Grenze bilden. Früher aber baute man Brücken, die zwanzigmal belastbarer waren, als es normaler Gebrauch erforderte. Der moderne Ingenieur hält sich etwas darauf zugute, daß er wirtschaftlich denkt und daher die Sicherheitsspanne verringert. Wolkenkratzer werden zwar so gebaut, daß sie dem stärksten erwartbaren Sturm standhalten. Was aber dann, wenn ein Sturm einmal stärker als erwartbar ist? Wenn eine Abweichung von der meteorologischen Statistik nach oben erfolgt? Daß Schuldächer zusammenstürzten, weil ein unerwarteter Leistungsabfall der tragenden Elemente nicht durch eine latente Reserve aufgefangen werden konnte, hat man leider erlebt. Die Tragflächen der Flugzeuge sind gerade so konstruiert, daß sie nicht abbrechen. Kraftwerke erzeugen gerade so viel Strom, um den Bedarf zu decken. Die Züge fahren so, daß sie dem voranfahrenden Zug nicht gerade hinten auffahren. Nahrungsmittel sind gerade noch verwertbar, trotz fraglicher Konservierungspraktiken. Das Wasser ist eben noch für den Verbrauch als Trinkwasser geeignet. Es ist schon eine ungewöhnlich anfällige Gesellschaft, die wir uns da geschaffen haben.

Mehr machtvolle Waffen

In seinem bemerkenswerten Buch »*The Jagged Orbit*« versucht John Brunner sich auszudenken, welche neuen Möglichkeiten für Mord und gesellschaftsprengende Aktivitäten gegeben sind. Da wir bereits über Bakterien verfügen, die sich von Erdöl oder Kunststoffen ernähren, ist es vielleicht nicht ganz abwegig, sich auch Bakterien vorzustellen, die Metalle in ihren Nahrungskreislauf einbeziehen. Auf Metall gebracht, würden solche Bakterien sich vermehren, dabei aber ihre Unterlage einem Zersetzungsprozeß infolge chemischer Prozesse unterwerfen. Etwas Bakterienpaste, auf einen Brückenpfeiler geschmiert, könnte also vielleicht die Zerstörung der Brücke bewirken.

Und da wir heute über sehr feine Fasern von enormer Reißfestigkeit verfügen, die bei der Verstärkung von Plastik Verwendung finden, lassen sich auch Fasern denken, die durch ihren geringen Durchmesser überhaupt unsichtbar bleiben, jedoch stark genug sind, um etwa, über eine Straße gespannt, jedes Fahrzeug mitsamt Insassen säuberlich in zwei Hälften zu zerteilen. Ähnliches geschah bereits im letzten Krieg mit Klaviersaiten, die unter den Kradmeldern der deutschen Wehrmacht einige Todesopfer forderten – sie waren aber nur im Dunkeln verwendbar.

Während die Gesellschaft immer anfälliger für gewaltsame Einwirkungen wird, werden die verfügbaren Waffen immer gefährlicher. Wenn im vorindustriellen Zeitalter einen Mann die Mordlust überfiel, dann mochte er allenfalls drei oder vier Menschen niederstechen, ehe er überwältigt wurde. Heute kann er mit einem Maschinengewehr zehnmal so viele Unschuldige töten, mit einer Bombe vielleicht hundertmal so viele. Wir haben keinen Grund zu der Annahme, daß diese Progression bald aufhören werde. Der nächste Steigerungsschritt wären dann eindeutig nukleare Waffen, entweder gestohlen aus irgendeinem Armeedepot oder von einer sympathisierenden Regierung an Terroristen weitergegeben (wie mit lenkbaren Raketen bereits geschehen ist) – vielleicht auch selbstgefertigt.

Eine Publikation des Untergrunds, ›*Undercurrents*‹, die in London herauskommt, hat jüngst Instruktionen für den Bau einer Privatatombombe veröffentlicht, zugleich mit der Anweisung, wo man sie tunlichst zur Explosion bringen solle: in der Charing Cross Station, weil damit auf einen Schlag das Parlament, die königlichen Paläste und wenigstens ein Bahnhof zusammen mit einem wesentlichen Teil des U-Bahn-Netzes zerstört würden. Nun ist es allerdings schwerer, eine Atombombe herzustellen, als sich der Schreiber dieses Artikels hat träumen lassen. Die Explosion nach dem angegebenen Rezept wäre auch ziemlich schwach gewesen (gemessen jedenfalls an den Erwartungen, die heute an atomare Sprengkörper gestellt werden), aber einige Menschen hätten einen solchen Versuch wohl mit dem Leben bezahlen müssen, ganz abgesehen von der dann freigesetzten Radioaktivität.

Aber selbst wenn man die Untergrundbombe allzu ernst nicht nehmen möchte, so besteht doch kein Zweifel, daß etwa ein Land des Nahen Ostens über das nötige Material wie auch über die Kenntnisse verfügt, um etwas noch weit Häßlicheres zusammenzubauen – Zeit wie Geld hätte es dazu genug. Und wenn sich eine solche Bombe auch nicht in der Hutschachtel unterbringen ließe, so doch in einem Bahncontainer oder in einem überschweren Lastwagen.

Der Umweltforscher Jon Tinker hat dazu im ›*New Scientist*‹ angemerkt: »Die Herstellung einer Atombombe ist technisch ein einfacher Vorgang. Alles, was man dazu braucht, ist ein fähiger Kernphysiker mit erstklassiger Ausbildung, dazu ein Dutzend guter Techniker, leicht zu beschaffende Ausrüstung im Werte von etwa 50 000 Pfund (wie manche glauben, auch nur 10 000 Pfund) sowie sechs Monate oder ein Jahr ungestörter Arbeitszeit. Und spaltbares Material: Uran 235 oder Plutonium 239.« Wie wir in Kapitel 14 noch sehen werden, werden Brutreaktoren dafür sorgen, daß spaltbares Material in hinreichender Menge vorhanden ist.

Laut dem Rezept in ›*Undercurrents*‹ wird die kritische Masse für die Kugelbildung mit einer Neutronen reflektierenden Schicht als Strahlungsschild umgeben. Da Brutreaktoren bis zu 3 Tonnen Plutonium enthalten, bestehen da keine Probleme.

Radioaktive Substanzen können auch als neuartige Waffe auf

schreckliche Weise zur Anwendung kommen, ähnlich wie biologisches Material. Zu Beginn des Jahres 1974 machte sich das ein deutscher Wirrkopf zunutze, als er ein Lösegeld in Höhe von 35 Millionen DM forderte, anderenfalls er das Trinkwasser vergiften und biologische Zeitbomben in jüdische Geschäfte und Hotels legen sowie infektiöse Briefe an Politiker versenden werde.

Ohnehin werden wir die Entwicklung weiterer neuer Waffen erleben, von denen keine vor Mißbrauch gesichert ist. Schon heute kann fast jeder intelligente Schuljunge einen Laserstrahl erzeugen, der über Hunderte von Metern Menschen zu blenden vermag. Es gibt ja genug eingehende Beschreibungen seiner Funktionsweise in populärwissenschaftlichen Publikationen, und in den USA werden Laserstrahlen zunehmend im experimentellen Schulunterricht verwendet. Aber das sind noch Kinkerlitzchen. Die US Air Force unterstützt mit hohen Summen die Entwicklung eines Superlasers, der kilometerweit entferntes Metall zu durchbohren vermag, um den Absturz eines Bombers oder einer Rakete zu bewirken.

Es ist davon auszugehen, daß noch vor dem Ende dieses Jahrhunderts leicht tragbare »Taschenlaser« entwickelt sein werden, deren Besitzer weit über die Reichweite einer Handfeuerwaffe hinaus mit dem Strahl Feuer entzünden, blenden, verstümmeln und töten können. Doch noch vor ihrer Entwicklung zur tragbaren Waffe werden Laserstrahlen von irgendwelchen Wandalen dazu mißbraucht werden, Autoreifen zu durchbohren, Uhren außer Betrieb zu setzen, Löcher in Öltanks und Milchkannen zu bohren und aus sicherer Entfernung hübsche Feuerchen anzufachen. Nach Brunners Voraussage werden die Häuser dann Stahlläden nötig haben, die sich bei Hitzeeinwirkung sofort automatisch über die Fenster herablassen. Die Menschen aber wären dann gezwungen, Brillen zu tragen, deren Gläser von selbst dunkel werden, wenn sie starker Lichteinwirkung ausgesetzt sind – Gläser, wie man sie zum Schutz gegen den Blitz bei Atombombenexplosionen entwickelt hat.

Schließlich sollte neben der Möglichkeit terroristischer oder wandalistischer Zerstörungsaktionen nicht jene andere Möglichkeit vergessen werden, die derartige Aktivitäten in ungleich größerem Maßstab wahrscheinlich werden läßt: als generalstabsmäßig organisiertes Unternehmen einer Großmacht am Vorabend eines Konflikts oder während eines Krieges, der offiziell nie erklärt wird. Und selbst dann, wenn wir die Gefahren bewußter Zerstörung künftig vermeiden können, wäre doch unser System derart hochgradig anfällig aufgrund seiner Komplexität, daß es allein von seiner Struktur her zu einem Stillstand kommen könnte. Mangels einer besseren Terminologie nenne ich eine solche Möglichkeit hier »Systemverkleisterung«.

Systemverkleisterung

Als Präsident Roosevelt am 12. April 1945 starb, griffen so viele Menschen zum Telefonhörer, um mit ihren Freunden und Bekannten die Nachricht zu diskutieren, daß das gesamte Telefonnetz der USA für einige Stunden zusammenbrach und kaum noch ein Ferngespräch durchkam. Damals gab es bloß 30 Millionen Anschlüsse. Heute, da 100 Millionen Anschlüsse bestehen, ist die Gefahr eines Netzzusammenbruchs ungleich größer. In den letzten Jahren ist das New Yorker Telefonnetz häufig zusammengebrochen; die Werbeagentur Benton & Bowles veröffentlichte einmal eine ganzseitige Anzeige in der ›*New York Times*‹, in der sie alle Mitarbeiter aufführte und dazu schrieb: »Sie glauben vielleicht, daß diese Leute nicht mehr für Sie arbeiten und daß Sie deshalb keinen ans Telefon gekriegt haben. Aber sie sind alle da. Kommen Sie her und überzeugen Sie sich.«

Mit dem Verkehr steht es nicht anders als mit den Telefonnetzen. Straßen haben nur eine gewisse Kapazität; wird diese überschritten, bricht das ganze System zusammen, und *niemand* kommt mehr voran. Ähnlich bricht die Stromversorgung zusammen, wenn der Bedarf über die Versorgungskapazität hinausgeht. Dann sitzt alles im Dunkeln, wie in einem Teil der amerikanischen Ostküstenstaaten im Jahr 1965.

Roberto Vacca, ein italienischer Elektroingenieur, der in Cambridge und Harvard studierte und an der Universität Rom gelehrt hat, glaubt an eine ähnliche Art der Überbelastung unserer ganzen Gesellschaft in naher Zukunft: »Meine These lautet, daß die großen technischen und organisatorischen Systeme weiterhin wild draufloswachsen werden, bis sie eine kritische Größe erreichen, die durch Instabilität gekennzeichnet ist. An diesem Punkt der Entwicklung wird die Krisis eines einzelnen Systems die großen städtischen Ballungszentren noch nicht blockieren können, aber die zufällige Gleichzeitigkeit von Zusammenbrüchen in verschiedenen Systemen kann im gleichen Gebiet zur Auslösung eines katastrophischen Prozesses führen, der das Funktionieren einer höherentwickelten Gesellschaft unmöglich macht und zum Tod von Millionen von Menschen führt.«

Zusammenbrüche dieser Art häufen sich zunehmend. Die Energieversorgungskommission der Vereinigten Staaten untersuchte 179 Fälle von Versorgungsausfällen, die in den zwei Jahren von Mitte 1967 bis Mitte 1969 vorgekommen waren, wobei sie herausfand, daß in 80 Fällen funktionale Unzulänglichkeiten die Ursache bildeten. Vacca verdeutlicht, daß die moderne Gesellschaft von zahlreichen »Großsystemen« abhängig ist, also nicht nur von Telefonnetzen und Energieversorgungseinrichtungen, sondern ebenso von der Postzustellung, den Bahnverbindungen, Verteidigungseinrichtungen usw. Wenn eines dieser Systeme zusammenbricht, nimmt der Druck auf die anderen zu. Kann man jemanden brieflich nicht mehr erreichen, ruft man ihn an. Ist das Telefon ständig belegt, fährt man mit dem Auto hin. Sind die Straßen verstopft, steigt man in den Zug. So besteht die Gefahr, daß an einem einzigen Tag alle Systeme gleichzeitig verkleistern.

Vacca entwirft einen möglichen Ablauf solcher Systemverkleisterung. Ein Fluglotse, erschöpft nach ununterbrochener zehnstündiger Tätigkeit infolge Ausfalls des ihn ablösenden Kollegen, begeht einen Irrtum: Zwei Flugzeuge stoßen in der Nähe des O'Hare Airport bei Chicago zusammen. Dabei wird eine elektrische Hochspannungsleitung unterbrochen, wodurch die ganze Stromversorgung durcheinandergerät, was zu einem Stromausfall von mehrtägiger Dauer in einem großen Gebiet der Vereinigten Staaten führt. Es ist mitten im Winter, es liegt hoher Schnee. Da weder die Verkehrsampeln noch die elektrischen Ölpumpen funktionieren, kommt der Verkehr bald zum Erliegen. Viele Leute, die aus ihren Autos aussteigen, um zu Fuß nach Hause zu gelangen, erfrieren im Schnee. In den Häusern verdirbt der Inhalt der Eisschränke. Zentralheizungen mit elektrischen Ölpumpen fallen aus. Wasserleitungen frieren ein. Die Öllaster kommen über die verstopften Straßen nicht mehr voran. Da die Leute ständig um Hilfe telefonieren, bricht das Fernsprechnetz zusammen. Die Menschen sitzen im Dunkeln, fröstelnd, hungrig, voll Sorge. Brände brechen aus, aber die Feuerwehr kommt nicht mehr durch. In den finsteren, eisig gewordenen Krankenhäusern sterben die Patienten weg. Leute, die auf den Straßen steckenblieben, versuchen sich mit Gewalt Zutritt in Privathäuser zur Übernachtung zu verschaffen, werden aber von den Hausbesitzern mit der Waffe abgewiesen. Am dritten Tag beginnen die Leute die Supermärkte nach Nahrungsmitteln zu plündern. Nach zwei Wochen einer solchen Krise sind einige Millionen Menschen tot. Gerade als die Lage sich zu bessern scheint, kommen die Seuchen. Da Abwässer und Müll nicht mehr beseitigt wurden und bei der großen Anzahl von Toten die Leichen oft tagelang unbestattet liegenblieben, ist die Stunde der Ratten gekommen. Jetzt erst beginnt die Bevölkerung wirklich zusammenzuschmelzen. Sie stirbt zu vielen Millionen.

Ich habe hier kurz zusammengefaßt, was Vacca in seinem atemberaubenden Buch »*Il Medioevo Prossimo Venturo*« ausführlicher dargestellt hat. Wie dieser Autor aufzeigt, verfügen wir über keine theoretische Grundlage zur angemessenen Planung sehr großer Systeme. Man kann aber die Leute nicht davon abhalten, daß sie irgendein Dienstleistungssystem in einem Maße in Anspruch nehmen, das dessen Kapazität übersteigt. Viele der Schwierigkeiten des amerikanischen Telefonnetzes resultieren aus neuartigen Verwendungsweisen des Telefons: Es wird in Anspruch genommen durch das Fernsehen, durch Kontrollsysteme, durch Simultanübertragungen und vor allem durch automatische Datenübermittlung. Laut Frederick R. Kappel, Präsident der American Telephone and Telegraph Co., der Holding-Gesellschaft von Bell, schicken die Computer der USA bereits mehr Informationen durch die Leitungen, als private Ferngespräche anfallen. Zudem befinden sich Systeme in einem dynamischen Gleichgewicht stets in der Gefahr, über das erforderliche Maß hinaus zu reagieren oder mit ihren Leistungen darunter abzufallen. Je größer Systeme werden, desto schwerer fallen derartige Abweichungen ins Gewicht, desto teurer kommen sie zu stehen. Die Schwankungen können ein unerträgliches Maß annehmen und sich jeder Kontrolle entziehen.

Vaccas Theorie der Begrenztheit komplexer Systeme gilt auch für das Wachstum der Städte. Der deutsche Städteplaner und Verkehrsexperte Kurt Leibbrandt schätzt, daß die oberste Grenze der Einwohnerzahl für eine noch als Ganzheit funktionierende Stadt bei 20 Millionen Einwohnern liegt, sofern eine hohe Dichte der Bewohnung veranschlagt wird (600 Einwohner je Hektar). Doch angesichts städtischer Verkehrsverhältnisse läßt sich als Obergrenze nur die Hälfte dieses Werts ansetzen. Die größten städtischen Ballungsgebiete sind heute New York–New Jersey und Tokio–Jokohama, jedes mit etwa 16 Millionen Einwohnern. Hier zeigen sich bereits große Schwierigkeiten, namentlich in der Wasserversorgung und in der Müllabfuhr, mehr noch aber hinsichtlich der Luftverschmutzung.

Vacca sieht daher ein neues Mittelalter heraufziehen, in dem sich die Reisedistanzen wieder auf Strecken verkürzen werden, die ein Pferd zu bewältigen vermag, und in dem Wind- und Wassermühlen die Energie liefern werden. Naturwissenschaften, Ingenieurstechnik und Massenfertigung von Gütern werden dann ihr Ende finden. Einige Länder werden nach seiner Auffassung früher, andere später betroffen sein. Die USA und Japan scheinen ihm als erste Länder in den Zusammenbruch zu schlittern. Dank seiner geringen Wachstumsraten wird Großbritannien noch eine Zeitlang mit einer Schonfrist rechnen können. Zuletzt aber wird dieser Prozeß auch die Dritte Welt erfassen. Die Gesellschaft werde in kleine Gruppen auseinanderbrechen, und die Kultur soll dann in die Obhut weltlicher »Klöster« gegeben sein. Von diesem Prozeß werde sich die Welt nur langsam erholen, schließlich aber sei der Tag einer neuen Renaissance gekommen, dank der eine neue und hoffentlich bessere Tradition begründet werden wird. Der amerikanische Kommentator Barrington Moore faßte einen ganz ähnlichen Gedanken: ». . . jede schwerwiegende Fehlfunktion des bestehenden technischen Apparats, einschließlich der Unmöglichkeit, ihm sachkundiges Personal zu gewährleisten, wird bei plötzlichem Eintreten so viele Tote zur Folge haben wie ein größerer Krieg, selbst wie ein Atomkrieg, sofern die Fehlfunktion umfassend und von längerer Dauer ist.«

Möglich, daß solche Durchspielungen Findigkeit und Entschlossenheit des Menschen unterschätzen, dank deren Improvisation und Korrektur von Fehlern möglich wären. Viel hängt auch hier von der allgemeinen Lage ab, in der sich die Gesellschaft befindet, und von der Befähigung ihrer politischen Führer zum Zeitpunkt des Desasters. Vollends gefährlich wäre eine solche Situation wohl vor allem dann, wenn mit dem technischen Zusammenbruch ein sozialer Zusammenbruch einhergeht.

Läßt uns der Egoismus Überlebenschancen?

Die von mir hier skizzierten Entwicklungstendenzen sind außerordentlich schwerwiegend in ihren möglichen Folgen, und dennoch hat weder die Öffentlichkeit noch die verantwortliche Politik sich bisher dieser Probleme in einer Weise angenommen, die ihrer Bedeutung entspricht. Kaum je ist versucht worden, sich mit den Ursachen auseinanderzusetzen; noch weniger sah man darauf, mögliche Auswirkungen in Schranken zu halten.

Es ist die neue Verwundbarkeit der Gesellschaft, welche die Entfremdung einiger ihrer Mitglieder so folgenschwer macht. Mit wieviel rücksichtslosen, mörderisch gesinnten Menschen kann eine Gesellschaft noch weiterleben? Es liegt auf der Hand, daß nur sehr wenige solche Individuen zu verkraften sind. In Nord-Irland haben es ein paar Hundert Heckenschützen vermocht, jegliches Regieren unmöglich und den Alltag unerträglich zu machen. Betroffen war eine Bevölkerung von eineinhalb Millionen Menschen, wiewohl die Techniken der Terroristen ziemlich einfallslos und simpel waren. Wenn der Topf das nächstemal überkocht, könnte es schlimmer aussehen.

Wenn der Topf auf dem Herd überkocht, kann man entweder den Deckel entschlossen wegreißen oder die Flamme kleiner stellen. Letztere Maßnahme wirkt schneller, hält länger an und macht weniger Umstände. Gewöhnlich aber reißt man den Deckel entschlossen weg, und das ist auch unsere Reaktion gegenüber der Gewalt. So werden wir zweifellos erleben, daß gegen politische Gewalt mit immer schärferen Strafen eingeschritten werden wird. Spezialeinheiten werden entstehen, Agenten in Zivil überall tätig sein. Wie stets in solchen Situationen ist dann die Zeit der Spione, Provokateure, Informanten und Denunzianten gekommen. Bis zum Ende des Jahrhunderts wird es wohl jedermanns Pflicht sein, stets mit Ausweispapieren herumzulaufen, wenn das Signalement nicht gar eintätowiert auf der Haut zu tragen ist. Auf jede Organisation und

Bewegung wird dann der Blick der strengen Staatsgewalt fallen. Das Öffnen von Briefpost und das Abhören von Telefongesprächen wären nur noch Alltagsroutine, in öffentlichen wie in privaten Räumen knistern die Abhörwanzen hinter den Tapeten. Leibesvisitationen beim Betreten gewisser gefährdeter Bezirke werden Vorschrift, jeder Wagen, der dort stehenbleibt, ist ein Fall für polizeiliche Untersucher. Da die Explosivstoffe dann stärkere Wirkung zeigen werden, scheinen Briefkästen und Pakete nicht mehr geheuer. (Noch während ich diese Zeilen schreibe, werden vor den Museen Londons Briefkästen und parkende Autos auf Explosivstoffe untersucht.) Und manche Politiker totalitärer Regimes leisten sich auf ihren Reisen schon heute Vorkoster wie weiland Despoten, die sich so vor Gift zu schützen versuchten. Bald werden sie vielleicht schon berufsmäßige Brieföffner mit Sprengstofferfahrung nötig haben, werden Doubles für sie einspringen müssen, und wie vor siebenhundert Jahren in Italien wird dann das Leben selbst für ganz Unbeteiligte voller Gefahren stecken. Und was man auch zu ihrer Abwehr unternehmen wird – es kann nie genug sein, denn die Terroristen werden mit großer Findigkeit sich immer neue Überraschungen ausdenken.

Die britische Polizei versendet bereits Merkblätter, in denen Firmen empfohlen wird, »Bombenwarte« aufzustellen, die Fenster mit Drahtgeflecht zu schützen, Gebäude von außen zu beleuchten, Postkästen zu versiegeln und Regenrohre mit einer glatten Lackierung zu bestreichen, die das Hochklettern erschwert.

Es bestünde aber auch die Möglichkeit, daß man versuchte, den Hang zur Gewalt zu vermindern. Das wäre aber nicht einfach dadurch zu bewerkstelligen, daß man die politischen Forderungen von Splittergruppen erfüllte. Es ist gar nicht immer möglich, solche Forderungen zu erfüllen, weil es dann sofort andere Gruppen gäbe, die Gegenforderungen erheben oder die Gewährung von Forderungen nun ihrerseits mit Terror beantworten. Es ist einfach Tatsache, daß politische Bewegungen bestimmter Art immer auch Leute anziehen, die zur Aggressivität neigen und denen die politische Bühne Gelegenheit bietet, ihre Aggressionen zu ventilieren. Doch hemmt allzu rückhaltloser Einsatz für politische Ziele oft eher den Prozeß ihrer Erreichung – so in Nord-Irland, wo die unterschiedslose Tötung schuldloser Unbeteiligter vernünftigen Leuten auf beiden Seiten kaum noch einen Spielraum des Handelns ließ.

So wird es also nötig sein, der Gewalt dadurch zu begegnen, daß man die sozialen Bedingungen verändert, unter denen sie gedeiht, wobei es wohl auch darauf ankäme, Individuen mit erhöhter Aggressionsbereitschaft frühzeitig einer besonderen Behandlung oder Schulung zu unterziehen. Diese besondere Behandlung könnte in psychotherapeutischen Maßnahmen im weitesten Sinne bestehen, darüber hinaus in einer dauernden beobachtenden Fühlungnahme mit der betreffenden Person, gegebenenfalls auch in ihrer Absonderung von der übrigen Gesellschaft.

Die Öffentlichkeit aber wird natürlich nach schwereren Strafen rufen – kaum zu zweifeln, daß die Todesstrafe wieder eingeführt werden wird. Einige werden sich wohl auch wieder aufs Auspeitschen besinnen, doch bleibt zu hoffen, daß statt des Rückgriffs auf historische Strafformen neuartigere Verfahren gefunden werden, bei denen die Arbeit des Verurteilten der ganzen Gesellschaft zugute kommt. Kleine Schritte in dieser Richtung sind bereits unternommen worden – ein späteres Kapitel soll auch der Erörterung dieser Fragen dienen.

Wenn sich Menschen durch ein Verbrechen besonders hart betroffen fühlen, wenn sie selbst körperlich dabei Schaden nahmen oder gar Nahestehende dadurch verloren, dann wächst häufig die Bereitschaft, härtere Justizmaßnahmen zu befürworten; Präventivhaft etwa, vor oder nach ergangenem Urteil, könnte sehr bald zur Rechtspraxis gehören. Die meisten Leute sind der Auffassung, daß lieber einige wenige Unschuldige fälschlich für einige Zeit hinter Schloß und Riegel sitzen sollen, als daß viele Unschuldige verkrüppelt oder getötet werden. Dabei wird vielfach unterstellt, daß die meisten der dann in Polizeigewahrsam gehaltenen Personen ohnehin Leute wären, denen nicht ganz über den Weg zu trauen sei, selbst wenn sie im konkreten Fall frei von jeglicher Schuld sind. Solche Maßnahmen hätten aber einen großen, auf das eigene Land gerichteten Spionageapparat zur Voraussetzung, also eine Aufblähung der Geheimdienste von Polizei und Armee, und das wäre dann kaum mehr weit von einem Polizeistaat entfernt.

Da aber solche Maßnahmen immer nur begrenzt wirksam sein können und zudem in keiner Weise eine Garantie gegen Systemverkleisterungen bieten, werden die Leute auf das Zerbröckeln der Industriegesellschaft dadurch reagieren, daß sie andere soziale

Strukturen schaffen, die auf kleineren, mehr autarken Einheiten beruhen. Die Regierungen werden einer solchen Entwicklung dadurch Rechnung tragen, daß sie ihre Energieversorgungsnetze stärker dezentralisieren. Für die Stromversorgung wäre dies ziemlich einfach, da hier die regionalen Netze noch existieren und bloß überregional zusammengefaßt sind. Mit der Erdgasverteilung sähe es in dieser Hinsicht jedoch schon ungünstiger aus. Die eigentliche Schwierigkeit beginnt aber erst dort, wo es darum geht, Gebiete mit einer gewissen wirtschaftlichen Autarkie zu entwickeln, und von Regierungsseite dürfte in dieser Hinsicht wenig mehr zu erwarten sein als die Bereitstellung von Vorräten an Treibstoff, Nahrungsmitteln und Rohmaterial für jede Einzelregierung. Ähnlich mag es auch vielleicht zur Bildung regionaler Verwaltungen kommen, doch da diesen wahrscheinlich nur beschränkte Bewegungsfreiheit zugebilligt wird, dürfte totales Chaos die Folge sein.

Die Menschen werden jetzt wieder mehr auf ihre eigenen Kräfte und Möglichkeiten zurückgeworfen sein. Sie werden versuchen, ihre Haushalte mit Hilfe eigener Energiequellen zu versorgen, etwa durch Butangas oder durch die Nutzung von Wind- und Sonnenenergie. Doch dadurch werden wohl nur zeitweilige Versorgungsausfälle zu überbrücken sein. Die Leute werden sich also zu größeren Einheiten zusammenschließen müssen, wie das vereinzelt in Großbritannien und anderen Ländern bereits geschehen ist, um eine Miniökonomie im Gleichgewicht zwischen Landwirtschaft und kleiner Industrie aufzubauen. Natürlich werden die Regierungen sich dem zu widersetzen versuchen, da der Warentausch auf der Basis einer solchen Kleinwirtschaft zum Steueraufkommen nichts beizutragen vermag. Schwierigkeiten hinsichtlich der Besitzfrage und die Androhung einer eventuellen Verstaatlichung von Land könnten geeignet sein, solche Versuche (die in vielem dem System der römischen Latifundien gleichen) scheitern zu lassen. Auf jeden Fall lassen sie sich nur für die Minderheit der Bevölkerung eines so übervölkerten Landes wie England realisieren.

Sobald die Bewohner der Städte Nahrungsmangel und fehlende Beheizung härter zu spüren bekommen werden, ist Stadtflucht die Folge. Ein Strom von Menschen wird aufs Land hinausgehen, um dort die entstehenden Kommunen zu plündern (und damit wahrscheinlich zu zerstören). Erst nach dem völligen Abwirtschaften der zentralisierten Regierungsformen und einem Bevölkerungsrückgang durch Hungersnöte und Seuchen könnte sich möglicherweise eine Art von neuem Feudalsystem etablieren. Führende Personen werden sich durch politisches Geschick und Rücksichtslosigkeit über die desorganisierten Gruppen der Überlebenden aufschwingen, und sie werden Gesellschaften bilden, die zunächst notwendigerweise autark sein müssen. Aber in dem Maße, wie die einzelnen Gruppen besondere Fähigkeiten und Kenntnisse erwerben, wird auch der Handel wiederaufleben. Die Geschichte könnte wieder von vorne beginnen.

Natürlich wäre eine solche Durchspielung auf verschiedene Weise zu variieren. So könnte etwa eine Großmacht die Zeit der Schwäche und Verwirrung nutzen, um durch politisches oder militärisches Eingreifen sich die Macht zu verschaffen. Aber wie sich die Dinge wirklich entwickeln werden, hängt davon ab, welches Land als erstes zusammenbricht, wie viele Länder überhaupt ins Chaos abgleiten und wie eng zeitlich und räumlich derartige Ereignisse aufeinanderfolgen. In späteren Kapiteln sollen auch noch weitere Alternativen umrissen werden. Was wir gegenwärtig noch längst nicht ernst genug nehmen, ist die Tatsache, daß wir in einem System leben, das verwundbarer ist als irgendeine der historischen Zivilisationen. Es fiele uns wohl nicht schwer, uns dieses System über dem Kopf einzureißen wie Samson den Tempel.

Die Komplexität der Industriegesellschaft macht sie höchst anfällig für Störungsaktionen, noch anfälliger aber für den plötzlichen Entzug an Arbeitsleistung. In England war der Streik als Waffe gegen eine bestimmte Firmenleitung entstanden, ist aber nach und nach zu einer Gefahr für die ganze Gesellschaft geworden. Auch hier werden Gruppenziele durchgefochten, gleichgültig, wie stark Dritte davon betroffen sind oder nicht. Wenn Ärzte streiken, besteht der Zwang, entweder ihren Forderungen nachzugeben oder den Tod unbeteiligter Patienten in Kauf zu nehmen. Ein ähnlicher Fall wäre das Sterben älterer Leute durch einen Streik, der das Heizungssystem einer ganzen Stadt im Winter lahmlegte. Hier käme Hegels Dialektik zu ihrem Recht, die den Umschlag durch Quantität in eine neue Qualität konstatiert: Der Streik könnte durch einen solchen dialektischen Umschlag zu etwas ganz anderem werden, als er ursprünglich gemeint war.

Heute haben es bestimmte Gruppen in hochspezialisierten Arbeitsgebieten in der Hand, die Gesellschaft wie eine Uhr zum Stehenbleiben zu zwingen. Auch wird die Volkswirtschaft durch überzogene Streiks geschädigt, so etwa, wenn eine Kohlenzeche infolge mangelnder Instandhaltung der nötigen Einrichtungen völlig absäuft. Diese exzessive Entwicklung des Streiks hat in England die ganze politische Situation verändert und die Zukunftsaussichten für die Gesellschaft in einer Weise beeinträchtigt, die noch nicht voll ins Bewußtsein der Öffentlichkeit gedrungen ist. In einem späteren Kapitel werde ich versuchen, mögliche Folgen abzuschätzen. Zunächst aber sei gesellschaftsfeindlichem Verhalten noch mehr Aufmerksamkeit gewidmet, denn diese Spielart der Gewalt ist nur die Spitze eines Eisbergs, und um mit ihr fertig zu werden, müssen wir ihre sozialen Bedingungen verstehen, die zusammenhängen mit Frustrationen und dem Gefühl eines sinnlosen Lebens. Bisher sind es nur wenige gewesen, die ihrer Erbitterung durch politische Aktivität Ausdruck gaben. Das mag nicht immer so bleiben.

Kapitel 5
Flut des Hasses

Die Krisis der Gewalt ist die Krisis des Menschen.

M. F. Gilula und G. Daniels

Sicherheit als dickes Ende

Es gibt immer noch Menschen, die nicht wahrhaben wollen, daß heute mehr Gewalt in der Welt ist als vor fünfundzwanzig Jahren. Der Begriff »Gewalt« wird im heutigen Sprachgebrauch auch für gesetzliche und soziale Beschränkungen und allgemein für Ungerechtigkeiten verwendet. Ich verwende ihn nur für handgreifliche Aktionen gegen Menschen oder Eigentum. Eine jüngst veröffentlichte Übersicht aus den USA zeigt, daß unter drei Stadtbewohnern im letzten Jahr einer das Opfer eines Überfalls oder Raubversuchs geworden ist. 40 von 100 Menschen fühlen sich unsicher, wenn sie im Umkreis ihres Hauses spazierengehen. In der New Yorker Untergrundbahn fährt jetzt die Polizei mit, und Taxifahrer sind vom Fahrgast durch eine Scheibe aus kugelsicherem Panzerglas getrennt. Schwarze leiden am meisten durch Raubüberfälle von Schwarzen, und auch wer ohne dicke Brieftasche in eine Bank geht, wenn dort gerade die Männer mit den schwarzen Tüchern vor dem Gesicht auftauchen, riskiert, zur Geisel genommen zu werden oder eine Kugel ins Genick zu kriegen. Die Post trägt den Tod ins Haus, Autos werden in den Straßen in die Luft gejagt, und jeder, der an Bord eines Flugzeugs geht, spürt den ängstlich nagenden Zweifel, ob seine Maschine nicht eben jene sein wird, die von Luftpiraten entführt oder mitten in der Luft gesprengt wird.

Was Wunder, daß heute viele wieder eine Kette vor die Tür legen, wenn sie öffnen, und sich zuvor erst einmal durch den Spion den

Draußenstehenden vorsichtig anschauen. In dem Dorf, wo ich heute lebe, dachte niemand daran, die Haustür abzuschließen, als ich vor einigen Jahren dort einzog. Jetzt aber wird abgesperrt. Man darf es als ein Zeichen der Zeit nehmen, wenn heute Bücher herauskommen, die Ratschläge geben, wie man sich gegen tätliche Angriffe schützt.*

Es gibt sogar bereits eine Wissenschaft, die sich »Viktimologie« nennt. Da erfährt dann der Leser: »Beiße in die Fingerspitzen, die Zehen, die Nase; grabe deine Zähne ein in Ohren, Wangen und andere empfindliche Körperteile; ramme mit eingezogenem Kopf wie ein wild gewordener Bulle . . .«

Die neue Woge der Gewalt trifft vor allem ältere Menschen, die oft als Opfer von Raubüberfällen ausgesucht werden, weil sie weder Widerstand leisten noch davonlaufen können. Viele von ihnen fühlen sich als Gefangene in der eigenen Wohnung, die sie aus Furcht vor Überfällen nicht mehr zu verlassen wagen.

Der wohl bezeichnendste und beunruhigendste Aspekt des Gewaltproblems ergibt sich aus der Tatsache, daß heute Leute zur Gewalt greifen, die man gewöhnlich nicht unter die Kriminellen einreihen möchte. Während der Ölkrise 1973 bewaffneten sich streikende amerikanische Lastwagenfahrer und schossen auf Kollegen, die sich ihrem Streik nicht anschlossen, wobei zwei Männer getötet und weitere verwundet wurden. An einem einzigen Tag wurde von nicht weniger als 57 heftigen Zwischenfällen berichtet, an denen Lastwagenfahrer beteiligt waren. Auch in England werden derartige Arbeitskämpfe immer häufiger zum Hintergrund für Gewalt. Die Polizei zog den Kopf ein, als eine Gruppe von 300 militanten Scharfmachern an einem Gebäude ausstieg, in dem sich Streikbrecher befanden, und zu brüllen begann: »Bringt sie um, die Kerle!« Als später ein Polizeisergeant vor Gericht gefragt wurde: »Wären Sie bereit gewesen, da einzuschreiten?«, gab er die Antwort: »Nein, Herr Richter, würde ich nicht gemacht haben. Ehrlich, wir hätten dagegen überhaupt keine Chance gehabt.« Augenzeugen schilderten die Scharfmacher als »Wahnsinnshorde, eine Bande wilder Apachen, fanatisierten Mob«. Bei einer anderen, ähnlichen Gelegenheit marschierten solche Anheizer vor das Büro und sangen: »Umbringen, umbringen, umbringen!« oder schrien: »Kapitalistensäue! Das

* »*Survival in the City*« von Anthony Greenbank

ist kein Streik, das ist Revolution!«

Unter normalen Umständen werden solche Leidenschaften in gewissem Ausmaß kontrolliert. Wenn sich aber einmal Gruppen gebildet haben, fühlt sich jedes Gruppenmitglied so frei, sich gehenzulassen – ja es kann für sein Verhalten sogar noch mit Beifall rechnen. Aus einer halbrevolutionären Situation heraus vermögen sich die Dinge also sehr schnell zuzuspitzen. Selbst in Japan, diesem sonst so gehorsamsstolzen Land, legten wütende Fahrgäste Feuer an stehende Züge, als die Eisenbahner Dienst nach Vorschrift machten.

Auch Wettkampfspiele wie Fußball scheinen bei vielen den Eindruck hervorzurufen, hier sei jetzt eine Gelegenheit, bei der man ruhig auch Dampf ablassen könne. Was sich die Fähnchenschwenker der englischen Fußballmannschaft Tottenham Hotspur während der Niederschrift dieser Zeilen in Rotterdam an Aggression und Zerstörungswut geleistet haben, ist ein Extremfall, wenngleich bei Fußballspielen Ausschreitungen gegenüber früher immer stärker in Erscheinung treten. Als jüngst der Glasgower Fußballklub Celtic nach Madrid zu einem Spiel kam, wollten die Behörden sichergehen: Rings um das Stadion standen Wasserwerfer, während die mit Tränengasgranaten und Gummikugelgewehren ausgerüstete Polizei allgegenwärtig war. Das Flugzeug, in dem die Schlachtenbummler angereist kamen, wurde auf einen Sonderflugplatz dirigiert, und die Fans wurden durch Polizei zum Stadion geleitet. Selbst wer zur Vogelstraußmeierei neigt, müßte in solchen Vorfällen doch ein Warnzeichen sehen.

Fußballereignisse sind oft nur Orgien, aber nicht selten kommt in ihnen auch ein sozial motivierter Gruppenhaß zum Ausdruck, und das nicht nur in England. Das wurde in Italien deutlich, als die Veroneser Mannschaft ein Spiel verlor, durch das sie für das Jahr 1974 in die Regionalliga absteigen mußte. Da sammelten sich vor dem Amphitheater von Verona, wo eine Freilichtaufführung von »*Aida*« stattfinden sollte, die enttäuschte Anhängerschaft des Veroneser Klubs, und als die ersten Takte begannen, fingen sie an zu schreien, sangen Fußballieder und setzten einen Radau in Szene, daß die Opernbesucher keinen Takt mehr hören konnten – und das ging so weiter, bis die Oper zu Ende war. Mit Klassenhaß im gemeinten Sinn des Wortes hat dies wohl nicht mehr viel zu tun, denn gerade in Italien geht ja auch der Minderbemittelte gelegentlich gern in die

Oper. Nein, das hier war Haß der Abgebrühten gegen die Feinerbesaiteten, der Barbaren gegen die Kultivierten.

Wir sehen in solchen Vorfällen nicht nur das Anwachsen von impulsiver Gewalttätigkeit, sondern die Zunahme einer Haltung, die sich unbekümmert und rücksichtslos über die Belange des Nächsten hinwegsetzt und der ein Zuschuß von Sadismus nicht fremd ist. Was mir mehr oder weniger noch verständlich wäre: wenn etwa ein Revolutionär einen politischen Gegner erschießt. Wenn ich aber lese, daß vier Angehörige der Ulster Defence Association, allesamt fromme Protestanten, einen Mann namens McCartan in einem Belfaster Hotel entführten, den Winselnden hierauf in einen »Austob-Raum« schleppten, wo sie ihn prügelten und mit Messern auf ihn einstachen, ehe sie ihn mit einem Seil an den Füßen festbanden und vom Dach herunterhängen ließen – dann wird mir schlicht übel vor Entsetzen. »Mr. McCreery sagte Mr. Doherty, er solle ihn mit einem Pickelstil prügeln, und das tat er mehrere Male. Mr. McCreery stieß ihm mit dem Messer in die Hände.« Schließlich wurde er erschossen.

Ich weiß nicht, wie man solche Fakten anders interpretieren könnte als dahin, daß eine moralische und soziale Krise heraufzieht. Jede Gesellschaft verträgt aber nur ein begrenztes Maß an sozialfeindlichem Verhalten. Wie im nächsten Abschnitt dieses Buches gezeigt werden soll, gibt es jedoch keinen Grund für die Hoffnung, daß dieser Trend sich schon von selbst wieder umkehren werde. Wir müssen also damit rechnen, daß er weiterhin zunimmt. Es wird größere Gangsterbanden geben, besser bewaffnet, mit sorgfältigerer Planung. Diebstahl und Wandalismus werden zunehmen. Kein Kunstwerk und kein Denkmal werden sicher sein. Jeder, der im öffentlichen Leben steht, riskiert böswillige Beschädigung seines Heims und tätliche Angriffe gegen seine Person, wenn nicht gegen seine Familie.

Im Bestreben, mit solchen Erscheinungen fertig zu werden, wird die Polizei immer brutaler, wird zusehends stärker zu Überwachungsmethoden greifen, wird laufend Menschen und Fahrzeuge kontrollieren und ohne Vorwarnung mitten in der Nacht Hausdurchsuchungen vornehmen. Gleichzeitig aber wird die Polizei korrupter, denn es wird unter solchen Vorzeichen schwerer, Leute mit Gewissen für den Polizeidienst zu gewinnen. Doch werden die meisten das Vorgehen der Polizei stillschweigend dulden, denn eines Tages könnte man ja ihre Hilfe nötig haben, und es ist für einen vielbeschäftigten Polizisten nicht schwer, mit der Entschuldigung zur Seite zu sehen, es gebe gerade Wichtigeres zu erledigen. Wie wir am Falle Frankreichs sehen können, bewirkt eine Zunahme an Gewalt bei der Polizei auch mehr Selbstherrlichkeit.

Private Leibgarden und Sicherheitstrupps werden häufiger aufgestellt werden, Häuser dürften sich in Festungen verwandeln, Bürgerwehren werden sich bilden, unter der Hand von der Polizei ermuntert, auch bewaffnet aufzutreten, mit dem Hinweis, daß ein guter Notwehrschuß manches Problem löst.

Wo die Gewalt uns hinführt

Trotz der vielfachen Anzeichen für eine Zunahme der Gewalt gibt es immer noch Leute, die in Vogel-Strauß-Manier zu zeigen versuchen, daß es mit der Gewalt heute auch nicht schlimmer stehe als in früheren Zeiten, mithin kein Grund zur Aufregung gegeben sei. Nun ist es sehr schwer, sich ein Bild vom Ausmaß des Verbrechens vor hundert oder mehr Jahren zu formen. Gewiß scheint das Verbrechen in den großen Städten mit angeschlagener Sozialstruktur ziemlich verbreitet gewesen zu sein, aber aus den täglichen Aufzeichnungen von Menschen, die in kleineren Städten und Ortschaften auf dem Lande beheimatet waren, erfahren wir kaum von Verbrechen, allenfalls von kleinen Diebereien, Trunkenheit und ähnlichem. Selbst in den Städten waren Kapitalverbrechen immerhin so selten, daß sie als Sensation empfunden wurden. Ein Buch zu diesen Fragen, Louis Chevaliers »*Classes laborieuses et classes dangereuses à Paris pendant la première moitié du 19e siècle*«, greift wiederholt auf literarische Schilderungen, so etwa von Sue und Balzac, zurück und enthält keine verläßlichen Schätzungen der Verbrechenshäufigkeit. Immerhin erwähnt es Verbrechen wie Personenraub und Bombenattentate nicht. Schlägereien in angetrunkenem Zustand und die typischen Straftaten der Armut, wie Kindstötung und Prostitution, werden hauptsächlich genannt.

Wir müssen die Frage daher im Verhältnis sehen. Es geht nicht darum, ob es in der Vergangenheit jemals Zeiten gegeben hat, die unsere Zeit an Gewaltsamkeit übertrafen – es hat sie gegeben, zweifellos. Vielmehr stellt sich uns die Frage, ob es jemals Zeiten gegeben hat, in denen Gewalt weniger verbreitet war als heute, womit sich erweisen könnte, daß in unserer Zeit mehr Gewalt herrscht, als für eine menschliche Gesellschaft zwangsläufig wäre.

Sofern die statistischen Angaben früherer Jahre überhaupt befriedigen können, zeigen sie doch, daß innerhalb unserer eigenen Lebenszeit – also in den letzten vierzig oder fünfzig Jahren – die Situation sich auffallend verschlechtert hat. Aus einer Anzahl von Gründen, die wir hier nicht erörtern können, eignen sich statistische Angaben aus den USA nicht für den hier verfolgten Zweck. Instruktiver sind die Angaben für Großbritannien, da sie sich auf ein räumlich relativ kleines und gleichartig verwaltetes Gebiet beziehen. Zudem ist Großbritannien im Vergleich zu den USA immer noch ein von Gewaltverbrechen weitaus geringer betroffenes Land. Die Zahlen aus Großbritannien zeigen aber, daß die Gewaltverbrechen gegen Menschen 1950–1972 von 6249 Fällen auf 52 432 Fälle angestiegen sind. (Diese Angaben beziehen sich auf Fälle, die der Polizei bekannt wurden, nicht auf gerichtlich zur Aburteilung gelangte Straftaten.)

Ein hervorragender Kriminologe, F. H. McClintock von der Cambridge University, erstellte eine ins einzelne gehende Analyse der wichtigsten Arten von Straftaten für die Jahre 1969, 1970 und 1971, aus denen ich die auf Gewaltverbrechen bezogenen Straftaten herausgesucht habe. Es ist sofort ersichtlich, daß – mit der

	1969	1970	1971	prozentualer Anstieg
Mord/Mordversuch (ohne Kindstötung)	448	470	543	+ 21
Körperverletzung/ lebensbedrohliches Verhalten	2708	2956	3287	+ 21
Vergewaltigung	869	884	784	− 10
Raubüberfall/ tätlicher Angriff	6041	6273	7465	− 24

bemerkenswerten Ausnahme von Vergewaltigungsverbrechen* – Gewaltverbrechen während der drei Jahre um über 20 % gestiegen sind.

Ein Argument jener, die so gern den Kopf in den Sand stecken, lautet, es sei nur die erhöhte Effektivität der Polizei oder die genauere Dokumentierung von Straftaten, die den Eindruck eines Ansteigens erwecken. Selbst wenn das im Falle der kleineren Verbrechen zuträfe, so kann man doch für Kapitalverbrechen eine solche Argumentation nicht gelten lassen. Auch wenn zusätzlich auf die verbesserten technischen Möglichkeiten der Verbrechensbekämpfung verwiesen wird, dank deren sich die Zahl der Dunkelfälle verringert habe, kann dies doch nicht für Schwerverbrechen zutreffen.

Die Vogelstraußmeier führen auch immer ins Feld, daß im 18. Jahrhundert in den Parks von London genug Raubüberfälle vorgekommen seien, wobei sie aber außer acht lassen, daß solche Vorkommnisse damals außerhalb der großen Städte sehr selten waren, während heute die Verbrechen längst auf die Vororte übergegriffen haben und kaum minder draußen im Land geschehen. Ich habe bereits die Gallup-Befragung erwähnt, nach der innerhalb Jahresfrist von drei amerikanischen Stadtbewohnern einer das Opfer eines Raubüberfalls wurde oder in sonst einer Weise um sein Eigentum kam. Selbst in den Vororten war von fünf Personen immer noch eine betroffen, und die Zahl der Zwischenfälle stieg dort doppelt so schnell wie in den Städten selbst. Die Untersuchung erbrachte auch, daß unter sechs Personen eine ein Gefühl der Unsicherheit hatte, wenn sie nachts in ihrer Wohnung schlief. Wenn das nichts aussagt!

Der Kriminalstatistik des FBI ist vorgeworfen worden, sie sei künstlich aufgebläht, um dem Verlangen des FBI nach mehr Geld den nötigen Nachdruck zu verleihen. Wie dem auch sei: Sie zeigt für die 1960er Jahre einen enormen Anstieg der Verbrechenshäufigkeit von 160 auf 393 Fälle pro 100 000 Einwohner. Unbestreitbar ist auch, daß im vergangenen Jahr nahezu eine Million amerikanischer Bürger tätlich angegriffen wurden. Der Polizeichef von San Francisco,

* Man schätzt, daß mindestens die Hälfte der Vergewaltigungen in Großbritannien nie durch Anzeige zur Kenntnis der Polizei gelangen, da die Betroffenen sich scheuen, ihren Fall öffentlich bekanntwerden zu lassen.

Lieutenant William Koenig, schätzt die Situation so ein: »Die große Verschiebung über die letzten zehn Jahre hin ist die zum wirklich gemeingefährlichen Verbrechen, und das geht weiter.« Im Jahr 1973 erreichte Detroit, Amerikas »Hauptstadt des Mordes«, die Höchstzahl von 750 Morden, fast 15% mehr als im Jahr zuvor – das Vierfache der Mordfälle in ganz Großbritannien. (Ich subsumiere hier Mord und Totschlag einfach unter dem Sammelbegriff »Mord«.)

Nach den Morden von Martin Luther King und Robert Kennedy berief Präsident Johnson eine Untersuchungskommission zur Aufklärung der Ursachen der Gewalt und zur Einleitung präventiver Maßnahmen. Schon bald kam die Kommission zu dem Ergebnis, daß, falls nicht bald Entscheidendes getan werde, »die Geschäftszentren ... starken Polizeischutz nötig haben werden; gehobene wie gutbürgerliche Wohngelegenheiten werden dann durch private Wachmannschaften und Sicherheitsvorrichtungen geschützt werden müssen, wodurch sie zu Festungen für die Mittelklasse würden. Ohne Gesetzesänderung könne man nicht verhindern, daß Schußwaffen fast in jedermanns Hand seien. Private wie geschäftlich verwendete Fahrzeuge müßten mit Panzerglas und kugelsicherer Karosserie sowie anderen Sicherheitsvorkehrungen ausgerüstet werden. Die öffentlichen Verkehrsmittel könnten dann nur noch mit bewaffnetem Transportschutz in Betrieb bleiben.«

Ist das der Weg, den auch Europa gehen wird? In Großbritannien schießen die Sicherheitsorganisationen nur so aus dem Boden. In ihrem Dienst stehen bereits mehr Schutzhunde als im Dienst der Polizei – nicht zu reden von Flugzeugen, gepanzerten Fahrzeugen und Waffen. Die Zahl der dort Beschäftigten soll 30 000 übersteigen.

In Zukunft wird zweifellos die Überwachung durch Fernsehmonitoren zunehmen. Schon heute sind sie fast überall in Warenhäusern und großen öffentlichen Gebäuden zu finden. Über kurz oder lang werden sie auch in Bahnhöfen und U-Bahn-Stationen, öffentlichen Toiletten, Parkhäusern und Tiefgaragen, vielleicht auch in einer Reihe von Straßen und in Lifts – wie schon längst in New York – installiert werden. Es wird bald nicht mehr möglich sein, in Häuser und Büros ohne Ausweis oder magnetische Kontrollkarte Zugang zu erhalten, und es wird Vorrichtungen geben, die jeden festhalten, der doch hineinkommt und ein Verbrechen begeht. Telefonämter, Schaltwerke der Stromversorgung und die Kontrolltürme der

Flugplätze werden befestigt werden müssen, mit Doppelkontrollen für alle, die ein und aus gehen.

Oscar Newman hat in seinem Buch »*Defensible Space*« die Ansicht vertreten, daß viele Wohnbauten heute in einer Weise errichtet würden, die geradezu eine Einladung an Kriminelle darstelle, da es in ihnen viele dunkle Winkel und Fluchtwege gebe und sie zudem viel »Niemandsland« bereithielten, in dem ein Eindringling als solcher nicht zu identifizieren sei. Wenn Häuser von Gärten oder abgegrenzten Flächen umgeben sind, dann ist es für einen Eindringling schon weniger leicht, sich unbemerkt Zugang zu verschaffen. Wohnungen, die sich um einen Innenhof gruppieren, lassen bei den Bewohnern leichter ein nachbarschaftliches Gefühl aufkommen, das Verbrechen erschwert, während in den großen Appartementblocks die einzelnen Bewohner voneinander isoliert sind und bei verdächtigen Geräuschen eher dazu neigen, ihren Fernseher lauter zu stellen, statt nachzusehen, was los ist. Newman hat gezeigt, daß schon allein durch die Anlage einer Wohnarchitektur eine Struktur geschaffen werden kann, die dem Verbrechen ungünstig ist, und zweifellos wird man von solchen Möglichkeiten künftig mehr Gebrauch machen. Tatsächlich werden amerikanische Botschaften bereits nach dem Prinzip erhöhter Sicherheit angelegt, mit freiem Schußfeld und Hindernissen für herandrängende Menschenmengen – etwa abschüssigen Geländeunterteilungen und Stufen vor dem Haupteingang.

Das alles wird noch weitere Entwicklungen nehmen. Länder, die bisher keine gesetzliche Regelung für den Besitz von Schußwaffen kannten, werden dies ändern, früher oder später – und gerade Verbrecher werden Mittel und Wege finden, auch hier das Gesetz zu umgehen. Das wird neuerlich erschwerende Umstände für den friedlichen Teil der Bevölkerung mit sich bringen. Ganz sicher aber wird jeder Versuch einer gewaltsamen Kontrolle der Gewalt zum Scheitern verurteilt sein.

Wenn wir das Maß der Gewalt wirklich verringern wollen, anstatt uns auf einen Kampf um Leben und Tod mit ihr einzulassen, müssen wir etwas tiefer unter die Oberfläche blicken. Da werden wir zunächst die Einsicht gewinnen, daß ein zur Gewalt tendierendes Verhalten schon in sehr frühen Lebensjahren vorgeprägt wird. Tatsächlich ist das Problem der Gewalt zu einem Teil ein Jugendproblem.

Abc-Schützen mit dem Ballermann

Es gibt den Fall des George Riddell, eines fünfzehnjährigen Jungen, der im Namen Ihrer Majestät der Königin zu einer Freiheitsstrafe verurteilt wurde, weil er einen anderen Jungen erstochen hatte – einen ihm unbekannten Jungen, der zufällig wartend an einer Edinburgher Bushaltestelle stand. Vor dem Richter beschrieb Riddell, wie er und sein Freund sich mit Messern versahen und einfach loszogen, um irgend etwas vom Zaun zu brechen. Sie hätten vorgehabt, erzählte er dem Gericht, »irgendeinen niederzustechen«. Er »war dafür«, einen Jungen niederzustechen. Nach seiner Behauptung habe sein Freund wenige Tage vor dem Mord gesagt: »Ich denk' mir, daß ich mir am Wochenende einen ansaufe, und dann geh' ich einen umlegen.« Er behauptete zunächst auch, sein Freund habe den Mord begangen, gab aber vor Gericht dann doch zu, das Opfer durch mehrere Stiche getötet zu haben. Dieses Opfer war Stephen Nicol, ein neunzehnjähriger »stiller Junge, der an Asthma litt«.

Einen Monat nach diesem Mord wurde der fünfzehnjährige Sohn eines britischen Parlamentariers, der mit seiner siebzehnjährigen Schwester nach Hause ging, mit einem Messer niedergestochen und schwer verprügelt: Gemeinschaftstat einer Bande von fünfzehn Jugendlichen. Zwei Wochen darauf geriet ein Elfjähriger unter die Anklage eines Mordversuchs an einem Baby; er hatte versucht, es zu ersticken. Dem folgte schon bald darauf eine Anklage wegen Mordes gegen ein Kind von neun Jahren.

In den USA wurden drei Oberschüler angeklagt, »Höllenmaschinen« angefertigt zu haben; auch sollen sie Drohungen verschickt haben, in denen sie ankündigten, die Polizeistation und die Oberschule in die Luft zu sprengen. Der örtliche Schulbeirat erhielt ebenfalls anonyme Bombentod-Drohungen. Dies geschah alles in der kleinen neuenglischen Industriestadt Haverhill, etwa 60 Kilometer nördlich von Boston, wo die meisten Einwohner in der dortigen Schuhindustrie tätig sind. In der ganzen Umgebung wurden Schulen wegen Bombendrohungen geschlossen.

Wie es um die Schulen in amerikanischen Großstädten steht, ist nur allzu gut bekannt. Ein typisches Beispiel bietet die Public School 304 (wahrhaftig ein Name, der die Gefühle der Schüler für sich zu mobilisieren vermag!), knapp 5 Kilometer vom Zentrum Manhattans entfernt. Sie wurde in eine Festung umgewandelt, nachdem eine Sekretärin während der Frühstückspause im Oberstock zusammengeschlagen worden war. Alle Eingänge bis auf einen wurden durch Absägen der Türgriffe nach der Straße hin verschlossen, die Fenster erhielten Maschendrahtschutz, ein bewaffneter Polizist patrouilliert auf den Schulgängen, die Lehrer halten ihren Unterricht hinter verschlossenen Türen, und ohne Sicherheitsüberprüfung darf niemand mehr ins Schulhaus. Ein Lehrer gestand: »Wir sind mit den Nerven fertig, wir schauen uns immer um.« Soll so die Zukunft aussehen?

In den ersten neun Monaten des Jahres 1972 waren in den fünf Bezirken New Yorks nicht weniger als 4724 Schulverbrechen registriert worden, einschließlich von 4 Morden, 28 Vergewaltigungen, 496 Raubüberfällen und 3200 Einbrüchen. In einer Schule wurde das Alarmsystem gestohlen, noch ehe es vom Lieferwagen ins Schulhaus gebracht worden war. Auf den Druck der Lehrerschaft hin hat die Stadt erstmals 6 Millionen Dollar bereitgestellt, von denen 1200 Wachmänner mit Spezialtraining bezahlt werden sollen.

Europa folgt den USA im Abstand von etwa einer Generation. In England hat die Gewalttätigkeit an Schulen, bislang auf eine Minderheit beschränkt, in erschreckendem Ausmaß zugenommen. Tätlichkeiten gegen Lehrer, die 1971 nur in 10 Fällen vorkamen, stiegen 1974 sprunghaft auf 600 Fälle. Doch nicht nur die Aggressivität gegen die Lehrer hat zugenommen, sondern auch die zwischen den Schülern – bis zu Gewaltanwendung mit Todesfolge. Auf dem Schulhof der Wandsworth School wurde 1971 ein Schüler erstochen. Während früher die Schulhofkämpfe ausschließlich mit den Fäusten ausgetragen wurden, wird heute mit Stiefeln brutal getreten, kommen Schlagketten und auch Messer zur Anwendung. Daß Kinder mit Waffen herumlaufen, ist gar keine Seltenheit mehr; Revolver, Dolche, Schlagwaffen, Rasiermesser wurden in Kinderhand gefunden. Unter den ausgeklügelteren Waffen befand sich ein Tennisball mit Eisenkern und ein Schulbuch, das mit Reißnägeln gespickt war. Von Diebstählen redet schon niemand mehr, und die Garderoben werden in diesem Schuljahr schon nicht mehr benutzt.

Auch Mädchen leisten ihren Beitrag zur Gewalt. Die Zahl der von ihnen verübten Gewaltverbrechen stieg 1969–1974 um 179 %. Der britische Lehrerinnenbund gab 1972 die Erklärung ab, daß die Lehrer vielfach Fälle von Gewaltanwendung im Klassenzimmer vertuschen, um nicht den Vorwurf auf sich zu ziehen, sie könnten sich disziplinär nicht durchsetzen. Mrs. Norrie Shelton, Vizepräsidentin dieser Vereinigung, meint dazu: »Es nimmt zu, und das weiß auch jeder. Wir meinen, daß darüber mehr gesprochen werden sollte, und wir erwarten auch Unterstützung beim Fertigwerden mit diesen Problemen.« Die Beteiligung der Mädchen bei Gewaltexzessen habe »während der letzten drei Jahre zugenommen, und das gibt zu ernster Besorgnis Anlaß«.

Derartige Warnungen riefen heftige Abwehrreaktionen hervor; die Berichte über Gewalt an Schulen seien stark übertrieben, hieß es. Aber eine solche Vogel-Strauß-Politik mußte ihre Haltlosigkeit erkennen, als eine umfassende Studie des Institute of Research Techniques wissen ließ: »Bei kleineren Gewaltexzessen wird fast überall ein Auge zugedrückt, und es gibt einen harten Kern von etwa 10%, der sich von Gewalt beeindrucken läßt und oft sogar bereitwilligst mitmacht.«

Die Untersuchung erstreckte sich auf 1565 Jungen im Alter von 12 bis 17 Jahren, die nach Zufallskriterien ausgewählt worden waren; im Untersuchungszeitraum von sechs Monaten hatte jeder Junge 68mal »ein geringeres Maß gewalttätigen Verhaltens« an den Tag gelegt, 36mal aber »ziemlich gewaltsames Verhalten«. Die erstgenannte Klassifizierung umfaßt etwa Taten wie das Einwerfen einer Fensterscheibe, die zweite Taten wie das Niederbrechen eines jungen Baumes im Park. Jeder einzelne Junge hatte aber 104 solcher Taten innerhalb von 90 Tagen verübt – also mehr als eine pro Tag. »Schweres gewaltsames Verhalten« wurde jedem der Jungen zweimal attestiert, und das waren dann schon Taten wie der Versuch, mit einer angesplitterten Flasche jemandem das Gesicht zu verschrammen. Allerdings: »Extrem gewaltsames Verhalten« wie Messerstecherei oder Brandstiftung gab es pro Schüler nur 0,01mal. Das bedeutet jedoch, daß während eines halben Jahres unter 1565 Schülern solche Fälle 15- bis 16mal vorkamen. 8 dieser Jungen gestanden, jemanden mit der Rasierklinge geschnitten zu haben, 33 gaben zu, sie hätten Leute zusammengeschlagen. 13 der Jungen hatten sich an »ziemlich gewaltsamem Verhalten« zwischen 100 und 500 Malen beteiligt. Der Direktor der Schule sagte dazu: »Es war ein Fehler von mir, daß ich einige von ihnen spät in der Nacht nach Hause gebracht habe – ich hatte Angst um mein Auto. Wir hatten da oft schon mit Leuten zu tun, die weder lesen noch schreiben konnten – fürchterlich.«

Der Schlüsselpunkt in diesen statistischen Angaben ist wohl die Tatsache, daß 12 % der Jungen an Gewalttaten beteiligt waren, die als »ziemlich«, »schwer« oder »extrem« bezeichnet wurden, und das mindestens 10mal in sechs Monaten. Der Sekretär der Lehrervereinigung Englands gab hierzu folgenden Kommentar: »Ich bin schokkiert über den hohen Anteil an Fällen extremer Gewalt, der in dieser Untersuchung zutage tritt ... wenn 12 % einer beliebigen Altersgruppe ein solches Maß an Gewalt entwickeln, dann gnade uns Gott!« Indes meinte die Schulbehörde der Londoner Innenstadt: »Begeht nicht jedes Kind irgendwann einmal eine Gewalttat?« Worauf man nur antworten kann: Wenn »Gewalttat« Brandstiftung meint oder Splitterflasche ins Gesicht, dann: Nein!

Auch auf dem europäischen Festland zeigen Untersuchungen einen Anstieg der Gewalt an, verbunden mit einer Senkung der Altersgrenzen – so etwa in Deutschland, wo bereits Sechs- bis Siebenjährige betroffen sind. In Frankreich und Italien wird nach den Aussagen der ›*Times*‹ Gewalt bei Jugendlichen vor allem durch politische Motivationen ausgelöst: Halbwüchsige Faschisten bekämpfen halbwüchsige Anarchisten mit Molotowcocktails und Kanonenschlägen. Die blinde Gewalt, wie sie auf amerikanischen und britischen Schulen auftritt, ist indes selten. In den Niederlanden und Belgien kommen unter Jugendlichen Gewalttaten kaum vor. Belgische Erzieher führen dies darauf zurück, daß bei den meisten Schülern ein stabiler Familienhintergrund besteht.

Ich werde sogleich auf die Ursachen all dieser Gewalttätigkeiten zurückkommen, doch sei zuvor noch der Wandalismus als eine gleichfalls in Zunahme begriffene Parallelerscheinung besprochen, da er uns einige zentrale Einsichten erlaubt.

Die neuen Wandalen

Eine Gruppe von acht jungen Burschen zwischen 17 und 20 Jahren beschaffte sich versprühbare Farbe und eine Sorte von Spritzen, die zur Einspritzung von Schmieröl in Zylinder gebraucht werden und die sie aus Tankstellen entwendet hatten. Damit und mit weiteren Ausrüstungsgegenständen fuhren sie durch die Stadtteile und Vororte des Londoner Ostens und besprühten Passanten sowie Gruppen von Mädchen mit Sprühfarbe, weil sie deren Kleider ruinieren wollten. Der Graphit, der in den Schmiermittelrückständen ihrer Spritzen enthalten war, verschmutzt Kleider in einer Weise, daß sie kaum noch zu reinigen sind. Sie hatten auch herausgefunden, daß Zitronensaft auf Mohairstoffen besonders scheußliche Flecken macht; also füllten sie auch ihn in ihre Spritzen. Über eine Strecke von 160 Kilometern sah man sie am Werk. Später erklärten sie sich dann in 47 Fällen für schuldig, darunter auch in der Anklage auf Körperverletzung. Vier Leute hatten ins Krankenhaus gemußt.

Ich greife dieses Beispiel für den Anfang meiner Erörterung über den Wandalismus heraus, nicht weil es ein besonders schwerwiegender Fall dieser Art wäre, sondern weil mir hier ein charakteristischer Zug deutlich ausgeprägt erscheint: die Mutwilligkeit solcher Handlungsweisen. Da geschah kein sozialer Protest: Die Angespritzten gehörten nicht der Oberschicht an, ja es waren noch nicht einmal alle Bürgerliche. Die Delinquenten machten jungen Männern und Mädchen aus ihrem eigenen Milieu die Kleider kaputt und verdarben ihnen den Nachmittag. Dies aber war nicht etwa der Einfall eines Augenblicks. Das verdient deshalb Hervorhebung, weil es immer Leute gibt, die sich als Soziologen bezeichnen, solche Verhaltensweisen aber mit spontaner Aggressionsentladung gegen höhere Klassen erklären wollen. Wandalismus ist die mutwillige Zerstörung gefälliger Dinge, die Wert für andere haben und ihnen nützlich sind, und daher unterscheidet sich dieses Verhalten auch wesentlich von Gewaltverbrechen, die dem Täter materiell etwas einbringen.

Als typische Beispiele mutwilliger Zerstörungslust nennt ein jüngst erschienener Artikel in der ›*Sunday Times*‹: »Aufsprühen von Säure auf Autos, Ausreißen aller Blumen aus einer Blumenuhr in einem Stadtpark, Strangulieren von Schwänen auf Parkweihern, Durchlöchern der Reifen an allen Wagen eines Parkplatzes, Abschälen der Isolation von einem Hauptrohr der Wasserleitung, das Hineinwerfen von Abdeckplanen in einen Klärteich, Auswerfen von Rettungsringen ins Wasser, das Schleudern von Steinen auf vorbeifahrende Lokomotiven, das Bepissen von Telefonzellen, das Eingießen von Farbe in Schwimmbecken, die Erzeugung von Kurzschlüssen mittels über Oberleitungen geworfener Fahrradketten.«

Eben erst fertiggestellte Appartementhäuser scheinen auf solche Wandalen eine besondere Anziehungskraft auszuüben: Noch ehe die Bewohner eingezogen sind, sind schon die Türen eingetreten, die Toiletten verstopft, Verputz heruntergeschlagen, die Fenster zersplittert. Die Bauindustrie kalkuliert bereits derartige Verluste ein. Sie betreffen übrigens häufiger Vorhaben des öffentlichen Wohnungsbaues für weniger Begüterte als die im Entstehen begriffenen Villen der Reichen. Aber auch in bewohnte Häuser dringen immer häufiger solche Wandalen ein und verwüsten sie vor den Augen der Mieter.

Der Wandalismus erreicht schnell Ausmaße, die eine Gefährdung von Eigentum im großen Umfang mit sich bringen. Angeführt sei hier ein Beispiel aus Colin Wards Buch »*Vandalism*«. »Sabotage oder Wandalismus dürften gestern in Liverpool das Austreten großer Mengen brennbaren Naphtas bewirkt haben, das eine Gefahr für Tausende von Leuten darstellte. Die entflammbare Flüssigkeit ergoß sich in den Merseyfluß, der daraufhin für die Schiffahrt gesperrt werden mußte. Abgesperrt wurde auch ein ganzer Stadtteil.«

Aber es ist bereits so weit, daß sich der Wandalismus zu einer Gefahr für Leib und Leben auswächst. Jüngst kam in England ein Zugführer bei Durham ums Leben, als von einer Überführung herunter ein großer Stein auf seinen Triebwagen geworfen wurde. Ähnlich gefährliche Zwischenfälle entstanden durch die Errichtung von Hindernissen an schlecht beleuchteten Schienenwegen mit Öltonnen, Eisenschienen oder anderen gewichtigen Gegenständen. Rowdytum dieser Art bilde heute eine der stärksten Gefährdungen der Sicherheit im Bahnverkehr Großbritanniens, erklärte Oberst J. R. H. Robertson, der leitende Inspektionsoffizier des Eisenbahnwesens. Im Jahr 1972 wurden 17,3 % *aller* Bahnunglücke durch mutwillige Täter hervorgerufen – eine Verdreifachung des Prozentsatzes in neun Jahren! Insgesamt fuhren 147 Züge im Jahr 1972 auf solche Hindernisse, aber nur 50 Züge im Jahr 1963. Acht Züge entgleisten, an anderen brachen Brände aus. »Die Zunahme des Rowdytums ist ein Problem des ganzen Landes«, warnte Robertson.

Hinter dem Wandalismus steht angestaute Aggressivität, die sich abreagieren möchte, also eine Art Ersatzhandlung, bei der sich die Wut nicht gegen die eigentlich verursachenden Personen richtet, sondern gegen Gegenstände oder auch unbeteiligte Personen, von denen keine Gegengewalt zu befürchten ist. So redet ein Mann, den sein Chef getadelt hat, dessen Sekretärin scharf an. Der Ehepartner, der verzweifelt, schubst die Katze mit dem Fuß weg. Gewalt spiegelt immer auch die Art und Weise wider, in der wir die Beziehungen zwischen den Menschen in der Gesellschaft aufbauen, worüber ich gleich mehr zu sagen haben werde. Aber wer solche Ventilationen der Aggressivität versteht und mit den Betroffenen fühlt, weil deren Frustration sie zu Handlungen dieser Art treibt, muß sie nicht notwendigerweise billigen oder verteidigen. Wenn manche Soziologen dies heute tun, so scheint mir das schon ein alarmierendes Zeichen.

Da schreibt etwa Stan Cohen von der Essex University mit Bestimmtheit: »Wandalismus ist einfach in Ordnung.« Und zustimmend zitiert er eine Äußerung des russischen Anarchisten Bakunin: »Der Drang zu zerstören ist auch ein schöpferischer Drang« – ein Ausspruch, der den Sinn der Sprache verkehrt. Vielmehr ist der Zerstörungsdrang ein Surrogat, eine Pervertierung des schöpferischen Drangs.

In den Augen Colin Wards (von seinem Buch »*Vandalism*« war bereits die Rede) ist Wandalismus nicht Ausdruck sozialen Elends, sondern ein Zeichen moralischer Gesundheit. Er zitiert einen amerikanischen Autor namens Guy Debord zustimmend, der gesagt hat: »Jeder Akt des Wandalismus usw. findet meine volle Zustimmung, ohne Differenzierung und ohne Entschuldigung für die Täter.« Ein Anonymus erklärt gar in ›*Skelf*‹: »Auf Schaufensterfronten (vor allem auf neue Schaufenster!) gesprühte Parolen; kaputtgeschlagene Busse mit aufgeschlitzten Polstern; diese riesigen Plündereien in Geschäften und Werken . . . Das sind die einzigen Dinge, die mir Hoffnung machen.«

Einige Soziologen haben versucht, den Wandalismus als Ausdruck überschäumenden Lebensgefühls zu deuten, als eine Art Studentengaudi für jüngere Menschen der unteren Klassen – aber die hier genannten Beispiele gehen über studentischen Ulk doch weit hinaus. Vieles von dem, was durch Angehörige der gehobenen Klassen verübt werde, so argumentieren sie, würde als Wandalismus gelten, wenn die Täter Menschen der Unterklassen wären.

Bei soviel Nachsicht gegenüber derartigen Formen des Sich-Abreagierens kann es nicht überraschen, daß wandalistisches Verhalten jetzt auch kleinen Kindern gelehrt wird. Das ›*Children's Rights Magazine*‹ veröffentlichte ein »Kommuniqué der Brigade der Zornigen Kinder«, in dem es hieß: »Jegliche Sabotage in hierarchischen Systemen ist wirksam, so auch in der Schule. Schraubt Türschlösser raus, macht Lautsprecher kaputt, malt die Tafeln rot an, macht Staub aus der Kreide – ihr seid zornig und wißt, was ihr tun müßt.« Unter Soziologen heißt so etwas »kreative Täterschaft«.

Es ist daher ziemlich sicher, daß aus solchem Verhalten in den nächsten zwanzig Jahren ein Maß an Destruktion und Brüchigkeit erwachsen wird, das alles Dagewesene übersteigt. Nationalparks werden verwüstet werden, Denkmäler und Plastiken werden aus den öffentlichen Bereichen entfernt werden müssen; auch wird es bald keine öffentlichen Toiletten und Telefonzellen mehr geben.

Alvin Toffler prophezeit in seinem Buch *»Der Zukunftsschock«*, der Belletrist John Brunner in seinem Roman *»The Jagged Orbit«* für die Zukunft eine Individualisierung des Wandalismus zu einer Spielart der Freizeitgestaltung. So, wie es Telefonierkünstler gibt, die durch ausgeklügelte Maßnahmen lange Telefongespräche ohne Gebührenzahlung führen, werden dann nach Tofflers Meinung gut organisierte Gruppen mit Computerprogrammen herumspielen, werden sich in Rundfunksendungen einschalten, Postsendungen umleiten, am Wertpapiermarkt manipulieren oder die Zufallsergebnisse abfälschen, auf denen Meinungsumfragen beruhen. Ja er vermutet sogar, die »Verübung komplex organisierter Raubüberfälle und Morde« könnte zu einem spannenden Freizeitspiel werden. Der Unterhaltungsschriftsteller John Brunner jedoch sieht diese Entwicklungstendenz in noch gefährlichere Zonen vorstoßen; er erwartet das Schüren von Rassenunruhen wie die Zwangsinjektion psychedelischer Drogen bei zufällig vorbeikommenden Fremden mit anschließender Beobachtung der Resultate (es schießt der den Vogel ab, der bei seinem Opfer dauernden Wahnsinn hervorruft). Über welche Möglichkeiten verfügen wir angesichts solcher Tendenzen?

Totschläger und Zeittotschläger

In der englischen Stadt Bath befand sich ein sechzehnjähriges Mädchen nach einer Wohlfahrtssammlung bei der Abbey auf dem Heimweg. Es war 6 Uhr abends, als sie sechs Jungen entgegenkommen sah, die sich über die ganze Breite der Straße verteilt hatten. Irgend etwas kam ihr nicht geheuer vor. Sie wollte zwischen den Jungen hindurch, aber sie traten nach ihr, daß sie stürzte. Als sie am Boden lag, erhielt sie von allen heftige Tritte. Dann ging die Gruppe lachend weiter. Kein einziges Wort war gefallen. Der ganze Vorgang dauerte neunzig Sekunden und wurde von einer älteren Frau beobachtet, die aus Angst nicht eingreifen wollte. In einer Entfernung von etwa hundert Metern hielten sich zwei Polizisten auf.

Als es später im Krankenhaus interviewt wurde, sagte das Mädchen: »Ich weiß schon, was los war. Denen war's eben langweilig.«

»Ich habe die eine große Überzeugung, daß dem letztlich Langeweile zugrunde liegt ... Die Leute wissen offenbar nicht mehr, warum sie auf der Welt sind«, sagt der Dramatiker Arthur Miller und weist darauf hin, daß viele der gängigen Romane und Theaterstücke Langeweile zum Thema haben. »Die Leute scheinen psychologisch zu stagnieren, festgehalten durch ihre Verstrickung in halbe Erfahrungen.« In den Berichten der Sozialarbeiter erscheinen ähnliche Beobachtungen immer wieder. James Patrick, Lehrer einer Schule für Gefängnisinsassen, wurde für einige Zeit Mitglied einer Glasgower Teenagerbande, die er in seinem hochinteressanten Buch *»A Glasgow Gang Observed«* schilderte. Aus seiner Darstellung wird ganz deutlich, daß die Jugendlichen die obligatorische Wochenendschlacht mit einer anderen Bande nur deshalb suchten, um in die Monotonie ihres Alltags, der sich zumeist im Herumlungern erschöpfte, etwas gepfefferte Abwechslung zu bringen. Einer der Jungen beschrieb das Gefühl vor dem Kampf wie folgt: »Da läuft einem das Herz auf Touren, da fühlt man sich wie im Fieber; das ist besser als Sex.« Seine Freunde stimmten ihm zu. Es ist nicht so sehr die Schlägerei selbst als vielmehr die Vorbereitung darauf und die spannenden Minuten, ehe es richtig losgeht. Wenn man so etwas plant und organisiert, gibt das dem Leben ein Ziel. Wie der amerikanische Autor W. B. Miller über amerikanische Halbwüchsigenbanden schrieb: »Es ging den Bandenmitgliedern vor allem darum, sich selbst in die Haltung des Kämpfenden hineinzusteigern, weniger darum, tatsächlich zu kämpfen.«

Patrick sagt: »Die Schule erschien ihnen zweifellos öde, ihre Arbeit ließ sie unzufrieden, aber es kam nicht zu offener Auflehnung.« Paul Goodman unterstreicht, daß bei den gesellschaftlich sehr benachteiligten Jungen der Puertorikaner, mit denen er in New York arbeitete, das Gefühl, nicht aus dem alten Fahrwasser herauszukönnen und nie auf anständige Weise Geld zu verdienen, sehr prägend war. Während bei einem kleinen Teil der Banden der Wunsch artikuliert wurde, »der Gesellschaft einen zu verpassen«, weil sie von ihr als Nieten zurückgewiesen worden seien, hätte die Mehrzahl der Gangs sich jedoch in einem »Kult maskuliner Härte« erschöpft. Langeweile ist ein anderer Name für das Gefühl, ohne Bestimmung zu sein. Hinzu kommt, daß der Jugendliche das Bedürfnis hat, sich als Mann bestätigt zu sehen.

Es hat Gesellschaften urtümlicher Struktur gegeben, bei denen sich der Heranwachsende als »junger Held« bewähren mußte, entweder durch Töten oder durch Skalpieren eines Stammesfeindes. Um aggressiven Impulsen Abfuhr zu sichern, waren bei nicht wenigen Naturvölkern gefahrvolle und schmerzhafte Initiationsriten gebräuchlich, in denen der junge Mann Gelegenheit fand, seinen Mut zu beweisen – wobei er manchmal auch seine Befähigung zeigen mußte, eine Frau zu ernähren.

Ein Bedürfnis nach Selbstbestätigung lebt sich auch in Fußballspielen aus. Ein Reporter beschreibt die »verpflasterten und blutverschmierten Halbwüchsigen, die stolz auf der Straße ihre Verletzungen zur Schau stellen« und setzt hinzu: »Für das rabaukenhafte Element ist nicht das Spiel das Wichtigste – vielmehr gelten die Dinge drumherum: der Sportplatz, die Zuschauer, die Gegenpartei.« Es geht nicht so sehr um das »Dampfablassen« als vielmehr um Selbstbestätigung.

Patricia Elton Mayo betrieb vergleichende Studien bei Gruppen von Straffälligen aus Marseille und im Wohnviertel einer britischen Stadt, wobei bemerkenswerte Ähnlichkeiten in den Verhaltensmustern zutage traten. Sie kam indes zu einem abweichenden Schluß: »Die Haltung, mit der ausgedrückt werden sollte, daß man sich nicht als zugehörig zur Gesellschaft der Eltern ansah, fand sich bei allen befragten Straffälligen, unabhängig von ihrem Alter, ihrer Intelligenz, ihrem Beruf oder ihrem Bildungsgrad. Sie fühlten sich als Zurückgestoßene der Gesellschaft und nahmen für sich das Recht in Anspruch, geschlossen Widerstand zu leisten. Unter anderen Verhältnissen können Mitglieder einer Widerstandsbewegung sehr wohl zu Helden werden, und Helden wollten sie eigentlich auch sein.«

Etwas tun, was mit dem Geruch des Abenteuers umgeben ist, ohne dabei gegen Gesetze zu verstoßen, also Bergsport, Segeln, Jagen, war stets Privileg der oberen und mittleren Klassen. Für den Jungen aus benachteiligten Klassen hält die moderne Gesellschaft kaum Gelegenheit bereit, sich mannhaft zu bewähren.

In Marseille ließ ein unkonventioneller Polizeichef einen Klub für solche Jungen gründen, in dem sie segeln, zelten und auf verschiedene Weise sich sinnvoll betätigen konnten. »Großer Beliebtheit beim Klub erfreuen sich sportliche Betätigungen unter freiem Himmel wie Unterwasserfischen, Bergsteigen und Segeln, die auch alle körperliche Wagnisse mit sich bringen«, registriert Frau Mayo. »Auch für geistige Wagnisse ist Raum, und die Jungen sind erstaunt, wie spannend so etwas sein kann. Sie sind ja meist recht intelligent, und als man daranging, Theaterstücke mit ihnen zu schreiben und sie auch aufzuführen, hat es sie selbst überrascht, was dabei alles für sie herauskam.«

Frau Mayo schreibt weiter – und was sie sagt, ist beherzigenswert: »Wer einige Zeit lang in zwei Wohnvierteln wie dem in Marseille und dem von Queen's Park tätig war, den überfällt das Bewußtsein, wie elend der Mensch hier verschlissen wird. Daß diese Menschen nicht mehr hungern, besagt noch längst nicht, daß ihre menschlichen und sozialen Bedürfnisse wirklich gestillt sind.« Das sollte man mit ehernen Lettern in die Schreibtische all jener Politiker eingravieren lassen, die sich allein um wirtschaftspolitische Fragen kümmern, und auch Gewerkschaftsführer täten gut daran, dies zur Kenntnis zu nehmen.

Nach dem gängigen Jargon waren diese Jungen »entfremdet«. Sie konnten sich nicht selbst als Teil unseres Gesellschaftssystems verstehen. Sie befanden sich in jenem Zustand, den die Soziologen als »Anomie« bezeichnen. Wer sich nicht zu einer Gesellschaft zählt, fühlt sich auch nicht bemüßigt, die Normen dieser Gesellschaft einzuhalten. Andererseits aber wird dieses Außenseitertum zum

Anlaß für Ressentiments, erscheint als Kränkung. Eine derartige Entfremdung ist natürlich vor allem bei jungen Leuten leicht gegeben, da sie ja zum erstenmal in ihrem Leben versuchen müssen, ihren Platz in der Gesellschaft zu finden. Nicht wenigen wird dies zuletzt auch gelingen; sie passen sich an. Aber anders als die sogenannten primitiven Gesellschaften zeichnet unsere Gesellschaft keinen eindeutigen Weg vor, auf dem ein Junge zum Erwachsenen wird, und so bleiben viele, die überhaupt keinen Weg finden.

Man könnte auch sagen, daß das Problem des Heranwachsenden in der Selbstachtung liegt – und vielfach gilt dies ebenso für kriminelle Erwachsene. Hans Toch untersuchte 69 Männer, die wegen Gewalttaten verurteilt worden waren, und fand, daß über ein Viertel ihr persönliches Image verteidigten, während weitere zehn um Verteidigung ihrer Reputation bemüht waren. Er fügt die Bemerkung an, daß ein Mensch, »sobald er entdeckt hat, daß sich das eigene Ich auf Kosten von anderen stärken läßt, immer wieder erneut Nutzanwendung aus dieser Entdeckung zieht«.

Während die Mehrzahl der entfremdeten Jugendlichen unfreiwillige Opfer einer pathologischen sozialen Situation sind, muß doch andererseits gesehen werden, daß eine kleine Anzahl an persönlichen pathologischen Zügen leidet. Diese aber sind häufig die Anführertypen oder die »harten Fälle« asozialer Gruppen. Wer anfällig für Manipulation ist, tut sich oft mit anderen zusammen, die in ihren Mitmenschen nur Werkzeuge für ihre Zwecke sehen – und beide greifen gern zur Gewalt.

Pathologische Fälle

In seinem interessanten Buch »*The Frying Pan*« gibt der Schriftsteller Tony Parker, der insbesondere die Lage der benachteiligten Bevölkerungsschichten im Auge hat, die Äußerungen eines Strafgefangenen wieder, eines Mannes mit langem Strafenregister, Gewalttaten zumeist, der in der fortschrittlichen britischen Strafvollzugsanstalt Grendon Underwood seine Jahre absaß. In dieser Anstalt erhalten die Gefangenen intensive psychotherapeutische Betreuung, und Parker zeichnete lange Gespräche der Insassen mit dem

Betreuungspersonal auf. Der Gefangene, dessen Äußerungen Parker zitiert, war ein junger Mann irischer Herkunft, der als uneheliches Kind geboren worden war. Nicht lange nach seiner Geburt hatte ihn seine Mutter, eine Kellnerin, zu Verwandten in Pflege gegeben.

»Mich hat ja schon von Anfang an keiner haben wollen – das ist ja ganz klar, und ich glaube, da wird man schon gleich in der Abwehr groß und hat einen Haß auf andere Leute, weil man weiß, daß man kein Mitglied der Gesellschaft ist, das was gilt. Dann zeigst du denen den Rücken. Dann denkst du: ›Leckt mich doch alle am Arsch!‹« Und er fügte hinzu: »Ich hab' auf jeden einen Haß, kann ich nur sagen; den größten Haß hab' ich auf mich selber. Haß, Wut – da bin ich voll davon. Ich glaube, wenn ich gekonnt hätte, dann hätte ich die ganze Welt kaputtgemacht.« Die Beziehung zwischen früher Abweisung und politischem Nihilismus könnte kaum besser illustriert werden. Dazu Dr. Kellmer Pringle, Direktor des National Children's Bureau: »Wut, Haß und Rücksichtslosigkeit gegenüber anderen sind bei den Ungeliebten und Zurückgewiesenen die Regel.«

Ein weiterer Faktor wird sichtbar in der Aussage eines neunzehnjährigen Jungen – kein krimineller Fall –, der schrieb: »Ich bin manchmal so frustriert, daß ich alles rings um mich her kaputtmachen könnte . . . Wenn ich wieder lese, daß da jemand ein großes Ding gedreht hat . . . Einbruch oder einen Mord, habe ich Lust, es genauso zu machen, damit die Leute sehen, der kann das so gut wie andere auch . . . Ich ertrag's einfach nicht, nur als Null dazustehen.« Hinter solchem Verhalten steckt ganz zentral der Wunsch, in der Massengesellschaft sich als Persönlichkeit irgendwie zu verwirklichen. Über diesen Punkt wird noch mehr zu sagen sein.

Als dritter Faktor kommt eine Art Gefühlsroheit hinzu, eine Unfähigkeit zur Einfühlung in andere, die bei starker Ausprägung als Schizophrenie gelten mag. Es ist oft beobachtet worden, daß schizophrene Mörder keinerlei Gemütsbewegung zeigen, auch dann nicht, wenn sie mit ihrem eigenen Todesurteil konfrontiert sind. Um so weniger natürlich angesichts des Todes ihrer Opfer. So sagte ein Häftling zu Tony Parker, wenn er ihn nach seiner Entlassung träfe und Parker käme im Auto daher, dann solle er lieber nicht aussteigen. Denn wenn er anhielte und ausstiege, würde er ihn aus dem Wagen zerren und selbst davonfahren. Als Parker hierauf mit einem Lächeln antwortete, sagte er: »Lachen Sie nicht. Das meine ich ernst.«

Menschen wie dieser Mann sind früh in ihrem Leben emotional schwer geschädigt worden, und sie reagieren darauf mit dem Grundsatz: »Wenn ich mir alles Gefühl vom Hals schaffe, kann auch mich niemand mehr verletzen.« Gleichzeitig aber wollen sie es dieser kalten Welt zurückgeben, und dabei dehnen sie ihre persönliche Erfahrung mit der Gesellschaft zu scheinbarer Allgemeingültigkeit aus. (Umgekehrt überschätzt ein als Kind mit Liebe und Sicherheit umgebener Mensch später leicht die Güte seiner Mitmenschen.) Wegen ihrer Gefühlsroheit suchen solche Charaktere den außergewöhnlichen Anreiz der Gefahr und der Gewalt (auch Drogen), um ihre innere Unerfülltheit wenigstens mit einem Surrogat auszufüllen.

Die außergewöhnlichen Extremformen, in denen sich eine solche Beschädigung der Persönlichkeit manifestieren kann, werden deutlich in der niedergeschriebenen Erklärung eines Mannes, der ein kleines Mädchen entführt, es zu Tode gequält und dann aufgegessen hatte, sich dann aber nicht scheute, die fassungslosen Eltern über die Todesart ihrer Tochter genau zu informieren. Vor seiner Hinrichtung schrieb er: »In meinem Leben habe ich einundzwanzig Menschen ermordet, Tausende von Einbrüchen begangen, dann Raubüberfälle, Diebstähle, Brandstiftungen; außerdem beging ich auch in über tausend Fällen Unzucht mit Männern. Für all das empfinde ich nicht die geringste Reue. Ich habe kein Gewissen, deshalb ist mir das gleich . . . Ich hasse die ganze Menschheit, mich eingeschlossen.« Der Schreiber dieser Zeilen war seinen eigenen zwei Kindern ein guter Vater.

Es wird manchmal behauptet, daß Gewalttätigkeit ein angeborenes Verhalten darstelle, das durch keinerlei soziale Einflüsse ausgeschlossen werden könnte. Bereits an anderer Stelle (*»Conditions of Happiness«*, 1949) habe ich darauf hingewiesen, daß diese Meinung auf einem Mißverständnis beruht. Der Mensch besitzt keinen Aggressionstrieb, wohl aber einen angeborenen Drang, seine Umwelt zu verändern oder Widerstände gegen die Erfüllung seiner Bedürfnisse aus dem Weg zu räumen. Wenn ein Mensch einen Baum fällt, um sich ein Haus zu bauen, so nennen wir dies konstruktiv; schlägt er einen anderen Menschen nieder, der ihn daran hindern möchte, so reden wir von destruktivem Verhalten. Wir können aber den Drang zur Umweltgestaltung nicht verhindern, wollen dies auch gar nicht tun. Es kommt vielmehr darauf an, daß die Fixierung dieses Drangs auf haßerfüllte, destruktive Äußerungsformen infolge frühkindlicher Frustrationen in der hier anhand von Beispielen geschilderten Form möglichst verhindert wird. In Kapitel 18 werde ich darüber sprechen, wie dies in Einzelheiten zu bewerkstelligen wäre. Hier möchte ich nur festhalten, daß Persönlichkeitsstörungen, die schon fast ins Pathologische reichen, allen unseren Problemen zugrunde liegen, was nicht immer hinreichend Beachtung erfährt.

Zusammenfassend kann gesagt werden, daß es ein Spektrum von Verhaltensweisen gibt, das sich vom relativ normalen Verhalten Jugendlicher unter frustrierenden Sozialumständen bis zum psychisch schwer geschädigten Individuum erstreckt, das wegen Mangel an liebender Zuwendung und Hilfe in der Kindheit eine tiefe Wunde davongetragen hat. Weltvertrauen erhält das Kind in den Armen der Mutter, indem es ihrer liebevollen Stimme lauscht, und dadurch, daß seine Bedürfnisse stets erfüllt werden. Fehlt dieses Grundvertrauen, so maskiert der Erwachsene seine Verwundbarkeit durch Aggressivität. Bei den von Patrick beobachteten Banden war der Anführer gewöhnlich einer dieser psychisch Gestörten. Die Bandenmitglieder waren sich darüber klar und belegten die Wutausbrüche ihres Anführers mit Ausdrücken wie »Irrsinn hinlegen« oder »einen Psychotischen abziehen«. Sie erfanden Namen wie »der irre Mexikaner« oder »der Großkranke«. Patrick bemerkt dazu: »Diese Jungen zeigten keinerlei Schuldgefühle; sie konnten sich sozial überhaupt nicht anpassen, und auch untereinander blieben die Beziehungen immer nur an der Oberfläche. In manchen ihrer Unternehmungen steckte ein Element bewußter sadistischer Grausamkeit ...« Big Dave Malloy, einer der Anführer, erzählte, wie er in seiner Kindheit die Skelette von Tieren zerrissen habe. Mitglieder der Kerngruppe schlugen die Schaufenster eines Modegeschäftes ein und enthaupteten zeremoniös die Kleiderpuppen. Wiewohl Patrick kein Befürworter schwerer Strafen ist, sah er sich doch zu folgender Einschätzung gezwungen: »Um den sofortigen Schutz der Gesellschaft zu gewährleisten, müssen die Mitglieder der Kerngruppe der Bande festgenommen und inhaftiert werden.«

Während die kleinen Routineverbrechen allein soziale Ursachen haben, beruhen solche Persönlichkeitsstörungen auf dem Auseinanderbrechen der Familie. Das ist der typische Fall des Jungen, der von der Schule nach Hause kommt und weder seine Mutter noch ein Essen vorfindet; der nie Gelegenheit hat, irgend etwas zusammen mit einem Vater zu unternehmen, für den er Achtung empfindet; das sind die Jungen, die sich später so ungeheuerlich entwickeln, fast schon jenseits jeglicher Hoffnung auf Gesundung. Die Familie ist der Mikrokosmos der Gesellschaft: Eine Familie, in der Kinder alles dürfen, bedeutet eine Gesellschaft, in der fast alles möglich ist; eine Familie, in der alles durcheinandergeht, bedeutet eine chaotische Gesellschaft; eine Familie voller Haß bedeutet eine Gesellschaft voller Haß; eine auseinanderbrechende Familie bedeutet eine auseinanderbrechende Gesellschaft.

Nicht das Anwachsen der Gewalt ist das eigentliche Problem, sondern das Anwachsen von Ressentiment, Verzweiflung und Zerstörungssucht, das pathologische Formen annimmt. Dies zwingt uns die Frage auf: Welches Maß solcher Einwirkungen kann eine Gesellschaft noch aushalten? Wie lange können wir es uns noch leisten, die Dinge treiben zu lassen?

Keiner der Sozialfaktoren, die für den Haß unter den Menschen und für ihre Gefühlsverrohung verantwortlich sind, nimmt in merklichem Grade ab. Die Slums bleiben weiter. Was auch immer mutig zum Wohl der Halbwüchsigen unternommen wurde – es erwies sich als noch zuwenig. Die Arbeitslosigkeit unter Jugendlichen ist hoch und wird wohl noch zunehmen. Immer mehr Familien brechen auseinander, weil immer mehr Frauen in den Arbeitsprozeß eingegliedert werden und immer weniger Väter ihrer Verantwortung nachkommen. Daraus folgt, daß Gewalt, Rücksichtslosigkeit und Verbitterung bis zum Ende des Jahrhunderts ansteigen werden. (Die jugendlichen Mörder von 1995 sind schon geboren und lernen die bittere Lektion der Asozialen, während Sie diese Zeilen lesen.)

Diese pathologischen Erscheinungen sind ein Teil des Preises, den wir für rapide Entwicklungsprozesse, für das Auseinanderbrechen der Familie, den Verlust durchgängiger prägender Kulturtraditionen und Gruppenstrukturen zu zahlen haben. Da bisher noch kaum Anzeichen auf Änderung dieser Entwicklung abzusehen sind und da das Wertsystem unserer Gesellschaft eine Rückkehr zu beständigeren sozialen Verhältnissen ausschließt, wird man voraussagen können, daß die sozialpathologischen Erscheinungen künftig noch schlimmer werden.

Dies ist das dringlichste Problem der Gesellschaft, dringlicher als die wirtschaftlichen und politischen Streitfragen, auf die unsere politischen Führer die meiste Zeit verwenden. Die Tatsachen sind verfügbar. Aber wenn hier nicht eine gewaltige Anstrengung unternommen wird, die vorrangig und mit großzügigster Unterstützung voranzutreiben wäre, hat unsere Gesellschaft keine Überlebenschance. Denn wenn Gewalt nicht mehr beschränkt werden kann, führt dies zu einem Zusammenbruch der Alltagsabläufe.

Wir haben unsere Prioritäten falsch gesetzt. Wir reagieren nicht mehr sensibel genug auf Gewalt. Wir haben nur noch ein Organ für Gewalt mit Todesfolgen. Wenn wir jedoch lesen, daß nach einem Sprengstoffanschlag oder einem Banküberfall einige Betroffene nach wenigen Tagen wieder aus dem Krankenhaus entlassen wurden, dann haben wir das Gefühl, es sei ja alles gar nicht so schlimm gewesen. Aber eine Frau mit gebrochenem Kiefer, ein Mann mit geschädigter Niere, ein Kind mit Brandverletzungen leiden. Und ein Mann, der seine Hand verliert, oder eine Frau, die ihres Augenlichts beraubt wird, ist lebenslang schwerstens behindert. Keine materiellen Reichtümer können solche Verluste wiedergutmachen, und wenn Gewalt der Preis für eine hochindustrialisierte Gesellschaft ist, so dürfte dieser Preis allzu hoch sein. Die Verminderung der Gewalt sollte daher eines unserer sozialen Hauptziele sein, an zweiter Stelle allenfalls hinter dem Ziel der Gesundheit im allgemeinsten Sinne und wohl noch vor dem Ziel der Erziehung.

Die Gewalt ist ja nicht ein Problem für sich, sondern das Ergebnis einer langen sozialen Ereigniskette. Sie ist über uns gekommen wie eine Art psychische Pest. Wie im alten Rom erweist sich das Überhandnehmen von Verbrechen, Gewalt und Haß als Weg in den Abgrund. Wie lange können wir mit der Gewalt noch existieren?

Natürlich lenkt Gewalt die Aufmerksamkeit auf sich, und jede neue Manifestation trifft auf das schaudernde Entzücken der Zeugen vor den Massenmedien, die in Berichten über Gewalt wohl ihre eigenen unterdrückten Impulse zur Gewalttätigkeit abzureagieren vermögen. Weniger offensichtlich, weniger faszinierend, aber dennoch nicht minder wichtig sind die gewaltfreien Formen asozialen Verhaltens, denen das folgende Kapitel gilt.

Kapitel 6
Was Menschen zusammenhält

Der Bruch der Sitte bricht die Welt entzwei.

Shakespeare, »*Cymbeline*«

Blindekuhspiel

An einem kalten Februarabend des Jahres 1966 stand Harry Minton vor einem Büfett in der Waterloo Station in London und trank eine Tasse Tee, während er auf seinen Zug zur Heimfahrt wartete. Plötzlich hatte er ein seltsames Gefühl im linken Auge. »Es ist so, wie wenn einem jemand einen Tesafilm über die Pupille klebt« – so beschrieb er später seine Empfindung. Die Gesichter rings um ihn her verschwammen zur Undeutlichkeit. War ihm etwas ins Auge gekommen? Er blinzelte mehrmals, sein Auge begann zu tränen. Um ihn her verschwanden nach und nach die Leute, die Bücherstände, die Lampen, die Gepäckstücke, lösten sich auf, gingen unter »und ließen mich zurück, der ich dastand und in einen dunklen, träg dahinfließenden, gelblich-schmutzigen Fluß starrte«. Er war plötzlich erblindet. Die Ursache, so erfuhr er später, war eine seltene Viruserkrankung.

Er sieht nichts mehr und tastet um sich, greift nach den Rockaufschlägen eines neben ihm stehenden Mannes. »Bitte, helfen Sie mir! Würden Sie bitte die Polizei herholen?« Der Angesprochene weiß nicht recht, was los ist. »Wieso? Was ist denn? Können Sie nichts mehr sehen?« Aber er verspricht, Hilfe herbeizuholen. »Bleiben Sie da 'ne Minute. Will sehen, was sich tun läßt.« Er geht weg, kommt aber nicht wieder. Harry Milton wendet sich jetzt an jemand anderen, mit gleichem Ergebnis. Und noch an acht weitere Leute. Erst der achte, ein junger Mann, reagiert anders. Er bringt Minton zu einer Bank, holt einen Polizisten herbei und alarmiert auch einen Krankenwagen. Als Minton ihm danken will, wehrt er ab: »Mein Gott, was ist das schon! Das ist doch selbstverständlich.«

Dieser Vorfall beleuchtet einen zentralen Mangel unserer Gesellschaft. In der trockenen Sprache der Soziologie heißt das »Verlust der Sozialbindung«.

Ich bin sicher, daß sich ein ähnlicher Vorfall nicht in dem Dorf hätte ereignen können, in dem ich wohne, und es lohnt sich, darüber nachzudenken. In kleineren Kommunen bewahren sich die Leute ein Gefühl dafür, daß sie mit menschlichen Individuen zu tun haben. Ein Einkauf beim Krämer, ein Gang zum Postamt im Dorf ist, anders als meist in der Stadt, kein mechanischer Vorgang, den genausogut eine automatische Verkaufsvorrichtung ausführen könnte. Vielmehr ist es ein persönlicher Kontakt zwischen Menschen, die sich mit Namen kennen und von denen ein jeder ungefähr Bescheid weiß über die Lebensumstände der anderen: wo sie wohnen, ob sie Kinder haben und ähnliches mehr. Man hat etwas Zeit, um ein paar höfliche Worte miteinander zu wechseln oder ein Schwätzchen zu beginnen. In einer so überschaubar zusammenhängenden lokalen Gesellschaft bestehen auch soziale Zwänge. Wenn da ein Mitglied sich eine derartige Herzlosigkeit zuschulden kommen ließe, wie es die sieben Großstädter taten, die den Erblindeten einfach stehenließen, trüge ihm das einen Verlust an öffentlichem Ansehen ein, und er hätte daran zu tragen.

Gewiß hat das Leben in kleinen Gemeinden auch seine Nachteile, gerade weil man unter aller Augen lebt. Dies ist der Grund, warum viele Leute lieber in die Stadt ziehen, weil sie dort »machen können, was sie wollen«. Aber der Preis für diesen Gewinn an Freiheit ist eine Einbuße an sozialem Zusammenhalt – mit allem, was dies mit sich bringt.

Die Erfahrung, die Harry Minton mit seinen Mitmenschen machte, ist gewiß weniger schrecklich gewesen als jener grauenvolle Vorfall in New York, bei dem ein Mädchen namens Kitty Genovese verfolgt und ermordet wurde, während über zwanzig Personen aus den Fenstern heraus zusahen und es nicht einmal nötig fanden, ans Telefon zu gehen, um die Polizei zu verständigen. Es mag sein, daß im Blick durch die Fenster und unter dem kalten Licht der Straßenlampen Kitty Genoveses Ermordung sich nicht viel anders ausnahm als eine der üblichen Mordszenen aus einem Fernsehkrimi. So könnte es sein, daß das Fernsehen ein Gefühl des unbeteiligten Zuschauertums ohne persönlichen Bezug zum Geschehen fördert.

Aber Harry Mintons Fall scheint mir gerade wegen seiner für Außenstehende undramatischen Art, der ganz die Faszination des Schreckens fehlte, und weil ein Eingreifen hier für keinen Helfer Gefahr gebracht hätte, von besonderer Aussagekraft zu sein. Ich habe ihn daher an den Eingang dieses Kapitels gestellt.

Aus den Fällen Harry Minton und Kitty Genovese spricht aber nicht nur ein Verlust an Bereitschaft, anderen zu helfen, sondern noch ein Weiteres: Verlust an Gewissen.

Man muß sich heute ja fast schon entschuldigen, wenn man einen so altmodischen Begriff wie »Gewissen« verwendet, aber es ist ein Begriff, der sowohl moralisch wie wissenschaftlich seine Geltung haben kann. Die Psychologen haben Erklärungsmodelle erarbeitet, anhand deren wir die Formung des Gewissens oder Über-Ichs als Ergebnis einer Übernahme und Verinnerlichung elterlicher Vorbilder verstehen können. Dieser Prozeß der Verinnerlichung setzt schon in frühem Lebensalter ein, wahrscheinlich bereits im Alter von eineinhalb Jahren. Damit diese Verinnerlichung erfolgreich vor sich gehen kann, muß der Vater dem Kind ein Mindestmaß an Zuwendung entgegenbringen, selbst wenn er es streng erzieht. Aber ein Vater, der nur brutal ist oder das Kind ganz ohne Liebeszuwendung läßt, wird fast immer psychologisch abgelehnt, und das Kind wird dann eher seinen Maßstäben entgegenzuhandeln versuchen als sie übernehmen. Wie ich an anderer Stelle gezeigt habe, tendiert nun die moderne Gesellschaft dazu, die Kinder von ihren Vätern abzuschneiden, da sie ja oft erst von der Arbeit heimkommen, wenn ein Zweijähriger bereits im Bettchen ist. Andere Väter sind ganze Wochen lang nicht zu Hause, wie Seeleute, Handelsreisende und vielbeschäftigte leitende Angestellte. Außerdem wird die Ausbildung des Gewissens beeinträchtigt, wenn der Vater Alkoholiker, kriminell, charakterschwach oder in anderer Weise als Vorbild ungeeignet ist – vor allem dann, wenn dies von der Mutter noch dauernd betont wird. Der amerikanische Soziologe C. Wright Mills beklagte, daß es »vorbildliche Männer« nicht mehr gebe, also noble Charaktere, deren Leben anderen als Richtschnur dienen könne. (Daher komme, so sagte er, das gegenwärtige Interesse an Biographien historischer Persönlichkeiten.) Und er befand, daß »die Formung solcher vorbildlicher Männer ein Hauptziel unseres gemeinsamen politischen Lebens zu sein habe«. Es wäre ihre Aufgabe, »Krisen in der moralischen Entscheidung allgemein sichtbar zu machen«. Schlecht wirkt sich aus, daß der Sinn für den eigentlichen Inhalt des »Gesellschaftsvertrags« verlorengegangen ist, daß man nicht mehr weiß, daß ein Bürger mehr Pflichten hat als Rechte, daß die Beschränkung im persönlichen Anspruch der Preis ist für die Unterstützung durch die Gesellschaft als Ganzes. Diese Grundwahrheit sollte von Eltern nachdrücklich vertreten werden und auch in der Schule gebührend zur Darstellung gelangen.

Das Unvermögen in der Übernahme der Normen des Vaters erklärt das Ausufern der Permissivität und macht gleichzeitig verständlich, warum dies mit einer Ablehnung von Autorität einhergeht. Es ist die unbewußte Suche nach einer festen Autorität, bei der die Herausforderung eine adäquate Gegenreaktion provozieren möchte, was von den Rektoren mancher Universitäten offenbar nicht verstanden wurde.* Permissivität ist ja keineswegs auf Freizügigkeit im Geschlechtlichen beschränkt. Diese Grundhaltung erstreckt sich genauso auf Steuerhinterziehung und Versicherungsschwindel. Sie erlaubt, daß bei der Reparatur eines Fernsehgeräts gleich noch weitere Reparaturen vorgenommen werden, die gar nicht notwendig gewesen wären, oder daß Museumsdirektoren Stücke erwerben, von deren zwielichtiger Herkunft sie unterrichtet sind.

Nach den jüngsten Überschwemmungen in der australischen Stadt Brisbane waren Plünderungen an der Tagesordnung, ebenso bei verschiedenen Riots in den USA. Die Tage, da jedermann eine gefundene Geldbörse zum Fundbüro oder zur Polizei brachte, sind vorbei.

Als Mangel an Gewissen können wir auch einen Großteil unserer sozialen Apathie bezeichnen – das Unvermögen, alten Menschen wirklich zu helfen und mit körperlich oder geistig schwer Behinderten menschlich umzugehen. Aber auch schlampige Arbeit für andere oder Gleichgültigkeit bei Dienstleistungen gehören dazu. Das Leben

* Der Autor mag diesen Eindruck an englischen Universitäten gewonnen haben, doch bleibt angesichts deutscher Verhältnisse gewiß, daß es die Funktion eines Rektors an einer Massenuniversität nicht sein kann, gegenüber Studenten gewissermaßen im Nachholverfahren Autorität zu repräsentieren, die von den Vätern zu übermitteln versäumt wurde. (Anm. d. Ü.)

einer Gesellschaft hängt aber davon ab, ob es Gewissen gibt oder nicht. Heutzutage jedoch gilt Gewissenhaftigkeit nicht mehr als Ideal. Das Gewissen wurde »Polizist im Gehirn« genannt, und damit war gemeint, es sei ein Werkzeug der Unterdrückung, und folglich müsse ihm widerstanden werden. Sicher kann auch das Gewissen zu einem Zwangsinstrument und zu einem Alpdruck werden wie bei den Puritanern. Heute aber schwingt das Pendel nach der anderen Seite aus. So ist es denn notwendig, das Gewissen in einer Mittellage sich einpendeln zu lassen. Aber das kann nicht nur durch Argumentation oder Anklage geleistet werden, sondern allein durch sozialen Wandel, der die Familie wieder zu einer wirksamen psychologischen und sozialen Einheit werden läßt.

Die Gesellschaft beruht auf freiwilliger Zusammenarbeit. Selbst in den am stärksten auf Aggression und Wettbewerb beruhenden Gesellschaften der urtümlichen, noch schriftlosen Stufe finden wir ein weites Feld von Verhaltensweisen, die durch Konventionen und allgemein akzeptierte Normen geregelt sind. Es ist dies nicht nur eine Frage gegenseitiger Hilfeleistung; es geht auch darum, daß gemeinsame Spielregeln anerkannt werden, daß unangetastet bleibt, was allen gemeinsam gehört – daß man nicht die Quelle trübt, aus der andere trinken.

Kaum nehmen wir uns heute einmal die Zeit, darüber nachzudenken, wie sehr unsere Gesellschaft bis in ihre Wurzeln dadurch bedingt ist, daß es Allgemeinverbindlichkeiten gibt, die man nicht antasten darf. In den Eisenbahnen konnten die Holzbänke erst dann durch gepolsterte Sitze ersetzt werden, als man die Gewißheit haben konnte, daß die Mehrheit der Reisenden sie mit gebotener Schonung behandeln würde. Elektrisches Licht und Waschräume waren auch nur unter solchen Voraussetzungen einführbar. Wir machen uns nicht immer klar, daß großflächige Schaufenster nur deshalb möglich sind, weil eine Übereinkunft besteht, sie nicht einzuschlagen. Auch das Telefonsystem funktioniert nur dann, wenn die Teilnehmer sich daran halten, die Hörer auf die Gabel zu legen. Manchmal kann ein technischer Kunstgriff entwickelt werden, der eine Verletzung der Übereinkunft kompensiert, so etwa im Falle der Aufzugstüren, die nach einer Weile automatisch schließen; aber immer ist das nicht möglich.

Auch Restaurants können sich nur dann saubere Tischtücher und ordentliches Geschirr leisten, wenn die Gäste ähnlich pfleglich damit umgehen, als säßen sie bei sich zu Hause am Tisch. In England findet man aber jetzt an den Autobahnraststätten Lokale, die mit den allerbilligsten Aschenbechern, mit Pappbechern und nichtrostendem Kantinenbesteck ausgerüstet sind, weil bessere Sachen einfach verschwinden. In den Toiletten müssen dort die Spiegel angeklebt werden – nicht angeschraubt wie anderswo –, und die Klobrillen werden in Gebrauchsstellung festgeschweißt. Selbst schwergewichtige Musikautomaten sind schon mitten im Gaststättenbetrieb abhanden gekommen.

Natürlich gibt es in jeder Gesellschaft einen bestimmten Prozentsatz von gesellschaftschädigenden Personen, und das Gesetz wie seine Vollzugsorgane sind dazu da, deren Aktivitäten einzuschränken. Die Situation ändert sich aber qualitativ, sobald ein größerer Teil der Bevölkerung anfängt, sich gesellschaftschädigend zu verhalten, und die Lage kann dann leicht unkontrollierbar werden. Weitverbreitete Diebereien sind sozial ganz anders einzuschätzen als vorgeplanter Raub und die Einbrüche von Berufsverbrechern. Wenn das Gewissen in weiten Kreisen verfällt, ohne daß eine Notsituation herrscht, so ist das ein alarmierendes Zeichen, denn es besteht die Gefahr, daß das Gefüge der sozialen Prozesse in seinen Fundamenten unterminiert wird. Wer sich nichts aus kleinen Gelegenheitsdiebstählen macht, wird wohl bei Gelegenheit auch mitplündern. Und es gibt viele Anzeichen dafür, daß ein Mensch, der es in Eigentumsfragen nicht genau nimmt, auch in Dingen des Gefühls wenig Verläßlichkeit zeigt.

So soll denn in den Details untersucht werden, inwieweit derartige Entwicklungstendenzen auszumachen sind.

Wir Abstauber

Jedermann kann sehen, daß die moderne Gesellschaft durch gesellschaftschädigendes Verhalten gekennzeichnet ist, aber in exakten Zahlen und Daten ist das gar nicht so leicht zu belegen. Da ist der Autofahrer, der dem anderen die Ausfahrt verstellt, weil er aus seinem Wagen ausgestiegen und fortgegangen ist; da ist der Kunde, der es unterläßt, auf zuviel herausgegebenes Wechselgeld aufmerksam zu machen; da ist der Passant, der zur Seite schaut, wenn ein Kind mißhandelt wird. Das kommt alles sehr häufig vor, aber es erscheint in keiner Statistik. Und es mag auch manchmal Entschuldigungen für derartiges Verhalten geben – Zeitmangel zum Beispiel. Es hat sich aber ein ganz bestimmtes Verhalten dieser Art herausgebildet, weitverbreitet und stets noch im Zunehmen begriffen, über das statistische Zahlen vorliegen und für das es keine ernst zu nehmende Entschuldigung gibt: Ladendiebstahl. Es sei dieses Verhalten daher genauer unter die Lupe genommen, nicht etwa, weil es in irgendeiner Hinsicht ähnlich wichtig wäre wie die im vorangegangenen Kapitel beschriebenen Verhaltensdeformationen, sondern weil wir hier den dürren Halm haben, der anzeigt, aus welcher Richtung der Wind bläst. Sicher gibt es unter den Ladendieben Menschen, die unter einem psychischen Zwang stehen, und die Psychologen erklären deren Tun als Ersatzhandlungen für entgangene Liebe. Wenn ein Kind nicht genügend Zuwendung erhält, stiehlt es nicht selten von den Sachen der Mutter, und kennzeichnenderweise sind es Süßigkeiten wie Bonbons, Schokolade, Kekse, Pralinen und andere Näschereien. In der unscharfen Vorstellungswelt des Kindes ist die Mutter als Spenderin der Nahrung auch gleichzeitig Spenderin von Wärme, Zuwendung und Liebe, und beide Komplexe sind unauflöslich verwoben. Manche Warenhausdiebe sind Menschen, die diesem kindlichen Bezugsschema nie entwachsen sind.

In letzter Zeit haben Ladendiebstähle aber derartig überhandgenommen, daß diese Ursache nicht länger als die einzige anzusehen ist. Nach einer amerikanischen Untersuchung in großen Warenhäusern New Yorks, Bostons und Philadelphias ist unter 15 Kunden ein Warenhausdieb, wiewohl nur weniger als 1 % dieser Diebe gefaßt werden. Diese Zahlen beziehen sich auf Beobachtungen an 1647 Kunden in jeweils vier Kaufhäusern der genannten Städte. Die Kunden wurden nach Zufallskriterien ausgewählt und insgeheim beobachtet. Von 109 Personen, die beim Stehlen beobachtet wurden, wurde nur eine von einem Hausdetektiv festgenommen.

England erlebte 1973 eine durch ausländische Besucher ausgelöste Welle von Ladendiebstählen. Nicht wenige der Diebe standen in besten Verhältnissen – es gab unter ihnen Frauen von Diplomaten und hohen Beamten –, und was sie zusammenrafften, überstieg bei weitem ihre persönlichen Bedürfnisse.

Eine Untersuchergruppe des Innenministeriums stellte fest, daß Fälle von Ladendiebstahl selten zur Anzeige gelangen – es sei denn, man ertappe den Dieb auf frischer Tat – und daß bei Angestellten des Ladens in der Regel ein Auge zugedrückt wird. Die Reaktionen der Polizei sind unterschiedlich, aber in welcher Richtung die Entwicklung geht, verdeutlicht der Umstand, daß zwischen 1966 und 1971 die Zahl der Warenhausdiebstähle zwar um 75 % zunahm, die Zahl der einschlägigen Strafverfolgungen aber nur 54 % betrug, während formelle Geldstrafen um 169 % anstiegen.

Bei Kindern wird von Strafverfolgung meist abgesehen, und damit rechnen einige auch. Während der vorweihnachtlichen Einkaufszeit 1973 schätzten einige Ladeninhaber in den Ortschaften des Themsetals, daß drei Viertel der Diebstahlsverluste auf Kinder unter Fünfzehn zurückzuführen seien, ein Teil aber sogar auf Kinder von sechs oder gar erst fünf Jahren. Gestohlen wurden Spielzeug und billiger Schmuck für Weihnachtsgeschenke. Erklärungen, die Ladendiebstähle als eine Reaktion auf soziale Benachteiligung hinstellen wollen, treffen schwerlich für Schulkinder und Diplomatenfrauen zu.

Die Verhältnisse auf dem europäischen Kontinent liegen nicht viel anders als in England und den Vereinigten Staaten, wie aus einem Report von Lisa Schmidt in der Zeitschrift ›*Europa*‹ zu entnehmen ist: »Warenhausdiebstähle sind heute etwas ganz anderes als der Griff der kleinen alten Dame nach dem Pastetchen, mit dem sie ihren ausgehungerten Mann sattkriegen möchte. Es ist ein großes Geschäft für Diebe wie für Detektive.« Der Detektiv des Pariser Bazar de l'Hôtel de Ville gab an, daß die Diebstähle während des Vorjahrs um 10 % gestiegen seien, wobei viele Touristen als Diebe in Erscheinung traten und ebenso Schulmädchen, die »wie Heuschrecken einfallen«. Ein Brüsseler Warenhausdetektiv sagte: »In früheren Jahren gab's mal ein Kind, das einen Minirecorder mitgehen ließ. Jetzt langen sie zu sechst und zu siebt zu.« Auch aus Kopenhagen wird ein Anstieg der Diebstähle gemeldet. »Warenhausdiebstähle nehmen in ganz Europa gewaltig zu« – so zieht Lisa Schmidt ihr Fazit.

Ein eigentümliches Phänomen ist dabei, daß viele Leute, die selber wohl gar keine Warenhausdiebe sind, Diebstähle anderer durchaus tolerieren. Ein belgischer Richter, der in Lüttich 18 Warenhausdiebe laufenließ, meinte dazu: »Es ist unvermeidlich, daß es in großen Läden zu Diebstählen kommt, und dies wird auch von den

Unternehmen auf der Verlustseite von vornherein abgebucht. Warenhausdiebstahl setzt keinen Vorsatz zum Diebstahl voraus und muß daher auch nicht mit Haft- oder Geldstrafen belegt werden.« Indessen ist es ja nicht das Warenhaus, das durch solche Praktiken leidet, sondern vielmehr der anständige Kunde, dem dieser Diebstahlsverlust auf den Preis geschlagen wird. Und jene Frau mit dem Farbfernseher auf Abzahlung zu Wochenraten von 7,50 Pfund Sterling, die Fleisch stahl, weil sie es nicht bezahlen konnte, hätte sich doch vielleicht auch mit einem Schwarzweißgerät zufriedengeben können, wie dies andere ja auch tun müssen.

Während Warenhausdiebstahl Aufmerksamkeit auf sich zieht und als spezifische Kategorie in der Statistik seinen Platz findet, so daß Zahlen vorliegen, gibt es noch eine Vielzahl von Formen des kleinen Diebstahls, so etwa das heimliche Abzapfen von Benzin aus Kraftwagen, das Manipulieren von Telefonen und Gaszählern oder das Entwenden von Material am Arbeitsplatz. Ein Angestellter der britischen Ford-Werke sagte mir schon vor zwanzig Jahren, daß man mit einem täglichen Verlust von entwendetem Material im Wert eines ganzen Wagens rechne, schmeichelte sich aber, es habe noch niemand geschafft, einen ganzen Wagen im Stück aus der Fabrik zu stehlen. Bei der British Motor Corporation sprachen die Leute bewundernd von einem Mann, der mit einem kompletten Zylinderblock zum Werkstor hinausmarschiert war, wobei er in jeden Zylinder eine Geranie gepflanzt hatte. Er gab an, unterwegs zu einer Blumenschau zu sein, und der Mann vom Werkschutz am Tor gratulierte ihm noch zu seinen hübschen Geranien, ohne zu bemerken, in was sie hineingepflanzt waren.

Das Mitgehenlassen von allerlei Brauchbarem ist natürlich bei den Streitkräften überall verbreitet. Dort sind große Mengen an Material gestapelt, das offensichtlich niemandem persönlich gehört und daher eine Versuchung darstellt. Als Gerry Mars jüngst eine Untersuchung über Diebstähle durch Hotelangestellte vornahm, erfuhr er aus dem Munde eines Kellners: »Was einer mal schnell so einschiebt, gehört doch zum Gehalt dazu. Das Ganze geht doch nur, wenn man sich ab und an auch was mitnimmt. Wär' doch anders gar nicht zu machen.« Der Verband britischer Hersteller von Sicherheitsvorrichtungen schätzt, daß die Diebstähle in Läden und Büros sich im Jahr auf 12 Millionen Pfund Sterling belaufen. Warenhäuser haben für diese

Erscheinung einen beschönigenden Ausdruck: »Inventarverlust«.

Der Verfall des Gewissens erklärt die meisten Straftaten, an denen weder Gewalt noch Sex beteiligt sind. Leider sind die Angaben über Verbrechen ohne Gewalt allzu ungenau, als daß sich viel Brauchbares daraus entnehmen ließe. Zu einem Großteil werden solche Vergehen gewöhnlich nicht registriert, so daß ansteigende Zahlenwerte zeitweilig vielleicht mehr auf bessere Aufklärung von seiten der Polizei denn auf einen tatsächlichen Anstieg der Vergehen selbst zurückführbar scheinen. Außerdem verändern sich die gesetzlichen Definitionen der Vergehen, so daß Vergleiche zwischen heute und gestern oder zwischen verschiedenen Ländern wenig verläßlich sind. Nach einer amerikanischen Untersuchung liegt die Anzahl der tatsächlich begangenen Vergehen um das Fünffache über den festgestellten Werten. Die Dinge werden etwas klarer, wenn wir von den schweren Verbrechen ausgehen, die ja nicht so leicht unter den Tisch fallen, und wenn wir beim Vergleich zwischen früher und heute den Bevölkerungszuwachs in Anschlag bringen. Amerikanische Angaben sind wegen der Unterschiedlichkeit zwischen den einzelnen Staaten wenig brauchbar, weshalb ich britische Daten heranziehe. Hier sind die Zahlen für die Verbrechenshäufigkeit in England und Wales für den Beginn eines jeden Jahrzehnts seit 1930, ausgedrückt in der Zahl der kriminellen Akte je 100 000 Einwohner:

1930	369
1940	729
1950	1048
1960	1625
1970	3176

Hieraus wird klar ersichtlich, daß die schweren Verbrechen in so drastischer Weise angestiegen sind, daß Erklärungsversuche mit dem Hinweis auf bessere Verbrechensaufklärung durch die Behörden nicht befriedigen können.*

* Diese Argumentation, die in der Presse immer wieder erscheint, könnte auch umgedreht werden. Sicher ist richtig, daß bei erhöhter Aktivität der Polizei mehr Verbrechen aufgeklärt werden, also auch höhere statistische Häufigkeitswerte vorliegen. Wenn aber die Polizei geringere Aktivität an den Tag legt, begehen die Kriminellen mehr Verbrechen – und auch dies führt zu einer Erhöhung der statistischen Häufigkeitswerte. In Wahrheit besteht ohnehin gar kein Grund, einen langfristigen Trend der Effektivitätssteigerung bei der Polizei anzunehmen.

Es gibt ein Verbrechen, von dem sich ziemlich verläßliche Daten über seine Häufigkeit gewinnen lassen: Brandstiftung. Jeder Brand zieht Versicherungsansprüche nach sich, und die Versicherungsfachleute beschäftigen sich sehr genau mit der Ursache eines jeden Brandes, um gegebenenfalls Brandstiftung mit der Absicht des Versicherungsbetrugs aufzuklären und künftige Versuche dieser Art zu verhindern. Ihre Ergebnisse beruhen nicht auf vager Einschätzung. Danach ereignen sich in den USA Fälle von Brandstiftung heute zehnmal so häufig wie 1950, und dieser Anstieg erfolgte längs eines Weges aus der Stadt über die Vororte auf das Land.

Die durch Brandstiftung verursachten Kosten überschreiten die Kosten aller Gewaltverbrechen bei weitem. So wurden 1971 in 72 000 Fällen Brandstiftungen festgestellt, die eine Totalschadenssumme von 233 Millionen Pfund Sterling ausmachen. Die Anzahl gelegter Brände hat sich seit 1960 verdreifacht, ist seit 1950 um das Dreizehnfache gestiegen – wenn man den Bevölkerungszuwachs einrechnet, »nur« um das Zehnfache. Bloß 1 % all dieser Brandstiftungsfälle zog eine Verurteilung nach sich.

Aber es ist bei allen Verbrechen noch nicht einmal so sehr die quantitative Zunahme als vielmehr der qualitative Umschlag, der zählt. Angaben über einige der jüngsten Formen des Verbrechens mögen verdeutlichen, was ich meine. Zwei Reisende, Francesco und Maria Bernardi, berichteten von einer Fahrt mit dem Schnellzug Paris–Istanbul: Zwei Mädchen im Teenageralter seien in ein Abteil voller Männer gezerrt worden, wo man sie für eine halbe Stunde lang kreischen hörte, bis sie dann halbnackt und weinend wieder herauskamen. Als die Bernardis ihnen zu Hilfe kommen wollten, wurden sie mit feststehenden Messern bedroht. Sie waren auch Zeugen, wie ein zehnjähriges Mädchen belästigt wurde. Als sie aber diese Vorkommnisse in Triest der Polizei meldeten, sagte man ihnen: »Das kommt halt vor.«

Der Gedanke, daß ein internationaler Schnellzug zum Schauplatz einer Massenvergewaltigung werden könnte, wäre noch vor wenigen Jahren geradezu abenteuerlich und unglaubwürdig gewesen. Aber heute hören wir von Raubüberfällen in italienischen Zügen durch die Berichte des Eisenbahnkorrespondenten Mario Righetti vom ›*Corriere della Sera*‹: Ganze Banden von Räubern, meist Jugoslawen, Türken, Griechen und Südamerikaner, pumpen Narkosegas durch die Ritzen der Abteiltüren und öffnen dann mit Nachschlüsseln, um die ohnmächtigen Passagiere auszurauben. Das mag wie eine Szene aus einem billigen Boulevardblattroman klingen, doch unter den auf diese Weise Beraubten befand sich auch Jean Marabini, Korrespondent von ›*Le Monde*‹. Jetzt begleiten Polizisten in Zivil die Züge.

Wie diese Vorfälle zeigen, kann die Polizei nicht überall sein. Verbrechen wird allein durch die Erkenntnis dessen bestimmt, was »noch geht« und was »nicht mehr geht«. Heutzutage aber ist das Gefühl weit verbreitet, daß man in jedem Fall »irgendwie davonkommt«. Und dank der modernen Technik ist Davonkommen ein leichtes. Banden südamerikanischer Taschendiebe grasen die Flugplätze in aller Welt ab, kommen morgens mit dem Flugzeug an und fliegen schon am Nachmittag mitsamt ihrer Beute in eine andere Hauptstadt, ehe noch irgendwelche Maßnahmen gegen sie ergriffen werden konnten. Einzig eine ganz neuartige Methode der Verbrechensvorbeugung könnte derartigen Unternehmungen einen Riegel vorschieben.

Ganz ohne Zweifel sind die Kriminellen kühner und einfallsreicher geworden, indem sie sich längst Formen des Diebstahls zugewendet haben, die viel weniger auffällig sind als das Stehlen von Geld oder Schmuck. »Ganz früher«, sagt Howard Nixon, Stellvertretender Direktor der Bibliothek des Britischen Museums, »gingen wir davon aus, daß die Leute keine Bücher klauen. Jetzt müssen wir davon ausgehen, daß sie das verdammt gern tun. Wer heute ins Britische Museum hineingeht, wird durchsucht, ob er nicht eine Bombe mit sich führt, und wer wieder rausgeht, wird durchsucht, ob er nicht ein Buch hat mitgehen lassen.«

Früher glaubten die Bibliothekare auch, daß besonders seltene Bücher nicht gestohlen würden, weil sie ja doch nicht weiter zu verkaufen seien. Denn jeder kundige Käufer müsse sehen, daß es sich nicht um ein im Antiquariatshandel erhältliches Buch handeln könne. Heute sind Verkäufer und Käufer weniger gewissenhaft, und die Diebe haben außerdem gelernt, daß sie durch die Drohung, das Buch zu zerstören, oft noch ansehnliche »Lösegelder« einhandeln können. (Gleiches gilt für andere Antiquitäten, vor allem Bilder.) So wurde bereits ein Versuch unternommen, die Gutenberg-Bibel der Harvard University zu stehlen. Sie war aber glücklicherweise so schwer, daß das Seil, mit dem der Dieb sich und seine Beute abseilen wollte, der Beanspruchung nicht standhielt. In den allerletzten Jahren haben Bücherdiebstähle in Großbritannien derart überhandgenommen, daß 1972 ein Arbeitsausschuß eingesetzt wurde, der Gegenmaßnahmen erwägen soll.

In alledem sehen wir einen Mangel an Gewissen. An vielen Fällen von Warenhausdiebstählen waren Mutter und Tochter gemeinsam beteiligt – das elterliche Vorbild hatte hier also zum Gegenteil einer Gewissensbildung geführt. Doch während solche Fälle noch als Vergehen gewertet werden, bei denen die Betreffenden »sich eben nicht erwischen lassen dürfen«, hat mittlerweile bereits ein ungleich bedenklicherer Entwicklungsgang begonnen: die offene Befürwortung asozialen Verhaltens als eines moralisch gerechtfertigten Verhaltens.

Die Anti-Kultur

Wiewohl viel über die Notwendigkeit »neuer Wertmaßstäbe« zu hören ist, sehen wir in der Gesellschaft doch nur eine Anti-Kultur entstehen, die sich an der Umkehrung aller bestehenden Werte orientiert. Der Wunsch, das Alte zu zerstören, scheint oft stärker als der Wunsch, Neues zu schaffen. Diese Motivation erscheint verdächtig; sie scheint mehr auf Haß als auf Liebe zu beruhen – der Haß auf das Alte ist entscheidender als die Liebe zum Neuen.

Seit je spiegeln sich innere Haltungen in der Kleidung wider. Wer die Kultur ablehnt, geht bis ins Extrem, um die Formgebundenheit seiner Eltern zu verneinen, und er versucht, Erbitterung oder Angewidertsein dadurch zum Ausdruck zu bringen, daß er in alten Uniformen oder bizarren Kombinationen alter und neuer Kleidungsstücke daherkommt. Tabus zu brechen macht ihm Spaß, etwa was Nacktheit oder den Gebrauch obszöner Wörter angeht. Besonderen Spaß macht ihm das Haschischrauchen, weil er weiß, daß es Emotionen weckt. Etwas masochistisch lehnt er sogar gutes Essen, saubere Kleider, Komfort und geregelte Lebensführung als bürgerlich ab.

Dieser Trend zeigt sich noch schärfer in der Ablehnung ehrlichen Verhaltens. »Das Stehlen von Büchern aus Bibliotheken sollte nicht ausgeschlossen werden«, tönt ein Magazin, das vom Antistudent Pamphlet Collective herausgegeben wurde. »Es gibt im College nichts zu stehlen, was nicht vom Volk gemacht und zuerst ihm gestohlen worden ist«, erklärt der ›*Antistudent*‹ mit Entschiedenheit. »Auf Biegen oder Brechen« solle man sich der Einrichtungen des College bemächtigen, der »Fotokopiergeräte, Druckpressen, Vervielfältiger, Projektoren, Episkope, Kameras, Tonbandgeräte, Schreibmaschinen, Frankiermaschinen, der mechanischen, elektrischen, elektronischen und chemotechnischen Einrichtungen und Laborbestände«. So wörtlich. Und für den Fall, daß die gestohlenen Güter allzu deutlich zu identifizieren wären, warnt er blitzschlau: »Es empfiehlt sich, Austauschaktionen mit Leuten an anderen Orten vorzunehmen.«

Unter solchen Vorzeichen geht es dann weiter: ». . . um sicherzustellen, daß eure Energien in ihrem Spiel nicht angezapft werden [soll wohl bedeuten: durch Lernen], muß man auch ein bißchen guten, ehrlichen Betrug organisieren.« So empfehle es sich, Abhandlungen aus den Arbeiten vergangener Jahre zu sammeln und in den Vorlesungsbetrieb einzuschleusen, um dann mit vorbereiteten Antworten in die Prüfungen zu gehen, wo man auf jede Frage gleich das Entsprechende bereit hätte. Besser aber sei es, sich überhaupt jeglicher Prüfung zu verweigern. Dies sei Rechtens, »weil jedes Examen ehrlichem Lernen hohnspricht«.

Ein kurioses Periodikum, illustriert mit Karikaturen, wird unter dem Titel ›*Y-Front*‹ für Schulkinder herausgebracht. Die Beiträge, absichtlich in unmöglicher Orthographie, stammen offensichtlich ebenfalls von Kindern, und sie fordern die »Schuhlkinter« auf, sich unter dem Banner der Schools Action Union oder der National Union of School Students zusammenzuschließen. »Da wir zu der Erkenntnis gekommen sind, daß unser Erziehungsprozeß bloß ein einziger langer, mechanischer, mit Examen gepflasterter Schlauch ist, gelangen wir zu dem großen Problem [sic!]: WIE KÖNNEN WIR DAS SYSTEM ÄNDERN?« Sechsunddreißig Lösungsvorschläge werden geboten, beginnend mit dem Verstecken der Tafelkreide (das haben Kinder allerdings auch schon vor den Empfehlungen der SAU gemacht) bis zum »Gebrauch von Chemikalien aus der Chemiestunde für inoffizielle Zwecke«. (In meiner Schulzeit war es ein beliebter Zeitvertreib, Urin durch Chemikalien grün zu färben.) Besonders reizvoll ist Anweisung Nr. 18: »Züchtet Mäuse und laßt sie an

Schulbesichtigungstagen, beim Schulkonzert, beim Schulanfang oder wann immer unter die Leute.«

Weniger freundlich liest sich der Aufruf: »Reform oder Revolution? Ein direkter Angriff. Trefft sie, wo es weh tut. Scheißt auf das System, wo es auf euch scheißt. Unterschiedslose und heftige Angriffe auf ihr Eigentum . . . Wir sind Millionen gegen sie. Kämpft weiter – wir werden gewinnen. Ihr habt nichts zu verlieren als eure unbeschriebenen Zeugnisblätter.« Weiter heißt es auch: ». . . stehlt von ihren Brötchengebern, reißt die Supermärkte auf, scheißt auf die Produktion, schafft kulturelles Chaos . . . wir können nicht verlieren – wir stehen alle zusammen in dieser Sache – in dieser Verschwörung.« Dem *»Guerrilla Pupils Manual«*, aus dem diese Zeilen stammen, wird eine offizielle Distanzierung vorangestellt: »Es besteht nicht die Absicht, jemanden zur Begehung illegaler Handlungen oder zu ihrer geheimen Planung anzustacheln oder gar ihn zu legalen Maßnahmen durch illegale Mittel zu verleiten.«

Die Anti-Kultur ist aber nicht nur revolutionär gesinnt – sie lehnt auch den Gedanken eines parlamentarischen Systems durch Volksvertreter als hierarchisch ab. Ebenso verwirft sie marxistische Lösungen als allzu autoritär; Anarchie ist ihr lieber. Eine von Murray Bookchin unter dem Titel *»Listen, Marxist!«* veröffentlichte Polemik verwahrt sich dagegen, ein Handbuch der Revolution zu sein. »Mit dieser Schrift sollen alle Handbücher gegenstandslos werden, weil sie die Notwendigkeit hervorhebt, daß der revolutionäre Kampf seine ihm eigene spontan-organische Form finden muß; weil sie ferner hervorhebt, daß alle Menschen, ohne Belästigung durch Bestimmungen und Doktrinen von oben, wahrhaft visionäre Wege wechselseitiger Beziehungen finden können . . .« Visionär scheint hier ein Reizwort zu sein.*

* Das Pamphlet macht einen visionären Versuch, sich beim Leser gut einzuführen, indem es mit den Worten beginnt: »Der ganze alte Kram der dreißiger Jahre kommt wieder hoch: die Scheiße über die ›Klassenschranken‹, die ›Rolle der Arbeiterklasse‹, die ›geschulten Kader‹, die ›Partei der Vorhut‹ . . . Progressive Formierung der Arbeiterschaft ist nicht das einzige Beispiel, es ist nur das schlimmste. Man riecht die gleiche Scheiße im . . . Nationalen Büro des SDS, in den verschiedenen marxistischen und sozialistischen Klubs auf dem Campus, nicht zu reden vom ›militanten Forum der Arbeit‹, von den Klubs der unabhängigen Sozialisten und der Jugend der Kriegs- und Faschismusgegner.« Damit sollten sich allerdings einige Freunde gewinnen lassen.

Diese geballte Absage an jegliche Autorität führt dazu, daß hier nicht nur die Autorität von Lehrern, sondern die der Kultur insgesamt zurückgewiesen wird, weil sie als etwas Aufgezwungenes erscheint. Der Lehrbetrieb einer Universität stellt sich nicht als ein wahrzunehmendes Privileg dar, sondern als ein Versuch der Indoktrinierung, dem es Widerstand zu leisten gilt, weil damit ein Teil des Systems bekämpft und zerstört werden kann. Die pathologischen Züge eines solchen Extremismus liegen auf der Hand. Gewaltanwendung wird hier nicht nur empfohlen, sondern zur Tugend hochgejubelt.

Bei einer Untersuchung über die inneren Bedingungen unserer Kultur sieht Michael Lerner von der Yale University die Hippies als den Kern der Anti-Kultur, wobei er die »weitverbreitete Sanktionierung taktischer Gewalt« konstatiert und weiter feststellt, daß einige der jungen Leute, die sich »in einem Gewaltstadium« befinden, auch zum handgreiflichen Aggressionsakt tendieren, der für die Schlägertrupps faschistischer Färbung typisch ist. Er spricht über die Auffassung, daß gewaltsame Auflehnung »in irgendeiner Weise geheiligt« sei, möchte aber zu bedenken geben, daß dies nicht eine Verirrung darstelle, sondern im Zusammenhang stehe mit der Wiederherstellung der Liebesfähigkeit. Diese »Wertverschiebung« (ein glanzvoll leerer Begriff) lasse sich auch an dem Faktum erkennen, daß Charles Manson, der die Ermordung Sharon Tates und ihrer Freunde befahl, nicht völlig verdammt werde, sondern als »ein Held und Symbol der Revolte« gelte. Durch ähnliche Unterschiebungen von Begriffen läßt sich auch Verbrechen als läßliches Tun hinstellen. »Da ich nun schon drei Jahre in einer Strafanstalt der Vereinigten Staaten sitze, kann ich nur sagen, daß ich im modernen Amerika keine ehrenwertere Stellung in der Gesellschaft mehr bekommen kann als die eines Kriminellen«, schrieb ein Anarchist namens David Harris. Eine viel gespielte Platte von »The Band« trug den Titel: »Gut so, ich bin ein Dieb«. Dazu Lerner: »Dieses Annehmen der eigenen Kriminalität steht im Zusammenhang mit dem durchgängigen ›Nein‹, mit dem die Anti-Kultur der herrschenden Kultur Konfrontation bietet.« Ein Aspekt dieses durchgängigen »Neins« ist die Ablehnung der modernen Technik.

Kennzeichen dieser Ablehnung sind die Absage an jegliche Disziplin zugunsten der Spontaneität, an den Sinn für das Maß zugunsten der unbedenklichen Verausgabung, an den Gedanken zugunsten der Emotion. Aber leider kann die Gesellschaft ohne ein gewisses Maß an Disziplin nicht existieren; sie bedarf des Gedankens an die Zukunft und eines bestimmten Maßes an Rationalität. Selbst der überzeugteste Hippie könnte wohl kaum wünschen, daß der Chirurg, der seinen Wurmfortsatz entfernt, die Klammern nicht sorgfältig zählt oder daß der Mechaniker an seinem Auto beim Ölwechsel einen Verschluß festzuschrauben vergißt. Der Pilot eines Flugzeugs, der Mann von der Fernsehreparatur, die Leute, die Milchflaschen sterilisieren – sie alle müssen ihre Arbeit mit Aufmerksamkeit tun. Natürlich möchte niemand mehr einen Grad von Selbstdisziplin praktiziert sehen, der die Persönlichkeit ernstlich beengt, wie dies leider nur zu oft im vergangenen Jahrhundert der Fall war. Ein guter Mittelweg zwischen Spontaneität und Zügelung, zwischen Verausgabung und Maßhalten wäre anzustreben. Viele Werte haben diesen bipolaren Charakter; zwischen ihnen muß ein Kompromiß gefunden werden. Für den Hippie aber ist »Kompromiß« ein schmutziges Wort. Als denkerische Position läßt sich eine derart extreme Haltung nicht aufrechterhalten.

Vor allem wird hier das Ideal mit der Realität durcheinandergeworfen. In einer idealen Welt wäre totale Freiheit natürlich möglich, totale Freiheit, ohne Gedanken an ein Morgen. In ihr wäre es möglich, sich allen Impulsen zu überlassen, ohne sie der Kontrolle durch ein Über-Ich zu unterwerfen. In der wirklichen Welt aber bringt Impulsivität oft Nachteile, und die Zügelung durch ein Über-Ich bleibt unerläßlich, mag sie auch nicht selten unausgewogen oder irregeleitet sein.

Der Glaube an Freiheit, Spontaneität, Gleichheit und ähnliche Ideale als absolute Werte entspringt einer rational nicht zu rechtfertigenden Wertsetzung. Wirken solche vorgefaßten absoluten Wertsetzungen in das weitere Verhalten hinein, so wird eine Geisteshaltung eingenommen, die ich als »mythisches Denken« bezeichnen möchte.

Was den einzelnen als psychologisches Wesen angeht, so liegt auf der Hand, daß diese Einstellung zu tun hat mit der Autoritätsverschiebung in der Familie, in der der Vater gegenüber der Mutter zurücktritt, so daß die obersten Werte durch die Mutter als das wahre Familienoberhaupt geprägt werden. Diese Verlagerung in der Familienstruktur vom Patrismus zum Matrismus infolge der Abwesenheit des Vaters während der entscheidenden kindlichen Entwicklungsjahre dürfte zu Genüge diesen Trend in der psychologischen Formung junger Menschen erklären und zeigt uns auch Möglichkeiten einer Trendumkehr, falls wir sie herbeiführen wollten.*

Entsprechend seiner matristischen Charakterprägung neigt der Jugendliche zum »Weichen Ich«, wie ich diese Persönlichkeitsstruktur genannt habe. Vorwaltend sind bei ihm das Gefühl des Einsseins mit anderen und mit der Natur sowie eine Zurückdämmung des Verstandesmäßigen zugunsten intuitiver Impulse. »Verstehen« kann also nur als Vorgang empfunden werden, der sich jenseits verbal-intellektueller Kategorien vollzieht. Daraus folgt, daß eine Verständigung begrifflicher Art als Irrweg angesehen wird. Hingegen erscheinen Drogen als ein besserer Weg zur Selbstfindung, da sie neue Erfahrungsräume aufschließen. Zusammenwirkend vereinen sich die matristische Absage an alle Autorität und die Allseligkeit des »Weichen Ichs« zu einem Medium, in dem die träumerische Vorstellung vom gemeinschaftlichen harmonischen Wirken der Menschen ohne organisatorischen Zwang gedeiht und wo in der konfliktlosen Übereinkunft aller sämtliche Dinge unschwer erreichbar scheinen. Auch dies ist unrealistisch. Damit will ich nicht sagen, daß eine autoritätshörige und in Isolation von Mitmenschen verharrende Charakterstruktur besser sei. Aber in einer unvollkommenen Welt müssen wir den besten Kompromiß zwischen den beiden Extremen anstreben.

Weil dies so ist, empfindet der matristisch geprägte Charakter die praktische Welt als unerträglich, weshalb er ihre Auslöschung wünscht. Sein Idealismus verleiht ihm die Überzeugung, daß man nur die vom Menschen geschaffenen Strukturen zerstören müsse, damit ohne weitere Anstrengungen sich die wahre Gestalt der Natur entschleiere. In dieser Geisteshaltung versucht er, Dinge mit bestimmter Funktion ihrer Funktion zu entkleiden und sie als Dinge für sich zu »verstehen«. Dies ist die Anschauungsweise, aus der die Pop-art hervorgegangen ist. Musik und mehr noch der Tanz werden dem Labor improbus vorgezogen, den die Verwirklichung einer Plastik, einer Orchesterkomposition oder eines literarischen Plans erfordert.

* Eine Erklärung der Begriffe Matrismus und Patrismus wird im Nachtrag gegeben.

Solche einseitige Hingezogenheit kulminiert in einer Leugnung aller Dualismen: Geist und Körper sind eins; Mensch und Natur sind eins; Mann und Frau sind eins. Charles Frankel, Professor für Philosophie und Gesellschaftswissenschaft an der Columbia University, New York, hat im Wissenschaftsmagazin ›*Science*‹ folgende Darstellung gegeben: Dem heutigen radikalen Denken liege vielfach die Annahme zugrunde, daß das Universum eigentlich total und vollkommen mit den menschlichen Bedürfnissen übereinstimme. Schwierigkeiten rührten allein von unvollkommener Einsicht her. Bei besserer Einsicht müßten alle Formen der Vereinzelung und Trennung sowohl zwischen Individuen als auch zwischen der subjektiven und der objektiven Welt verschwinden.

Frankel faßte die Analyse dieser Tendenz unter der begrifflichen Klammer »Irrationalismus« zusammen, wobei er diesem Irrationalismus fünf Voraussetzungen in der Auffassung seiner Träger zugrunde legt:

1. Das Universum scheidet sich in Schein und Wirklichkeit.

2. Die Menschen halten den Schein aufgrund kultureller und praktischer Voreingenommenheit fälschlich für Realität.

3. Der Mensch lebt im Widerstreit seiner zerebralen und emotionalen Antriebe.

4. Es besteht ein Gefühl der Schuld, wenn Trennung von anderen Menschen oder Entfremdung von der Natur oder ein Zwiespalt im eigenen Inneren auftritt.

5. Alle menschlichen Probleme sind folglich auf einen Verlust der Harmonie zurückzuführen.

Ich möchte nicht so weit wie Frankel gehen und diese Haltung als völlig irrational hinstellen, als etwas, was man einfach vom Tisch wischen könnte. Ich sehe darin vielmehr eine gute Idee, die bloß in ein absurdes Extrem getrieben wurde. Die Position des »Harten Ichs«, in der der Mensch als von Gesellschaft und Umwelt isoliert und ohne Harmonie mit ihnen erscheint, ist nicht weniger falsch als das Gegenbild. Auch da hätte das Pendel einfach zu weit ausgeschlagen.

Auf solche Weise wird dann selbst die Rationalität verdächtig, und Irrationalität erscheint so leicht besser als Rationalität. Der Anti-Student möchte eine Anti-Kultur errichten, in der Unehrlichkeit, Irrationalität, Vorurteil, Intoleranz, schlechtes Benehmen, Gewalt und Zerstörung als primäre Wertsetzungen gelten, während Ehrlichkeit, Vernunft, Unparteilichkeit, Toleranz, gutes Benehmen, Sorgfalt, Leistung und schöpferische Arbeit verteufelt und zu Anti-Werten erklärt werden. Eine derartige Umwertung aller Werte ist in der Geschichte der abendländischen Kultur ohne Vorbild.

Wir können das nicht ernst genug nehmen. Die Anstrengungen der Radikalen werden durch die Möglichkeiten der modernen Technik verstärkt, die ihnen vor allem Mittel zur leichten Verbreitung ihrer Ideen an die Hand gibt. Ihre extremen Ansichten sind nicht – und man sollte dies stets betonen – als unbedeutende Verirrungen abzutun. Denn hier kommt nur verstärkt zum Ausdruck, was in abgemilderter Form von vielen ziemlich normalen Mitbürgern ebenfalls vage empfunden wird.

Die moralische Krisis des Westens

Solschenizyn hat die Situation in einer genauen, wenn auch nicht gerade modischen Formulierung gekennzeichnet, als er den Westen eine »schwere moralische Krisis« durchlaufen sah. Die Extreme der Anti-Kultur sind nur die dramatische Zuspitzung einer Gesamttendenz unserer ganzen Gesellschaft. Der Gedanke an einen Gesellschaftsvertrag, wie Rousseau ihn entwickelte, ist verlorengegangen. Daß der Mensch persönlich in der Schuld seiner Gesellschaft stehe, wird überhaupt nicht mehr gesehen. Jeder pocht heute auf seine persönlichen Rechte, betont, was die Gesellschaft ihm schuldig sei. Aber Rechte ohne Pflichten kann es nicht geben.

Selbstlosigkeit, früher bewunderte Tugend, gilt längst nichts mehr. In einer Untersuchung über altruistische Verhaltensweisen, welche die beiden amerikanischen Soziologen J. M. Darley und B. Latane vornahmen, verdeutlichen sie diesen Punkt durch die Geschichte eines armen Mannes, der einen Geldsack gefunden hatte, welcher vom Transportauto einer Bank gefallen war. Er brachte das Geld der Bank zurück, wo alles sehr erstaunt war, da man den Verlust noch gar nicht bemerkt hatte. »Zwar wurde er öffentlich als Held gefeiert, erhielt aber laufend Anrufe und Briefe, die ihm unter Drohungen und Beschimpfungen vorwarfen, was für ein Narr er gewesen sei, und es dazu an Ermahnungen nicht fehlen ließen, in

Zukunft doch auch mehr auf den eigenen Vorteil bedacht zu sein.«

Die vor allem in Amerika dominierende Haltung, daß der Mensch sich selbst helfen müsse, um in der Welt voranzukommen, gibt natürlich kein gutes Klima für selbstloses Verhalten, wie Berkowitz durch experimentelle Untersuchungen gezeigt hat. Er weist ferner darauf hin, daß Philosophien der »Selbstverwirklichung«, wie sie etwa in den Schriften von Abraham Maslow dargelegt werden, zur Selbstbezogenheit beitragen. Tatsächlich hat eine Autorin wie Ayn Rand den Altruismus als eine der größten Fehlhaltungen unseres Zeitalters verurteilt und mit Nachdruck die Auffassung vertreten, daß die Menschen ohne Rücksicht auf andere ihren eigenen Zielen und Gefühlen leben sollten. Miss Rand hat sogar ein Institut zur Verbreitung ihrer Lehre gegründet.

Von den Soziologen hören wir M. J. Lerner seine Auffassung darlegen: »Wir möchten gern daran glauben, daß wir in einer Welt leben, wo den Menschen zuteil wird, was ihnen zusteht – oder besser noch, wo ihnen zusteht, was ihnen zuteil wird.« Klar, daß diese Art von Individualismus den gesellschaftlichen Zusammenhalt ebenso untergräbt wie der Wunsch der Hippies nach totaler Gemeinsamkeit, wenn dieser hierdurch auch leichter verständlich wird.

Schließlich ist es auch nicht unwichtig, sich klarzumachen, daß die permanente Infragestellung von Autorität gerade die unbewußte Suche nach Autorität anzeigt. (Ein achtzehnjähriger Arbeiter sagte Clancy Sigal: »Ich liebe die kommunistische Partei. Sie hat Macht . . . Ich bewundere Rußland . . . Wenn die sagen, daß sie was tun, dann tun sie es auch. Nicht so wie wir.«) Die gegenwärtige Absage an Autorität bereitet einer Renaissance des Totalitarismus den Boden.

Ich muß gestehen, daß mich meine Einbildungskraft im Stich läßt, wenn ich versuche, gegenwärtige Strömungen in ihrer zukünftigen Fortentwicklung mir vorzustellen. Während der mittelalterlichen Pestepidemie hat es eine Welle der Unzucht auf den Altären der Kirchen gegeben. Aber dies war wohl einfach eine Eruption des Satanismus bei Menschen, denen der Gedanke unerträglich war, Gott könnte so grausam sein und die Menschheit mit einer derartigen Seuche heimsuchen. Aber auch in unserer Zeit hat sich der Satanismus zu einer kleinen Bewegung ausgewachsen, und von der Entweihung von Friedhöfen zur Entweihung von Kirchen ist nur ein kleiner Schritt.

Da alle ursächlichen Faktoren immer stärker zur Wirkung gelangen und immer mehr Bereiche der Gesellschaft erfassen, die bisher noch ziemlich unberührt geblieben waren, muß es als ziemlich sicher gelten, daß asoziales Verhalten zunimmt. In der westlichen Welt haben wir Gebiete wie Nordschottland und Alaska, wo eine lokale gesellschaftliche Gruppenstruktur einigermaßen intakt geblieben ist, die aber jetzt »aufgebrochen« wird, weil sie den Anforderungen der Industriegesellschaft genügen soll, ungeachtet aller Proteste, in denen sich Sorge um den Verlust von Eigenart und Sicherheit ausspricht. Ein schottischer Fischer sagte zu mir in einem Boot vor der Insel Skye: »Mag wohl sein, daß wir jetzt das elektrische Licht auch schneller kriegen und daß die Touristen Geld bringen, aber so wie früher wird das Leben dann auch nicht mehr sein, und hier ist keiner, der das nicht schade findet.« In den Entwicklungsländern ist die Lage natürlich ähnlich, wenn auch nicht so weit fortgeschritten. Bislang hat es die Welt noch vermocht, mit ihren Belastungen einigermaßen fertig zu werden. Wenn aber der größte Teil der Erdbevölkerung nur noch Massengesellschaft statt Kulturgesellschaft ist, dann mag dies vielleicht nicht mehr gelingen.

Die Mißachtung fremden Eigentums kann noch verschärfte Formen annehmen. In Südfrankreich – und nicht nur dort – brechen Hippies in leerstehende Häuser ein, schlafen darin eine Nacht, bedienen sich, wenn sie etwas zum Essen und Trinken finden, lassen wohl auch tragbare hübsche Dinge von Wert, wie etwa ein Tonbandgerät, mitgehen, rauben aber nicht nach der Manier professioneller Diebe die ganze Wohnung aus. Es gibt Kommunen, wo Kleider und selbst Zahnbürsten Allgemeinbesitz sind, von den Betten nicht zu reden. Autos zu stehlen gilt bereits als Sport. Vielleicht wird diese Haltung einmal zur geltenden Norm, und niemand wird dann noch ein Recht haben, anderen die Teilnahme an seiner Habe zu verweigern, so, wie im Mittelalter und bis in die Mitte des 17. Jahrhunderts hinein die Leute gehalten waren, den Inhalt ihrer Hausaborte als Dünger abzugeben.

Wie dem nun sei – Selbstlosigkeit wird jedenfalls kaum noch ermutigt. Die Idee der Verantwortlichkeit des Staates für seine Bürger hat die persönliche Hilfsbereitschaft untergraben, folgenschwerer noch: Sie hat die gruppenspezifische Bereitschaft zur wechselseitigen Hilfe absterben lassen. Durch das Aufbrechen kleiner lokaler Sozialgruppen wurden die Kontrollen und gefühlhaften Beziehungen geschwächt, auf denen allein ein wirksamer Altruismus basieren kann. Der ganze soziale Zusammenhalt ist dadurch erschüttert worden.

Es ist eine auffällige Tatsache, daß in Japan, wo die Gesellschaft stark von engen Gruppenbindungen getragen wird, die Verbrechenshäufigkeit erstaunlich gering ist. So hat New York auf 100 000 Einwohner 1131 Einbrüche, Tokio aber nur 4,3. Und während wir in New York 18,6 Mordfälle auf 100 000 Einwohner im Jahr registrieren, zählen wir in Tokio nur 2,37 Morde.*

All dies macht deutlich, daß die Kräfte sozialen Zusammenhalts in der modernen Gesellschaft schwach sind und zusehends weiter geschwächt werden. Dadurch aber wird letztlich auch der Lebensstandard in Mitleidenschaft gezogen, weil jene, die der Gesellschaft mehr geben, als sie von ihr wieder dafür erhalten, zunehmend weniger gewillt sein dürften, für den Lebensunterhalt von Asozialen zu sorgen, die Hilfe beanspruchen und sich laut beklagen, wenn diese nicht ihren Maßstäben entspricht, sich dazu aber auch noch weigern, selbst irgend etwas zu tun, sofern sie nicht sogar zu Obstruktion und Zerstörung schreiten.

Die Geschichte warnt uns aber, daß beim Verlust sozialen Zusammenhalts leicht versucht wird, diesen mit totalitären Maßnahmen wiederherzustellen. Eine andere Möglichkeit läge darin, die gesamte Struktur unserer technischen Gesellschaft zu ändern.

Allerdings verschließt das Bewußtsein gegenüber düsteren Perspektiven gerne die Augen. Wir wissen zwar, daß andere Kulturen untergegangen sind, aber in unserem Fall scheinen die Dinge doch anders zu liegen. Es ist so wie mit den Autounfällen, die ja auch nur immer den anderen Leuten zustoßen können. Um also unsere Lage in einer schärferen Perspektive zu sehen, erscheint es nützlich, den Niedergang anderer Gesellschaften uns vor Augen zu führen. Dabei wird gleichzeitig ein Bild des sozialen Geschehens als Ganzes gewonnen, so daß nicht nur bloße Trends in die Zukunft extrapoliert

* In Wahrheit liegen diese vom japanischen Justizministerium veröffentlichten Zahlen für die amerikanischen Verhältnisse unter den entsprechenden Angaben amerikanischer Behörden. Für das Jahr 1971 nennen diese 1820 Einbrüche auf 100 000 Einwohner (10 weitere Städte zählten über 2000 Einbruchsfälle), während die Zahl der Morde in einigen Städten der USA bei 38 auf 100 000 Einwohner lag.

werden. Das historische Phänomen, an dem ein solcher Vorgang sich im Ganzen anschaulich machen läßt, ist jene Kultur, die ihre Wurzeln im antiken Griechenland hat, aber in Italien zu höchster Entfaltung von Macht und Reichtum aufstieg: die Kultur des Imperium Romanum.

Dritter Teil
Historische Rückblende

Kapitel 7
Warnendes Beispiel Rom

Vor euch sind Reiche dahingegangen. Gehet im Lande umher und sehet, was jenen widerfuhr, die dem Boten kein Gehör schenkten.

Koran

Der Niedergang Roms

Kurz vor dem Ende des 4. Jahrhunderts n. Chr. begannen römische Senatoren Klage darüber zu führen, daß es nicht mehr möglich sei, in Sicherheit zu Fuß über die Poebene zu gehen. Indes war damals die Situation bereits schlimmer, als sie glauben mochten. Im Jahr 395 zerbrach das Römische Reich in zwei Hälften. Innerhalb weniger Jahre hatten die Barbaren Afrika und die Balkanprovinzen überrannt, hatten sie Frankreich besetzt. Im Jahr 407 zogen die römischen Legionen aus Britannien ab. 409 brach der Westgotenkönig Alarich in Italien ein, brandschatzte 410 Rom, die Hauptstadt des Imperiums, das Zentrum der antiken Welt. Zwar kämpfte die westliche Reichshälfte bis zum Jahr 476 – erst damals wurde der letzte römische Kaiser abgesetzt –, aber diese Schonfrist war weniger das Ergebnis beherzten Widerstands als vielmehr die Folge des Zögerns der Angreifer, die nicht recht wußten, was sie an die Stelle der von ihnen zerstörten Macht setzen sollten. Im Grunde aber brach sich die große Welle der antiken Kultur bereits zu jenem Zeitpunkt, als die römischen Senatoren über die Unsicherheit in der Poebene zu klagen begonnen hatten.

Die Parallelen zwischen dem Niedergang der griechisch-römischen Zivilisation und dem Niedergang der europäisch-amerikanischen sind so augenfällig und selbst im Detail noch so stimmig, daß es sich lohnt, sie genauer zu untersuchen, um daraus Lehren zu ziehen.

Auf ihrem Höhepunkt – etwa um das Jahr 100 n. Chr. – war die römische Kultur durch einen Grad an Wohlhabenheit und Sicherheit gekennzeichnet wie kaum eine andere Kultur vor ihr. Der Historiker Edward Gibbon war es, der sagte, nie seien die Völker Europas glücklicher gewesen als unter den »fünf guten Kaisern«. Die Landwirtschaft stand in Blüte. Getreide, Öl, Wein und Töpferwaren wurden aus den Kernländern des Reiches über ganz Europa hin gehandelt. Im Austausch gegen römische Waren kamen Textilien von der Donau; Papyrus, wichtiges Schreibmaterial, aus Ägypten; Lederwaren aus dem Vorderen Orient; Wollenwaren, Stahl und Espartogras aus Spanien. Die Bürger des Römischen Reiches bewegten sich ungehindert über ein vorzügliches Verkehrsnetz durch alle Provinzen, fanden Gasthäuser und Herbergen und waren vor Wegelagerern und Piraten geschützt. In sechzehn Wochen reiste man damals nach Indien. Unnötig, hier die großen Aquädukte und Thermen, die Sammlungen von Statuen und Bildern, den ganzen römischen Luxus zu beschreiben. Ein Zitat aus Gibbon mag genügen: »In ihrer Kleidung, ihren Tafelvergnügungen, ihren Wohnungen und ihrem Hausrat vereinten diese Lieblinge des Glücks jegliches Raffinement an Bequemlichkeit, an Eleganz und Pracht, wo immer dies ihrem Stolz Genüge gab oder ihren Sinnen gefällig war.« Teppiche aus Babylonien, Bernstein von der Ostsee, Pelze aus den Wäldern des Libanons. Alljährlich segelte eine Flotte von 120 Schiffen nach Ceylon und zur Malabarküste und brachte von dort Silber, Duftstoffe und Edelsteine mit. Perlen von Ormuz und Kap Kormorin, Diamanten aus Bengalen wurden im Austausch gegen Bernstein, Bronze, Zinn, Blei, Korallen, Chrysolit, Storax, Glas, Gewänder und – versteht sich – Gold und Silber eingeführt.

Die Währung war stabil, auf dem Goldwert begründet. Der römische Aureus wurde nahezu überall, von Skandinavien bis Ceylon und China, gern in Zahlung genommen. Kredit war leicht erhältlich: Die Banken verliehen bereitwillig zu Zinssätzen um 6 %. Die römische Post beförderte Briefe über Strecken von 70 Kilometern am Tag.

Über die Bevölkerungszahl Roms ist viel geschrieben worden. Carciofino setzt 1,2 Millionen an, von denen die meisten eng gedrängt in mächtigen Wohnblöcken lebten. Die Bevölkerung des gesamten Imperiums dürfte zu Beginn der christlichen Zeitrechnung zwischen 50 und 60 Millionen Menschen betragen haben, von denen 5 Millionen römische Bürger waren.

Aber der ganze Reichtum beruhte darauf, daß man zuerst dort war, wo es etwas zu holen gab, und daß die Wirtschaft des Reiches die Möglichkeit zur Ausdehnung besaß. Als diese Wachstumsmöglichkeit nach der Saturierung des Reichs nicht mehr gegeben war, begann die Wirtschaft abzubröckeln. Sie beruhte eben allzusehr auf Expansion mit dem Wachstum des Reiches, auf dem militärischen Erwerb neuer Märkte. Technisch wurden nur wenige Neuerungen entwikkelt. Auch die Produktivität der einzelnen Arbeitskraft erfuhr kaum eine Steigerung. Es war letztlich die Aussaugung eroberter Gebiete, die zur Hebung des Lebensstandards beitrug. Als sich später dann die ersten Risse im Gebäude des Imperiums zeigten, ging der Verfall daher rasch voran. Vor allem hatten die Kolonien gelernt, mit dem italienischen Kernland in Konkurrenz zu treten, ja es vielfach zu übertreffen. Neue Schwerpunkte der Öl- und Weinerzeugung (Öl war sowohl Nahrungsmittel als auch Brennstoff für Lampen) waren in der Provence entstanden, Nordafrika war zur ersten Kornkammer des Reiches geworden, die Töpferei fand in Aquitanien ihr neues Zentrum. An der Donau stellte man Ziegel und Glaswaren her. Aus den orientalischen Provinzen kam der Schmuck. Damals wurden Klagen laut, daß der Markt mit Gewandfibeln von Gallien her überschwemmt sei. Langsam verschob sich das Gleichgewicht des Handels. Es dauerte nicht lange, bis eine Energiekrise eintrat. Energie – das waren im alten Rom die Muskeln der Sklaven. Bücher wurden vervielfältigt, indem ein Manuskript vor einer Reihe von Schreibsklaven laut vorgelesen wurde – oft saßen gut hundert nebeneinander und schrieben das Vorgelesene nieder. Die Sklaven waren die Töpfer, sie waren die Ruderer der Schiffe. Wie riesig diese Arbeitsheere der antiken Sklaven waren, ist nicht immer bekannt. Auf dem Sklavenmarkt der Insel Delos wurden an einem einzigen Tag manchmal Zehntausende »umgesetzt«. Aus dem Testament eines Freigelassenen wissen wir, daß er 4000 Sklaven hinterließ. In einem großen Haushalt konnten bis zu 200 Sklaven beschäftigt werden. Solange Rom noch immer neue Gebiete hinzueroberte, war auch für den Nachschub an Sklaven gesorgt.

Ernster aber sollte sich die Ernährungskrise auswirken. Die Methoden des Ackerbaues waren damals noch nicht sehr weit entwickelt. Der Pflug vermochte damals den Boden noch nicht tiefgründig umzuackern, weshalb es nötig war, ihn mehrmals über das Feld zu ziehen. Mangelhafte Düngung führte zur Erschöpfung der Böden, und die Unterpflügung von Klee zur Erhöhung des Stickstoffgehalts war noch nicht üblich. Allzu intensive Waldnutzung bewirkte schließlich Kahlschläge, wodurch der Grundwasserspiegel sank und Brunnen austrockneten, so daß Bodenerosion um sich griff. Die Abgaben der bäuerlichen Bevölkerung waren aber nicht nach dem jeweiligen Verkaufsertrag ihrer Produkte bemessen, sondern bestanden einfach in einer starr festgesetzten Menge von Naturalien. Als die Erträge geringer wurden, blieb somit für die Erzeuger selbst immer weniger übrig, bis schließlich das Existenzminimum unterschritten war. Überall begannen nun die Bauern ihren Grund und Boden aufzugeben und zogen in die Städte oder traten, wo dies möglich war, in den Dienst der großen Grundherren, die noch über Ländereien mit unerschöpftem Boden verfügten. Andere gingen zum Heer oder traten in Mönchsorden ein. Nach und nach entstanden neben den Städten neue Gemeinwesen, die eine gewisse Autarkie besaßen, die aber nur um den Preis einer Senkung des Lebensstandards und des Kulturniveaus zu erreichen war.

In den Städten aber wuchs ein landloses, entwurzeltes Proletariat heran, das wenig vom Leben zu erwarten hatte. Die Behörden waren bemüht, durch freie Vergabe von Lebensmitteln und Niedrighaltung der Weinpreise sowie durch Zirkusspiele diese Massen einigermaßen von ihrem Elend abzulenken. Denn unzufrieden waren sie allemal, und ihre Verbitterung stellte ein gefährliches Potential der Gewalt dar. Natürlich mußten unter solchen Verhältnissen die Verbrechen zunehmen. Das Räuberunwesen wurde zu einem ernsten Problem, und die Sicherheit auf den Straßen war nicht länger aufrechtzuerhalten, trotz verstärkter Überwachung aller Verkehrswege durch neu gebildete Polizeistationen mit mehr Bemannung.

Das Bevölkerungsproblem, bereits durch die verheerende Pest der 60er Jahre des 2. Jahrhunderts jäh verschärft, wurde zusehends kritischer. Anders als im 20. Jahrhundert war es nicht der Anstieg der Bevölkerung, sondern ihre Abnahme, die Besorgnis erregen mußte. So verödeten ganze Städte, verfielen Straßen und öffentliche Bauten, weil niemand mehr ihre Instandhaltung übernehmen konnte. Die Bevölkerung des Reichs sank um etwa 20 Millionen Menschen. Als

Gegenmaßnahme wurden Ansiedlungen Fremder aus Randprovinzen eingeleitet; altgediente Legionäre, nicht selten von jenseits der Grenzen des Imperiums stammend, erhielten in den Kernlanden Grund und Boden zugewiesen. Im Norden Italiens rückten illyrische Bevölkerungsgruppen aus der Balkanhalbinsel nach, um die von der gallorömischen Vorbevölkerung entleerten Räume einzunehmen. Ebenso wie die einsickernden Germanen konnten diese Fremdstämmigen keine Bindung gegenüber römischen Traditionen und der römischen Staatsidee empfinden.

Die Kaiser versuchten, mit allen diesen Problemen fertig zu werden, wobei es vor allem darauf ankam, das nötige Geld für den Staatssäckel zu sichern – eine Aufgabe, die ohne eine große Beamtenschaft nicht zu leisten war. Aber jede Bürokratie tendiert unter ähnlichen Verhältnissen zur Korruption. Augustus hatte privates Unternehmertum gefördert. Nach und nach aber war der Staat selbst zum größten Unternehmer geworden; in seiner Hand befanden sich die Werften, die Waffenherstellung, die Lebensmittelversorgung, der ganze Bergbau mit den anschließenden metallverarbeitenden Industrien, dazu die Bauindustrie. Die Interessen von Industrie und Militär waren eng verflochten. Gleichzeitig wurde in vielen Gewerben die Mitgliedschaft in gewerkschaftsähnlichen Organisationen zur Pflicht, ja manchmal sogar zur erblichen Bedingung. (In einigen Fällen waren sogar nur noch Heiraten zwischen Familien der gleichen Gewerkschaft erlaubt, eine Entwicklung, die bei uns noch aussteht.) Wer in den staatlichen Münzstätten tätig war, vollzog seine Arbeit unter militärischer Aufsicht. Arbeiter in Bergwerken und Waffenwerkstätten wurden zwecks leichterer Identifizierung gebrandmarkt. Im 4. Jahrhundert »bestand vollständige Kontrolle über den einzelnen im ganzen Reich«.

Nach Auffassung von Professor F. W. Walbank entsprach diese Gesellschaftsstruktur weniger dem Sozialismus als dem Korporationsstaat, wie ihn später Mussolini wiederbeleben sollte. Dieser Staat war totalitär.

Zur dreifältigen Krisis der Verknappung von Energie, Lebensmitteln und menschlicher Arbeitskraft trat die Krise der Finanzen. Solange Rom noch in Ausdehnung begriffen war, hatte sich das Heer aus den Erträgen der beutereichen Feldzüge selbst finanziert. Nunmehr aber wurde es zur Last. Die angewachsene neue Bürokratie war gleichfalls zu besolden, so daß mit dem Versiegen der Beutegelder zunehmend höher und umfassender besteuert werden mußte. Damals ging das Wort um, ein Provinzstatthalter müsse sich drei Vermögen zusammenraffen: eines für sich selbst, eines für den Steuereinnehmer und ein drittes zur Bestechung seiner Richter, wenn er der Auspressung der Provinz angeklagt werde. Wer seine Steuern nicht zu bezahlen vermochte, wurde in den Bankrott getrieben, eingekerkert und gewaltsam enteignet. Versteht sich, daß hierdurch die Zahl der Arbeitslosen anwuchs.

Aber selbst durch solche rigorosen Maßnahmen ließen sich die Staatsfinanzen nicht wieder in Ordnung bringen, weshalb die Herrscher auf eine andere Methode zurückgriffen, die auch heute noch im Schwange ist: Sie setzten den Wert der Währung herab, indem sie dem Silber einen höheren Anteil unedler Metalle beimengten oder indem sie die umlaufenden Münzen um einen bestimmten Gewichtsanteil beschnitten. Der Silberdenarius zirkulierte nun bald nicht mehr außerhalb der Reichsgrenzen, wie einst, und selbst innerhalb des Reiches gab es Banken, die ihn nicht zur Zahlung annahmen – was Wunder, da er nur noch schäbige fünf Hundertteile Silber enthielt. Auch der Aureus, die Goldmünze, einst eine Universalwährung der ganzen damaligen Welt, hatte längst seinen Glanz verloren, so daß Konstantin sich genötigt sah, eine neue Münzeinheit, den Solidus, prägen zu lassen. Zu jener Zeit galt ein Solidus 1389 Denare. Im Jahr 338 war der Solidus aber bereits 150 000 Denare wert, und nicht lange, so galt er 275 000 Denare. Jetzt endlich wurden diese Münzen als wertlos eingezogen. Da die Reichen hauptsächlich in Gold zahlten, die Armen aber in schlechtem Silber und Kupfer, machte diese Inflation des Silbers zugunsten des Goldes die Armen ärmer, die Reichen aber reicher.

Zu Beginn des 4. Jahrhunderts versuchten die Kaiser die Einführung von Lohn- und Preiskontrollen, um die Inflation zu stoppen. Spekulation und Hortung, die üblichen Begleiterscheinungen einer Inflation, waren dadurch aber nicht unter Kontrolle zu bringen. Jetzt sahen die Leute nur noch nach Sachbesitz. Große Landgüter wurden als Geldanlage aufgekauft, obwohl ihre Besitzer weder willens noch in der Lage waren, eine geregelte Bewirtschaftung durchzuführen. Schon Plinius hatte in gelinder Übertreibung gesagt, daß ganz Nordafrika sechs Leuten gehöre.

Ersichtlich wird aus diesem Blick in die Geschichte Roms, daß wir uns in einer durchaus ähnlichen Phase der Entwicklung befinden, wie sie damals erreicht war. Was aber geschah dann?

Zwischen Anarchie und Diktatur

Gegen Ende des 2. Jahrhunderts finden wir ein militärisches Regime der Linken, das sich bewußt auf die Zustimmung der Massen stützt – auf Bauern und Soldaten. Die soziale Rolle der Soldaten in Rom mag mit jener verglichen werden, die heute von den Gewerkschaften wahrgenommen wird – bei ihnen lag in letzter Instanz die Macht. Sie konnten sich gegen die Gesetze stellen, besondere Vorrechte verlangen, dem Senat ihre Überzeugung aufzwingen, ja selbst durchsetzen, daß der Senat mit ehemaligen Offizieren besetzt wurde. Natürlich bedurften die Kaiser der Unterstützung durch die Armee; Solderhöhungen waren fast bei jeder Thronbesteigung fällig, verdienten Soldaten wurden Sonderzuwendungen und andere Privilegien garantiert.

Das sozialistische Programm, wie es unter Septimius Severus – einem Mann, der sich selbst ein großes persönliches Vermögen sicherte – begonnen worden war, wurde durch seinen Nachfolger Caracalla (einen Brudermörder aus Staatsräson) noch weitergeführt. Caracalla buhlte um die Gunst der Massen und zeigte seine Verachtung für die begüterten Klassen wie für die Intelligenz, indem er systematisch versuchte, sie durch drückende Besteuerung und die Verdoppelung der Erbschaftssteuer ausbluten zu lassen. Seinen egalitären Bestrebungen folgend, hob er auch das römische Bürgerrecht mit seinen Privilegien auf, indem er nunmehr nahezu jeden als römischen Bürger gelten ließ. Weiter wurde der einst wichtige Unterschied zwischen Bauer und Soldat verwischt, indem die Bauernschaft militarisiert und Land an Soldaten verteilt wurde. Dies wurde nicht nur in Italien verwirklicht, sondern ebenso in Afrika und Germanien. (Vielleicht müssen wir in Übertragung solchen Geschehens auf unsere Zeit auch eine Gesellschaft erwarten, in der die Zugehörigkeit zu einer Gewerkschaft Pflicht ist, gleichgültig, ob der Betroffene mag oder nicht.)

Die Landeigentümer zogen sich auf ihre Güter zurück, befestigten sie und lebten fürder mit ihren Sklaven und Gefolgsleuten soweit wie möglich in wirtschaftlicher Autarkie. Das war die Geburtsstunde des Feudalsystems.

Die Maßnahmen der Kaiser waren dazu gedacht gewesen, die Basis der Militärdiktatur zu festigen; in Wahrheit aber glitt dieses System immer tiefer in die Anarchie. Die Soldaten wurden immer eigenmächtiger, neigten zum Verrat und konnten mit nichts mehr zufriedengestellt werden. Ein Kaiser nach dem anderen wurde von ihnen auf den Schild gehoben; oft dauerte es nur wenige Monate, bis er ermordet war.

In nicht fünfzig Jahren sah das Reich etwa dreißig Kaiser und Thronprätendenten. (Als Decius zum Kaiser gewählt worden war, dachte er zunächst an Ablehnung dieser risikoreichen Würde, nahm aber doch an, als seine Soldaten ihn wissen ließen, sein Tod sei im Falle einer Ablehnung gewiß.) Gelegentlich regierten auch mehrere Kaiser gleichzeitig nebeneinander, weil verschiedene Fraktionen der Armee verschiedene Kandidaten unterstützten.

Rom war Schreckensherrschaft zwar nicht ganz unbekannt, aber diese erreichte nun eine bis dahin unerhörte Intensität. Unter dem verschleierten Namen von »Geschäftsagenten« wurde eine Geheimpolizei aufgestellt, deren Aufgabe es war, von der Steuerhinterziehung bis zur Desertion aus dem Heer und zur Weigerung, sich für ein öffentliches Amt zur Verfügung zu stellen, alle relevanten Vorfälle den Behörden zur Kenntnis zu bringen. (Öffentliche Ämter scheinen damals bereits solche Belastungen und Gefahren mit sich gebracht zu haben, daß sich niemand mehr danach drängte.) Es war nicht mehr ungewöhnlich, daß geachtete Bürger über Nacht verschwanden und dann plötzlich wieder aus dem Kerker unter ihre Mitmenschen traten, verstümmelt oder zusammengeschlagen, sofern sie überhaupt noch einmal freigekommen waren. Die Folter, die lange als unmenschlich verworfen war, wurde wieder eingeführt – bei freien Männern, denn Sklaven, Kriegsgefangene und jene, die bestimmter Verbrechen wie etwa des Hochverrats überführt worden waren, standen ohnehin außerhalb der Gesetze.

Mit der Verschlechterung der Situation wurden Arbeitsverweigerung und Rebellion immer häufiger. Politische Schmähschriften wanderten von Hand zu Hand. Sie wurden mit Rücksichtslosigkeit unterdrückt. Immer mehr ehemalige Soldaten drangen in die Bürokratie ein, die zusehends korrupter wurde und Geld und Güter aus der Mittelklasse herauspreßte. Aristides ließe sich hier zitieren, der in einem Appell an einen neuen Herrscher zwecks Besserung der Lage gesagt hatte: »Die Provinzen lagen zitternd in Fesseln. Von Stadt zu Stadt zogen die Ausspäher und horchten, was die Leute redeten. Kein Mensch konnte mehr frei reden oder denken. Alles, was an der Freiheit gerecht und vernünftig war, wurde unterdrückt, und jedermann schrak vor seinem eigenen Schatten zusammen.«

Die Aristokratie wurde in ganzen Sippen zu Tode gebracht, nicht nur in Rom, sondern auch in Afrika und anderswo. Weil Straßenräuberei überhandgenommen hatte, bildeten sich Trupps von Wächtern zur Unterstützung der Polizei. Auch wurden eigene Einheiten gegen das Brigantentum gebildet. Stadt und Land lagen sich feindselig gegenüber, und nicht selten wurden Städte von Landleuten überfallen und zerstört. Fleisch begann knapp zu werden. Reiche Männer wurden aus ihren Wagen gezerrt und mußten hinterherlaufen, während ihre Sklaven auf ihrem Sitz Platz nahmen. Die Bauern erhoben sich gegen ihre Grundherren, Sklaven gegen ihre Besitzer.

Unter den Menschen wuchs die Verzweiflung. Sie warteten auf einen Heiland und Befreier. Einige richteten ihren Blick auf ein glücklicheres Leben jenseits des Grabes und wandten sich ganz der Religion zu. Neu ins Land gekommene Religionen – der Mithraskult aus Persien, Parsismus, Gnostizismus und Christentum – traten nach und nach an die Stelle der älteren griechisch-römischen Kulte. Es war die Blütezeit der orientalischen Geheimweihen und der Mysterienreligionen. Astrologie, Wahrsagung und Zukunftswissen fanden Zuspruch. Auch die Kaiser beeilten sich, aus diesem Trend Vorteile für die eigene Position zu schlagen, und erklärten sich selbst zu Göttern.

Religiöse Intoleranz ist indes noch erbitterter als politische: Das Christentum zwang den Staat, Andersdenkende zu verfolgen. Wenn ein Bauer nach der Sonne sah, konnte ihm dies eine Verfolgung wegen Verehrung des Mithras an den Hals bringen. Jeder hegte Haß gegen den anderen: gegen die Steuereinnehmer, die Polizei, vor allem aber gegen das Heer. Ein Autor wie Cyprianus spricht von einer völligen Erschöpfung von Mensch und Natur. »Eine Bewegung, die durch Neid und Haß getragen war und durch Mord und Zerstörung vorangetrieben wurde«, schreibt der bedeutende Wirtschaftshistoriker Michael Rostovtzeff, »endete in einer solchen Bedrücktheit des Bewußtseins, daß irgendeine stabile Ordnung der Verhältnisse den Menschen besser schien als endlose Anarchie. So schickten sie sich bereitwillig in die durch Diokletian herbeigeführte Stabilisierung, wiewohl diese für die Masse der Bevölkerung des Römischen Reiches keine Besserung ihrer Lage brachte.« Diokletians Lösung war die Schaffung einer noch mächtigeren Bürokratie, überwacht von einer noch effizienter arbeitenden Geheimpolizei, die Stopfung einiger Löcher in der Steuerverwaltung und die Verdoppelung der Armee.

Rostovtzeff stellt deutlich heraus, daß die Hauptursache für diese Entwicklung in der »revolutionären Bewegung der Massen« zu sehen sei, »die auf die Einebnung der ganzen Gesellschaft zielte«, auf eine Einebnung der Standards wie der Klassen. Während der Zeit wirtschaftlichen Wohlstandes hatte eine vermögende Bürgerklasse nach und nach die alte Aristokratie aus ihren Positionen verdrängt. Unter dieser stieg die kleinbürgerliche Schicht der Ladeninhaber und kleinen Händler nach oben. Was die neuen Herrscher der Unterschicht taten, war, daß sie Soldaten, Bauern und die Massen der Städte gegen diese Mittelklasse aufbrachten.

Wie Arnold Toynbee gezeigt hat, orientieren sich in der expansiven Phase einer Gesellschaft die unteren Klassen am Vorbild der Oberklasse und herrschenden Elite, deren Rechtschaffenheit und Befähigung ihnen Respekt abnötigen. Die Niedergangsphase hingegen wird durch eine Umkehrung dieses Anpassungsvorgangs gekennzeichnet. Die Elite hat nun ihren Elan verloren und klammert sich dafür recht und schlecht an alte Privilegien, wobei sie aber gleichzeitig Normen und Verhaltensweisen der Mittelklasse übernimmt und um deren Gunst wirbt. Es tagt nun die Epoche des »gemeinen Mannes«.

Gewiß war dies so in Rom, wobei selbst der Kaiser nicht abseits stand. Caracalla, ein »Unmensch, dessen Leben menschlicher Natur hohnspricht«, war bekannt dafür, daß er in Kleidung und Gebaren sich wie ein gemeiner Legionär zu geben wußte, solange er im Kreis seiner Soldaten weilte, von denen er auch jede Vertraulichkeit durchgehen ließ, wiewohl sonst sein Verhalten von äußerster Hochnäsigkeit zu sein pflegte. Commodus stellte nicht nur öffentlich sein Geschick als Tierkämpfer zur Schau – eigens für ihn wurden

Wildtiere aus fernen Gegenden nach Rom gebracht –, sondern trat zu jedermanns Überraschung auch als Gladiator in der Arena auf. Da es ja nicht gut anging, den Kaiser vor aller Augen in den Staub zu werfen, mußte mancher patriotische Gladiator seine Loyalität dadurch beweisen, daß er ohne Gegenwehr den tödlichen Hieb empfing.

Die neue Mentalität war den intellektuellen Errungenschaften der Oberklassen nicht günstig, und ebensowenig waren dies die Religionen, sofern nicht Kunst und Literatur in ihren Dienst genommen werden konnten. In einem solchen Zeitalter blieb für den Künstler und Kunsthandwerker wenig Spielraum. Es steht außer Zweifel, daß während des 3. Jahrhunderts die künstlerischen Maßstäbe in beklagenswertem Maße verlorengingen. Es genügt, hier einfach die künstlerische Qualität eines Basreliefs von der Säule des Mark Aurel mit einem Relief des Konstantinsbogens zu vergleichen, um den Unterschied evident werden zu lassen. In der Literatur finden wir einen analogen Abfall – es war Protestliteratur, hauptsächlich von Autoren der Provinz geschrieben. Was auf dem Büchermarkt im Schwange war, befaßte sich mit Sachen und Fakten – Enzyklopädien, Bücher zum Erlernen bestimmter Fertigkeiten, Sachbücher also. Die Tage schöpferischer Literatur und intellektueller Neuerung waren dahin. Auch auf dem Gebiet der Technik, in der Wirtschaft und in der Verwaltung zehrte man nur noch von der Substanz.

Rostovtzeff faßt zusammen: »Doch bleibt wie ein Gespenst das zum Schluß sich stellende Problem, das überall aufleuchtet und doch sich immer wieder der Beantwortung entzieht: Ist es möglich, höhere Bildung den unteren Klassen mitzuteilen, ohne daß dabei ihr Rang darunter leidet und ihre Qualität dahinschwindet? Ist es nicht jeder Zivilisation bestimmt, unterzugehen, sobald sie die Massen zu durchdringen beginnt?«

Entgegen verbreiteter Meinung stimmen die Fachleute darin überein, daß es nicht die Angriffe der Wandalen, Goten und Hunnen gewesen sind, die das Römische Reich zu Fall brachten. In Wahrheit stießen diese Völker nur in ein Machtvakuum vor. Die Wandalen waren sogar große Bewunderer Roms, und der Wandale Stilicho, Befehlshaber der Legionen, vertrieb die Westgoten aus Griechenland und vereitelte ihre Versuche, nach Italien einzudringen. Der Historiker S. Dill schreibt hierzu: »Das Römische Reich war den

Barbaren kein verhaßter Gegner. Im Gegenteil, sie waren sehr darauf bedacht, in römische Dienste genommen zu werden, und nicht wenige germanische Häuptlinge wie Alarich oder Ataulphus (Atawulf) hatten kein anderes Ziel, als in die höchsten militärischen Kommandostellen berufen zu werden. Dem entsprach durchaus die Bereitschaft der Römer, barbarische Söldnertruppen für ihre Kriege anzuwerben.« Die Besetzung Roms durch den Westgoten Alarich dauerte bloß drei Tage und war bei relativ begrenzten Plünderungen keineswegs das Greuelstück, als das sie oft dargestellt wird. Alarich war übrigens Christ, wies seine Soldaten aber gleichwohl an, auf keinen Fall Tempel zu plündern. Genommen wurde von der Bevölkerung nur, was die an Hunger leidenden Germanen unbedingt brauchten, und auch hier wurde erst zur Selbsthilfe gegriffen, als alle Versuche einer gütlichen Einigung gescheitert waren. Erst die Plünderung Roms durch den Wandalen Geiserich war wirklich eine Ausplünderung bis zum Letzten, so daß seither das Wort »Wandalismus« für mutwillige Zerstörungswut schlechthin steht.

Um zusammenzufassen: Aus geschichtlichen Fakten ergeben sich einige überzeugende Beispiele, aus denen wir sehen können, daß auch unsere eigene Krisis mehr ist als nur eine materielle Krisis, bei der es um nichts anderes ginge als um die Erschöpfung von Rohstoffen. Die geschichtlichen Tatsachen legen es nahe, hierin einen Prozeß der gesellschaftlichen Entwicklung – um nicht zu sagen: des gesellschaftlichen Verfalls – zu erblicken, der kaum aufzuhalten sein dürfte und den das gegenwärtige politische Klima beschleunigt. Selbstverständlich gibt es genug Unterschiede. So verfügten die Römer so gut wie gar nicht über die Befähigung zu technischen Neuerungen, die so charakteristisch für unsere Kultur ist. Außerdem fiel im alten Rom die Bevölkerungszahl, während sie in unserer modernen Welt ansteigt. Die Antike kannte zudem keine Denkmodelle, nach denen sich etwa ein wirtschaftliches Geschehen wie die Inflation hätte verstehen lassen. Aber die wesentlichen Züge unserer Gesellschaft waren auch bereits in der römischen vorhanden: die Umformung einer strukturierten, traditionsgebundenen Gesellschaft in eine Massengesellschaft ohne Tradition; die Zerstörung der Ober- und Mittelklassen durch Steuerdruck und damit die Infragestellung ihrer Normen und Werte, die auch zum Wohl einer Klasse entwickelt worden waren, die sich mit unmittelbarer Befriedigung der Lebensbedürfnisse begnügte; der Griff nach der Gewalt, um mit den Frustrationen einer solchen Lebensform fertig zu werden; und die Hinwendung zur Religion aus Verzweiflung über irdische Zustände. Sogar die Ablösung eines lebenskräftigen Kapitalismus – mag uns dies nun gefallen oder nicht – durch die Eigentümerschaft des Staates und eine unersättliche Bürokratie finden wir im römischen Bild wieder.

So spricht vieles dafür, daß auch wir nicht nur mit kurzfristigen Problemen, sondern mit langfristigen historischen Trends konfrontiert sind. Tatsächlich sieht es ganz so aus, als ob wir auf dem absteigenden Ast wären. Viele Zivilisationen sind vor uns dahingegangen, und es mag unsere eigene Entwicklung in die rechte Perspektive rücken, wenn wir uns jetzt noch mit der Lebensspanne befassen, die einer Kultur gewöhnlich beschieden ist.

Der Lebenszyklus einer Kultur

Zu einer Zeit, als Roms Blüte noch weit in der Zukunft lag, erkannte Plato, daß die Gesellschaften einen politischen Zyklus mit deutlich abgesetzten Phasen durchlaufen. Als erste Stufe sah er die Monarchie oder die Herrschaft eines Tyrannen, also eines einzigen Machthabers. Dem folgte die Stufe der Oligarchie, der Herrschaft weniger – einer Elite, um es modern zu formulieren. Aber diese zweite Stufe wurde wiederum von einer dritten abgelöst, der Demokratie, wo sich die Macht in den Händen vieler befand. Demokratie aber verfiel nach und nach zu Anarchie. Da aber Anarchie ein unerträglicher Zustand ist, war den Leuten bald ein Diktator willkommen, der die Ordnung wiederherstellte – und der Zyklus begann von neuem.

In der Geschichte der Neuzeit haben wir gesehen, wie die Oligarchie die Monarchie ersetzte und wie wiederum die Oligarchie der Demokratie weichen mußte. Wir bewegen uns gegenwärtig auf die Anarchie zu und können demnach mit Grund erwarten, daß beim Unerträglichwerden dieses Zustandes eine Diktatur vielen als wünschenswert erscheint. In Italien und Deutschland ist uns bereits vorexerziert worden, wie so etwas ablaufen kann. Die Zeit ist sicher nicht mehr allzu fern, wo ähnliches wieder eintreten mag.

Derartige Abläufe wurden gegen Ende des Zweiten Weltkriegs auf verblüffende Weise in einer Gemeinschaft von Kindern demonstriert, die wegen des Luftkriegs aus Edinburgh evakuiert worden waren, aber als allzu undiszipliniert galten, als daß man sie zu Pflegeeltern hätte geben mögen. So ließ man etwa fünfzig Jungen in einem Haus zusammen wohnen, das unter dem Namen Barns bekannt war. Die Leitung oblag einem Jugendführer der Quäker, David Wills. Da unter den Kindern keine Disziplin zu halten war, verzichtete Wills von Anfang an auf einzuhaltende Regeln, abgesehen von einigen Vorschriften, welche die Sicherheit der Jungen betrafen – etwa Verbot des Schwimmens im Fluß oder Maßnahmen gegen das Fortlaufen. Es gab zwar Schulklassen, doch bestand kein Zwang, sie zu besuchen. Nach einer kurzen Zeit der Anarchie setzten sich die Jungen selber zusammen und bestimmten einen unter ihnen zum Anführer, der das Sagen hatte. Da dies aber auch nicht nach Wunsch funktionierte, bildeten sie eine Bürgervereinigung und versuchten es nun mit einer Art Kabinettsregierung. Sogar eine Art Steuersystem wurde eingeführt. In dem Maße, wie soziale Strukturen sich einspielten, fingen die Jungen auch an, den Unterricht zu besuchen, der sie nun plötzlich zu interessieren begann und wo sie mit Eifer bei der Sache waren. Leider wurde dieses vielversprechende Experiment durch die Erziehungsbehörden abgebrochen, die darauf bestanden, daß alle Jungen zum Unterricht müßten, ob sie dies wollten oder nicht.

In diesem Jahrhundert haben Historiker, gestützt auf ein ungleich umfangreicheres Material als das, welches Platos These zugrunde lag, den Versuch unternommen, die Lebenszyklen von Kulturen nachzuzeichnen. Es ist dem Verständnis unserer eigenen Probleme dienlich, wenn wir einen kurzen Blick auf diese Versuche werfen. Vor über fünfzig Jahren bewirkte das Erscheinen des Buches eines deutschen Kulturphilosophen eine Sensation; es handelte sich um Oswald Spenglers »*Untergang des Abendlandes*«, ein Werk von immenser Belesenheit, mit vielen dunklen Stellen und befeuert vom nietzscheanischen Glauben an den »Übermenschen«. Spengler entsprach Plato, indem er auf den Feudalismus die Aristokratie folgen sah und auf diese wiederum die Volksherrschaft – aber er fügte dem eigene Gedanken hinzu. Parallel zum Sieg des Volkes über die Aristokratie sah er den Sieg der Stadt über das Land, des Geldes über den

Staatsgedanken, des Intellekts über die Tradition. Zuletzt aber siegt Gewalt über das Geld: Der Despotismus (Cäsarismus nannte er ihn) werde zunehmend über eine stets gestaltlosere Masse herrschen, bis irgendwann die Zivilisation wieder in die Barbarei zurücksinkt. Was England, Frankreich und die USA betrifft, so konstatierte Spengler »Rassenselbstmord«, der schon lange im Gange sei.

Nach ihm hat Arnold Toynbee in zwölf umfangreichen Bänden das gleiche Feld beackert. Seine Analyse stellt die Lebenszyklen der Kulturen im Gegensatz von »Herausforderung und Antwort« dar. Jede Kultur sieht sich vor Herausforderungen gestellt. Zunächst antwortet sie auf diese kraftvoll und mit Erfolg und steigt so höher und höher. Doch mit der Zeit bewältigen ihre Antworten die Realität nicht mehr, und der Niedergang beginnt. Dieses Verlaufsschema sei aber nicht zwingend, räumt Toynbee ein. Oft seien über lange Zeit hin keine Herausforderungen gestellt, so daß eine Kultur trotz historischer Verkalkung Jahrhunderte auszudauern vermag, wie China seit der Han-Zeit. Manchmal könne auch eine entstehende Kultur mit einer unüberwindbaren Herausforderung konfrontiert sein, so daß sie nie zur Entfaltung gelange. Gleichwohl läßt sich sagen, daß in der Folge von kraftvoll-glücklicher Verwirklichung und schwindender Behauptungskraft ein allgemein gültiger Entwicklungstypus getroffen ist.

Für Toynbee wird der Niedergang bedingt durch einen Kompetenzverlust eines Teils der »dominierenden Elite«, die für ihn außer der politischen Führerschicht auch die Stifter neuer Ideen umfaßt. Anfangs gewinnen diese ihre Position durch Verdienst. Nach geraumer Zeit bleibt nur noch das Bestreben, sich fest an die Positionen zu klammern, denen sie längst nicht mehr gewachsen sind. Zunächst gehen die Leute da noch willig mit. In einem späteren Stadium der Entwicklung aber wendet sich die Masse der Menschen von ihnen ab, und die Elite verbraucht den ihr gebliebenen Rest an Initiative in dauernden Bekundungen ihrer Loyalität.

Gleich, ob derartige Ablaufmuster universale historische Geltung beanspruchen dürfen oder nicht – für Toynbee jedenfalls wiederholen sie sich in allen großen Kulturen der Welt –: Schon daß solche Prozesse überhaupt möglich sind, müßte als Warnung dienen. Toynbee zögert nicht, rundheraus zu sagen, daß »vielleicht der Einebner Tod auch seine eisige Hand auf unsere Zivilisation legen wird«. Unvermeidbar freilich ist das nicht, und Toynbee hofft, der Westen möge sich selbst durch eine neue religiöse Erweckung retten – in seiner Formulierung: »wieder in die Arme der Kirche unserer Väter zurückfinden«. Aber er sieht doch Unheil in unserer Zeit, die vielfältigen Zeichen der Sterilität, die Hybris einer überspezialisierten Technik, die Aufgabe jeglichen »tradierten Stils«. Er führt den Historiker Edwyn Bevan an: »Ich sehe als Gefahr vor uns nicht den Anarchismus, sondern den Despotismus, den Verlust der geistigen Freiheit, den totalitären Staat, der vielleicht ein Weltstaat sein wird ... lokal und temporär mag es in einer Übergangsphase Anarchismus geben ... Dann könnte die Welt in eine Periode der geistigen Versteinerung geraten, eine entsetzliche Ordnung, die für die höheren Aktivitäten des menschlichen Geistes tödlich sein müßte.«

Wiederholt sich die römische Katastrophe?

Die Parallelen zwischen der römischen Geschichte und unserer Gegenwart sind inzwischen wohl deutlich genug geworden, aber es seien hier noch einmal die einzelnen Punkte aufgeführt:

1. Zusammenbruch des Kleinbauerntums, der zur Abwanderung in die Städte und zur Bildung einer »Massengesellschaft« führt, wobei starke Fremdeinwanderung als ein weiterer kulturell desintegrierender Faktor hinzukommt;

2. politisch-administrativer Zusammenbruch des Reiches und Herausbildung einer negativen Handelsbilanz;

3. Gewährung von Almosen und Gunstgeschenken an die städtischen Massen und deren Hang zu Konflikten und Gewaltanwendung;

4. Machtverlagerung auf die wichtigste funktionale Sozialgruppe, das Heer (vergleichbar in unseren Tagen: die Gewerkschaften), und unverantwortlicher Machtgebrauch durch diese Gruppe;

5. Zusammenbruch der Aristokratie unter dem Druck der aufstrebenden Mittelklasse, gefolgt von Zerstörung der Mittelklasse im Interesse der unteren Klasse;

6. stetig anwachsende Inflation, dazu aber wachsende Steuerlasten

zwecks Unterhaltung einer immer größer und anspruchsvoller werdenden Armee und Bürokratie;

7. Verfall der öffentlichen Sicherheit durch das Entstehen bewaffneter Banden aus der Mittel- und Unterklasse, die ihren Lebensunterhalt außerhalb der gesellschaftlichen Normen zu finden versuchen;

8. Umkehrung des Rollenverhaltens von Unter- und Oberklasse (die Unterklasse sieht nicht länger in der Oberklasse ihr Vorbild, sondern die Oberklasse gleicht sich der Unterklasse in Sitte und Kleidung an);

9. weitere Konzessionen an die Massen und Erklärung des Grundsatzes von der Gleichheit aller Menschen;

10. Zunahme des Aberglaubens, der Astrologie usw. und Hinwendung zur Jenseitswelt mit dem Versuch, dort das Heil zu erlangen, das die Diesseitswelt vorenthält;

11. Regiment des Terrors, in dem Spionieren, Denunzieren, Foltern und Gewaltanwendung alltäglich sind, und Vermögenseinschätzung mit Konfiszierung des Eigentums;

12. ständiges Anwachsen von außen drohender Gefahren, etwa jener, daß die Versorgung mit Lebensmitteln wegen Fehlschlägen in der Bewässerung, Bodenerosion und der Entschlossenheit auswärtiger Lieferländer, ihre Produkte in eigener Regie zu verbrauchen, nicht mehr sichergestellt ist;

13. Verfall der künstlerischen und technischen Leistungsfähigkeit;

14. Zunahme von Korruption und Intrigantentum in bislang unerhörtem Ausmaße.

Alle diese Parallelen bilden eine starke Stütze für die Vermutung, daß unsere eigene Gesellschaft, vor allem in Großbritannien, wo diese Trends am weitesten fortgeschritten sind, sich in der Abschwungphase eines noch nicht ganz durchschauten sozialen Großprozesses befindet. Trifft dies zu, so müßten wir uns auf eine Zeit extremer politischer Gewalt gefaßt machen (deren Kennzeichen dann wohl der Mord wäre), auf eine Zeit der Inflation und der Steuerbedrückung, der allgegenwärtigen Gewalttätigkeit und Unsicherheit, die in einer Schreckensherrschaft kulminieren müßte und in der intellektuelle und schöpferische Fähigkeiten wenig Entfaltungsraum hätten. Und weil die moderne Welt so eng ineinander verzahnt ist, so dürfte auch die Vermutung richtig sein, daß andere Nationen, allen voran Italien, dem Weg Großbritanniens folgen werden.

Industriegesellschaften haben aber Probleme zu meistern, von denen das alte Rom verschont blieb; sie müssen sich in einer Welt von Wirtschaftsmächten und politischen Kräftefeldern zurechtfinden.

Immerhin hören wir von Arnold Toynbee am Ende seiner Untersuchung von dreizehn Kulturen auch, daß Herausforderungen oft einen belebenden und kräftigenden Effekt zu haben vermögen. Nur dann, wenn eine Kultur nicht mehr in der Lage ist, auf Herausforderungen entsprechend zu reagieren, beginnt ihr langsamer Verfall. Wie kann aber die westliche Zivilisation auf die Vielzahl der ihr gestellten Herausforderungen reagieren? Sicher nicht dadurch, daß sie nach Vogel-Strauß-Manier den Kopf in den Sand steckt. So soll in diesem Buch der Versuch gemacht werden, die Herausforderungen zu bestimmen, um einige angemessene Reaktionen darauf zu finden. Denn bislang reagieren wir mit Sicherheit nicht angemessen auf unsere Herausforderungen.

Viele Leute werden nicht glauben wollen, daß die westliche Zivilisation auf dem absteigenden Ast ist. Nun glaubt ja ein jeder, die Gesellschaft, in der er groß geworden ist, gut zu kennen. Schon Eltern und Großeltern haben dieser Gesellschaft angehört, und da kann sie ja wohl nicht untergehen. So haben viele Menschen überhaupt kein Organ dafür, daß eine Gesellschaft eine durchaus verletzliche und leicht zerstörbare Erscheinung ist. Wir pflegen nicht in Jahrtausenden zu denken. Aber eine Kultur braucht nicht einmal so lange, bis sie zugrunde geht. Wie Toynbee in seiner berühmt gewordenen Untersuchung zeigte, sind von den sechsundzwanzig Zivilisationen, welche die Welt gesehen hat*, sechzehn zugrunde gegangen, und von den übriggebliebenen liegen neun in Agonie. Bereits in den 1930er Jahren war Toynbee zu dem Schluß gekommen, daß sich unsere Gesellschaft im Vorstadium des Zusammenbruchs befinde.

Es erscheint daher angebracht, noch etwas länger bei dieser Konzeption zu verweilen, um ihre Umrisse kräftiger hervorzuheben. Was bedeutet eine Feststellung wie die Toynbees eigentlich für uns? Sicherlich ist damit nicht gemeint, daß nun die Länder und Staaten alle von der Landkarte verschwinden. Die antike griechische Kultur

* In einer späteren Ausgabe seiner »*Study of History*« erhöhte er diese Zahl auf zweiunddreißig.

ist schon vor zwei Jahrtausenden dahingegangen, aber ein »Griechenland« gibt es immer noch, und Menschen wohnen dort auch. Das Römische Reich hat sich aufgelöst, und dennoch existiert heute wieder ein Staat in Grenzen, die etwa auch das Römerreich einmal in der Frühphase seiner Ausdehnung besaß: Italien. Und von Städten in diesem Gebiet nahm ein Jahrtausend nach dem Zerfall Roms die Renaissance ihren Ausgang, deren Vorbild nachhaltig gewirkt hat. (Demgegenüber aber gab es auch ältere Kulturen, wie Babylonien und Assyrien, die völlig von der historischen Bildfläche verschwunden sind.) Mit »Zusammenbruch« einer Kultur meint Toynbee vor allem das Versagen in der historischen Realität und Praxis, weiter dann auch einen Verlust an Selbstvertrauen und schöpferischem Elan. Als Rom im Niedergang begriffen war, funktionierte das Postwesen nicht mehr, versäumte man notwendige Ausbesserungsarbeiten an Bauten und Straßen, war das Geldwesen in Unordnung geraten, wurde die Justiz korrupt usw. Im Bereich des Geistigen zeigte sich Rom unfähig, wirksame Ideen zu entwickeln, die Anleitung zur Meisterung der Situation hätten geben können. Es produzierte überhaupt keine neuen Ideen mehr, auch keine technischen Neuerungen oder ernst zu nehmenden Kunstwerke. Ähnliche Erscheinungen treffen ebenso auf andere Kulturen zu, die zugrunde gingen. Soll das nun also auch unser Schicksal werden?

Wenn uns das römische Beispiel überhaupt etwas zu lehren vermag, dann dies, daß uns wohl wieder ein neues dunkles Zeitalter von einem halben Jahrtausend Dauer erwartet, in dem ein jeder in Angst vor nackter Gewalt lebt, Kunst und Literatur dahinwelken, an die Stelle geschichtlicher Objektivität der Mythos tritt und originäres Denken keine Duldung erfährt. Im Falle Roms trat an die Stelle der Ruinen der alten Kultur eine neue, zunächst in der Provence, später, nach der Verfolgung der Albigenser, in Italien. Gewiß ist heute die Situation in mehr als einer Hinsicht verschieden. Entwicklungen gehen rascher voran, und es gibt auch noch eine Reihe von Zentren aufsteigender Kulturen, die zur Blüte gelangen dürften, noch ehe sich die amerikanisch-europäische Kultur wieder aus ihrer Asche erhebt. Staaten, die heute noch Diktaturen sind, können womöglich in zweihundert oder dreihundert Jahren Demokratien werden. Andererseits ist die Welt heutzutage viel enger verbunden, so daß der Niedergang des Westens auch für den Rest der Staaten schwerwiegende Probleme nach sich zöge. Auch bei einer möglichst optimistischen Einschätzung der Lage möchte ich doch glauben, daß zwei oder drei Generationen damit zu tun hätten, den Schock zu verarbeiten und dann neue Strukturen herauszubilden. Sieht man nun einmal von Eingriffen aus Bereichen ab, die außerhalb unseres gegenwärtigen Gesichtskreises liegen, so dürfte meiner Meinung nach vor dem Jahr 2025 nicht allzuviel zu erhoffen sein.

Gewiß hat die östliche Reichshälfte Roms auch nach dem Zusammenbruch Westroms um ihr neues Zentrum Konstantinopel sich entwickelt und ein weiteres Jahrtausend überdauert, ja sie vermochte sogar nicht nur Nordafrika zu halten, sondern auch das alte Kernland Italiens den Ostgoten wieder zu entreißen und Teile Spaniens den Westgoten erfolgreich streitig zu machen. Übertragen auf unsere Verhältnisse, ließe sich so etwa denken, daß die britische Monarchie durch ihre Verpflanzung nach Australien die Kontinuität wahren könnte, selbst wenn Europa zu einer Wüstenei würde.

Vierter Teil
Gefahrenmomente

Kapitel 8
Vom Chaos zur Tyrannei

So glaube ich denn, daß jene Art der Unterdrückung, von der demokratische Nationen bedroht werden, völlig anderer Natur ist als irgend etwas, das es zuvor auf dieser Welt gegeben . . . Vergeblich suche ich nach einem Ausdruck, der geeignet wäre, genau den Umfang der Idee wiederzugeben, die ich mir darüber gebildet habe; die herkömmlichen Wörter Despotie *und* Tyrannei *treffen nicht: die Erscheinung selbst ist neu.*

Alexis de Tocqueville

Die Theorie der Massengesellschaft

Vieles, was uns an der Gegenwart undurchschaubar erscheint, wird klar, wenn wir uns mit einer Idee beschäftigen, von der gesagt worden ist, sie sei die »folgenreichste Theorie seit dem Marxismus«: die Idee der Massengesellschaft. Anders als der Marxismus ist sie leider ziemlich vernachlässigt worden. Aber der zentrale soziale Prozeß der Gegenwart ist die Herausbildung von Massengesellschaften – von Massengesellschaften, deren Tendenz zur Diktatur noch aufzuzeigen sein wird.

Massengesellschaften unterscheiden sich grundsätzlich von gewachsenen Gesellschaften, weshalb wir zunächst die letztgenannten darstellen wollen. Das wesentliche Kennzeichen gewachsener Gesellschaften besteht darin, daß sie aus einer Vielzahl einander überlagernder Gruppen bestehen, die auf verschiedenen Organisationsebenen zwischen der Familie und dem Staat angesiedelt sind. So bestehen die meisten vorindustriellen Gesellschaften ab einer gewissen Größe aus Stämmen, die sich ihrerseits wieder in Clans und Untergruppen scheiden. Zusätzlich spalten sie sich oft in Gruppen auf, die durch

Zwischenheiraten der Familien verbunden sind. Zudem bestehen oft Altersgruppen mit fest umrissenen Verpflichtungen und Ritualen, ferner auch nicht minder gut abgegrenzte Geschlechtergruppen. In den bereits weiter entwickelten Sozialstrukturen des europäischen Mittelalters finden wir nicht nur Zünfte, religiöse Orden, Genossenschaften und andere Gruppen, sondern auch die Aufteilung der Macht zwischen diesen Körperschaften. Da gibt es Fragen, in denen der Abt entscheidet, andere, wo der Truchseß das Sagen hat, wieder andere, in denen der Gutsherr bestimmt, noch andere, die in die Zuständigkeit des Pfarramts fallen.

Der britische Sozialhistoriker G. M. Trevelyan sagt: »Die Struktureinheit der mittelalterlichen Gesellschaft war weder die Nation noch das Individuum, sondern etwas zwischen diesen – die Körperschaft.« Die Stellung eines Mannes war festgelegt durch die Körperschaft, der er angehörte. Diese Verteilung der Macht wird oft »Pluralismus« genannt, und Tocqueville hat diese Art der Sozialstruktur in den Vereinigten Staaten der ersten Hälfte des 19. Jahrhunderts festgestellt.

Unbestreitbar schränkt diese Aufteilung der Macht die Möglichkeiten irgendeines einzelnen ein, diktatorisch zu handeln, und sie widersetzt sich Versuchen ausschließlicher Machtergreifung.

Ihren inneren Zusammenhalt gewinnen diese verschiedenen Gruppen durch Bande der Loyalität, also durch gefühlsverhaftete, in langen Zeiträumen aufgebaute Beziehungen vor dem Hintergrund gemeinsam gemachter Erfahrung. Die Kraft solcher Loyalitätsbeziehungen wird deutlich an den zahlreichen Gruppierungen von Menschen, die einmal zusammen intensiv irgend etwas betrieben haben: Kameradschaften aus dem Wehrdienst, Sportvereine, die »Ehemaligen« einer Schule oder eines Ruderklubs. Sie sitzen noch zusammen, wenn auch der ursprüngliche Zweck ihres Zusammenkommens längst hinfällig geworden ist. Diesen Zusammenhalt verstärken allerlei Symbole wie Uniformen, Flaggen, eine spezielle Art sich auszudrücken, der Gebrauch nur in der Gruppe vertrauter Wörter, auch eigene ritualisierte Verhaltensweisen. Truppenbefehlshaber, die vor der Aufgabe stehen, aus einer Masse zusammengewürfelter Menschen eine zusammenhängende Einheit aufzubauen, wissen ziemlich viel über die Mittel, mit denen Korpsgeist erzeugt wird, wobei sie sich bewußt solcher Mittel bedienen, die in der

Gesellschaft als Ganzem unbewußt zur Wirkung gelangen.

Im Gegensatz dazu ermangelt eine Massengesellschaft derartiger »vermittelnder Strukturen« und der emotionalen und durch gemeinsames Verhalten geknüpften Bindungen. Wenn man zehntausend Menschen von der Straße wegholt und sie in ein Fußballstadion bringt, erhält man eine Masse. Läßt man ihnen Zeit, so werden sie nach und nach soziale Strukturen entwickeln. Anführer werden in Erscheinung treten, Gruppen sich formen, anerkannte Verhaltensnormen Zustimmung finden. Der Niedergang Roms und die Krisis unserer Tage führt uns die Umkehrung eines solchen Prozesses vor Augen. Eine auf Jagd und Landwirtschaft basierende Gesellschaft setzt sich aus einzelnen Gruppen zusammen. Wenn aber infolge der Industrialisierung die Menschen in die Städte strömen, werden Massen geschaffen. Die Menschen gehören dann keiner fest umrissenen Gruppe an, haben keine Symbole oder Rituale gemeinsam, kennen keine Autorität vermittelnden Strukturen.

Die westlichen Gesellschaften sind auf dem Weg zur Massengesellschaft bereits ziemlich weit fortgeschritten, zunächst wegen der Stadtflucht der Landbevölkerung, doch schließlich auch aus anderen Gründen, so wegen der zunehmenden Mobilität und der Tendenz zur Machtkonzentration. Doch ehe wir uns mit dem Mechanismus dieser Wandlung befassen, seien die Auswirkungen in den Blick gerückt. Die Mitglieder einer Masse fühlen sich zuallererst unsicher und unerwünscht. Es war der französische Soziologe Emile Durkheim, der nach dem Studium Tausender von Selbstmordfällen plötzlich zu der Erkenntnis kam, daß der gemeinsame Nenner all dieser Fälle nicht so sehr in der pathologischen Persönlichkeitsstruktur der einzelnen lag als vielmehr in der pathologischen Form des Soziallebens einer atomisierten Gesellschaft. Während einige darauf mit Verzweiflung reagieren und ihre Aggression gegen sich selbst wenden, greifen andere die Gesellschaft an oder sagen sich von ihr los. Ihre Haltung heißt dann: Wenn ihr mich nicht wollt, brauche ich auch euch nicht. Und weil sie so entfremdet sind, glauben sie sich über soziale Normen und Regeln hinwegsetzen zu können und also auch die Freiheit zu haben, ihre Ziele mit gesellschaftsfeindlichen Mitteln zu erreichen. Dieser Zustand der Dinge wird mit einem griechischen Ausdruck *Anomie* (»Regellosigkeit«) genannt. In den folgenden Kapiteln werden wir uns damit noch näher befassen.

Während die Mitglieder einer Massengesellschaft einen größeren Spielraum des Handelns haben als die Mitglieder von Gruppen, birgt diese Freiheit in sich den Keim zur Selbstzerstörung. Das Mitglied einer Gruppe steht unter dem Zwang der Anpassung. Es kann andere Mitglieder seiner Gruppe nicht ernstlich vor den Kopf stoßen, da es später ja ihre Hilfe vielleicht nötig hat; zieht es sich ihre Feindschaft zu, so können sie ihm das Leben sehr schwer machen, es schlimmstenfalls um sein Leben bringen. Daran aber liegt es, daß die Verbrechenshäufigkeit in Städten mit aufgelockerter Gruppenstruktur stets höher ist als auf dem Lande. Am höchsten aber ist sie da, wo sich die Bevölkerung in einer Art ständiger Fluktuation befindet, so etwa in Häfen und in den Zentren großer Städte. Ein gleicher Zusammenhang läßt sich für die Häufigkeit psychischer Erkrankungen feststellen.

In Europa wie in Amerika vollzog sich die massenbildende Verstädterung am schnellsten im 19. Jahrhundert, in dem auch die Verbrechenshäufigkeit rapide anstieg. Heute sehen wir in der Dritten Welt eine Wiederholung dieser Entwicklung.

Weil gesellschaftlicher Zusammenhalt aber nicht nur durch Sozialstrukturen, sondern auch durch die Gemeinsamkeiten einer Kultur bewirkt wird, läßt sich Entfremdung auch als das Fehlen der kulturellen Identität darstellen. Der Schotte unterscheidet sich vom Engländer durch seinen Haferbrei, seinen Dudelsack, seinen Schottenrock und seine hart rollende Aussprache, außerdem durch das Bewußtsein seiner Clanzugehörigkeit mit geschichtlichem Hintergrund – und daraus bezieht er ein Maß für seine Identität. Das Mitglied einer Massengesellschaft verfügt nicht über solche Hilfen kultureller Identitätsfindung.

In einer pluralistischen Gesellschaft besteht aber die Gefahr, daß irgendeine Gruppe, die in sich selbst über festen Zusammenhalt verfügt, mit der übrigen Gesellschaft aber nur ganz locker verbunden ist, sich langsam völlig abspaltet oder versucht, die übrige Gesellschaft im eigenen Gruppeninteresse zu beherrschen. So wollen die Waliser oder die Basken, die in sich geschlossene Gruppen darstellen, die durch gemeinsames Kulturerbe und auch durch familiäre Bindungen zusammengehalten werden, sich von England bzw. Spanien lossagen. Man hat beobachtet, daß Gesellschaftsgruppen mit innerem Zusammenhalt – etwa Bergwerkssiedlungen –, die aber mit einer gewissen Distanz zur übrigen Gesellschaft leben, auch zur aktiven Absetzung tendieren. Sie beklagen sich dann meist, zu den Benachteiligten zu zählen, und leiten davon ab, daß die übrige Bevölkerung verachtungsvoll auf sie herabschaue. Solche Spaltgruppen mögen wir heute in England in den Gewerkschaften sehen, da sie auch in einer derartigen Abgrenzungshaltung verharren.

Durkheim sieht die Gefahren deutlich: Sekundärgruppen, meint er, »sind nicht immer in der Lage, ihre Mitglieder fest in der Hand zu halten und nach Belieben auszurichten«. Es muß dann also eine Autorität in Erscheinung treten, die solche Gruppen zu der Erkenntnis kommen läßt, daß sie Teil eines Ganzen sind und in dessen Rahmen zu bleiben haben. Weil andere Gruppen nicht existieren, die für sich ebenfalls Loyalität beanspruchen könnten, ist die Macht der Gewerkschaften unverhältnismäßig angewachsen, wie ich in einem der folgenden Kapitel noch ausführen werde. Letztlich ist es der enge gesellschaftliche Zusammenhalt der Bergarbeitergemeinden, der den Bergarbeitergewerkschaften ihre außerordentliche Kraft verleiht.

Das Bild einer Gesellschaft, die als eine komplexe Struktur einander überschneidender und übergreifender Gruppen gesehen wird, steht in scharfem Kontrast zu dem gängigeren Bild einer Gesellschaft, die in Herrschende und Beherrschte zerfällt oder, nach marxistischer Auffassung, in Kapitaleigner und Lohnarbeiter. Der marxistische Standpunkt beruht darauf, daß die wirtschaftlichen Gegebenheiten als entscheidendes Kriterium gesetzt werden – eine Optik, die unter den Bedingungen des 19. Jahrhunderts verständlich war. Aber andere Kriterien, so etwa die politischen Machtverhältnisse, sind zumindest ebenso wichtig, und die Inhaber der politischen Macht sind nicht mit Notwendigkeit auch die Eigner des Kapitals, denn diese müssen sich meist mehr politischen Präferenzen fügen, als daß sie die Politik in ihrem Sinne zu gestalten vermögen. Jedenfalls ist die marxistische Sicht heute überholt, da auch Arbeiter Kapitaleigentümer sind und viele Kapitaleigner zur Arbeit gehen. Die Dauerhaftigkeit dieser extrem unangemessenen Analyse ist ein Tribut an die Macht des Mythos.

Doch während die marxistische Unterteilung der Gesellschaft sich immer weiter vom Faktischen entfernt, gewinnt Machiavellis Unterscheidung zwischen Herrschenden und Beherrschten zunehmend an Relevanz, da die Macht immer mehr zentralisiert wird. Nicht zu seinem geringsten Teil ist daher das Problem der sich weitenden Kluft zwischen Herrschenden und Beherrschten in eins zu setzen mit der sozialen Desintegration, worauf noch einzugehen sein wird. Wieweit aber betreffen uns diese Phänomene heute?

Magie des Totalitarismus

William Kornhauser hat in seinem wichtigen Buch »*Politics of Mass Society*« dargelegt, daß Massengesellschaften besonders anfällig für eine Durchdringung mit totalitären Ideologien sind, gleich, ob von links oder von rechts, und ebenso für das Demagogengeschrei poujadistischer oder mccarthistischer Prägung. Aus Mangel an eigenen Loyalitätsbindungen sind entfremdete Individuen ziemlich leicht durch politische Bewegungen zu erfassen, die ihnen das Gefühl vermitteln, gebraucht zu sein, und ihnen jenes Bewußtsein der Zielhaftigkeit und der Gruppenzugehörigkeit zuteil werden lassen, das sie so bitter nötig haben. Untersuchungen in Deutschland und Italien haben gezeigt, daß es gerade die entfremdeten Bevölkerungsgruppen – ehemalige Offiziere, entwurzelte Bauern, erfolglose Intellektuelle, Arbeitslose und sich selbst als Versager empfindende Personen – waren, die von totalitären Bewegungen angezogen wurden. Wenn in weiten Kreisen überhaupt keine Hoffnung mehr besteht, dann ist eine höchst gefährliche Lage gegeben.

Die Politiker können heute in einer Weise die Massen ansprechen wie nie zuvor. »Noch nie hat es eine Zeit gegeben, die in diesem Maße technische Möglichkeiten bereithielt, ein ganzes Volk in eine Masse zu verwandeln und es in diesem Zustand zu halten«, urteilte Emil Lederer bereits 1940. Das kann heute mit noch größerer Entschiedenheit behauptet werden.

In einer gewachsenen Gesellschaft bedeutet die Existenz von Zwischenstrukturen, die vom einzelnen zum Staat vermitteln, daß hier unterscheidende Elemente wirksam sind, die in einem gewissen Sinne durchaus Klassencharakter mit statuszuweisender Funktion besitzen, andererseits aber auch die Errichtung einer Tyrannei erschweren. Oder wie Tocqueville es formuliert hat: ». . . Adel und Besitzende bilden von Natur Gemeinschaften, die zum Mißbrauch der Macht ein Gegengewicht bieten.« Franz Neumann, dieser Erforscher des Totalitarismus, hat dargelegt, wie die Verflachung der sozialen Pyramide der Diktatur vorausgeht. Daraus folgt, daß aus der gegenwärtigen Forderung nach Gleichheit ein erhöhtes Risiko für die Freiheit abzuleiten wäre, denn eine total egalitäre Gesellschaft müßte mit Notwendigkeit eine Massengesellschaft sein.

Von Plato bis Burke und bis in unsere Tage haben politische Denker die Gefahren der Gleichheit stets unterstrichen. So schrieb Tocqueville: »Ich meine, daß es leichter falle, ein absolutes und despotisches Regiment unter Menschen zu errichten, unter denen die gesellschaftlichen Bedingungen gleich sind, als unter einer anderen Herrschaftsform; und ich denke, daß im Falle der Errichtung eines solchen Regiments die Menschen nicht nur unterdrückt würden, sondern auch wohl ohne Ausnahme einiger der höchsten Werte der Humanität beraubt wären.« Plato zielte auf einen anderen Punkt, vor allem darauf, daß in einer Demokratie ein wirksames und weises Regieren unmöglich werden müsse wegen des Drucks der uneinsichtigen und sich fälschlich ein Urteil anmaßenden Massen. »In Athen hat das Unheil seinen Anfang genommen«, klagt er, »als die Ungebildeten sich daranmachten, ihre eigene Meinung über die Musik und das Drama für gleich gewichtig zu halten wie die Meinung der Gebildeten, und als dieselbe Verirrung alsbald auch auf Fragen der Politik übergriff. Athen ist heute darum auch keine wirkliche Demokratie, sondern eine ›Theatrokratie‹ von unwissenden Sensationshaschern.«

In einer totalitären Gesellschaft konzentriert sich die Macht in einem einzigen Zentrum, und keine Opposition bietet ihr ein Gegengewicht. Die in der Zentrale getroffenen Entscheidungen werden mittels einer weitverzweigten Bürokratie ausgeführt. Die allmähliche Abgabe von Entscheidungsbefugnissen lokaler Autoritäten und Körperschaften an zentralere Stellen, die wir überall im Gange sehen, bereitet der Diktatur den Boden. Wo Entscheidungen auf lokaler Ebene gefällt werden, wissen die Beteiligten mehr von der konkreten Situation und gehören zur gleichen Gruppe wie diejenigen, die von der Entscheidung betroffen sind. Sie können also nur umsichtig vorgehen, da sie andernfalls mit den Folgen zu leben hätten. Anders die zentralisierte Bürokratie, deren mangelnde Fähigkeit, sich in lokale Belange einzufühlen, ja bereits sprichwörtlich ist. Max Weber, der Vater der modernen Soziologie, fand im Wachstum der Bürokratie, nicht im Klassenkampf das Schlüsselgeschehen der modernen Welt.

Gründe des Zerfalls

Viele Kräfte sind heute am Werk, welche die vermittelnden Strukturen der Gesellschaft abbauen und dadurch die Entwicklung zur Massengesellschaft beschleunigen. Ein bedeutender Faktor ist etwa die Einwanderung von Ausländern und die starke Bevölkerungsfluktuation wegen häufigen Wohnungswechsels aus beruflichen oder anderen Gründen. Bis zu einem gewissen Grad rührt die Abwehrhaltung gegenüber Einwanderern aus einer unscharfen Ahnung dieser Zusammenhänge her. Hinzu kommt das stetige Wachstum der Bürokratie, die Bildung stets weiter ausgreifender Industriefirmen, die weitab von den Lebensnotwendigkeiten der davon tatsächlich Betroffenen ihre Entscheidungen fällen. Vor allem aber sind soziale und wirtschaftliche Wandlungsprozesse entscheidend, die den Menschen ihren Status und ihren Lebenszweck rauben – Arbeitslosigkeit und Bankrotte. Hitler ist in der schrecklichen Verzweiflung nach Inflation und Wirtschaftskrise an die Macht gekommen. In den 1920er Jahren wandte er sich an die kleinen Geschäftsleute, die vom Großkapital an die Wand gedrückt wurden, an die infolge der Abrüstung Deutschlands aus ihrer Laufbahn geworfenen Offiziere, an die jungen Menschen, die nie eine Arbeit oder eine Aufgabe gefunden hatten – an alle, die sich übergangen fühlten.

Aber ich sagte bereits, daß Entfremdung nicht nur den einzelnen Bürgern, sondern auch ganzen Gruppen auf der Ebene ihres kulturellen und symbolischen Selbstverständnisses widerfahren kann. Ein Mensch wird auch entfremdet, wenn er nichts über Geschichte und Leistungen seines Landes erfährt, wenn sein Essen wie seine Kleidung völlig standardisiert und ohne ausreichende Merkmale sind, wenn er keine Verhaltensrituale kennt, die ihm Teilnahme gestatten, so daß er sich als Mitspieler in einem gemeinschaftlichen Vorgang erfahren kann. In unserer Gesellschaft sind jene Gelegenheiten tätiger Anteilnahme an einem für alle wichtigen Vorgang – Einbringen der Ernte, Wassern eines Bootes – durch die massenhafte Teilnahme an Fußballspielen und ähnlichen Veranstaltungen ersetzt worden, bei denen aber die Teilnehmer in der Mehrzahl nur als Zuschauer auftreten. Und das ist ein großer Unterschied.

Im Grunde gibt es zwei Faktoren, die den sozialen Zusammenhalt zerstören. Zum einen ist das die Mobilität der Menschen, die zur Bildung sozialer Konglomerate führt, die in sich uneinheitlich sind und keine gemeinsame kulturelle Wurzel besitzen. Die Vereinigten Staaten waren und sind mit diesem Problem in extremer Weise konfrontiert, und tatsächlich finden wir dort ein ungleich größeres Maß an Verbrechen und sozialen Mißständen als in Europa. Zum anderen wirkt nun ein Faktor, der sich als Reaktion auf solche Verhältnisse entwickelt und durch die Bedingungen moderner Massenproduktion sehr gefördert wird: die Entstehung einer Universalkultur auf materieller und selbst auf geistiger Ebene. Überall in der Welt der industriell entwickelten Länder finden wir das gleiche Essen, die gleichen Kleider, dieselben Verhaltensregeln – ja die gleichen Bücher, Schallplatten, Ideen. Wie Toynbee ausführt, wäre die Entstehung eines erdumspannenden Einheitsstaates das Vorspiel zu einem unvermeidlichen Zusammenbruch.

In Verstärkung dieser alles niederwalzenden Entwicklung sind die Regierungen noch eifrig dabei, den Zusammenhalt ihrer eigenen Gesellschaften zu untergraben, indem sie großzügig ganze Bevölkerungsgruppen in Bewegung setzen und örtliche Unterschiedlichkeiten im Namen einer Standardisierung oder »Verfahrensvereinheitlichung« einebnen. So werden Entscheidungen zentral erledigt, die früher lokal getroffen wurden, so zerreißt man gewachsene Beziehungen durch den Wechsel von Ortsnamen und örtlichen Grenzverläufen. Für den Administrator sind Menschen zahlenmäßig erfaßte Einheiten, deren Verhalten der Regulierung bedarf, und er betrachtet solche Lösungen als »zweckmäßig«, die ihm Zeit und Scherereien ersparen. Jeder Verwaltungsbeamte sollte zur Vermeidung dieser Haltung obligatorisch an einem Kursus in Sozialanthropologie teilnehmen. Dazu die Soziologin Patricia Elton Mayo: »Fast alle modernen Regierungsapparate haben sich mit einem Panzer zentralistischer Bürokratie umgeben, der sie vergessen läßt, daß soziale Organisationen aus lebendigen Zellen hervorgegangen sind.«

Auch dem Schulsystem ist der Vorwurf zu machen, daß es dort versagt, wo es darum gehen sollte, den Schülern die Augen über die wahre Natur ihrer Kultur zu öffnen. Im weiteren soll noch mehr darüber die Rede sein.

Nimmt man nun die anthropologischen und soziologischen Gesichtspunkte zusammen, so können wir abschließend gesellschaftlichen Zusammenhalt als eine Frage der Interaktion und des Vertrauens zwischen den Beherrschten und den Herrschenden sehen. In unserer Gesellschaft ist man dahin gekommen, die fraglose, blindgläubige Annahme des Gegebenen, die für vorindustrielle Gesellschaften kennzeichnend war, durch allgemeine Bildung zu zerstören. Mehr noch: Wir halten junge Leute zur Kritik an, ermuntern sie, Ideen auf die Probe zu stellen und nach neuen Wegen Ausschau zu halten, auf denen die Dinge sich voranbringen lassen. Wir reden der Anpassung an wechselnde Gegebenheiten das Wort (nicht der Übereinstimmung mit einer Tradition), und dann quittieren wir es mit einem Lächeln des Erstaunens, wenn solche Ratschläge in die Praxis umgesetzt werden und Kritik an Gesellschaft und Verwaltung laut wird. Wenn wir uns noch ein paar Fasern des Zusammenhalts retten wollen, dann sollten wir das besser sein lassen und wieder ein gewisses Maß an Konformität lehren – was beileibe nicht heißen soll, ich wolle mich für den totalen Konformismus starkmachen.

Kritik hat ihre Verdienstlichkeit, aber Zusammenhalt auch. Daß man beide Dinge zugleich hundertprozentig haben könnte, ist einfach in der Realität nicht gegeben. Wie immer, so muß auch hier ein Kompromiß zwischen zwei Wertsetzungen getroffen werden.

Es ist gesagt worden, daß Zusammenhalt so lange wirksam ist, wie Menschen seine moralische Berechtigung einsehen – was ich so verstehe, daß sie das Empfinden haben müssen, die Gesellschaft komme ihren Bedürfnissen in der großen Perspektive entgegen, sofern dies nach Maßgabe der Umstände möglich ist. Wenn also die Verantwortlichen den Zusammenhalt gewahrt sehen wollen, müssen sie nicht nur entschlossen die festgestellten Defekte der Gesellschaft angehen, sondern auch sichtbar werden lassen, daß sie damit so schnell wie möglich Erfolg haben. Dies vor allem aber tun sie gerade nicht. Und das gilt selbst für so grundlegende Fragen wie die der Wohnraumbeschaffung. Es ist einfach nicht möglich, jemanden, der nun schon seit zehn Jahren auf der Warteliste steht, davon zu überzeugen, daß das Land wirklich nicht in der Lage war, ihm ein Heim zu verschaffen, weil es Überschallflugzeuge bauen und seine Energien in die Raumfahrt oder andere Trivialitäten stecken mußte. Darüber hinaus wäre es Aufgabe der Regierungen, der Öffentlichkeit zu zeigen, wo sie Dinge verlangt, die miteinander unvereinbar sind, etwa die gleichzeitige Forderung nach Freiheit und nach Gleichheit. Sie sollten eine öffentliche Diskussion über solche Unvereinbarkeiten anregen, die mit einigem Glück doch zu einer Art Consensus führen könnten.

Zweifellos werden einige Leser darauf verweisen, daß es unmöglich sei, die alte Gruppenstruktur der Gesellschaft wiederzubeleben, daß dies die Uhr zurückdrehen hieße, daß hier das Maschinenstürmertum der Ludditen fröhliche Urständ feiere. Träfe dies zu, dann wären die Aussichten finster. Denn in einer nicht gewachsenen Gesellschaft kann Zusammenhalt nur durch Totalitarismus erzielt werden.

Im Folgenden seien nun Überlegungen angestellt, wie sich die Dinge in der Realität auswirken mögen. Es gibt, wie ich glaube, drei Gefahrenmomente: die Zunahme von Spaltungserscheinungen in der Gesellschaft, wie sie etwa durch rigorose Gewerkschaftsforderungen bewirkt werden können; dann Finanzkatastrophen; schließlich die Schwäche demokratischer Regierungsmethoden überhaupt.

Kapitel 9
Unregierbarkeit

Empörung brach aus in einer Stadt nach der anderen, und dort, wo die Empörung sich spät erhob, führte das Wissen vom bereits Geschehenen zu neuen Steigerungen der Empörungswut, was sich kundtat in der geschickteren Art, in der nunmehr der Griff nach der Macht versucht ward, und in den unerhörten Grausamkeiten, die um der Rache willen begangen wurden . . . Machtgier, die sich der Habsucht und des Ehrgeizes bediente, war Ursache all dieses Übels. Hinzu trat die verbissene Wildheit, die nun zum Zuge kam, nachdem die Kämpfe ausgebrochen waren. Die Anführer der Parteien in den Städten versprachen, was gar wunderbar scheinen mochte, einerseits politische Gleichheit für die Massen, andererseits eine sichere und gesunde Herrschaft des Adels – aber indes sie beteuerten, dem öffentlichen Wohle zu dienen, trachteten sie doch nur danach, für sich selbst den Preis zu gewinnen. Und hierin wurden sie nicht abgehalten, weder durch die Anforderungen der Gerechtigkeit noch durch die Interessen des Staates. Ihr einziges Maß war das Gutdünken und Wohl ihrer Partei zum jeweils gegebenen Zeitpunkt.

Thukydides, *»Der Peloponnesische Krieg«*

Gewerkschaften am Hebel

Im Jahr 1920 weigerten sich britische Hafenarbeiter, ein Schiff zu beladen, das Waffen und Ausrüstung für die britischen Truppen in Rußland aufnehmen sollte, die zusammen mit Amerikanern und Franzosen den Versuch machten, die revolutionäre Bewegung zu besiegen. Gleichgültig, ob dieser Streik nun das weitere Geschehen mitbestimmt hat oder nicht: Er war gewiß insofern historisch, als er in Großbritannien der erste war, der eindeutig politische Ziele verfolgte.

Seither haben sich die Dinge in dieser Richtung beachtlich weiterentwickelt, vor allem in Italien und Großbritannien. Dort verstoßen Gewerkschaften ungestraft gegen das Gesetz, nehmen für sich in Anspruch, Einmischung in die Politik der Regierung zu betreiben, und wagen selbst den Versuch, Regierungen zum Rücktritt zu zwingen. Einen Gipfelpunkt erreichte diese Entwicklung 1973 in Großbritannien, als verschiedene Gewerkschaften sich weigerten, den Bestimmungen des Industrial Relations Act Folge zu leisten, sich auch weigerten, vor den mit der Verhandlung dieser Angelegenheiten betrauten Gerichten zu erscheinen, und schließlich noch die Strafgelder zu zahlen ablehnten. Dieser Kampf spitzte sich zu einem Streik zu, dessen politische Zielsetzung offen eingestanden wurde: Seine Initiatoren versuchten unverblümt, die gewählte Regierung zum Rücktritt zu zwingen. Eine Gewerkschaft von etwa 250 000 Mitgliedern (von denen nicht wenige gegen diesen Streik waren) warf sich so zum Schiedsrichter über eine Regierung auf, die von Millionen von Wählern ins Amt gebracht worden war. Kurz darauf schaffte ein zwölftägiger Generalstreik in Nord-Irland das, was fünf Jahre des Bombenlegens, der Morde und der Gewalt nicht hatten fertigbringen können: den Zusammenbruch der von der Regierung vertretenen Politik in diesem Gebiet. Diese dramatischen Ereignisse werfen ein Licht auf Entwicklungstendenzen, die nähere Prüfung verdienen. Wer führt eigentlich im Staat?

In zunehmendem Maße werden die meisten grundlegenden Entscheidungen, welche die Zukunft der westlichen Wirtschaft abstecken, in privaten Diskussionen zwischen Industriebossen, Gewerkschaftsfunktionären und Regierungsvertretern beschlossen, während der betroffene Durchschnittsbürger ausgeschlossen bleibt und die Verhandlungen der Geheimhaltung unterliegen. Unvermeidlich werden dabei Lösungen ausgehandelt, die für Arbeitnehmer wie Arbeitgeber ganz akzeptabel sein mögen, dies nicht aber notwendigerweise auch für einen weiteren Kreis gleichfalls davon betroffener Personen sind. Jedenfalls wird hier das demokratische Prinzip negiert, das ja darauf abzielt, die Machtausübung nur den gewählten Repräsentanten des Volkes zu gestatten.

In Großbritannien jedenfalls ist die letzte Machtinstanz nicht mehr die Regierung, sondern die organisierte Arbeitnehmerschaft, und die Regierung handelt nur noch mit deren Einwilligung. Die Verhältnisse in Großbritannien scheinen den Weg zu weisen; eine ähnliche Situation zeichnet sich für Italien ab und könnte unschwer auch für Frankreich Wirklichkeit werden. Was dies aber in letzter Konsequenz bedeuten müßte, ist noch gar nicht abzusehen.

In Italien nahmen im Juni 1974 die Gewerkschaften für sich in Anspruch, die Wirtschaftspolitik des Landes zu bestimmen, wobei sie mit massiven Streiks drohten, falls die Regierung sich ihren Forderungen widersetze. Die Gewerkschaften verlangten ein Mitspracherecht in der Investitionspolitik der öffentlichen Hand und in der Standortplanung für neue Fabriken und Industrien, dazu auch noch Garantien gegen die Verminderung der Löhne infolge der Inflation. Die Gewerkschaften zeigten ihre Macht durch die Ausrufung eines Generalstreiks der Transportarbeiter Anfang Juni: Eisenbahn- und Busverkehr und dazu der ganze Luftverkehr kamen zum Erliegen. Die Gewerkschaften stellten sich gegen den Regierungsplan einer Neuausstattung der italienischen Eisenbahnen und verlangten statt dessen die vermehrte Einstellung von Arbeitskräften. Da der Staat gerade einer Verringerung der Arbeitswoche um vier Stunden zugestimmt hatte und deshalb eigens 20 000 Eisenbahner neu hatte einstellen müssen, wollte er nicht weitere Neueinstellungen vornehmen, zumal eine damals gerade veröffentlichte Untersuchung gezeigt hatte, daß etwa 20 % der Eisenbahner Mittelitaliens ihre Freizeit zur Übernahme von Nebenbeschäftigungen nutzten.

Die Gewerkschaften haben also einen grundsätzlichen Wandel erfahren, der genauer ins Auge zu fassen sein wird. Sie haben sich die Machtposition verschafft, von der aus sie in das Leben der ganzen Gesellschaft eingreifen, ohne aber dem Ganzen der Gesellschaft Rechenschaft schuldig zu sein.

Es ist die Empfindlichkeit der technischen Gesellschaft gegen jede Funktionsunterbrechung, die den Gewerkschaften die Macht zu Ansprüchen dieser Art verleiht. Die Waffe des Streiks entstand noch zur Zeit der Manufakturen, der kleinen Fabriken. Ein Streik übte damals Druck auf den Fabrikherrn aus, nicht aber auf die Öffentlichkeit, die sich an andere Lieferanten halten konnte, zumal außerdem ja noch die Vorräte des Großhändlers zur Verfügung standen. Eine ganz andere Situation entsteht dann, wenn durch einen Streik etwa die Stromversorgung unterbrochen wird – Strom läßt sich ja nicht auf Vorrat speichern. Es ist auch etwas anderes, wenn die gesamte Bevölkerung betroffen wird, und noch mehr Schaden wird angerichtet, wenn unter dem Streik die ganzen Verwaltungs- und Dienstleistungssysteme leiden: Banken, Post und Telefon, Rechtsprechung, Polizei, die Regierung selber. Der Gesundheitsdienst bietet ein weiteres Beispiel eines Lebensbereichs, in dem Arbeitsniederlegung ganz andere Folgen hat als jene, die dem Streik in seiner klassischen Form zum Ziel gesetzt waren.

Hegel hat darauf hingewiesen, daß die Dinge bei Veränderung ihrer Größenordnung auch ihr Wesen ändern. Ein Zimmerbäumchen im Topf ist etwas anderes als ein ausgewachsener Eichbaum im Zimmer.

Die Gewerkschaften haben einen nahezu sakrosankten Status erreicht, in dem jegliche Kritik in Gefahr gerät, als voreingenommen oder undankbar zu gelten. Handlungsweisen, die als unmöglich kritisiert würden, sofern sie sich ein Unternehmer erlaubte, werden gutgeheißen, wenn eine Gewerkschaft sie praktiziert. Wir dürfen uns nicht durch frühere Verdienste der Gewerkschaften um bessere Entlohnung und bessere Arbeitsbedingungen den Blick verstellen lassen: In der heutigen, total gewandelten Situation können sie großen Schaden stiften. Als die Unternehmer noch machtvoll waren, schien es nur vernünftig, daß auch die Arbeiterschaft mehr Macht erhalten sollte. Sie gab, wie Galbraith sagt, ein »Gegengewicht politischer Kraft«. Heutzutage aber sind die Gewerkschaften stärker als ihre Gegenkräfte und müssen Grenzen gesetzt erhalten wie damals die Unternehmer.

Gemeinhin pflegen wir die wachsende Macht der Gewerkschaften als »Ergebnis einer Entwicklung« hinzunehmen. Es ist von Nutzen, dieses Phänomen von einem breiteren soziologischen Betrachtungsspektrum her anzugehen. In Kapitel 8 habe ich beschrieben, wie eine gewachsene Gesellschaft durch eine Vielzahl ineinander verzahnter Gruppen mittlerer Größenordnung gebildet wird. Diese pluralistische Struktur bewirkt eine wahre Gewaltenteilung und läßt Tyrannei nicht hochkommen. Die Gewerkschaften sind aber nun in das Vakuum vorgestoßen, das durch den Zerfall der »vermittelnden Strukturen« entstanden war. Es ist also notwendig, daß ihre Macht durch das gleichzeitige Bestehen anderer Loyalitätsbindungen ausgewogen wird. Im Grunde ist es ja nicht so, daß die Gewerkschaften zu stark sind – vielmehr sind ihre Gegenspielerorganisationen zu schwach oder gar nicht existent. Der Mensch als Konsument, als Arbeitender, als politisch Engagierter, als Lernender – er will in all diesen Erscheinungsformen vertreten sein und unterstützt werden durch verschiedene ineinandergreifende und gleichermaßen wirksame Systeme.

Das ist letztlich der Kern des ganzen Problems. Macht muß verantwortet werden. Aber die Gewerkschaften, die heute ihren Willen dem ganzen Land aufzwingen können, sind nur ihren Mitgliedern Rechenschaft schuldig. Und selbst hierdurch wird nicht unbedingt eine wirksame Machtkontrolle ausgeübt, weil viele Mitglieder gleichgültig sind, andere blind das Geforderte tun und weil durch das Blockwahlsystem die Delegierten der Gewerkschaft einen unverhältnismäßig großen Einfluß gewinnen können.

Politisch gesehen sind die Gewerkschaften keine Interessengruppe mehr, sondern eine Art Staat im Staate – eine Gruppe, die ihre Macht nur für die Interessen einer bestimmten Untergruppe einsetzt, und zwar außerhalb der vorgesehenen politischen Verfahren, die eine Änderung herbeizuführen geeignet sind. Die Geschichte hält warnende Beispiele bereit, daß Länder, die solche Gruppen mit eigengesetzlichem Streben sich entwickeln ließen, in Gefahr gerieten. (In Italien sieht sich die Macht der Gewerkschaften immerhin mit dem Gegengewicht der Kirche konfrontiert.)

Im ganzen gleicht die Situation durchaus jener, die für den Verfall des Römischen Reiches typisch war. Damals wurde das Heer zu einer Gruppe mit Eigengesetzlichkeit und eigenen Loyalitätsbindungen, aber ohne rechten Zusammenhalt mit der übrigen Gesellschaft, die es bloß rücksichtslos ausnutzte. Da die Macht beim Heer lag und durch Waffengewalt notfalls behauptet wurde, vermochte sich keine Kraft dagegen zu stellen, und den Kaisern blieb nichts anderes übrig, als mit Schmeichelei und großzügiger Besoldung nebst Privilegien sich die Gunst der Soldaten zu erkaufen. Heutzutage hat die industrielle Macht die militärische Macht ersetzt, im übrigen aber ist die Situation gleich. So, wie Rom auf seine Soldaten angewiesen blieb, so bleiben wir angewiesen auf unsere Industrie und ihre Dienste. Ein Machtmonopol bedeutet den Tod der Demokratie. Nichts scheint dafür zu sprechen, daß dieser Trend umkehrbar ist.

Geht man von der römischen Parallele aus, so scheint es möglich, daß eines Tages die organisierte Arbeiterschaft offen oder verschleiert Ministerpräsidenten und Staatsoberhäupter ernennen oder doch zumindest über die Eignung eines Kandidaten zu solchen Ämtern befinden wird. Dabei könnten, wie dies ähnlich in Rom der Fall war, rivalisierende Gewerkschaften verschiedene Kandidaten und selbst verschiedene Ministerpräsidenten ernennen – natürlich dann wohl meist Gewerkschaftler –, und es müßte zu heftigen politischen Rivalitäten zwischen den führenden Persönlichkeiten in den einzelnen Gewerkschaften kommen. Unser Blick sei daher auf die Art und Weise gerichtet, in der die organisierte Arbeiterschaft ihre Methoden und ihren Wirkungsbereich zu ändern im Begriff ist.

Die neue Art zu streiken

Fast unmerklich haben gewerkschaftliche Aktionen ihren Charakter geändert, sind sie zu etwas anderem geworden als das, was sie einmal waren. Ein Streik ist zunächst einmal die Weigerung, weiter unter bestimmten Bedingungen zu arbeiten. Wenn man nicht zufrieden ist mit den gebotenen Bedingungen, dann legt man eben die Arbeit nieder. Dagegen ist überhaupt nichts einzuwenden.

Heutzutage beschränken sich Streiks aber keineswegs auf die Verweigerung von Arbeit, sondern nehmen hochaggressive Formen an. So sperrten in den Ferodo-Werken bei Caen in Frankreich streikende Arbeiter drei Mitglieder der Firmenleitung ein, bis diese willens waren, einen Arbeiter wieder einzustellen, der entlassen worden war, weil er einen der leitenden Angestellten geschlagen hatte. Dies ist mitnichten der erste Fall dieser Art.

In einem Werk der Tonbandgerätefirma Ampex in Belgien brachten die Streikenden 10 000 Tonbandkassetten in ihren Besitz und drohten, sie zum Einkaufspreis loszuschlagen, falls die Firma nicht bereit sei, ihnen für zwölf Arbeitsmonate noch ein dreizehntes Monatsgehalt dazuzuzahlen. In Belgien geht die Militanz der Gewerkschaften aber noch weiter. Die Arbeiter einer bankrotten Firma für Elektrozubehör bei Lüttich drohten, den ganzen Stadtteil

Houblonnières in die Luft zu sprengen, falls die Regierung nicht genug Geld zur Wiederinbetriebnahme der Firma bereitstelle. In Dänemark wurde eine Firma, die während einer Streikwelle die Arbeit weitergehen ließ, durch drei verschiedene Bombendrohungen zur Arbeitseinstellung gezwungen.

An die Stelle der bloßen Weigerung, unter bestimmten Bedingungen weiterzuarbeiten, tritt heute häufig der Versuch, bewußt der Firmenleitung Verluste zuzufügen, indem die Arbeitsvereinbarungen zwar dem Buchstaben nach, nicht jedoch sinngemäß eingehalten werden – so etwa durch einen Bummelstreik und »Arbeit nach Vorschrift«. Dadurch bleibt den Arbeitern der Lohn erhalten, man beschneidet aber den Profit der Firmenleitung oder zwingt sie zum Arbeiten mit Verlust. In der Regel nimmt der Anteil an Maschinenschäden und Ausschußproduktion in solchen Zeiten auf mysteriöse Weise zu. Bei Accles and Pollock in Oldbury, wo Stahlrohre hergestellt werden, fanden sechshundert Vorarbeiter eine neue Art der Obstruktion, als sie sich weigerten, Anweisungen mündlich oder über Sprechanlage entgegenzunehmen, und statt dessen verlangten, alle Anweisungen seien schriftlich zu geben und würden auch nur schriftlich beantwortet werden. Ein Sprecher der Gewerkschaft für technisches Personal sagte hierzu: »Es ist eine erstaunlich wirksame Taktik, die auch anderswo gut angewandt werden könnte.«

Ein anderes Mittel, der Firmenspitze Verluste zuzufügen, ist das Sit-in, doch haben manche Gewerkschaften es jüngsthin dienlicher gefunden, die technische Kompliziertheit der modernen Industrie insofern auszunutzen, als sie nur ganz bestimmte Arbeiter oder Angestellte in Schlüsselpositionen in den Ausstand treten ließen. Als einige tausend Arbeiter mit der Elektronikfirma Plessey Meinungsverschiedenheiten hatten, wurde nicht etwa ein Streik aller Arbeiter ausgerufen, vielmehr ließ die Gewerkschaft bloß siebzig Leute aus dem Auslieferungslager in Nottingham die Arbeit niederlegen. So konnte Plessey die Lieferverpflichtungen nicht einhalten und verfügte bald nicht mehr über genügend flüssige Mittel. In gleicher Weise haben Gewerkschaften herausgefunden, daß es zur Lahmlegung eines ganzen Flugplatzes genügt, wenn man die Feuerwehr zum Ausstand veranlaßt.

Eine viel ernstere Entwicklung ist jedoch darin zu erblicken, daß die Gewerkschaften nunmehr auch ihre Macht benutzen, Druck auf

Dritte auszuüben und sogar die Rechte eines Zensors wahrzunehmen sowie Rassendiskriminierung zu betreiben. Jüngst haben in Großbritannien Arbeiterführer mit Streik gedroht, falls nicht gewisse Karikaturen und Leitartikel zurückgezogen würden.

Einige Gewerkschaften versuchen Komitees aufzustellen, deren Aufgabe in der Beeinflussung der Presse besteht. Dies sollte sich eigentlich von selbst verbieten, denn die Gefahr, daß solche Komitees von Extremisten oder Klüngelinteressen beherrscht werden, ist nicht auf die leichte Schulter zu nehmen. Eine Variante stellt der Boykott durch eine Gewerkschaft dar: In Yorkshire wurden fünfhundert Mitglieder der örtlichen Beamtengewerkschaft angewiesen, eine Woche lang die ›*Yorkshire Post*‹ und das dazu gehörende Abendblatt nicht mehr zu kaufen, weil sie es gewagt hatten, die Gehälter einiger Gewerkschaftsfunktionäre zu veröffentlichen. Auch zum Boykott von Rundfunkstationen ist es schon gekommen. In Australien weigerten sich Gewerkschaftsmitglieder, ein Flugzeug aufzutanken, in dem der Schlagersänger Frank Sinatra saß, da sie mit seinen Äußerungen über ihr Land nicht einverstanden waren!

Ein weiterer Schritt mit bedenklichen Folgen wurde getan, als die Betriebsräte der British Airways die sofortige Entlassung des Geschäftsführers Henry Marking forderten und dazu eine Prüfung der übrigen Mitglieder des Verwaltungsrats verlangten. Die Luftfahrtgesellschaft befindet sich aufgrund der Ölpreiserhöhung in den roten Zahlen, und die Geschäftsführung hatte geäußert, daß man sich an die Regierung wegen einer Anleihe wenden wolle, um drei Monate später auch die Gehälter und Löhne zahlen zu können.

Oft werden Streiks ausgerufen, um Druck auf Dritte auszuüben. So erinnere ich mich an einen Streik vor über zwanzig Jahren, bei dem sich Bergarbeiter beklagt hatten, daß in den öffentlichen Bussen, mit denen sie zur Arbeit fuhren, keine Nichtraucherabteile eingerichtet waren. Finsterer scheint die Entwicklung, wenn Pfleger in einer psychiatrischen Klinik sich weigern, den Patienten bestimmte Medikamente zu verabfolgen, wie dies am Glenside Mental Hospital in Bristol geschehen ist. Da psychisch Kranke häufig durch genau dosierte Gaben von Psychopharmaka in einem Zustand relativer Ruhe gehalten werden, kann die Auslassung einer einzigen Dosis (so im Fall von Patienten mit L-dopa-Therapie) eine so schwere Krisis auslösen, daß alle Chancen einer künftigen Besserung vertan sind.

Die Streiks von Röntgenassistenten, Krankenschwestern und anderem Krankenhauspersonal zwang die Londoner Klinik, alle Operationen am offenen Herzen zu verschieben und den Betrieb der Intensivpflegestation einzuschränken. Im Juli warnte der Vorsitzende der West Midland Health Authority, der größten derartigen Institution in England, die Regierung, daß »durch gewerkschaftliche Aktionen die Gefahr von Todesfällen oder dauernder Schädigung bei Krankenhauspatienten gestiegen ist. Ein sofortiges Eingreifen auf politischer Ebene war notwendig . . .« Auch für den geregelten Ablauf der Bluttransfusionen bestand Gefahr, da wichtige Computerberechnungen in Frage gestellt waren.

Schließlich werden heute auch Streiks ausgerufen, um die Politik der Regierung zu ändern. Einige Gewerkschaftsführer haben den Streik schon seit langem zu diesem Zweck benutzt, wie ich gezeigt habe. Neu aber ist, daß kleine Gruppen organisierter Arbeiter innerhalb der Gewerkschaften versuchen, ohne Rücksicht auf die gewählte Regierung ihren Willen der Gesellschaft aufzuzwingen. Besorgnis mußte das Beispiel erregen, das hier durch die Krankenschwestern verschiedener britischer Kliniken gegeben wurde, als sie sich weigerten, Patienten zu versorgen, die auf Privatstation lagen und sich von jenen unterschieden, die kostenlos durch den Nationalen Gesundheitsdienst behandelt wurden. Die Möglichkeit zur Wahl zwischen beiden Behandlungsformen war im Parlament ausführlich diskutiert worden, als das Gesetz verabschiedet wurde, und das Parlament entschied aus einer Reihe von Gründen, nicht zuletzt wegen der beträchtlichen Summen, die dadurch dem Gesundheitsdienst zufließen mußten, eine solche Lösung zu ermöglichen. Daraufhin zahlten viele Leute den Krankenhausversicherungen hohe Prämien, damit ihnen im Fall ihrer Erkrankung die Behandlung auf Privatstation gesichert wäre. Als aber ein paar Hundert Krankenschwestern, die da anderer Ansicht waren, diese ihre Auffassung nun durchzudrücken versuchten, kroch die Regierung plötzlich zu Kreuze und sagte, es sei stets ihr Ziel gewesen, dieses Privileg abzuschaffen.

Schließlich beeinträchtigt Arbeitsniederlegung die verwaltungstechnischen Vorgänge, ohne die eine Gesellschaft nicht existieren kann. Und dies ist in mancher Hinsicht die gefährlichste aller Entwicklungen. Erst jüngst wurden infolge eines Streiks der Verwaltungsbeamtenschaft die Stadtgemeindewahlen in London vertagt: Es gab niemanden, der die Stimmzettel hätte auszählen können. Während ich dies niederschreibe, verhindert ein Streik in den Regierungsdruckereien, daß Berichte über Parlamentsdebatten, daß Pensionsbücher sowie Texte neuer Parlamentsakte in den Druck gehen.

Eine Gesellschaft, in der alle normalen Funktionen von Aufhebung bedroht sind, ist sicher nicht in Ordnung. Das ist nicht mehr eine Frage der Lohnansprüche oder der gerechten Verteilung des Nationaleinkommens. Es ist vielmehr eine Frage der Machtverhältnisse in der Gesellschaft. Nach britischem Gesetz ist Arbeitsniederlegung nur gestattet, »wenn sie sich im Gefolge einer Lohnstreitigkeit ergibt«. Zudem bestehen für den Fall eines Bruchs von Vereinbarungen gesetzliche Strafen. Aber die Gewerkschaften brechen immer wieder Lohnvereinbarungen, die in gegenseitiger Übereinkunft geschlossen wurden, und wie wir gesehen haben, entstehen viele Streiks keineswegs im Gefolge einer Lohnauseinandersetzung. Aber die Versuche, das Streikrecht gesetzlich einzugrenzen, sind gescheitert – und betroffen waren davon in erster Linie die Arbeitgeber und nicht die Arbeitnehmer, denn erstere mußten ja irgendwie sehen, wie sie dann noch über die Runden kamen. Kaum je haben Arbeitgeber versucht, eine Gewerkschaft vor Gericht zu bringen, etwa wegen ungesetzlicher Handlungen während eines Sit-in. Und die Versuche von seiten der Regierung, Rechtspositionen auch durchzudrücken, sind erfolgreich vereitelt worden. Man kann nicht einige Tausend Menschen gleichzeitig einsperren oder auch nur mit Strafen belegen, ohne daß man damit den Ausbruch eines zweiten Streiks riskiert. Mit einer solchen Situation ist nicht mehr fertig zu werden.

Während in den 1950er Jahren Anzahl wie Umfang der Streikaktionen abnahmen, so daß die amerikanischen Professoren Arthur Ross und Paul Hartmann vorschnell bereits das Verschwinden des Sozialphänomens Streik verkündeten, hat sich heute die Tendenz längst umgekehrt. Zwar glauben einige Autoren an wachsende öffentliche Unlust gegenüber Streiks und befürworten das Eingreifen der Regierung mit starker Hand, aber es bleibt nicht recht erfindlich, was die Regierungen wirklich tun können; die Aufbietung von Militär mag vielleicht noch die Kohlenförderung in Schwung halten, aber Soldaten können nicht an die Stelle von spezialisierten

Facharbeitern treten, auch nicht Krankenschwestern oder Verwaltungsbeamte ersetzen.*

Was an dieser Situation so entmutigend ist, beruht nicht darauf, daß die Gewerkschaften überhaupt solche Forderungen stellen, sondern auf der von einigen Gewerkschaftsführern geschürten Atmosphäre des Hasses in Fabriken und Büros, in der Industrie insgesamt. Natürlich haben sie ein massives Interesse daran, Unzufriedenheit lebendig zu halten. Bedenklich aber erscheint, daß ihre Aktionen weniger von der Sorge um ihre Mitglieder bestimmt werden. Sie versuchen gar nicht wirklich, zu einem Modus vivendi zu gelangen – sie wollen die Konfrontation. Aber eine moderne Gesellschaft kann nicht auf der Basis gegenseitigen Hasses existieren.

Sprenglöcher im Fundament

Oft wird behauptet, die meisten Streiks seien das Ergebnis kommunistischer Agitation. Trifft dies zu? Darauf kann kurz geantwortet werden, daß dies nicht zutrifft. Manche Streiks werden von draufgängerischen Betriebsräten geschürt, die im Einzelfall Kommu-

* Es wird manchmal geltend gemacht, daß die Zahl der durch Streiks verlorenen Arbeitstage zeige, wie gering die Auswirkung auf die Industrie sein müsse. Aber heutzutage ist eben der Generalstreik eine seltene Ausnahme. Sit-in, Bummelstreik und die Beschränkung von Ausständen auf Schlüsselpersonal halten die Anzahl der verlorenen Arbeitstage insgesamt gering, nicht aber die Auswirkungen solcher Arbeitsniederlegungen auf die Produktion. Der Verlust am Sozialprodukt ist nicht am Ausfall von Arbeitstagen zu messen. Denn es kommt hinzu, daß ein Streik in einem bestimmten Industriezweig sich zum Hemmnis für andere, abhängige Industriezweige entwickelt, wie das vor allem bei Ausständen in der Energieversorgung und im Transportwesen der Fall ist. Noch schwerwiegender können die Verluste werden, wenn es zu Auseinandersetzungen kommt, die nicht einmal die Form von Streiks annehmen müssen. So blieb ein für 12,5 Millionen Pfund Sterling erbautes Getreidesilo im Hafen von Liverpool zwei Jahre lang ungenutzt stehen, weil sich die Hafenarbeiter weigerten, dort Getreide zu verladen. Durch die Verwendung dieses Supersilos könnten die Kosten pro Tonne um 5–9 Pfund gesenkt werden. Die Verzögerung in der Inbetriebnahme dürfte die Firma Merseyside etwa 6 Millionen Pfund gekostet haben, ganz abgesehen davon, daß einige Firmen, die sich in Liverpool hatten niederlassen wollen, nun ihre Pläne geändert haben. Und ansässige Firmen denken bereits an einen Standortwechsel.

nisten sein mögen, deren gemeinsames Kennzeichen aber vor allem darin besteht, daß sie sich durch die Organisation eines Streiks als Arbeiterführer hervortun wollen. Einige Streiks, und darunter die größten und schädlichsten, waren allerdings als Mittel zur Unruhestiftung geplant, und bei ihnen diente die Frage nach dem Lohn in der Tat nur zur Bemäntelung für in Wahrheit politische Zielsetzungen.

Die übertriebene Bereitschaft mancher Antikommunisten, Rote unter jedem Bett lauern zu sehen, hat nur die wahren Gefahren verschleiert, die in England immer stärker zur Auswirkung gelangen.

Man schätzt, daß gegenwärtig 175 Kommunisten als hauptamtliche Funktionäre allein in der Ingenieurssektion der Amalgamated Engineering Union tätig sind, von denen 40 eingeschriebene Parteimitglieder, der Rest Sympathisanten darstellen. In der Leitung der Transportarbeitergewerkschaft werden 15 von 36 Funktionären prokommunistische Neigungen nachgesagt, während in der Gewerkschaft der Bergarbeiter 6 der 27 Mitglieder der obersten Führung Kommunisten sein dürften und 5 weitere als Linksextremisten gelten. (1971 waren hingegen erst 6 Sitze in der Hand von Extremisten.) Inwieweit sie Hilfe von der UdSSR erhalten, bleibt dunkel, doch konnte man 1974 durch Radio Moskau erfahren, daß eine sowjetische Gewerkschaft Geld überwiesen habe, um britische Arbeiter im Arbeitskampf zu unterstützen.

Die extreme Linke fühlt sich nicht an demokratische oder andere Spielregeln gebunden. Sie folgt dem Rat Lenins, »alle Arten des Vorgehens zu nutzen, Täuschungsmanöver, illegale Methoden, Ausweichmanöver und Ausflüchte, nur um in die Gewerkschaften hineinzukommen, in ihnen zu bleiben und in ihnen um jeden Preis kommunistische Arbeit zu leisten«. Die Struktur des Gewerkschaftssystems in Großbritannien bietet sich für solche Schachzüge an. Die Gewerkschaften kontrollieren 88 % der Stimmen auf dem Parteitag der Labour Party, auf dem die Politik dieser Partei gemacht wird. Der Parteitag und die Gewerkschaften haben das Recht, 17 von 24 Sitzen im Nationalen Exekutivkomitee zu besetzen. Schließlich steuern die Gewerkschaften etwa vier Fünftel des Parteifonds bei. So ist die Labour Party in hohem Maße eine Kreatur der Gewerkschaften. Die Kommunisten versuchen, in den Ortsgruppen und in der Gewerkschaftsleitung führend zu sein, was ihnen durch das Wahlsystem erleichtert wird. Nur etwa 10 % der Gewerkschaftsmitglieder gehen nämlich zur Wahl. So wurde der Feuerfresser Hugh Scanlon mit den Stimmen von nur 7 % der mehr als 1 Million zählenden Mitglieder der Amalgamated Union of Engineering Workers gewählt. Zudem ist Wahlbetrug durch Stimmzettelfälschung in einer Reihe von Fällen, vor allem bei der Elektrogewerkschaft, aufgedeckt worden.

Kommunisten lassen es sich einiges kosten, gemäßigte Gegner durch faire oder faule Mittel in Mißkredit zu bringen. So werden Entschließungen im voraus gesteuert. Ein beliebter Trick ist dabei, eine gemäßigt klingende Entschließung auf dem Podium verlesen zu lassen, während Vertrauensleute eine weitaus schärfere unter der Zuhörerschaft verteilen. Das Podium erklärt dann in eleganter Manier, dem »Willen der Basis« nachzugeben, und stimmt der radikaleren Version zu. Ein anderer Trick ist, daß man eine kleine Versammlungshalle mietet und sie rechtzeitig mit Anhängern füllt. Wenn dann die gemäßigten Mitglieder dazukommen, können sie in der Halle keinen Platz mehr finden, können aber auch nicht mehr mitstimmen, weil als Stimmen nur die Handaufhebungen in der Halle gewertet werden.

Hauptziel ist es stets, die Versammlung dahin zu bringen, »sich auf einen hohen und spezifischen Lohnanspruch zu versteifen. Ist erst einmal eine bestimmte Summe akzeptiert, so ist den Extremisten damit in jedem Fall ein Prügel in die Hand gegeben, mit dem sie auf die Gewerkschaftsleitung einhauen können. Zeigt sich die Gewerkschaftsspitze bei der Verfechtung der Forderung nämlich nicht hartnäckig genug, so erhält sie eine Flut kritischer Resolutionen der Ortsgruppen, während jeder Kompromißvorschlag auf eine niedrigere Summe als ›Ausverkauf‹ gebrandmarkt werden kann.«

Nicht viel Federlesens wird mit der Zielsetzung im großen gemacht: »Sturz der Regierung«, wie ein Gewerkschaftssekretär auf dem 33. Parteitag offen bekannte. Die Strategie hat zwei Leitplanken: Zum einen soll die Regierung in Mißkredit gebracht werden, indem man sie mit unlösbaren Problemen konfrontiert und so den Eindruck schafft, als ob das System am Zusammenbrechen sei; zum anderen legt man es darauf an, starke Gegenmaßnahmen zu provozieren, die dann als Unterdrückung hingestellt werden können. So fordern die Gewerkschaften Lohnerhöhungen, von denen sie genau wissen, daß sie die Inflation anheizen müssen, weshalb sie sicher mit ihrer Ablehnung rechnen können. Wenn 30 % gefordert, aber nur 7,5 % zugestanden werden, so läßt sich dies als knauserig hinstellen. Gleichzeitig widersetzen sich die Gewerkschaften Produktionsvereinbarungen, da diese den inflationären Effekt dämpfen müssen. Sie hoffen, daß eine Situation erreicht wird, in der die Öffentlichkeit den Eindruck gewinnt, mit den traditionellen Institutionen sei nicht mehr weiterzukommen, weshalb sie dann schließlich geneigt sein könnte, einem drastischen Machtwechsel zuzustimmen.

Die Gefahr eines absichtlich hervorgerufenen plötzlichen Zusammenbrechens der sozialen Ordnung in Großbritannien sollte mithin nicht unterschätzt werden. In Italien und Frankreich sind die Kommunisten mindestens ebenso schlagkräftig; sie scheinen sich aber derzeit noch zurückhalten zu wollen, um die Lage in ihrem Sinne heranreifen zu lassen. Wenn aber, wie es inzwischen den Anschein hat, Portugal der erste kommunistische Staat in Westeuropa werden sollte, wird auch die Möglichkeit ähnlicher Machtergreifungen in Frankreich, Italien und Großbritannien in unmittelbare Nähe rücken.

Durchspielung eines Bürgerkriegs

Mächtige britische Gewerkschaftsführer machen kein Hehl daraus, daß sie nach dem Sturz einer konservativen Regierung sich auch einen Verwaltungsapparat aufbauen wollen, der ihren Vorstellungen entspricht, und daß »dies dann auch so bleiben« solle. Hier wird eine Perspektive sichtbar, die zu bedenken ist. Angenommen, daß bei der nächsten Wahl eine konservative Mehrheit an die Regierung zurückkehrt und daß, sobald ein geeigneter Vorwand gegeben ist, massive Streiks ausgerufen werden; angenommen ferner, daß die politisch organisierte Arbeiterschaft, die nun dagegenhalten will, sich einfach weigert, die Entscheidung der Wählerschaft anzuerkennen – was passiert dann?

Entweder schlägt der Streikaufruf fehl, wodurch die Demokratie erhalten bliebe, oder die Konservativen werfen das Handtuch, und an die Stelle der Demokratie tritt nun ein Einparteiensystem wie in Rußland. Oder aber die Regierung entschließt sich zum Kampf, komme, was mag. Sie appelliert also über Radio und Fernsehen (sofern diese noch in Betrieb sind) an die Öffentlichkeit und gibt bekannt, daß sie von ihrem Notstandsrecht Gebrauch machen werde. Alle Anführer des Streiks, alle Agitatoren werden festgenommen und unter Bewachung auf eine abgelegene schottische Insel gebracht. Ausgangssperren werden verhängt, Nahrungsmittel und Treibstoff rationiert, und die Armee wird die Instandhaltung lebenswichtiger Dienste übernehmen. Bei diesem Stand der Dinge wird sich die Bevölkerung in zwei Lager teilen. Einige werden sich auf die Seite der Regierung stellen: Bereitschaftsgruppen werden gebildet werden, ebenso Arbeitsgruppen für den Notdienst. Natürlich wird dann zu hören sein, dies sei Faschismus, und die Zeit sei nun reif für eine Revolution. Es wird also eine Gegenpartei sich bilden, die lebenswichtige Einrichtungen zu zerstören versucht, wo immer dies möglich ist, damit die Bestrebungen der Regierung nach Möglichkeit durchkreuzt werden. Bombenselige Revolutionäre werden ihren Festtag haben. In vielen Gebieten werden Lebensmittel nicht mehr verfügbar sein. Der Strom wird abgeschaltet werden. Hungernde werden die Läden zu plündern anfangen und hinaus aufs Land drängen, um dort an der Quelle Eßbares aufzutreiben. Die Abwasseranlagen werden nicht mehr funktionieren, und in den Städten wird die Gefahr von Seuchen auftreten. Die Armee wird die Städte abriegeln und jeglichen Zivilverkehr ohne Genehmigung zu unterbinden suchen. Während dieser Zeit wird die Regierung in ihren unterirdischen Befehlszentralen für den Kriegsfall sitzen, und die einzelnen Teilgebiete des Landes wären mehr oder weniger ihrer Lokalverwaltung überlassen; zumindest die regionalen Untergrundzentren würden tun, was in ihrer Macht steht, um ihre Vorbereitungen für die entscheidende Auseinandersetzung weiter voranzutreiben.

Ist eine solche Durchspielung wirklich ganz unglaubwürdig? Offenbar ist sie das nicht nach der Auffassung vieler Menschen, die in solchen Fragen ihre Erfahrungen haben. Generalmajor R. F. K. Goldsmith, bis 1968 ein Gutachter in der Inneren Sicherheit, hält dafür, daß »die Militanz der Industriearbeiterschaft die Grenze erreicht haben dürfte, jenseits deren sie nicht länger mit bloßer Duldung rechnen dürfe«, wobei er darauf hinweist, daß die britischen Polizeikräfte in keinerlei nationaler oder regionaler Befehlshierarchie stünden, wiewohl ihre Stärke nunmehr bei 100 000 Mann liege, ungerechnet der von lokalen Polizeibehörden eingestellten Sonderbeamten. Die Polizei verfügt aber über keine Massentransportmittel in eigener Regie, ist also völlig auf öffentliche Verkehrsmittel angewiesen. Es gibt keine ein ganzes Gebiet abdeckende Organisationsform, die geeignet wäre, polizeiliche Maßnahmen zu koordinieren, und man darf fragen, ob derartige Althergebrachtheiten noch länger angemessen sind.

Ein Zusammenbruch der Grunddienstleistungen, so etwa der Versorgung mit Treibstoff und Lebensmitteln, wird von General W. Walker vorausgesehen, der früher die Alliierten Streitkräfte in Nordeuropa befehligte. Gleicher Ansicht ist Oberst David Stirling, der Begründer des Special Air Service, der eine Studie darüber verfaßt hat, welche Möglichkeiten für eine Aufrechterhaltung der wichtigsten Versorgungsleistungen im Falle eines Generalstreiks gegeben seien. »Es gibt in England jetzt viele Leute, die glauben, daß es bald zum großen Knall kommen wird«, läßt er verlauten. Zu Beginn des Jahres 1973 wurde das Unison Committee for Action gegründet, in dem sich Rechtsanwälte, Industrielle und andere Interessenten zusammenschlossen, um Pläne für den Fall eines Zusammenbruchs von Gesetz und Ordnung auszuarbeiten, die dem Land eine Aufrechterhaltung normaler Lebensverhältnisse gestatten sollen.

Irgendwann im Verlauf solcher Entwicklungen wird eine grundsätzliche Entscheidung fallen: Entweder bleiben Armee, Luftwaffe und Marine auf der Seite der Regierung, oder einige Verbände lehnen es ab, gegen Streikende und ihren Anhang vorzugehen. (Ich vermeide es bewußt, zu sagen, »gegen die Arbeiter vorzugehen«, da eine nicht geringe Zahl von Arbeitern die Maßnahmen der Regierung billigen wird, während andererseits eine ganze Anzahl »Nichtarbeiter«, vor allem die intellektuelle Linke, sich in den Kampf gegen die Regierung stürzen wird.)

Sofern die Streitkräfte loyal zur Regierung stehen, dürfte eine solche Revolte langsam abebben. Zwar werden die Extremisten das Wasser am Kochen halten wollen, wie dies in Nord-Irland der Fall war, aber nach und nach werden sich die Dinge wieder einem Normalzustand annähern. Wenn aber auch nur ein Teil der Armee nicht bei der Stange bleibt, könnte dies längeren Bürgerkrieg bedeuten. Schlägt sich das Gros der Streitkräfte auf die Seite der Revolution, so hätte die Regierung nichts mehr zu melden, und ihre unterirdischen Befehlsstände wären dann nur noch Fallen, aus denen es kein Entkommen gäbe, es sei denn in Handschellen. Eine kommunistische britische Regierung wäre dann denkbar.

Indes wäre eine derartige Entwicklung stark von zwei Faktoren bestimmt. Einerseits davon, ob die Regierung ihre Nerven behält und eine Persönlichkeit vorzuweisen hat, die dem Volk Zuversicht einzuflößen vermag, ihm auch die Gewißheit geben kann, daß nach Beendigung der Feindseligkeiten den Bedürfnissen aller Genüge getan wird. Ebenso wäre auf der Gegenseite ein Mann erforderlich, der in der Lage wäre, einen solchen Kampf auch über längere Zeit hin organisatorisch zu bewältigen. Andererseits käme es darauf an, inwieweit andere Länder unterstützend oder hindernd einzugreifen bereit wären. So könnten kapitalistische Länder eventuell mit Nahrungsmitteln und Treibstoff die Regierungsseite unterstützen und solche Hilfeleistungen nicht von bestimmten Gegenleistungen abhängig machen. Kommunistische Länder würden eventuell versuchen, in Bürgerkriegstaktik ausgebildete Agenten einzuschleusen und Waffen und Munition aus der Luft abzuwerfen. (Da wäre dann die Loyalität der Luftwaffe ein entscheidender Faktor.) Sie könnten aber auch – so wie die Vereinigten Staaten in Vietnam – Ratgeber und Verwaltungsfachleute ins Land bringen. Sollte sich dann der Kampf zugunsten der revolutionären Kräfte entscheiden, so könnten diese Ratgeber als die Avantgarde einer Machtübernahme in Erscheinung treten und die Errichtung einer »Provisorischen Regierung« nach kommunistischem Muster in die Wege leiten.

Hypnotisiert vom Gedanken an einen kommunistischen Umsturz, hat sich die britische Armee bei ihrer Eventualplanung bislang mehr auf die Möglichkeit eines Guerillakriegs gegen bewaffnete, zu allem entschlossene Gruppen konzentriert, weniger aber Massenunruhen und Arbeitsniederlegung in ihr Kalkül einbezogen. Für einen Guerillakrieg sollen allerdings, wie verlautet, Aktionspläne in der Schublade liegen. Einer der in diesen Fragen führenden Theoretiker der Armee, Brigadegeneral Frank Kitson, beschreibt in seinem Buch *»Low-Intensity Operations«* (Krieg auf kleiner Flamme), wie die Armee einer solchen Situation begegnen solle. In den Lehrgängen des britischen Generalstabs wird bereits Ausbildung in kontersubversiver Kriegführung erteilt, ebenso in der Infanterieschule. Und dies, so gibt der Autor zu verstehen, in einem vor zehn Jahren noch für undenkbar gehaltenen Umfang. Dennoch meint Kitson, daß der Problematik »von Gegenaktionen gegen kleine terroristische Gruppen vor allem in Stadtgebieten immer noch weniger Aufmerksamkeit geschenkt wird, als eigentlich angebracht wäre«.

Die Armee hat einen Übungsplatz, der eigens auf Verhältnisse des Straßenkampfs zugeschnitten ist (Close Quarter Battle, Urban), eine getreue Nachbildung von Straßenlabyrinthen mit Geschäften, Wohnhäusern und Einkaufszentren. »Wenn sich eine Patrouille durch dieses Übungsgelände bewegt, werden durch Kontrollpersonen, die alle Vorgänge aus der Distanz überwachen, die Geräusche einer aufgebrachten Menge, von Bombenexplosionen und Beschuß durch Heckenschützen simuliert.« Die ›*International Defence Review*‹ teilt in ihrer Oktobernummer von 1973 mit, daß die britische Armee viele der elektronischen Vorrichtungen übernommen habe, die die heimliche Annäherung von Gegnern anzeigen und die in Vietnam erstmals angewandt worden waren, darunter Sensoren, die auf Körperwärme oder Vibrationen ansprechen. Offensichtlich sind auch die Pläne für eine Aufrechterhaltung des Nachrichtenwesens und des Rundfunks bereits weiter gediehen, und geheime Verteidigungsräume, durch Mikrowellen untereinander in Kontakt stehend, sind längst in jeder Gegend Englands angelegt worden. Ihre Erfahrungen in Nord-Irland gestatten es der Armee, neue Techniken zur Kontrolle von Aufständen zu entwickeln und zu erproben, wobei auch unkonventionelles Gerät zur Anwendung gelangt, das von kampfunfähig machenden Gasen bis zu Schallschockern und Flimmerlichtern reicht, durch die ein Mann auf der Stelle zu Boden geworfen werden kann, weil bei ihm dadurch eine Art epileptischer Anfall ausgelöst wird. Minipanzer für den Polizeigebrauch, mit solchen Geräten ausgerüstet, sind in Amerika hergestellt worden und können »ab Lager« bezogen werden.

Kitson führt aus, daß Maßnahmen zur Unterdrückung von Unruhen auch als Mittel zur »Bevölkerungsbestrafung« herhalten können. Das heißt, sie können die Verhältnisse »merklich unangenehm für die Bevölkerung in ihrer Gesamtheit« machen, was dann die Bevölkerung dazu bringen könnte, den militanten Gruppen ihre Unterstützung zu entziehen.

»Wirklich, als ein Freund vom Verteidigungsministerium mir sagte, daß dort Pläne vorlägen, wie man die Bevölkerung der großen Städte im Falle einer Hungersnot am Ausbrechen hindern könne, mochte ich es nicht glauben«, sagte ein leitender Angestellter einer

Computerfirma beim dritten europäischen Manager-Seminar 1973 zu Vanya Walker-Leigh, »aber jetzt bin ich überzeugt, daß sie in zwanzig Jahren oder so in den Straßen von New York, London und Paris Menschenfleisch essen werden.«

Mit erstaunlicher Genauigkeit beschreibt Kitson, wie die Franzosen in Algerien ihre Kontrolle über die Zivilbevölkerung ausdehnten, »indem sie Gruppen in die Städte und aufs Land schickten, deren Aufgabe es war, eine lückenlose Kette von Ausschüssen und Zellen zur Unterstützung der Regierung zu bilden, die ganz jenen glichen, die auch der Feind etabliert hatte. Auf diese Weise durchdrangen sie die ganze Bevölkerung, und durch die Einführung von Identitätskarten und die Brandmarkung des Viehs mit der Identitätskartennummer ihrer Eigentümer (in England würde man den Autos Kennkartennummern geben) sowie durch andere, ähnliche Methoden hatten sie bald ein dichtes Kontrollnetz über die gesamte Bevölkerung gelegt.« Der Autor gibt aber zu, daß die Verwirklichung eines solchen Programms in Großbritannien nur dann möglich schiene, wenn es bereits zur Anwendung von Gewalt gekommen wäre, da die nötigen Gesetze nie durchkämen, »ehe nicht etwas passiert ist«. In den USA jedoch, stellt Kitson nicht ohne Neid fest, seien bereits solche Gruppen für den Bedarfsfall gebildet worden. Die Franzosen und die Italiener verfügen über eine paramilitärische Polizeitruppe, die für die Niederschlagung von Aufständen ausgebildet und ausgerüstet ist. In einem jüngst abgehaltenen Seminar für Verteidigungsfragen bei der Royal United Services Institution machte das Parlamentsmitglied John Biggs Davison klar, um was es geht: »Wenn wir in Belfast verlieren, dann werden wir in Brixton oder Birmingham kämpfen müssen . . . So, wie Spanien in den dreißiger Jahren nur den Auftakt für einen weiter gespannten europäischen Konflikt bildete, so könnten vielleicht auch die Vorgänge in Nord-Irland nur der Auftakt für den Krieg einer Stadtguerilla sein, der in ganz Europa, besonders aber in Großbritannien ausgetragen werden wird.« Davison ist ein Konservativer vom äußersten rechten Flügel, aber seine Worte machen die Linie klar, welche die Rechte ihrem Handeln zugrunde legen will.

Ich möchte damit nicht prophezeit haben, daß die Ereignisse in der beschriebenen Form auch tatsächlich eintreffen werden. Ich glaube aber, daß vor allem bei der Wahl einer konservativen Regierung in

Großbritannien (oder einer antikommunistischen in Italien) sehr schnell eine Radikalisierung erfolgen wird. Die Lohnforderungen werden zunehmen, die Inflation wird weiter fortschreiten, die Gewerkschaften werden noch mehr politischen Einfluß gewinnen wollen, der ohne gesetzliche Verankerung bleibt, und all dies wird zunehmend eine chaotische Situation heraufbeschwören.

Sollte zum Beispiel in Großbritannien der Versuch unternommen werden, Privatkliniken für jene Patienten einzurichten, die für eine Behandlung als Privatpatienten zu zahlen bereit sind, so könnte ein solches Unterfangen boykottiert werden: Die Röntgenassistenten weigern sich dann einfach, Aufnahmen zu machen; die Pathologen geben keine Analysen von Körperflüssigkeiten mehr ab – und so weiter. Ein Versuch dieser Art würde als Ausrufung eines Klassenkampfes betrachtet werden. Darf man nach der Androhung des Führers der hier zuständigen Gewerkschaft urteilen, der kundgab, auf ärztliche Sachverständige »zu scheißen«, so kann man durchaus den Eindruck gewinnen, daß Menschen, die nicht in einer Atmosphäre willentlich geschürten Hasses leben möchten, wie er ähnlich gegen die Juden in Nazideutschland geschürt wurde, doch am besten gleich unser Land verlassen sollten. Bis jetzt haben die Mittelklassen die Aushöhlung ihrer sozialen Position ziemlich apathisch hingenommen. Das Blatt könnte sich aber auch schnell wenden. Es wird dann wohl nicht mehr an der Frage vorbeigegangen werden können, ob ein größeres Maß an Verantwortung, die zielbewußte Zügelung von Wünschen und größere Fähigkeiten nicht auch ein Mehr an Anerkennung verdienen, und wenn dem so ist, wie groß dieses Mehr dann zu sein habe.

Wie einst im alten Rom wird dann von Zeit zu Zeit ein Mann der starken Hand den Versuch machen, ein gewisses Maß an Ordnung wiederherzustellen. Und einige solche Versuche werden vorübergehend auch erfolgreich sein. Im Lauf der Zeit aber wird die Lage der einzelnen Länder immer stärker abhängig werden vom desolaten Zustand der übrigen Welt. Gerade weil ich davon so überzeugt bin, will ich nicht verabsäumen, eine projektive Studie vorzunehmen, anhand deren gezeigt werden soll, wie brüchig die Strukturen der Demokratie bereits sind. Allerdings scheint es mehr Wahrscheinlichkeit für sich zu haben, daß wir langsam auseinanderbröckeln, als daß wir mit einem Schlag zusammenbrechen.

Gleich, ob nun das Debakel erfolgt oder nicht – wir müssen damit rechnen, daß die Streikwaffe immer bedrohlichere Formen annehmen wird. Wir müssen uns ebenso an den Gedanken gewöhnen, daß die Streiks subtiler gehandhabt werden und empfindlichere Auswirkungen zeigen. Den Kanalarbeitern ist heute klar, daß sie eine Flut auslösen können; die Müllmänner wissen, daß ohne sie Seuchen ausbrechen müßten. Gegen Ende des Jahres 1974 versuchten verschiedene Gewerkschaften, in einer koordinierten Aktion die Stadt Glasgow von der Lebensmittelversorgung abzuschneiden. Der nächste Schritt in dieser Entwicklung könnte nun sein, durch gezielte Streiks den Zusammenbruch ganzer Industriezweige herbeizuführen. Oder wir werden erleben, wie gleichzeitig alle Verkehrsmittel stillgelegt werden. Die englischen Gewerkschaftsführer hatten Unterredungen mit Gewerkschaftsführern anderer europäischer Länder, um gegebenenfalls Streiks auf dem ganzen Gebiet des Gemeinsamen Markts durchzuführen. Vielleicht werden wir auch noch den interkontinentalen Streik erleben oder den Hemisphärenstreik oder den weltumspannenden Ausstand.

Gleichzeitig werden Gruppen, die bislang gewerkschaftlich nicht organisiert waren, sich ebenfalls aus Gründen des Selbstschutzes zu gewerkschaftlicher Organisation genötigt fühlen. Gewerkschaftliche Organisationsformen greifen bereits auf alle Rangstufen wissenschaftlich Arbeitender, lokaler Beamtenschaft und leitender Angestellter über, während Berufsverbände immer gewerkschaftsähnlicher werden. Großbritannien sah seinen ersten Staatsangestelltenstreik 1974. In Italien haben sich die Richter in einem über das ganze Land verbreiteten Verband zusammengeschlossen, der jüngst zu einem zweitägigen Streik aufrief, nicht allein um höhere Besoldung zu erwirken, sondern auch um eine Reform des Rechtsprechungssystems in die Wege zu leiten. In den Gerichtsgebäuden wurden Protestversammlungen abgehalten, zu denen Presse und Parlamentsmitglieder Einladungen erhalten hatten. In England drohten fachärztliche Berater des Gesundheitsdienstes mit Einstellung ihrer Tätigkeit, wobei sie sich gegen die Arbeitsverweigerung des Krankenhauspersonals wandten, das zahlende Patienten nicht mehr pflegen wollte. Also ein Streik gegen den Streik! Das kann zur Regel werden.

Rationale Diskussion wird zusehends abgelöst von energischen Maßnahmen.

Wir müssen auch den letzten Wahnsinn erwarten: Streik gegen die Gewerkschaften. Die Angestellten der Amalgamated Engineering Union haben jüngst um höhere Gehälter gestreikt, weil nach ihrer Auffassung der Gewerkschaftsvorsitzende Hugh Scanlon als Arbeitgeber »unmöglich« war.

Abgesehen von der Streikmanie sehe ich voraus, daß die Gewerkschaften zusehends einen feudalen Charakter annehmen werden. Vielfach zeigen sie sich bereits heute für die Wohlfahrt ihrer Mitglieder auch außerhalb der Lohnkampfsphäre verantwortlich, betreiben Sparvereine, organisieren Ausflüge und halten andere Vergünstigungen bereit. Auch werden sie im Interesse einzelner Mitglieder beim Gesundheitsdienst oder bei den öffentlichen Verkehrsmitteln vorstellig – wobei sie selbst manche Ärzte unter Druck setzten. So fangen sie langsam an, Feudalherren zu gleichen, die gegen Gefolgschaftstreue Schutz vor Feinden boten. Wenn die Gesellschaft sich feudalisiert, dann aus dem gleichen Grund wie bereits im Mittelalter: weil bestehende Institutionen zerbrochen waren.

Für die Vereinigten Staaten, wo sich die Gewerkschaften noch auf das Aushandeln von Tarifverträgen beschränken, dürfte eine solche Darstellung als nicht realitätsgerecht erscheinen. Aber die Amerikaner sollten zumindest diesen Trend in Europa aufmerksam verfolgen, da er auch auf sie übergreifen mag. Gegen solche Tendenzen läßt sich nur schwer angehen, denn dies bedeutete bereits eine Umstrukturierung der ganzen Gesellschaft; der Trend resultiert aus der Verbindung von Massentechnologie und der Macht politischer Massen. Allein durch Dezentralisierung der Macht und die Einbeziehung von Arbeitsverantwortung in andere gesellschaftliche Verantwortungsbereiche könnte eine wirkliche Lösung erzielt werden. Die Gewerkschaften wären dadurch in ihrem Ausdehnungsvolumen beschränkt und stünden nicht nur in Wechselbeziehung zu Industrie und Produktion, sondern fänden einen weiteren sozialen Rahmen. Bei uns im Westen sind derartige Gedanken aber heute undenkbar. In einer mehr auf Vernunft bauenden Welt erhielten die Schulkinder im Unterricht Aufschluß nicht nur über die Aufgaben einer Gewerkschaft, sondern auch über die Art und Weise, in der sozialer

Zusammenhalt sich verwirklichen läßt – ganz zu schweigen von der wahren Bedeutung der Produktivität. In einer nach Vernunft sich richtenden Gesellschaft wären landesweite Streiks ebensowenig denkbar wie Aussperrungen, und dies aus denselben Gründen.

Zum gegenwärtigen Zeitpunkt aber ist es zumindest ebenso wahrscheinlich, daß wir infolge einer weltweiten Finanzkatastrophe zusammenbrechen, wie daß wir durch die Eigennützigkeit der Gewerkschaften untergehen. Und solch eine Finanzkatastrophe müßte alle Klassen gleichermaßen betreffen und zu verbreiteter Unruhe in allen Kreisen führen.

Kapitel 10
Finanzkatastrophen

Es gibt kein raffinierteres Mittel, die Grundlagen einer bestehenden Wirtschaft zu erschüttern, als die Korrumpierung der Währung.

J. M. Keynes, »*Economic Consequences of the Peace*«

Inflationäre Zukunft

Die Inflation geht rund um die Welt und wird immer bedrohlicher. Die 10 % Währungsverfall, die Westeuropa in einem Jahr hinnehmen mußte, sind schlimm genug. Während ich dies niederschreibe, liegt die Inflationsrate der USA bei 16 %. Japan, das wirtschaftliche Wunderland, meldet einen allgemeinen Preisanstieg von 23 %. Auf der europäischen Liste liegt Italien mit 25 % in Führung. In der Dritten Welt zerfrißt der Preisanstieg alle Entwicklungspläne, vor allem in Indien, Pakistan und Vietnam, wo jährliche Preissteigerungen von 65 % erfolgt sind. In einigen Ländern Südamerikas haben die Preissteigerungen die 1000-%-Grenze überschritten und sind schon gar nicht mehr genau festzustellen. (Diese Zahlen werden natürlich bereits von noch ungünstigeren überholt sein, ehe dieses Buch in den Druck geht.) Das ist nicht mehr die Art von Inflation, wie wir sie aus den 1950er und 1960er Jahren kennen. Dies ist eine weltweite Inflation, die sich über alle Länder erstreckt. Versuche, sie zu stoppen, könnten einen weltweiten Zusammenbruch herbeiführen.

Früher oder später brennt jede Inflation in einer Wirtschaftskrise aus, und eine massive, weltweite Inflation brennt eben in einer massiven, die ganze Welt betreffenden Wirtschaftskrise aus. Wenn es so weitergeht wie bisher, dann könnte bis zum Ende unseres Jahrhunderts eine solche Dauerbelastung die westliche Gesellschaft zum Zusammenbruch zwingen.

Die Geschichte lehrt uns stets, daß eine nicht unter Kontrolle zu bringende Inflation zur politischen Katastrophe führt. Daher haben wir die Inflation *nach* der gegenwärtigen zu fürchten. Es gibt unter uns noch Zeugen der verheerenden deutschen Inflation von 1923, als die Mark jede halbe Stunde um die Hälfte ihres Wertes verfiel und die Menschen ihre Löhne in Aktentaschen abholten, in denen die Scheinbündel schon fast wertlos geworden waren, ehe sie noch die Geschäfte erreichten. Am 20. November jenes Jahres erreichte die Mark, die 1914 noch 4,20 Dollar wert gewesen war, einen Gegenwert von 4,2 Billionen (10^{12}) pro Dollar. Die Bankrotte häuften sich. Die Arbeitslosigkeit erreichte ein unerhörtes Ausmaß. Der Kommunismus nahm an Einfluß rapide zu. Es kam zu Aufständen. In ihrer Verzweiflung sahen sich die Leute nach einem Führer um, der ihnen die Wiederherstellung der Ordnung versprechen konnte – und dies dann auch tat. Dadurch war weiß Gott bewiesen, daß Inflation behoben werden könne, was den verzweifelten Ausruf John Dunlops Lügen straft, der an der Spitze des amerikanischen Cost of Living Council bekannt hatte: »Ich glaube nicht, daß heute zweifelsfrei behauptet werden kann, die Menschheit wisse, wie man mit der Inflation zu Rande kommt.«

Eine Inflation wie die von 1923 ist unwahrscheinlich – keine Regierung, die weiß, was heute über diese Prozesse bekannt ist, würde so unbedenklich die Notenpressen betätigen wie damals die Deutschen. Aber eine Inflation, die das Geld in absehbarer Zeit um die Hälfte entwertet, ist schon schlimm genug. Wenn man darstellen will, was zu ihrer Verhinderung not tut, muß man sich ins Feld der Wirtschaftswissenschaften vorwagen, denn dieser Fragenkomplex ist mit schweren Mißverständnissen vorbelastet. Wer auf die Radikalkur der Diktatur nicht versessen ist, dem sollten die grundsätzlichen Ablaufmechanismen vertraut sein, damit sich dann auch die nötigen Maßnahmen treffen lassen. Dies gilt vor allem für Großbritannien und Italien, wo der Zusammenbruch mit größter Wahrscheinlichkeit seinen Anfang nehmen wird.

Es hat in der Weltgeschichte bereits eine Reihe von Inflationen gegeben, aber die gegenwärtige ist insofern ein Novum, als von ihr alle Staaten der Welt ergriffen sind. Ganz klar sollte sein, daß gegenwärtig die Inflation nicht als das Ergebnis von Fehlplanungen einer einzelnen Regierung verstanden werden kann. Alle Länder spüren, daß diese Inflation an Tempo gewinnt. In Italien war es 1969 losgegangen. Bis zu diesem Jahr hatte Italien eine der niedrigsten Inflationsraten in Europa. Dann kam es zu einer Reihe von Lohnerhöhungen, verbunden mit Regierungsausgaben, und die Preise stiegen um 20 % pro Jahr. Bis Februar betrug die Steigerung 12 % in 12 Monaten. In Amerika begann der Währungsverfall unter Präsident Lyndon Johnson, der die Steuern nicht hoch genug angehoben hatte, um für den geldverschlingenden Vietnam-Krieg die nötigen Mittel hereinzubekommen. Im Jahr 1971 gelang es Präsident Nixon allerdings, die Inflationsrate durch ein Einfrieren der Lohn-Preis-Relationen von 5 % auf 3 % zu drücken. Doch als er diese Kontrollen im Januar 1973 aufhob, gingen die Preise wieder in die Höhe, und im Februar 1974 betrug die Inflationsrate über 16 %. (Sie lag damit um 9,7 % höher als in den vorausgegangenen 12 Monaten.) Der Inflationsvirus ist aber keineswegs auf die kapitalistische Welthälfte beschränkt. Jugoslawien, das allerdings marktwirtschaftliche Elemente in seiner Wirtschaftsstruktur besitzt, flattert mit 22 % im Jahr ziemlich weit voran. Selbst die Schweiz, dieses Musterland finanziellen Wohlverhaltens, muß sich mit einer Preissteigerungsrate von fast 11 % im Jahr herumschlagen.

Bei den Inflationen früherer Zeit, die jeweils nur immer auf ein einzelnes Land beschränkt waren, konnte ein in Schwierigkeiten geratenes Land sich von einem finanziell ungeschwächten unterstützen lassen. Die Entwicklung von Welthandel und Weltgeldverkehr haben ein viel weniger stabiles System entstehen lassen, das zwischen größeren Extremen schwankt.

Was müßte eine massive Inflation in der Zukunft bedeuten? Es ist angebracht, die Folgen im einzelnen ins Auge zu fassen, um so mehr, als versucht worden ist, sie gänzlich abzuleugnen.* Doch die Konsequenzen all der im Nachstehenden aufgezählten Folgen sind in ihrem Zusammenwirken verheerend:

1. Wenn die Löhne steigen, so tun sie dies nicht gleichmäßig, wodurch manche Enttäuschung und Ungerechtigkeit entsteht. Die

* So wird in einem jüngst erschienenen Buch, das sich an breitere Leserschichten wendet (*»Economics of the Real World«*, Penguin Press 1973), die kühne Feststellung getroffen, daß das Gerede über Inflation »Humbug« sei. Der Autor, ein Universitätsdozent, behauptet, daß die Inflation nichts zu bedeuten habe, da beim gleichzeitigen Ansteigen von Löhnen und Preisen letztlich doch alles beim alten bleibe.

starken Gewerkschaften drücken Lohnsteigerungen durch, die mit den steigenden Preisen Schritt halten, während schwächere Gewerkschaften hierin weniger erfolgreich sind. Menschen mit festgelegten Bezügen – Pensionen oder Trennungsabfindungen – werden sogar noch härter betroffen. Ein reales Beispiel aus dem Leben möge dies verdeutlichen: Mrs. X., die 1967 einen Unterhalt für sich und ihre drei Kinder festgesetzt erhielt, verfügt heute über ein Drittel weniger Geld als damals. Alte Menschen, die von kargen Pensionen ihr Leben fristen, sind mittlerweile schon unter die Armutsgrenze abgesunken. Soldaten und Offiziere klagen, daß sie mit dem Sold immer mehr haushalten müssen. Leibrenten sind im Wert gesunken. Wenn aber die Leute mit ihrem Geld nicht mehr auskommen, verlieren sie den Mut. Die Folge wird zunehmende soziale Unruhe sein.

2. Das Sparen für größere Ausgaben wie etwa für den Kauf eines Hauses wird immer schwieriger: Hat man das Geld zusammen, das man nötig zu haben glaubt, kostet das Haus auch schon wieder mehr. Das bedeutet, daß die Leute ohne Dinge auszukommen suchen, die sie sich vielleicht gern gekauft hätten, daß aber dann, wenn sie ihr Erspartes schließlich auf den Tisch legen, sie viel weniger dafür bekommen, als sie sich vom Munde abgespart haben. Ganz eindeutig sind sie da betrogen worden; es ist im Grunde auch nichts anderes, als wenn man ihnen von Anfang an einen überzogenen Preis abverlangt hätte. Gleiches gilt für Lebensversicherungen und Darlehen. Die Münze, in der zurückgezahlt wird, ist weniger wert als jene, die zuvor eingezahlt wurde.

3. Weil die Menschen mehr ausgeben müssen, damit sie ihren Lebensstandard beibehalten, sparen sie auch weniger, investieren sie weniger. In der Folge wird nicht mehr soviel Geld zum Ausleihen verfügbar sein, und die Zinssätze steigen. So sieht sich ein Mann, der eine Hypothek auf seinen Grund aufnehmen möchte, damit er bauen kann, vor große Schwierigkeiten gestellt, und die Industrie scheut die Anschaffung neuer Maschinen oder steht der Einführung neuer Herstellungsverfahren und Projekte, die ja alle Geld kosten, zurückhaltend gegenüber. Die Rücklagen zur Modernisierung des Inventars sind angesichts der gestiegenen Kosten nicht mehr ausreichend. Dadurch erfährt das wirtschaftliche Wachstum des Landes eine Verlangsamung, mit schlechten Auswirkungen auf jedermann. Gewiß wird die Schuldenrückzahlung erleichtert, was für einige

Leute sicher ein Vorteil ist, aber dies begünstigt auch etablierte Firmen gegenüber jüngeren Gründungen, was insgesamt nicht sehr wünschenswert sein kann.

4. Da ein Überhang an Kaufkraft besteht, kommt es zu Verknappungen. Das führt zu Verzögerungen im Produktionsprozeß, wodurch die Zinsbelastung wächst und Liefertermine nicht eingehalten werden können. Wiederum wirkt sich dies auf die industrielle Leistungsfähigkeit aus, und alle sind betroffen.

5. Die Industrie sieht sich zunehmend belastet durch die hohen Zinskosten bei Krediten für Modernisierung oder neue Entwicklungen oder für die Überbrückung zwischen Auslieferung und Bezahlung. Teuer kommt auch Kapital, das in Vorräten oder Material oder gar in den auf Lager liegenden Fertigprodukten gebunden ist. Wenn es möglich ist, reduziert daher die Industrie ihre Verbindlichkeiten. Zu erwarten sind somit häufigere Bankrotte, häufigere Inanspruchnahme von finanzieller Unterstützung durch die Regierung und ein merkbarer Rückgang der geschäftlichen Tätigkeit, die nun ihrerseits wieder zu einer Arbeitslosigkeit führt, vielleicht sogar zu einem drastischen Abschwung in eine Depression.

6. Nicht weniger müssen wir eine schwere Belastung der internationalen Finanzsituation durch den verheerenden Effekt auf die Handelsbilanzen erwarten. Wenn die Löhne steigen, werden die ausländischen Waren relativ billiger, während die Produkte des eigenen Landes sich für ausländische Käufer verteuern. Der Import wird dadurch den Export überschreiten, und nun muß man die Wechselkurse verändern, um das zu korrigieren. Wenn alle Handelspartner sich in einer inflationären Entwicklung befinden, dann heben sich ihre diesbezüglichen Schwierigkeiten natürlich gegenseitig auf. Bei der gegenwärtigen weltweiten Inflation werden jene Länder mit hohen Inflationsraten bald in Schwierigkeiten mit ihrer Zahlungsbilanz geraten, während Länder mit geringerer Inflationsrate in dieser Hinsicht unbesorgt sein können. Nicht zuletzt aber hat die Inflation eine verheerende Auswirkung auf die Länder der Dritten Welt. Die Preise für Stahl und Kunstdünger haben sich in etwas mehr als einem Jahr verdoppelt, der Weizenpreis hat sich verdreifacht.

Der junge, unverheiratete Mann wird in der Regel mit der Inflation am besten zu Rande kommen. Stärker betroffen sind Ehepaare, die noch für Kinder zu sorgen haben, am stärksten aber ältere Menschen.

Die Mittelklasse ist stärker betroffen als die Gewerkschaften und die Arbeiterschaft, härter auch als die Reichen, die über Sachbesitz verfügen. Da aber die Industrie durch die Inflation stark behindert ist, wird eigentlich jeder ärmer, als er es auf lange Sicht ohne Inflation wohl hätte erwarten können.

Das hier Gesagte bezieht sich auf die normale Inflation. Eine Superinflation, bei der die Preise von Woche zu Woche fühlbar steigen, erschüttert jegliches Vertrauen. Niemand möchte da geschäftlich noch irgend etwas unternehmen, weil einfach die Situation zu unsicher ist. Es wird unter solchen Bedingungen ja bereits ein Auslandsurlaub zum Risiko, wenn etwa plötzlich Beschränkungen für die Ausfuhr der eigenen Währung erlassen werden; um wieviel mehr Risiko birgt dann die Neuausstattung einer Fabrik, die Errichtung eines neuen Geschäfts. Die Leute greifen schließlich zu verzweifelten Maßnahmen, um sich vor dem Ruin zu bewahren. Denis Healey, der britische Schatzkanzler im Kabinett der Labour Party von 1974, warnte daher: »Wenn es uns nicht gelingt, die sich beschleunigende Inflation in unserer Wirtschaft einigermaßen zu bremsen, dann könnten die politischen und sozialen Auswirkungen unsere demokratischen Institutionen vor eine allzu schwere Belastungsprobe stellen.« Kurz darauf war vom Vorsitzenden des US Federal Reserve Board, Dr. Arthur Burns, eine ganz ähnliche Warnung zu hören: »Sollte die Inflation auch weiterhin nur entfernt in einem ähnlichen Maße zunehmen wie bisher, so wären damit die Grundfesten unserer Gesellschaft bedroht.« Dieser Satz muß nicht deshalb schon falsch sein, weil er ein Klischee ist.

Die Ungerechtigkeiten im Gefolge der Inflation, meinte Burns weiter, würden das Vertrauen in die freie Wirtschaft untergraben. »Ich glaube kaum«, so Burns, »daß es übertrieben ist zu sagen, daß im Endeffekt die Inflation einen merklichen Rückgang der wirtschaftlichen und politischen Freiheit für das amerikanische Volk mit sich bringen wird.«

Zuletzt zeigt dann die Inflation die Tendenz zur Selbstzerstörung. Da die Menschen sich gegenüber dem gehobenen Konsum zurückhalten und nur das absolut Notwendige kaufen, das dazu noch länger im Gebrauch bleiben muß, verschwinden die Hersteller des gehobenen Konsums durch ihre Preisgestaltung vom Markt. Ist das Klima ohnehin nicht von Vertrauen gekennzeichnet, so bekommen das auch die Produzenten von Industriegütern zu spüren. Es kommt nun zu Bankrotten, zu Massenentlassungen. Dadurch sinkt die Kaufkraft breiter Schichten. Weitere Firmen verlieren Geld und entlassen Mitarbeiter. Der Zusammenbruch der Wirtschaft ist dann bereits da.

Dies ist also unsere Pespektive in eine gar nicht mehr ferne Zukunft: galoppierende Inflation, die zum Zusammenbruch der Wirtschaft führt. Was aber sind die Ursachen einer Inflation, und was läßt sich dagegen unternehmen?

Warum Inflation?

Verschiedene Faktoren gehen in das Ansteigen der Preise ein, und nicht alle sind in des Wortes strenger Bedeutung als »inflatorisch« zu bezeichnen. Wenn die Preise steigen, weil die realen Kosten nach oben gehen, dann ist dies ein normaler Vorgang. So sind etwa die Preise für viele Rohstoffe auf dem Weltmarkt gestiegen (aus Gründen, die ich später noch erörtern möchte), und dies hat in den Industrieländern, die solche Rohstoffe benötigen, die Preise hochgetrieben. Vielleicht bis zu einem Drittel mag der gegenwärtige Preisanstieg darauf zurückzuführen sein, wenngleich dieser Anteil von Land zu Land schwankt.

Die anderen zwei Drittel sind zweifellos inflatorisch. Das heißt: Die Menschen haben mehr Geld zum Ausgeben, als nötig wäre, um die verfügbaren Nahrungsmittel zu kaufen. Die Händler sehen sich also in der Lage, die Preise zu erhöhen (wodurch natürlich ihr Profit steigt), und dadurch wird der Nachfrageüberschuß aufgezehrt. Wenn nun aber die Löhne erhöht werden, um die Verteuerungen auszugleichen, wiederholt sich der ganze Prozeß nochmals.

Trotz aller Bestreitungsversuche von seiten der Gewerkschaften ist es doch klar, daß eine Erhöhung der Löhne, sofern ihr nicht auch eine Erhöhung der Produktionskapazität entspricht, die Inflation anheizen muß und wenigstens in dieser Richtung mit anderen Faktoren zusammenwirkt, wie sehr aus sozialen Gründen Lohnerhöhungen auch gerechtfertigt sein mögen. Eine Begrenzung der Löhne, der Dividenden und der Pensionen hätte einen bremsenden Einfluß auf die Inflation. Aber zu einer Inflation trägt mehr bei als nur dies, und ehe wir Gegenmaßnahmen erwägen, wird es nötig sein, sich doch noch eingehender mit der Materie zu befassen. Es gibt da nämlich noch zwei andere Faktoren, die oft vernachlässigt werden. Der eine mag etwas überraschen. In der Vergangenheit befanden sich die einzelnen Nationalwirtschaften nicht im gleichen Rhythmus. Wenn das eine Land gerade einen Aufschwung hatte, erfuhr das andere eine Rezession. Solche Bedingungen haben sich gegenseitig bis zu einem gewissen Grad ausgleichen können. Das in Depression befindliche Land beschnitt seinen Import aus dem im Aufschwung begriffenen Land, wodurch die Warenmenge verringert und die Inflation verlangsamt wurde. Heutzutage liegen die Dinge anders. Durch das Wachstum des Welthandels, die ausgewogene Geschäftspolitik der multinationalen Konzerne und die Schaffung gemeinsamer Märkte und anderer Integrationsfaktoren befinden sich die Länder der Welt allesamt in einem ziemlich gleichen wirtschaftlichen Rhythmus, weshalb die Inflation im einen Land die im anderen Land noch verstärkt. So etwa haben alle Länder ihre Nachfrage nach Rohstoffen vor wenigen Jahren zur gleichen Zeit erhöht, wodurch die Rohstoffpreise in die Höhe gingen. Alle Länder brauchten gleichzeitig Kapital, wobei sie sich auf dem internationalen Geldmarkt und im internationalen Transportgeschäft die nötigen Bedingungen sicherten. Das ist eine ganz neue Erscheinung, mit der wir nun zu leben haben werden. Sie verlangt in viel höherem Maße nach internationaler Zusammenarbeit auf dem Gebiet der Wirtschaft, als bislang üblich gewesen ist. Denn darauf ist Verlaß: Eine koordinierte weltweite Depression wird noch schwerer erträglich sein als ein weltweiter Boom.

Doch mag dies auch die Intensität und Universalität der Inflation erklären, so erklärt es doch nicht deren Ursache. Viele Erklärungen sind für die Inflation schon gegeben worden, und es ist auch gesagt worden, daß niemand die eigentlichen Gründe für die gegenwärtige weltweite Verteuerung anzugeben vermag. Aber so schlimm steht es nun auch wieder nicht, denn über die Entstehung der Inflation können wir in Keynes' Standardwerk *»The general Theory of Employment, Interest and Money«* (deutsch: *»Die allgemeine Theorie der Beschäftigung, des Zinses und des Geldes«*) nachlesen, das vor vier Jahrzehnten geschrieben wurde. Letztlich kommt es darauf an, daß zwischen den Ausgaben der Leute und ihren

Ersparnissen ein Gleichgewicht besteht. Wenn die Leute mehr ausgeben als zurücklegen, dann entsteht ein Boom: Die Preise steigen, und die Hersteller vergrößern ihre Produktion, um der Nachfrage zu genügen. Aber es mangelt dann bald an Kapital, und so steigen die Zinssätze immer mehr. Umgekehrt besteht bei einer Neigung zur Geldhortung ein Abwärtstrend in der wirtschaftlichen Entwicklung, aber das Geld wird auf dem Geldmarkt mit niedrigem Zinssatz ausgeliehen.

Keynes ging es darum, den Wirtschaftszyklus zu erklären, und so befaßte er sich hauptsächlich mit den Gründen, die den Großindustriellen dazu veranlassen, auf die Reserven zurückzugreifen, um neue Anlagen zu erstellen, wodurch ja wieder neue Arbeitsplätze geschaffen werden, welche die Kaufkraft erhöhen und einen neuen Aufschwung einleiten. Letztlich ist dies eine Frage der Zukunftszuversicht. Sobald der Unternehmer Profit winken sieht, hat er auch mehr Vertrauen hinsichtlich seiner Teilnahme an neuen Projekten. Aber dies galt alles für jene Zeit, in der die Regierungen noch nicht genug von der Wirtschaft wußten, um selbst in sie einzugreifen. Heutzutage wird der von Keynes beschriebene Zyklus zu einer Abfolge von sprunghaften Umschaltungen von »Halt!« auf »Gehen!«. Denn die Regierungen versuchen Einfluß auf die Ausgaben zu nehmen. Und weitere Faktoren kommen hinzu. Allerdings bleibt die Relation von Sparen und Ausgeben immer noch grundlegend. Zweifellos wird heute zuviel ausgegeben und zuwenig gespart, doch um die mangelnde Ausgewogenheit als einen langfristigen Prozeß von weltweitem Ausmaß zu erklären, bedarf es noch anderer Anhaltspunkte.

Tatsächlich besteht nun eine langfristige Entwicklung, die selten genauer in Augenschein genommen wird: Die Anzahl der Menschen, die, ohne Güter oder verkäufliche Dienste zu produzieren, doch Einkommen erhalten, nimmt stetig zu. Darunter fällt die gesamte Verwaltungsbürokratie, vom Steuereinnehmer bis zum Regierungsmitglied. Darunter fällt der gesamte Erziehungssektor, Stipendien eingeschlossen, in England auch das Gesundheitswesen. Dazu zählt ferner alles, was mit der Verwaltung von Gemeinden zu tun hat, eingeschlossen öffentliche Bibliotheken und Sozialarbeiter, des weiteren Armee und Polizei und die Justizverwaltung bis zu den Gefängniswärtern, schließlich aber auch wissenschaftliche Forschungsarbeit (mit Ausnahme der ganzen technologischen Forschung, nicht aber der medizinischen).* Im Verlauf der Jahre haben in fast jedem Land die öffentlichen Dienstleistungen erheblich zugenommen. Arbeitsgebiete wie Städte- und Landschaftsplanung, vor einer Generation noch gar nicht existent, beschäftigen heute ziemlich hoch bezahlte Mitarbeiterstäbe. Auch psychiatrische Betreuung auf Kosten der Allgemeinheit hat es früher nicht gegeben. Wissenschaftliche Forschung geschieht heute in ganz anderen Größenordnungen als ehedem. Die staatlichen Pensionszahlungen für Ruheständler werden stetig ausgebaut und erhöht. Und wenn auch die Streitkräfte gegenwärtig einen geringeren Mannschaftsstand aufweisen mögen, so ist doch ihre Ausrüstung ungleich reichhaltiger und verschlingt ein weitaus höheres Maß an Arbeitszeit für Herstellung und Wartung als je zuvor. Das gilt im Grunde für jede Nation.

Weil das ja alles auch bezahlt werden muß, wird das Geld über Steuern und Abgaben aufgebracht. Wenn die Bevölkerung Städteplaner, Radarsuchschirme und Hochschulstipendien haben will, dann muß sie dafür auch zahlen, muß dafür auf eine entsprechende Menge von Konsumgenuß verzichten. Aber das Geld, das auf diese Weise dem einzelnen entzogen wird, verringert nicht notwendigerweise den persönlichen Verbrauch. Wenn die Steuern erhöht werden, dann muß ja ein Reicher nicht gleich Einschränkungen in seinem persönlichen Lebensstandard in Kauf nehmen. Auch eine Firma mag sich nicht unbedingt zur Beschneidung ihrer Dividenden entschließen; sie kann es vorziehen, mit der Anschaffung neuer Maschinen und Werkzeuge noch etwas zu warten. Und wer eine Erbschaft verzehrt, kann einfach mehr davon ausgeben und weniger zurücklegen. Wenn dies aber so ist, dann ist Inflation unvermeidbar. Die Regierung müßte eigentlich zur Verhinderung der Inflation über Steuern und Abgaben mehr Geld aus dem Verkehr ziehen, als sie tatsächlich zur Begleichung ihrer Verpflichtungen braucht. Tatsächlich aber ziehen die Regierungen meist weniger aus dem Verkehr, bleiben dann mit defizitären Budgets sitzen und versuchen die

* Erstmals in der britischen Geschichte sind die Ausgaben der Regierung höher als die der privaten Hand, von der über die Hälfte der Einkünfte in Form von Steuern und Sozialabzügen genommen werden. Und hierbei sind noch nicht einmal die Abgaben eingerechnet, die von lokalen Behörden erhoben werden.

Finanzlücke durch Geld aus der Notenpresse zu stopfen. (Da aber heute Papiergeld mehr in Form von Schecks umläuft, ist ihnen auch die Mühe des Banknotendruckens erspart.)

Zusammenfassend: Das Verhältnis von Sparen und Verausgaben gerät also aus dem Gleichgewicht wegen der Art und Weise, in der die Leute auf das Anwachsen der öffentlichen Dienstleistungen reagieren. Eigentlich sollte immer, sobald ein öffentlicher Dienst neu gegründet oder erweitert wird, der Bürger zu sich selber sagen: »Ich muß jetzt meine Ausgaben einschränken, damit ich die Summen wettmache, die der Staat aus meinem Geld für mich ausgibt!« Wer macht das schon? Jedermann erwartet doch vielmehr, daß sein Lebensstandard noch zunimmt.

Die Regierung subventioniert die Industrie und die Landwirtschaft (die hierfür aufgewendeten Summen betragen in Großbritannien über 3 Milliarden Pfund Sterling jährlich), und auch hiervon gehen inflationsfördernde Wirkungen aus. Die Regierungen scheinen das nicht zu durchschauen und führen oft ins Feld, daß die Stützung der Preise geeignet sei, diese niedrig zu halten. Nun stimmt zwar, daß dadurch die Preise der jeweils subventionierten Güter niedrig gehalten werden – also Brot etwa oder Düngemittel –, aber weil der Käufer so nur anderweitig Gelegenheit bekommt, sein an dem subventionierten Produkt gespartes Geld in Umlauf zu bringen, drücken Subventionen generell die Preise nach oben.

Unter Einbeziehung dieser Tatsachen in unsere nachfolgenden Überlegungen wollen wir nun wieder zur Frage der Löhne zurückkehren.

Die Reichen aussaugen

In der Diskussion um Löhne und Gehälter werden alle möglichen Argumente ins Feld geführt. Da wird dann von einem »anständigen Lohn, um anständig leben zu können« gesprochen. Da heißt es dann: »Wer bei Kunz schafft, hat immer mehr bekommen, als wer bei Hinz schafft, und wenn die von Hinz aufgebessert werden, dann müssen auch die von Kunz nachziehen!« (Das wird dann als »Wahrung der branchenspezifischen Lohnabstände« bezeichnet.) Nun ändert sich freilich die Vorstellung ständig, wieviel der Mensch zum Anständigleben-Können nötig habe – und sie ändert sich immer nach oben. Es ist ein verständlicher Wunsch, wenn viele einen Farbfernseher, Teppichböden oder ein Wochenendhäuschen auf dem Land haben möchten. Es ist gleichfalls verständlich, den Wunsch zu hegen, daß auch anderen Menschen solche Annehmlichkeiten (früher war das Luxus) zukommen – vor allem dann, wenn sich dadurch Schuldgefühle wegen eigener Privilegiertheit abschwächen lassen.

Die zentrale Frage bleibt aber, ob das Land in der Lage ist, genug solcher Güter herzustellen oder verfügbar zu machen, daß auch jeder einzelne in ihren Genuß kommt. Sollte dies nicht möglich sein, so nützt es gar nichts, die Kaufkraft zu verteilen, die dazu dienen könnte, sie zu kaufen. Weil ein Teil der Bevölkerung über großen Luxus verfügt (und entsprechende Einkünfte erhält), hat sich die Meinung festgesetzt, daß man nur diese Einkünfte kräftig beschneiden und gleichzeitig eine entsprechende Anhebung in den Masseneinkünften bewirken müsse, damit eine Erhöhung des allgemeinen Lebensstandards dadurch schon gesichert sei. An den Fakten gemessen ist dieser weitverbreitete Glaube jedoch falsch. Eine Umverteilung der Einkünfte mag aus Gründen sozialer Gerechtigkeit wünschenswert sein, und ich werde auch diesen Aspekt noch in Erwägung ziehen, aber unter dem Gesichtspunkt einer Vermeidung der Inflation wäre eine solche Umverteilung jedenfalls der Produktion nicht förderlich.

In Wahrheit ist die Zahl der wirklich reichen Leute so gering, daß die Verteilung ihres Reichtums nur eine sehr geringfügige Wirkung auf die allgemeine Lage hervorrufen könnte. Für England ist so ausgerechnet worden, daß bei einer Verteilung aller Nettoeinkommen über 5000 Pfund pro Jahr dies für jeden Engländer bloß 30 Pence pro Woche Mehreinnahmen erbrächte*; und selbst wenn alle Nettoeinkommen über 2000 Pfund pro Jahr auf diese Weise unter die Leute gebracht würden, kämen auch nicht mehr als 1,56 Pfund pro Woche zusätzlich in jedermanns Geldbeutel. Ein Jahresnettoeinkommen von 2000 Pfund, entsprechend einem Wochenlohn von 40 Pfund, ist aber bereits weniger, als manch ein Mann im blauen Overall nach Hause trägt. Tatsächlich gab es in ganz Großbritannien

* Laut dem ›*Economist*‹ wären damit nur 3,3 Pence pro Person gewonnen.

1970/1971 nicht mehr als 99 000 Menschen, die im Jahr ein Nettoeinkommen von über 5000 Pfund für sich verbuchen konnten, und nur 600 verdienten über 10 000 Pfund netto im Jahr. Seit diesem Jahr – dem letzten, aus dem Daten vorliegen – dürfte die Inflation viele Leute in höhere Steuerklassen gebracht haben, aber prinzipiell ändert dies nichts. Zudem wird der Abstand zwischen Reich und Minderbetucht noch durch die Sozialleistungen verringert.

Das zentrale Faktum aber, so wenig erfreulich es auch für manche sein mag, ist aber dies: Eine Bevölkerung kann als Ganzes nicht einen Lebensstandard haben, der über dem Durchschnitt liegt, und dieser Durchschnitt ist geringer, als viele denken. Im Jahr 1971 betrug das Durchschnittseinkommen pro *Haushalt* in Großbritannien ziemlich genau 2000 Pfund im Jahr. Wenn also die Kaufkraft absolut *gleichmäßig* im ganzen Land verteilt werden sollte, müßten viele britische Arbeiter und Werkmeister feststellen, daß ihre Löhne sich verringert hätten. So ist die Wurzel der Inflation eine *unrealistische Vorstellung über die Menge des Reichtums, den das Land produziert.* Schuld daran haben verbreitete Annahmen über die Produktivität einer Industriegesellschaft, wie sie vor allem durch die Werbung und durch Medienberichte über das Leben der Reichen genährt werden, die den Eindruck verbreiteten Reichtums erwecken.

Wie wenig die Regierungen der Linken mit diesen Fakten rechnen, wird gut illustriert durch die Versprechungen der 1973 gewählten Labour-Regierung, die Zusagen machte, deren Einlösung 2,5 Milliarden Pfund gekostet hätte. Wenn aber alle Einkommen, die nach Abzug der Steuern eine Höhe von über 2000 Pfund erreichen, konfisziert würden, so erbrächte dies doch nur 1,629 Milliarden Pfund. Selbst durch eine Einkommenskonfiszierung könnte also die Diskrepanz nicht beseitigt werden – dies vermag allein eine Inflation. Selbstverständlich hatte die Regierung nicht die Absicht, irgend etwas durch derart drakonische Maßnahmen zu erreichen; am allerwenigsten hätte sie die Absicht haben können, die jährlichen Nettoeinkommen zwischen 2000 und 3000 Pfund anzutasten, von denen über 1 Milliarde Pfund der 1,629 Milliarden zu gewinnen wären. So mußten ihre Pläne eine scharfe Inflation einkalkulieren. Tatsächlich wäre eine Inflation von 17,5 % pro Jahr in der Lage, die benötigte Summe einzubringen.

So sehen wir, daß neben den Lohnerhöhungen auch die Ausgabenfreudigkeit der öffentlichen Hand die Inflation wesentlich vorantreibt. Ein unausgewogener Jahreshaushalt ist inflationstreibend, und selbst ein ausgewogener vermag dies zu sein, wenn man sich bei der Ausgleichung darauf verläßt, daß die Inflation ihren Teil dazu beitragen werde.

Es wird aber häufig argumentiert, daß aus Gründen der Gerechtigkeit eine gleichmäßigere Verteilung der Einkommen anzustreben sei – wiewohl dies ja nicht unbedingt große Lohnsteigerungen rechtfertigen müßte. Aber da gibt es nun eine weitere Schwierigkeit: Angleichung der Einkommen würde das Verhältnis von Sparen und Ausgeben durcheinanderbringen. Da arme Bürger einen viel kleineren Teil ihres Einkommens sparen als reiche, würde durch eine Gleichverteilung nicht nur die Nachfrage nach Waren ansteigen – auch die Spareinlagen würden zurückgehen. Dadurch würden die Zinssätze steigen, und Geld wäre teuer. Die Industrie wäre dadurch abgeschreckt, neue Projekte zu starten, denn nur wenn diese außergewöhnlich viel Profit abwerfen könnten, würden sie auch die fälligen hohen Zinsen für das geliehene Kapital einbringen. Es kommt hinzu, daß nun die Rücklagen der Firmen an Wert verloren haben, so daß die Unternehmen keine neuen Pläne ohne geliehenes Geld verwirklichen können. So erhalten wir die in der Wirtschaftsgeschichte neue Kombination von industrieller Stagnation und Inflation – die sogenannte Stagflation –, die in England bereits zur »Katastroflation« wird.

Hält sich eine Inflation innerhalb gewisser Grenzen, so wirkt sie fördernd auf die gesamte Wirtschaft, denn dann werden die Rohstoffe auf einem bestimmten Preisniveau eingekauft, die Fertigwaren aber auf einem höheren Preisniveau wieder weiterverkauft. Die allgemein herrschende Prosperität gleicht aber den geringen Schwund des gesparten Geldes wieder aus. Eine »Stagflation« hingegen ist für alle Bürger nachteilig.

Mit alldem soll mitnichten gesagt sein, daß die sehr hohen Einkommen einer Minderheit gerechtfertigt seien, gleich, ob es sich um Fußballstars oder Finanzgrößen handelt. Noch weniger akzeptabel erscheinen die hohen Spekulationsgewinne und die Profite aus Manipulationen auf dem Geldmarkt. Es ist nur natürlich, daß schlecht bezahlte Angestellte sauer reagieren, wenn sie lesen müssen – wie das erst jüngst der Fall war –, daß ein Mann 5 Millionen Pfund

Sterling in wenigen Monaten zusammenraffte. Die praktische Frage, die bislang noch niemand zu beantworten versucht hat, lautet aber: Welcher Grad von Ungleichheit reicht eben noch aus, um erstens den nötigen Anreiz für hartes Arbeiten und das Eingehen von Risiken zu geben; zweitens die Stufungen zu markieren, die Unterschiede in Fähigkeiten, Erfahrung und Verantwortlichkeit zum Ausdruck bringen sollen; und drittens die angemessene Ausgewogenheit zwischen Geldausgaben und Geldersparnissen zu garantieren?

Gegenwärtig scheint Großbritannien diesen Prozeß am weitesten vorangetrieben zu haben: Es gibt nur sehr wenige Einkommen, die über dem Vierfachen des nationalen Durchschnittseinkommens liegen, und nur sehr wenige, die unter die Hälfte dieses Betrags fallen. (Man vergleiche dagegen das entsprechende Verhältnis Rußlands von 40 : 1.) Dieser Wandel ist sehr schnell herbeigeführt worden. Kein Wunder, daß viele der strebsamsten und schöpferischsten Menschen das Land verlassen. Es wird lehrreich sein, welche Auswirkungen dies auf lange Sicht haben wird und ob andere Länder dieses Beispiel nachzuahmen versuchen.

Geht eine Gesellschaft in ihren egalitären Bestrebungen allzu weit, so entmutigt sie jene, die für viele Jahre bereit sind, sehr eingeschränkt zu leben, stets hoffend, der schließlich sich einstellende Erfolg werde schon für alles, was ihnen bis dahin entgangen war, entschädigen – eine Haltung, die für nicht wenige Künstler und Schriftsteller zutrifft, aber auch für Erfinder, Ärzte, Bergwerksgesellschaften und Unternehmer, die neue Produkte auf dem Markt einführen wollen. Da ihre Anstrengungen den Kuchen vergrößern, von dem die ganze Gesellschaft zehrt, dürfte es in jedermanns Interesse sein, daß vor den Nasen dieser Leute zumindest das Hoffnungsbild eines besonders großen Kuchenstücks baumelt, das ihr Eigentum zu werden verspricht.

Heutzutage aber verrennen wir uns immer mehr in den unproduktiven Disput darüber, wie die Größe der einzelnen Stücke des Sozialkuchens festzusetzen sei, anstatt daß wir darum bemüht sind, den Kuchen im Ganzen zu vergrößern. Wie weit dieser Futterneid gehen kann, wurde deutlich durch eine Meinungsumfrage, in der die Leute gefragt wurden, was ihnen lieber wäre: daß jedermann 4 Pfund pro Woche mehr erhalten solle oder daß der Befragte 5 Pfund mehr erhalten solle, jeder andere aber 6 Pfund. Die meisten der befragten

Einwohner Großbritanniens entschieden sich für 4 Pfund Lohnerhöhung bei gleichen Bedingungen für alle. Lieber schneidet man sich ins eigene Fleisch, als daß der andere etwas dicker wird.

Wie sollen wir da die Inflation aufhalten können?

Ist Inflation kurierbar?

Es gibt eine Richtung in der Wirtschaftswissenschaft – in den USA ist sie recht einflußreich –, die behauptet: Preise und Löhne können gar nicht steigen, wenn das Geld nicht da ist. Daraus ziehen sie den Schluß, man müsse bloß den Geldhahn zudrehen, und alles sei bestens. Mr. Burns vom Federal Reserve Board vertritt, während ich dies schreibe, einen derartigen Standpunkt. Es gibt sogar Leute, die gehen so weit, zu behaupten, daß die Vermehrung des Geldes allein die Ursache der Inflation sei. Das mag seine Richtigkeit gehabt haben in Zeiten, als Gold die alleinige Währung war; heutzutage aber ist das reiner Unsinn. Die Banken sind bereit, Kredite zu geben, aber es geschieht ja so lange nichts, bis die Kunden von draußen dann auch tatsächlich mit Kreditwünschen an die Banken herantreten. Das ist häufig genug vorexerziert worden, wenn Regierungen, um einen Abschwung aufzufangen, die Kreditbremsen lockerten. Zwar stimmt es, daß durch Verknappung der Geldzufuhr ein Boom in eine Rezession umkippen kann. Aber das sind viel zu grobe Methoden. Wer über den Geldhahn die Wirtschaft regulieren möchte, ruft nichts weiter hervor als eine Reihe von Schluckaufs.

Es ist der Irrtum der Männer mit der Geldspritze, daß sie glauben, es gebe eine bestimmte Menge Geld – nicht zuviel, nicht zuwenig –, die allein schon wirtschaftliche Stabilität garantiere: also Vollbeschäftigung bei stabilen Preisen. Leider, leider liegen sie falsch. Noch ehe man nämlich die Inflation zum Abebben gebracht hat, hat man auch schon die Wirtschaft auf Talfahrt geschickt und ist fest dabei, die Arbeitslosigkeit hochzutreiben. So erhält man auf dem Punkt des Gleichgewichts eben die «Stagflation» – eine stagnierende Wirtschaft mit anhaltender Inflation. Es fließt zuwenig Geld in die Rücklagen, weil das Verhältnis von Ausgaben und Ersparnissen falsch ist. Die peinliche Wahrheit ist eben, daß ein kapitalistisches System nur dann funktioniert, wenn die Einkommen ziemlich ungleich verteilt sind. Eine größere Annäherung an gleichmäßige Verteilung wäre nur dann möglich, wenn die Einkommensempfänger mehr sparen und weniger ausgeben.

Da dies so ist, kann durch Regulierung des Geldmarkts ein Inflationsstillstand bloß um den Preis der Arbeitslosigkeit erzielt werden. Aber auch das geht heute nicht mehr so einfach wie früher, da ja ein Arbeitsloser bis zu zwei Drittel seines Verdienstes an Unterstützungsgeldern erhält. Dadurch reduziert er seinen Aufwand für Lebenshaltung und Konsum auch nicht derart scharf, wie das früher der Fall sein mußte. Daraus folgt, daß die Arbeitslosigkeit breitere Bevölkerungskreise betreffen muß, ehe sie sich inflationsdämpfend auswirkt. Kaum eine Regierung ist aber bereit, eine entsprechende Arbeitslosenzahl hinzunehmen, weil sie wahrscheinlich unter diesen Umständen auch nicht sehr lange an der Macht bleiben könnte.

Die Geschichte Deutschlands lehrt uns, daß heute die Völker nicht mehr bereit sind, still und gottergeben vor sich hin zu hungern. Sie laufen vielmehr hinter jedem Führer her, der ihnen in Aussicht stellt, die Ordnung wieder zu festigen, wie hoch der Verlust an Freiheit auch dabei sein mag. Zudem können wir heute beim Knappwerden von Lebensmitteln und Brennstoffen mit einem ungleich größeren Ausmaß an Gewaltanwendung rechnen. Wenn in Amerika bereits Fernlastfahrer ihre Arbeitskollegen, Wagenbesitzer ihre Tankstellenwarte erschossen, weil sie ihnen kein Benzin zur Weiterfahrt gaben, dann werden noch ganz andere Dinge passieren, sobald erst einmal Essen, Trinken und Heizwärme zu Mangelwaren geworden sind.

Die Frage stellt sich, ob die daraus resultierende öffentliche Unruhe schließlich in völlige Anarchie ausarten wird, wieweit eine solche Situation dann von politischen Gruppen ausgenutzt werden mag und ob schließlich charismatische Führerfiguren erscheinen, um eine Lösung zu erzwingen.

Wenn zuletzt eine Regierung der starken Männer die Inflation gebannt haben wird , dann erhebt sich ein neuer Boom schon bald aus der Asche des alten. Die Opfer, die Arbeitslosigkeit für viele Menschen mit sich bringt, wären vielleicht noch erträglich, sofern dadurch eine Ein-für-allemal-Lösung herbeigeführt werden könnte.

Dem ist aber nicht so. Also wird die Geschwindigkeit nur verringert, indem man in Abständen auf die Bremse steigt, anstatt daß man lediglich das Gas wegnimmt.

Auch das Einfrieren von Löhnen und Preisen führt nicht zum Erfolg. Das Einfrieren von Preisen bewirkt gar nichts, sofern die Kaufkraft doch weiter ansteigt; es gibt dann eben einen schwarzen Markt. Hinzu kommt erschwerend, daß hierdurch viele Firmen bankrott gehen, da sie bei hohen Löhnen billig verkaufen müssen. Ebenso können die Löhne auch nur vorübergehend für ein paar Wochen eingefroren werden, denn lange halten die Gewerkschaften ja nicht still, weil ein dauerndes Einfrieren sie um ihre Existenzberechtigung brächte. Außerdem müßten Lohneinfrierungen die bestehenden Ungerechtigkeiten verewigen und eine Anpassung an wechselnde Bedingungen verhindern. Industrien, die nicht über genügend Arbeitskräfte verfügen, wären dann auch nicht in der Lage, die fehlenden Kräfte durch höhere Lohnangebote herbeizulocken.

Unlogisch sind auch Bestrebungen, die Löhne in eine feste Relation zum Lebenshaltungskostenindex zu bringen, weil dadurch die Kaufkraft nur erhöht wird, die doch gerade mittels des Preisanstiegs reduziert werden sollte. Aber es ist verständlich, daß die Wähler auf Preissteigerungen bei Lebensmitteln besonders empfindlich reagieren, weil ja jeder essen muß und gerade hier schärfere Einschränkungen nicht möglich sind. Wenn also auf dem Weltmarkt die Lebensmittelpreise steigen, wird die Forderung, hier müsse jetzt endlich etwas getan werden, nicht mehr abzuweisen sein. Subventionen und Preiskontrollen geben dann wenigstens den Anschein, daß die Politiker ein Augenmerk auf dieses Problem haben und damit fertig zu werden versuchen, auch wenn auf weite Sicht alles damit nur noch schlechter wird.

In einer Welt, die allein von rationalen Gesichtspunkten sich leiten ließe, würde zweifellos eine Lohnpolitik ausgearbeitet werden – flexibel für künftige Entwicklungen, versteht sich –, die alles in allem darauf abgestellt wäre, die verfügbare Kaufkraft in ein Gleichgewicht zu den angebotenen Gütern zu bringen. In einer rational geordneten Welt müßten es die Gewerkschaften als ihre Aufgabe ansehen, untereinander auszuhandeln, wie die einzelnen Anteile an dem insgesamt verfügbaren Kuchen zu verteilen wären. Schwierig wäre dies gewiß, unmöglich ist es nicht. Die Schwierigkeiten liegen in der

Natur des Menschen. Jeder Gewerkschaftsführer müßte sich im eigenen Interesse einer solchen Lösung widersetzen, weil er ja in den Augen seiner Gefolgsleute so keine Existenzberechtigung mehr hätte, also befürchten müßte, schleunigst abgewählt und durch aggressivere Funktionäre ersetzt zu werden, die etwas für ihre Gruppe herauszuholen verstehen, ganz gleich, wie die Auswirkungen für andere sind.

Das logische Gegenstück zu einer Einkommenspolitik oder irgendwelchen Maßnahmen in dieser Richtung wäre dann, die Leistungsfähigkeit durch höchst augenfällig wirksame und keine Kosten verursachende Schritte anzuspornen: also Abschaffung des Krankfeierns, der Drückebergereien, der Kompetenzpalaver, der Unpünktlichkeit und all der anderen geheiligten Mittel zur Verringerung der Leistungsfähigkeit. Der Wunsch, einmal innegehabte Positionen sich auch zu bewahren, ist völlig natürlich, und jeder wird verstehen können, daß ein Mensch es als bitter empfindet, wenn seine Fähigkeiten nicht mehr gefragt sind. Aber die Gewerkschaften haben sich gegen diskutable Verfahrensweisen gesträubt, mit denen die Anwerbung neuer oder die Umschulung älterer Arbeitskräfte reduziert werden sollte, und ebenso gegen die Frühpensionierung. Daß ein Hersteller elektrischer Lokomotiven einen Heizer durchzieht, wiewohl dieser nur in kühler Luft stochern könnte (und dazu einen Elektriker, der die Sicherungen wieder reindrücken kann, die der Lokomotivführer eventuell rausspringen läßt), ist schlechterdings grotesk. Wo mehr Effizienz und wirkliche Produktivität herrschen, wirkt sich dies inflationshemmend aus.

Dabei darf man nicht außer acht lassen, daß die Regierungen ja selbst mitverantwortlich für die Inflation sind, da ihre Haushaltspolitik oft genug die Balance von Rücklagen und Ausgaben stört. Und mit Mißerfolgen kämpfende Regierungen, vor allem solche der Linken, sind keineswegs der Inflation so abhold, wie sie im allgemeinen zu sein vorgeben. Und da liegt der Hund begraben.

Selbst Regierungen der Rechten verhalten sich ziemlich lau gegenüber der Inflation, denn dort werden die Bürger einfach in höhere Steuerklassen befördert, was natürlich das Steueraufkommen erhöht und die Haushaltsschaukel sanfter schwingen läßt. Und auch sie gewähren Konzessionen wie höhere Pensionen oder Steuererlässe bei der Einkommenssteuer! So läßt sich billig Popularität erhaschen, während doch alle Gruppen darunter zu leiden haben.

Doch schlimmer noch: Linksregierungen bedienen sich freizügigst der Inflation als eines Mittels zur stillschweigenden Vermögensenteignung der Reichen. Daß sie dabei auch die kleinen Sparguthaben von Herrn Jedermann auszehren, ist unerheblich, wenn nur ererbter Wohlstand zusammenschmilzt. Tatsächlich ist ja die Mittelklasse am stärksten betroffen, denn die ganz reichen Leute verfügen über Grundbesitz, kostbare Gemälde und andere Wertobjekte, die vom Währungsverfall nicht berührt werden. Wer wirklich zu klagen hätte, ist der Mann mit einer ausgesetzten Leibrente oder mit fester Versicherungssumme. Von Gerechtigkeit nun einmal abgesehen, trifft die Inflation ja vor allem den Sparer, nicht den fröhlichen Geldausgeber. Dadurch werden jene geschwächt, die am meisten für die Zukunft vorsorgen. Leider wird von den Regierungen privater Verantwortungssinn für die Zukunft nicht respektiert, weil sie lieber selber die Zukunft bestimmen wollen.

Zuletzt sei noch darauf hingewiesen, daß den Kommunisten die Inflation ins Konzept paßt, weil sie sich davon das allgemeine Chaos erhoffen, in dem sie zur Macht kommen könnten. So verbinden sich Kommunisten und Sozialisten zu einer unheiligen Allianz.

Inflation läßt sich dadurch unterdrücken, daß man die Arbeitslosenzahl ansteigen läßt. Ohnehin ist schon klargeworden, daß wir in einer parlamentarischen Demokratie nicht gleichzeitig Vollbeschäftigung, freies Aushandeln von Löhnen und stabile Preise haben können. Will die Regierung die Preise kontrollieren, so muß sie auch die Löhne kontrollieren; wenn sie das aber versucht, ist sie die längste Zeit Regierung gewesen. Da aber niemand, am wenigsten in Großbritannien, auf eine der drei Möglichkeiten zu verzichten gewillt ist, so muß daraus gefolgert werden, daß entweder die Demokratie geopfert werden muß oder die Inflation weitergeht.

Wer überleben will, muß also entweder in eine starke Gewerkschaft eintreten oder Selbständiger sein oder so rasch wie möglich das Zeitliche segnen, sobald ihn seine Kräfte verlassen.

Der Betrug mit dem Gold

Wenn dies auch beileibe keine wirtschaftswissenschaftliche Abhandlung sein möchte, weshalb ich auch hier nur einige Lichter aufgesetzt habe, welche die Situation schlagartig beleuchten, so muß hier doch noch einiges über die Auswirkungen der Inflation auf die Handelsbilanz gesagt werden. Eine der ungünstigsten Nebenwirkungen der Inflation ist nämlich, daß sie Importe ins Land zieht aus anderen Ländern, die weniger unter Inflation leiden, weshalb die Exporte entsprechend teuer werden. Dies führt dazu, daß sich die Handelsbilanz verschiebt. Das Einfuhrland muß den Unterschied mit Gold bezahlen; nur wenige Länder haben genug Gold, um das lange durchzustehen. Hält diese Situation weiter an, so müssen sie sich aufs Schuldenmachen verlegen, wie Großbritannien dies gegenwärtig tut. Eines Tages aber ist der gute Wille der Gläubigerstaaten erschöpft; im Falle Italiens war es bereits soweit.

Wenn ein Land mit negativer Handelsbilanz es fertigbringt, eine Deflation vorzunehmen, so wird dadurch die Importfreudigkeit verringert. Aber – und dies wird von vielen Autoren bei der Behandlung finanzieller Probleme übersehen –: Wenn die Verbraucher irgendeine besondere Ware haben möchten, die nur ein anderes Land ihnen liefern kann, so bedürfte es schon einer ganz schweren Deflation, um sie zuverlässig vom Kaufen abzuhalten – einer so schweren Deflation, wie ich meine, daß sie einem Zusammenbruch der binnenländischen Wirtschaft gleichkäme. Ein Land, dessen Herstellungsmethoden nicht rationell sind, das Produkte mit schlechtem Design verkauft oder unzuverlässige und altmodische Erzeugnisse, wird Schwierigkeiten beim Export haben, während die Verbraucher des eigenen Landes lieber die ansprechendere Importware kaufen als Dinge eigener Produktion, selbst wenn dies teurer kommt. Allzuoft versuchen Politiker den Export durch finanzielle Manipulationen zu beleben, übersehen aber dabei diese mehr grundsätzlichen Gegebenheiten.

Befindet sich ein Land in einer solchen Sackgasse, so hat es die Möglichkeit, seine Importe auf bestimmte Quoten zu begrenzen; aber eine solche Maßnahme provoziert leicht Gegenmaßnahmen der Exportländer, und zudem lassen vielfach die Handelsabkommen vor allem in Europa solche Schritte nicht zu. Nun ließe sich noch die

Parität der Währung ändern, aber auch dies ist unpopulär und macht die Rohstoffe teurer.

Wenn aber die Rohstofflieferanten nicht mehr bezahlt werden können, werden sie ihre Lieferungen auch bald einstellen, wodurch das Importland in Arbeitslosigkeit, Bankrotte und wirtschaftlichen Zusammenbruch getrieben wird.

In der Tat besteht hier eine Zwickmühle. Läßt man die Inflation wiederaufleben, um die Nachfrage zu sichern und eine Depression abzuwenden, dann kippt die Handelsbilanz und auch die Währungsparität. Wird nichts unternommen, dann ist gleichwohl die Inflation mit allen ihren Problemen da. Besonders gefährlich ist in einer solchen Situation der Umstand, daß für die Abwicklung des Welthandels nur erstaunlich geringe Goldbestände zur Verfügung stehen. Heute gleichen viele Länder Firmen mit unzureichendem Handelskapital. Außer einigen Finanzexperten machen sich nur wenige Leute klar, wie gering in Wirklichkeit die für den Welthandel verfügbaren Goldreserven sind, wenn man sie mit dem gesamten Handelsvolumen vergleicht. So hatte zum Beispiel Frankreich größere Goldbestände als die meisten Länder, doch überstieg sein Handelsdefizit im Jahr 1974 die gesamten Reserven. Nun kann ein Land zwar ein schlechtes Jahr durchstehen (selbst drei oder vier schlechte Jahre), aber eine Kette schlechter Jahre führt in die Pleite.

Es kommt hinzu, daß der Welthandel stärker expandiert als die Goldförderung, so daß die Nationalwährungen sich zunehmend an einem steigenden Goldstandard zu messen haben. Anders gesagt: Der Goldpreis geht fortwährend in die Höhe, was jenen Ländern nur recht sein kann, die wie Rußland und Südafrika selbst Gold gewinnen.

Im Jahr 1973 wurde durch die gemeinsame Aktion der Ölförderländer (OPEC) ein Schraubenschlüssel in diese verletzliche Maschinerie geworfen. Sie hoben die Ölpreise beträchtlich an, wodurch sie den Rest der Welt in ein Defizit schlittern ließen. Wenn das System des globalen Geldumlaufs weiter funktionieren soll, so ist es unerläßlich, daß die Ölländer das Gold wieder in den Kreislauf einspeisen, entweder durch Investitionen oder durch Ankäufe. Wichtig ist, auf welche Weise sie dann die Wahl zwischen beiden Alternativen treffen, da hiervon das Verhältnis zwischen Rücklagen und Ausgaben berührt wird. Kaufen sie wild drauflos, so könnte dies in den Ländern, in denen sie einkaufen, zu einer Inflation führen. Legen sie alles Geld zurück, wäre eine Depression die Folge. Da die Finanzminister der Industrieländer nicht wissen, nach welcher Seite das Ölgeld letztlich rollen wird, wissen sie auch nicht recht, ob sie jetzt auf Inflation oder auf Deflation schalten sollen. Das ist ein Spiel, bei dem ein einziger Spieler fast alle Trumpfkarten in der Hand hält.

Im 19. Jahrhundert befand sich Großbritannien als Lieferant der ganzen Welt in einer ähnlichen Position. England scheffelte Gold, lieh es aber prompt wieder an seine Kundenländer aus, wodurch diese fleißig weiterkaufen konnten. Natürlich waren die riesigen Schuldsummen, die so nach und nach aufliefen, in den Kamin zu schreiben – ganz klar, denn die unterentwickelten Länder konnten Großbritannien nicht mit Importen überschwemmen und so mit tatsächlichen Gegenwerten für ihre Einfuhren aufwarten. Zweifellos werden auch die arabischen Darlehen eines Tages verfallen. Ich werde später noch Gründe für die Erwartung anführen, daß andere Länder mit ebenfalls begehrten Gütern versuchen könnten, den arabischen Schachzug zu wiederholen, wodurch der Welthandel noch schwieriger würde.

Mittlerweile sehen sich die westlichen Länder mit negativen Handelsbilanzen konfrontiert. Da ihre Einwohner mehr für das Öl ausgeben müssen (gleichgültig, ob sie es nun direkt kaufen oder über die erhöhten Preise anderer Waren), bleibt weniger Geld für andere Dinge übrig. Wenn nun die Araber hier nicht einspringen, um Waren in entsprechendem Umfang zu kaufen, könnte der Effekt deflationistisch sein. Versuchen sie aber die Lücke zu füllen, kaufen dabei aber jedoch Waren anderer Art – mehr Flugzeuge und Lokomotiven als Geschirrspülmaschinen und Fernsehapparate –, dann werden die Industrieländer zu aufwendigen und mühseligen Strukturwandlungen in ihrer Wirtschaft gezwungen sein.

Schließlich ist klar, daß es für jedes Land mit günstiger Handelsbilanz ein Partnerland mit ungünstiger Handelsbilanz geben wird. Wenn daher von Politikern Export um jeden Preis gefordert wird, wie das gegenwärtig populär ist, so tanzt man damit auf des Messers Schneide. Denn massive Exporte setzen ein Land einem nicht geringen Risiko aus, da ein Anhalten der Nachfrage nicht garantiert werden kann. Solange die Welt so zersplittert ist wie heute, wäre es sinnvoller, sowohl Exporte als auch Importe nach Möglichkeit einzuschränken.

Weltweiter Kollaps – was dann?

»Schlittert die Welt wieder in eine Wirtschaftskrise wie die von 1929?« fragte die *›Financial Times‹* Mitte 1974, während der *›Economist‹* schlicht die »bevorstehende Depression« ankündigte.

Die Wirtschaftsfachleute empfehlen, auf eine Zunahme der Bankrotte ein Augenmerk zu haben. Aber nationalisierte Industrien können selbstverständlich gar nicht bankrott gehen, und die Regierungen sehen es auch sonst nicht gern, daß wichtige Firmen zusammenbrechen, die viele Arbeitnehmer beschäftigen oder die für das Nationalprestige von Bedeutung sind. Wenn solche Firmen um Hilfe bitten, dann sind die ersten Warnlampen schon angegangen. Wenn aber der Staat es nicht mehr vermag, ihnen aus der Patsche zu helfen, dann schrillen bereits die Alarmglocken. Etwa ein Jahr nach dem defizitären Abschluß größerer Firmen – so lehrt uns die Wirtschaftsgeschichte – beginnt das Bruttosozialprodukt abzufallen. Ein weiteres Jahr danach beginnt die Arbeitslosigkeit zuzunehmen. Im März 1974 stellte der *›Economist‹* fest, daß die Defizite zunahmen und gegen Ende des Jahres die Anzahl der Bankrotte ein Maximum erreicht hatte. Andere Firmen hatten sich an die Regierung gewandt mit der Bitte um Unterstützung angesichts drohenden Ruins. Für viele Länder zeichnen sich trübe Perspektiven ab.

Gewiß, Depressionen kommen und gehen auch wieder vorüber, aber eine große weltweite Depression im Stil von 1929 ist doch etwas ganz anderes. Schon haben die Börsenwerte einen Kursabfall erleben müssen, der über Wertverluste des Jahres 1929 hinausgeht. Damals aber brach zehn Jahre nach den großen Kursstürzen der Zweite Weltkrieg aus. Sollte sich Geschichte exakt wiederholen – was sie natürlich nicht tut –, dann stünde uns bereits für das Jahr 1984 ein dritter Weltkrieg ins Haus. Mag dieses Datum auch nicht verläßlich sein, so bleibt doch aber das Risiko eines weltweiten Kriegs im Gefolge der weltweiten Depression.

Wie ich bereits ausgeführt habe, wird der kommende Rutsch nach unten möglicherweise auch wieder in eine neue Aufwärtsentwicklung übergehen können, sofern nur ein Krieg und die Ausbreitung des Kommunismus verhindert werden. Doch wenn sich die Katastrophe in der ersten Runde noch vermeiden läßt – eine Garantie für den weiteren Verlauf gibt es nicht.

Kapitel 11
Elite ohne Charisma

Ja, welch ein Wahn, dem Staate Geld zu geben! Dann lieber gleich es in die Gosse schmeißen.

A. P. Herbert

Verlust der Legitimation

Am Rathaus so mancher europäischen Stadt prangt eine kunstreich erdachte Uhr, die nicht nur die Stunde des Tages, sondern auch die Mondphasen anzeigt und deren Werk außerdem zu bestimmten Tageszeiten eine Spielmechanik in Gang setzt. So versammelt sich stets um die Mittagszeit eine Menge von Schaulustigen vor diesen Rathäusern, um sich mit Glockenklang die Mitte des Tages verkünden zu lassen und die Figurenspiele zu bewundern, welche diesen zeitlichen Einschnitt nach dem Willen des Konstrukteurs augenfällig markieren. Da öffnen sich dann Schlag zwölf kleine Türen, aus denen Herolde mit einer Verbeugung ins Freie treten, während Trompeter zu blasen beginnen, Zimmerleute Holz sägen, alte Männer ihre Humpen leeren, Pärchen im Tanz sich drehen – und rasch zieht die Sonne über ihnen dahin, die da unbesorgt ihrer Arbeit wie ihrem Vergnügen nachgehen.

Unsichtbar bleibt, wie hinter diesen Figuren und ihrem eitlen Treiben die großen rostigen Zahnräder sich knirschend drehen, wie verzogene Holzbalken gegeneinander gleiten und sich ruckartig bewegen, wie Bleigewichte herabsinken, während gebrechliche Hemmungsräder surren und schwirren, als sängen da verstörte Vögel in einem Käfig.

Diese Art von Uhren erinnert an viele demokratische Regierungen: fünfhundert Jahre alt nach Machart und Erscheinungsbild, kaum brauchbar für moderne Erfordernisse, stets in Gefahr, morsch und rostzerfressen in sich zusammenzufallen – ein Wunder, daß sie überhaupt noch funktionieren. Aber es gibt schon Anzeichen, daß einige nicht mehr lange so gehen werden wie bisher.

In vielen Ländern steht die Unzufriedenheit mit dem Staatssystem (nicht zu verwechseln mit der Unzufriedenheit, die sich gegen eine bestimmte Regierung richtet) vor dem Punkt ihrer Entladung. Die Bestrebungen regionaler Gruppen, sich aus dem Staatsverband zu lösen und Eigenstaatlichkeit zu gewinnen, sind teilweise unter diesem Aspekt zu sehen. Aber das Vertrauen in die Fähigkeit der Regierungen zur Bewältigung der anstehenden Probleme ist selbst bei gestandenen Bürgern dahingeschwunden, von Extremisten ganz zu schweigen. Es ist ein Zeichen der Zeit, wenn Männer aus dem lokalen Verwaltungsapparat die Regierung eines Landes offen kritisieren, und dies nicht etwa unter Parteigesichtspunkten, sondern nach allgemeinen Kriterien. So hat der Vorsitzende des Komitees für Allgemeinbelange des Rats von Groß-London, Dr. Stephen Hasler, öffentlich verlautbart, daß sich auf lokalpolitischer Ebene »zunehmend eine Haltung der Ablehnung gegenüber der Gleichgültigkeit der Staatsführung in bezug auf die alarmierenden Probleme« breitmache, mit denen sich das Land konfrontiert sehe. Und er rief die Politiker auf, ihre »unerträgliche und leichtfertige Fixierung auf Parteiklüngelei im Stile von Anno Tobak« zu beenden.

Nicht anders sieht es in Amerika aus. »Überall herrscht Unzufriedenheit mit der größten und am schnellsten wachsenden Institution dieser Art, dem modernen Staatsapparat, aber auch Zynismus hinsichtlich seiner Effizienz«, stellte Peter Drucker in seinem Buch *»Age of Discontinuity«* fest, das er lange vor Watergate geschrieben hatte.

Toynbee hat gezeigt, wie Kulturen zusammenbrechen, wenn ihren Eliten das Charisma verlorengegangen ist. Zynismus und Zweifel machen sich dann breit, und dies nicht allein in bezug auf die Fähigkeiten, sondern mehr noch hinsichtlich der Zielsetzungen. Wieweit stehen wir tatsächlich noch hinter den Entscheidungen, die unsere gewählten Volksvertreter in unserem Auftrag und für unsere Interessen doch zu fällen scheinen? Immer häufiger begegnet man in Leitartikeln der Redewendung »fehlende gesellschaftliche Legitimation«. Wo solche gesellschaftliche Legitimation zu fehlen scheint, besteht die hohe Wahrscheinlichkeit, daß neue politische Führer auf den Plan treten, um ein Programm zu präsentieren, das zumindest bei oberflächlicher Betrachtung sich mehr im Einklang mit populären Zielvorstellungen befindet. Ein dramatischer Wechsel in der Führung ist dann nicht ausgeschlossen. Vielleicht hat die Abenddämmerung der Demokratie bereits begonnen.

Wähler ohne Illusionen

Während der Frühjahrswahl 1974 sagte ein pensionierter Geschäftsführer im Londoner Osten zu einem Reporter: »Von der Politik hab' ich die Nase voll. Immer dasselbe. Wenn die Leute erst mal 'ne Zeit an der Macht sind, dann vergessen sie die Menschen, für die sie eigentlich einstehen sollten.« Und ein anderer alter Mann fand: »Ich seh' gar nicht, wozu 'ne Regierung überhaupt gut sein soll.« Dick Taverne, der während der Nachwahl in Lincoln von Haus zu Haus ging, berichtete von ganz ähnlichen Äußerungen. »Besonders auffällig war die Enttäuschung über die beiden großen Parteien. ›Denen kann man ja kein Wort glauben‹, hieß es immer wieder.« So Taverne.

Meinungsumfragen lassen erkennen, daß in einigen Ländern die Wähler meinen, es sei gleichgültig, welche Partei sich an der Macht befinde. Zumindest in Großbritannien ist die Zahl der so Denkenden in den letzten fünfundzwanzig Jahren immer größer geworden. Im Jahr 1951 waren nur 20 % der Wähler dieser Auffassung; 1959 betrug ihr Anteil bereits 38 %; 1964 war er auf 49 % gestiegen; 1966 glaubten das über die Hälfte der Befragten. Eine analoge Befragung in Deutschland erbrachte ähnliche Ergebnisse.

Jüngste Umfragen lassen die Gründe dieser Ablehnung der Regierung in ihren Einzelaspekten hervortreten. Dr. Mark Abrams, Direktor des British Social Survey, stellte eine Anzahl von Fragen hinsichtlich der allgemeinen Lebenszufriedenheit der Menschen – also über Gesundheit, Wohnverhältnisse, Ausbildung und Erziehung, finanzielle Lage, menschliche Kontakte, Familienleben – und fand dabei heraus, daß der niedrigste Grad an Zufriedenheit sich auf eine Frage bezog, die lautete: »Wie zufrieden beziehungsweise unzufrieden sind Sie alles in allem mit dem Stand der Demokratie im heutigen Großbritannien?« Am größten war die Unzufriedenheit bei jungen Leuten, vor allem bei solchen, deren Ausbildung sich bis zum 18. Lebensjahr und darüber erstreckt hatte. Bei Auffächerung der Frage in sechs Teilaspekte ergab sich, daß die meiste Kritik an dem allzu geringen Einfluß der Wähler auf Regierungsführung und Verwaltungspraxis geübt wurde und daß es selbst gebildeten Leuten schwerfiel, politische Vorgänge wirklich zu verstehen.

Wie schnell das Vertrauen ausgehöhlt wird, zeigt eine Untersuchung vom April 1974, bei der das Opinion Research Centre die gleichen Fragen stellte, die es genau ein Jahr zuvor gestellt hatte. Die Anzahl der Personen, die großes Vertrauen in das Parlament bekundet hatten, war von 31 auf 27 % zurückgegangen. Fast drei Viertel der Bürger haben also kein großes Vertrauen in die politische Führung! Das ist nun gewiß eine Zahl, die zu denken geben muß. Sie rechtfertigt die Frage, wie lange ein Land auf einer so geringen Vertrauensbasis noch regiert werden kann. Übrigens war das Vertrauen in die lokalen politischen Führungskräfte noch geringer – es fiel von 27 auf 24 %, während das Vertrauen in die ach so gepriesene Verwaltung von nicht eben beeindruckenden 34 % auf noch weniger ansehnliche 29 % zurückging. (Dabei sollte nicht vergessen werden, daß das Vertrauen der Öffentlichkeit in die Gewerkschaftsführungen von 23 auf bloße 11 % zurückfiel, woraus vielleicht gefolgert werden kann, daß ihr Einzug in die politische Arena diesen Kurssturz bewirkt hat.)

Nichts hat wohl zur Desillusionierung der Wähler mehr beigetragen als das Fernsehen, das die Volksvertreter gewissermaßen »nackt« den Augen des Publikums präsentiert. Worte, die auf einer Wahlversammlung recht eindrucksvoll klingen mögen, wirken auf dem Bildschirm häufig prahlerisch und unseriös. »Das Fernsehen bringt sie uns in die Wohnungen, und da kann man nun wirklich sehen, was das für schreckliche Typen sind und wie sie sich widersprechen und sich gegenseitig anmaulen«, sagte eine Ipswicher Hausfrau zu Penny Symon von der ›*Times*‹. »Früher hat man ja nur gelesen, was die da gesagt haben, aber jetzt sieht man sie in ihrer lächerlichen Wirklichkeit, und es ist klar, daß die sich um das Land überhaupt nicht kümmern, sondern nur um sich selber.« Penny Symon bemerkt dazu: »Dies war eine typische Ansicht, die man häufig in ähnlicher Form in den Straßen dieser Stadt von 127 000 Einwohnern hörte.« Und sie zieht die Summe: »Die Vertrauenskluft ist zu einem tiefen Abgrund geworden, und immer wieder hört man: ›Ich hab' die ganze Bande satt!‹ ... Zweifellos hat die satte Selbstzufriedenheit dieser Fernsehdarstellungen, was immer die Darsteller selbst dagegen erwidern mögen, zu diesem Überdruß bei den Wählern geführt, hat Abwehrhaltungen und Ernüchterung wach werden lassen.«

Nicht viel anders liegen die Dinge in den Vereinigten Staaten. Um die Mitte des Jahres 1974 veranstaltete das Institute of Social Research der University of Michigan eine Umfrage, aus der hervorgehen sollte, welche Institutionen für die USA nach Meinung der Befragten besonders von Nutzen seien. Von 8 möglichen Punkten erzielte der Präsident mit seiner Verwaltung nur 3,3, die Bundesregierung nur 3,86. (Die oberste Grenze erreichten die Streitkräfte mit 5,5 Punkten!) Peter Drucker schreibt: »Die Stimmung ist übel. Die arbeitende Bevölkerung verharrt in mißmutiger Passivität. Sie fühlt sich von Politikern, Intellektuellen und Arbeiterführern im Stich gelassen.« Laut ›*Times*‹ charakterisierte der demokratische Gouverneur Jimmy Carter die Wähler wie folgt: »Sie halten Ausschau nach etwas Stabilität und suchen ein wenig Vertrauen in die Regierung, aber zu sehen haben sie in dieser Hinsicht noch nichts bekommen.« Durch Watergate und die damit verbundenen Enthüllungen von Rechtswidrigkeiten aller Art vom Präsidenten bis hinunter in die Stäbe hat die bittere Verachtung der Politik noch weitere Kreise ergriffen.

Endlich beginnen auch die Politiker unscharf wahrzunehmen, daß sie in den Augen weiter Kreise der Bevölkerung jegliche Achtung verloren haben, wiewohl es einige Zeit dauerte, bis diese Säure der Selbsterkenntnis die Schutzschicht ihrer Selbstgefälligkeit durchdrang. Weil die Menschen geradezu verzweifeln müssen, wenn sie die Parlamente draufloswursteln sehen, sind überall Interessengruppen entstanden. Der Labour-Minister Anthony Wedgwood Benn schrieb darüber 1970 eine besorgte Flugschrift für die Fabian Society (eine Vereinigung englischer Sozialisten); darin heißt es: »Tausende solcher Interessen- oder Initiativgruppen sind in Erscheinung getreten: Gemeindeverbände, Freizeitgestaltungsvereine, Zusammenschlüsse von Einzelhändlern, Konsumentenverbände, Gruppen für Kampagnen auf dem Gebiet des Schulunterrichts, Organisationen, welche die Hilfe für alte Menschen, Obdachlose, Pflegebedürftige, für arme oder unterentwickelte Gesellschaften auf ihre Fahnen geschrieben haben, militante Gemeindeorganisationen, Studentengruppen, Anti-Lärm-Ligen und so fort.« Hinzufügen ließe sich: Naturschutzvereinigungen, Gruppen für Geburtenkontrolle und Legalisierung des Schwangerschaftsabbruchs, Kampfgruppen, Bewegungen für die Befreiung der Frau und gegen die Diskriminierung der Homosexuellen, dazu die jeweils wechselnden politischen Interessengruppen.

Wo aber Bevölkerungsgruppen durch eine gemeinsame Kultur verbunden sind – vor allem dann, wenn klare Grenzen sie von anderen Gruppen scheiden –, bietet sich die Möglichkeit an, der Unzufriedenheit durch politischen Abfall Ausdruck zu geben und eine eigene Regierung zu bilden. Es ist charakteristisch, daß Austritte aus einem Staatsverband heutzutage breitere Zustimmung finden als je zuvor.

Stämme statt Staaten?

In meinen jungen Jahren war es eine verbreitete Vorstellung, daß die Welt sich zu immer größeren politischen Einheiten zusammenschließen werde, weshalb eines Tages ein Weltstaat mit einer Weltregierung zu erwarten sei. Der Friede auf der ganzen Erde schien dann gesichert. Damals bildeten sich Bewegungen – die Federal Union war wohl die bekannteste –, deren Ziel es war, diesen Prozeß zu beschleunigen.

Aber wer sich heute etwas umsieht, kann sich wohl kaum darüber hinwegtäuschen, daß eine gegensätzliche Entwicklung immer mehr um sich greift: Große politische Einheiten zerfallen in kleinere, und diese neigen zu weiterer Aufsplitterung. Als Indien aus dem Britischen Empire ausschied, zerfiel es in zwei Staaten: Indien und Pakistan. In der Folge wurde Pakistan geteilt durch den Abfall von Bangladesh. Nepal hätte sich gern von Indien ganz gelöst, wurde aber mit Gewalt in der Vormundschaft des großen Bruders gehalten. In ähnlicher Weise sind die großen territorialen Einheiten Afrikas, die vor fünfzig Jahren noch bestanden, durch die Entkolonialisierung in eine Vielzahl neuer Staatsgebilde auseinandergefallen, deren neue Namen kaum noch zu behalten sind. Und viele dieser neuen Staaten sind eifrig dabei, separatistischer Neigungen verdächtige Minderheiten – und in einem Fall auch Mehrheiten – aus ihren Positionen gewaltsam zu verdrängen: die Sanwi, die Ewe, die Ovambos. Biafra ist noch frisch in Erinnerung. In Äthiopien hat sich die Provinz Eritrea in den Kampf für eine Loslösung begeben, ebenso streben die Somalis im Süden nach Autonomie. Die eritreischen Guerillas, in Libyen ausgebildet, haben dem Kupferbergbau Äthiopiens einen Schaden zugefügt, der in die Millionen Pfund Sterling geht. Im Nahen Osten wiederum sind die Kämpfe der Kurden um Autonomie gegenüber Bagdad eher schlecht als recht beigelegt worden.

Europa bietet kein wesentlich anderes Bild. In Großbritannien gewinnen Bewegungen, die eine Lösung Schottlands und Wales' von der Krone anstreben, gegenwärtig an Stärke. Irland ist längst aus dem Staatsverband ausgetreten. Ulster scheint kurz davor zu stehen. Jetzt erheben sich in Cornwall separatistische Stimmen. In Frankreich befestigen heute Bretonen ein »B« an der Rückfront ihrer Autos und erheben damit Anspruch auf Anerkennung als kulturelle Gemeinschaft. Als der französische Außenminister Messmer 1974 Korsika besuchte, trug die Menge Transparente mit der Aufschrift: »Franzosen raus!« In Belgien zieht sich der Streit zwischen der flämischen und der wallonischen Volksgruppe schon seit Jahrzehnten hin und zeigt keine Zeichen einer Versöhnung. Die Basken Spaniens kämpfen für ihre Selbständigkeit. Kanada sah sich durch die starke französische Separatistenbewegung in der Provinz Québec bedroht. In der Schweiz verlangen die Jurassier einen eigenen Kanton.

Allen diesen Bewegungen liegt das Bewußtsein einer besonderen kulturellen Gemeinsamkeit zugrunde. Aus eigener Kenntnis der Verhältnisse kann ich sagen, daß die Unabhängigkeitswünsche der Schotten und der Waliser nicht allein darauf zurückzuführen sind, daß hier geglaubt wird, eine Regionalregierung sei besser in der Lage, den örtlichen Problemen gerecht zu werden. Mehr noch geht es diesen Leuten darum, daß sie ihre Eigenart bedroht sehen, auf die sie so stolz sind. Aus diesem Grunde bestehen die Waliser so hartnäckig auf dem Gebrauch des Gälischen, ebenso schottische und irische Nationalisten. Wenn sich die Waliser gegen die zunehmende

Besiedelung ihres Landes durch Engländer zur Wehr setzen, so geschieht dies aus der Angst vor Überfremdung und schließlichem Identitätsverlust. Ähnliche Ängste werden im Norden Schottlands laut, wo große Ölvorkommen gefunden wurden. Dieser Eigenstolz erstreckt sich nicht nur auf die Sprache, sondern auch auf andere Eigentümlichkeiten kultureller Art, so etwa auf bodenständige Speisen und Trachten (Porridge und Kilt in Schottland) oder auf kulturspezifische Ausdrucksformen wie Volkslied und Volkstanz (Dudelsack oder die Waliser Harfe). Es ist wichtig, sich klarzumachen, daß der Verlust von dieser Art bodenständiger Identität als ein Verlust individueller Identität empfunden wird. Der Mann, der einem Engländer gegenüber sich stolz als Schotte bekennt, will dadurch auch ein höheres Maß an Individualität gewinnen. Er ist dadurch doch etwas weniger bloße Nummer in unserer immer anonymer werdenden Welt.

Diese psychologische Notwendigkeit erklärt auch manches an dem Widerstand, der sich in vielen Ländern gegen Überfremdung regt, so in der Schweiz, wo in einer Bevölkerung von 6,3 Millionen über 1 Million Ausländer leben, oder in anderen Ländern mit Restminderheiten aus der Kolonialzeit und neuen Minderheiten durch die Gastarbeiter. Wenn irgendwo in einer Gemeinde die nicht zur angestammten Kultur gehörenden Fremden mit einem Anteil vertreten sind, der über 10 % liegt, kommt es zu Spannungen. Da in England viele Fremdeinwanderer Farbige waren, erscheint die Abwehr gegen Überfremdung oft im Gewand des Rassenvorurteils, das natürlich ohnehin schon vorhanden sein mag und dann die Situation verschärft. In der Schweiz aber sind die Zuwanderer meistens Italiener, in Wales Engländer, und hier kommen Rassenvorurteile nicht in Betracht. Sie genügen auch nicht zur Erklärung etwa des korsischen Separatismus oder der Unabhängigkeitsbestrebungen der Kurden.

Für mich besteht kaum ein Zweifel, daß die britische Zurückhaltung gegenüber der EG hauptsächlich aus dem Gefühl genährt wird, das Verbleiben in dieser Gemeinschaft könne die nationale Identität beeinträchtigen (und das ist ja nun auch tatsächlich der Fall), und die Entscheidungen würden künftig wegen der Gemeinschaft noch weiter ab von den heimischen Zentren gefällt werden – durch Leute, die noch weniger Ahnung von diesen tiefsitzenden und meist kaum recht zu artikulierenden Bedürfnissen haben.

Sezession ist aber nur dort möglich, wo eine kulturell abgegrenzte Gruppe auch durch klare geographische Grenzverläufe hinreichend separiert ist. Die Forderung der amerikanischen Neger nach Anerkennung ihrer kulturellen Identität läßt an einem deutlichen Beispiel die Bedingungen sichtbar werden, die für kulturelle Gruppen bestehen, die innerhalb einer größeren Gruppe zerstreut leben. Ein weiteres Beispiel böte die jüdische Diaspora. Kaum läßt sich daran zweifeln, daß die amerikanischen Neger, sofern sie nur in einem klar abgrenzbaren Gebiet lebten, schon längst ihre Unabhängigkeit gefordert hätten. Es erscheint nicht ausgeschlossen, daß künftig die Forderung nach abgegrenzten Siedlungsgebieten für Schwarze erhoben wird, was dann ein Spiegelbild der von Weißen erhobenen Forderung nach rein weißen Wohngebieten wäre. Vielleicht läßt sich auch die Prophezeiung wagen, daß Hawaii, als kulturell von den USA verschiedenes Gebiet, eines Tages um Unabhängigkeit einkommen wird.

In der Vergangenheit stand unzufriedenen Untergruppen die Auswanderung offen, da es in Amerika fruchtbare und noch relativ menschenleere Gebiete gab. Eine solche Lösung ist heute nicht mehr zur Hand. So brauen sich allerorten Schwierigkeiten zusammen.

Die Vereinigten Staaten sind von jeher ein Einwanderungsland gewesen, und ihre kulturelle Geschichte ist vergleichsweise kurz. So hat man dort mehr Erfahrungen als anderswo machen können hinsichtlich der kulturellen und sozialen Unvereinbarkeit kleiner Gruppen, und dies ist auch der Grund, warum hier der Grad sozialen Fehlverhaltens insgesamt größer ist als in Europa, worüber die Verbrechensstatistik Auskunft gibt. Andererseits führt dies auch dazu, daß Amerikaner, an kulturelle Buntscheckigkeit gewöhnt, oft nicht recht begreifen wollen, warum etwa Europa mit seiner Vereinigung solche Umstände macht.

Die Neigung, Eigenständigkeit zu bewahren, ist etwas abschätzig als »Rückkehr zu den Stämmen« bezeichnet worden. Gemeint ist, daß hier die Rückkehr in einen primitiveren Zustand der gesellschaftlichen Organisation angestrebt werde, ein Anschwimmen gegen den Strom der Geschichte, eine Art sozialer Maschinenstürmerei.

Aber der Widerstand der Menschen gegen das Aufbrechen der kulturellen Einheit eines Gebiets findet seine Entsprechung in dem

Widerstand gegen das Aufbrechen noch kleinerer gesellschaftlicher Einheiten, bei dem die Bewahrung von Gruppenstrukturen und lokalen Loyalitätsbeziehungen zum primären Motiv wird. Es ist ein ermutigendes Zeichen, daß normale Bürger sich zunehmend der hohen sozialen und persönlichen Kosten bewußt werden, die durch das Auseinanderbrechen lokaler gesellschaftlicher Strukturen entstehen, und daß sie sich dagegen zur Wehr setzen. Offiziellen Plänen zur Führung von Autobahnen durch dichtbesiedelte Gebiete begegnet nunmehr starker Widerstand. Ebenso erhebt sich entschlossener Einspruch gegen den Bau neuer Flugplätze in der Nähe von Wohnzentren.

Wenn ein Mensch krank ist und alle Kräfte zur Wiedergewinnung der Gesundheit aufbietet, so sagen wir ihm auch nicht, daß er in der Vergangenheit zu leben versucht oder in ein Goldenes Zeitalter zurückkehren möchte, das längst entschwunden ist. Wir suchen ihn auch nicht zu überreden, sich mit seiner zusehends schlechter werdenden Gesundheit abzufinden, da dies nun einmal der unvermeidliche Preis sei, der für den Fortschritt entrichtet werden müsse. Schließlich ist sozialer Zusammenhalt nicht etwas, was man unbedenklich opfern oder preisgeben könnte. So wird nämlich das ganze Problem verzerrt und die Schlüsselfrage hinwegeskamotiert, die lautet: Läßt sich tatsächlich auf die Dauer eine inkohärente Gesellschaft anders zusammenhalten als durch eine Diktatur?

Weltweite Aufsplitterungserscheinungen stellen also einen wahrscheinlicheren Trend unserer Entwicklung dar als die seit langem erträumte »Bruderschaft der Menschen, der Staatenbund der Welt«, wie ihn Tennyson visionär kommen zu sehen meinte. 1940 gab es 90 Staaten in den Vereinten Nationen, heute sind es 132. Wann werden wir 200 zählen? Eine typische Entwicklung wird das Auseinanderbrechen der Europäischen Gemeinschaft sein. Aber vielleicht wird zuvor noch ein neuer Eroberer den Trend umgekehrt haben, um eine Pax Russorum oder Pax Sinorum über die halbe Welt zu verbreiten.

Leitfaden des Regierens

Damit eine Regierung auch legitimiert sei, müssen drei Bedingungen zutreffen. Da sie nicht immer ganz verstanden werden, auch von Regierungen nicht, seien sie im folgenden aufgeführt.

Zunächst muß es die Aufgabe eines politischen Führers sein, den Menschen günstige Rahmenbedingungen für die Erfüllung *ihrer* Wünsche und Bedürfnisse zu sichern. (Zynisch ist dieser Sachverhalt auch so darzustellen, indem ein Politiker als ein Mensch definiert wird, der eine Menschenmenge die Straße hinunterrennen sieht, sich an ihre Spitze setzt und »Mir nach!« ruft.) Unsere derzeitigen politischen Führer glauben, daß das einzige Ziel des Menschen im materiellen Wohlstand liege. Darin stimmen Linke wie Rechte ziemlich überein, und strittig ist nur, wer jeweils wieviel zu bekommen habe. »So gut wie heute haben es die Leute noch nie gehabt« – mit solchen Feststellungen werben sie um Bewunderung. Natürlich: Materieller Wohlstand ist wichtig, und der materielle Lebensstandard spielt für uns alle eine zentrale Rolle. Aber es gibt auch noch andere, vielleicht weniger eindeutig formulierte, nichtsdestoweniger aber machtvolle Bedürfnisse: nach Freiheit, nach Würde, nach nationalem Stolz, nach schöner Umgebung, nach öffentlicher Sicherheit und nach vielem anderem mehr. Und genau in diesen Dingen versagen unsere politischen Führer. Diese mit Geld nicht aufzuwiegenden Bedürfnisse werden von den unzähligen Freizeitgestaltungsvereinen und Interessengruppen wahrgenommen, die überall entstanden sind, und ihre Nichtbeachtung durch die Berufspolitiker schlägt sich in der öffentlichen Meinung kritisch nieder.

Einige Politiker der extremen Linken haben die Behauptung gewagt, daß hinter solchen Forderungen nichts anderes stecke als eine besondere Form des mittelständischen Egoismus – aber dies hieße, die Humanität der ärmeren Schichten in beleidigender Weise zu unterschätzen. Der Arme kann gezwungen sein, sich damit abzufinden, daß sein Haus durch die Abgase eines chemischen Werks schmutzig verfärbt wird oder daß er wegen einer darüber hinweggeführten Schnellstraße unter unerträglicher Lärmbelästigung leben muß. Zustimmen kann er solchen Zuständen nicht. Und der Wunsch, vorher gefragt zu werden, hat mit der Klasse nichts zu tun.

Noch weniger Verständnis herrscht bei Regierungen dafür, daß

Menschen den etwas dunklen Wunsch in sich fühlen können, ihre angestammte Kultur auch zu bewahren. Regierungen sind blind gegenüber solchen Empfindungen oder betrachten sie als hoffnungslos überholt, sonst würden sie nicht immer wieder durch ihre Eingriffe gewachsene kulturelle Zusammenhänge zerstören und für alles ihre standardisierten Muster in Anwendung bringen, vom Telefonhäuschen bis zu Altersheimen. Aber unter allen Bedürfnissen der Menschen ist das fundamentalste, aber auch am schwierigsten zu artikulierende der Wunsch nach einem erfüllten und sinnvollen Leben. Indes ist alles, was die Linke wie die Rechte da anzubieten haben, nur immer wieder dies: mehr Wohlstand, mehr Bruttosozialprodukt. Das ist nicht der wahre Jakob.

Alle Maßnahmen der Regierungen spiegeln nur ihre Willfährigkeit gegenüber der Wachstumsideologie, genauer: dem Wunsch der Geschäftswelt nach Profiten. Daher ihr Zögern, wenn es geboten wäre, schwere Transportmittel aus dem Verkehr zu ziehen, weil sie Leben und Eigentum zerstören (Supertanker etwa, wenn sie Schiffbruch erleiden, oder schwere Laster, die in kleinen Orten mit engen Straßen Unfälle und Hausschäden verursachen).

Aber selbst dort, wo es nur um materielle Dinge geht, können die Regierungen sich kaum jemals wirklich in die Erwartungen der Regierten hineindenken. Umfragen in den meisten Ländern haben gezeigt, daß Preisstabilität und bessere Wohnmöglichkeiten den Leuten weitaus wichtiger erscheinen als etwa technische Großprojekte wie der Kanaltunnel seligen Angedenkens oder der Eintritt in den Gemeinsamen Markt, die Verstaatlichung der Industrie oder all der Papierkram, der den Tag unserer Gesetzgeber ausfüllt. Ein gewitzter Politiker könnte sein Verantwortungsgefühl für die Menschen dadurch dokumentieren, daß er die Bedingungen auf dem Wohnungsmarkt verbessert. Zunächst würde er die öffentliche Meinung mobilisieren, dann die Bauunternehmer und die beteiligten Gewerkschaften samt den Planern und Financiers an einen Tisch bringen, damit ein Plan erstellt und die Mittel verfügbar gemacht werden, und dann ginge es an die Ausführung. Sollten irgendwo Materialknappheiten auftreten, so müßte sich die Aufmerksamkeit darauf richten, Maßnahmen zur Behebung einzuleiten. Aber in der Realität verliert in den meisten Ländern der Wohnungsbau an Volumen.

Dies bringt uns zu der zweiten Forderung, durch deren Erfüllung sich ein Politiker legitimieren sollte: Er müßte über Kompetenz verfügen. Edward Heath stolperte aus dem gleichen Grund, aus dem auch Salvador Allende fiel – beiden gelang nicht die Lösung der vordringlichsten Probleme. Gutes gewollt zu haben ist nicht genug. Nun mag ein Politiker über einem einzelnen ungelösten Problem zum Sturz kommen – die anhaltende Unzufriedenheit mit Regierungen allgemein spiegelt deren Unfähigkeit, mit den anstehenden Problemen wie Krieg, öffentlicher Sicherheit, Umwelterhaltung und anderen der hier besprochenen Probleme fertig zu werden.

Drittens – und das wird oft übersehen – wollen die Menschen an ihrer Spitze Persönlichkeiten, zu denen sie bewundernd aufschauen können, also Persönlichkeiten, die nicht nur ehrenhaft, sondern auch selbstlos sind. Bei allen seinen Wunderlichkeiten war General de Gaulle allgemein geachtet, da er ohne Zweifel Frankreich und Frankreichs guten Namen über alle persönlichen Erwägungen stellte. Seine eigene Popularität, öffentliche Ehrungen, Einkünfte waren für ihn Nebensächlichkeiten, wie selbst seine schärfsten Kritiker zugestehen mußten. Politische Führer sind Vaterfiguren: Sie können launisch, unfair, sogar arrogant sein, vorausgesetzt nur, sie leben ganz dem Wohlergehen ihrer Kinder. Sie müssen sich tapfer und entschlossen zeigen. Sie können sogar ihre Mucken haben, sofern sie niemals niederträchtig handeln.

Aber die politischen Führer von heutzutage unterliegen zu allem noch dem kapitalen Irrtum, daß die Gesellschaft bloß aus zwei Gruppen bestehe: dem Wahlvolk und den Erwählten, den Massen und der Elite. Und daher sei es ihre Aufgabe, in irgendeiner Weise mit den Massen ins Gespräch zu kommen. Aber wie wir gezeigt haben, besteht eine Gesellschaft mit Zusammenhalt aus einer Anzahl ineinander verzahnter Gruppen; die Entscheidungsbefugnisse sind über alle Gruppen verteilt und werden auf verschiedenen Ebenen wahrgenommen. Wie Patricia Elton Mayo hierzu bemerkt, sind unsere sozialen Probleme nicht eine Frage »des Eigentums an Gütern, sondern eher eine Krisis in der Theorie und Praxis des Regierens. Nahezu alle modernen Regierungen . . . sind derart einbetoniert in eine zentralisierte Bürokratie, daß sie den Grundaufbau der Gesellschaft aus einzelnen Zellen überhaupt nicht mehr wahrhaben wollen.«

Was die Menschen am intensivsten anstreben, ist Mitbestimmung in Fragen, die sie direkt betreffen. Gern überlassen sie komplizierte Fachfragen wie etwa Wirtschaftspolitik den Experten, weil sie sich darin ohnehin kein Urteil zutrauen, so, wie sie auch nichts mit dem Betrieb des Kraftwerks zu tun haben wollen, das ihnen den Strom liefert.* Nur wenn irgendwelche Dinge schieflaufen, beginnen sich die betroffenen Leute zögernd mit den Dingen zu befassen. So sind sie zumeist auch gern bereit, die örtlichen Verwaltungsorgane sich selbst zu überlassen. Die in Amerika so populäre Idee, daß alle Entscheidungen öffentlicher Beurteilung unterliegen sollten (heutzutage dann über das Fernsehen), beruht auf einem Mißverständnis.

Hinzu kommt, daß Fragen, die den Bürger direkt betreffen, häufig Fragen lokaler Natur sind, etwa die Trassenführung einer neuen Straße. Je mehr derartige Fragen aber auf oberster Ebene des Staatsapparates zur Entscheidung kommen, desto hilfloser muß sich der einzelne fühlen. Da nützen dann auch jene von oberster Behörde inszenierten Anhörungen der betroffenen Öffentlichkeit nichts, denn von Anfang an neigt sich da die Waagschale zugunsten jener, die Zeit und Geld haben, sich auf den Auseinandersetzungsfall sorgfältig vorzubereiten.

Höhere Verwaltungsorgane und ihre Beamten, die heute zumeist Entscheidungen fällen, wiegen sich natürlich gern in dem Glauben, sie seien lokalen Stellen an Kompetenz überlegen. Außerdem sitzt in ihnen ganz tief der Hang, alle Fragen nach gleichen Maßstäben zu erledigen – über einen Kamm zu scheren. Demokratie bedeutet aber, daß auch die Freiheit bestehen sollte, gelegentlich eine falsche Entscheidung zu treffen, und bedeutet zweifellos auch, daß jedermann das Recht hat, über seine eigenen Angelegenheiten in einer Weise zu entscheiden, die abweichen mag von vergleichbaren Entscheidungen in ähnlicher Situation unter anderen Menschen.

Durch zentralisierende und uniformierende Verfahrensweisen haben die Regierungen nicht nur die Demokratie untergraben und sich um ihre Legitimation gebracht – sie haben auch den sozialen Zusammenhalt zerstört und wirkliches Regieren fast schon unmög-

* Die Frage stellt sich, wieso Menschen von komplizierten Fachfragen der Wirtschaftspolitik nicht direkt betroffen sein sollten – die tägliche Erfahrung zeigt, daß dies der Fall ist. Auch die Erzeugung des Stroms ist jüngst – so beim Kernkraftwerk Wyhl – von einer großen Zahl von Bürgern zum Gegenstand lebhafter Diskussionen gemacht worden. (Anm. d. Ü.)

lich gemacht. Sie haben einen Zustand der Unregierbarkeit geschaffen.

Wie sind sie in diese Lage hineingeraten, in der nahezu alle Maßnahmen versagen müssen?

Gründe mangelnder Legitimation

Im ersten Entwurf, den ich zu diesem Kapitel niederschrieb, hatte ich mit einem Aufwand von vielen Tausenden von Wörtern die Defekte im Regierungsapparat geschildert und abschreckende Beispiele zitiert. Ich sprach von der Scheinheiligkeit, die darin liege, Verträge auszuhandeln, sie dann aber nicht zu ratifizieren – oder sie zwar zu ratifizieren, aber dann doch nicht einzuhalten. Ich erwähnte den Wahnsinn, Waffen an Länder zu verkaufen, die möglicherweise einen Konflikt vom Zaun brechen könnten, in den der Lieferant dann selbst mit hineingezogen würde. Ich gab Beispiele von Unehrenhaftigkeiten und gebrochenen Versprechungen (ein britischer Politiker, auf diesen Punkt hin angesprochen, gab entrüstet zur Antwort, daß doch die Öffentlichkeit ohnehin nicht erwarte, Versprechungen auch eingehalten zu sehen!). Einen ganzen Abschnitt widmete ich der Manie der Geheimniskrämerei und den Versuchen, Politik nach Möglichkeit auch ohne öffentliche Debatte durchzudrücken – nicht einer der unwesentlichsten Gründe für das Mißvergnügen der Öffentlichkeit am politischen Leben. Auch von der Unfähigkeit war die Rede, von der leichten Hand, mit der das von allen erarbeitete Geld in Projekte gesteckt wird, die eigentlich niemand so recht will, während Dinge darüber vernachlässigt bleiben, die vielen am Herzen liegen (Überschallflugzeuge statt Wohnungsbau). Ich befaßte mich mit der regelmäßigen Tendenz zur Bevorzugung der einen oder anderen Großgruppe der Gesellschaft – entweder des Kapitals oder der Arbeiterschaft –, statt im Interesse aller zu regieren. Es machte mir wirklich Spaß, so vom Leder zu ziehen, und als ich am Ende des Kapitels war, hatte ich einen ganzen Stapel noch unverwendeter Notizen, die es mir unschwer ermöglicht hätten, nochmals ein solches Kapitel von gleicher Länge und nicht minder ätzender Schärfe zu schreiben.

Aber jeder, der täglich die Zeitung liest, kennt das ja alles schon längst – und in der Tat ist es ja der Hauptfehler der Politiker, daß sie glauben, niemand nähme wirklich Notiz von ihrem Tun und Lassen.

Ich habe mir's dann überlegt und kam zu dem Ergebnis, daß es der Sache dieses Buches dienlicher sei, auf zwei oder drei allgemeine Tendenzen im Wesen und Wirken des Staates hinzuweisen, die den Schluß geradezu erzwingen, Regierungen seien zusehends weniger fähig, ihre Aufgaben zu erfüllen – selbst dann, wenn sie noch die volle Unterstützung der Bevölkerung genießen.

Zunächst haben die obersten Organe der Staaten immer mehr Macht an sich gezogen. Das begann schon damit, daß Regierungen sich Vorrechte anzumaßen begannen, die früher von Universitäten, Gilden, Äbten, Lehensträgern wahrgenommen wurden. Das war gegen Ende des Mittelalters, wurde damals aber begrüßt, weil es den aufstrebenden Bürgern mehr Freiraum zu schaffen versprach. Aber dieser Prozeß ist seither einfach weitergegangen, und heute nehmen Regierungen für sich in Anspruch, jeden Bereich des Lebens unter ihre Jurisdiktion zu stellen – und die Öffentlichkeit gesteht diesen Anspruch zu, wiewohl es darüber keine Diskussion gegeben hat und niemand je gefragt worden ist. So nahmen die Regierungen die Streitkräfte und die Post in eigene Regie, die früher der Initiative der Bürger überlassen waren. Die Regierung kümmert sich um die Schulung der Bürger und um die Steuer – einst Vorrechte lokaler Körperschaften. Eine neuere Entwicklung hat ferner dahin geführt, daß die Regierung das Land auch in der Gemeinschaft der Nationen aller Welt vertritt.

Wie Peter Drucker ausgeführt hat, behalten sich heute Behörden selbst in Friedenszeiten das Recht auf Unterdrückung oder Zensierung von Nachrichten vor. Sie nutzen ihre Macht, um die Rentabilität ganzer Gewerbezweige zu fördern oder zu verringern, um Privilegien abzuschaffen oder neu einzuführen, Eigentum zu beschlagnahmen, ja zu schaffen oder abzuschaffen, wie wir dies am Beispiel der Fischereigerechtsame, der Patente und in anderen Fällen erlebt haben. Selbst dann, wenn eine Regierung Entscheidungsbefugnisse an nachgeordnete lokale Stellen delegiert, so ist dies doch jederzeit wiederruflich. (Und so kommt es, daß etwa Basken oder Schotten sich gegen die unqualifizierte Ausbreitung eines solchen übermäßigen Machtanspruchs verwahren.)

Leider haben nun die obersten Staatsbehörden weder die Zeit noch das Geschick – und häufig noch nicht einmal den Willen –, ihre Macht auch wirklich auszuüben. »Kein Staatsapparat funktioniert auf angemessene Weise«, bemerkt hierzu Peter Drucker, gleich, ob er sozialdemokratisch, liberal, kommunistisch oder demokratisch geführt wird. Im Management der Industrie hat es sich längst herumgesprochen, daß man delegieren können muß, wenn man nicht im Wust der anfallenden Erledigungen untergehen will. Aber Staatsorgane verfügen kaum über geeignete Möglichkeiten zur Delegierung von Aufgaben; sie haben bloß die ausgezehrten Lokalverwaltungen und die örtlichen Dienststellen. Die Technik hat zu dieser Auszehrung nicht nur durch die Zerschlagung lokaler gesellschaftlicher Gruppenstrukturen beigetragen, sondern auch durch die Schaffung städtischer Ballungsgebiete, deren Struktur ihre Behandlung als eine einzige Großeinheit verlangt, die aber in Wahrheit schon viel zu umfangreich für eine von der Basis her funktionierende Demokratie sind. Diese unbarmherzige Zentralisierung ist es, die beim Wahlvolk ein Gefühl der Hilflosigkeit und Verlassenheit erzeugt – es fühlt sich übergangen und ohne Kontakt mit »denen da oben«.

Und damit kommen wir zum zweiten Faktor: dem nimmer endenden Wachstum der Bürokratie. Zunehmend werden Entscheidungen nicht mehr in Parlamenten und Senaten gefällt, wo zumindest ein gewisses Maß an Öffentlichkeit gewährleistet ist, sondern in Ausschüssen und Kommissionen, wo die Sachbearbeiter und glatten Bürokraten entscheiden, ohne daß sie sich dazu äußern müssen, ohne daß eine öffentliche Diskussion vorangegangen wäre. »Vertrauliche Behandlung« wird hier zu einer Waffe der Abwehr gegen eine Kritik, die sich auf Informationen stützen müßte, und entschieden wird von einer »Koalition zwischen den Ministern und den vielleicht 3000 Mitgliedern der Verwaltungsgarde in den Ministerien und nachgeordneten Behörden«. Dabei beruft man sich auf »Rechte des Parlamentariers« und auf die angebliche Unverletzlichkeit der vertraulichen Behandlung der Vorgänge und Akten. Jeder, der Gelegenheit hatte, sich mit Männern der herrschenden Elite zu unterhalten, gewinnt den Eindruck, daß sie völlig davon überzeugt sind, sie würden den Laden schon hinkriegen, wenn nur die Leute, über die sie herrschen, es sich freundlichst abgewöhnen könnten, stets mit Gegenargumenten angerückt zu kommen. Schließlich sollten die Dinge auch gemacht werden können, ohne daß sich Widerspruch meldet. Vater weiß es doch am besten. Das ist so eine Art kryptoautoritären Verhaltens.

Max Weber, dessen Analysen über das Thema Bürokratie diesen Ausführungen zugrunde liegen, hat bereits gezeigt, daß der Amtsschimmel nicht umzubringen und stets noch im Wachsen begriffen ist. Ein Militärputsch kann etwa die jeweils Herrschenden aus ihren Positionen jagen, aber die Apparatur der Herrschaft hat ihre Eigengesetzlichkeit. Niemand weiß, wie diese Entwicklungstendenz sich umkehren ließe. Niemand weiß auch, auf welche Weise sich Bürokratien im Hinblick auf menschliches Wohlergehen (weniger freilich unter dem Gesichtspunkt ihrer »Wirtschaftlichkeit«) tatsächlich zu wirksamen Instrumenten machen ließen.

Es geht ja wirklich nicht um wirtschaftliche Maßstäbe für Leistungsfähigkeit. Dostojewskij verwies auf den springenden Punkt: »Und wie können diese Neunmalklugen wissen, daß Menschen sich für etwas Normales oder etwas Tugendhaftes entscheiden wollen? Was hat sie auf den Gedanken gebracht zu glauben, daß der Mensch eine nach der Vernunft ihm zum Vorteil gereichende Entscheidung treffen will? Was die Menschen wollen, ist einfach eine unabhängige Entscheidung, was auch immer diese Unabhängigkeit kosten mag und wohin immer sie führt.« Da haben wir den Grund, warum es sezessionistische Bewegungen gibt und warum Kommunen entstanden sind. Und das ist auch etwas, was sozialistische Reformer nicht recht verstehen wollen.

Während der soziale Prozeß allmählich im Sumpf der Selbstzufriedenheit versickert, zwingt der stets rascher werdende Gang der Ereignisse diesen aufgeblähten Herrschaftsstrukturen die Notwendigkeit zur Veränderung weitaus schneller auf, als dies früher der Fall gewesen war. Ich habe hier nicht politische Krisen im Auge, sondern den sozialen Wandel. Ein Beispiel: In England fuhr man damit fort, Isolierstationen für Tbc-Kranke zu errichten, nachdem durch die Anwendung moderner Pharmaka die Tuberkulose längst nahezu zum Verschwinden gebracht worden war. Eine Verwaltung, die Korrekturen an Entwicklungen vornimmt, die sich bereits selbst auf ein neues Gleis begeben haben, wie das auf dem Gebiet der Wirtschaft nicht selten vorkommt, verschlimmert dadurch nur die Zustände. Die

Schwankungen, die in Großbritannien in der Atomenergiepolitik zu registrieren waren, sind hier geradezu ein Paradefall. Da hatte man zunächst Pläne fallenlassen, die einen Ausbau von Kraftwerken mit Öl als Heizstoff vorsahen, weil die Ansicht herrschte, die Kernenergie werde den Hauptanteil am Energiebedarf bis zu den 1970er Jahren decken. Diese Pläne wurden jedoch wiederaufgegriffen, als sich herausstellte, daß man hier einem Irrtum aufgesessen war. Allerdings wurde gerade zu dieser Zeit das Öl teurer, und so ließ man diese Pläne dann zum zweitenmal fallen.

Die Lebensspanne eines Parlaments ist kurz, verglichen mit den zwanzig oder mehr Jahren, in denen sich die meisten sozialen Umstrukturierungen vollziehen. Zwangsläufig müssen Volksvertretungen also uninteressiert an Wandlungen sein, die sich erst längst nach ihrem Abtreten von der Bühne in den Reaktionen der Wähler auszahlen könnten.

Da Parlamente soviel zu bewältigen haben und dabei stets unter dem Zwang rascher Entscheidungen stehen, könnte man wohl meinen, sie hätten sich und ihren bürokratischen Stäben schnittige Formen der Problembewältigung erarbeitet. Aber selbst in ihren einfachsten Verrichtungen sind sie altmodisch geblieben. Da werden Stimmen noch mit dem Zeigefinger gezählt, wo sich dies doch elektronisch viel schneller erledigen ließe. Kein großes Unternehmen wäre denkbar, in dem die Angestellten mit derart erbärmlichen Kommunikationsmitteln, Büroeinrichtungen und verstaubtem Zeremoniell sich herumzuschlagen bereit wären, wie dies die europäischen und amerikanischen Volksvertreter beim Regieren sind. Aber mag veraltetes Inventar noch hingehen – ernster ist doch der enorme Zeitverlust, der durch eine zeitfressende Prozedur gefordert wird.* Da können Monate intensiver Arbeit in eine Gesetzesvorlage gesteckt

* In einer interessanten Fernsehsendung, die von der englischen Granada Television 1973 produziert worden war, wurde gezeigt, wie die Regierung die Vorlage eines Gesetzes über den Handel auf Jahrmärkten ungeachtet der kritischen Einwände der Parlamentarier durchzog, dabei aber geradezu skrupulös auf Einhaltung der Konventionen bei Prüfung und Debatte bestand. Keine der wesentlicheren Änderungsvorschläge, die zur Erörterung gekommen waren, fanden Berücksichtigung durch die Regierung, die das Gesetz nahezu in seiner ursprünglichen Form durchbrachte. »Haben Sie dann den Eindruck, daß Sie viereinhalb Monate umsonst gearbeitet haben?« fragte man Philipp Whitehead, ein Mitglied des Beratungsausschusses. »Ganz und gar!« gab dieser zur Antwort.

werden, die aber dann fallengelassen wird, weil die verfügbare Zeit überschritten wurde – ein Mißstand, der von Insidern humorvoll als »Bethlehemitischer Kindermord« charakterisiert wird.

Leider wird man von den Regierungen nicht erwarten können, daß sie ihre Fehler korrigieren. Jede andere Organisation hat irgendeinen Geschäftsprüfer, der sine ira et studio über die Verhältnisse urteilt. Aber wo ist die Autorität, die ein Parlament ein wenig auf Trab bringen könnte, die einmal untersuchen lassen würde, wie lange etwas dauert und welche Wege es geht, und die vielleicht dann auch Vorschläge auf Abhilfe zu machen befugt wäre. Die zweiten Kammern oder Oberhäuser, die ja gelegentlich milde Kritik laut werden lassen, werden in ihren Kompetenzen ständig beschnitten durch die parlamentarischen Regierungen, die viel zu sehr von sich selbst überzeugt sind, als daß sie auch nur den geringsten Tadel einzustecken bereit wären. Die einzige Möglichkeit, ein Parlament zu kontrollieren, besteht in einigen wenigen Demokratien noch darin, mit dem Wahlzettel einen deutlichen Wink zu geben, daß es hier an Vertrauen gefehlt hat.

Offener oder heimlicher Faschismus

Gleich, ob meine Analyse nun im einzelnen zutrifft oder nicht: Unbestreitbar ist, daß die Regierungen insgesamt einen Legitimitätsverlust erlitten haben. Zusammen mit der zunehmenden Entfremdung vieler Menschen von der Gesellschaft als Ganzem könnte sich dieser Verlust als fatal erweisen. Ein System, das nicht in der Lage ist, führende Persönlichkeiten von größerer Integrität hervorzubringen als etwa Richard Nixon, kann wohl wenig Respekt für sich beanspruchen. Selbst wenn die Schwierigkeiten der industriellen Entwicklung nicht unmittelbar zu Zusammenbrüchen führen, so deutet doch vieles darauf hin, daß noch vor Ablauf dieses Jahrhunderts die verbliebenen demokratischen Regierungen ihr Mandat endgültig verlieren werden.

Eine der Möglichkeiten haben wir bereits diskutiert: daß eine Zeit wirtschaftlichen Chaos anbricht, an deren Ende dann ein autoritäres Regime sich in den Sattel schwingt, um die Ordnung wiederherzustellen. Aber selbst wenn sich solch ein wirtschaftlicher Zusammenbruch vermeiden läßt, ist das Entstehen von Diktaturen zu befürchten (und das kann äußerlich auf legale Weise erfolgen, wie seinerzeit, als Hitler an die Macht kam); wahrscheinlicher aber bleibt eine »schleichende Diktatur«, in der die zentralen Kontrollmechanismen unmerklich verstärkt werden, während die Freiheiten im Schwinden begriffen sind. Wahrscheinlich könnte sich eine solche Entwicklung auf traditionelle konservative und rechtsgerichtete Kräfte stützen, doch lehrt uns das Beispiel Ceylons auch, daß eine schleichende Zunahme autoritärer Strukturen ebenso unter linken Vorzeichen möglich ist. Eine Entwicklung dieser Art beginnt meist damit, daß die Pressefreiheit eingeschränkt wird und die persönliche Bewegungsfreiheit des einzelnen durch Kontrollen Beengung erfährt. Die Macht, widerspenstige einzelne dadurch mundtot zu machen, daß man sie von Arbeits- und Verdienstmöglichkeiten fernhält, ist überall da dem Staat gegeben, wo dieser der einzige oder hauptsächliche Arbeitgeber ist.

Die Geschichte zeigt, daß Linksbewegungen dort gewaltsam in Erscheinung treten, wo eine Arbeiterklasse unterdrückt wird, während Rechtsbewegungen sich dort durchzusetzen versuchen, wo eine Mittelklasse sich bedroht fühlt. In den am meisten entwickelten Ländern ist es heute die Mittelklasse, die am stärksten unter Druck steht, was die Vermutung nahelegt, daß künftige Verschiebungen eher nach rechts als nach links gehen werden. Die Mittelklasse fühlt sich nicht nur durch die Last der Steuern und Kosten bedroht. Vielmehr ist es die Infragestellung ihres ganzen Wertsystems, das heute oft scharf als »kleinbürgerlich« kritisiert wird, wodurch bei den Angehörigen dieser Schicht der Eindruck entsteht, sie müßten bald um Kopf und Kragen kämpfen. Solche Verhältnisse treffen wir in den USA, wo starke Rechtsgruppen existieren und die Linke schwach ist. Beim Eintreten einer schweren wirtschaftlichen Rezession könnte der Ausbruch von Gewalt schnell immer ernstere Formen annehmen – die Tage der Ölknappheit haben uns da schon warnende Beispiele vor Augen geführt. Aber wo Gewalt sich breit macht, ertönt auch bald der Ruf nach »Recht und Ordnung«.

Professor Stanislav Andreski, der in den Vereinigten Staaten wie in Großbritannien gelehrt hat, schrieb über diese Perspektiven ein Buch unter dem Titel *»Prospects of a Revolution in the USA«*. Eine

Revolution hält er in den USA für unwahrscheinlich. Die Studentenbewegung ist allzu undiszipliniert, um eine ernstliche Bedrohung darzustellen, und auch die Schwarzen sind wie sonstige benachteiligte Gruppen zu schlecht organisiert und viel zu zersplittert. Er glaubt, daß es der herrschenden Klasse nicht schwerfallen könne, ihre Stellung zu behaupten, doch mit Sorge hält er auf lange Sicht »ein allmähliches Abrutschen in den Totalitarismus« für möglich. Natürlich läßt sich in Amerika keine Partei denken, die ohne Berufung auf demokratische Traditionen auskommen könnte – sowohl die Weathermen als auch die John Birch Society, die als Extreme des amerikanischen politischen Spektrums nach Links und Rechts gelten können, stimmen in ihrem Bekenntnis zur Demokratie überein.

Der Apparat für ein Regime der Unterdrückung steht bereit. Es bedürfte nur einer gemeinsamen Entscheidung der beiden großen politischen Parteien Amerikas – etwa in einem Notstand –, und schon ließe sich die ganze Bevölkerung unter Kontrolle bringen: mit Hilfe der in Computern niedergelegten Daten und Angaben zur Person und in gemeinsamem Vorgehen von FBI, CIA, Polizei und jenen privaten Sicherheitsorganisationen, die zumeist eine rechtsextremistische Färbung haben. (John Brunner hat die Details eines solchen Prozesses in seinem Buch »*The Sheep Look Up*« detailliert geschildert, so etwa Ausgangsbeschränkung, Einziehung aller Schußwaffen, Beschlagnahme von Lebensmittelvorräten, Zwangseinziehung zum Militärdienst usw.)

Die Erfassung einer Unzahl persönlicher Daten in Computern hat eine Lage geschaffen, die Kontrollmaßnahmen sehr erleichtern dürfte. Während ein Hitler noch umständliche Ermittlungsversuche anstellen mußte, um ungefähr ausfindig zu machen, wer vor der Machtergreifung gegen ihn gestimmt haben mochte, würden ihm heute die in Computern und Datenbanken niedergelegten Informationen leichtes Spiel bei der Eingrenzung feindlicher Bevölkerungsgruppen sichern. Ein Experte für Computersicherheit, Peter Hamilton, traf die Feststellung: »Die größte Gefahr, die durch den Mißbrauch von Computern eintreten kann, ist nicht etwa der Einbruch in die Privatsphäre, nicht die Möglichkeit von Betrügerei oder Industriespionage, sondern Subversion – der Umsturz der Demokratie.«

Ob die Regierungen nun im vollen Bewußtsein der Folgen ihres

Handelns ihre Politik betreiben oder nicht: Sie bereiten den Boden für den Totalitarismus. Wie ich in Kapitel 8 gezeigt habe, ist das Vorhandensein einer »Masse«, die durch eine »Elite« beherrscht wird, Bedingung für totalitäre Herrschaft. Durch eine Umverteilung von Reichtum und Einkommen im Sinne der Gleichheit; durch Schwächung örtlicher Autoritäten infolge einer Zentralisierung der Macht; durch das Aufbrechen kleiner Gesellschaftseinheiten im Namen von Stadtsanierungsprogrammen oder der »verkehrsmäßigen Neugliederung« eines Wohnviertels mittels durchgezogener Schnellstraßen; durch Einebnung der klassengegebenen und kulturellen Unterschiede – durch all dies ebnen die Regierungen auch der Diktatur den Weg.

Ein weiteres Mittel dafür, dem Totalitarismus den Weg zu ebnen, ist laut Hannah Arendt die Verunsicherung der Bevölkerung durch ständige Änderungen an Gesetzen und Ausführungsbestimmungen, so daß die in einem Jahr getroffenen Vorkehrungen sich im nächsten Jahr als nicht mehr angemessen erweisen. Besonders negativ ist unter diesem Aspekt eine rückwirkende Gesetzgebung zu beurteilen, die in England immer mehr in Erscheinung tritt. Die staatliche Gewalt neigt zusehends autoritären Praktiken zu und übergeht dabei bedenkenlos die öffentliche Meinung, wie im Falle der Einführung der Einheitsschule in Großbritannien entgegen dem Willen der Eltern oder wie im Falle des Schülerbuszwangs in den Vereinigten Staaten. Ein noch schwerwiegenderer Fall ist für England der Eintritt in die EG.

Noch jede Gesellschaft, von der wir wissen, hat es sich angelegen sein lassen, der jüngeren Generation die Haltungen zu vermitteln, die für einen Fortbestand des sozialen Zusammenhalts unerläßlich sind. Was Andreski ebenso wie mich sehr beunruhigt, ist der Umstand, daß zum erstenmal in der menschlichen Geschichte unsere technisch bestimmte Gesellschaft ein Sozialsystem entwickelt hat, »das nicht nur die Pflicht moralisch-ethischer Erziehung beiseite stellt, sondern darüber hinaus beträchtliche Mittel und eine bislang ungekannte Maschinerie der Überzeugungsbildung dafür aufwendet, die Lebensgewohnheiten, Normen und Ideale zu zerstören, die für das Überleben einer Gesellschaft unabdingbar sind. Und statt dessen werden zutiefst unsoziale Verhaltensweisen eingepflanzt, die unvereinbar mit jeglicher nur irgend denkbaren gesellschaftlichen Ordnung sind.« Andreski fügt abschließend hinzu: »Es grenzte ans

Wunderbare, wenn eine Sozialstruktur, die ein derartiges Maß an massiver Gesellschaftsfeindlichkeit erlaubt, daran nicht schließlich zugrunde ginge.«

Diese Schlußfolgerungen decken sich völlig mit meinen eigenen, wenn ich auch glaube, daß England hier in der Entwicklung den Vereinigten Staaten vorausgehen wird, und zwar deshalb, weil einesteils der Lebensstandard Großbritanniens viel anfälliger für Störungen ist als jener der USA und anderenteils der Zerfall der vermittelnden Gesellschaftsstrukturen auf der Insel weiter vorangeschritten ist als jenseits des Atlantiks, schließlich auch deshalb, weil die herrschende Elite in England zwar weniger korrupt als die amerikanische ist, diese dafür aber an Unfähigkeit übertrifft.

Die Bedingungen, unter denen unsere der Kompetenz ermangelnden Regierungen den äußeren Bedrohungen zu begegnen haben werden, die während der nächsten zwei Jahrzehnte auf uns zukommen, sind also vorgezeichnet durch soziale Gestörtheit. Welche Bedrohungen dies sein werden, ist mittlerweile nicht mehr unbekannt. Nach meinem Dafürhalten werden wir es zu tun bekommen mit zeitweiliger Rohstoffverknappung, mit schweren Krisen in der Dritten Welt infolge des Hungers und mit den Problemen der Umweltverschmutzung, die nach einer Lösung der Energiekrise sich erneut stellen werden. Diese Bedrohungen müssen nunmehr im Lichte der dazugewonnenen Einsichten neu überdacht werden.

Fünfter Teil
Praktische Probleme

Kapitel 12
Den Gürtel enger schnallen

Mittelpunkt unserer Konzeption dieser Studie über die Zukunftsaussichten der Menschheit ist die Annahme, daß genug Rohstoffe für alle vorhanden sind und daß es nach Maßgabe der entsprechenden Entscheidungen und Verfahrensweisen auch keine katastrophalen Umweltprobleme geben wird ... Die erste Annahme ist eine Tatsache.

Anthony J. Wiener, Hudson Institute, 1973

Wenn alles knapp wird

Während ich beim Schreiben dieses Kapitels bin, erfahre ich durch meinen Schreibwarenhändler am Ort, daß ihm die Stenogrammblöcke ausgegangen seien und mit einer Nachlieferung erst wieder in sechs Monaten zu rechnen sei. Mein Verleger vermochte nicht genau zu sagen, wann dieses Buch erscheinen könne; in der ganzen Welt war Druckpapier knapp geworden. Natürlich ist Druckpapier nicht die einzige Ware, die knapp geworden ist. Gegen Ende des Jahres 1973 brachte die National Association of Manufacturers in den USA ein Plakat heraus, auf dem stand: »Jawohl, wir haben nicht Bananen, Steaks, Eier, Blue jeans, Kerzen, Benzin, Tennisbälle, Kühlschränke, Weizen, Leder, Klimaanlagen, Motoröl, Schlafanzüge, Bodenbeläge, Sardinen, Hühnchen, Papier, Warmhalteflaschen ...« In Europa zeigten sich erstmals Verknappungen in einigen Produktionsbereichen, die auf der Verarbeitung von Holzzellulose aufbauen – vor allem bei Kunststoffen.

In welchem Maße sind diese zeitweiligen Verknappungen nun abhängig von der Ölkrise oder nur von ungenügender Bedarfsabschätzung? In einer Reihe von Fällen sicher auch von letzterer. Wie bereits dargelegt, sind die Preisanstiege bei den Konsumgütern jedoch größtenteils darauf zurückzuführen, daß so viele Volkswirtschaften gleichzeitig in einen Boom geraten sind. Es dauert einige Zeit, bis Bergbau und Landwirtschaft so weit expandieren können, daß sie den stark gestiegenen Bedarf zu decken imstande sind. Setzt später dann plötzlich überall gleichzeitig ein wirtschaftlicher Abschwung ein, so sinken die bereits nachgebenden Rohstoffpreise immer mehr, wodurch in den unterentwickelten Ländern ernste Probleme entstehen können.

Andere gegenwärtige Verknappungen sind zumindest teilweise der Energiekrise zuzuschreiben. Da aber das Erdöl gleichzeitig der Rohstoff für zahlreiche Kunststoffe ist, hat die Ölkrise ihre zwei Schneiden. So mußten in der amerikanischen holzverarbeitenden Industrie Arbeiter entlassen werden, weil die Firmen nicht mehr in der Lage waren, das zum Trocknen des Holzes benötigte Naturgas oder Propan sowie den erforderlichen Leim zu beschaffen – denn beides war infolge der Ölknappheit plötzlich nicht mehr erhältlich. Einen ähnlich bedingten Engpaß fanden wir bei Verpackungsmaterialien. Lippenstifte waren nicht mehr auf Lager, da es keine Plastikhüllen mehr gab. Plötzlich geht hier und da die Zahnpasta aus, weil das Blei für die Tuben fehlt, gibt es kein Coca-Cola mehr, weil das Flaschenglas knapp wird, werden Zinnsachen sehr teuer, weil die Zinnförderung nachläßt. Andererseits war das Kupfer nur deshalb so knapp geworden, weil man versäumt hat, rechtzeitig für größere Kapazitäten zu sorgen, denn 1971 waren die Kupferpreise unter die Rentabilitätsgrenze gesunken – etwa 500 Pfund Sterling pro Tonne. Fünf Jahre zuvor allerdings hatte der Tonnenpreis noch bei 250 Pfund gestanden. Nachdem er vor einiger Zeit eine Rekordhöhe von 1350 Pfund für die Tonne erreicht hat, ist er nunmehr wieder unter die Hälfte dieses Betrags gesunken.

Aber sind die gegenwärtigen Verknappungen wirklich nur eine vorübergehende Erscheinung? Es ist ja nicht nur das Kupfer teurer geworden – auch andere Rohstoffe stiegen im Preis. Der Zinkpreis stieg in einem Jahr von 160 auf 490 Pfund pro Tonne. Zinn erbrachte in der Jahresmitte 1973 einen Tonnenpreis von 2000 Pfund. Der vom ›*Economist*‹ veröffentlichte Lebenshaltungskostenindex, der ein Niveau von 120 Punkten für das Jahr 1860 ansetzt, bewegte sich während der 1950er und 1960er Jahre zwischen 350 und 500 Punkten, stieg dann plötzlich auf 900 an und pendelt noch immer im Bereich zwischen 800 und 900. Seit dem Beginn der Industrialisierung sind derartige Anstiege nur in der Endphase großer Kriege beobachtet worden. Ein Teil des Preisanstiegs geht freilich auf wirkliche Verknappungen zurück.

Die Experten sehen die Lage düster. »Je mehr wir uns dem letzten Viertel unseres Jahrhunderts nähern, desto deutlicher wird die globale Verknappung vieler wichtiger Rohstoffe. Die Energiekrise kam in die Schlagzeilen, aber der Mangel an anderen Grundstoffen ist jetzt ebenfalls offensichtlich«, schrieb Lester R. Brown, ehemaliges Mitglied des Overseas Development Council, Verfasser von »*Seeds of Change*«. Tatsächlich herrscht in den Industrienationen nicht nur Durst nach Öl, sondern auch Hunger nach Kupfer, Zink und Phosphaten. John Morgan vom amerikanischen Bergbaubüro stieß auf Ungläubigkeit, als er die Mineralstoffkrise der Vereinigten Staaten »bereits vor uns« liegen sah, wobei er hinzufügte, daß die kumulierende Wirkung der gegenwärtigen Entwicklungstendenzen »von den Industriemächten mit größerer Aufmerksamkeit als bisher verfolgt werden sollte«.

Natürlich gibt es auch andere Experten, die sich optimistisch geben. Das American Institute for Resources of the Future will in der Zukunft keine Krisengefahren erkennen, mit der möglichen Ausnahme einer Verknappung der Wasservorräte, und es weist darauf hin, daß durch sparsameres Wirtschaften und durch Ersatzmaterialien alle Probleme zu lösen seien. (Wie indes Lester R. Brown gezeigt hat, führt heutzutage der Versuch, Ersatzmaterialien zu finden, oft nur zu den Versorgungslücken von morgen – die Krankheit Mangel greift auf andere Gebiete über.)

Einen Gipfelpunkt erreichte der beschwingte Optimismus in einer Nummer des ›*Economist*‹ im Sommer 1974. »Selbst wenn wir nicht mit Verbesserungen in der bestehenden Technik rechnen könnten«, stand da zu lesen, »besteht doch keine Gefahr, daß eine naturbedingte Verknappung an Rohstoffen vor dem Jahr 100 000 000 auftreten wird.« Die muntere Zukunftslaune, die aus diesen Worten spricht, wird kaum durch die drohende Ankündigung getrübt, daß dazu die gesamte Erdoberfläche bis zu einer Tiefe von 1500 Metern abzutragen und zu verarbeiten wäre – was zweifellos eine ganz neue Technik zur Voraussetzung hätte, selbst wenn es nur darum gehen sollte,

Nahrungspflanzen auf Granitgrus zu züchten.

Wir können diese fernab aller Realität stattfindenden journalistischen Ballonflüge sich selbst überlassen. Unsere Aufmerksamkeit gilt im folgenden den nächsten zwei Jahrzehnten. Um was es dabei geht, ist dies: Werden wir tatsächlich in der Lage sein, die Metalle, die wir brauchen, zu fördern und sie so zu veredeln, wie unsere Technik dies verlangt? Werden die Wälder das Holz liefern können, das wir benötigen? Und ist dies zu erwarten angesichts der technischen, wirtschaftlichen und politischen Hindernisse, die vor uns liegen?

In den Kern des Problems

Die Optimisten berufen sich darauf, daß es immer noch viele unbekannte Möglichkeiten zu entdecken gibt. So winkt der Wirtschaftsfachmann Professor Beckerman leichthin ab, wenn von der Kupferknappheit die Rede ist. Er verweist darauf, daß vor dreißig Jahren die Weltvorräte an Kupfer auf 100 Millionen Tonnen geschätzt wurden, die Förderung seither aber 80 Millionen Tonnen betragen habe und man heute mit Reserven von 300 Millionen Tonnen rechne. »Bekannte Reserven« können natürlich keine verläßlichen Rahmen für Zukunftsprognosen geben, weil es ja immer auch noch unbekannte Reserven gibt – aber wie wir schon im nächsten Abschnitt sehen werden, wurden für zahlreiche Minerale diese unbekannten Reserven bis heute nicht gefunden. Und in einem Punkt haben die Optimisten nun wirklich unrecht: in der Annahme, daß Länder, die noch über Reserven verfügen, diese auch mit anderen Ländern zu teilen bereit seien. Jene gute alte Zeit, als Bergbaugesellschaften einfach in fremden Ländern einzogen, dort eine Konzession erhandelten und alsbald mit billigen einheimischen Arbeitskräften zu schürfen begannen (und auch noch Dank für Arbeitsbeschaffung entgegennehmen konnten), sind ja nun wirklich vorbei. Wer noch über ungenutzte Bodenschätze verfügt, so etwa Kanada, geht mit sich selbst sorgfältig zu Rate, in welchem Umfang ein Abbau vernünftig sei. Andere Länder, etwa die Ölstaaten, sehen eine Gelegenheit, durch absichtliche Zurückhaltung in der Förderung die Preise hochzutreiben und gleichzeitig die Reserven zu schonen.

Schon haben sich auch die Produzenten von Bauxit – dem Ausgangsmineral für die Gewinnung von Aluminium – auf gegenseitige Absprache besonnen. Auf einer zu Anfang des Jahres 1974 in der guineischen Hauptstadt Conakry zusammengetretenen Konferenz befürwortete der Präsident des Landes, Ahmed Sékou Touré, einen internationalen Zusammenschluß aller Bauxitproduzenten, »um zu einer Neuordnung der Preisgestaltung bei unseren Rohstoffen zu gelangen«. Zudem sollte nach seiner Auffassung das Aluminium in den Förderländern selbst hergestellt und als Fertigprodukt verkauft werden. Die vier kupferproduzierenden Länder sind bereits dem arabischen Beispiel gefolgt, und es heißt, Chile, Peru, Zaire und Sambia seien an die Araberstaaten mit der Bitte herangetreten, Kupfer für die Zukunft zu horten, um die Preise auf ihrer exorbitanten Höhe zu halten – Modellfall für eine weitere Form von Zusammenarbeit in der Dritten Welt.

Bereits ist davon die Rede, auch möglicherweise Phosphate sowie Kautschuk und erst recht Genußmittel wie Kaffee, Kakao oder Zucker durch kartellartige Absprachen auf dem Weltmarkt besser zur Geltung zu bringen. Die Phosphatproduzenten Nordafrikas haben sich gerade zusammengetan, um die Exporte dieses für die Kunstdüngerproduktion unentbehrlichen Ausgangsstoffs in Grenzen zu halten. Die Kaffeeländer handeln nur noch in gegenseitiger Abstimmung, während Brasilien seine Kaffeeproduktion in einem Maße gedrosselt hat, das es nun selbst zu Einfuhren nötigt.

Im Januar 1974 griff Zaires Präsident Mobutu den ganzen Fragenkomplex auf, indem er unumwunden die Solidarität der Afrikaner forderte, wenn es darum gehe, auf dem Weltmarkt die Rohstoffpreise hochzutreiben. Unter Hinweis auf den arabischen Erfolg bei der Festsetzung höherer Ölpreise erklärte General Mobutu: »Wir haben unser Kupfer, haben Kali, unsere Diamanten, Gold und unseren Kakao. Wären wir uns alle einig, daß die Weltmarktpreise für diese Produkte auf einen fairen Stand kommen, dann ließe sich unsere Auffassung auch durchsetzen.«

Ein Institut für Warenmakler umreißt die Lage wie folgt: Vier Länder besitzen 80 % der Kupfervorräte der Welt, zwei Länder verfügen über 70 % des Zinns, vier Länder produzieren über 50 % des Kautschuks, und vier Länder sind Eigner von über 50 % der Bauxitvorkommen.

In asiatischen Staaten gibt es genügend Zinn, das in den USA nur spärlich vorhanden ist. Andererseits verfügen asiatische Länder nicht über hinreichende Mengen an Molybdän, das wiederum in Amerika reichlich gefördert wird. Rußland besitzt Nickel, Mangan und Blei, muß aber Bauxit importieren und verfügt nicht über natürlichen Kautschuk. Ähnlich sporadisch sind die Hauptvorkommen des Quecksilbers auf Spanien, Italien und einige Gebiete der kommunistischen Welt verteilt. Industriediamanten werden zumeist aus Zaire bezogen, über die Hälfte der abbauwürdigen Weltreserven an Zinn liegen in Indonesien, Thailand, Malaysia – die andere Hälfte entfällt größtenteils auf die Produzentenländer Bolivien und Zaire. Ein weiteres Metall, das sich für zähes Feilschen auf dem Weltmarkt eignet, ist Nickel, das mit der Hälfte seiner Weltvorräte auf Kuba und Neukaledonien lagert. Eines Tages werden die Vereinigten Staaten nicht umhinkönnen, auch wieder mit Kuba ins Gespräch zu kommen – allein das Nickel wird sie dazu zwingen.

In Gegensatz zur starken Position vieler Entwicklungsländer auf dem Rohstoffsektor steht die schwache Position der führenden Industriestaaten auf diesem Gebiet. In der schwächsten Position ist hierbei sicherlich Japan. Wenn die Japaner auch nur 3 % der Weltbevölkerung bilden, so kauft Japan doch etwa ein Viertel der auf den Weltmarkt gelangenden Produktion an Rohstoffen. Dieser Anteil hat sich pro Jahr um 20 % vermehrt, was bedeutet, daß bei einer Beibehaltung dieses Trends im Jahr 1980 Japan die Hälfte der Weltrohstofferzeugung verbrauchen wird, und das gilt auch für das Öl. »Das ist ein Ding der Unmöglichkeit«, stellt dazu eine japanische Studiengruppe für internationale Planung fest, und sie fordert angesichts dieser Fakten sowie unter Berücksichtigung der Umweltsituation eine völlige Neuorientierung der japanischen Wirtschaftsstruktur. Da wird bereits von der Abschaffung ganzer Industriezweige gesprochen, darunter der Ölraffination, der Kunstdüngerherstellung auf Erdölbasis, der Rohstahlerzeugung, der Autoindustrie (sofern nicht für den Export arbeitend), der Zellulose- und Papierindustrie sowie aller chemischen Herstellungsprozesse, die Quecksilber, Arsen oder andere Gifte als Nebenprodukte anfallen lassen. Dies bedeutet nichts anderes als eine völlige Umkrempelung der japanischen Wirtschaftspolitik. Der Dachverband der japanischen Wirtschaftsverbände hat, durch diese Forderung alarmiert, einen Ausschuß gebildet, der diese Fragen untersuchen soll.

Die Lage der USA stellt sich für die Zukunft kaum weniger kritisch dar als jene Japans. Die Vereinigten Staaten importieren heute alle oder doch nahezu alle Bedarfsmengen an Platin, Glimmer, Chrom, Strontium, Kobalt, Tantal, Bauxit und Manganerz. Sie importieren ferner über die Hälfte der Mengen an Fluorit, Titan, Asbest, Zinn, Wismut, Nickel, Columbium und Antimon und über ein Drittel des Eisenerzes (während es 1950 nur 8 % waren). Zweifellos wird diese von Carroll Kilpatrick in der ›*Washington Post*‹ zusammengestellte Liste bis zum Jahr 1980 um noch höhere Importmengen zu ergänzen sein. Die Notwendigkeit, mineralische Erzeugnisse zu importieren, wird zunehmend eine Rolle in der Handelsbilanz spielen. Sherman Clark, am Stanford Research Institute Leiter der Abteilung für Energie- und Rohstoffwirtschaft, erwartet »zwischen 1969 und 1980 fast eine Vervierfachung der jährlichen Mineralimporte, wobei ein Importkostenanstieg von 8 Milliarden Dollar im Jahr 1969 auf 30 Milliarden Dollar im Jahr 1980 zu erwarten ist (der Dollar nach dem Stand von 1969 gerechnet)«. Diese Summe reicht in ihrer Größenordnung schon fast an den Gegenwert aller US-Exporte von heute heran.

Nach der Aussage von Maurice Strong, dem Leitenden Direktor des Umweltprogramms der UNO, haben die Vereinigten Staaten »in den zehn Jahren von 1959 bis 1968 mehr Rohstoffe verbraucht als alle Menschen der Erde in den vorangegangenen Jahren. Die gesamte Produktion der Menschheit von ihren Urtagen bis zum Ende des Zweiten Weltkriegs liegt unter der Menge, die in den kommenden drei Jahren bei fortschreitender Industrialisierung erzeugt wird.«

Die Optimisten sprechen immer von Ersatzmaterialien und verweisen auf die Kunststoffe als Nachfolger traditioneller Werkstoffe. Leider besteht aber bereits ein Versorgungsengpaß in Kunststoffen, wie Altmaterialsammler schon zu spüren bekommen haben, denn sehr viele Kunststoffe werden aus Erdölderivaten hergestellt. Die gegenwärtige Verknappung ist darauf zurückzuführen, daß rechtzeitige Kapazitätserweiterungen versäumt wurden, doch aus einem von Martin Sherwood unter dem Titel »Chemicals and the Oil Crisis« publizierten Beitrag erfahren wir: »Es kann auch keinen Zweifel geben, daß künftig organische Kunststoffe und alles, was aus ihnen hergestellt wird, erheblich mehr kosten werden als früher.«

Während in den USA hauptsächlich Erdgas als Ausgangsbasis für die Kunststoffproduktion dient, tritt in Europa an dessen Stelle Naphta oder Rohöl, und zwar in immer größeren Quantitäten. Großbritannien, das heute noch 45 Millionen Tonnen jährlich verbraucht, wird seinen Bedarf 1980 auf 80 Millionen Tonnen erhöht haben – und dies allein für Zwecke der petrochemischen Industrie, während die Naphtamenge für die Treibstofferzeugung bei 184 Millionen Tonnen liegen wird, im Falle der Einführung bleifreien Benzins aber bei 196 Millionen Tonnen.

Schließlich müssen wir uns dessen bewußt werden, daß es für bestimmte Materialien einfach keinen Ersatz geben kann. Das gilt für Quecksilber ebenso wie für Helium, für Thorium ebenso wie für Uran. Auch für Platin gibt es keinen wirklichen Ersatz. Bis zu einem gewissen Maß kann Aluminium das Kupfer in normalen Stromkabeln ersetzen, aber schon nicht mehr für alle Zwecke in Elektromotoren und schon gar nicht bei Rohrleitungen. Vor allem hat es den entscheidenden Nachteil, daß es nicht geschmiedet, gewalzt oder gelötet werden kann. Wir müssen uns also wohl über die Tatsache klarwerden, daß viele der wichtigsten Rohstoffe knapp oder teuer und meistens beides zugleich werden.

Metalle – Vitamine der Wirtschaft

Das Argument, es werde sich für jedes Material schon ein Ersatz finden lassen, wenn dieses nicht mehr zur Verfügung stünde, ist vielfach nicht stichhaltig, schon gar nicht dort, wo es sich um bestimmte Metalle handelt, die nur in geringen Mengen verwendet werden, um Legierungen mit erwünschten Eigenschaften herzustellen. Als Beispiele seien genannt Chrom, Vanadium und Molybdän, die für Spezialstähle Verwendung finden – »Vitaminmetalle« sind sie genannt worden. Die USA sind bereits derart knapp an Chrom, daß sie dieses Metall aus der Sowjetunion beziehen mußten, die über reichliche Vorkommen verfügt, und es hat einen seltsamen Beigeschmack, wenn man bedenkt, daß einige der über Vietnam abgeworfenen Bomben auch russisches Chrom enthalten haben.

Nicht zu ersetzen ist auch das Quecksilber, das einzige Metall, das gleichzeitig eine Flüssigkeit ist und daher für verschiedene Arten von Schaltern und bestimmte Herstellungsprozesse Anwendung findet und ebenso dort gebraucht wird, wo sein hoher Ausdehnungskoeffizient von Bedeutung ist, etwa bei der Herstellung von Thermometern. Die meisten der wirklich ergiebigen Quecksilberminen der Welt sind mittlerweile erschöpft, größere Lagerstätten befinden sich nur noch in Spanien und Italien. Bei einem wie bisher fortschreitenden Quecksilberverbrauch dürften die Weltreserven – die Flasche zu 200 Dollar gerechnet – nur noch bis zum Jahr 1980 vorhalten. Aber in den USA steigt der Quecksilberverbrauch jährlich um 3 %. Selbst wenn die Flasche zu dem erhöhten Preis von 1000 Dollar verkauft würde, wäre damit das Ausgehen der Reserven auch nur auf etwa fünfzig Jahre hinauszuzögern.

Ein weiterer unersetzlicher Rohstoff ist das Helium, das beim Lichtbogenschweißen, bei der Druckerzeugung in den Treibstofftanks der Raketen sowie für das Helium-Sauerstoff-Gemisch Anwendung findet, das den Tiefseetauchern zur Atmung dient. Noch weitaus wichtiger aber wird es künftig werden: für die Kühlung von Kernkraftwerken und für die fast energieverlustfreie Leitung von Elektrizität in Supraleitern. Ferner benutzt es die forschende Wissenschaft, so bei der Darstellung von Kristallen in einer reaktionsfreien Atmosphäre. Helium ist ein so wichtiger Stoff, daß das Innenministerium der USA ein Programm ausarbeiten ließ, um das als Beiprodukt der Naturgaserzeugung anfallende Helium zu speichern. Indes wurde 1974 die unglaublich kurzsichtige Entscheidung gefällt, dieses Programm aus Kostengründen einzustellen, und die unersetzliche Substanz verflüchtigt sich nun in der Luft.

Am Helium läßt sich die Unwahrheit der Behauptung nachweisen, daß ein Ansteigen der Preise zur Erschließung weiterer Vorkommen führe. Helium ist in Naturgas enthalten – unter bestimmten Bedingungen. So finden wir in den USA ein Feld, Pinta Dome, in dem das Erdgas Helium zu 8,2 % enthält. Kleinere Felder wie die von Mesa und Hogback in New Mexico enthalten bis zu 5,5 % Helium. Werden diese erschöpft sein, so existieren noch die von Hugoton und im sogenannten Pfannenstiel von Texas – aber hier enthält das Erdgas nur noch 0,3 bis 1 %. Andere Erdgasfelder enthalten weniger als 0,05 % bis gar kein Helium. Schließlich bliebe noch die Möglichkeit, die normale Luft auszuquetschen, in der Helium zu 0,0005 %

enthalten ist – aber niemand wird im Ernst glauben, es könnte sich eine wirtschaftliche Methode für diese Gewinnungsweise entwickeln lassen.

Abgesehen von winzigen Heliummengen, die in Kernreaktoren anfallen, wird gegen Ende des Jahrhunderts wohl die Heliumgewinnung aus Wasserstoff durch atomare Prozesse versucht werden – ein Prozeß, dessen Realisierung nach Professor Preston Clouds trockener Bemerkung »erst noch zu erweisen sein wird«.

Die Haltlosigkeit jener Theorie von der neue Vorräte erschließenden Wirkung eines Preisanstiegs wird auch am Beispiel des Quecksilbers augenfällig. In den USA hat sich der Verbrauch in den letzten 23 Jahren verdoppelt, aber der Preisanstieg infolge der Nachfrage betrug 500 %. So wurde 1965, als die Preise auf 800 Dollar pro Flasche kletterten (Durchschnittspreis des Jahres: 500 Dollar), sogar etwas weniger Quecksilber produziert als 1947 – damals stand aber der Preis bei ärmlichen 83 Dollar.

Oft wird geglaubt, Erze geringerer Anreicherung seien in weitaus größeren Lagern vorhanden als Erze von hohem Gehalt, weshalb zur Gewinnung größerer Metallmengen einfach nur die Förderung zu erhöhen sei. Auch hier hat das Quecksilber gezeigt, daß dem nicht unbedingt so ist. Als während des Zweiten Weltkriegs der Geological Survey der USA Untersuchungen über die Quecksilbervorräte anstellte, berichtete er von 370 000 Tonnen Gestein mit einem Quecksilbergehalt von etwa 3000 Tonnen. Außerdem gab es noch 1 220 000 Tonnen Matrix mit 1500 Tonnen Quecksilber; das bedeutet: bloß 2,5 Pfund pro Tonne gegenüber dem reicheren Gestein mit 16,2 Pfund pro Tonne. Schließlich – und hier liegt der Hund begraben – gab es noch 285 000 Tonnen Gestein, die bloße 228 Tonnen Quecksilber enthielten, also weniger als 1 Tonne in jeweils 1000 Tonnen Muttergestein.

Wir wollen hier versuchen, einige dieser Rohstoffknappheiten auf Zahlenwerte zu bringen. Nach dem US-Bergbaubüro ist der Zeitpunkt der Erschöpfung bei »eindeutig ausbeutbaren Reserven«, gemessen nach den gegenwärtigen Abbauzeiten und Verbrauchsmengen, für eine Anzahl der gewöhnlichsten Metalle wie

	USA	Welt
Blei	1976	1986
Platin	1970	1987
Silber	1974	1987
Gold	1975	1987
Zink	1982	1988
Kupfer	1990	2001
Wolfram	1979	2002

Man beachte dabei, daß sich diese Voraussagen auf die gegenwärtigen Abbauzeiten und Verbrauchsmengen beziehen, was bedeutet, daß der Zeitpunkt der Erschöpfung durch Abbau geringwertiger Erze hinausgezögert werden kann. Aber diese sind dann schwieriger und teurer bei der Aufbereitung. Die Schätzung spricht von bekannten Lagerstätten, was nicht ausschließt, daß neue Vorkommen in abgelegenen Teilen der Welt entdeckt werden, so etwa in Australien, China und der Sowjetunion. Andererseits wird hier von dem heute gegebenen Verbrauch ausgegangen, der aber zweifellos schnell überschritten sein dürfte, da sich die Dritte Welt industrialisiert und die Produktion der reichen Länder weiter wächst. Mögen also die beiden ersten Faktoren die Zeitpunkte der totalen Erschöpfung hinauszögern, so wirkt andererseits der dritte Faktor beschleunigend. Allerdings gibt es große Mengen von Blei, Zink und Kupfer in nach heutigen Maßstäben nicht abbauwürdigen Vorkommen. So veranschlagt der Geological Survey Vorräte von 1,275 Millionen Tonnen Zink, falls Abbaukosten keine Rolle spielen – ließe man einen Preisanstieg um 25 % zu, so würden sich damit die Vorräte um 30 % vergrößern.

Aufgeführt seien auch die Erschöpfungszeitpunkte einiger Minerale, die in den USA wie in anderen Industriestaaten heute extrem knapp geworden sind, wiewohl sie auf der Welt noch in hinreichender Menge vorhanden sind:

	USA	Welt
Zinn	1970	1990
Nickel	1972	2085
Mangan	1970	2100
Kobalt	1989	2120
Aluminium	1974	2140
Chrom	1970	2500

Es liegt auf der Hand, daß jene Staaten, die ihre eigenen Rohstoffquellen fast erschöpft haben, bald vom Wohlwollen der Nachzügler im industriellen Wettlauf abhängen werden, die über die gewünschten Rohstoffe verfügen.

Wenn auch niemand wissen kann, in welchem Ausmaß noch neue Erzlagerstätten erschlossen werden, so ist doch sicher, daß der Bedarf steil ansteigen wird. Übrigens sind auch alle früheren Schätzungen dem Aspekt der Bedarfssteigerung nicht hinreichend gerecht geworden. So sagt etwa der 1952 veröffentlichte »Paley Report« aus, daß der Bleibedarf in der nichtkommunistischen Welt sich bis zum Jahr 1975 von 0,8 Millionen Tonnen auf 1,3 Millionen Tonnen erhöhen werde. Die reale Zahl für 1969 liegt aber bereits bei über 2 Millionen. In vergleichbarer Weise schätzte man für den genannten Zeitraum bei Zink einen Anstieg von 1,0 auf 1,5 Millionen Tonnen – aber 2,8 Millionen war die reale Zahl. Die Spanne bei Stahl, mit einem Sprung von 63 Millionen auf 127 Millionen Tonnen veranschlagt, erreichte ihre oberste Grenze real bei 289 Millionen Tonnen. Nach der Meinung von A. G. Charles von der British Metal Corporation wird gegen Ende des Jahrhunderts der jährliche Kupferbedarf, gegen Ende der 1960er Jahre noch bei 5 Millionen Tonnen, nicht unter 20 Millionen Tonnen liegen, während der Aluminiumbedarf, Ende der 1960er Jahre noch bei 8 Millionen Tonnen, dann die phantastische Zahl von 70 Millionen Tonnen erreicht haben soll.

Es geht nicht nur darum, daß steigende Pro-Kopf-Einkommen höheren Verbrauch bedingen – das Bevölkerungswachstum spielt ebenfalls eine Rolle. Für Indien wird für das Jahr 2000 eine Verdoppelung der Bevölkerung erwartet, und dem entspricht eine vergleichbare Zunahme der Weltbevölkerung. Selbst wenn die Pro-Kopf-Einkommen sich bloß verdoppeln, bedeutet dies eine

Vervierfachung des Rohstoffbedarfs.

Dieser rapide ansteigende Bedarf macht das Argument mit den noch unentdeckten Lagerstätten so fadenscheinig. Denn wir hätten ja in den nächsten zwanzig Jahren mehr mineralische Vorkommen zu erschließen, als bis heute jemals erschlossen werden konnten – und daß die ergiebigsten Lager schon abgebaut sind, ist selbstverständlich. Aber selbst wenn man überall auf neue Erzlager stieße, müßten die Mittel zum Abbau unverzüglich bereitgestellt werden – Fachleute der Mineralwirtschaft rechnen mit Investitionen von 6 Milliarden Dollar pro Jahr. Sind diese neuen Vorkommen nämlich abgelegen, so müssen Eisenbahnen, Frachthäfen mit Schiffen und andere Transportmittel gebaut werden. Es liegt also auf der Hand, daß Verknappungen und Preisanstiege in naher Zukunft unvermeidbar sind, wie immer auch diese Zukunft im übrigen aussehen mag und selbst dann, wenn Staaten mit neuen Rohstoffquellen bereitwillig von ihrem Reichtum mitteilen wollten.

Professor W. O. Alexander, der Leiter des Departments für Metallurgie an der britischen Universität Aston, entwickelt eine abgewogene Zukunftsprognose: Die wichtigen Metalle wie auch Beton und Holz werden mindestens bis zum Jahr 2000 in hinreichendem Umfang zur Verfügung stehen, vorausgesetzt, die armen Völker machen nicht plötzlich große Sprünge nach vorn. Doch auch er sagt voraus, daß »Kupfer dann zu den kostbaren Metallen zählen wird und in der Elektroindustrie an seine Stelle nach und nach Aluminium, Natrium und wohl auch Eisen treten werden«. Und wenn Stahl auch immer noch dort zur Verwendung kommen dürfte, wo große Mengen von Metall gebraucht werden, so müßten Baustähle doch bereits durch Spezialbetone Ersatz finden. In der zweiten Hälfte des kommenden Jahrhunderts aber dürften für Bauzwecke »Holz und Beton als alleinige Materialien übriggeblieben sein«.

Bergwerk Ozean?

Ein bei Lockheed in Kalifornien hinter verschlossenen Türen gebautes, mit Taucheinrichtungen versehenes Begleitboot kreuzte 1973 zusammen mit seinem Mutterschiff, der »Glomar Challenger«, vor der Küste Nicaraguas auf. Als modernstes bergmännisches Förderfahrzeug zur See bot die »Glomar Challenger« die technischen Mittel für den Versuch des amerikanischen Millionärs Howard Hughes, die auf dem Meeresgrund reichlich verstreuten Erzknollen aufzusammeln. Über die Möglichkeiten einer solchen Erzknollenlese auf dem Meeresgrund waren mancherlei in glühenden Farben gehaltene Berichte zu lesen.

»Genug wichtige Minerale, soviel wir absehen können, um die Bedürfnisse der Menschheit in alle Zukunft zu decken«, schwärmte Charles Foley, Korrespondent des *›Observer‹*, »und dies zum Bruchteil der heutigen Kosten . . . die Knollen . . . bedecken den Ozean in Mengen von bis zu 60 000 Tonnen pro Quadratmeile.« Mittlerweile bauen Konkurrenzunternehmen ähnliche Schiffe, mit denen sie auf Suchfahrt in Pazifik, Atlantik und Indik gehen, wo bereits die Russen am Werk sind. Die *›Los Angeles Times‹* spricht von »einem neuen Goldrausch«, bei dem sich über Nacht ein Vermögen machen ließe.

Lord Ritchie Calder befürchtet das Auftauchen von Marinestreitkräften in privater Hand, ausgerüstet von riesigen Konzernen, die ihre Mutungen nachdrücklich vertreten wollen, also eine Art Feudalismus auf dem Tiefseeboden, solange nicht allgemeinverbindliche Rechtsnormen ausgearbeitet sind. Er bemerkt: »Es fällt nicht schwer, sich da auch bewaffnete Konflikte zwischen den Staaten auszumalen. Chile, Sambia und Peru haben sich bereits in dieser Richtung erklärt.« Schwere Umweltprobleme werden dazukommen. Calder: »Diese industriellen Freibeuter bedienen sich einer Abbaumethode, die dem Tagebau an Land ähnelt. Einige werden die primären Aufbereitungsprozesse noch auf hoher See vornehmen, wobei der Abfall an Säuren und basischen Substanzen einfach ins Meer gespült wird. Was das für eine Wirkung auf das natürliche Gleichgewicht des Meeres hat, weiß kein Mensch.« Zweifellos wird in diesen Bergwerken auf dem Meeresboden zur Atomenergie gegriffen werden, und schon bestehen Pläne für die Errichtung ganzer Unterwasserstädte – aber Städte produzieren Abfall in Menge. »Wir können nur auf die Ausarbeitung von Gesetzen durch eine Weltmeer-Konferenz hoffen«, fügt Calder hinzu.

Wahrheit ist jedoch, daß der Meeresboden keine so üppige Fundgrube darstellt, wie die Optimisten gern glauben. So äußert sich

Preston Cloud: ». . . ein ›mineralisches Füllhorn‹ unter dem Meer existiert nur in übertriebenem Wunschdenken . . . die mineralischen Vorkommen auf dem Meeresgrund können nicht mit jenen verglichen werden, die auf dem Festland zum Abbau gelangen.« Nach der Schätzung von John Mero, Präsident der Ocean Resources Inc. und Fachmann für Fragen des Tiefseebergbaues, würden rund 100 Millionen Tonnen Erzknollen nach ihrer Verarbeitung etwa je 1,5 Millionen Tonnen Kupfer und Nickel erbringen (also dringend benötigte Metalle), dazu 240 000 Tonnen Kobalt. Damit wäre ein Drittel des Kupferbedarfs der nichtkommunistischen Welt gedeckt, mehr Nickel als benötigt gewonnen, und der Markt würde von Kobalt und Mangan überschwemmt. Indes – es wird noch viele Jahre dauern, bis der ozeanische Bergbau 100 Millionen Tonnen im Jahr zu fördern vermag. Die meisten der bekannten Vorkommen mit mehr als 1 % Kupfer- oder Nickelgehalt befinden sich in 4000 bis 5000 Meter Tiefe, viel zu tief also, um hier noch mit herkömmlichen Abbautechniken zu arbeiten. Zudem enthalten sehr viele Knollen einen derart hohen Anteil an Quarz, daß auch hier die üblichen Aufbereitungsmethoden nicht anwendbar wären. Hätten wir übrigens solche Methoden, so verfügten wir auch auf dem Festland über gewaltige Mengen manganhaltigen Quarzgesteins als Rohstoff.

Es ist auch gesagt worden, daß die Erzknollen zu Millionen Tonnen stets neu gebildet werden, doch zeigen neuere Untersuchungen, daß die Ansetzung mineralischer Substanz in einer Million Jahre oft nur 1 Millimeter betragen dürfte.

Gelöst kommen Metalle schließlich im Seewasser selbst vor, aber die Kosten verbieten ihre Gewinnung – selbst im Falle von Gold. Die einzige Ausnahme wäre hier das Magnesium. Mag sein, daß auch einige seltene Metalle eine rentable Gewinnung aus dem Meerwasser erlauben (Natrium, Jod usw.), aber gerade die von uns am dringendsten benötigten Metalle wie Molybdän, Nickel, Wolfram und Quecksilber bieten keine Aussicht auf erschwingliche Gewinnung. Bei Zink etwa müßte man 9 Kubikmeilen verarbeiten (den Inhalt eines Wassertanks von 2000 Meter Höhe, 1000 Meter Breite und 12 Kilometer Länge!), um bloße 400 Tonnen dieses Metalls zu gewinnen. Dazu Cloud: »Die Durchführbarkeit eines solchen Verfahrens ist zu bezweifeln.«

Zweierlei Inflation

So ernst wie die Verzögerungen und Verknappungen werden die monetären und finanziellen Auswirkungen dieser Tatsachen für jedes Land sein, das seine Rohstoffe zu einem großen Teil einzuführen gezwungen ist. Das gilt vor allem für Japan, kaum minder aber auch für England, die USA, Frankreich, die Bundesrepublik und viele andere Länder.

Wenn die Preise für Rohstoffe steigen, ziehen die Preise für Fertigwaren nach. Bereits im Oktober 1973 waren in Großbritannien folgende Preisanstiege für Rohstoffe (im Vergleich zum Vorjahr) zu verzeichnen: in der Elektroindustrie 26,2 %, in der Maschinenbauindustrie 14 %, in der Textilindustrie 32 %, in der holzverarbeitenden Industrie 54,5 %, in der chemischen Industrie 24,5 %. Selbst Stahl der Inlandproduktion stieg um 11 % im Preis. Teils lag dies an Lohnanstiegen, teurer gewordener Energie und wohl auch an der kürzeren Arbeitswoche. Rechnen wir zu diesen Entwicklungen die explosiven Kostensteigerungen bei Rohstoffimporten, die auch mit erhöhten Kosten infolge der durch Lieferverzögerungen nicht ausgelasteten Produktionskapazität sich überschneiden, so liegt auf der Hand, daß die Preise noch um mehrere Hundert Prozent steigen werden müssen, ehe sich die Preissituation wieder stabilisiert.

Hinter diesen Kostensteigerungen liegen dann letztlich die Preissteigerungen der Rohstoffe selbst: Blei um 53 %, Barrenzinn um 45 %, Zink um 288 %, Naturkautschuk um 73 %, Rohbaumwolle um 188 %, Rohwolle um 207 % – alles im Vergleich zum Stand von 1970.

Es führt in die Irre, daß wir für zwei ganz unterschiedliche Vorgänge das Wort »Inflation« gebrauchen. Einerseits haben wir die Lohninflation – zuviel Kaufkraft für zuwenig Waren. Etwas ganz anderes ist es aber, wenn die Kosten für die Einkäufe im Ausland ansteigen. Zum Ausgleich für diese Einkäufe müssen größere Exporte getätigt werden. In anderen Worten: Die Bürger des exportierenden Landes bekommen von dem, was sie produzieren, weniger in die Hand. Das Warenaustauschgefälle verändert sich zu ihren Ungunsten. Wenn jetzt nicht die Kaufkraft für den Binnenmarkt irgendwie abgeschöpft wird, kommt es zu inflationären Entwicklungen. Wir haben aber gesehen, wie schwer es ist, das Lohnniveau herunterzuschrauben, vor allem dann, wenn man es an den Preisstandards festmacht. Erlaubt man den Preisen aber, nach oben wegzuziehen, dann verteuern sich die Exporte mit Nachteil gegenüber der Konkurrenz.

Kurz gesagt: Knappheit an Rohstoffen bewirkt eine Inflation auf dem Inlandmarkt und eine rückläufige Handelsbilanz, was stets zu verzweifelten Versuchen führt, ein neues Ausgleichsniveau zu finden. Da eine Anzahl von Ländern gleichzeitig in diese Bemühungen hineingerissen werden, werden ihre Maßnahmen sich in Wechselwirkung negativ verstärken. Nur reale Sparmaßnahmen gegenüber den Rohstoffen aus dem Ausland werden jedoch dauerhaft wirksam sein können – die beste Sparmaßnahme ist, die Produktion zu drosseln. Wie auch immer aber: Der Lebensstandard nach gängiger materieller Definition wird sinken.

Planen fürs Überleben

Dennoch wird mit dem weiteren Anstieg der Rohstoffpreise und mit zunehmender Inflation Sparsamkeit zur Parole. Die Wegwerfgesellschaft wird wieder ihren Stolz in vorsichtigem Wirtschaften und solidem Produzieren finden müssen. Die Produkte modisch kurzfristiger Verfügbarkeit werden durch auf Dauer zu brauchende Erzeugnisse ersetzt werden. Zur Zeit unserer Großeltern wurde selbst ein krummgeschlagener Nagel wieder sorgsam geradegeklopft für weitere Verwendung. (Ich hab's in meiner Jugend noch selbst gesehen.) Künstliche Veränderungen an Erzeugnissen, darauf angelegt, Vorjahrsprodukte als überholt erscheinen zu lassen, werden aufgegeben werden müssen. Wie vielfach nachgewiesen wurde – vor allem durch Vance Packard in seinem eindrucksvollen Buch *»Die große Verschwendung«* –, haben die Hersteller viele Methoden gefunden, mittels deren Erzeugnisse früher als eigentlich notwendig unbrauchbar gemacht werden oder veralten, so etwa durch die Einstellung von Ersatzteilfertigungen oder durch neues Zubehör, das nur für die jüngsten Modelle brauchbar ist. Daß derart schäbige Methoden unnötig sind, zeigen die Hersteller der Polaroidkamera, die immer noch ihr originales 95er-Modell produzieren, wenn auch mit manchen zusätzlichen Verbesserungen – aber alles neue Zubehör paßt selbst noch für das älteste Modell.

Wie eine solche Veränderung langfristig geplanter Marktstrategien erfolgen soll, ist eine noch ungelöste Frage. Eine Möglichkeit läge wohl darin, die Produzenten zu zwingen, wirksame Garantien für die Lebensdauer ihrer Produkte abzugeben, mit Strafen von wirksamem Gewicht bei Nichtbefolgung. Die ständige Verschwendung der Einwegflaschen sollte unterbunden werden. In England wurden im letzten Jahr 25 Millionen Flaschen in wiederverwendbarem Zustand einfach weggeworfen. Wie ließe sich dies unterbinden? Durch höhere Flaschenpfänder. Es wurde vorgeschlagen, daß durch Einlegieren einer gewissen Goldmenge in Autobleche die Besitzer abgefahrener Wagen veranlaßt werden könnten, sie nicht einfach auf die nächste Mülldeponie zu kutschieren, sondern sie zum Eintausch zu bringen. Die längere Lebensdauer der Produkte könnte auch Energie sparen helfen. Die Herstellung eines Autos kostet etwa 5000 Kilowatt Energie. Würde ein Auto hergestellt, das bei 6000 Kilowatt Produktionsenergieverbrauch die dreifache Lebensdauer hätte, dann ließen sich über diesen Zeitraum 9000 Kilowatt einsparen. Durch ein Recycling des Materials könnten jedoch bloß 10 Kostenprozente eingespart werden.

Die Abfallverwertung, die heute noch etwas abschätzig betrachtet wird, muß als ein lebenswichtiger Wirtschaftszweig verstanden werden, so wie damals im Krieg. England ist in dieser Beziehung den meisten Staaten allerdings voraus, denn über die Hälfte des hierzulande verarbeiteten Stahls stammt aus Wiedergewinnungsprozessen, und einen ähnlichen Anteil finden wir beim Blei, 40 % beim Kupfer. Obwohl in den USA die Eisenbahnen für Eisenerze vorteilhaftere Frachtkosten als für Eisenschrott festgesetzt haben, gelangen von den 35 Millionen Tonnen jährlich fortgeworfenen Schrottmaterials etwa 16 Millionen wieder in den Kreislauf – also 46 %. Zwar beschränken technische Gegebenheiten die Mengen von Schrott, die ein Hochofen aufzunehmen vermag, doch wären technische Verbesserungen möglich, die höhere Schrottzusätze erlauben.

Zur Hauptsache besteht der Müll aus einer problematischen Mischung von Glas, Stahl, Nichteisenmetallen und Plastik. Heute lassen sich durch magnetische Trennvorrichtungen die eisenhaltigen Anteile herausholen. Gegenwärtig haben aber bloß 20 Städte in den

USA eine solche Vorrichtung in Betrieb, und von den 48 Milliarden Eisenblech-Konservenbüchsen, die jährlich im Müll landen, werden nur 8 % als Schrott verwendet. Zinn ist nur schwer der Wiederverarbeitung zugänglich, so daß bloß 10 % des Zinns in den USA aus der Müllquelle stammen.

Eisenerz gibt es allerdings immer noch ziemlich reichlich, und so sind es denn auch mehr die anderen metallischen Beimengungen im Eisen, derentwegen die Aufarbeitung von Schrott lohnt. Die Regierungen müssen aber die lokalen Behörden dahin bringen, derartige Wiederverwertungsanlagen zu schaffen, und gleichzeitig das dringlicher werdende Problem der Abfalldeponierung zu lösen versuchen. Weitere Pluspunkte ließen sich hier durch Energieeinsparungen sammeln. Die Herstellung eines Kilos Aluminium aus dem natürlichen Ausgangsmaterial verlangt das Fünfundzwanzig- bis Fünfunddreißigfache an Energie, als beim Recycling nötig wäre. Beim Kupfer ist das Achtzehnfache, beim Stahl das Fünffache zu rechnen.

Auch Zeitungsaltpapier kann wieder in die Produktion zurückgeführt werden. In den USA stammen 400 000 Tonnen Zeitungspapier völlig aus wiederaufgearbeiteten Zeitungen, eine Zahl mit steigender Tendenz.

Auch durch die Verhinderung von Materialverlusten durch Rost oder sonstige Formen der Korrosion könnte enorm gespart werden. Eine durch das britische Ministerium für Technologie 1969 beauftragte Kommission berichtete zwei Jahre später, daß die jährlichen Kosten für »industrielle Korrosion« im Vereinigten Königreich bei 1635 Millionen Pfund Sterling lagen. Nach ihren Berechnungen ließen sich davon Verluste in Höhe von 300 Millionen Pfund vermeiden, wenn gegebenes Wissen nur entsprechend zur Anwendung käme – etwa durch Verwendung von Korrosionsschutzmitteln und Vermeidung korrosionsfördernder Bedingungen.

Gewisse Grundstoffe wie Eisen, Steine und Holz werden uns noch in ausreichenden Mengen zur Verfügung stehen, aber zahlreiche sehr wichtige andere Substanzen werden zweifellos rar werden, entweder weil sie überhaupt nicht mehr vorhanden sind oder weil Länder mit einem Monopol ihr Privileg ausnutzen werden. Japan, hier in einer besonders schwachen Position, hat bereits langfristige Belieferungsverträge für Erze abgeschlossen und liefert dafür Kapital, Gerät und Know-how. So baut es in der Türkei eine Anlage zur Chromstahlerzeugung mit einer Jahreskapazität von 50 000 Tonnen gegen eine Lieferungsgarantie über 1 Million Tonnen Chromerz für elf Jahre. Wir werden noch mehr solche Verträge erleben. Andererseits bestehen die armen Länder immer häufiger darauf, daß die Aufbereitung der Erze und deren Weiterverarbeitung im Förderland selbst erfolgen, weil dadurch mehr Arbeitsplätze geschaffen werden können, als der Export von Roherzen allein zuläßt. Bei solchen Rohstoffen werden die Preise hoch bleiben oder noch weiter steigen. Es gibt keine armen Länder mehr, die froh sind, daß ihnen jemand ihre Rohstoffe abnimmt. Diese Einsicht muß bei den westlichen Regierungen jetzt kommen, und sie müssen wirklich etwas tun – ein paar Gesten genügen nicht –, um die Wirtschaft ihrer Länder in der hier skizzierten Weise voranzubringen.

Kapitel 13
Drohender Klimawechsel

Anzeichen globaler Abkühlung

Die Schnee-Eule und vier andere arktische Vogelarten sind in Nordschottland Brutvögel geworden. In Nordamerika hat sich die Verbreitungsgrenze des Gürteltiers nach Süden verschoben. Dieses Tier reagiert höchst sensibel auf die Temperaturverhältnisse in seiner Umgebung. Während der ersten Hälfte unseres Jahrhunderts hatte es sich von Mexiko aus bis in die südwestlichen Staaten der USA verbreitet, offenbar infolge einer Erwärmung dieses Gebiets. In den letzten Jahren aber ist die Verbreitungsgrenze wieder bis Mexiko zurückgegangen – Anzeichen für eine leichte Abkühlung in den erst seit kurzem gewonnenen Verbreitungsgebieten. Auch die Birke ist solch ein Temperaturanzeiger; sie hat ihr Verbreitungsgebiet fast unmerklich geändert. Das Verhältnis zwischen Weichhölzern und Harthölzern hat sich verschoben, ebenso das Verhältnis zwischen Wald und Prärie. In den Wäldern Mitteleuropas verschwinden die wärmeliebenden Schneckenarten. Auch die Fische scheinen zu spüren, daß ein Wechsel im Gange ist; zumindest im Atlantik haben sich ihre Vorkommensgebiete verschoben. In Kalifornien fielen Tausende von Eukalyptusbäumen, die dort seit der Jahrhundertwende gediehen waren, dem Frostwinter von 1972 zum Opfer.

Es kann als gewiß gelten, daß die Erde zusehends kälter wird – sonniger und trockener vielleicht, aber kälter. Die meisten Meteorologen glauben, daß diese Entwicklung mindestens bis in die Mitte der 1980er Jahre anhalten wird, andere glauben sogar, bis zum Ende des Jahrhunderts. Einige sehen gar eine neue Eiszeit heraufziehen.

Sollte das Klima tatsächlich merklich kälter werden, so müßte sich dies als der wichtigste einzelne Faktor für unsere materielle Zukunft erweisen. Denn dadurch wäre mit geringeren Ernteerträgen zu rechnen, und der Hunger käme noch unvermeidlicher. Ferner wäre dadurch eine erhöhte Beanspruchung der Energiereserven gegeben, was wiederum Auswirkungen auf die Landwirtschaft hätte, denn die Erschließung neuer Rohmaterialquellen wäre gehemmt, was ein Absinken des Lebensstandards nach sich zöge. Ein Rückgang der Durchschnittstemperaturen um nur 1 °C bedeutete bereits eine Verringerung der Ernteerträge um 15 %. Wie ernst müssen also die Vorhersagen der Meteorologen genommen werden? Und was bleibt angesichts ihrer für uns zu tun?

Die meteorologischen Aufzeichnungen bestätigen den feinen Sinn des Gürteltiers für Temperaturschwankungen. Zwar war der Sommer 1972 im europäischen Rußland ungewöhnlich warm und trocken, und der folgende Winter erwies sich in Skandinavien als derart mild, daß in Kopenhagen noch Ende Januar die Rosen blühten, doch fielen die Temperaturen in Swerdlowsk, an der Ostseite des mittleren Urals, auf den tiefsten Wert während der letzten zweihundert Jahre. Im Franz-Joseph-Land, wo sich die nördlichste Wetterstation befindet, lagen die Durchschnittstemperaturen in den Jahren 1963–1972 um 5 °C tiefer als im Mittel der fünf vorausgegangenen Jahre. Der labradorische Eisgürtel hat sich langsam bis in die Gewässer östlich von Neufundland vorgeschoben – weiter als seine äußerste Erstreckung bisher –, und über vierhundert Eisberge wurden auf dem Atlantik südlich des 48. Breitengrads registriert, der von Neufundland bis Brest in der Bretagne verläuft.

Anlaß zur Beunruhigung gibt den Klimaforschern auch das erhebliche Ansteigen des Wasserspiegels in den großen Seen im östlichen Äquatorialafrika, dem nun ein Ansteigen der nordamerikanischen Großen Seen folgt.

Bis zum Jahr 1940 waren die Durchschnittstemperaturen seit einem Jahrhundert gestiegen. In dieser Zeit waren die schneereichen Weihnachtstage selten geworden, wie sie etwa noch Dickens für die erste Hälfte des 19. Jahrhunderts beschrieben hatte. Aber erst gegen Ende der 1950er Jahre zeichnete sich ab, daß dieser Trend sich langsam umkehren sollte. Zwischen 1910 und 1937 war in den tiefer gelegenen Gebieten Englands nur während fünf bis sieben Tagen mit einer Schneedecke zu rechnen, so daß manche Gemeinden auf die Haltung von Schneepflügen verzichteten. Seit 1950 aber bleibt der Schnee durchschnittlich zehn bis fünfzehn Tage im Jahr liegen, an manchen Orten sogar fünfzehn bis zwanzig. Wiewohl südliche Luftströmungen der Insel einige milde Januare beschert haben, waren im ganzen doch die Winde eher kalt und brachten polare Luft. Die mittleren Wintertemperaturen lagen um 0,8°C unter dem Durchschnitt des vorangegangenen halben Jahrhunderts. Der Juni 1973 war der kälteste Juni seit Beginn der Wetterbeobachtungen in England.

Jerome Namias von der Langzeitprognosen-Abteilung des Wetteramtes der USA trug 1969 seine Auffassung vor, daß sich seit 1961 ganz neue klimatische Gesetzmäßigkeiten über dem nordamerikanisch-nordpazifischen Raum herausgebildet hätten. Ursache sei das Vorhandensein ungewöhnlich warmer Wassermassen im mittleren Pazifik. Vor 1961 aber war die nordöstliche Hälfte des Pazifiks über große Gebiete hin und bis zu beträchtlichen Tiefen mit kaltem Wasser angefüllt. Namias ist wohl der führende Fachmann in Fragen der Wechselwirkung zwischen den Ozeanen und der Atmosphäre, einem Fragenbereich, der sich für die Wettervorhersage in der westlichen Hemisphäre immer mehr als entscheidender Punkt erweist. Die Idee dieser Wechselwirkung geht zwar bereits auf die 1920er Jahre zurück, doch gab es bis vor kurzem nicht genügend Daten zu ihrer Verifizierung. Heute aber ist die Situation dank der Wettersatelliten und der schwimmenden Wetterstationen ganz anders. Die komplexen Vorgänge, durch welche die ozeanischen Wassermassen Tiefdruckgebiete und Antizyklone bilden und dadurch das Klima gestalten, sind jedoch bislang erst im Umriß sichtbar geworden. Dabei wurde allerdings schon so viel klar, daß die Verlaufsmuster solcher Großwetterprozesse sich abrupt ändern können, dann aber für eine Reihe von Jahren bestehenbleiben.

Dieses Bild des Wettergeschehens hat in jüngster Zeit vielfach Bestätigung erfahren. So berichteten 1972 R. S. Bradley und G. H. Miller von der Universität von Colorado, daß auf der Insel Baffinland die Vergletscherung offensichtlich weiter voranschreite. Die Schneedecke hatte zugenommen, und seit 1960 waren auch neue Gletscher in Erscheinung getreten. Es bestand »eine merkliche Zunahme« an Treibeis in der Baffinbai und in der Davisstraße. Was die Wissenschaftler verwunderte, war der Umstand, daß die Temperaturen in den Monaten Juni, Juli und August zwar unter dem Mittel von 2,1° C lagen, in den restlichen neun Monaten des Jahres aber 2° C über den

Mittelwerten. Messungen der Luftströmungen haben gezeigt, daß dies auf warme südliche Luftströmungen während des Winters und kühle östliche bis nordöstliche Winde während des Sommers zurückzuführen war. Zu ihrer Überraschung stellten die Meteorologen fest, daß eine Vergletscherung keineswegs, wie bislang geglaubt, allein durch eine Abnahme der jährlichen Durchschnittstemperatur bewirkt wird.

Inzwischen hat sich ein Computer des Massachusetts Institute of Technology (MIT) durch eine Unmenge von Daten gefressen: gut 200 000 verschiedene Werte über Temperaturen und Luftfeuchtigkeit, die an vielen Stellen unterschiedlicher Meereshöhe von Mai 1958 bis April 1963 registriert worden sind. Durch Interpolation wurden die Temperaturgrenzen aus den Werten einer Reihe von bestimmten Stationen ermittelt. Nach Beendigung dieser Aufgabe lag ein Resultat vor, aus dem klar ersichtlich war, daß die Durchschnittstemperatur der nördlichen Hemisphäre im Untersuchungszeitraum um 0,6° C gefallen war. Bei alleiniger Berücksichtigung der Zone zwischen Äquator und 30. Grad nördlicher Breite betrug der Temperaturabfall sogar 0,81° C. Dies scheint so viel nicht zu sein – aber für den Meteorologen sind das bemerkenswerte Schwankungen. Dazu muß man sich vor Augen halten, daß in England die Temperaturdifferenz zwischen Sommer und Winter im Mittel auch nur 4° C beträgt und daß eine anhaltende Verringerung dieser Differenz um nur 1° C gleichbedeutend mit einer neuen Eiszeit wäre. Der Computer des MIT ist nun dabei, die Daten für den Zeitraum von 1963 bis 1968 auszuwerten. Vielleicht werden sie uns zeigen, daß sich die Atmosphäre wieder erwärmt hat; sollte aber die Durchschnittstemperatur weiter gefallen sein – und nach allem, was wir wissen, ist dies wahrscheinlich –, so läßt dies für die weitere klimatische Entwicklung nur trübe Prognosen zu. Eine Klimaschwankung solchen Umfangs müßte uns bereits innerhalb von vierzig Jahren eine neue Eiszeit bescheren.

Der Augenschein spricht unabweislich dafür: Eine Auswertung von Beobachtungen der Wettersatelliten hat 1973 erbracht, daß die von Schnee bedeckte Fläche der nördlichen Hemisphäre in der Zeit von 1968 bis 1971 um nicht weniger als 4 Millionen Quadratkilometer zugenommen hat, also um über 11 %. Durch diese Veränderung hat sich der Betrag der von diesem Gebiet absorbierten Sonneneinstrahlung um 0,24 % verringert, da die weißen Schneeflächen als Reflektoren Sonnenenergie durch die Atmosphäre wieder zurück in den Weltraum strahlen. Den hieraus resultierenden Temperaturabfall schätzt man auf 0,2 bis 0,3° C. Dieser klimatische Trend hielt auch 1972 an.

Die hier mitgeteilten Daten gelten für den November, da die Werte dieses Monats die besten Rückschlüsse auf die Verhältnisse des kommenden Winters zulassen. Aber die Beobachtungen der Satelliten lassen in der Tat auch für die anderen Monate eine Zunahme der Schneebedeckung erkennen.

Auf welche Gründe aber könnte diese alarmierende Abkühlung unseres Klimas zurückzuführen sein? Und wichtiger noch: Wie lange müssen wir mit weiterer Verschlechterung rechnen?

Erdgeschichtliche Ausnahmezeiten

Die Klimaverhältnisse der Erde sind keineswegs so stabil, wie sich der Laie dies vorstellt. Sie verändern sich in einem komplizierten System von Zyklen. So gibt es einen deutlich nachzuweisenden Zyklus von 13 000 Jahren, ziemlich sicher zurückzuführen auf Schwankungen der Erdachse, die mit gleicher Periodizität verlaufen. Der kürzeste Zyklus dauert nur elf Jahre und steht im Zusammenhang mit dem Sonnenfleckenzyklus. Sichtbare Auswirkungen haben diese Zyklen vor allem auf die Bewegungen des Polareises, auf seine Vorstöße und Rückzüge, wobei der große Zyklus jene Phasen bestimmt, deren kalte Hälfte als Eiszeit, deren warme Hälfte als Zwischeneiszeit oder Interglazial bekannt ist.

Temperaturschwankungen der Vergangenheit lassen sich durch verschiedene Methoden feststellen, etwa durch Pollenanalyse, bei der im Moor oder auf Seeböden in Schichten gefundener Pollen nach kälteliebenden oder wärmeliebenden Pflanzenarten unterschieden wird. Dann gibt es ein winziges Lebewesen der Meeresfauna, das eigentümlicherweise sein Gehäuse bei Temperaturen über 7,2° C zu einer rechtsdrehenden Spirale gestaltet, bei tieferen Temperaturen aber zu einer linksdrehenden. Findet man nun auf dem Meeresgrund Sedimente mit wechselnden Schichten der linksdrehenden beziehungsweise rechtsdrehenden Form, so läßt sich über einen Zeitraum hin eine Kurve der ozeanischen Temperaturschwankungen anlegen. Am informativsten aber ist jene Methode, bei der die Sauerstoffeinschlüsse in den kalkigen Gehäusen winziger Meerestiere, der Foraminiferen, oder im Eis der polaren Kalotten mengenmäßig bestimmt werden.

Sauerstoff kommt in drei Formen vor, die sich nach ihrer Massenzahl (Anzahl der Nukleonen im Atomkern) unterscheiden. Hier geht es um das Verhältnis des Sauerstoffs vom Typ O–16 zum Sauerstoff vom Typ O–18, da das Mengenverhältnis beider abhängig ist von der Temperatur, die bei der Einbettung in Kalkgehäuse oder Eisschicht herrschte. Durch Feststellung der je nach Schicht oder Ablagerungshorizont wechselnden Verhältniszahlen lassen sich graphische Darstellungen erarbeiten, die Klimaschwankungen in einem Zeitraum vor Augen führen, der sich eine halbe Million Jahre und weiter in die Vergangenheit erstreckt. Ein Element der Unsicherheit gerät insofern in diese Rekonstruktion, als sie von der Annahme ausgeht, die Luft jener Zeit sei in ihrer Zusammensetzung mit der Atmosphäre unserer Tage identisch. Selbst geringe Veränderungen müßten das Ergebnis verfälschen. Wir verfügen jedoch über Kontrollkriterien, etwa die bekannten zeitlichen Verhältnisse bei Korallenriffen sehr hohen Alters, die sich nur in einer Wärmezeit herausbilden konnten.

Dänische Wissenschaftler von der Universität Kopenhagen nahmen 1969 mit amerikanischer Unterstützung Tiefenbohrungen im Eise Grönlands vor, wodurch ein Temperaturkalender über die letzten tausend Jahrhunderte aufgestellt werden konnte. Er zeigte, daß die Temperaturen mit einiger Regelmäßigkeit, aber überraschend plötzlich Schwankungen unterworfen gewesen waren. So folgte auf einen Zeitraum, der wärmer war als unsere Gegenwart, innerhalb von höchstens hundert Jahren eine ausgeprägte Kältezeit, und zwar mit völliger Abruptheit. Die Kurvenverläufe ließen den Schluß zu, daß das Klima der Erde in der Regel zwei stabile Zustände kennt, gelegentlich aber sich sprunghaft im Wechsel vom einen zum anderen Zustand verändert, aus Gründen, die noch nicht bekannt sind.

Die Eiszeitphasen scheinen 13 000 Jahre anzudauern. Da wir vom letzten Maximum der Würmeiszeit bereits 14 000 Jahre entfernt sind, dürfte eine neue Eiszeit überfällig sein. Bei einem Symposium der Brown University, das 1972 stattfand, herrschte die einmütige Auffassung, daß das gegenwärtige Interglazial höchstens noch wenige Jahrhunderte andauern könne.

Professor Cesare Emiliani von der Universität Miami untersuchte die Temperaturschwankungen prähistorischer Zeit anhand des Sauerstoffspiegels in den Gehäusen von Meeresorganismen. Er veröffentlichte 1955 eine Temperaturkurve, die auf den Kernen zweier Tiefenbohrungen in den Sedimenten des Atlantiks beruhte, extrapolierte sie bis 1966 und veröffentlichte 1972 eine verbesserte Version, die sich auf die Analyse zweier weiterer Bohrkerne stützte. Die Kurve erstreckt sich über die letzten 450 000 Jahre und zeigt in jeder größeren Warmzeitphase drei kleinere Warmzeiten, denen drei kleine Kaltzeiten (»kleine Eiszeiten«) entsprechen. Aus ihr geht hervor, daß wir bis zu 60 000 Jahre in der Erdgeschichte zurückgehen müssen, um eine Warmzeit mit Temperaturen zu finden, die unserem bislang gehabten Klima entspricht. Durch Pollenanalysen wurde dieser Befund abgesichert.

Emiliani weist darauf hin, daß Zeiten wie die gegenwärtig zu Ende gehende ganz entgegen bislang geltender Schulmeinung sich keineswegs über 100 000 Jahre erstrecken, sondern vielmehr »kurze, völlig von der Norm abweichende Episoden darstellen«. Und er setzt hinzu: »Jüngste Untersuchungen an Ablagerungen auf dem Festland bestätigen diese Sicht und unterstreichen die warnenden Indizien aus der Tiefsee, daß die gegenwärtige Zeitspanne milder Klimaverhältnisse ihrem Ende entgegengeht. In diesem Zusammenhang müssen die menschlichen Eingriffe in das Klimagefüge durch Abholzungen, Verstädterung weiter Landstriche und Umweltverschmutzung als alarmierend angesehen werden. Gelingt es nicht, den gegenwärtigen stabilen Zustand aufrechtzuerhalten, so werden wir uns bald einer galoppierenden Vergletscherung oder aber einem galoppierenden Abschmelzen der Eismassen gegenübersehen, was beides einen Umweltdruck hervorrufen müßte, dem kaum zu begegnen ist. Klare Vorstellungen quantitativer Art über die Wirkungen des Menschen auf das Klima sind unerläßlich.« Emilianis Ausführungen beziehen sich auf die letzte halbe Million Jahre. Dehnt man indes die Betrachtung auf viele Jahrmillionen in die Erdgeschichte aus, so zeigt sich, daß die Erde gewöhnlich wärmer gewesen ist als heute.

Die Rolle des Menschen in diesen Prozessen wird im nächsten Abschnitt zu behandeln sein. Zuvor aber sei erörtert, inwieweit auch für die Zukunft zyklische Klimaveränderungen zu erwarten sind.

Was die kürzeren Schwankungszyklen angeht, sind die Arbeiten von Professor Gordon Manley wegweisend. Er stützt sich auf alte Chroniken, auf die Logbücher von Kapitänen und viele andere Zeugnisse für das Klima Englands in der historischen Vergangenheit. Als er vor wenigen Jahren in der Bodleian Library in Oxford einen Stapel halb vergessener Wetter-Tagebücher in Handschrift fand, konnte er seinen Wetterkalender bis zum Jahr 1669 zurückverlängern, wodurch nun London unter allen Städten der Welt über die am weitesten zurückreichende Dokumentation seines Wetters verfügt.

Man weiß heute, daß zumindest in Europa das Klima im 13. Jahrhundert ziemlich warm war – damals reiften Trauben noch in der nordenglischen Grafschaft York. Dann aber trat eine Verschlechterung ein; während der »kleinen Eiszeit« des 18. Jahrhunderts fror die Themse zu. Danach setzte wieder Erwärmung ein, die bis etwa 1920 anhielt. Seit 1940 werden die Jahre erneut kälter. Diese Fakten lassen einen Zyklus von etwa 700 Jahren erkennen, aus dem wahrscheinlich wird, daß die Klimaverschlechterung, die 1940 einsetzte, bis zum Jahr 2240 dauern mag. Ob also nun ein großklimatischer Umschwung eine neue große Eiszeit eingeleitet hat oder nicht: Kälter wird es in Zukunft zunächst in jedem Fall; damit muß in England und im größten Teil ganz Europas gerechnet werden.

Jüngst ist der ganze Fragenkomplex in eine neue Richtung gedrängt worden, als die Wissenschaft die Abhängigkeit des Wetters von Veränderungen im Magnetfeld der Erde erkannte. Längst war bekannt, daß die Großwetterlagen auch durch den 11jährigen Zyklus der Sonnenflecken bestimmt werden: Bei geringer Protuberanzenbildung in der Sonne ist mit abnorm trockenen und heißen Sommern zu rechnen, und der Zusammenhang von Temperaturen und Luftdichte in der oberen Atmosphäre mit der Sonnenfleckentätigkeit hat sich jüngst bestätigen lassen. Indessen bildet der 11jährige Sonnenfleckenzyklus selbst wiederum nur einen Ausschnitt aus einem übergreifenden größeren Zyklus, in dem die Aktivitätsmaxima im Verlauf von 44 Jahren ständig zunehmen, dann aber wieder absinken. So betrug die Anzahl der Sonnenflecken im Ausbruchsjahr 1923 nur 75 Stück gegenüber 120, 150 und 190 in den mit 11jähriger

Periodizität nachfolgenden weiteren Ausbruchsjahren. Dr. J. W. King von der Radio and Space Research Station in Slough untersuchte die Länge der Wachstumsperiode an einem Ort Schottlands und fand ihre Dauer schwankend zwischen 186 Tagen in einem Sonnenfleckenminimumjahr und 237 Tagen zwei Jahre nach einem Maximumjahr. Als »Wachstumsperiode« wurde die Gesamtheit aller Tage definiert, an denen die Durchschnittstemperatur oberhalb 5,6 °C lag. Da das letzte Maximumjahr 1956 war und nun der Zyklus wieder rückläufig ist, dürften wir bis in die 1990er Jahre mit einer Phase kühlerer Wetterlagen rechnen.

Solche Untersuchungen über kurzfristige Klimaschwankungen ergänzen Arbeiten, die sich mit den ganz großen Zyklen befassen. Eine Forschungsgruppe des Lamont-Doherty-Observatoriums in New York ging in einigen Untersuchungen eine halbe Million Jahre zurück und legte dar, daß bei Abnahme der Intensität des irdischen Magnetfeldes das Klima wärmer wird, während es bei Zunahme zum Kälterwerden tendiert. Hierdurch erklären sich auch einige der irritierenden regionalen Unterschiede, die bis dahin die Meteorologen in Verblüffung gesetzt hatten. So verstärkt sich das erdmagnetische Feld über Norwegen, Deutschland, Schweden und Rußland (das Klima wird kühler), während sich das Feld über Brasilien, Südafrika, Neuseeland und Samoa abschwächt (das Klima wird wärmer). Ausnahmen gibt es jedoch dort, wo starke Meeresströmungen diese Wirkungen überlagern, so in Gibraltar, Tokio und Lima. Abrupte Schwankungen im Magnetfeld waren aber stets von abrupten Temperaturveränderungen begleitet.

So entstand eine neue Forschungsrichtung, die als »Magnetometeorologie« bezeichnet wird und die wohl noch die ganze langfristige Wetterprognostik umkrempeln dürfte.

In der Zeitschrift *›Nature‹* hat John Gribbin ferner auf einen Zyklus von 179 Jahren hingewiesen, dem ein ähnlicher Zyklus der solaren Energieabstrahlung entspricht. Er wird wohl bewirkt durch spezifische Gruppierungen der Planeten innerhalb des Sonnensystems, die bei gleichgerichteter Gravitationswirkung auf die Sonne eine Art »Sonnenflut« auf deren Oberfläche hervorrufen sollen. Auch in diesem Zyklus fiel das klimatische Optimum mit einem relativen Sonnenfleckenminimum im Jahr 1923 zusammen. Nach jenem Datum läßt sich für die folgenden neunzig Jahre eine

Abkühlung voraussehen, die bis zum Jahr 2013 anhalten dürfte.

Insgesamt also führen die in ganz unterschiedlichen Bereichen erkannten Sachverhalte zu dem Schluß, daß ungeachtet möglicher langfristiger Entwicklungen für die unmittelbare Zukunft mit einer stetigen Abkühlung zu rechnen ist. Die Frage stellt sich, inwieweit menschliche Aktivitäten hier verschärfend eingreifen können.

Was der Mensch verändert

Als in den 1950er Jahren die Möglichkeit klimatischer Verschlechterung erstmals in den Blick geriet, beeilte sich die Wissenschaft, hierfür Erklärungen zu finden. Es war Professor Reid Bryson an der Universität von Michigan in Ann Arbor, der (wie ich in meinem Buch *»Das Selbstmordprogramm«*, 1971, darlegte) als erster die globalen Abkühlungserscheinungen in einen Zusammenhang mit der Zunahme »partikularer Materie« brachte – mit Staub und Schwebetröpfchen in der Atmosphäre. Ein Schleier aus Dunst und Staub könnte die Erde von der Sonnenstrahlung abschirmen und als abkühlender Faktor wirken. In der Folge unterzogen S. I. Rasool und S. H. Schneider vom Goddard Space Flight Center die Frage einer mathematischen Analyse und kamen zu dem Schluß, daß die Wirkung des Kohlendioxids vernachlässigbar, die Wirkung der Partikeln aber von folgenschwerer Bedeutung sei. Der Mensch wird innerhalb der nächsten fünfzig Jahre seine Umwelt um das Sechs- bis Achtfache stärker belasten als heute. Eine Zunahme der atmosphärischen Eintrübung um den Faktor 4 könnte aber bereits einen Temperaturabfall um 3,5 °C bewirken. »Ein so starker Rückgang in der mittleren Oberflächentemperatur der Erde, der über einige Jahre hin anhalten könnte, dürfte zum Auslöser einer neuen Eiszeit werden«, meinen Rasool und Schneider, setzen allerdings beschwichtigend hinzu: »Zu diesem Zeitpunkt dürfte aber bereits die Kernenergie die fossilen Brennstoffe ersetzt haben.«

Im folgenden Jahr bestätigten zwei Forscher der Ohio State University die Interpretationen von Schneider und Rasool, wenn sie auch aufgrund von Eisbohrungen beim »Neuen« Camp Byrd in der Antarktis zu dem Schluß gelangten, daß die Abkühlungsprozesse bei einem höheren Grad der Eintrübung der Atmosphäre sich verlangsamen müßten. Doch gerade dieser »Glashauseffekt« wurde 1973 bei erneuter Durchsicht der Probleme durch L. Machta von der National Oceanic and Atmospheric Administration (NOAA) als vernachlässigbar bezeichnet, während der Abkühlungseffekt diesem Autor eher gegeben erschien. So verwies er auf russische Ergebnisse, nach denen in den letzten fünfzig Jahren die Einstrahlung von Sonnenlicht auf die Erde um 10 % abgenommen habe. Am Observatorium auf dem Mount Wilson angestellte Messungen ergaben, daß in den 1960er Jahren im Vergleich zu fünfzig Jahren zuvor die langwelligen Anteile des Sonnenspektrums um 8 bis 9 % vermindert waren, während beim Ultraviolettanteil eine Minderung um 26 % gemessen wurde.

Auch hier also deuten die Ergebnisse auf ein Kälterwerden für die nächsten Jahrzehnte hin.

Nach einigem Hin und Her ist man sich heute wohl einig geworden, daß vulkanischer Staub in der Atmosphäre die Sonneneinstrahlung durch Absorbierung von Strahlung zu schwächen vermag. So ist anzunehmen, daß auch die jüngste Serie vulkanischer Eruptionen, die 1947 begann und im Ausbruch des Vulkans Agung auf Bali 1963 ihren Höhepunkt fand, auch ihren Teil zur gegenwärtigen Abkühlung beigetragen hat. Professor Reid Bryson veranschlagt, daß vulkanischer Auswurf zu etwa 70 % an der kältefördernden Trübung der Atmosphäre beteiligt ist, die im übrigen aber auf menschliche Aktivitäten zurückzuführen sei. Das Observatorium auf dem hawaiischen Mauna Loa, weitab von umweltverschmutzenden menschlichen Störzentren gelegen, hat indes seit 1972 wieder klare Luft gemeldet, die frei von vulkanischen Partikeln sei. Der emporgeschleuderte feine vulkanische Staub bleibt in der Stratosphäre für mehrere Jahre schweben und sammelt sich vor allem in einem Streifen über den mittleren Breiten an. Industriestaub gelangt nicht in vergleichbare Höhen, für die als Verschmutzer bloß hochfliegende Flugzeuge in Frage kommen.

Nicht zu bestreiten ist allerdings, daß die Trübung der Atmosphäre in den unteren Luftschichten zugenommen hat. In zwanzig ländlichen Standorten, die von einer amerikanischen Untersuchungsgruppe ausgewählt worden waren, hatte die Staubkonzentration der Luft in den vier Jahren von 1962 bis 1966 steigende Werte gezeigt; zuletzt betrug die Differenz insgesamt 12 %. Andererseits zeigen Beobachtungen der Sonneneinstrahlung eine Abnahme um 4 % zwischen den späten 1930er und den 1960er Jahren, die offenbar auf den Menschen zurückzuführen ist.

Angespornt durch das erwachende Interesse an diesen Fragen hat die NOAA ein weltumspannendes Netz von Beobachtungsstationen eingerichtet, in denen nicht nur die Staubkonzentration, sondern auch Kohlenmonoxid- und Ozongehalt registriert werden. Das Programm trägt den Namen Global Monitoring for Climatic Change. Amerika will Stationen bei Barrow in Alaska und am Südpol unterhalten und neben der Hauptstation auf dem Mauna Loa eine weitere pazifische Station auf Samoa errichten. Rußland schlug drei mögliche Standorte vor: Kaukasus, Zentralasien und Nordsibirien. Schweden und Großbritannien wollen sich an dem Projekt beteiligen, das über mehrere Jahrzehnte laufen soll.

Wettersatelliten und Computer haben die ganze Meteorologie von Grund auf geändert. Die Wettersatelliten liefern täglich Daten über Temperaturschwankungen auf globaler Basis und vermögen Meßwerte aus verschiedenen Höhenzonen der Atmosphäre zu registrieren. Ebenso halten sie den Grad der Bewölkung und die Ausdehnung von Eisfeldern fest. Computer bringen dann Ordnung in diese Masse von Daten, deren Analyse mit herkömmlichen Methoden die Lebensarbeit von vielen wäre. Aus diesen Datenmengen geht hervor, daß zwei Faktoren besonders wichtig sind: die Ausdehnung von Eis- und Schneedecken und die Größe der Wolkenfelder.

Die Ausdehnung der Eisflächen ist schwankend. Wenn nämlich das Eis sich ausdehnt, reflektiert die weiße Fläche mehr Sonnenwärme, wodurch die Erde weniger Energie zugeführt erhält und abkühlt. Die Abkühlung bewirkt aber erneut einen Vorstoß des Eises. Die Wissenschaftler fanden heraus, daß Eis hundertmal soviel Sonnenenergie reflektiert wie offenes Wasser. Nach Berechnungen des russischen Meterologen M. I. Budyko würde bereits eine Minderung der Sonneneinstrahlung auf die Erde um 2 % zu einer galoppierenden Vereisung führen, die nicht nur eine neue Eiszeit, sondern die Vergletscherung der ganzen Erde zur Folge hätte. Andererseits erwärmt sich die Erde bei Abnahme der Eisflächen, und es ist erwogen worden, ob nicht beim völligen Abschmelzen der Polarkappen diese dann unwiederbringlich verschwunden bleiben (es sei denn, eine katastrophale Abkühlung aus anderen Ursachen verändere die Bedingungen auf der Erde total). Mir scheint, daß wir hier den Mechanismus vor Augen haben, auf dem die Plötzlichkeit im Wechsel zwischen Kalt- und Warmzeiten beruht. Der geringste Anstoß wäre dann jeweils in der Lage, die Entwicklung in diese oder jene Richtung zu treiben, ähnlich wie ein Ball auf einem Berg durch leichtes Antippen hierhin oder dorthin hinabrollen kann. Ein solcher Anstoß könnte etwa eine Kette von Vulkanausbrüchen sein oder eine Veränderung in der durchschnittlichen Wolkenbedeckung aufgrund von Störungen im erdmagnetischen Feld oder des Sonnenwinds – oder eben Einwirkungen des Menschen auf seine Umwelt.

Offenbar muß daneben aber auch noch ein Mechanismus von trägerer Reaktion vorhanden sein, der solche Trends in Grenzen hält und schließlich wieder in eine Gegenrichtung bringt. Dämpfend auf derartige Umkippreaktionen wirkt vor allem der Umstand, daß die Ozeane etwa ein Jahrhundert für Erwärmung oder Abkühlung brauchen, um sich entsprechenden Temperaturveränderungen der Luft anzupassen. Auch eine Eisdecke bildet sich nur in dem Maße, in dem sie durch Niederschläge gespeist wird.

Aus diesem Grunde konzentrieren die Wissenschaftler gegenwärtig ihr Interesse auf die Energieaustauschprozesse zwischen Meer und Luft und auf die Schwankungen der Schnee- und Eisdecken. »Im ganzen dürfte die Eisdecke auf den Meeren zu den größten Veränderlichen der Umwelt an der Erdoberfläche gehören«, sagte hierzu Dr. Joseph O. Fletcher von der Washington University.

Im Zusammenhang mit diesen Fragen ist ein gewaltiges Experiment in die Wege geleitet worden, das unter der Bezeichnung Arctic Ice Dynamics Joint Experiment (AIDJEX) durch die Initiative des Office of Naval Research entstand. Beteiligt sind eine Reihe wissenschaftlicher Institute und Organe, die Küstenwache sowie Universitäten in den USA. Man hofft auch auf die Mitwirkung von Kanadiern, Russen und Japanern. Sondierungsprojekte wurden 1970, 1971 und 1972 durchgeführt. Das hauptsächliche wissenschaftliche Arbeitsprogramm von AIDJEX kam 1973 zur Realisierung, wobei auf dem Eis des Meeres angelegte Stationen – fünf waren bemannt – Verwendung fanden. Vier Stationen wurden an den Ecken eines Quadrats von 100 Kilometer Seitenlänge eingerichtet und eine fünfte Station in der Mitte. Zusätzlich war ein Mikrowellen-Bildgerät im Satelliten Nimbus F installiert, dessen Aufgabe darin bestand, Risse und Klüfte im Eis auszumachen und das ungefähre Alter des Eises zu bestimmen. Die Analyse und die Auswertung der in einem Jahr Feldarbeit gewonnenen Daten wird gut sechs Jahre dauern. Man erhofft sich ein Modell der hinter den Eisveränderungen stehenden Gesetzmäßigkeiten, das sich mit Modellen des Wechselverhältnisses von Ozean und Atmosphäre verbinden läßt.

Dies sind nur zwei Beispiele für die jetzt allenthalben vorangetriebenen Forschungsvorhaben, angefangen von der Installierung von 100-Tonnen-Wetterbojen in den Weltmeeren, die automatisch Daten über den Zustand von Meer und Atmosphäre liefern, über die Verwendung von höhenkonstanten Ballonen bei der Erstellung eines Wetterwarnsystems durch Australien in der südlichen Hemisphäre bis hin zu gemeinsamen Projekten von USA und UdSSR im Beringmeer. Das Jahr 1976 ist zum Jahr der Weltwetterbeobachtung erklärt worden. All dies steht zumeist im Zusammenhang mit dem Global Atmospheric Research Program, das für 1977 ein einjähriges kolossales Projekt – bekannt unter dem Namen FGGE – in die Wege leitet, an dem weltweit nicht weniger als neun Satelliten beteiligt sein werden.

Absehbare Folgen

»Wie lange der gegenwärtige klimatische Trend zur Abkühlung andauert, ist eines der wichtigsten Probleme unserer Zivilisation«, sagt Dr. Murray Mitchell. »Sollte er für weitere zwei Jahrzehnte bestehen bleiben, dann könnte selbst ein Eisbrecher wie die ›Manhattan‹ nicht einmal mehr daran denken, durch die Nordwestpassage zu fahren.«

Die Folgen eines anhaltenden Temperaturabfalls sind weitreichend – man denke nur an die Auswirkungen auf die Schiffahrt. Fast alle Häfen Rußlands liegen an nördlichen Meeren und sind ohnehin bereits über die Hälfte des Jahres vom Eis eingeschlossen. Es bedürfte keiner großen Temperatursenkungen, um sie völlig zu schließen. Die Ausbeutung der Ölfelder Alaskas wie jener Sibiriens wäre dadurch noch weiter erschwert. Gebiete wie Island müßten dann wohl evakuiert werden, denn die Lebensgrundlage des Fischfangs wäre dort nicht mehr gegeben.

Auch das Transportwesen auf dem Lande hätte zu leiden. Selbst in dem an ziemlich mildes Klima gewöhnten England würden Eisenbahnen durch Nebel und Vereisungen aufgehalten. Elektrische Vorwärmung von Schaltungen wäre dann notwendig. Für die Hersteller von Schneeräumgeräten und Schneemobilen kämen günstige Zeiten.

Vor allem der Luftverkehr reagiert empfindlich auf Schnee und Eis. Eisbildung an Tragflächen verändert das aerodynamische Profil und vermindert die Auftriebskräfte, wie jene Absturzkatastrophe 1958 in München lehrte, bei der acht Spieler der englischen Fußballmannschaft Manchester United ums Leben kamen.

Die Industrie wird zu leiden haben. Starkstromleitungen hängen bei Eisansetzungen durch und beginnen im Wind zu vibrieren. Normalerweise sind sie darauf angelegt, noch bei einer Eisansetzung von etwa 1,5 Zentimeter Dicke zu funktionieren, doch kennt man Vereisungen von bis zu 7 Zentimeter Dicke und darüber. In Schottland experimentiert man mit Mantelungen aus einer Nickel-Chrom-Legierung, die durch Silikoneinlagen isoliert werden. Das Metall wird beim Sinken der Temperatur unter einen gewissen Punkt magnetisch, und die dabei entstehende Wärme führt zum Abtauen angesetzten Eises.

Gebiete, die gegenwärtig noch zu den Hochburgen des Tourismus zählen, könnten ebenfalls durch die Klimaverschlechterung an Anziehungskraft verlieren.

Nicht nur die Autohändler müßten sich wohl daran gewöhnen, die Wagen stets unter Dach und Fach zu halten. Durch Eisstau wären Staudämme zur Elektrifizierung und Bewässerung gefährdet, wobei die Gewalt der sich stärker als Wasser ausdehnenden Eismassen zusammen mit Winddrift als besonders gefährlich gelten muß. Noch wurde kein Maximalwert aufgestellt, der durch derartige Eismassen an Druck erreicht werden mag, wenn auch die Hydroelectric Power Commission in Ontario an einem fertigen Damm einschlägige Messungen vornahm.

Am meisten zu leiden hätten aber die Landwirtschaft und der Gartenbau. Man hat, wie gesagt, errechnet, daß das Absinken der Durchschnittstemperatur um nur 1°C Ernteausfälle von 15 % zur Folge hätte. Solche Berechnungen lassen indes außer acht, daß bestimmte Nutzpflanzen dauernde schwere Nachtfröste vor allem im Frühjahr gar nicht überstehen könnten. Ganze Regionen wären also zur Aufgabe traditioneller Bewirtschaftungsweisen gezwungen. So dürften in England dann die längste Zeit Pfirsiche und Walnüsse am Spalier gezogen worden sein, und auch die Trauben Kaliforniens gerieten künftig zu sauer. Wo heute im Herzen dieses Staates noch Aprikosen, Orangen und andere Südfrüchte reifen, wäre eine Umstellung auf minder einträgliche Farmwirtschaft erforderlich – oder ein Ausweichen der Obstzüchter nach Süden.

Vielleicht wird in einer solchen Situation anderen Ländern zugute kommen, was russische Landwirte in bezug auf die Züchtung kälteresistenter Sorten bei Weizen und anderen Getreidearten bereits erreicht haben. Besonders empfindlich reagiert auf Klimaschwankungen in ihrem Ertrag die Tomate – Differenzen von 30 % von einem Jahr auf das andere sind möglich. Kälte beeinträchtigt die Wachstumsleistung der Pflanze, Feuchtigkeit hält die Früchte klein. Kalte Winde im Juni können eine ganze Ernte zunichte machen.

Stark beeinträchtigt wäre durch eine Klimaverschlechterung auch die Fischerei. Der Kabeljau etwa verläßt Seegebiete, in denen die Wassertemperatur unter 2°C fällt. In großen Schwärmen erschien dieser Fisch 1917 vor Grönlands Küste, wo er zuvor kaum je angetroffen worden war, und 1930 hatte er einen Punkt erreicht, der über 1000 Kilometer weiter im Norden hoch hinter dem Polarkreis lag. Jetzt hat die Rückwanderung eingesetzt. Schon ist die Nordsee zum nördlichsten Verbreitungsgebiet der Seezunge geworden, und bald dürfte die von Feinschmeckern gesuchte Seezunge von Dover von den Speisekarten verschwunden sein.

Auswirkungen sind auch auf das Leben der Insekten abzusehen, wodurch künstliche Bestäubung und ebenso veränderte Methoden der Schädlingsbekämpfung notwendig werden könnten.

Nicht zuletzt wird eine Klimaverschlechterung den Energiebedarf enorm erhöhen. Gartenbaubetriebe werden mehr Kosten für die Heizung ihrer Gewächshäuser einkalkulieren müssen, wodurch Tomaten, Gurken und Melonen (von Blumen ganz zu schweigen) erheblich teurer würden. Energie wäre dann auch zum Abtauen und Enteisen von Autostraßen und zur Beheizung der Häuser in erhöhtem Maße erforderlich – mag dafür die seltenere Verwendung von Klimaanlagen im Sommer auch einen gewissen Ausgleich bieten.

Bis hierher habe ich die Verschlechterung des Klimas allein unter dem Aspekt der fallenden Temperaturen betrachtet. Dabei dürfte eine Veränderung von Menge und Verteilung der Niederschläge für die Landwirtschaft und, beispielsweise, für den Fremdenverkehr fast noch folgenreicher sein.

Regen auf Spaniens Wegen

Wenn Wasserdampf aufsteigt, kommt er auch wieder herunter – allerdings nicht notwendig an derselben Stelle. In den letzten Jahren hat die Verteilung der Regenfälle sich auffällig geändert. So wurden in Nordafrika wie im Nahen Osten gegen Ende der 1960er Jahre die stärksten Regenfälle seit Menschengedenken verzeichnet. Andererseits waren südlich der Sahara in den Staaten Tschad, Niger und Senegal, von großen Gebieten Südwestasiens ganz zu schweigen, die Monsunregen über sieben aufeinanderfolgende Jahre ausgeblieben. Die Regenmengen betrugen weniger als die Hälfte des 1957 gemessenen Niederschlags. In vielen dieser Gebiete ist die Landwirtschaft durch Mangel an Wasser in Schwierigkeiten geraten, was katastrophale Folgen nach sich zog.

Hart betroffen war vor allem die sogenannte Sahelzone, der sechs Länder zuzurechnen sind: Mauretanien, Mali, Niger, Senegal, Tschad und Obervolta. Aufgrund internationaler Bemühungen mit dem Ziel einer Verminderung der Krankheiten bei Mensch und Tier und begünstigt durch zunächst noch reichliche Regenfälle hatte sich die Bevölkerung explosiv vermehrt. Als dann die Dürre einsetzte, entwickelte sich die Lage sehr schnell zum Schlechteren. Im Mai 1973 appellierte die Food and Agriculture Organization (FAO) an ihre Mitgliedsstaaten, sofort über Luftbrücken Lebensmittel in die betroffenen Gebiete zu schicken, da »in einigen Gegenden jetzt ernstlich die Gefahr einer Hungersnot durch das Zugrundegehen der den Lebensunterhalt der Nomaden darstellenden Herden« gegeben sei.

In Asien stehen die Dinge gleichfalls schlecht. Die Ernte Indiens von 1972 lag um 60 % unter der Erwartungsgrenze, die Ceylons um 30 %. Gleichzeitig wurde Pakistan durch Flutkatastrophen heimgesucht, während in der Neuen Welt ungewöhnlich schwere Winterschneefälle und Regenstürme die Wurzeln der Mammutbäume in den kalifornischen Nationalparks lockerten, so daß eine Anzahl von ihnen zu Boden stürzte. In chinesischen Zeitungen war von Dürre und der Drohung des Hungers zu lesen. Mittelamerika stand vor den gleichen Problemen. Ging dieser Mangel an Regen auf natürliche Ursachen zurück oder auf menschliche Eingriffe? Wohl auf beides.

Es gibt offenbar langfristige Zyklen des Regens, analog zu jenen der Temperatur, und Derek Winstanley hat sich mit ihnen als Forscher befaßt. Von Haus aus Entomologe, Insektenspezialist, untersuchte er die Verbreitung der Wanderheuschrecke, deren Fortpflanzungsgewohnheiten temperaturabhängig sind. Dies führte ihn zum Studium der Gesetzmäßigkeiten des afrikanischen Wetters, mit denen er die Schwankungen in den Heuschreckenpopulationen zu erklären suchte. Er nahm sich die abflauende Entwicklung in der von Westen her wirkenden Großzirkulation vor und verlängerte sie bis zum Jahr 2030. Die Daten sprechen für einen Zyklus von 200 Jahren, gemäß dem wir mit einem Abflauen des Monsuns für die nächsten fünfzig Jahre rechnen müssen. Träfe dies zu, so wäre dann der Regenfall in der Sahelzone wie im indischen Radschastan um 40 bis 45 % geringer als das Optimum. Die Sahara wird sich in dieser Zeit um weitere 100 Kilometer nach Süden vorgeschoben haben. Aber die spärlichen Anhaltspunkte aus früheren Zeiträumen lassen vermuten, daß dieser Zyklus innerhalb eines noch größeren Zyklus von 700 Jahren abläuft, dessen Minimum um das Jahr 1700 lag. Wenn also das Jahr 1930 auch den Gipfelpunkt des 700-Jahre-Zyklus bezeichnet, dann wären die Befürchtungen hinsichtlich kommender Trockenkatastrophen noch zu gering angesetzt. Und eine solche Unterschätzung wäre fatal.

Nördlich des Trockengürtels werden jedoch die Winterregen zunehmen und so zu einer Verschlechterung des Mittelmeerklimas beitragen, über das dort Ansässige bereits seit längerem klagen.

Jedermann kann sich selbst ein gewisses Bild von dieser klimatischen Entwicklung machen, indem er sich die Häufigkeit westlicher Winde über die Jahre notiert. Seit den 1920er Jahren sind westliche Winde in Großbritannien und wohl in der ganzen nördlichen Hemisphäre seltener geworden.

Durch internationale Übereinkunft haben die Meteorologen als ihre Vergleichsbasis den Zeitraum von 1930 bis 1960 gewählt, in einigen Fällen auch die Jahre 1920 bis 1950. Wie sich herausstellte, war dieser Zeitabschnitt keineswegs typisch, sondern »hochgradig anomal«, wohl sogar die von der Norm am meisten abweichende Phase innerhalb der letzten tausend Jahre. Die weltumspannende Industrialisierung und die weltweite Ausbreitung der Technik fanden in einer Periode statt, die günstiges Klima als vorübergehende Erscheinung bot – als kurze Unterbrechung der kleinen Kaltzeit der vorausgegangenen drei Jahrhunderte. »Als auf der Erde diese Kaltzeit zwischen 1450 und 1600 begann, brach das Mali-Königreich im westlichen Sudan zusammen, und die prachtvolle indische Stadt Fatehpur Sikri wurde wegen Schwierigkeiten in ihrer Wasserversorgung aufgegeben«, bemerkt Reid Bryson, und er fragt: »Stehen uns ähnliche Schicksale bevor?« Nach Brysons Auffassung hat sich zumindest der Monsun nicht wegen eines Langzeitzyklus, sondern aufgrund gar nicht so mysteriöser menschlicher Eingriffe gewandelt.

Auf der nördlichen Halbkugel hängen die Niederschläge von zwei Arten großräumiger Luftbewegungen ab: von der aus Westen kommenden Luftbewegung rings um den Pol und von einer Luftmassenbewegung in Süd–Nord-Richtung, der Hadley-Zelle. Über dem Äquator steigt Warmluft aufwärts, bewegt sich polwärts, kühlt in der Höhe ab und sinkt daher wieder zur Erde. Ein ähnlicher Luftaustausch findet ebenso zwischen den mittleren Breiten und den Polargebieten statt, wiewohl weniger ausgeprägt und konstant. Die Region, in der beide Umwälzungssysteme aneinanderstoßen, ist bekannt als »intertropische Diskontinuität« (ITD); unmittelbar südlich dieser Zone spielt sich das Wettergeschehen des Monsuns in einem Gürtel von 800 Kilometer Breite ab. Nördlich der ITD fällt kein Regen. Hier ist der Trockengürtel der Erde, in dem die großen Wüsten sich erstrecken. Was nun in der Sahelzone und klimatisch ähnlich situierten Gebieten geschah, war die Verschiebung der ITD nach Süden. Für Nigeria hat sich zeigen lassen, daß für jeden Breitengrad, um den die ITD sich nach Süden verlagerte, die Niederschlagsmenge um 180 Millimeter abnahm – eine katastrophale Senkung unter Verhältnissen, die ohnehin am Rande der Aridität lagen. Wie Bryson aber gezeigt hat, genügen ganz geringe Abnahmen in den arktischen Temperaturen, um die ITD zu verschieben. Kleine Veränderungen in der Temperaturdifferenz zwischen der

Erdoberfläche und der oberen Atmosphäre führen zum gleichen Effekt.

Was kann solche Temperaturdifferenzen hervorrufen? Zunächst, wie wir sahen, eine Zunahme des Kohlendioxids in der Luft, welche die Oberflächentemperaturen ansteigen läßt. Bryson veranschlagt, daß die Zunahme seit 1940 für etwa 75 Millimeter des nigerianischen Regenverlusts als ursächlich anzusehen ist. Ein zweiter Faktor ist die Luftverschmutzung durch Partikeln, zumal die industriebedingten Staubschleier sich ja in den mittleren Breiten konzentrieren. Wenn wir auch noch nicht über ausgedehnte Meßwertreihen zur Lufteintrübung verfügen, so besitzen wir doch Daten über die Temperaturen, aus denen hervorgeht, daß nahezu die gesamten Temperaturrückgänge in den mittleren und oberen Breiten stattgefunden haben. Die tropischen Temperaturen hingegen haben sich so gut wie nicht verändert. Der Anteil der Lufteintrübung könnte Nigeria laut Bryson 350 Millimeter seiner Niederschläge gekostet haben.

Zusammenfassend schreibt Bryson: »Meine eigenen Analysen führen mich zu dem Schluß, daß für das ganze letzte Jahrhundert etwa 17 % der durch Lufteintrübung verursachten Temperaturschwankungen auf landwirtschaftliche, industrielle und andere Tätigkeiten des Menschen zurückzuführen sind. Für die letzten Jahrzehnte scheint sich der menschliche Anteil indes gegen 30 % zu bewegen, wobei der Rest dann auf vulkanische Aktivität zurückzuführen wäre.«

So hat es den Anschein, daß, gleichgültig, ob Kohlendioxid Erwärmung bewirkt oder Partikelschleier zur Abkühlung beitragen, beide Vorgänge in jedem Fall zur Unterdrückung der Monsunwinde der Erde führen.

»Sofern meine Analyse der Gegebenheiten zutrifft«, fügt Bryson hinzu, »böte dies einen unerfreulichen Ausblick in die Zukunft.« Es ist kaum anzunehmen, daß der Mensch darauf verzichten wird, Energie aus der Verbrennung fossiler Stoffe zu gewinnen oder seine landwirtschaftlichen Nutzungsmethoden entscheidend zu ändern – um so weniger, als sich die Menschheit bald verdoppelt haben wird. Und daß die Vulkane zum Ausgleich ihre Aktivität beschränken, ist wohl nicht anzunehmen. »Werden die Monsune wiederkehren? In unserem Jahrhundert dürfte wohl kaum mehr Verlaß auf sie sein« – so Bryson.

Planung fürs Überleben

Früher hatten die Nomaden der Sahelzone eine einfache Antwort auf die kleinen Unzuverlässigkeiten des Monsuns. Wenn sich die Regenzone nach Süden verschob, dann wanderten diese Hirtenvölker einfach mit. Heutzutage aber ist die ganze Welt von festen Staatsgrenzen zerschnitten, und die Antwort ist nicht mehr so einfach. Im Süden liegende Staaten wie Nigeria und Ghana müßten dann plötzlich zwischen 10 und 20 Millionen Menschen aufnehmen. Andererseits könnten die nördlicher gelegenen Staaten heute einem solchen Exodus nicht einfach zusehen. »Sind wir darauf vorbereitet«, fragt Dr. Winstanley, »durch massive internationale Hilfe den Sahelstaaten angesichts der immer schlechter werdenden klimatischen Bedingungen ihre Unabhängigkeit und Handlungsfreiheit zu erhalten?«

Eine mögliche Alternative böte der Versuch, durch Bewässerungsmaßnahmen großen Umfangs – vielleicht verbunden mit Entsalzungsanlagen für Meerwasser – den fehlenden Regen zu ersetzen. Doch abgesehen von der Kostenfrage können solche Pläne in einem den Verhältnissen gerecht werdenden Maßstab erst in Jahren verwirklicht werden, und dann wären die Menschen, denen geholfen werden soll, längst tot oder außer Landes.

Schließlich stellt sich die Frage, ob wir das Klima oder zumindest doch das Wetter ändern könnten. Die Techniken zur Auslösung von Niederschlägen, sofern sie überhaupt Erfolg haben, bringen nur in dem einen Gebiet die Feuchtigkeit zur Erde, die dann in dem anderen fehlt. Solange wir nicht sicher sein können, daß wir durch örtlich errungenen Vorteil anderweitig schaden, sind Niederschlagserzeugung und klimaändernde Praktiken zu verwerfen. In der Zukunft mag es wohl möglich sein, daß man Niederschläge über Land auslöst, die sonst auf dem Meer abgeregnet wären, aber bis heute hat die Meteorologie die Technik der Niederschlagserzeugung noch nicht so weit entwickelt.

Weniger unzugänglich als in dieser Frage zeigt sich das Problem, wenn wir uns den Möglichkeiten der Temperaturbeeinflussung zuwenden. Im Grunde entziehen sich freilich die Temperaturen der Erde unserem Einfluß. Mit einem kalten Klima müssen wir einfach leben. Hier hängt alles davon ab, ob wir lernen, unter diesen klimatischen Verhältnissen zu existieren.

So haben die Russen Möglichkeiten erwogen, die Eiskappe des Nordmeers abzuschmelzen, in der Hoffnung, damit ihre nördlichen Häfen eisfrei zu halten. Indes hat eine Durchspielung am Computer gezeigt, daß dadurch vielleicht der Nordpol erträgliche Temperaturen bekäme, daß aber die Temperaturen der mittleren Breiten überraschenderweise kälter würden. Die Lufttemperatur in England und Europa dürfte dann –2°C betragen, über Sibirien aber doch noch immer recht frostige –6°C. So hat man die Pläne zur wärmespeichernden Beschüttung des Polareises mit schwarzem Streugut wieder in die Schublade gelegt.

Vor allem werden wir zunächst lernen müssen, mit der Wärme haushälterisch umzugehen, vor allem angesichts einer Energiekrise. Diese verschwenderischen Verfahren, bei denen etwa ein Kraftwerk Abwärme durch Kühltürme in die Luft oder durch Wasserkühlungen in die Flüsse leitet, müssen ein Ende finden. Man wird die Abwärme zur Heizung von Gewächshäusern heranziehen müssen – vielleicht auch zur Heizung von Freilandbeeten; man wird ganze Wohngebiete mit dieser Wärme versorgen. Dazu müssen Wohnungen und Häuser nach den neuesten Gesichtspunkten wärmeisoliert werden. In England verließen sich die Architekten des großen Hausbaubooms vom Beginn dieses Jahrhunderts darauf, daß die Winter selten so kalt wurden wie in Mitteleuropa, in großen Gebieten der USA oder selbst in Italien. Die Fenster waren schlecht abgedichtet, die Dächer ließen die Luft ungehindert entweichen, ein Teil der Installationen war an den Außenwänden verlegt worden. So werden wohl Länder wie Schweden künftig in Fragen des Bauens den Ton angeben. Die Regierungen in den möglicherweise schon bald betroffenen Ländern haben bislang allerdings nur wenig unternommen, um neue Richtlinien des Bauens auch nur vorzubereiten.

Die Technik wird sich intensiver mit Fragen der Schneeräumung und der Enteisung zu befassen haben. Und mit dem Voranschreiten der neuen Eiszeit, mit der zunehmenden Vereisung der Meere wird die Nachfrage nach Eisbrechern sprunghaft ansteigen. Für die Probleme, die Vereisung an Masten und Aufbauten für die Schiffahrt darstellen, können vielleicht die Russen Lehrmeister sein. Einer ihrer modernsten Eisbrecher schneidet das Eis und bringt es auf Förderbänder, die es seitlich abkippen. Ein anderes Modell drückt die aufgebrochenen Eisschollen mittels eines Hochdruck-Wasserstrahls unter die feste Eisdecke. Die Russen haben auch Anstalten unternommen, das Zufrieren kleiner Seen zu verhindern, wobei sie Preßluft verwendeten, um relativ warmes Wasser vom Seegrund emporzupumpen und die Bildung einer Eisdecke zu verhindern. Sie verfügen über mindestens zwölf Institute, in denen man sich der Untersuchung derartiger Fragen widmet.

Dies also ist der Hintergrund, vor dem wir die praktischen Probleme der nächsten dreißig Jahre sehen müssen – Probleme der Energieversorgung und der Ernährung einer aus allen Grenzen wachsenden Menschheit. Von Regierungen und Planungskommissionen ist dieser Aspekt bisher noch überhaupt nicht in Betracht gezogen worden. Es wäre aber nachgerade an der Zeit, daß sie sich einmal mit den klimatischen Zukunftsperspektiven befassen.

Zuletzt führen alle Überlegungen auf die Frage der Energieversorgung zurück. Zur Reingewinnung von Kupfer, Aluminium, Titan, Magnesium oder Stahl ist Energie notwendig. 100 Tonnen Kohle für 1 Tonne Aluminium – das ist etwa die Größenordnung. Wollte man genug Kunstdünger produzieren, um Ernten einzubringen, die den Hunger in der Welt beseitigen könnten, so wäre dazu ein Fünftel der Weltproduktion an Energie nötig: 5 Tonnen Kohle für 1 Tonne Kunstdünger. Energie braucht man aber auch zum Pumpen des Wassers in Bewässerungsanlagen, noch mehr zum Entsalzen des bewässerten Bodens. Und natürlich gibt es keinen Verkehr und keinen Güteraustausch, keine Alltagserleichterung ohne Energie – schon gar nicht, wenn ringsum draußen die Welt kälter wird. Ohne Energie kann der Mensch nichts produzieren. Wie aber steht es mit den Möglichkeiten, Energie zu beschaffen?

Kapitel 14
Mit Energie planen

Wir sehen keine nennenswerte Preissteigerung für das Öl auf dem Weltmarkt für die nächsten zehn Jahre.

Feststellung der US Cabinet Task Force on Oil, Februar 1970 (Damaliger Ölpreis 1,80 Dollar pro Faß, heutiger Ölpreis 11,68 Dollar)

Energiebedarf

Noch 1970 konnte ein Mann wie Professor Ali B. Cambel, Vizepräsident des Institute of Defense Analysis und vordem Direktor von Präsident Kennedys Energy Study Committee, die Behauptung wagen: »Es wird auf Jahrhunderte hinaus keine Knappheit an Treibstoffen geben!« Diese Voraussage würde sich auch ohne den Druck der arabischen Ölscheichs mittlerweile als unhaltbar herausgestellt haben.

Zwar wird gerade dank des arabischen Anstoßes in näherer Zukunft Energie zu Genüge vorhanden sein. Aber das Problem liegt letztlich nicht in der Frage nach verfügbaren Mengen. Vielmehr geht es darum, wie schnell wir den Verbrauch der Vorräte voranzutreiben gedenken und welchen Preis wir für die dabei entstehende Umweltverschmutzung zahlen wollen. Diese Entscheidungen werden über das Maß unseres Energiebedarfs bestimmen. Die arabischen Maßnahmen sind als ein heimlicher Segen betrachtet worden, weil sie den Westen zum Durchdenken der Probleme des Energieverbrauchs und zur Suche nach alternativen Energiequellen und neuen Techniken zwangen. Sollte sich aber herausstellen, daß wir hierdurch bald schon in eine Energieschwemme geraten werden, wodurch die Umweltbelastung zweifellos zunähme, dann wäre der Segen am Ende doch ein maskierter Fluch gewesen. Wir brauchen dringend eine vernünftige Weltenergiepolitik.

Bis heute hat der Weltenergieverbrauch jedes Jahr um 5 % zugenommen. Unter der Annahme, daß diese Entwicklung weitergeht, sehen die Fachleute eine Verdoppelung des Energieverbrauchs für die Mitte der 1980er Jahre voraus und eine Vervierfachung bis zum Ende des Jahrhunderts!* Das umseitige Diagramm macht deutlich, wie gewaltig diese Zunahme wäre, und der Leser mag in einigen Jahren wieder diese Seite aufschlagen, um zu sehen, wie dann die Dinge stehen.

Cambels Optimismus mag sich auf lange Sicht vielleicht als gerechtfertigt erweisen, denn im Prinzip läßt sich Energie auch aus Erzen minderer Güte und selbst aus Meereswasser gewinnen. Auf kurze Sicht aber, so für die nächsten zwei Jahrzehnte, ist eine Energiekrise wahrscheinlicher – und in ihrem Gefolge auch Preissteigerungen, die sich im Alltag empfindlich auswirken dürften. Die Bemühungen um relativ saubere und effiziente Energiegewinnung aus Kernverschmelzungsprozessen wären in einer der unsrigen an Rationalität überlegenen Welt zweifellos ein ebenso wichtiger Gegenstand öffentlichen Interesses wie die Sportergebnisse.

Natürlich muß klar gesehen werden, daß wir Energie auf zwei unterschiedliche Weisen verwenden: Energie aus großen, ortsfesten Kraftwerken und Energie aus kleinen und beweglichen Quellen. Die eine Energieverwendungsform ist an die elektrische Energie, die andere an das Erdöl geknüpft. Autos, Laster, Flugzeuge und Motorboote können nicht mit Atomkraft betrieben werden, erst recht nicht Preßluftbohrer, Kreissägen, Zementmischmaschinen, Lastenaufzüge und viele andere – vor allem tragbare – Geräte. (Zwar kann auch da Elektrizität verwendet werden, aber nur dann, wenn ein Anschluß in Reichweite ist, und nur um den Preis eingeschränkter Beweglichkeit.)

* Es gibt allerdings Anzeichen dafür, daß bei einem Ansteigen der Stromkosten die Konsumenten ihren Verbrauch stark einschränken werden. Eine amerikanische Studiengruppe, die sich diesem Problem gewidmet hatte, äußerte sich gegenüber einem Ausschuß des Repräsentantenhauses dahingehend, daß die Vorhersagen der Federal Power Commission und die anderer Gremien wohl zu hoch gegriffen seien. Vielleicht werden sich also die so teuer erstellten Kraftwerke schon bald als schlechte Investitionen erweisen.

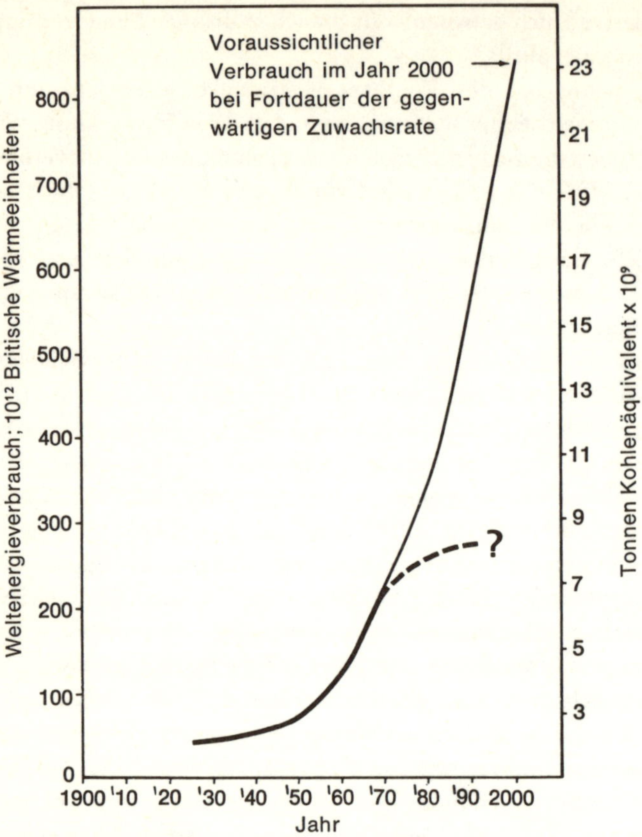

Voraussichtlicher Weltenergieverbrauch im Jahr 2000; Diagramm nach ›*Environment*‹, 1973

Auch wenn die Ölkrise von 1973/1974 offensichtlich von den Arabern und den Großkonzernen mutwillig ausgelöst und ausgebeutet wurde – der Blick in die fernere Zukunft der Energieversorgung bleibt ziemlich entmutigend. Weder das Öl noch das Erdgas, das sein natürlicher Begleiter ist, werden wieder so billig wie einst zur Verfügung stehen, und die Auswirkungen auf die Landwirtschaft der Dritten Welt sind reichlich düster. Zudem dürfte die intensive Suche nach weiteren Energiequellen, die nun eingesetzt hat, den Tag des Gerichts nur noch schneller herbeiführen. Auf lange Sicht gibt es ohnehin bloß einen Ersatz für Öl: Wasserstoff. Schon zu Beginn des kommenden Jahrhunderts wird man sich auf ihn umstellen müssen.

Gegenwärtig jedoch haben wir noch nicht die dazu notwendige neue Technik zur Hand, weshalb wir weiterhin vom Öl abhängig sind. Wie aber steht es mit den Versorgungsaussichten beim »flüssigen Gold«?

Flüssiges Gold

Im Jahr 1972 wurden in der Welt 7 Millionen Tonnen Öl pro Tag verbraucht – 2 Millionen Tonnen allein in den USA.* Die Experten stimmen wohl darin überein, daß die Ölreserven der USA bis zum Ende des Jahrhunderts erschöpft sein werden, die Ölreserven der Welt aber bis 2050. Wie ernst sollen wir derartige Vorhersagen nehmen? Was heißt eigentlich »Reserven« in diesem Zusammenhang genau? Es hat ja auch in der Vergangenheit ernste Warnungen gegeben, die sich dann als falsch erwiesen haben. Und andererseits stand in einem unveröffentlichten Bericht zu lesen, daß in den küstennahen Flachwassern wie in den Uferregionen Südostasiens »Trillionen Barrels« von Öl vorhanden seien.

»Bekannte Reserven« bedeutet im Falle von Erdöl: Vorkommen, über deren Vorhandensein Testbohrungen Aufschluß gegeben haben. Hinzu kommen aber zweifellos unbekannte Reserven in Gebieten, in denen noch gar keine Bohrungen vorgenommen wurden. So sind etwa bis heute die Flachseen der Welt kaum ernsthaft auf Erdölvorkommen untersucht worden. Bei Rohstoffen bedeutet der Begriff »Reserve« gewöhnlich soviel wie »verfügbar zu einem Preis in der Nähe des heutigen Marktpreises«. Steigen aber die Preise, dann lohnt sich auch die Schürfung von Erzen geringeren Gehalts, und diese werden dann auch den »bekannten Reserven« zugerechnet.

Heutzutage verfügen die Geophysiker allerdings über Methoden, die Menge unbekannter Reserven abzuschätzen. Zunächst wird die Ölmenge festgehalten, die jeder Meter einer Versuchsbohrung erbringt. Anfangs geht alles leichter, aber je mehr die Ölvorkommen erschöpft werden, desto mehr nehmen die Schwierigkeiten bei der

* In der Branche berechnet man Ölmengen in Barrels; Mengenangaben in Tonnen gelten hier als laienhaft. Ich habe dennoch die meisten Mengenangaben grob in Tonnen umgerechnet (man teilt die Barrelzahl durch 7,5), weil viele Leute sich unter einem Barrel nichts vorstellen können.

Aufdeckung neuer Vorkommen zu. So erreichte man zum Beispiel in den USA mit 276 Barrels pro Fuß Bohrstrecke einen Rekordwert (gemessen am Durchschnitt der Jahre 1929–1936). »Später sank die Zahl rapide auf den derzeitigen Wert von 35 Barrels pro Fuß, ungeachtet der Tatsache, daß in den Jahren 1936 bis 1966 intensiver, mit besseren Methoden und ausgefeilteren Fördertechniken nach neuen Erdölvorkommen gesucht wurde, als dies bis dahin jemals in der Geschichte der Erdölerzeugung geschehen war.« Das Zitat stammt von Professor M. King Hubbert, dem ehemaligen geologischen Chefberater von Shell und Vorsitzenden der erdkundlichen Abteilung der National Academy of Sciences.

Diese Entwicklung ermöglicht eine Abschätzung der bislang noch nicht entdeckten Reserven. Mit diesen Fakten im Kopf läßt sich jetzt eine graphische Darstellung anfertigen, welche die Menge des jährlich seit Aufnahme der Erdölgewinnung entdeckten Öls angibt. Es entsteht eine Glockenkurve. Durch symmetrisches Ausziehen der Kurve läßt sich zeigen, daß die USA den Gipfelpunkt neuer Ölfunde um das Jahr 1966 überschritten haben und daß 90 % der Ölvorräte des Landes im Jahr 1998 entdeckt sein werden. Auch die noch verbleibenden 10 % werden bis zum Jahr 2060 aufgefunden sein. Natürlich muß der abschwingende Kurvenast nicht zwangsläufig symmetrisch mit dem aufsteigenden sein. Wird noch viel Erdöl in küstennahen Flachgewässern entdeckt, so könnte sich das Bild positiv verändern. Andererseits hat die Abbaukurve für die Hämatiterze am Oberen See einen steileren Abstiegsast im Verhältnis zum Aufstiegsast ergeben, und Computeruntersuchungen lassen ein gleiches auch für das Öl möglich erscheinen.

Selbstredend folgt hieraus nicht, daß das Öl auch so schnell verbraucht wie entdeckt wird. Vielleicht entwickeln wir doch noch genug Sparsamkeitssinn, haushälterisch damit umzugehen. Bis jetzt aber hat der Verbrauch meist höher gelegen als die Neuentdeckungen, da man neue Felder so schnell wie möglich auszubeuten pflegt, wie das auch im Falle des Nordseeöls geschieht.

M. King Hubbert, der die obengenannten Schätzungen für die USA vornahm, hat eine ähnliche Berechnung auch für die Erdölreserven der Welt angestellt, die allerdings weniger zuverlässig sein dürfte, da längst nicht überall auf der Welt intensiv nach Erdöl gesucht worden ist und aus China und Rußland nur wenig

Information nach außen dringt. Indes macht geologisches Wissen eine Schätzung möglich; Veranschlagungen reichen von 1350 bis 2100 Milliarden Barrels (18 bis 28 Milliarden Tonnen). Erstellt man nun eine Produktionskurve nach der oben gezeigten Methode, dann ergibt der geringere Schätzwert ein Produktionsmaximum für das Jahr 1990 und eine Erschöpfungsquote von 90 % zum Jahr 2025. Bei dem höheren Schätzwert wird das Maximum auf das Jahr 2000 verschoben und der Zeitpunkt der zu 90 % erfolgten Ausbeutung auf das Jahr 2033.

Ähnliche Berechnungen in bezug auf Naturgas zeigen das Produktionsmaximum in den USA für das Jahr 1980. Für jedes Barrel Erdöl, das gefunden wird, erwartet man 6400 Kubikfuß Erdgas, dazu etwa ein fünftel Barrel flüssige Erdgasbeimengungen. Die Weltvorräte werden – vielleicht nicht ganz verläßlich – durch Übertragung dieses Verhältnisses auf alle Vorkommen abgeschätzt. Dies läßt vermuten, daß die schließliche Weltproduktion zwischen 8000 und 12 000 Billionen Kubikfuß liegen wird.

Dies bedeutet keineswegs, daß wir in absehbarer Zeit ganz ohne Öl auskommen müßten. Öl kann aus Schiefern und Teersanden gewonnen werden; auch läßt es sich aus Kohle herstellen. Diese Rohstoffe sind reichlich vorhanden, aber die Technik der Ölgewinnung zu wirtschaftlichen Preisen müßte erst noch mit einigem Zeitaufwand entwickelt werden. Einige Fachleute glauben, daß diese Quellen erst nach dem Jahr 2000 wirklich in Betracht kommen. Am meisten versprechen die Teersande der kanadischen Provinz Alberta, in denen etwa 40 Milliarden Tonnen Öl gebunden liegen, und zwar Öl, das dem Rohöl immerhin so ähnlich ist, daß es in normalen Raffinerien ohne Umstellungen verarbeitet werden kann. Diese Lager befinden sich in wechselnder Tiefe, von der Erdoberfläche bis fast 700 Meter unter Tage. Die obersten Schichten können im Tagebau gewonnen werden, wobei das Öl mit heißem Wasser aus dem Gestein gezogen würde; die Gestehungskosten je so gewonnenes Barrel würden sich auf 4 Dollar belaufen. Da normales Rohöl bis zur gegenwärtigen Krise 2 Dollar pro Barrel kostete, konnten die Ölsande natürlich nicht konkurrieren, und ein wirklicher Versuch zur Ausbeutung dieser Lager wurde nicht gemacht. Angesichts der heutigen Ölpreise jedoch hat sich die Lage gewandelt. Wird sich Kanada jetzt rühren? Sicher dürfte es Teersande auch in anderen

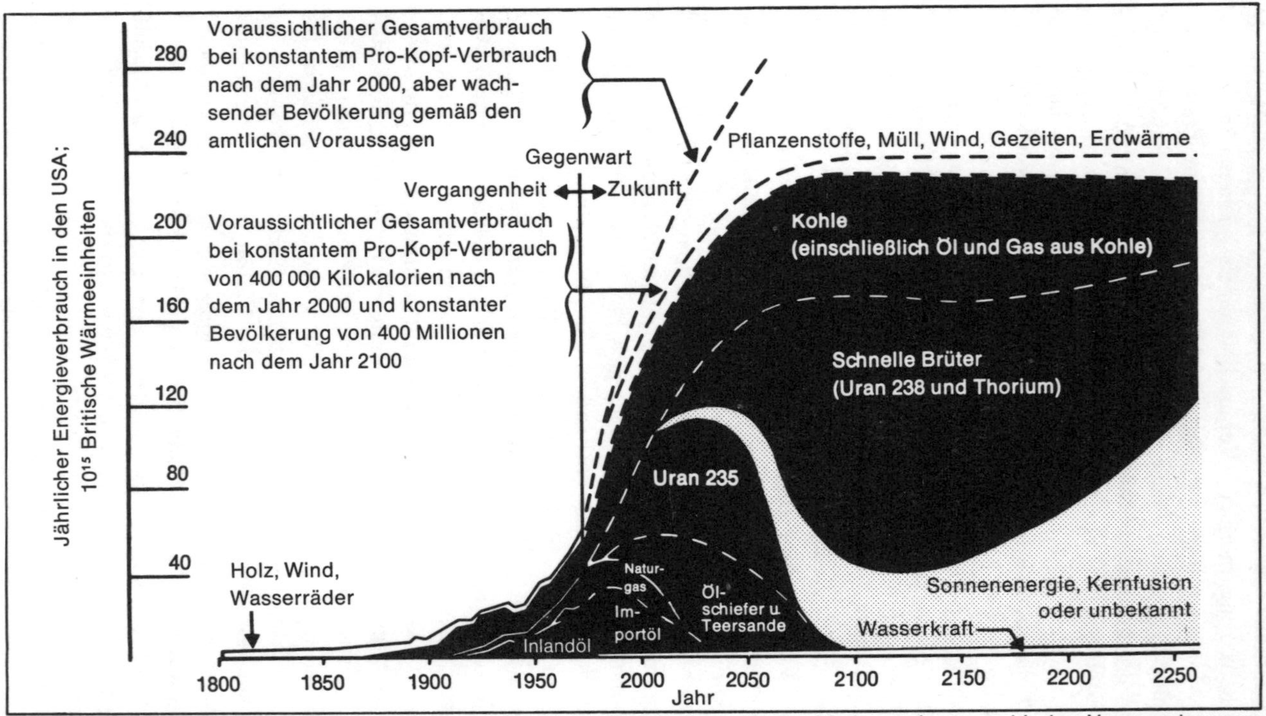

Voraussagen für Energieverbrauch und Energiequellen in den USA unter zwei verschiedenen demographischen Voraussetzungen; Diagramm nach ›*Technology Review*‹, 1972

Ländern geben, doch ist eine Bestandsaufnahme zu erwartender Weltvorräte noch nicht vorgenommen worden.

Ölschiefer ist zwar viel im Gespräch, stellt aber keine so günstige Möglichkeit wie die Ölsande dar. Das aus ihm gewonnene Öl ist schwerer zu raffinieren, und die Gewinnung belastet die Umwelt. Der Ölgehalt schwankt von 67 US-Gallonen (rund 265 Liter) pro Tonne bis zu Spuren nahe Null, so daß es schwerfällt, nutzbare Reserven abzuschätzen. Behauptungen, daß die Ölschiefervorräte für Jahrtausende ausreichend seien, sind aus der Luft gegriffen. Zwei amerikanische Fachleute haben die Weltmenge des aus Schiefer gewinnbaren Öls auf 190 Milliarden Barrels geschätzt, wobei sie sich auf einen zusammenfassenden Überblick über die bekannten Lagerstätten stützten. Diese Zahl entspricht aber nur 10 % der insgesamt zu erwartenden Rohölförderung, so daß damit der Jüngste Tag auch nicht weit hinausgeschoben wird.

Während die Teersande mit einer zähflüssigen Form des Öls vollgesogen sind, liegen die Dinge beim Ölschiefer anders. Ölschiefer enthalten »zu Myriaden algenähnliche Mikroorganismen, die in den Seen der Erdvergangenheit lebten, tot auf den Grund sanken und dort im schlammigen Sediment des Sees eingebettet wurden«. Dieses feste Gestein setzt bei der Destillation Öl frei. Um aber diese Freisetzung zu bewirken, muß der Schiefer auf 425–475 °C erhitzt werden, wobei er wie Pop-corn an Volumen zunimmt, so daß er nicht wieder in die Grube hineingeschüttet werden kann, aus der er herausgeschürft wurde.

In den USA hat man sich bis zum Jahr 1985 eine Tagesproduktion von 1 Million Barrels Schieferöl als Ziel gesteckt. Dies würde eine jährliche Abbaumenge von 475 Millionen Tonnen Gestein voraussetzen – und dies gleichsam aus dem Stand. Das bedeutete aber nichts anderes, als über Nacht eine Industrie aufzubauen, die ihrer Größe nach dem gesamten amerikanischen Bergbau von heute entspräche. Und wo soll man die 475 Millionen Tonnen mineralischen Röstmais dann hinschütten?

Bei dieser Art der Gewinnung käme das Barrel auf einen Gestehungspreis von 7 Dollar. Wo der Schiefer hart ist, läßt er sich durch Sprengungen aufschließen und in der Folge einer Behandlung mit dem Propangasbrenner unterziehen, wodurch das Öl aus seiner steinernen Hülle befreit wird. Die Zerstückelung des Gesteins ist nötig, da der Schiefer ja nicht porös ist. Gegen Ende des Jahres 1973 war zu lesen, daß die Firma Occidental Oil es mit dieser Methode geschafft habe, Öl mit 1 Dollar Kosten pro Barrel zu produzieren. Aber vielfach – und so auch in England – ist der Ölschiefer zu weich, um auf diese Weise behandelt zu werden.

Ölverknappung trifft nicht nur den Straßenverkehr, die Elektrizitätswerke und Heizungen. Öl ist ja auch der Grundrohstoff für die gesamte petrochemische Industrie. Allein für diesen Zweck verbraucht Großbritannien alljährlich fast 6 Millionen Tonnen Rohöl. Teures Öl bedeutet auch teureres Schmieröl für jede Art von Maschinen in der Industrie. Die britischen Papierhersteller verbrauchen alljährlich 1,4 Millionen Tonnen Heizöl, ebenso die Textil- und die Lederindustrie.

Noch trüber scheinen die Aussichten in bezug auf das Erdgas. Die bekannten Reserven der USA reichen nur für 10 Jahre. Was dann noch bleibt, entzieht sich der Ausbeutung. Über die verfügbaren Erdgasvorkommen in anderen Ländern wissen wir wenig.

Schnelle Brüter – Nestbeschmutzer?

In zunehmendem Maße wird das Öl seiner Verwendung als Energielieferant entzogen werden müssen und ausschließlich als Rohstoff für industrielle Zwecke und als Schmiermittel Verwendung finden. Elektrizität muß dann durch Verbrennung von Kohle oder durch Kernkraftwerke erzeugt werden. Dabei dürfen wir für die nächsten zwanzig Jahre nicht mit dem Durchbruch völlig neuer technischer Verfahrensweisen in die Alltagspraxis rechnen.

Die verbreitete Vorstellung vom Uran als einem unbegrenzt zur Verfügung stehenden Energiespender entbehrt jeglicher Fundierung in der Realität. Wenn davon die Rede war, daß sich mit einer Handvoll Uran ein Großschiff über den Atlantik treiben lasse, so ging man aus von der realitätsfernen Annahme einer hundertprozentigen Ausnutzung der Energie – und übertrieb noch damit nicht wenig. Tatsächlich erfordert ein 1000-Megawatt-Kraftwerk eine erste Beschickung von 220 Tonnen Uran, und jedes Jahr müssen weitere 110 Tonnen nachgelegt werden. Der gegenwärtige Jahresbedarf liegt bei 19 000 Tonnen, und man erwartet seine Verdreifachung bis 1980, seine Verfünffachung bis 1985 – und wer weiß, was für eine Vervielfachung bis zum Ende des Jahrhunderts. Es kommt hinzu, daß ja bereits während des Baues eines Reaktors Vorräte an Uran gesammelt werden müssen, und R. L. Faulkner, der sich für die Atomenergiekommission mit Fragen der Rohstoffversorgung befaßt, schätzt den Bedarf für 1980 auf 650 000 Tonnen.

Die Zunahme im Elektrizitätsverbrauch übersteigt die Zunahme in der Nachfrage nach Brennstoffen insgesamt. Die US-Bergbaubehörde rechnet mit einem Anstieg in der Elektrizitätserzeugung um 72 % von 1971 bis 1980 und um weitere 78 % bis 1990. Ähnliche Schätzungen liegen für Europa vor, während für Japans Brennstoffverbrauch bis 1980 mehr als eine Verdoppelung erwartet wird. Infolge der gegenwärtigen Ölkrise und ihrer Preissteigerungen könnten sich diese Schätzungen als zu hoch gegriffen erweisen; aber daß der Energiebedarf wächst, steht außer Frage. Woher soll die Energie genommen werden?

Bekannte Uranvorkommen, die zum heutigen Pfundpreis von 7–8 Dollar auszubeuten wären, reichen nicht mehr lange aus. Faulkner schätzt 660 000 Tonnen für die USA und 1 575 000 Tonnen für die gesamte Welt außerhalb des Ostblocks, die USA inbegriffen. »Aus diesen Zahlen geht hervor, daß ein Engpaß in der Uranversorgung zu Kosten in heutiger Größenordnung für die nächsten zwei Jahrzehnte erwartet werden muß«, schließt der Ölexperte M. King Hubbert. Faulkner setzt hinzu, daß bei der bestehenden Förderkapazität ohnehin bis 1980 nur 210 000 Tonnen in den USA oder 500 000 Tonnen in der ganzen Welt produziert werden können.

Faulkners Zahlen mögen ein wenig überzogen sein. Nach Ansicht der australischen Atomenergiekommission sind »verläßlich festgestellte« Uranreserven unter einem Pfundpreis von 10 Dollar in der ganzen Welt bloß zu 1 Million Tonnen vorhanden. Der Weltbedarf soll 1980 bei 79 000 Tonnen liegen, 1990 bei 200 000 Tonnen, was bis zum Ende des Jahrhunderts zu einer Gesamtmenge von über 3 Millionen Tonnen führen müßte. »Daraus folgt, daß Uranerz sehr knapp werden wird, sofern nicht beträchtliche Mengen aus neuen Vorkommen zu gewinnen sind«, sagt der Aufsichtsratsvorsitzende der Pancontinental Mining, Anthony Gray.

Die Organisation für wirtschaftliche Zusammenarbeit und Entwicklung (OECD) nennt zwar etwas abweichende Zahlen, kommt aber zur gleichen Schlußfolgerung: »Es ist deshalb unerläßlich, daß dringliche Maßnahmen zur Erhöhung der Uranförderung ergriffen werden.«

Hier steht an erster Stelle das Problem der Anreicherung des Urans, da die heutigen Reaktoren für ein Uran von hohem Reinheitsgrad angelegt sind. Die Anreicherung trägt aber zu einer Erhöhung der Energieumwandlungskosten um 50 % bei. Die Nachfrage wird die Anreicherungskapazitäten in den USA wohl bereits 1977 überflügelt haben (zwei Anreicherungsmethoden stehen zur Wahl: Diffusion oder Zentrifugierung), und falls die Vorhersagen der Atomenergiekommission zutreffen, wird man in den USA ab 1981 alle 1,7 Jahre eine neue Diffusionsanlage erstellen müssen oder alle fünf Monate eine neue Zentrifuge. Das Anreichern von Uran wird bis zum Ende des Jahrhunderts einen Industriezweig mit einem Umsatzvolumen von 5 Milliarden Dollar darstellen.

Derartige Vorhersagen lösten bei ihrer erstmaligen Veröffentlichung eine milde Panik aus. In England beeilte man sich, einen Überblick über die vorhandenen Uranmengen zu gewinnen, und rechnete einige ärmliche Tausend Tonnen mit Gestehungskosten von 15 Dollar pro Pfund auf den Orkneys und ein paar Hundert Tonnen in England selbst zusammen. In dieser Stimmung allgemeiner Aufgeschrecktheit klammerte sich nun alle Welt an einen neuen Reaktortypus, die sogenannten Schnellen Brüter, die, einmal in Gang gesetzt, tatsächlich mehr atomaren Brennstoff erzeugen als verbrauchen. Da gab es etwas für nichts! Aber letztlich gab es doch nur ein Schluderprogramm. Präsident Nixon erklärte die Entwicklung der Schnellen Brüter zum nationalen Ziel, und die anderen Länder taten es ihm nach. So sind gegenwärtig über 100 Brutreaktoren in Betrieb oder im Auftrag, und zu den bereits arbeitenden gehören der Reaktor von Dounreay in Großbritannien, Phoenix und Rapsodie in Frankreich, Rußlands BN-350 und andere mehr. Die Atomenergiekommission betrachtet die Brutreaktoren als die vorwiegende Energiequelle im Jahr 2020, dank der die Stromkosten bei Abgabe an das Stromnetz unter zwei Drittel des gegenwärtigen Betrags gesenkt werden könnten – und das hieße: unter die Elektrizitätskosten bei Stromerzeugung aus Kohle.

Es gibt verschiedene Arten von Brutreaktoren, von denen einige

Uran benutzen, andere aber Thorium oder Plutonium. Einige werden mit Helium gekühlt, mit geschmolzenem Salz oder auch mit flüssigem Natrium, das zwar billig, aber auch gefährlich ist, weil es bei Berührung mit Wasser in Flammen aufgeht. Dieser letztere Reaktortypus, auch als LMFBR (Liquid Metal Fast Breeder Reactor) bezeichnet, hat die meisten Chancen, und das im folgenden Gesagte bezieht sich hauptsächlich auf ihn. Natrium kocht bei 800°C, weshalb es ein besserer Wärmeaustauscher ist als Wasser; andererseits aber geht es sehr leicht Verbindungen mit verschiedenen Elementen ein, und bei den ersten Probereaktoren, die Natrium verwendeten, traten alle möglichen Probleme auf. So mußte der amerikanische Experimentalreaktor Fermi I nach bloß 30 Tagen Vollbetrieb stillgelegt werden, weil die Kühlprozesse nicht wie gewünscht verliefen, und bei anderen Reaktoren ergaben sich Verzögerungen in den Programmen.

Leider müssen gegen den LMFBR schwerwiegende Sicherheitsbedenken geltend gemacht werden, da er ständig das gefährliche Plutonium 239 erzeugt, eine Substanz von hoher Radioaktivität, aus der die Nuklearbomben hergestellt werden. Plutonium 239 ist weitaus bedenklicher als alle anderen radioaktiven Substanzen, die zu Brennzwecken verarbeitet werden. Es ist errechnet worden, daß eine Menge von der Größe einer Orange ausreicht, um die gesamte Menschheit radioaktiv zu vergiften. Zur Herstellung einer Bombe benötigt man nur 5 Kilogramm von diesem Plutonium. Ein normaler Reaktor des genannten Typs produziert aber 200–300 Kilogramm pro Jahr – ausreichend für 50 Wasserstoffbomben. Um das Jahr 1980 soll es aber ganze Scharen solcher Reaktoren geben. Nach Schätzungen von Fachleuten wird dann die Menge des alljährlich von Industriereaktoren erzeugten Plutoniums ausreichen, um daraus 10 000 Atomsprengköpfe herzustellen. Was aber soll mit diesen Mengen an übergiftigem Material geschehen? Wird es die Internationale Atombehörde aufkaufen? Es sind bisher keine Verfahrensweisen ausgearbeitet. In einer von internationalen Spannungen hin und her gerissenen Welt könnte die Versuchung, dieses Material für großangelegte Erpressungsaktionen zu benutzen, allzu verlockend sein. Außerdem fallen bei den Brutreaktoren noch weitere schädigende Abfallprodukte an, wie ich noch ausführen möchte. Ein Teil dieses radioaktiven Materials wird von den Reaktoren zu den Wiederaufbereitungsanlagen und erneut zurück zum Reaktor transportiert werden müssen. Abgesehen von der Gefahr, daß bei der Überführung gelegentlich gestohlen wird – es dürfte ohnehin der größere Teil auch an anderen Orten deponiert werden, wo ebenfalls Diebstahl droht –, besteht immer das Risiko eines Transportunfalls, wie gering die Wahrscheinlichkeit auch sein mag.

In der Zwischenzeit hat sich herausgestellt, daß die Befürchtungen der Atomenergiekommission hinsichtlich eines Knappwerdens von Uran stark übertrieben sind. Auf den Brennstoff entfallen nur 10 % der Produktionskosten, die 75 % der Gesamtkosten betragen. So würde Uran, das pro Pfund 30 Dollar kostet (statt etwa 8 Dollar), die Stromkosten bloß um 0,13 % pro Kilowattstunde erhöhen, während hierdurch die Uranvorräte der USA von 600 000 Tonnen auf 2,24 Millionen Tonnen vergrößert würden. Akzeptierte man eine weitere Preissteigerung auf 50 Dollar, so würden die Vorräte auf 10 Millionen Tonnen ansteigen und die Kosten sich um 0,25 % pro Kilowattstunde erhöhen. Kosten in dieser Höhe wird man indes kaum jemals in Kauf nehmen müssen. Bei Ransted in Schweden wird Uranerz von geringem Gehalt (3 Teile auf 10 000) für Kosten von 10–15 Dollar pro Pfund zu reinem Uranoxid aufbereitet. Bei Untersuchungen, die Dr. R. Spence und Mitarbeiter in Harwell anstellten, zeichnete sich die Möglichkeit ab, Uran aus dem Meerwasser zu Kosten von 20–40 Dollar pro Pfund zu gewinnen. Da im Meerwasser Uran in hinreichender Menge für Millionen von Jahren enthalten ist, entfallen eigentlich die Argumente für eine beschleunigte Inbetriebnahme der Brüter. Zweifellos sollte man lieber etwas mehr für den Strom bezahlen, als die Zukunft der Menschheit aufs Spiel zu setzen. Wir stehen hier vor einer ethischen, nicht vor einer technischen Entscheidung, und nur vernagelte Technomanen können da anderer Auffassung sein.

Es wäre viel sinnvoller, die leistungsfähigsten Typen der konventionellen Reaktoren vom Konvertertypus weiterzuentwickeln (so etwa den gasgekühlten Hochtemperatur-Reaktor). Die Firma General Atomics hat bereits ein halbes Dutzend in der ganzen Welt verkauft, dann aber die Entwicklung eingestellt, weil auch hier wie zuvor schon in Großbritannien die Schnellen Brüter vorgezogen wurden.

Ein Pakt mit dem Teufel

»Viele mit der Materie vertraute Beobachter glauben, daß die Hunderte von industriellen LMFBR-Reaktoren, welche das LMFBR-Programm vorsieht, auf lange Sicht die ernsteste Umweltgefahr darstellen, mit denen sich unsere Gesellschaft konfrontiert sieht«, bemerkt hierzu das National Radiation Defence Corps. Bei der Konferenz von Pugwash, 1972, drangen berühmte Wissenschaftler auf eine Beendigung dieses Programms.

Trotz allem, was über diese Fragen bereits geschrieben wurde, bleibt die Öffentlichkeit über die Gefahren nuklearer Abfallprodukte doch schlecht informiert. Zwar besteht eine vage Vorstellung von möglichen Gefahren, doch weiß niemand genau, wieweit den Zusicherungen der Atomtechniker zu trauen ist oder wie ernst die Warnungen der Umweltschützer zu nehmen sind. Bei der ersten internationalen Konferenz über atomaren Abfall, die 1973 stattfand, sagte D. R. W. Marley, daß bis zum Jahr 2000 die Strahlungsmenge der Abfälle 600 Milliarden Curie betrage (4 Milliarden durch Plutonium 239), was aber kein Anlaß zu Befürchtungen sei, weil die auf die Weltbevölkerung entfallende Durchschnittsdosis an Strahlung nur 0,2 % der natürlichen Umweltstrahlung ausmache. Da wird gleich zweimal ein beliebter Trick offizieller Augenwischerei vorgeführt. Trick eins ist die stillschweigende Voraussetzung, daß die natürliche Strahlung unserer Umwelt harmlos sei, da wir sie alle offenbar ausgehalten haben. In Wahrheit aber erzeugt sie in meßbarem Umfang Krankheiten und genetische Schäden, und jegliche zusätzliche Strahlenbelastung müßte diese Schäden erhöhen. Der zweite Trick ist die statistische Verteilung dieser Strahlenmenge über die ganze Weltbevölkerung. Wenn neun Personen eine sehr geringe Strahlungsdosis empfangen, eine zehnte Person aber eine sehr hohe, so kann sie daran sterben, obwohl das Mittel für die ganze Gruppe noch tolerierbar wäre. Man könnte also einen akzeptablen *Durchschnitt* in der Strahlungsbelastung erhalten, müßte dabei aber doch eine Sterblichkeit von 10 % in Kauf nehmen.

Die aus radioaktivem Material resultierenden Risiken lassen sich in vier Kategorien einteilen: 1. Risiken beim Betrieb von Kernkraftwerken, 2. Risiken bei der Wiederaufbereitung des Kernbrennstoffs, 3. Risiken beim Transport vom und zum Kraftwerk, 4. Risiken durch unkontrollierte Verbrennung – eine »überschnelle Energiefreisetzung«, wie in offiziellen Stellungnahmen eine solche Kernexplosion beschönigend genannt wird.

Eine der aufrüttelndsten Untersuchungen über die Risiken nuklearer Programme, die ich je zu lesen bekam, stammt von Dr. Alvin Weinberg, dem Direktor des Oak Ridge National Laboratory, der seit langem ein Befürworter der Nutzung nuklearer Energie ist. Er schätzt, daß die USA bis zum Jahr 2000 über 1 Million Megawatt Nuklearenergie verfügen werden, die zu zwei Dritteln von den gefährlichen LMFBR-Reaktoren stammt. Dies würde aber bedeuten, daß im Jahr 7000–10 000 Transportaktionen mit verbrauchtem radioaktivem Brennstoff stattfinden müßten, wobei zu jedem gegebenen Zeitpunkt 60–100 Transportbehälter mit strahlendem Material unterwegs wären. Bei jeder einzelnen Transportaktion würde eine Strahlungsmenge von 75 Megacurie freigesetzt werden, dazu etwa 300 Kilowatt Wärmeenergie. »Die technische Entwicklung eines völlig zuverlässigen Transportbehälters für eine solche radioaktive Ladung ist ein ganz schönes Stück Arbeit«, sagt Weinberg – und das ist noch untertrieben, da der ganze Behälter ständig gekühlt und gleichzeitig strahlungssicher abgeschirmt werden müßte.

Das Problem des Transports verblaßt jedoch neben dem Problem der Lagerung. Viele dieser nuklearen Abfälle haben eine eminent lange Lebensdauer. Technetium 99 muß viele Tausend Jahrhunderte gelagert werden, bis es einigermaßen unbedenklich wird, und bei Plutonium 239 steht es nicht besser.* Weinberg schätzt, daß es in den USA bis zum Jahr 2000 Kernabfälle mit einer Strahlung von bis zu 27 000 Megacurie geben wird, die eine Wärme von 100 Megawatt erzeugen. Von 1972 bis 1985 wird der Transport der »gefährlicheren Arten radioaktiven Materials in den USA von 1800 Tonnen auf 32 000 Tonnen jährlich anwachsen«. Wie Dr. W. Bennett Lewis von

* Die ganze Wahrheit ist: Wenn der Zerfall von Strontium 90 und Cäsium 137 zum größten Teil erfolgt ist, also nach 600 bis 800 Jahren, entstehen Aktiniden mit großen Halbwertszeiten, darunter das Americium 241 (Halbwertszeit 487 Jahre) und das Plutonium 239 (Halbwertszeit 24 000 Jahre). Das letztere wird erst nach 500 000 Jahren einen stabilen Zustand erreicht haben. Es bleiben aber Plutonium 242 (Halbwertszeit 380 000 Jahre) und Neptunium 237 (Halbwertszeit 2200 Jahre), die über Jahrhunderte hin kühl gehalten werden müssen und für die Dauer erdgeschichtlicher Zeiträume von der belebten Umwelt fernzuhalten wären.

den Chalk-River-Anlagen in Kanada meinte, bedeutet ein Sicheinlassen auf die Kernenergie ein Sicheinlassen für alle Ewigkeit.

Auch Weinberg räumt dies freimütig ein: »Wir werden nie ganz frei von Besorgnissen hinsichtlich der Reaktorsicherheit sein, auch nicht hinsichtlich des Transports radioaktiven Materials und der Abfallverwahrung.« Und er erklärt mit großer Geste: »Wir Leute von der Kernenergie haben die Gesellschaft bewogen, einen faustischen Pakt mit dem Teufel zu schließen. Auf der einen Seite bieten wir eine unerschöpfliche Energiequelle ... Aber der Preis, den wir von der Gesellschaft für diese magische Energiequelle verlangen, ist eine Langlebigkeit und Wachsamkeit in ihren Institutionen, die über alles bisher Vorstellbare hinausgeht.« Weinberg schließt mit den Sätzen: »Die Gesellschaft ist jetzt vor die Wahl gestellt, eine Wahl, die wir Leute von der Kernenergie nicht zu diktieren vermögen ... Ist die Menschheit überhaupt fähig zu einer künftig durch alle Zeiten sich erstreckenden Wachsamkeit, die notwendig ist zur Gewährleistung einer angemessenen und sicheren Handhabung ihres nuklearen Energiesystems? ... Was wir im Austausch dafür bieten ... scheint mir den Preis wohl wert zu sein.«

Wir, die wir nicht zu den Leuten von der Kernenergie rechnen, möchten zwar der von Weinberg selbst vorgenommenen Gleichstellung dieser Leute mit dem Teufel gern beistimmen, glauben aber doch, daß die Menschheit den geforderten Preis zu zahlen eigentlich nicht in der Lage ist, gleich, ob sie den Handel nun machen möchte oder nicht. Zumindest ich für meinen Teil lehne es ab, darauf zu wetten, daß die Menschheit eine Viertelmillion Jahre lang sich an die Maximen des Doktor Weinberg hält.

Kurz nach Veröffentlichung der Weinbergschen Offerte in der Zeitschrift ›*Science*‹ äußerte sich der hervorragende Biochemiker John Edsall aus Harvard in einer entschlossenen Erwiderung folgendermaßen: »... Ich ziehe den umgekehrten Schluß: Der faustische Pakt ist eben tatsächlich ein Pakt mit dem Teufel, den wir ablehnen müssen.« Edsalls Zuschrift verdient eine ausführlichere Wiedergabe. Der Wissenschaftler rechnet mit einer Zunahme sozialer Spannungen. »Kernkraftwerke werden ein Hauptanziehungspunkt für Saboteure und Erpresser sein. Eine gut angebrachte Sprengladung inmitten dieser Konzentration radioaktiven Materials vermag genug Radioaktivität in die Luft zu blasen, die dann durch den

Wind über Tausende von Quadratkilometern verbreitet wird, wodurch weite Gebiete auf Jahrzehnte hinaus unbewohnbar wären ... es genügt eine kleine Anzahl derartiger Täter, um uns alle in Gefahr zu bringen.« Ich stimme der jüngst von Hannes Alfvèn (dem bekannten norwegischen Astrophysiker) in einem gedankenreichen Aufsatz geäußerten Ansicht zu, daß »... Kernspaltungsenergie keine annehmbare Lösung für das Energieproblem ist. Sie bürdet kommenden Generationen eine nicht zu tragende Bürde auf.« Edsall kommt zu dem Schluß, daß wir unsere Forschungsanstrengungen bei der Suche nach neuen Energiequellen intensivieren sollten, so auf dem Gebiet der Sonnenenergie und der Kernfusion, und uns vorläufig an die Kohle halten müssen, bei äußerster Sparsamkeit im Verbrauch elektrischer Energie. Leider sind bereits enorme Summen in die Entwicklung von Kernreaktoren gesteckt worden, und die politisch Verantwortlichen scheinen entschlossen, die Sache durchzudrücken.

Kernfusion – vielleicht

Die ideale Energiequelle, deren Verwirklichung alle unsere Energieprobleme – oder fast alle – zu lösen imstande wäre, bleibt die Kernfusion, die Energieerzeugung nach dem Verfahren der Sonne. Das Ausgangsmaterial wäre hier Wasserstoff, der unschwer aus gewöhnlichem Wasser zu gewinnen ist und daher in nahezu unbegrenzten Mengen zur Verfügung stünde und außerdem ohne große Kosten herzustellen wäre. Überdies ist das Verfahren der Kernverschmelzung unter dem Gesichtspunkt der Umweltbelastung mit Radioaktivität ziemlich »sauber«. Leider aber weiß kein Mensch, wie eine Kernfusion zu bewerkstelligen wäre.

Die Atomenergie, über die wir heute verfügen, basiert auf atomarer Spaltung, das heißt auf dem Aufbrechen eines Atoms unter Neutronenbeschuß. Wird ein Atom gespalten, so wiegen die beiden Teile zusammen weniger (genauer: haben weniger Masse) als das unzerspaltene Atom zuvor. Die fehlende Masse ist bei der Spaltung in Energie umgewandelt worden, gemäß Einsteins berühmter Formel $E = mc^2$. (In der Praxis läßt sich nur ein kleiner Prozentsatz des spaltbaren Materials auch wirklich zur Spaltung bringen; daher liegt die reale Energieausbeute weit unter dem theoretischen Maximum.)

Kernfusion ist etwas ganz anderes. Hier muß der atomare Brennstoff auf unvorstellbar hohe Temperaturen gebracht werden, bis alle Elektronen vom Kern abgelöst werden und dieser gleichsam ohne Elektronenhülle ist. Diese Kerne ohne Elektronen sind das Plasma, in dem sämtliche Teilchen mit unglaublicher Geschwindigkeit durcheinanderwirbeln. Dabei stoßen die Kerne mit solcher Gewalt zusammen, daß einige miteinander verschmelzen, wobei sie neue Atome bilden, die sich in ihrem Bau von den Kernen des Ausgangsmaterials unterscheiden, gleichzeitig aber auch einen Teil ihrer Masse in Energie umwandeln. Doch während bei der Kernspaltung das spaltbare Material aus schweren Atomen besteht, die durch den Beschuß mit Neutronen zerlegt werden, kommen bei der Kernfusion leichte Atome zur Anwendung, und es bedarf keiner Neutronen, wenn auch einige im Prozeß selbst entstehen. Die hierzu am besten geeigneten leichten Atome sind die von Deuterium und Tritium, den etwas schwereren Formen des Wasserstoffs, doch wären auch andere prinzipiell möglich. Deuterium läßt sich aus gewöhnlichem Meerwasser recht billig gewinnen – zu einem Hundertstel der Kosten, die für die Kohlengewinnung aufzuwenden sind.

Daß solch ein Prozeß wie die Kernverschmelzung überhaupt möglich sei, war bereits vor dem Krieg bekannt, aber erst die Erfindung der auf Kernspaltung beruhenden Atombombe gab eine Möglichkeit zur Hand, jene unwahrscheinlich hohen Temperaturen zu erzeugen, deren man bei der Kernfusion bedarf; daher die Wasserstoffbombe, die 1951 erstmals erprobt wurde.

Die benötigten Temperaturen liegen bei 350 Millionen Grad Celsius. Es liegt auf der Hand, daß kein bekanntes oder unbekanntes Material ein Plasma von dieser Temperatur aufnehmen oder enthalten könnte. Die einzige Möglichkeit wäre offenbar, ein magnetisches Feld als Behälter zu erzeugen. Nun ist es ziemlich leicht, einen magnetischen Schlauch zu erzeugen; schwer ist nur, ihn an beiden Enden magnetisch zuzustöpseln. Seit über zwanzig Jahren probieren die Wissenschaftler magnetische Felder verschiedener Form und Anordnung aus, die geeignet sein könnten, das Plasma so lange in sich zu halten, bis es die nötige Temperatur erreicht hat. Eine einzige Sekunde würde bereits genügen. Leider sind diese Felder sehr instabil: Die magnetischen Feldlinien bauschen und winden sich wie wild gewordene Gummifäden und reißen sehr schnell ab. Man hat Magnetspulen in der Form eines Pfefferminzbonbons oder geschwungen wie die Naht eines Tennisballs erprobt; es wurden so komplizierte Formen entwickelt, daß sie »Mathematikers Freud, Technikers Leid« genannt wurden. In den Forschungsinstituten der USA, der UdSSR, Großbritanniens, Frankreichs und Japans knobelte man über möglichen Lösungen, und mehrmals schon schien ein Erfolg in Reichweite. Im Jahr 1958 feierte man bereits das ZETA-System der britischen Atomenergiebehörde als den entscheidenden Durchbruch. Doch als man die großen Schwankungen in der Stabilität der Felder unter Kontrolle hatte, machten sich plötzlich die kleinen Schwankungen unliebsam bemerkbar.

Niemand vermag mit Gewißheit zu sagen, ob hier eine Lösung möglich ist, aber die Wissenschaftler glauben, daß sie stetige, wenn auch langsame Fortschritte machen, und sie sind zuversichtlich, was den schließlichen Erfolg angeht. Aber selbst wenn im Laboratorium das Ziel erreicht sein wird, steht der Nachweis immer noch aus, ob dieses Verfahren auch in größerem Maßstab realisierbar ist – und unter Kosten, die mit den Kosten anderer Energiegewinnungsmethoden vergleichbar sind. Bislang hat es den Anschein, als müsse ein solches Kraftwerk gigantische Ausmaße besitzen und eine Energieleistung von 5000 Megawatt erbringen (die gegenwärtigen Spaltungsreaktoren liegen zwischen 1000 und 2000 Megawatt).* Berechnungen, die P. Carruthers für die britische Atomenergiebehörde 1967 angestellt hat, veranschlagen Produktionskosten von etwa 70 Pfund Sterling für jedes Kilowatt produzierter Elektrizität, also 350 Millionen Pfund für jedes Kraftwerk, wovon allein 10 Millionen Pfund auf das atomare Material zu rechnen wären. Ein solches Kraftwerk könnte Energie um ein weniges billiger erzeugen als die besten heutigen Brutreaktoren. Natürlich sind diese Zahlen durch die Inflation überholt und werden zweifellos noch unrealistischer sein,

* Neuerdings ist man an das Problem der Kernverschmelzung unter der Perspektive herangegangen, daß der Reaktor klein genug gehalten werden kann, um eine Fabrik oder ein Schiff mit Energie zu speisen – vielleicht bis zu einer Leistung von 20 Kilowatt. Dies setzte gezielte Pulse kohärenten Lichts aus einer Laserbatterie voraus, die sich auf winzige Zellen des spaltbaren Materials richten; eine jede »implodiert« dabei durch Verschmelzung und setzt als eine Miniaturbombe einen Wärmestoß frei.

wenn ein solches Kraftwerk einmal tatsächlich existieren sollte. Außerdem enthält diese Berechnung nichts über Entwicklungskosten, die sehr hoch sein dürften, und wie ich glaube, sind auch die Kosten für die Verwahrung radioaktiver Substanzen hier allzu niedrig veranschlagt.

Fraglos ist der Fusionsreaktor weitaus »sauberer« als die teuflischen Einrichtungen, von denen wir im vorangegangenen Abschnitt sprachen, und dies hat ihm den Ruf eingetragen, völlig sauber zu sein. Indes erzeugt auch er zwei Arten radioaktiven Abfalls. Dies hängt vom Brennmaterial ab. Da das wahrscheinlichste Brennmaterial das Deuterium ist, von dem auch das stärkste Maß an Verschmutzung zu erwarten wäre, soll es hier besprochen werden. Bei der Verwendung von Deuterium entsteht Tritium, ein tückischer Stoff. Seine Atome sind derart winzig, daß sie durch Aluminium sickern und selbst noch aus Behältern rostfreien Stahls austreten. Deuterium schlüpft durch die meisten Ventile und Dichtungen. Es dringt in den Körper ein – entweder durch Atmung oder über das Trinkwasser, wahrscheinlich sogar mittels Diffusion durch die Haut. Jene Mengen von Tritium, die beim Verschmelzungsprozeß nicht verbraucht worden sind, werden also irgendwie entweichen und müssen ersetzt werden. Don Steiner vom Oak Ridge National Laboratory rechnete aus, daß dieses Entweichen auf eine Strahlungsmenge von 8 Curie pro Tag bei einem Reaktor von 5000 Megawatt beschränkt werden müsse. Das heißt nichts anderes, als daß nur der zehntausendste Teil des Tritiums verlorengehen darf. Die Kosten für eine Abdichtung des Reaktors in dem hierdurch vorgeschriebenen Maß dürften zur entscheidenden Frage werden. »Nach meiner Meinung«, warnt Steiner, »wird das Austreten von Tritium im Falle einer Störung am meisten Kopfzerbrechen machen.« Das aus Spaltungsreaktoren und Aufbereitungsanlagen für Kernbrennstoffe ausgetretene Tritium wird wohl bereits alarmierende Werte erreicht haben, wenn die Fusionsreaktoren zur Anwendung gelangen, so daß jedes weitere Risiko dann als untragbar erscheinen mag.

Tritium hat eine relativ kurze Halbwertszeit von 12,3 Jahren (es verliert also innerhalb von etwas mehr als 12 Jahren die Hälfte seiner Radioaktivität, die wiederum in den nächsten 12 Jahren auf die Hälfte reduziert wird – usw.). Anders sieht es in dieser Beziehung bei der anderen radioaktiven Gefahrenquelle aus, die sich aus der kühlenden

Lithiumhülle ergibt, welche den heißen Kern und die ihn umschließenden Vorrichtungen abschirmt. Lithium reagiert sehr intensiv mit anderen Stoffen und kann daher nur in Behältern aus den Metallen Vanadium und Niobium aufbewahrt werden. Diese beiden Metalle werden durch die aus dem Kern des Reaktors kommende Strahlung radioaktiv. Vanadium ist weniger gefährlich, doch bleibt seine Anwendbarkeit auf niedrigere Betriebstemperaturen beschränkt, so daß wahrscheinlich Niobium verwendet werden muß. Radioaktives Niobium besitzt aber eine Halbwertszeit von 29 000 Jahren, und es ist ein Problem, was mit diesen Materialteilen, die durch das Strahlenbombardement auch deformiert werden könnten, geschehen soll. Hier wird also, wenn auch in kleinerem Umfang, wieder das bereits besprochene Problem der Abfallbeseitigung akut.

Abgesehen von alldem ist Kernverschmelzung eine gute Idee – sofern sie sich verwirklichen läßt. Doch selbst dann, wenn sie sich im Laboratorium verwirklichen ließe, noch ehe dieses Buch erscheint, wäre mindestens mit weiteren zwanzig Jahren zu rechnen, ehe wirtschaftlich arbeitende Anlagen in Betrieb sind. Als wenigstes müßte eine Versuchsanlage in den vollen Größenverhältnissen errichtet werden, und es dauert heute acht Jahre, wenn ein Land einen Spaltungsreaktor bauen will, obwohl es sich dabei schon auf zwanzigjährige Vorerfahrung stützen kann. Die Technologen unterschätzen immer die Schwierigkeiten, so bereits im Falle der Kernspaltung. Aber solange wir nicht Energie aus Kernverschmelzung gewinnen können, können wir auch nicht unsere Wirtschaft auf den Wasserstoff umstellen.

Energiequelle Wasserstoff

Unter allen möglichen Energiespendern entspricht der Wasserstoff den Idealvorstellungen am besten. Er ist das einfachste aller Elemente. Von Wasserstoff getrieben, erreichten die Raketen den Mond. Wasserstoff läßt sich leicht aus Wasser gewinnen und gibt bei der Verbrennung als Abfallprodukt ausschließlich Wasser und keine umweltverschmutzenden Verbindungen. Er würde für Küche und Haushaltsheizung ganz neue Möglichkeiten eröffnen, da kein Abzug für seine flüchtigen Verbrennungsprodukte nötig wäre. Wasserstoff ließe sich durch Sonnenlicht aus nahezu wartungsfreien Anlagen mit einem Wirkungsgrad von 60 % gewinnen – ein weitaus besseres Verfahren als die nur 40 % Energieausnutzung, die ein mit Öl betriebenes Kraftwerk bietet. Kleinere Änderungen vorausgesetzt, könnte Wasserstoff auch normale Verbrennungsmotoren ohne eine Spur von Umweltverschmutzung betreiben.

Zur Verteilung des Wasserstoffs könnte man sich der bestehenden Erdgasleitungen bedienen; zwar erreicht der Wasserstoff nicht ganz den Heizwert des Erdgases, aber seine geringere Dichte, die rasches Strömen gewährleistet, würde dies wieder ausgleichen. Die Lagerung großer Mengen schafft größere Probleme als beim Öl, wiewohl die NASA auf Cape Canaveral immerhin einen Tank von 900 000 Gallonen unterhält, dem kleinere an anderen Orten zur Seite stehen. Alles in allem genommen scheint der Wasserstoff ein wahres Gottesgeschenk zu sein.

Nun hat jede Münze ihre Kehrseite, und beim Wasserstoff ist es der niedrige Flammpunkt, die leichte Entzündbarkeit. Immerhin aber verwendet die Industrie Wasserstoff dank strikter Sicherheitsvorschriften weithin unfallfrei, und auch in der Raumfahrt ist man mit großen Mengen ohne Pannen umgegangen. Für den Haushaltsgebrauch müßte man wohl Geruchsstoffe zusetzen, so daß austretendes Gas sofort bemerkt werden könnte. Schließlich geht ja auch das Haushaltsgas explosive Mischungen mit der Luft ein, aber daraus resultierende Unfälle ereignen sich nicht häufig genug, um die Menschen von seiner Nutzung abzuschrecken. Allerdings dürfte unter diesen Aspekten der Wasserstoff für normale Autos des Alltagsgebrauchs nicht in Frage kommen.

Der Hauptgrund, warum wir nicht über eine auf Wasserstoff aufgebaute Wirtschaft verfügen, liegt in den hohen Kosten – den Herstellungs- wie den Verteilungskosten.

Will man Wasserstoff herstellen, so geschieht dies am einfachsten dadurch, daß man einen elektrischen Strom durch Wasser leitet, wobei dieses sich in Wasserstoff und Sauerstoff aufspaltet. Daraus folgt, daß Wasserstoff teurer ist als Elektrizität, und bislang war er auch teurer als Öl. Auch mit dem Erdgas kann er nicht konkurrieren. Sollte aber der Preis für die Erzeugung von Elektrizität fallen, weil zu ihrer Erzeugung Kernbrennstoffe verwendet werden, könnte dadurch Wasserstoff billiger als Öl und vielleicht auch billiger als Gas werden. Auch durch die Vergasung von Kohle läßt sich Wasserstoff herstellen, doch wäre dies nur interessant, falls Kernenergie nicht vorhanden ist.

Es gibt jedoch ein quantitatives Problem: Wollte man an die Stelle des Erdgasversorgungsnetzes ein Wasserstoffversorgungsnetz setzen, so hätte dies eine Vervierfachung der Stromversorgung zur Voraussetzung. Die Versorgung von Fahrzeugen aller Art mit Wasserstoff zwänge zur Erzeugung derart großer Mengen elektrischen Stroms, daß nun erneut die Probleme der radioaktiven Umweltverschmutzung sowie der Wärmeableitung akut werden müßten. Wasserstoff kann also nur dann ernstlich ins Gespräch kommen, wenn Fusionsreaktoren zur Verfügung stehen.

Andererseits wäre die Fernleitung von Wasserstoff über Distanzen von mehr als 300 Kilometern billiger als die Leitung von Strom, und bei Entfernungen von 1500 Kilometern wäre Wasserstoff nur halb so teuer wie Elektrizität. Er ist auch noch billiger als der Haushaltsstrom oder als durch Tanker geliefertes Erdöl. Keine häßlichen und platzraubenden Transformatorenanlagen wären nötig. Da die Leitungen unterirdisch verlegt würden, bliebe die Landschaft ohne Beeinträchtigung. So könnte es sein, daß in einem Jahrhundert unser weitverzweigtes Netz von Hochspannungsleitungen sich als unnötiger Luxus erweisen wird. In der Form des Wasserstoffs ließe sich die Energie leicht von Ort zu Ort bringen, wo sie dann für den Ortsgebrauch wieder in Strom umzuwandeln wäre.

Es ist ausgerechnet worden, daß Wasserstoff gegenwärtig als Treibstoff für Fahrzeuge nur dann konkurrieren könnte, wenn zu seiner Herstellung Nachtstrom verwendet würde. Aber ein Mr. Morris Klein aus Miami fuhr mittels Wasserstoffantrieb einen Lieferwagen zu Kosten von weniger als einem halben Cent pro Meile (rund 1,6 Kilometer). Aber wenn auch die Wasserstoff-Autos selbst nicht zur Luftverschmutzung beitrügen, so wäre doch von den Fusionsreaktoren, die ja Voraussetzung für die nötige billige Stromgewinnung bei der Wasserstofferzeugung zu sein hätten, eine radioaktive Belastung zu befürchten: Die Gesamtmenge erzeugter Radioaktivität stiege etwa um 60 %, wenn von der Voraussetzung ausgegangen wird, daß bis zum Jahr 2000 alle Autos mit Wasserstoff fahren.

Während niemand mit sofortiger Umstellung rechnet – ich sprach bereits von den Gründen –, gibt es auch Sachverständige, die sogar für die weitere Zukunft skeptisch bleiben. Timothy Johnson hat in der britischen Wissenschaftszeitschrift ›*New Scientist*‹ die Begeisterung für den Wasserstoff als Brennstoff mit der Bemerkung, sie sei »unsinnig«, abqualifiziert. Nach den Gesetzen der Thermodynamik, schreibt Johnson, sei es unwirtschaftlich, mittels Elektrizität aus Wasser den Wasserstoff zu gewinnen, um ihn dann wiederum in Elektrizität zurückzuverwandeln. Demzufolge »wäre im Hinblick auf die Umwelt mehr Schaden als Nutzen zu erwarten, selbst wenn die Umweltbelastungen ein bißchen verteilt würden. Aus diesem und einer Reihe von anderen Gründen kann man auch ziemlich sicher sein, daß der Gedanke an den Wasserstoff schon bald wieder für die nächsten zehn Jahre ad acta gelegt werden wird, sobald sich die derzeitige Begeisterung etwas beruhigt hat.«

Diese Ansicht wird allerdings nicht geteilt von einem Mann, dem man in diesen Fragen größere Kompetenz wird zubilligen müssen. Francis Bacon, bekannt geworden als Erfinder der Brennzelle, glaubt durchaus, daß der Ausnutzungsgrad bei der elektrischen Dissoziation des Wassers zur Wasserstoffgewinnung sich noch verbessern läßt. Auch meint er, daß auf Wärmeenergie beruhende Prozesse zur Erzeugung des Wasserstoffs entwickelt werden könnten. Ein mit Helium gespeister Reaktor könne genug Wärme erzeugen, um Wasser zu verdampfen, und dieser Dampf müsse dann über ein bis zwei chemische Reaktionsstufen die Wasserstofferzeugung möglich machen. Wasserstoff sowie andere Brennstoffe wie Methanol oder Hydrazin »wären nicht Luxusartikel, sondern Notwendigkeiten des Alltags«, meint Bacon, und er fährt fort: »Sie werden wohl noch vor Ende des Jahrhunderts in großen Mengen verbraucht werden.« Die gleiche Auffassung vertraten einige Wissenschaftler, die über diesen Gegenstand Referate auf der Tagung der American Chemical Society von 1972 hielten. In einem der Tagungspapiere hieß es: »Wasserstoff könnte der wichtigste Brennstoff des 21. Jahrhunderts werden.«

Professor J. Bockris von der australischen Flinders University macht darauf aufmerksam, daß Wasserstoff wegen seines geringen Gewichts die Reichweite von Düsenflugzeugen vergrößern müsse und den Ein-Mann-Hubschrauber praktikabel mache. Außerdem könnte er die Kosten für zahlreiche chemische Prozesse senken, von der Aluminiumherstellung bis zur Hydrierung von Fetten. Die

Kosten für die Ammoniakherstellung ließen sich um die Hälfte verringern.

So gesehen ist es sehr zu bedauern, daß Großbritannien 1967 sich dafür entschied, die Forschung auf dem Gebiet der Kernfusion zu beschneiden.

Zukunftsalternativen

Ob nun die Menschheit weiter mit den Brutreaktoren leben wird oder nicht – auf jeden Fall wird die Elektrizität zumindest bis zum Jahr 1985 knapp werden. Öl dürfte es noch für eine Weile genug geben, sofern die Araber ihre Einschränkungen aufheben (was sie sofort tun werden, sobald Öl aus anderen Quellen verfügbar ist), aber nach und nach werden sich die Vorräte dennoch erschöpfen. Fällt die Entscheidung für die Brutreaktoren, dann könnte der Strom sogar noch billiger werden. Doch was nach 1985 sein wird, hängt davon ab, ob eine größere Betriebskatastrophe oder eine gewaltsame Erpressung mit Plutonium sich ereignet, ehe das Programm für die Brutreaktoren schon so weit angelaufen ist, daß es nicht mehr gestoppt werden kann. Ohne die Brutreaktoren müßte der Strom sich bis zum Jahr 1990 leicht verteuern.

Die Kohle wird erneut eine Gnadenfrist erhalten und zur Herstellung von Gas und Öl vor allem dort Verwendung finden, wo ihre Gewinnung leicht ist. Während dieser späten Blütezeit des Kohlenbergbaues werden die Bergarbeiter ihre Löhne höherschrauben, wodurch die Kohle wieder teurer werden wird und mit dem Öl gleichzieht. Wenn allerdings nach 1985 die Hauptmenge des Stroms durch Kernreaktoren erzeugt werden wird, sind auch die Tage der Kohle vorüber.

Durch das Nordseeöl und die reichen Kohlenvorkommen dürfte Großbritannien bis 1985 nicht schlecht liegen; gegen Ende des Jahrhunderts steckt es dann sicher wieder in Schwierigkeiten. Die europäischen Länder, Norwegen ausgenommen, werden 1985 immer noch große Ölmengen importieren.

Die höheren Kosten verlangen ein haushälterisches Wirtschaften. Viele Herstellungsprozesse verschwenden Energie auf absurde

Weise. Charles A. Berg vom National Bureau of Standards ist der Ansicht, daß ein Viertel des gesamten nationalen Energieverbrauchs auf vermeidbare Verluste beim Umsatz in die gewünschte Wirkung entfällt. Die Wärmeisolation von Häusern und Büroräumen und erst recht von Öfen, Eisschränken usw. wird durch die Herstellungskosten bestimmt. Gleiches gilt für Ventilationsanlagen, Heizungssysteme und ähnliches. Die Kosten der meisten Wärmeisolationseinrichtungen amortisieren sich in fünf Jahren (oder früher, wenn das Heizmaterial teurer wird), und die Häuser verbrauchen zu ihrer Beheizung 40 % mehr Energie als notwendig. Große Aussichtsfenster sind wohl schon nicht mehr im Einklang mit den Erfordernissen der Zeit.

Auch die Kraftwerke sind große Verschwender, da sie zwei Drittel ihrer Energie als Abwärme durch Kühltürme oder über Flüsse an Luft und Wasser verlieren.

Gestreift sei auch die Energieverschwendung durch Flutlicht, Lichtreklame und ähnlichen Luxus.

Auch die Luftfahrtgesellschaften dürften zu einer Rationalisierung ihres Betriebs gezwungen werden. Es ist errechnet worden, daß sich jährlich 800 Millionen Gallonen Hochleistungstreibstoff allein in den Vereinigten Staaten einsparen ließen – ohne daß dabei die Zahl der Transportkilometer verringert werden müßte –, sofern die Gesellschaften nur optimale Flugpläne erstellen wollten.

Aber steigende Treibstoffkosten werden sich allenthalben in höheren Preisen niederschlagen. Vor allem werden sich Auswirkungen zeigen auf das Zahlungsgleichgewicht all jener Länder, die Energie importieren müssen, vor allem für Länder der Dritten Welt, die noch über keine eigene Versorgung mit Treibstoffen verfügen. Wie wir gesehen haben, wird von der Energieverteuerung vor allem die Landwirtschaft betroffen sein.

Wir stehen daher vor der Aufgabe, neue Energiequellen zu finden, vor allem solche, die sich automatisch erneuern. Für mich besteht kein Zweifel, daß es am besten wäre, die Energie direkt aus der Sonne zu beziehen oder – falls dies wirtschaftlich nicht zu machen wäre – durch indirekte Gewinnung aus dem Temperaturgefälle der Weltmeere. Alle anderen Quellen sind relativ unbedeutend, wie nützlich sie auch unter besonderen Bedingungen sein mögen.

Geothermische Energie könnte für das eine oder andere kleine

Land wie etwa Äthiopien von Bedeutung sein, wäre aber für ein Land wie die USA nur ein Tropfen auf den heißen Stein. Noch begrenzter ist die Verfügbarkeit der Gezeitenkräfte als Energiespender.

Wirtschaftlich ist die Sonnenenergie noch lange nicht zu nutzen außer für die Beheizung von Häusern oder Schwimmbecken. Aden und Marjorie Meinel (Aden Meinel ist Direktor des Optical Sciences Center an der Universität von Arizona) haben ausgerechnet, daß die Erzeugung von 1 Million Megawatt Energie aus Sonnenlicht ein Gebiet von 5000 Quadratmeilen selbst unter den günstigen Verhältnissen Arizonas, wo die Sonne 230 Tage im Jahr scheint, beanspruchen würde. Die Kosten müßten fraglos dem Doppelten einer vergleichbaren Anzahl von Kernkraftwerken entsprechen. Dies mag noch zu niedrig angesetzt sein, wie Paul Gast vom Argonne National Laboratory glaubt, da es nicht die Möglichkeit der Wärmespeicherung einbezieht, die über wolkige Tage hinweghilft; man müßte also wohl das Dreifache der Kernkraftwerkskosten veranschlagen. Die Meinels rechnen für die Anlage mit einer Lebensdauer von vierzig Jahren. Niemand aber weiß wirklich, welche Lebensdauer solchen Großflächen voll Wärmesammellinsen und Leitungen zuzuschreiben ist, die den Temperaturschwankungen und dem Wüstensand ausgesetzt sind; ebenso unbekannt sind die Wartungskosten. Ganz sicher aber werden diese Fragen der Wartung bei den teuren Sonnenzellen eine Rolle spielen, die für die Energieversorgung von Raumschiffen entwickelt wurden. Gleichwohl sind internationale Firmen wie Honeywell in Minneapolis der Auffassung, daß es auch da Möglichkeiten gibt. Die US-Raumfahrtbehörde rechnet damit, daß im Jahr 2000 Sonnenenergie 20 % des Bedarfs der USA decken wird.

Mehr Erfolg dürfte die Ausnutzung des Temperaturgefälles im Meer bieten. Bei einem Eisschrank wird Energie verwendet, um ein Temperaturgefälle zu erzeugen; umgekehrt läßt sich aus einem Temperaturgefälle Energie gewinnen. Diese Konzeption des »umgekehrten Eisschranks« geht davon aus, daß durch Absenken von Röhren bis zum Kaltwasser der Tiefsee und durch Zirkulation einer Flüssigkeit, die beim Einströmen in Rohre der wärmeren Zone verdampft, beim Einströmen in die Rohre der kälteren Zone aber kondensiert, eine Art Dampfmaschine geschaffen wird, die als Dampfturbine konstruiert ist. In der Idee ist diese Maschine schon fast hundert Jahre alt – der französische Physiker Jacques d'Arsonval hat sie 1881 zur Diskussion gestellt. Er schlug dabei Ammoniak als Zirkulationsflüssigkeit vor. Clarence Zener, Professor an der Carnegie-Mellon University, griff diese Idee wieder auf und rechnete vor, daß die Gestehungskosten etwa die gleichen wie bei einem Kraftwerk auf der Basis fossiler Energie wären. Da aber die Gestehungskosten nur die Hälfte der Kosten bei der Stromerzeugung ausmachen, während der Rest zum größten Teil auf die Brennstoffe entfällt, wäre der »umgekehrte Eisschrank« ohne Brennstoffbedarf in der Lage, Strom zur Hälfte der bisher zu veranschlagenden Kosten zu erzeugen. Zusätzlich könnte er auch noch frisches Wasser in beträchtlichen Mengen produzieren. Das schwierige Problem bei diesem Konzept bleibt aber die Übertragung der Energie vom Meer auf das Land – und hier böte wieder Wasserstoff in Rohrleitungen eine mögliche Lösung.

Zener kommt für sich zu dem Schluß, »daß die Wahrscheinlichkeit einer wirtschaftlichen Verwirklichung so hoch ist, daß selbst die technisch fortschrittlichen, mit flüssigem Metall arbeitenden Schnellen Brüter, wie sie von der Atomenergiekommission entwickelt werden, noch vor Vollendung ihrer Entwicklung technisch überholt sein dürften«.

Ich selbst glaube, daß das Interesse für kleine, autarke Energiequellen zunehmen wird, und dies aus zwei ziemlich unterschiedlichen, aber doch ineinandergreifenden Gründen: zum einen aus dem romantischen Wunsch nach Selbstgenügsamkeit und Unabhängigkeit, der zusätzliche Impulse erhält durch die reale Aussicht auf mögliche Verknappungen; zum anderen wegen der zunehmenden Wahrscheinlichkeit von Störungen in den großen öffentlichen Versorgungssystemen, gleich, ob durch Streiks, technisches Versagen oder terroristische Anschläge.

Für die Beheizung von Wohngebäuden kommt in dieser Hinsicht der Sonnenenergie besondere Bedeutung zu. Weniger bekannt ist, daß Systeme zur Nutzung von Sonnenenergie ebenso für Klimaanlagen im Sommer verwendet werden können. Vielversprechende Möglichkeiten eröffnet auch das Methan, das Sumpfgas, das sich aus dem Abfall von Haushalten und landwirtschaftlichen Betrieben gewinnen läßt, der gegenwärtig meist ungenutzt in die Abwasserkanäle gelangt und in Flüssen und Küstengewässern zur Verschmutzung beiträgt. Die Nutzung des Methans böte also zwei Vorteile.

Darüber hinaus kann Methan auch Antriebsenergie zur Fortbewegung von Fahrzeugen liefern. Schließlich könnte die Energieerzeugung durch Müllverbrennung, wie sie bereits in London, Paris und anderen Großstädten eingeführt wurde, weiterentwickelt werden.

Auf Haiti benutzt man Sonnenenergie dazu, in einer Schule die Mahlzeiten für 240 Studenten zu kochen und Trinkwasser zu destillieren. In Syrien ist eine Heizkiste mit Sonnenenergie im Gebrauch, die nur 14 Dollar kostet und der Trocknung und Konservierung von Gemüsen dient. Diese umstandslos zu verwendenden Geräte wurden vom Brace Research Department der McGill University entwickelt, einer der vielen Institutionen, die sich auf die Entwicklung simpler Technologien spezialisiert haben, etwa der »Öltonnentechnologie«, der »Sparflammentechnologie« oder der »Übergangstechnologie«, dafür gedacht, unterentwickelten Ländern den Übergang zur Industrialisierung zu erleichtern.

Sollte dies alles zutreffen, so müßte die in den USA vorgesehene Aufteilung der Geldmittel für Energieforschung und Entwicklung einer Revision unterzogen werden. Läßt man die großen Summen beiseite, die für die Optimierung bereits bestehender Energiequellen und für die Erzielung von Energieeinsparungen festgesetzt sind, dann ergibt sich bei den vom President's Advisory Council on Energy für die Fiskaljahre 1975–1979 festgesetzten Ausgaben für neuartige Energieformen folgendes Bild:

	Millionen Dollar
Fossile Brennstoffe	3 675
Spaltungsprogramme:	
Hochtemperatur-Gasreaktor, Sicherheit und Abfallbeseitigung	1 660
Brutreaktoren	2 730
Andere Programme:	
Fusionsreaktoren	1 550
Sonnenenergie	200
Geothermische Energie	185
Wärmeaustauschmaschinen im Meer	0
Kleinformatige Energiespender	0
	10 000

Hieraus geht hervor, daß die Brutreaktoren immer noch zu den Stars der Energieplanung gehören – aber der größte Teil der Summe, wenn nicht gar alles Geld sollte besser anderen Programmen zufließen.

Ich habe die Programmvorschläge der USA herangezogen, weil kein anderes Land auf diesem Gebiet über eine zehn Jahre umfassende Vorausplanung verfügt und weil auch kein anderes Land mit ähnlich gewaltigen Summen rechnen kann – selbst nicht im Verhältnis zum Bruttosozialprodukt.

Es kann kein Zweifel daran bestehen, daß dieses Geld auf gewinnträchtige Weise zur Verfügung gestellt werden wird. Im Juli 1973 gründeten sechs internationale Banken die International Energy Bank zur Finanzierung von Energieprogrammen. Ein Sprecher gab zu verstehen, daß von den Banken die weltweite Kapitalnachfrage der Energieindustrie für das nächste Jahrzehnt auf 500 Milliarden Pfund Sterling geschätzt werde – das ist mehr als das Hundertfache der erwarteten Erschließungskosten für das Nordseeöl.

Angenommen nun, wir lösen das Energieproblem: Was dann? Werden wir weiter wie bislang den Weg des Materialismus gehen, die Rohstoffe aufbrauchen und mit ungeschmälertem Eifer die Umwelt verschmutzen? Es ist nur allzu wahrscheinlich. Aber die wirkliche Fragestellung lautet ja nicht: Wo können wir die Energie herbekommen? Sie lautet vielmehr: Wollen wir weiterhin eine Wachstumsgesellschaft wie bisher? Natürlich hat auch Wachstum sein Gutes. Es wäre Narretei, wollte man die Dinge auf dem Stand der Gegenwart einfrieren. Jegliche Einrichtung, die mehr menschliche Zufriedenheit gewährleistet – vorausgesetzt, daß sie dafür nicht in anderen Bereichen Zufriedenheit schmälert (von der reinen Luft bis zum sozialen Zusammenhalt) –, ist dringend zu wünschen. Die Frage lautet, ob wir die Fähigkeit besitzen, unter mehreren Möglichkeiten die richtige Wahl zu treffen, anstatt gedankenlos ständig materielles Wachstum über andere Möglichkeiten der Erfüllung zu setzen.

Und wenn wir uns dennoch für das materielle Wachstum entscheiden: Sollen wir dies in der Weise wie bisher tun und auch künftig die Kluft zwischen armen und reichen Völkern stets nur weiter aufreißen, uns mit immer ausgeklügelterem Krimskrams umgeben und viele unserer Erzeugnisse auf den Schrotthaufen werfen, längst ehe sie wirklich schrottreif geworden sind, während die Hälfte der Weltbevölkerung am Rande der Armut dahinlebt, wenn nicht gar verhungert? Das scheint nicht länger mehr möglich, selbst wenn der Westen so von aller Vernunft verlassen wäre und trotz alldem auch künftig drauflosleben wie bisher. Die Länder der Dritten Welt stellen uns vor Probleme, die wir noch nicht einmal ernst zu nehmen begonnen haben, die aber unausweichlich auf uns zukommen.

Kapitel 15
Kein Platz für Menschen

Die Geißeln der Pest, der Hungersnot, der Kriege und Erdbeben erachtet man nunmehr als Segen für die allzu volkreichen Nationen, da sie dem üppigen Wuchse der Menschheit die geilen Austriebe beschneiden.

Tertullian

Erstickungstod der Städte

Man werfe nur einen Blick auf Djakarta, die Hauptstadt Indonesiens, wo die neuen Gesundheitszentren die Zahl der Sterbefälle um ein Viertel verringert haben: 5 Millionen Menschen leben dort auf einem Raum, der nur für 2 Millionen genügen könnte. In zehn Jahren werden hier 10 Millionen leben müssen. Oder betrachten wir Bandung, gegenwärtig die am schnellsten wachsende Stadt der Erde. Hier erwartet man einen Bevölkerungszuwachs von 1,2 Millionen auf 4,1 Millionen in den Jahren 1970 bis 1985, also von 242 %. Lagos, Karatschi, Bogotá und Bagdad zeigen Zuwachsraten von 186, 163, 146 beziehungsweise 145 %; sie liegen in der Spitzengruppe. Im Jahr 1985 wird die Liste der größten Städte der Welt anders aussehen als heute:

Tokio	25,2 Millionen Einwohner
New York	18,8 Millionen Einwohner
Mexico City	17,9 Millionen Einwohner
São Paulo	16,8 Millionen Einwohner
Schanghai	14,3 Millionen Einwohner
Los Angeles	13,7 Millionen Einwohner
Bombay	12,1 Millionen Einwohner

Kalkutta	12,1 Millionen Einwohner
Peking	12,0 Millionen Einwohner
Osaka	11,8 Millionen Einwohner

London und Paris werden auf dieser Liste dann nur noch an dreizehnter beziehungsweise vierzehnter Stelle stehen, während Seoul sich anschickt, sie zu überholen.

Da die Städte ineinanderzuwachsen beginnen, bezeichnen wir ein Städtekonglomerat wie das Ballungsgebiet von New York–Philadelphia–Washington sinnvollerweise als Megalopolis. Gegenwärtig existieren etwa ein Dutzend solcher städtischer Ballungsräume, deren Bevölkerungszahlen zwischen 1 und 60 Millionen liegen. Sechs weitere Megalopolen werden folgen. Nach J. G. Papaiannou von der Schule für Ekistik* in Athen werden bis zum Ende des Jahrhunderts hundert solche Städteballungen entstanden sein, deren Einwohnerzahlen zwischen 10 und 100 Millionen liegen werden. In ihnen wird dann fast die halbe Weltbevölkerung wohnen – wobei Papaiannou für diese höhere Zahlen veranschlagt, als die offiziellen Daten festsetzen, die bei 6,5–7 Milliarden liegen; er rechnet mit 7–8 Milliarden Menschen bis zum Jahr 2000.

Gut über die Hälfte der Weltbevölkerung dürfte bis zum Ende des Jahrhunderts in Städten mit über 100 000 Einwohnern leben, und die Menschen werden dort auf engem Raum zusammenrücken. Die Bevölkerungsdichte Kalkuttas, wo bereits schätzungsweise 600 000 Einwohner auf den Straßen übernachten, beträgt gegenwärtig 32 778 Menschen pro Quadratkilometer. Und das stellt eine gewaltige Belastung dar. Eine Belastung bedeutet hier nicht nur die Versorgung solcher Menschenmassen mit Wasser und sanitären Einrichtungen, mit Wohnraum, Schulen und Krankenhäusern (nach einer Schätzung werden zwischen heute und dem Jahr 2000 insgesamt etwa 1,4 Milliarden Häuser errichtet werden müssen). Nicht minder schwer ist die soziale Bürde, die unter solchen Bedingungen die Einhaltung gesetzlicher Zustände und die gesellschaftliche Integration entwurzelter Menschen auferlegen.

* Ekistik – besser wäre Ökistik – ist die moderne Bezeichnung für die Wissenschaft von den menschlichen Siedlungen; diese befaßt sich hauptsächlich mit der Erforschung des städtischen und des ländlichen Siedlungswesens sowie der Stadtplanung. (Anm. d. Ü.)

Das große Zukunftsproblem ist also nicht bloß die Übervölkerung, von der wir schon allerhand wissen und die zu meistern wir bemüht sind, sondern die städtische Ballung, mit der uns auseinanderzusetzen wir noch gar nicht begonnen haben.

Wenn Städte in einem solchen Maße wachsen, können selbst die fähigsten und wohlmeinendsten Behörden nicht mit entsprechenden Maßnahmen nachziehen. Es entstehen die Kanister- und Bretterstädte, die Bustees, Barong-barongs, Callampas, Favelas, Villas miserias, Barracas, Barrios, Gecekondus oder Bidonvilles. Die polyglotte Aufzählung solcher Bezeichnungen gibt einen Begriff von der Reichweite der Erscheinung. In einigen Städten beherbergen diese Elendsquartiere nicht weniger Menschen als die eigentliche Stadt. Bald werden die zugezogenen Siedler unter Wellblech und Planen ihre städtischen Beherberger an Zahl übertreffen.

Unter diesen Menschen gibt es Verzweifelte und Ruinierte, andere sind mehr oder weniger kriminell, aber ein keineswegs geringer Teil der Einwohner dieser zusammengewürfelten Viertel zeigt dennoch unternehmenden Geist und Gemeinschaftssinn, und wir finden unter ihnen auch Leute mit solider Ausbildung. Sie treten in Komitees zusammen, um Pläne für sachgerechtere Entwicklungsmaßnahmen auszuarbeiten, und versuchen auf die Behörden einzuwirken, damit sie schnell zu Wasser- und Stromanschlüssen kommen oder die Straßen gepflastert werden. Zu Recht ist daher, wie ich glaube, vorgebracht worden, daß alle Anstrengungen sich so schnell wie möglich auf eine Besserstellung der bislang entstandenen Siedlungen konzentrieren sollten; dies sei vernünftiger als Abrisse für anspruchsvolle Wohnprojekte. Da solche von oben her verordnete Siedlungen ohne eigenen Impuls der Bewohner bleiben, werden sie schon bald zu den Slums von morgen, während die Bretterbuden sich leicht abreißen lassen, sobald tatsächlich aus eigener Initiative etwas Besseres an ihren Platz gesetzt werden kann. Außerdem können die Zementkästen, auf welche die Planer so stolz sind, nur einen Teil der Bedürftigen aufnehmen.

Es ist selbstverständlich grotesk, daß die reichen Länder so wenig zur Besserung dieser Situation beitragen wollen. Laut einem Pressebericht versucht die Stadtverwaltung von Kalkutta den Inhalt der 40 000 öffentlichen Toiletten der Stadt mit 22 Lastwagen, 25 Kipploren und einigen Traktoren zu beseitigen. Dieser Fuhrpark schafft kaum ein Drittel. Fast zur Hälfte ist das Stadtgebiet ohne Kanalisation, so daß bei Regen der Abfall in die ebenerdigen Wohnungen und Küchen geschwemmt wird. Mit der Wasserversorgung steht es nicht besser als mit der Kanalisation. Als die Städtische Entwicklungsgesellschaft Kalkuttas daran dachte, die Gullys zu säubern, wurde ihr mitgeteilt, daß die Gullys wegen Verstopfung der Abflüsse nicht gesäubert werden könnten, die Abflußrohre aber nicht gesäubert werden könnten, weil die Kanalisation verstopft sei, und daß die Kanalisation nicht zu säubern sei, weil die Pumpstationen es nicht mehr schafften. Es ist einfach unglaublich, daß die reichen Länder nicht in der Lage sind, Spezialtrupps aufzustellen, die mit Pumpgerät und Stadtreinigungswagen hier Abhilfe schaffen.

Was Wunder, daß die Gesellschaftsanalytiker den Zusammenbruch der öffentlichen Ordnung in Klassen- und Rassenkämpfen, in Aufruhr und Guerillakrieg kommen sehen. Wir haben Rassenunruhen bereits in Bombay erlebt, in Manila die Vertreibung der Bewohner der Bretterstädte durch das Militär, wurden Zeugen von Massakern an malaiischen Chinesen in Kuala Lumpur, sahen Schießereien in Peru und die blutige Unterdrückung studentischen Protests überall zwischen Seoul und Bangkok. Unruhen bei der Beschaffung von Lebensmitteln werden nahezu täglich aus den verschiedenen indischen Provinzen gemeldet. Wenn die reichen Völker sich nicht einer in Flammen aufgehenden Welt gegenübersehen wollen, in der erbitterte Menschen ihrer Wut in wilden Zerstörungsakten Luft machen, so sollten sie in ihrem eigenen Interesse sich um diese Probleme kümmern. Auch aus Angst vor dem Vordringen des Kommunismus mag sich mancher zur Hilfe aufgerufen fühlen.

Das Internationale Arbeitsamt hat durch einen seiner Beamten, H. Lubell, die Ansicht vertreten, daß diese von Armut geschlagenen Wohngebiete nicht tot, sondern voll pulsierenden Lebens seien, weshalb die Probleme nicht in pessimistischer Stimmung angegangen werden dürften. Das geht an der Sache vorbei. Es ist gar nicht der Zweifel an den Fähigkeiten jener Menschen, sondern vielmehr unsere Unfähigkeit, ihr Elend zu beheben, die zu Pessimismus Anlaß gibt. Denn wenn Vitalität nicht durch geeignete Hilfe in konstruktive Kanäle geleitet wird, kann sie leicht in Destruktivität umschlagen.

Städtesterben in der westlichen Welt

Während um die Städte der Dritten Welt die Barriadas immer weitere Kreise ziehen, bis ihre Einwohner die Bewohner der eigentlichen Stadt an Zahl überflügeln, fliehen in der westlichen Welt die Menschen aus den Zentren der Städte, um sich vor der Gewalt und dem Verbrechen in die Annehmlichkeiten eines Lebens in Vororten oder auf dem Lande zu retten. Detroit bietet ein abschreckendes Beispiel für die Zukunft unserer neuen Megalopolen. 1973 wurden in Detroit mehr Menschen erschossen oder erstochen als während der viereinhalb Jahre Bürgerkrieg in Belfast. Auf 1806 Einwohner der Stadt entfällt ein Mord – die höchste Zahl in den USA. Das Schulsystem bricht zusammen. Die wirtschaftliche Entwicklung versandet. Im Stadtgebiet stehen mehr leere und verlassene Häuser als in irgendeiner Stadt in Amerika. Rund 40 000 Einwohner ziehen jährlich fort und lassen sich in den grünen Gettos der Vorstädte nieder, wo sie hinter hohen Zäunen und unter dem Schutz bewaffneter Wachmänner Tag und Nacht leben, sofern sie solchen Schutz bezahlen können.

Selbst in England, wo die Gewalt noch nicht im gleichen Maße angestiegen ist, sind die Städte durch Abwanderung bedroht. Eine britische Zeitung erschien 1973 mit der Überschrift: »Warum es mit Englands Städten nicht weitergeht.« Eine andere Zeitung fragte: »Bricht London jetzt zusammen?« Für wichtige Dienstleistungen fehlt das Personal. Die Londoner Verkehrsgesellschaft verfügt nur über 80 % des für die Inspektion der Gleise nötigen Personals. Busse und Züge, die in Abständen von zehn Minuten kommen müßten, fahren oft in einstündigen Abständen. Im Stadtgebiet von Greenwich kam ein Wohnungsbauprogramm »regelrecht zum Erliegen«, weil es an weisunggebendem Personal und an Handwerkern fehlte. Die Schulen finden keine Lehrer, im Gesundheitsministerium schaut man sich vergeblich nach Müllmännern um. Der Grund hierfür ist, daß es die Leute in den Vorstädten billiger und angenehmer finden, zumal sie dort bessere Arbeitsmöglichkeiten haben und nicht mit ermüdenden und teuren Fahrten in das Zentrum rechnen müssen. Eine Einkommenspolitik, welche die Löhne festsetzt, verhindert jeden Versuch, Arbeitskräfte durch höhere Angebote anzulocken. So trocknen also die Zentren der großen Städte langsam aus. Eine Stadt gleicht einer wachsenden Bakterienkultur. In der Mitte einer solchen Kultur sterben die Organismen ab, da sie von außen weder Licht noch Luft mehr bekommen.

»Die Bevölkerung Londons muß unbedingt unter die Sechs-Millionen-Grenze gebracht werden«, meint Professor Alan Day von der London School of Economics. Das sind Hoffnungen. Jene, die eisern entschlossen sind, nicht in Panik zu machen, pochen darauf, daß eben die Leute gern in der Stadt leben und daß deshalb die Städte groß würden. Die Nachfrage nach Landwohnungen erweist jedoch die Unwahrheit einer solchen Behauptung. Eine Gallup-Umfrage zeigte, daß 56 % der Amerikaner am liebsten gänzlich auf dem Lande leben wollten, wenn sie die Wahl hätten, während weitere 25 % lieber ein Leben in Vororten gewählt hätten. Nur 18 % sprachen sich für ein Leben in der Stadt aus. Eine kleine Stadt ist mit weitaus geringerem Aufwand funktionstüchtig zu halten als eine große. In den Vereinigten Staaten kostet die Schulausbildung pro Kopf 12 Dollar in Städten unter 50 000 Einwohnern; sie kostet das Doppelte in Städten zwischen 200 000 und 300 000 Einwohnern, das Vierfache bei 500 000 Einwohnern und 85 Dollar pro Kopf in Millionenstädten. Ähnlich ist der Gesundheitsdienst in Millionenstädten zwölfmal so teuer wie in Städten unter 50 000 Einwohnern, und die Wohlfahrt kostet dem Einzahlenden 88mal soviel. Die Zahl der Verbrechen erweist sich mit 12,8 Raubüberfällen auf 100 000 Einwohner in Städten unter 10 000 Einwohnern als gering im Vergleich mit 117,6 Raubüberfällen in Städten über einer Viertelmillion, während nach gleichem Verhältnis die Betriebskosten für die Polizei sich verdoppeln. Das sind Fälle, die einem die Sprache verschlagen. Warum tun wir hier nichts?

Das Sterben der Städte ist ein so bekanntes Thema, daß ich auf Ausschmückung verzichten kann. Immerhin sei bemerkt, daß in übervölkerten Tierpopulationen die Fruchtbarkeit sinkt. Die erst jüngst vervollständigten Experimente John Calhouns, über dessen übervölkerte Mäusekäfige viel geschrieben wurde, zeigen, daß bei einer Rückführung in normale Lebensbedingungen diese Mäuse ihre Fruchtbarkeit nicht wiedergewinnen. Der ihrem Organismus zugefügte Schaden ist irreversibel.

Einige Architekten mit wenig Ahnung von der Wirklichkeit menschlichen Lebens haben behauptet, daß die Megalopolis durchaus zu realisieren sei. Die Einwohner würden in Wohngebietszellen zu je 50 000 Menschen gebracht werden, wo sie angeblich ihre eigene Kultur nach menschlichen Maßstäben pflegen könnten. Richard L. Meier von der Universität von Michigan hat diesen Gedanken nahezu enthusiastisch ausgemalt. »Die Art von Stadt, die zu erfolgreichem Wettbewerb auch in Zukunft imstande sein wird«, sagt er mit dem echten Vertrauen des Amerikaners in das Geld, »ist jene, die Wohlstand hervorbringt. Die Planung wird daher einen anderen Weg einschlagen müssen« – also einen anderen als den einer Stadt, wo sich »stille Zufriedenheit finden läßt«. Er zieht Städte in Betracht, die nach ethnischen Gruppen eingeteilt sind, von denen jede ihre eigene Sprache sprechen, jede für sich ihre mit Hühnermist gedüngten Algen zur Proteinversorgung züchten solle. Das Wasser der Algenzuchtbecken könne wieder zu Trinkwasser aufbereitet werden. Da diese »Stadtdörfer« auch beschäftigt werden müssen, sei dort ein Arbeitsangebot zu gewährleisten, das großen Arbeitsaufwand, aber nur wenig Rohstoffe erfordere. Was bedeutet, daß kompliziertes Gerät herzustellen wäre. Da aber niemand mehr auf dem freien Land zwischen den Megalopolen leben wolle (die dann 90 bis 95 % der Weltbevölkerung zu beherbergen hätten), würden zum Verkehr zwischen diesen Superstädten die Luftwege noch weitaus wichtiger werden als heute. Eine Welt, die man kaum noch erwarten kann.

Wohin mit den Menschen?

Auf das Bevölkerungswachstum gehen letztlich alle Probleme zurück. Indien etwa ist es gelungen, die landwirtschaftliche Erzeugung in den Jahren 1961 bis 1971 um 24 % zu steigern – aber die Bevölkerung nahm im gleichen Zeitraum um 24,75 % zu. So stellt sich unausweichlich die Frage: Welcher Fortschritt ist ohne Beschränkung des Bevölkerungswachstums überhaupt möglich? Und wer wird recht behalten – die Propheten des Untergangs oder die Optimisten?

Über die Bevölkerungsexplosion ist bereits bis zum Überdruß geschrieben worden, und ich habe die Probleme vor fünf Jahren in meinem Buch »*Das Selbstmordprogramm*« in allen Einzelheiten diskutiert. Alles, was ich hier noch vorschlagen möchte, ist daher dies: Man möge erwägen, ob die Situation sich seither geändert hat oder wenigstens Ansätze einer Änderung zeigt. Die folgende Übersicht faßt zusammen:

	Bevölkerungszahl (in Millionen)		
	1950	*1970*	*Zunahme*
Lateinamerika	162	283	75 %
Afrika	217	344	59 %
Asien	1355	2056	52 %
Ozeanien	13	19	46 %
Nordamerika	166	228	37 %
Sowjetunion	180	243	35 %
Europa	392	462	18 %

Jene Länder, in denen sich die Familienplanung eindeutig bewährt hat, sind Japan (auf 1000 Einwohner 9,4 Geburten im Jahr 1964), Hongkong (18,9/1970), Taiwan (23/1969) und Singapur (25–28/1967). In beschränktem Maße erfolgreich war sie in Ländern wie Sri Lanka (Ceylon), wo die Geburtenrate von 36 im Jahr 1960 auf 32 im Jahr 1968 fiel, und in Korea (33/1969). Auffällig heben sich diese Länder von einem Staat wie Kenia ab, wo die Regierung für die Geburtenkontrolle nur unerhebliche Summen bereitstellt und wo Wirtschaftsminister Mboya erklärte: »Bevölkerungswachstum ist für die Regierung kein Anlaß zu besonderer Sorge«, während ein Gewerkschaftler noch 1970 die Familienplanung angriff, weil sie »von den Arbeitern Verzicht auf das einzige Vergnügen verlangt, das sie haben«. In Kenia liegt die Geburtenrate etwa bei 50, die Sterberate ungefähr bei 20 (jeweils bezogen auf 1000 Einwohner).

Besonders alarmierend ist die Lage auf den Philippinen, die wohl die am schnellsten wachsende Bevölkerung der ganzen Welt aufweisen. Die durchschnittliche Kopfzahl einer Familie beträgt dort 7 Personen. Die Philippinen stehen nach ihrer Bevölkerungszahl unter den Ländern der Welt an fünfzehnter Stelle, aber nur an siebenundfünfzigster Stelle, was die Staatsfläche angeht. Für je 4 Philippiner, die sterben oder aus dem Arbeitsprozeß ausscheiden, warten 14, um an ihre Stelle zu treten. Zu 25 % besteht die Bevölkerung aus arbeitenden Müttern. Hält diese Explosion weiter an, so werden in einem Jahrhundert auf den Philippinen zusammen Menschen in der Anzahl der heutigen Einwohner Nordamerikas, Südamerikas, Afrikas und der Sowjetunion leben. Es liegt auf der Hand, daß dies so nicht weitergehen kann. Nahrungsmittelknappheit kündigt sich bereits an.

Nun sind die Philippinen noch ein relativ kleines Gebiet. Ungleich belastender für die ganze Welt sind Großgebiete wie Indien–Bangladesch. Vor allem Indien erteilt uns bittere Lehren, da dort die stärksten Anstrengungen unternommen wurden. Aber trotz der 80 000 ganz- oder teilzeitig tätigen Geburtenplaner, deren Arbeit mit Geldern unterstützt werden, die fast den Etat des Gesundheitsdienstes erreichen, sind die Geburtenraten kaum zurückgegangen.

Ein Blick auf das nachfolgende Diagramm gibt Aufschluß über die Veränderungen in der Bevölkerung Indiens und zeigt prima vista,

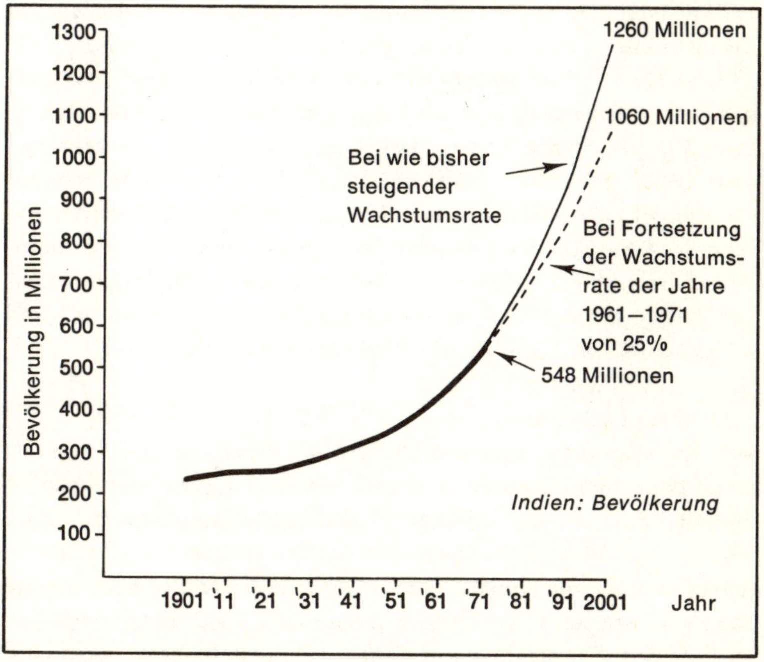

Voraussagen für die Wachstumsrate der Bevölkerung Indiens

daß die Situation schlimmer als je ist. Die Zuwachskurve senkt sich nicht, sie wird steiler. Für die letzte Zählungsdekade ergibt sich ein Zuwachs von 24,75 % gegen 13,31 % in der voraufgegangenen Dekade.

Dessenungeachtet ist der indische Industrielle J. R. D. Tata unter den Optimisten. »In der Familienplanung«, so erklärte er vor dem Symposium der Nobel-Stiftung 1969, »gibt es unverkennbare Anzeichen eines wesentlichen Fortschritts.« Er verwies auf zwei Industriestädte, Jamshedpur und Mithapur, wo die Geburtenrate auf unter 25 gesenkt werden konnte, verglichen mit 40 im nationalen Durchschnitt. Tatsache ist jedoch, daß die Geburtenkontrolle nur in den Städten mit einer bereits auf höherem Bildungsniveau stehenden Bevölkerung und mit erreichbaren Kliniken Erfolge zeitigte. In Südindien war sie ein völliger Fehlschlag. (Tatas Optimismus ist auch hinsichtlich der landwirtschaftlichen Entwicklung nicht gerechtfertigt: Die »Grüne Revolution« habe den Durchbruch erzielt, sagte er, und die Nahrungsmittelproduktion nehme im Jahr um 5 % zu. In Wirklichkeit aber wiesen die Daten für 1970 einen zweiprozentigen Zuwachs aus, für 1971 indessen überhaupt kein Wachstum.)

Altes Herkommen sträubt sich immer noch gegen eine Beschränkung der Kinderzahl, und auf jungverheiratete Paare wird oft von ihrer Umgebung regelrechter Druck ausgeübt. »Letztlich kann nur eine verzweifelte wirtschaftliche Lage Mann und Frau in einer traditionell eingestellten Umgebung zur Sterilisation veranlassen«, schrieb Tara Ali Baig in der indischen Zeitschrift ›*Seminar*‹. Allenfalls nach der Geburt von vier, sechs oder mehr Kindern sieht sich die Familie nicht mehr imstande, weitere Esser zu ernähren – und schickt dann die Zehn- bis Zwölfjährigen aus, sich ihren Unterhalt selbst zu verdienen.

Über fünf Jahre hin wurden im Pandschab intensive Anstrengungen unternommen, in sieben Dörfern die Praxis der Geburtenkontrolle bekannt zu machen und auch die Haltung der Menschen zu ändern. Es war ein völliger Fehlschlag. Alles, was in dieser sogenannten Khanna Study erreicht werden konnte, war: Ein Drittel jener Ehepaare, die ohnehin bereits Geburtenkontrolle übten, konnte dazu gebracht werden, sich noch modernerer Verhütungsmethoden zu bedienen. Die Realität war einfach die, daß die Leute nicht bloß deshalb so viele Kinder hatten, weil sie etwa mit einer gleich hohen Kindersterblichkeit wie früher rechneten, sondern auch deshalb, weil sie aus wirtschaftlichen Gründen große Familien *brauchten.* Unter den Dorfbewohnern waren 85 % mittlere oder kleine Bauern, die sich den Kauf eines Traktors oder die Anstellung von Arbeitskräften für ihre bescheidenen Felder nicht leisten konnten, die insgesamt oft nur Flächen von 250 Quadratmetern ausmachen. »Um überhaupt Landwirtschaft betreiben zu können, sind sie auf Familienarbeit angewiesen. Einige weitere Söhne bedeuten nur eine geringfügige Mehrbelastung des Haushalts, aber eine fühlbare Einsparung in den Kosten für die Feldbestellung. Kinder sind oft das einzige Mittel, um zu etwas Wohlstand zu gelangen«, schreibt Mahmood Mamdani in einer vernichtenden Kritik des genannten Programms. Familienplanung ist also nicht nur einfach eine Frage des Bildungsstandards und der Versorgung mit Verhütungsmitteln, wie so viele westliche »Experten« vermeinen. Es hängt alles davon ab, ob das Problem der Armut gelöst wird. Zumindest in Indien kommt die Armut nicht von den hohen Geburtenraten; die Geburtenraten kommen von der Armut. Leicht wird dieser verhängnisvolle Kreis nicht zu durchbrechen sein.

Indien war verärgert über die Taktlosigkeit einiger internationaler Behörden, komplimentierte sie zum Lande hinaus und entschloß sich, allein mit den Problemen fertig zu werden. Ein Beispiel für das, was mit internationaler Hilfe alles erreicht werden kann, gibt Java. Indonesien steht unter den volkreichen Staaten der Welt an fünfter Stelle: 129 Millionen Einwohner, die sich alle 24 Jahre auf das Doppelte vermehren. (Schätzungen für die Bevölkerungszahl im Jahr 2001 schwanken zwischen 220 und 300 Millionen.) Aber was hier zum ernstesten Bevölkerungsproblem der Welt sich auszuwachsen droht, ist die ungemein dichte Besiedlung der Insel Java und des benachbarten Bali, wo 70 % der Gesamtbevölkerung – 80 Millionen Menschen – beheimatet sind. Bali, kaum größer als Griechenland, wird von 9 Millionen Menschen bewohnt, aber bis zum Jahr 2000 sollen es 175 Millionen sein.

Der frühere Präsident Sukarno war als Vater vieler Kinder und Befürworter reicher Nachkommenschaft ein Gegner der Geburtenkontrolle, weil sie dem »sittlichen Verfall« Vorschub leiste. Indonesien könne 250 Millionen Menschen ernähren, behauptete er. Sein Nachfolger, General Suharto, betrieb eine Politik in ganz anderem

Sinne: Zunächst ließ er gleich einmal eine Million Menschen umbringen (meistens Chinesen) und etwa zweitausend Kliniken für Familienplanung einrichten. Hilfskräfte wandern von Dorf zu Dorf und überreden die Frauen zur Teilnahme an den Unterweisungen. Empfängnisverhütende Mittel werden frei ausgegeben (allerdings bloß in der Theorie, da in der Praxis die damit betrauten Amtspersonen ihr mageres Salär durch Gebührenerhebung aufzubessern suchen). Auf Bali, unter einer vorwiegend hinduistisch-buddhistischen Bevölkerung, hatte die Kampagne Erfolg. Bei den mohammedanischen Javanern waren die Ergebnisse weniger günstig – religiöse Motive gaben hier den Ausschlag. Dabei werden starke Anreize für Geburtenbeschränkung gegeben: Soldaten oder Zivilbeamte mit über drei Kindern erhalten keine Beförderung, auch keine Genehmigung für Auslandsreisen. Durch solche Regelungen und durch nahezu unbegrenzte Geldzuwendungen der Weltbank benutzen jetzt 20 % der Bevölkerung empfängnisverhütende Mittel; diese Zahl geht über die ursprünglichen Annahmen der Weltbank hinaus, die erst für 1975 damit gerechnet hatte.

Doch ein Nullwachstum der Bevölkerung ist nicht in Sicht. »Lassen wir das Nullwachstum«, äußerte Dr. Judono, einer der führenden Beamten, gegenüber Jon Tinker vom ›*New Scientist*‹. »Wenn wir es innerhalb einer Generation schaffen, auf anderthalb Prozent Zuwachs im Jahr zu kommen, dann wäre das schon erträglich.« Aber ein Bevölkerungswachstum von 1,5 % im Jahr bedeutet 300 Millionen Menschen auf Java im Jahr 2050. Da sieht man das Problem in seinen ganzen Ausmaßen.

In der westlichen Welt wiegt man sich gern in dem Glauben, es stehe ja alles zum besten, und so verweist man denn darauf, daß im Laufe der Industrialisierung die Geburtenraten zu fallen pflegen. Das trifft zwar zu, aber vergessen wird, daß dieser Prozeß in Europa über Generationen ging und daß es auch dabei nicht zu einem völligen Gleichgewicht von Geburten und Sterbefällen kam. Nach zwei Jahrhunderten der Industrialisierung hat Großbritannien immer noch eine anwachsende Bevölkerung. Gleiches gilt für Japan, das oft als ein Musterbeispiel gelungener Geburtenkontrolle angeführt wird.

Mit Begeisterung wird auf fallende Geburtenziffern hingewiesen, ohne daß man danach fragt, wie es mit den Sterberaten steht, die doch oft noch schneller fallen. Allzu leicht wird da einem angeblichen

Abwärtstrend in der britischen Bevölkerungsentwicklung vertraut, der aber leicht darauf zurückzuführen sein mag, daß die Ehepaare sich mit einem Kind noch etwas Zeit lassen oder größere Zeitabstände von Geburt zu Geburt legen, weil sie Verhütungstechniken bewußter handhaben – auf eine wirkliche Verkleinerung der Familien ist da nicht ohne weiteres zu schließen. Immerhin sind jene Frauen bereits geboren, die in den 1990er Jahren ihre Babys zur Welt bringen werden, und wir wissen, daß sie in allen Ländern zahlreicher sind als in den vorausgegangenen Zeitabschnitten. Hier haben wir das Phänomen des »demographischen Beharrungsvermögens«: Es dauert etwa zwanzig Jahre, bis ein Rückgang in den Geburtenraten sich auf die Bevölkerungsentwicklung auswirkt, selbst wenn die Sterberaten konstant sind. In England mit seiner Geburtenrate von etwa 14,7 werden für jeweils 100 Frauen in den Zwanzigern des Jahres 1971 zwei Jahrzehnte später 120 Frauen der gleichen Altersgruppe leben. Bis zum Jahr 2012 erwartet man einen Zuwachs um 10 Millionen Menschen.

Allein in China mit seiner disziplinierten Bevölkerung sind eklatante Erfolge erzielt worden. In Befolgung von Maos Maxime: »Der Anarchie in Fragen der Vermehrung des Menschen darf nicht das Feld überlassen werden. Es ist auch nötig, Geburten zu planen«, wird die Bevölkerungsplanung auf drei Grundstufen der sozialen Organisation betrieben: in der Produktionsgruppe, in der Produktionsbrigade (die aus sieben bis zwanzig Gruppen besteht) und in der Kommune (10 000 bis 60 000 Mitglieder). Im November setzen sich die Produktionsgruppen mit den Parteikadern zusammen und stellen einen Plan auf, wie viele Babys geboren werden sollen und wer für sie während der fünf Jahre sorgt. Jungverheiratete haben als erste Anspruch, nach ihnen Ehepaare mit weniger als drei Kindern, dann Frauen, deren letztes Kind bereits vier oder fünf Jahre alt ist. Ist für eine Frau der Beginn der Schwangerschaft für eine Zeit geplant, in der ihr Mann aus Arbeitsgründen nicht zu Hause ist, dann kann sie mit einer anderen Frau tauschen. Bei Neuvermählten erwartet man keine Maßnahmen zur Geburtenkontrolle, ehe nicht ihr erstes Kind zur Welt gekommen ist. Die Pille wird großzügig verteilt und Schwangerschaftsabbruch häufig praktiziert, wobei allein der Wunsch der Mutter ausschlaggebend ist.

Während von einigen Kommunen bekannt wurde, daß sie die

Geburtenrate auf 19 oder weniger senken konnten, weiß man doch nicht genau, inwieweit sich das System wirklich bewährt hat, da China keine allgemeinen Daten über die Zahl der Neugeborenen veröffentlicht und die Ergebnisse der Volkszählungen nicht verläßlich erscheinen. Selbst die chinesische Regierung kennt nicht genau die Bevölkerungszahl ihres Landes, die durch die chinesische Planungsabteilung auf weniger als 750 Millionen Menschen geschätzt wurde, durch das chinesische Handelsministerium aber auf 830 Millionen. Man veranschlagt die jährliche Wachstumsrate der Bevölkerung auf 2 %.

Aber trotz aller Bestrebungen weiß die Hälfte der Weltbevölkerung immer noch nichts über wissenschaftliche Empfängnisverhütung, und nur ein Drittel wendet sie an. Jede Sekunde sind auf der Erde zwei Münder mehr zu füttern. Jeden Tag gibt es 200 000 Geburten mehr denn Todesfälle, 6 Millionen mehr in jedem Monat. Das Hauptproblem unserer Tage ist nicht gelöst worden, und es wird uns in nächster Zukunft noch schwer zu schaffen machen. Die Vorhersagen für den Stand der Weltbevölkerung in zwanzig Jahren sind nach wie vor gültig, und das Wachstum wird wohl noch darüber hinaus weitergehen.

Besonders deutlich wird eine solche Perspektive in Bangladesh, dessen Bevölkerung 1973 bei 73 Millionen lag. Nach einer von der UN Relief Organization unterstützten Arbeit, die auf Vorhersagen des Harvard University Center for Population Studies beruht, hat es den Anschein, daß selbst bei einer drastischen Reduzierung der Fortpflanzungsrate von heute 6,5 auf 2,2 die Bevölkerung im Jahr 2003 bei 153 Millionen liegen wird. Wenn Bangladesh bis um die Jahre 2000–2005 die Reproduktionsrate erreicht und dann beibehält, wird die Bevölkerung noch bis zum Jahr 2070 wachsen – sie hätte dann 234,6 Millionen erreicht. Dies bedeutete eine Bevölkerungsdichte von 2750 Einwohnern auf die Quadratmeile (2,6 Quadratkilometer) bei Annahme rückgängiger Geburtenzahlen, aber von 4260 Einwohnern ohne Geburtenrückgang – nicht mehr vorstellbare Zahlen. Bis zum Jahr 2003 wird die Bevölkerung pro 4000 Quadratmeter bebaubaren Landes 6,8 Personen betragen (also ein Feldstreifen von etwa 35 Meter Länge und 16 Meter Breite für eine Person). Wie sollen die Menschen dann ihr Leben fristen? »Eine völlige Umwandlung der bisher gültigen Formen von Grundbesitz und dörflichem Wohnen wird von zentraler Wichtigkeit sein, damit moderne landwirtschaftliche Methoden zum Zuge kommen können«, sagt die UN Relief Organization. Selbst in Europa wäre bei einem Absinken der Zuwachsrate auf 0,9 noch mit einem weiteren Wachstum zu rechnen, und erst nach fünfzig Jahren wäre der gegenwärtige Stand unterschritten.

Angesichts solcher Zahlen ist es kaum verständlich, daß in manchen Ländern Familienplanung immer noch als unwichtig betrachtet wird, ja manchmal sogar als ein Trick der westlichen Welt zur Erhaltung ihres Einflusses. Unverständlich auch, daß die katholische Kirche sich immer noch gegen die Familienplanung stellt. Brasilien plant sogar, mehr Menschen ins Land zu holen, und Argentinien hat eine Kampagne für die Verdoppelung seiner Bevölkerung bis zum Ende des Jahrhunderts eingeleitet. Bevölkerungsprobleme werden in der UNO nicht diskutiert (und wurden auch bei der Stockholmer Umweltkonferenz außer acht gelassen); man fürchtet, bestimmten Ländern zu nahe zu treten. Soviel ich sehe, könnte nur *eine* Maßnahme die Situation über Nacht verändern: die Entdeckung einer einfachen Methode, die gewährleistet, daß der Anteil der männlichen Neugeborenen überwiegt. Menschen in urtümlichen Verhältnissen ziehen fast überall Söhne den Töchtern vor, da sie bessere Arbeitskräfte sind, und so würde diese Methode schnell übernommen werden. Es erübrigt sich zu betonen, daß bei einem erheblichen Abnehmen des weiblichen Anteils unter den Neugeborenen die Bevölkerung bereits in fünfzehn oder zwanzig Jahren zu sinken beginnt. Statt weiter Geld in die Erforschung neuer empfängnisverhütender Mittel zu stecken, würde man sich in einer vernünftigeren Welt lieber der Lösung dieses Problems zuwenden.

Stillgesessen!

Hat man eine bestimmte Menge Gas in einem Behälter, dann läßt sich der Druck auf dessen Wandungen durch zwei Maßnahmen erhöhen: Entweder pumpt man noch mehr Gas hinein, oder man erwärmt das Gas im Behälter. Bei Erwärmung schießen die Gasmoleküle kreuz und quer dahin, wobei sie mit höherer Geschwindigkeit gegeneinander wie gegen die Wände des Behälters stoßen. In ganz ähnlicher Weise ist die Wirkung einer mobilen Bevölkerung auf die Umwelt und auf die einzelnen Individuen intensiver als bei einer stabilen Bevölkerung. Da aber die Weltbevölkerung nicht nur beweglicher als je zuvor ist, sondern außerdem auch zunimmt, wird ihr Druck auf die Umwelt geradezu multipliziert. Am leichtesten dürfte die Mobilität zu reduzieren sein, und damit ist auch tatsächlich zu rechnen.

Moderne Transportmittel, vor allem das Auto, ermöglichen vielen Menschen den Besuch bestimmter Gebiete in solchen Massen, daß die Besucherströme kaum mehr in angemessene Bahnen zu lenken sind. Eine Stadt wie Florenz, die jeder Tourist sehen möchte, wird so zu einem Alptraum. Die Sixtinische Kapelle in Rom ist nur noch ein einziges Gedränge, eine Kakophonie von Stimmen in einem Dutzend verschiedener Sprachen, morgens bis abends. In der Westminster Abbey in London drängen sich dreitausend Menschen in einem Raum, der für siebenhundert berechnet ist. Der Reiz abgelegener Dörfer wird verdorben durch Gruppen jugendlicher Touristen mit ihren Gitarren (nur allzuoft interessieren sie sich gar nicht für das, was eigentlich das Ziel ihres Besuchs hätte sein sollen). In den Vereinigten Staaten muß man den Besuch eines der berühmteren Nationalparks schon Monate zuvor buchen, und die Wanderwege mußten dort bereits asphaltiert werden, um der Beanspruchung standzuhalten. Die Einführung von Schneemobilen, Dünenfahrzeugen und allen möglichen geländegängigen Motorwagen haben Gebiete zugänglich gemacht, die früher nicht leicht zu erreichen waren, und Glasfiberboote mit Außenbordmotoren haben dem wilden Ansturm auf Inseln und abgelegene Seen und Küsten Vorschub geleistet.

Das gegenwärtig am meisten bedrohte Gebiet ist der Pazifik, der den Japanern, diesem Volk begeisterter Touristen, vor der Haustür liegt. Britische Luftfahrtgesellschaften haben für die nächsten zehn Jahre eine Zunahme des Verkehrs in die Karibik um 100 %, nach Japan um 150 % und nach Australien um 200 % vorausberechnet. (Dies war allerdings vor der Ölkrise, die Korrekturen nach unten veranlaßte. Aber ich habe bereits darauf hingewiesen, daß Treibstoffe schon in wenigen Jahren wieder in Fülle verfügbar sein werden.) Mancherorts sind die Behörden inzwischen dazu übergegangen, den Bau von Hotels und Ferienwohnungen zu beschränken, damit der

Zustrom von Ortsfremden gestoppt wird.

Bis zum Jahr 1980 erwartet man (abgesehen von den Fidschiinseln mit 500 % Tourismus-Zuwachs und Französisch-Polynesien mit ähnlicher Zuwachsrate) sehr hohe Zunahmen des Fremdenverkehrs in Neuseeland, Australien, Mexiko, Südamerika und im Maghreb, wobei die Reihenfolge der Aufzählung den jeweiligen Anteilen entspricht. Für alle diese Länder erwartet man jährliche Zuwachsraten von über 10 %. Zwar nimmt der Tourismus dort enorm zu, aber die absolute Anzahl der Touristen selbst ist immer noch relativ klein, da auch weiterhin die Hälfte aller Touristen nach Kanada, den USA, Frankreich und Spanien strömen werden.

Bislang setzten die meisten Vorhersagen für die Entwicklung des Tourismus zu niedrig an. Im Jahr 1968 sagte das Österreichische Wirtschaftsinstitut voraus, daß 1980 die Einkünfte aus dem Fremdenverkehr 25 Milliarden Schilling erreichen würden. Diese Zahl ist jedoch bereits 1970 überschritten worden. Im Jahr 1962 rechnete das US-Luftfahrtbüro für das Rechnungsjahr 1967/1968 mit 85,9 Millionen Flugpassagieren (mir gefällt die Akkuratesse der Neun hinter dem Komma). In Wirklichkeit flogen aber 153 Millionen Menschen. Für Großbritannien hat im Zusammenhang mit der Notwendigkeit der Errichtung eines dritten Londoner Flughafens der Roskill-Report 26 Millionen England-Besucher für 1991 vorausgesagt und 40 Millionen für 2006 – verglichen mit 7 Millionen zum Zeitpunkt seiner Abfassung.

Die Regierungen begrüßen den Tourismus, weil er Geld ins Land bringt, aber es beginnt auch die Einsicht zu dämmern, daß er ebenfalls verschleierte Kosten auferlegt. Wenn zum Beispiel all jene 15 Millionen Menschen, die im Jahr 1980 London besuchen wollen, untergebracht werden müssen, so werden hierfür in ganz London 220 000 Betten mehr als im Jahr 1970 bereitzustellen sein. Das bedeutet gleichzeitig 100 000 Menschen mehr, die im Hotelfach beschäftigt sind, gar nicht zu reden von irgendwelchen Hilfsdiensten wie zum Beispiel Reinigungen. Eine solche Menge Touristen beansprucht Wasserversorgung, Verkehrsmittel, die gesundheitliche Betreuung, und dies mit starken saisonbedingten Schwankungen. Parkplätze müssen eingerichtet werden, und die Bürger der Stadt müssen für sie zahlen. Und wenn, wie vorausgesagt, 40 Millionen Touristen eine Insel von 70 Millionen Einwohnern besuchen, so wirkt sich dies wirtschaftlich aus. In England sieht die für Handel und Industrie zuständige Behörde einen Kredit von 1000 Pfund Sterling pro Übernachtungsraum vor, um damit einen Anreiz für den Bau von Hotels zu geben. Auf abgelegenen Inseln kann das Zahlenverhältnis von Einwohnern zu Touristen noch ungünstiger ausfallen. In seinem Buch »*Tourism: Blessing or Blight?*«, dem ich einige meiner Zahlen entnommen habe, zitiert George Young eine neuere Untersuchung, die als wünschenswertes Zahlenverhältnis einen Touristen auf 50 Ortsansässige vorschlägt, wobei sie für einige Gebiete ein Maximum von 3 Touristen auf 50 Einwohner in Kauf nimmt. Aber auf den karibischen Cayman Islands ist das Verhältnis bereits 1 zu 5. Auf der Insel Saint-Martin hat eine Bevölkerung von 7000 Menschen auf einer Fläche von 40 Quadratkilometern alljährlich die Rolle des Gastgebers für 130 000 Besucher zu spielen.

Es überrascht nicht, daß sich da Widerstand meldet. Auf den Bermudas sind für die nächsten fünf Jahre alle neuen Hotelprojekte auf Eis gelegt worden. Auf Jamaika werden die Hotelgrundstücke von bewaffneten Mannschaften überwacht. Auf Puerto Rico sind bereits Bombenanschläge auf Hotels in amerikanischer Hand verübt worden. Auf Santa Lucia müssen derart viele Lebensmittel für Touristen eingeführt werden, daß die Handelsbilanz aus dem Gleichgewicht kam, während die heimische Bananenerzeugung ruiniert wurde. In Griechenland hat es böses Blut gemacht, daß von der Regierung große Summen bereitgestellt wurden, um Privatvermietern die Herrichtung von Häusern zur Beherbergung von Touristen zu ermöglichen, während noch immer viele Griechen in ärmlichen Wohnverhältnissen leben müssen. In Mexiko erging ein Verbot gegen Landkäufe durch Ausländer innerhalb einer 80 Kilometer breiten Zone entlang der Meeresküste. Auch auf dem Gebiet des Fremdenverkehrs erweist sich die Umweltverschmutzung als Problem: Viele Seen sind wegen der Abwässer großer Hotels zu toten Gewässern geworden, und das ganze Mittelmeer ist in Gefahr, eine einzige Kloake zu werden.

Abgesehen von den wirtschaftlichen Auswirkungen sind die Einflüsse der Touristen bedenklich, die zur Zerstörung der landschaftsgebundenen Kultur beitragen. Allzuoft sind die Einheimischen in den Augen der Touristen nur Spieler in einer ihnen zu Ehren aufgezogenen Show: Wenn sie ihre Häuser betreten, ihre Sachen anbieten und den wild um sich fotografierenden Fremden als lebensvolle Motive dienen, wirkt es, als hätten sie kein eigenes Leben. Hier vor allem hat die sich jüngst entwickelnde Abneigung gegen den Tourismus ihre emotionale Basis.

Widerstand regt sich auch gegen anhaltende Fremdeinwanderung, oft mehr aus den gerade genannten Gründen als aus rassistischem Vorurteil. So haben in Kalifornien einige Gebiete regelrechte Zuzugsquoten aufgestellt, die sich mit den seit langem bestehenden Einwanderungsquoten verschiedener Staaten vergleichen lassen. Unter den Walisern und den Bewohnern von Cornwall regt sich ebenfalls Widerstand gegen englische Zuzügler und Besitzer von Ferienwohnungen. Die Schweizer, die bei einer Bevölkerung von 6,3 Millionen über 1 Million Ausländer in ihrer Mitte haben, schoben allem weiteren Zuzug aus dem Ausland einen Riegel vor.

Tatsächlich deutet alles darauf hin, daß wir künftig eine mehr statische Welt zu erwarten haben. Vielleicht wird es dann Ausreisegenehmigungen geben, die ebenso umständlich auf dem Behördenweg erwirkt werden müssen wie heute die Visa für manche Länder. Bezeichnend ist, daß die Länder der Europäischen Gemeinschaft, von denen es zunächst geheißen hatte, sie wollten für Reisen innerhalb des Gebiets der Gemeinschaft genausowenig Beschränkungen gelten lassen wie für den Verkehr der einzelnen Mitgliedstaaten untereinander, von ihrem Vorhaben wieder Abstand genommen haben. George Young hält es für möglich, daß statt der üblichen Plakate mit dem Werbeslogan »Come to Britain« bald andere an den Anschlagflächen zu sehen sein werden, deren Text lautet: »Please do not come to Britain this year«.

Landwirtschaft – so nicht

Das wilde Wachstum der Städte in der Dritten Welt ist das Ergebnis einer unsinnigen Landwirtschaftspolitik. Wir versuchen die Lebensmittelerzeugung dadurch zu heben, daß wir die Entwicklungsländer zur Übernahme der arbeitsintensiven landwirtschaftlichen Methoden des Westens bewegen. Aber jeder Traktor, den wir in ein asiatisches Entwicklungsland schicken, treibt fünf Leute vom Land in die Stadt; jede Tonne Kunstdünger bewirkt das gleiche. Für den Westen bringt es Profit und erscheint vernünftig, eine intensive Bewirtschaftung zu betreiben, da Arbeitskräfte beim bestehenden Lohnniveau hohe Kosten verursachen und die Industrie ja auch tatsächlich für in der Landwirtschaft frei werdende Arbeiter genug Plätze zur Verfügung stellen kann. In den Entwicklungsländern aber bestehen solche Verhältnisse nicht. Je mehr wir durch westliche Maßnahmen das Ernährungsproblem zu lösen versuchen, um so mehr werden daher arbeitswillige Menschen zur Abwanderung in die Städte gezwungen. Da aber nur wenige wirklich produktive Arbeit dort finden, bleiben sie Slumbewohner ohne Hoffnung.

Eine rationale Lösung wäre, zur extensiven Bewirtschaftung zurückzukehren, wobei durch Bebauung größerer Ackerflächen ein Ausgleich für die Ertragssteigerung mittels intensiver Bewirtschaftung gesucht werden müßte. So würden auch wieder mehr Arbeitsplätze geschaffen, und die Entwurzelten könnten aus den Städten zurückkehren. Ich übertreibe jetzt etwas in einer bestimmten Richtung, denn natürlich muß auch intensiver bewirtschaftet werden. Aber bislang hat man sich wohl allzu ausschließlich darauf verlassen, und die Anbaugebiete sind kaum erweitert worden.

Allerdings muß man sich klar darüber sein, daß in vielen Ländern der Ackerboden knapp ist. Und der Dschungel läßt sich nicht über Nacht in Ackerland verwandeln. Das wahre Problem sind aber die Grundbesitzverhältnisse. So entspricht in weiten Gebieten Südamerikas eine extensive Bewirtschaftung nicht den Interessen der Grundeigentümer, die große Areale als Weideland, Kaffeeplantagen oder auch als verwahrlostes Brachland in Besitz halten.

So sind in Wahrheit alle Bemühungen westlicher Landwirtschaftsexperten um die Behebung des Welternährungsproblems von Beginn an durch eine gewaltige Fehlannahme in eine Sackgasse gedrängt worden, deren Natur erst jetzt langsam klarer zu werden beginnt. Der Irrtum war, daß man die Leistungsfähigkeit einer Landwirtschaft am Hektarertrag hat messen wollen. Es war dies die traditionelle Methode, weil der kleine Bauer mit nur bescheidener Landfläche, die nur selten vergrößert werden konnte, einen höheren Lebensstandard nur durch Ertragssteigerung zu gewinnen vermochte. In jüngerer Zeit ist dann in den westlichen Ländern angesichts der Notwendigkeit, Bodenflächen für landwirtschaftsfremde Zwecke wie Straßenbau und Flugplatzanlagen zu nutzen, der Druck auf den Bauern zum Übergang auf intensive Anbaumethoden noch gestiegen.

Wenn wir aber das Ernährungsproblem als Ganzes betrachten, scheint es doch als bessere Lösung, die Anbauflächen zu vergrößern und dadurch die Erträge zu steigern, statt mit Kunstdünger, Pestiziden und teuren Maschinen auf der bestehenden Nutzfläche mehr zu ernten. Doch obwohl errechnet wurde, daß sich die Fläche bebaubaren Landes auf der ganzen Welt verdoppeln ließe, sind bloß armselige 0,7 % pro Jahr über ein Vierteljahrhundert bis 1985 vorgesehen. Alle Maßnahmen drangen nur darauf, durch Übernahme westlicher Methoden die Erträge zu steigern, wobei wohl die Interessen der entwickelten Länder im Spiel waren, denen der Verkauf von Geräten, Dünger und landwirtschaftlichem Zubehör an die unterentwickelten Länder gute Gewinne eintrug.

Es gibt aber auch zwei Betrachtungsweisen des Problems, die der Sache angemessener sind als das Schielen auf Hektarerträge. Die eine geht aus vom Gesichtspunkt des Energieverbrauchs, die andere vom Gesichtspunkt der verfügbaren menschlichen Arbeitskraft.

Rechnet man einmal aus, wie hoch der Energieaufwand bei der Nahrungsmittelerzeugung ist – nicht nur für landwirtschaftliche Maschinen, sondern auch für die Herstellung der Kunstdünger, Schädlingsbekämpfungsmittel und Unkrautvertilger, für Trocknungsprozesse, für die Erstellung von Schuppen und Zäunen und nicht zuletzt auch für die Verteilung der Produkte –, dann wird man finden, daß vielfach mehr in die Produktion hineingesteckt wird, als schließlich unter dem Strich dabei herauskommt. Dies gilt zwar im allgemeinen nicht für die Getreideerzeugung, wohl aber für Zuckerrüben, Farmeier und Farmhühner, vor allem aber für den Fisch. In einer für die UNESCO erarbeiteten Studie hat Gerald Leach nachgewiesen, daß in Großbritannien für die Kartoffel das Verhältnis von Energieinput zu Energieoutput 1,0 beträgt, für die Zuckerrübe aber 0,5 – hier wird also doppelt soviel an Energie hineingesteckt, als wieder dabei gewonnen wird. Für die Eier von der Hühnerfarm ist das Verhältnis 0,16, für Farmhühner 0,11 und für die Hochseefischerei gar 0,073, was bedeutet, daß nahezu fünfzehnmal soviel Energie (zumeist aus Öl) verbraucht wird, als wiedergewonnen wird. Tatsächlich braucht man 1 Gallone Erdöl (rund 4 Liter), um 1 Pfund tierisches Eiweiß zu gewinnen. Engländer verzehren aber alljährlich pro Kopf etwa 37 Pfund tierisches Eiweiß. Die britische Landwirtschaft verbraucht 6 % der gesamten Energie bei der Produktion, und weitere 8 % werden bei der Marktverteilung aufgewendet. Leach weist darauf hin, daß der Konsument, der im Auto zum Einkauf einer Flasche Milch fährt, mehr Energie verbraucht, als er durch den Verzehr erhält. Auch durch Verpackung wird viel Energie verschwendet, vor allem bei Aluminiumdosen, in die mehr Energie bei der Produktion eingebracht wird, als das darin enthaltene Nahrungsmittel enthält.

Diese Energieverschwendung nimmt sprunghaft zu. Ein Aufsatz in dem amerikanischen Wissenschaftsmagazin ›*Science*‹ legt dar, daß über den Zeitraum von 1950 bis 1970 die für den Maisanbau verwendete Menge Kunstdünger um das Siebeneinhalbfache zunahm; daß der Verbrauch von Insektiziden im gleichen Zeitraum um das Zehnfache anstieg, der Verbrauch von Unkrautvertilgern aber um das Zwanzigfache; daß sechsmal soviel Energie verbraucht wurde. In den USA benötigt man zum Maisanbau auf einer Fläche von 4000 Quadratmetern die Energiemenge von 1100 Litern Erdöl. Während wohlhabende Länder, vor allem bei dichter Besiedlung, derartige Verfahrensweisen lohnend finden mögen, sind diese doch für arme und mit Schwierigkeiten in der Handelsbilanz kämpfende Länder unsinnig.

Insgesamt gesehen muß klar sein, daß ein solches System ökologisch ungesund ist. Der immer ganz auf dem Boden der Tatsachen stehende Realist wird nun entgegnen: »Ungesund oder nicht – für die nächsten paar Generationen wird's jedenfalls funktionieren. Was soll's dann noch?«

Doch auch da kann niemand so sicher sein, wenn wir die Ernährungslage der Welt in Augenschein nehmen. Der Hunger ist wohl schon näher, als mancher denkt.

Kapitel 16
Hunger!

Die zunehmende Kluft zwischen Habenden und Habenichtsen dürfte letztlich den Untergang der Überflußgesellschaft herbeiführen.

Lloyd Berkner

Künstliche Nahrung

In zwanzig Jahren wird ein saftiges Steak wohl zu den Genüssen zählen, die man sich nur ein- oder zweimal im Jahr leistet, und Fleisch wird zu einem Luxus wie heute Fasan oder Wildbret. Es könnte so weit kommen, daß die Lokale Fleisch nur an einem oder an zwei Tagen der Woche anbieten, wie das zur Zeit des letzten Krieges üblich war. In einigen Ländern wird man für Fleisch wieder Lebensmittelkarten ausgeben. Da an den Todesursachen bei Amerikanern zu 50 % überfette Ernährung schuld ist, wird sich durch diese Verknappung die Lebenserwartung erhöhen.

»Die Welternährungskrise ist schon über uns gekommen«, erklärt der Präsident der amerikanischen Standard Milling Company, »wir stehen bereits kurz vor der Panik.« Die jüngsten, noch zögernden Anstiege in den Nahrungsmittelpreisen sind bereits erste Anzeichen der neuen Ära des Mangels. Und es geht schon nicht mehr um das Fleisch allein. Im Frühjahr 1974 hatten Kaffee, Kakao, Zucker und andere Waren Rekordpreise erreicht: 576 Pfund Sterling für die Tonne Kaffee, 595 Pfund für die Tonne Kakao, 209 Pfund für Zucker. In dreien der am dichtesten besiedelten Länder der Erde werden Lebensmittel bereits rationiert. Noch vor Ende des Jahrhunderts wird man mit gutem Grund ein Ansteigen der Lebensmittelpreise bis zum Vier- oder Fünffachen ihres heutigen Niveaus erwarten können. Und das ist noch ohne Einkalkulierung der inflationsbedingten Preisanstiege. Um die Verknappung auf dem Lebensmittelsektor auszugleichen, wird man darangehen, den Anbau nicht eßbarer Pflanzen wie Gummi, Sisal und Hanf zu beschränken, so daß eine Verknappung mancher Textilien erfolgen wird. Nur wenn keine Lücken in der Ölversorgung bestehen, werden synthetische Fasern als Ersatz herhalten können.

Forschungen hinsichtlich der »Schweinchen-Pille«, die es ermöglichen soll, daß jeder nach Herzenslust ißt, ohne dabei Nährstoffe aufzunehmen, dürften sich dann als ebenso uninteressant fürs Geschäft erweisen, wie sie heute schon unverantwortlich sind.

Diese unerfreulichen Verknappungen werden allerdings durch den enorm gesteigerten Verbrauch von Proteinersatz und Füllzusätzen wettgemacht werden, vor allem durch Proteine, die aus der Sojabohne und anderen Hülsenfrüchten gewonnen werden. Solche Ersatzspeisen für das Fleisch sind bereits häufiger im Gebrauch, als zumeist angenommen wird, und bilden gut ein Drittel der zahlreichen Fleischpasteten, Fleischbällchen, Wurstwaren und dergleichen. Da das Gesetz es noch nicht vermocht hat, die Art des zu verwendenden Proteins genau zu bestimmen, liegt die Grenze für die Anwendung solcher Eiweißstoffe gewöhnlich an der Aufmerksamkeit und der empfindlichen Zunge des Konsumenten. Bald werden in Amerika Hamburgers verkauft, die aus den Eiweißstoffen der Erdnuß hergestellt sind, wie die Lebensmitteluntersuchungsabteilung des Stanford Research Institute meldet, dazu dann »Hühnchen« aus Baumwollsamen, »Schinken« aus Sojabohnen.

Auf zweierlei Weise versuchen die Chemiker das aus solchen Pflanzen gewonnene geschmacklose Eiweißpulver in etwas Fleischähnliches zu verwandeln; bei der einen Methode wird eine Art Schaum erzeugt, der dann gefärbt und mit Geschmacksstoffen versehen wird, bei der anderen findet eine Aufbereitung zu fädiger Substanz statt, die sich tatsächlich in eine Masse umwandeln läßt, die dem faserigen Fleisch ähnelt. Das bei den Nylonwerken Courtaulds hergestellte »Kesp« ist ein Beispiel für die zweite Art von Ersatzfleisch. Trotz der Auffassung Dr. Herbert Stones, daß vor wenigen Jahren derartige Produkte zwar den Geschmack der Herkunftspflanze noch verraten hätten, heute aber »ihr Geschmack wie ihre Beschaffenheit sie tatsächlich vom Fleisch nicht mehr unterscheiden läßt«, bleibt das ›*British Nutrition Journal*‹ skeptisch. Die Beschaffenheit gerät allzu leicht ins Schleimige oder Zähe, und mit dem Bohnengeschmack ist man meist auch gleich jeglichen Geschmack losgeworden. Der Kantinenchef eines britischen Industriewerks, in dem diese Produkte eingeführt worden waren, äußerte sich dazu wie folgt: »Jetzt muß man alles mit Hilfe der Soßen rauskitzeln. Man kann's allerdings nicht verkochen, man kann's nur so lange kochen, bis der Geschmack von der Soße drin ist.« Die Zeit, die er auf die Zubereitung der Soßen verwenden müsse, setzte er hinzu, zehre jegliche Zeiteinsparung wieder auf, die man dadurch zu gewinnen glaubt, daß aus dem Kunstfleisch kein Fett und keine Sehnen herausgeschnitten werden müssen.

Diese Pflanzenproteine sind so behandelt worden, daß sie wie Steaks, Rippchen, Schinken, Hühnchen oder sogar wie Fisch (dann wohl Artifisch zu nennen) aussehen, aber die Kosten für eine solche Nahrungsmittelschminke sind hoch, und in der Hauptsache wird man diese Substanzen wohl nur für Klopse, Hackbraten, Haschee und deutsches Beefsteak verwenden können. Im vergangenen Jahr wurden von Engländern 1000 Tonnen solchen Kunstfleisches verzehrt. Aber für das Jahr 1980 rechnet eine Schätzung bereits mit einem gesamteuropäischen Verbrauch von 750 000 Tonnen jährlich. Bis zum Jahr 2000, so eine andere Schätzung, wird ein Viertel des Eiweißbedarfs der USA auf diesem Wege gedeckt werden.

Nach seinem Ursprung etwas ganz anderes ist Kunstfleisch auf der Basis von Pilzen (Mykoprotein). Es ist fädig und in der Beschaffenheit echtem Fleisch noch näher. Außerdem kann Mykoprotein wie Reis oder Mais gepufft werden. Es läßt sich aber auch Fleisch aus auf Methanol gezogenen Hefen oder von auf Methan gezüchteten Bakterien herstellen – und sogar von im Nährbottich zu ziehenden Pflanzen wie der Tropischen Wasserpest. Am meisten verspricht da die Hefe. Es werden in Europa Herstellungswerke gebaut, die jährlich 100 000 Tonnen Hefeeiweiß auf der Basis von Petroleumderivaten erzeugen sollen. Japan hatte sich für 1974 eine Erzeugung von 150 000 Tonnen vorgenommen. Rußland möchte 1 Million Tonnen im Jahr erreichen. Da aber Petroleum krebserregende Substanzen enthält und das Produkt zudem reich an Purinen ist, die Gicht hervorrufen, dürften einige Vorbehalte doch angebracht sein, wenngleich Tierversuche ermutigend verliefen. Hefeeiweiß kann sehr billig produziert werden – man rechnet mit Kosten zwischen 50 Pfennig und 1 Mark für das Kilo –, und so könnte das Hefefleisch mit dem Viehfutter konkurrieren. Da Masttiere ziemlich viel Fisch (in Form von Fischmehl) verbrauchen, der auch dem Verzehr durch den Menschen zugeführt werden könnte, werden künftig Kunstproteine verfüttert werden. Die Firma British Petroleum Co. Ltd. bringt bereits derartiges Futter unter dem Markennamen Toprina auf den Markt. Allgemein werden finanzschwache Konsumenten – Rentner und Schulkinder – als erste dieser neuen Segnungen der Wissenschaft teilhaftig werden. In den USA sind bereits die Gesetze dahingehend geändert worden, daß für Schulspeisungen das verwendete Fleisch bis zu 30 % durch künstliche Proteinpräparate ersetzt werden darf.

All diese Fleischersatzstoffe unterscheiden sich vom echten Fleisch durch das Fehlen von Fett. Das mag in den Augen auf Schlankheit bedachter Menschen als ein Vorteil erscheinen; in Wahrheit aber liegen die Dinge komplizierter. Die sogenannten strukturellen Fette können vom Körper nicht entbehrt werden; sie formen 60 % der Trockenmasse des Gehirns. (Daher haben wohl auch Pflanzenfresser soviel kleinere Gehirne als Fleischfresser.) Nur die gesättigten Fettsäuren sind entbehrlich, und diese sollen auch von Leuten mit Gewichtsproblemen weitgehend vermieden werden. Beim Fehlen der essentiellen Fettsäuren in der Nahrung kann es aber zu einem Mangelzustand kommen, der einem regelrechten Verhungern gleicht.

Leider gibt es noch keine Wundersorte der Sojabohne, die für die USA bereits der größte Devisenbringer geworden ist. Diese Pflanze verlangt nämlich viel Sonne, und sie kann gegenwärtig nur in einem schmalen Anbaugürtel innerhalb der Vereinigten Staaten gepflanzt werden. Brasilien hat allerdings seine Anbauflächen vergrößert, und man versucht die Züchtung genetischer Varianten, die sich auch in Australien und Europa anbauen lassen.

Selbstverständlich wird der Trend zu Ersatznahrungsmitteln nicht beim Fleisch allein haltmachen. In dem Maße, wie Weideland unter den Pflug kommt, damit die Getreideernten erhöht werden, dürfte die Milch knapper werden. Sei's drum: Amerika kennt schon seit langem sein Coffeemate, England hat jetzt sein Plamil. Coffeemate erhebt gar keinen Anspruch auf Ähnlichkeit mit irgendeinem Molkereiprodukt; es wird auf der Basis von Natriumkaseinat hergestellt. Plamil wird aus Sojabohnen und Sonnenblumenöl gewonnen. Eine Milch, bei der das natürliche Butterfett gegen pflanzliche Fette ausgetauscht worden ist, wird für Schlankheitsbewußte angeboten und zeigt uns, welche Möglichkeiten es für die Hexenmeister der Lebensmittelindustrie gibt. Umwandlungsprozesse für die Milch werden zweifellos zur gängigen Praxis werden: Weil Milch hauptsächlich aus Wasser besteht, werden gegenwärtig enorme Geldmengen dafür ausgegeben, um Tonnen von Wasser von einem Ort zum anderen zu bringen. Die Peter Paul Company in den USA ist dazu übergegangen, Süßigkeiten »mit einer geheimgehaltenen Masse zu überziehen, deren ›Aufbewahrdauer‹ die der Schokolade übertrifft«. Das Auftauchen dieser Masse erfolgte auffälligerweise zur gleichen Zeit, als der Preis für Kakaobohnen auf dem Weltmarkt stieg. Der Aufsichtsratsvorsitzende des Unternehmens, Lloyd W. Elston, gab über die braune Überzugsmasse an, daß sie »in der Hand, auf der Zunge und vor den Augen« von Schokolade nicht zu unterscheiden sei. »Der Unterschied liegt mehr in der Herstellungsmethode«, beteuerte er.

Wenn infolge von Energieknappheit und der durch Luftverschmutzung eingetrübten Atmosphäre die Gartenbaubetriebe unrentabel werden, dürfte wohl auch versucht werden, Gemüse und Früchte künstlich herzustellen – Salat und Stachelbeeren aus Stroh ließen sich denken. Schließlich wird auch der Geschmack ganz auf chemischer Manipulation beruhen, denn die Geschmacklosigkeit der Kunstprodukte fordert dazu heraus. Es gibt eine Geschmackskombination, Interchicken genannt, die aus natürlichen und künstlichen Substanzen zusammengesetzt ist und die man den Brathähnchen aus den Hühnerfarmen einspritzt, ehe sie geschlachtet werden; sie schmecken dann angeblich wie reife Freilandhühner. Tests im Supermarkt haben gezeigt, daß die Kunden gern etwas mehr zahlen, wenn sie Geschmacksvergleiche anstellen können; sie zahlen dann 3 Penny pro Pfund für die Geschmacksspritze, die den Hähnchenparfümierer nur 1 bis 2 Penny kostet. Es gibt aber auch andere Geschmacksvarianten, etwa mit Paprika- oder Curry-Aroma. Jetzt will man gleiches bei größeren Schlachttieren versuchen. Der Chefchemiker der Laboratorien der White-Tomkins-Werke, Alec Gordon, verkündete hierzu: »Wir arbeiten an der Darstellung des Geschmackskomplexes der gekochten Tomate, um sie Fleischwaren beizumengen ... Damit wir eine Geschmacksrichtung herausbekommen, müssen wir oft auf Substanzen zurückgreifen, die es im natürlichen Vorbild gar nicht gibt.« Entwickelt wurde auch künstlicher Räuchergeschmack für Räucherlachs und Schinken. Ebenso haben die Chemiker schon ihr Auge auf die Alkoholika gerichtet: Gin-Aroma ist entwickelt worden, beim Whisky wird's noch etwas dauern. Das Gin-Aroma ist vorläufig allerdings nur für den Export bestimmt, doch Asienreisende, so warnt der ›*Farmers Weekly Guide to Synthetic Food*‹, sollten sich lieber an den Whisky halten. (Der genannten Zeitschrift verdanke ich übrigens einen Großteil der hier angeführten Fakten.)

Die Gründe für die der westlichen Welt bevorstehende Nahrungsmittelverknappung sind im Grunde durch drei Faktoren bestimmt. Zunächst stehen wir vor der Tatsache, daß die Welt der Entwicklungsländer sich nicht länger damit zufriedengeben will, der billige Lieferant der Industrieländer für Agrarerzeugnisse zu sein. Schon beginnen sich dort die Produzenten zusammenzutun, um durch Produktionsdrosselung die Preise nach oben zu schrauben. So taten es jüngst die Kaffeeländer, wobei Brasilien seine Anbaugebiete für die Kaffeebohne derart eingeschränkt hat, daß es nun – kaum glaublich, aber wahr – selbst auf Kaffeeimporte angewiesen ist. Zuckerproduzierende Länder, insgesamt 75 Nationen, kamen 1973 für einen Monat in Genf zusammen, um ein neues Abkommen auszuhandeln, vermochten sich aber nicht zu einigen. Der französische Landwirtschaftsminister Chirac sagte damals: »Eine ernste Zuckerverknappung wird in den kommenden Jahren kaum zu vermeiden sein.« (Die Situation könnte sich allerdings ändern, wenn ein wirklich unbedenklicher Süßstoff gefunden würde.) Überdies dehnt sich der Handel der Dritten Welt jetzt aus. Sollten dann Tauschgeschäfte Zucker gegen Öl betrieben werden, so bekäme der freie Markt bald nicht mehr Zucker genug.

Der zweite Faktor ist das Ansteigen des Einkommensniveaus in der Dritten Welt, und bekanntlich beginnt die Hebung des Lebensstandards mit besserer Kost. Niemand lebt freiwillig von einer Schale Reis am Tag; etwas Fisch oder Fleisch als Bereicherung der Mahlzeit ist durchaus erwünscht. Die Menschen wollen Zucker in ihren Brei und Marmelade aufs Brot. Wie stark solche Wünsche sind, illustriert am eindrücklichsten das Beispiel Japan. Während der letzten zwanzig Jahre ist dort der Reisverbrauch stark zurückgegangen, während der Konsum von Weizen, Eiern, Milch, Fleisch, Bier und anderen »westlichen« Luxuslebensmitteln steil anstieg. (So aß der Durchschnittsjapaner 1934–1936 etwa 1,8 Kilogramm Fleisch im Jahr, 1963 aber 10,3 Kilogramm. In der gleichen Zeit war der Milchverbrauch um mehr als 800 % angestiegen.)

Den Hintergrund all dieser Entwicklungen bildet jedoch nach wie vor die weltweite Knappheit an Lebensmitteln, hauptsächlich an Weizen und Reis. Sollte sie gelöst werden, so wäre dies zum Nachteil der westlichen Welt, die eben abzugeben hätte. Doch ungeachtet dessen, ob sie gelöst wird oder nicht, spricht vieles dafür, daß sie so oder so »in einer Explosion der Gewalt« endet, »die Millionen von Menschen in Mitleidenschaft zöge«. Dies sagte der Generaldirektor der FAO, Addeke H. Boerma. Da der Versuch, das Problem durch arbeitsintensive Anbaumethoden westlicher Prägung zu lösen, eine Flut entwurzelter Existenzen in die ohnehin übervölkerten Städte spülen wird, die kein ausreichendes Arbeitsangebot bereithalten, muß es zwangsläufig zu Entladungen kommen. Eigentlich aber sollten landwirtschaftliche und industrielle Entwicklung Hand in Hand gehen.

Es wird uns in keinem Falle erspart bleiben, wenigstens zu versuchen, die Weltbevölkerung ausreichend zu ernähren. Wie steht es aber mit den dahin zielenden Bemühungen? Dürfen wir wirklich mit großen Nahrungsmittelüberschüssen für die Zeit nach 1975 rechnen, wie von Optimisten behauptet worden ist?*

Essen am grünen Tisch

Als ich 1969 mein Buch »*Das Selbstmordprogramm*« schrieb, war die Situation ernst. Heute ist sie verzweifelt. Laut ›*Economist*‹ vom April 1974 »war die Gefahr für die Lebensmittelversorgung der Welt noch nie so groß. Noch vor zwei Jahren waren unsere Silos bis oben voll mit Getreide. Heute kann man fast schon den Boden sehen.« W. David Hopper, der Präsident des International Development

* Laut Herman Kahn und B. Bruce-Briggs in »*Things to Come*« können wir jedoch »verläßlich voraussagen, daß sich eher ein Weltüberschuß an Nahrungsmitteln als eine Verknappung für die Mitte der 1970er Jahre ergeben wird«.

Research Center, gesteht, daß die Entwicklungen der letzten Monate in ihm die Vorahnung »eines drohenden Weltuntergangs« hätten aufkommen lassen.

Noch 1970 produzierten die Hauptweizenländer Kanada, USA, Australien und Argentinien Ernteüberschüsse, wenn auch in den armen Ländern das Gleichgewicht zwischen Bevölkerungszunahme und landwirtschaftlicher Produktionssteigerung nur noch mit Mühe gehalten werden konnte. Immerhin betrugen die Weltreserven 40 Millionen Tonnen. Wenn es in Asien Mißernten gab, vermochten sie die Lücken zu füllen. Heute sind diese Reserven faktisch aufgezehrt, weil es auf der ganzen Welt eine Reihe von Mißernten gegeben hat. Im April warnte Hopper die Regierungen: »Wie ich meine, kann die Welt sich nicht länger in der Hoffnung wiegen, daß die Nahrungsmittelreserven der vier großen Getreide-Exportländer für alle Zeiten in der Lage sein werden, die kurzfristigen Versorgungsschwierigkeiten auszugleichen, denen sich die am dichtesten bevölkerten Gebiete der Erde gegenübersehen.«

Das Ausbleiben des Monsuns in Indien während einer Reihe von Jahren, die russische Mißernte von 1972, die Überschwemmungen von 1974 in Kanada und die ins gleiche Jahr fallende Trockenheit in den USA haben dazu geführt, daß trotz der Rekordernten von 1973 die Vorräte zusammenschmolzen. Im Juni 1974 betrugen die Vorräte nur noch ein Drittel der Vorräte von vier Jahren zuvor – aber 300 Millionen Menschen mehr mußten davon satt werden. Der Anstieg der Ölpreise, der den Preis für Düngemittel verdoppelt und den Betrieb landwirtschaftlicher Maschinen verteuert hat, verschärft die Lage. Die indische Dauerdürre hat große Ausfälle an hydroelektrischer Energie verursacht, die zum Betrieb der Bewässerungspumpen unerläßlich ist. Einige Wasserkraftwerke mußten völlig stillgelegt werden. Noch zu Ende der 1960er Jahre schien die landwirtschaftliche Erzeugung in der Dritten Welt schneller zuzunehmen als die Bevölkerung. Das Magazin ›*Time*‹ schrieb 1970: »Die ›Grüne Revolution‹ hat klar gezeigt, daß die Schlacht um die Nahrungsmittelproduktion zu gewinnen ist.« Und beim Welternährungskongreß in Den Haag im gleichen Jahr stand das Problem des Überflusses zur Debatte. Doch in den Jahren 1971 und 1972 verdüsterte sich die Szene. Die Weizenvorräte fielen von 49 Millionen Tonnen Mitte 1972 auf weniger als 30 Millionen Tonnen Mitte 1973. Und im Juni

1974 erklärte Dr. Boerma vor den Mitgliedern des Rates der FAO, daß er die hoffnungsvolle Einschätzung der Lage vom vergangenen Februar nun nicht mehr aufrechterhalten könne. Die Weizenernte könne vermutlich nicht einmal »den niedrigst veranschlagten Weizenbedarf der Saison 1973/1974 decken«, zumal mit dem Fehlen von 2 Millionen Tonnen Reis gerechnet werden müsse. Bis zum großen Katastrophenfall sind nur noch zwei, drei Jahre Zeit.

Im April 1974 meldeten bereits die Schlagzeilen: »Welt vom Hunger bedroht«. Um Indien zu helfen, das so gut wie keine Getreidevorräte besaß, wandte sich die Weltbank an die Sowjetunion, die fast alle Weizenvorräte der USA aufgekauft hatte. Indien sah sich genötigt, bis zum Oktober 2 Millionen Tonnen Getreide zu kaufen und für mindestens weitere vier Jahre alljährlich 2 Millionen Tonnen. Man hofft die Getreideproduktion bis auf 108 Millionen Tonnen steigern zu können – die gleiche Menge wie 1971, nur daß dann 40 Millionen weitere Esser davon satt werden sollen. Ursprünglich aber hatte man 115 Millionen Tonnen zu erreichen gehofft. Indien bekam dies nicht allein zu spüren. In Äthiopien starben 1973 nach UN-Schätzungen zwischen 50 000 und 100 000 Menschen den Hungertod. In Dessye, der Hauptstadt der Provinz Wollo, ertranken im Juni bei Überschwemmungen Menschen in den Straßen, weil sie, durch Hunger geschwächt, ihre Köpfe nicht über Wasser zu halten vermochten. Die offiziellen Stellen rechneten für 1974 mit dem Tod von mindestens 200 000 Menschen. Nach Aussagen von an den Hilfsaktionen beteiligten Ausländern sind aber eine halbe Million Äthiopier verhungert.

Die »Grüne Revolution« – der Ausdruck wurde in den USA als ein zugkräftiger Werbeslogan für die Anpreisung der eigenen Getreide-Wundersorten ersonnen – hat sich bloß als ein weiterer Verkaufsgag von jenseits des Ozeans erwiesen. Die Optimisten hatten behauptet, daß nicht nur eine Weltbevölkerung von 3,75 Milliarden ernährt werden könne, sondern auch Weltbevölkerungen von 15 oder gar 30 Milliarden – und in einem Augenblick der Euphorie hatte sich jemand sogar zu der Zahl 157 Milliarden verstiegen. Wer auf mögliche Gegengründe aufmerksam machte, wurde als Untergangsprophet abgestempelt, der sich antisozialem Pessimismus überlasse.

Man kann darauf verzichten, im einzelnen die Irrtümer in den akademischen Berechnungen der Optimisten nachzuweisen. Die

Fakten genügen schon. Die FAO stellt Indizes zusammen, welche über die Nahrungsmittelerzeugung pro Kopf der Bevölkerung Aufschluß geben und aus denen sich klar ersehen läßt, ob die Nahrungsmittelproduktion mit dem Bevölkerungswachstum Schritt hält oder nicht. Hier seien die Jahre 1961 und 1971 miteinander verglichen. In diesem Zeitraum steigerten die reichen Völker (Europa, Sowjetunion, Nordamerika, Australien, Neuseeland) die Nahrungsmittelproduktion pro Kopf von 97 auf 115, während die armen Völker (Lateinamerika, Afrika, Naher und Ferner Osten) bloß von 100 auf 101 kamen – so gut wie kein Fortschritt also in zehn Jahren der Anstrengungen. Betrachtet man die Habenichts-Länder im einzelnen, so erhält man mitunter noch alarmierendere Zahlen, da einige von ihnen sogar zurückgefallen sind. Während Sri Lanka seine Pro-Kopf-Lebensmittelproduktion absolut um 44 % steigerte, Costa Rica sogar um erstaunliche 102 % (unter Berücksichtigung des Bevölkerungswachstums um 14 beziehungsweise 40 %), fiel Kuba um 14 % zurück, Afghanistan um 16 %, Syrien um 14 %, Irak um 18 %, selbst Argentinien um 7 %. Erstaunlicherweise produzierte sogar Dänemark 5 % weniger. Im Jahr 1972 sahen die Zahlen dann noch ungünstiger aus.

Das Lieblingskind der Optimisten war Mexiko, wo dank massiver ausländischer Hilfe und Beratung die Nahrungserzeugung pro Kopf von 89 auf 142 kletterte. Doch 1974 sah sich selbst Mexiko zu Getreideimporten gezwungen.

Der Richtlinienplan der FAO geht von einem jährlichen Zuwachs von knapp 4 % aus. Von dieser Zahl wichen jedoch verschiedene Länder ab. Tatsächlich produzierten von 92 Ländern 6 am Ende des Zeitraums 1961–1971 absolut weniger. Weitere 36 Länder hatten in ihrer Nahrungsmittelproduktion mit dem Bevölkerungszuwachs nicht Schritt zu halten vermocht. Dies bedeutet also, daß in über der Hälfte der fraglichen Länder die Nahrungsmittelerzeugung mit der Bevölkerungsentwicklung nicht mitgekommen war. Bloß 21 Länder erreichten die vom Richtlinienplan vorgesehenen Zuwachsraten. »Diese Ergebnisse geben zu großer Beunruhigung Anlaß«, kommentiert der letzte Bericht der FAO. »Es hat sich gezeigt, daß nicht nur eine kleine Anzahl von Ländern auf dem Gebiet der Landwirtschaft eine besonders langsame Entwicklung aufweisen, sondern wohl die Mehrzahl der Länder sich in dieser Lage befinden.«

»Die gesamte Getreideproduktion in jedem Gebiet nahm langsamer zu, als die Richtlinien der FAO vorsahen ... in Lateinamerika kam es zu einem erheblichen Rückstand.« Auch mit dem Fleisch stand es nicht viel besser. »Die Produktion von Rind- und Kalbfleisch nahm langsamer zu, als es die Zielvorstellungen für jede Region gefordert hätten, ausgenommen im Fernen und im Nahen Osten sowie in Nordwestafrika ... der Nahe Osten und Nordwestafrika waren die einzigen Regionen, die über die ursprünglich für den Viehbestand bis 1975 vorgesehenen Quoten hinauskamen.«

Wie war es möglich, daß sich die Optimisten so täuschen konnten? Ohne hier langwierigen Einzelfragen nachzugehen, will ich doch einige Punkte aufzählen, die von ihnen übersehen worden sind:

1. die Klimaveränderungen,
2. die Düngemittelverknappung,
3. die Tatsache, daß die Hälfte aller Ernten durch Schädlinge, Pilzbefall, Verderbnis bei der Speicherung usw. verlorengeht,
4. Korruption bei Verwaltungsbeamten und Regierungsmitgliedern,
5. Auswirkungen von Kriegen und inneren Unruhen,
6. Wassermangel,
7. Mangel an Einrichtungen für Bodenuntersuchungen und an geschultem Fachpersonal,
8. fehlende Straßen, Scheunen, Silos, Traktoren; keine Infrastrukturen zur Vermarktung der Agrarprodukte,
9. starres Festhalten an bestimmten Ernährungsformen,
10. fehlende Kaufkraft bei den prospektiven Konsumenten,
11. zunehmende Verfütterung von Getreideprodukten an Schlachtvieh bei den reichen Nationen.

Vor allem der erste und der letzte Punkt schlagen zu Buche. Doch argumentierten die Optimisten vielfach nicht objektiv. Sie verwiesen beispielsweise auf kleine Gebiete, die außergewöhnlich günstige Ergebnisse vorweisen konnten, oder verglichen Jahre mit außergewöhnlich geringen Ernteerträgen mit solchen, die ungewöhnlich reiche Ernten eingebracht hatten. Man kann diese Beschöniger von einer moralischen Verantwortung nicht freisprechen.

Als ich *»Das Selbstmordprogramm«* schrieb, war der Anspruch zu hören, daß jedes Industrieland bis 1975 über einen Nahrungsmittelüberschuß verfügen werde. Bei einer Konferenz des Jahres 1968 hatte Lester Brown erklärt, daß für die freie Welt bis 1975 eine ausreichende Versorgung mit Lebensmitteln sichergestellt sei – die Staaten der südamerikanischen Westküste ausgenommen. Heute sagt er, wir könnten Zeugen einer »fundamentalen Umwandlung der ganzen Nahrungsmittelsituation« werden, und fügt hinzu: »Die Dringlichkeit des Ernährungsproblems wird unterstrichen durch die sich häufenden Berichte über Hungersnöte in den südlichen Randgebieten der Sahara und über Lebensmittelunruhen in Asien.«

Es ist eine Tatsache, daß die seit langem vorhergesagte weltweite Hungersnot da ist. Einzig in China, wo Vorratshaltung auf nationaler, provinzieller, kommunaler und kollektiver Ebene mit dem Erfolg einer Ansammlung von 40 Millionen Tonnen Getreide getrieben wurde, erlaubt die Situation einige Zuversicht. Aber in jenen Ländern, wo der Hunger anfängt zu herrschen, werden Gewalt und politische Unruhen die unausbleibliche Folge sein. Über Unruhen in Indien, bei denen die Polizei einige der verantwortlichen Personen kurzerhand erschießt, wird immer häufiger berichtet. Der Ärger über Teuerung und Arbeitsplatzmangel schüttet weiter Öl in die Glut. Der Preis für Brotgetreide ist innerhalb von zwei Jahren um 50 bis 90% gestiegen, nicht aber die Einkünfte. Auf den Philippinen, wo die Menschen bereits gezwungen sind, ihren gewohnten Reis mit Mais und Nudeln zu strecken, wurden Lebensmittel rationiert, und Militär wacht darüber, daß die Lieferungen auch in die Haushalte gelangen und nicht auf dem schwarzen Markt versickern. Noch ist die Entwicklung nicht in ihr schlimmstes Stadium getreten.

Die Verwendung von Kunstdünger auf den Reisfeldern der Philippinen belastet die angrenzenden Teiche und Seen und führt dort zum Aussterben der Fische. Auf Java verschlammen die Kanäle, welche die Reisterrassen bewässern. Überweidung und Abholzungen haben in Pakistan zu einer Verlandung von Stauseen geführt. Je mehr die Nachfrage eine Erweiterung des Anbaues erzwingt, desto häufiger wird allzu steiles oder allzu trockenes Gelände unter den Pflug genommen, das im Grunde gar nicht zu bebauen ist. Die Folge ist eine Erosion des Bodens. Wie vor zwei Jahrtausenden im Nahen Osten durch landwirtschaftliche Überbeanspruchung sich Wüsten bildeten, so jetzt in anderen Weltgegenden: Etwa ein Drittel des Ackerlandes der Vereinigten Staaten dürfte bereits Erosionsschäden aufweisen. Arthur Bourne äußerte bei einer Konferenz über Fragen des Verhältnisses von Bevölkerung zu Nahrungsproduktion 1973 die Ansicht, die Landwirtschaft der Welt sei »am Zusammenbrechen«.

Was können wir in dieser Lage tun? Die Getreidevorräte der Welt wären ja eigentlich ausreichend, sofern man sie nur gleichmäßiger verteilte. Aber in den USA verbraucht man pro Kopf 2000 Pfund Getreide, in Indien 390. Bei gleicher Verteilung entfielen pro Kopf 695 Pfund. Schuld an diesem Mißverhältnis ist, daß im Westen das meiste Getreide als Viehfutter verwendet wird, weil Fleisch auf den Tisch kommen soll. Der Fleischverbrauch hat erheblich zugenommen: von 55 auf 73 Kilogramm pro Kopf in Europa, von 81 auf 92 in den USA, von 36 auf 44 in der Sowjetunion, von 7 auf 19 in Japan. Von den 1000 Pfund Getreide pro Kopf, die in den Industrieländern verzehrt werden, entfallen 880 Pfund auf die Viehmast. Rußlands große Weizenaufkäufe, durch die im Westen die Speicher geleert wurden, dienten auch der Steigerung der Fleischproduktion – wenn nicht der Schwächung der amerikanischen Position als Helfer von Entwicklungsländern.

Die USA sehen nun mögliche Märkte hinter dem Eisernen Vorhang und wollen daher dort ihre Position auf Kosten der Dritten Welt stärken. Französische Bauern warfen Fleisch ins Meer, damit die Preise für Futtergetreide weiterhin oben blieben. »Diese heilige Kuh einer gemeinsamen Agrarpolitik der EG-Länder ist ein Beispiel für fortgeschrittene Irrationalität«, sagte Dr. Boerma. »Manchmal habe ich das Gefühl, daß die in Brüssel so sehr in ihre eigenen Probleme versponnen sind, daß sie für die Weltprobleme gar keinen Blick mehr haben.«

Die Stromebenen von Indus, Ganges und Brahmaputra bilden die von der Natur am meisten begünstigte Region für eine Hochleistungslandwirtschaft in der nichtkommunistischen Welt. Es wäre möglich, hier 1 Milliarde Tonnen Getreide jährlich zu erzeugen – das Zehnfache der heutigen Erträgnisse. Alle angrenzenden Staaten – Nepal, Pakistan, Bhutan, Sikkim, Bangladesh – könnten sich mit Indien zu gemeinsamer Arbeit bei der vollen Nutzung dieses Gebiets zusammenschließen. »Es wäre die großartigste Aufgabe, die je durch ein Zusammenwirken mehrerer Völker dieser Welt gemeistert worden ist«, sagt Hopper, »und es bedürfte dazu gar nicht einmal allzu vieler Unterstützung durch die übrige Welt.«

Der Haken mit dem Fisch

Natürlich gibt es noch eine weitere wichtige Quelle für Eiweiß: den Fisch. Die Optimisten sprechen von einer Erhöhung der Weltfangmenge von den heutigen 60 Millionen Tonnen auf 100 Millionen Tonnen. In der Praxis aber erweist es sich als schwierig, die Fangerträge weiter zu steigern, weil die Gewässer schon ziemlich leergefischt sind. Seit 1968 schwanken die Fangergebnisse auf nicht voraussehbare Weise, und viele Meeresbiologen glauben, daß wir das Maximum des eben noch Möglichen bereits erreicht haben. Immerhin hat sich in drei Jahrzehnten das Weltfangergebnis verdoppelt. »Thunfisch ist nahezu überall stark überfischt worden, ebenso Kabeljau und Goldbarsch im Nordatlantik. Im westlichen Pazifik hat man fast die ganzen Grundfische ausgefischt, im Beringmeer die Schollen, im Nordatlantik den Seehecht, um nur einige zu nennen«, schreibt Carle O. Hodge vom Environment Research Laboratory der Universität von Arizona. Die Sardinenindustrie Kaliforniens mußte aufgegeben werden, wie wir weiter erfahren – und wir können hinzusetzen: wie die des Mittelmeers auch. Der Lachs der pazifischen Nordwestküste und der Kabeljau der Barentssee nehmen rapide ab. »In weiteren zwei Jahrzehnten werden keine größeren Fischbestände mehr existieren, an denen nicht Raubbau getrieben wurde ...« Wenn aber eine Art dezimiert wird, so werden davon ganze Nahrungsketten betroffen. Große Fische leben von kleineren und diese wieder von ganz kleinen – wenn also die ganz kleinen ausgerottet werden, dann ist es auch um die größeren Fischarten geschehen.

Es wird auch immer vergessen, daß weniger als 1 % des auf der Welt gefangenen Fischs aus dem offenen Ozean stammt, der eine Wasserwüste darstellt. In nennenswerter Anzahl kommen Fische nur über den Festlandschelfen vor, also in küstennahen Flachwassergebieten, und so leben auch sie im gefährlichen Auswirkungsbereich der Abwassergesellschaft. Wasser, das ein Badegast noch verträgt, kann für manche Meereslebewesen bereits tödlich sein. Eine vom National Research Council der USA eingesetzte Studiengruppe zur Untersuchung dieser Fragen hat das bestätigt: »Der Menhaden [ein Heringsfisch], auf dem traditionell der Schwerpunkt der amerikanischen Fischerei gelegen hat, wird in seinen frühen Lebensstadien durch Wasserverschmutzung und später durch intensive Ausfischung seiner Vorkommensgebiete bedroht. Auch diese Art bedarf dringend einer umsichtigen Nutzung. Andere Arten, die bereits bedrohlich abgenommen haben, sind die Gelbschwanzflunder, der Hering, der amerikanische Hummer sowie der Schellfisch im Nordwestatlantik.« Die berühmten Fischgründe der Neufundlandbank geben immer geringere Fänge her.

Eine umfassende Regelung des Fischereiwesens und der Fangquoten ist nach Ansicht der Studiengruppe unerläßlich, und sofern derartige Regulative nicht zustande kämen, müßte dies »zu einem Absinken der Fischereierträge auf lange Sicht führen«. Die Studiengruppe betont auch die Rolle der Verschmutzung und weist darauf hin, daß Insektenvertilgungsmittel, Industrieeinleitungen, Abwässer, ins Meer geschwemmte Düngemittel usw. nicht nur Fische töten oder in ihrer Fortpflanzungsfähigkeit beeinträchtigen können, sondern sie auch so zu schwächen vermögen, daß sie leicht Krankheiten oder Raubfischen zum Opfen fallen.

Im kleinen könnten bereits Maßnahmen getroffen werden: die Einrichtung von Laboratorien zur Diagnose von Fischkrankheiten mit gleichzeitiger Errichtung eines Registrierzentrums, die Herausgabe eines brauchbaren fachlichen Handbuchs – alles einfache Sachen, die aber noch nicht angepackt wurden.

»Die Menschen haben seit je im Meer ein unerschöpfliches Füllhorn gesehen«, sagt hierzu Hodge, »ein ehrwürdiger, aber irriger Glaube.« All die Phantasiespielzeuge der Techniker – Sonar, elektrische Felder zum Zusammenhalten von Fischschwärmen, Quecksilberdampflampen usw. – werden die Lage nur verschlimmern statt verbessern. Ein weiterer Vorschlag der Techniker geht dahin, die Fischfangmethoden zu ändern: Feste Fangplattformen sollen errichtet werden, an die Fische mit den genannten Mitteln angelockt werden – am besten in solchen Mengen, daß man sie gleich auf das Trockene pumpen kann (das erübrigt Netze). Im Golf von Mexiko sind Experimente angestellt worden, die den Anschein geben, als könnten so Erträge bis zum Sechsfachen der mit herkömmlichen Methoden erzielten Fänge eingeheimst werden. Berücksichtigt wird allerdings nicht, daß dann an vielen anderen Orten die Fischer wirtschaftlich ruiniert werden, weil man mögliche Fänge von ihnen fortlockt. Fische können ja wie Schafe mittels einer Lichtquelle aus ihren Fischgründen fortgeführt werden – und das wäre dann so etwas wie Viehdiebstahl auf See.

Eine konstruktive Möglichkeit böte die Fischzucht. In Teichen, Seen, Strömen und Ästuarien lassen sich viele Fischarten züchten. Überhaupt vermag das gleiche Areal, das nur wenige Hundert Pfund Rindfleisch erzeugt, eine Tonne Fisch oder hundert Tonnen Muscheln zu erzeugen. Die Japaner sind da schon weit. Die Chinesen – Fischzüchter seit dem 5. Jahrhundert v. Chr. – haben ihr ganzes Land mit derartigen Zuchtteichen übersät und produzieren dadurch 1–1,5 Millionen Tonnen. Im US-Staat Washington verhilft eine Aquafarm den verarmten Lummi-Indianern zu bescheidenem Wohlstand. In Bayern verwendet die Bayernwerk AG gereinigte Abwässer zur Anreicherung des Nahrungsangebots in Karpfenteichen. Großbritannien hat kürzlich Pläne für den ersten Großversuch einer Fischfarm angekündigt, wobei warmes Wasser aus den Kühlsystemen des Kernkraftwerks von Hunterston das Wachstum der geschätzten Speisefische Seezunge und Steinbutt begünstigen soll. Die Kosten liegen bei 500 Pfund pro Tonne. In den Industrieländern schlagen die Arbeitskosten hoch zu Buche, aber in der Dritten Welt besteht ja kein Mangel an Arbeitskräften – allenfalls mangelt es an der Ausbildung. Auch muß von Beginn an die richtige Fischart gewählt werden, weil gar nicht alle Fischarten in den engen Verhältnissen eines Fischzuchtbeckens zu leben vermögen. Allerdings ist auch hier die Umweltverschmutzung die größte Gefahr; sie kann Salzgehalt, Sauerstoffspiegel, Temperatur und Reinheitsgrad beeinflussen. Vor allem Muscheln reagieren da sehr empfindlich.

Zwar sollte man die Voraussagen der Technomanen über eine künftige Eiweißgewinnung aus dem Meer für eine Weltbevölkerung von 30 Milliarden Menschen ruhig beiseite lassen. Aber vernünftigerweise kann man immerhin annehmen, daß sich die Fischbestände für die menschliche Versorgung während der nächsten drei Jahrzehnte verdoppeln und vielleicht gar verdreifachen lassen. Dazu wären freilich entschlossenere Anstrengungen als gegenwärtig nötig.

Hilfsprogramme

Die Entwicklungsländer brauchen Hilfe. Der dringendste Schritt in diese Richtung wäre die Schaffung einer Weltgetreidereserve oder doch zumindest die Koordinierung der einzelstaatlichen Vorräte, um Ernteausfällen wirksam zu begegnen. Dies könnte jedoch nur eine Sofortmaßnahme zur Abwendung ärgster Not sein. Die Dritte Welt braucht aber Geld zur Anschaffung der Maschinen und Werkzeuge sowie der ganzen spezialisierten Ausrüstung, um imstande zu sein, Arbeitsplätze für städtische Bevölkerungsgruppen zu schaffen und die notwendigsten Zivilisationsgüter wie Wasserleitungen, Elektrokabel, Wasserhähne, Schalter und Haushaltsgeräte herzustellen. Nur so läßt sich der Lebensstandard über die Armutsgrenze anheben.

Wir machen uns kaum eine Vorstellung davon, in welch bitterer Armut die Menschen der Dritten Welt leben. Es ist »eine so extreme Armut, daß sie das Leben der Menschen unter die bescheidensten Maßstäbe würdigen Menschentums drückt«, wie Weltbankpräsident Robert McNamara formuliert hat. So ungeheuerlich ist diese Armut, daß 20–25 % der Menschen noch vor Erreichen des fünften Lebensjahrs sterben. Diese absolut Armen bilden keineswegs eine kleine Minderheit; es sind vielmehr 800 Millionen. Ihr Durchschnittseinkommen liegt bei 75 Pfennig täglich.

Ein neuartiger und konstruktiver Weg zur Lösung des Problems wäre folgender. Für je fünfzehn Menschen in den Entwicklungsländern wird alljährlich ein Kind geboren. Aus den jährlichen Ersparnissen dieser fünfzehn muß also das ganze Geld kommen, das zur Beköstigung, zur Bekleidung, zur Gewährleistung von Wohnung und zur Ausbildung aufzuwenden ist. Aber im folgenden Jahr werden ihre Ersparnisse bereits von einem weiteren Esser in Anspruch genommen. Harold Dunkerly, ein britischer Berater der Weltbank, hat ausgerechnet, daß die durchschnittlichen jährlichen Ersparnisse dieser fünfzehn Menschen nicht über eine Summe von 360 Pfund Sterling hinausgehen könnten – es reicht also nicht für einen Platz in der Schule, nicht für eine Wohnung nach modernen Maßstäben (800 Pfund) oder für die zu einem höheren technischen Beruf nötigen Werkzeuge (600 bis 2400 Pfund). Deshalb halten wir uns hier an die elementaren Lebensbedürfnisse, also an Wasserversorgung und Kanalisation (40 Pfund) und die Ausrüstung für einen Arbeitsplatz herkömmlich handwerklicher Art (160 Pfund). Alles, was darüber liegt, kann somit nur als Geschenk oder Leihgabe von den reichen Völkern kommen.

Die Weltbank-Experten haben die reichen Nationen gedrängt, 1 % ihres Bruttosozialprodukts den armen Völkern zur Verfügung zu stellen. Aber da hatten sie schon zuviel gefordert. Gegenwärtig erhalten sie durchschnittlich etwa 0,6 %, und die großartige Zahl von 7 % ist immerhin als ein anzustrebendes Ziel ins Auge gefaßt worden. Man möchte wohl annehmen, daß die reichsten Völker mehr als die weniger reichen geben – doch das ist gegenwärtig keineswegs der Fall. Die Amerikaner schmeicheln sich zwar gern, anderen Ländern generös zu helfen, in Wahrheit aber gehören sie zu den geizigsten unter den entwickelten Industrieländern und liegen auf Platz 15 unter 16 Staaten – übertroffen von kleinen Ländern wie Norwegen oder Dänemark, Österreich und Portugal. Hier die Liste:

Von Industrienationen an Entwicklungsländer im Jahr 1975 geleistete Wirtschaftshilfe in % des Bruttosozialprodukts der Geberländer

Norwegen	0,75
Niederlande	0,72
Schweden	0,71
Belgien	0,70
Frankreich	0,65
Dänemark	0,61
Australien	0,60
Kanada	0,52
Portugal	0,45
Großbritannien	0,40
Japan	0,40
Bundesrepublik Deutschland	0,36
Schweiz	0,32
Österreich	0,25
Vereinigte Staaten	0,22
Italien	0,16

Ich stelle den Antrag, daß die anzustrebende Prozentzahl mit sofortiger Wirkung auf 5 % festgesetzt wird.

Es ist zudem so, daß viele der Zuwendungen, die von der Weltbank als »Finanzhilfe« ausgewiesen werden, noch mit besonderen Auflagen verbunden sind und sich in keiner Weise als Gabe der Hilfsbereitschaft verstehen lassen. Ganz gewöhnliche Staatskredite, die bei Vergabe an eine Industrienation niemals als »Finanzhilfe« deklariert würden, bilden fast die Hälfte der oben aufgeführten Anteile. Unter Berücksichtigung solcher Gegebenheiten und ähnlicher Doppelzüngigkeiten ist errechnet worden, daß von den 13 Milliarden Dollar angeblicher Hilfe nur 2,5 Milliarden wirklich Hilfe genannt werden können; das macht etwa 5 Pfennig für je 25 Mark Einkommen bei den Bürgern wohlhabender Länder.

Und vieles davon wird für Waffen und für Prestigesymbole wie Düsenmaschinen, für Luxusgüter der Oberschicht oder im Staatsinteresse des Empfängerlandes ausgegeben (etwa wenn eine Eisenbahn angelegt wird, um Erz aus dem Binnenland zur Küste zu bringen, und man dabei einen Hafen ausbaut). Die Prinzipien, nach denen die Hilfe verteilt wird, sind widersinnig. So erhält ein relativ wohlhabendes Land wie Venezuela mit einem Bruttosozialprodukt etwa italienischer Größenordnung 6 Dollar pro Kopf der Bevölkerung, während Indien und Pakistan nur 2 Dollar erhalten; Liberia empfängt 21,50, Ägypten 0,50 Dollar. Viel bleibt auch in den Fingern der aufgeblähten Bürokratie hängen, die bereits bitter als »Kleptokratie« bezeichnet wird.

Da auch die Geberländer gern Einfluß auf die Ausgabe des von ihnen geliehenen oder geschenkten Geldes nehmen, wird die Entwicklungshilfe oft nur zu einer Art der Exportsubventionierung. Ein amerikanischer Beamter gab zu, daß nicht weniger als 93 % der Finanzhilfe der USA auch in den USA wieder ausgegeben werden. Die armen Länder werden so geradezu abgeschirmte Märkte für die reichen Nationen – die moderne Form des Kolonialismus. Es fällt auf, daß jene Länder, die wohl am meisten von reicheren Ländern Hilfe empfingen – Liberia, die Philippinen und Kolumbien –, alle mit Zahlungsschwierigkeiten zu kämpfen haben und unter einer hohen Arbeitslosenquote und sozialer Unruhe leiden. Da zudem der größte Teil solcher Hilfe aus Krediten besteht, die verzinst werden müssen, wird schließlich erreicht, daß die armen Länder alljährlich *mehr* in Zinsen zurückzahlen müssen, als sie an Hilfe überhaupt erhalten. Im Jahr 1977 sollen laut Professor Tibor Mende für je 100 erhaltene

Dollar zurückgezahlt werden: von Afrika 121, von Lateinamerika 130, von Ostasien 134 Dollar.

Es liegt also auf der Hand, daß wir – falls wir wirklich helfen wollen (und wir müssen helfen) – die wirklichen Bedürfnisse der armen Länder erkennen sollten. Es wäre an uns, Pläne aufzustellen, um diesen Bedürfnissen gerecht zu werden; bloß mit der Geldgießkanne einmal kurz darübersprühen oder westlichen Krimskrams anbieten genügt nicht. Um nur ein Beispiel anzuführen: In Südamerika finden wir nur bei 3 % der im Berufsleben stehenden Akademiker Diplome in den agronomischen Disziplinen, wiewohl über 40 % der Bevölkerung in der Landwirtschaft tätig sind. In Indien, wo über zwei Drittel der Bevölkerung in der Landwirtschaft arbeiten, liegen die Verhältniszahlen noch ungünstiger – nur 1,2 % sind akademisch ausgebildete Landwirte. Auch die Zahlen für das Ingenieurwesen und die Medizin sind minimal. (Die hier genannten Zahlen stammen aus dem National Sample Survey von 1960/1961, sind heute also veraltet – aber die Probleme, für die sie stehen, sind immer noch unbewältigt.)

Zwei Fragen stellen sich, deren Beantwortung man gern ausweicht: Inwieweit ist die Industrialisierung der Dritten Welt nach westlichen Maßstäben möglich, und wieweit ist sie erwünscht oder überhaupt wünschenswert? Als die industrielle Revolution in England begann, entstanden durch die Beschränktheit des damaligen Transportwesens lokale Monopole: Ein Mann, der eine kleine Fabrik aufmachte, um dort irgendein neuartiges Produkt herzustellen, konnte es in nächster Umgebung fast ohne Konkurrenz verkaufen. Der kleine Unternehmer aus der Dritten Welt sieht sich heute aber der Konkurrenz hochleistungsfähiger, automatisierter Betriebe des Westens gegenüber. Die benötigten Kapitalmengen sind ungleich größer. Man hat ausgerechnet, daß man um 1800 die Ausrüstung für einen Arbeitsplatz um den Gegenwert von vier Monatslöhnen des hierfür vorgesehenen Arbeiters kaufen konnte. Heutzutage müßte man in Indien mindestens zehn Jahreslöhne rechnen, für eine automatische Spinnmaschine sogar den Lohn für vier Jahrhunderte Arbeit. Ferner gab es damals in England genug zu essen, da die Landwirtschaft einen hohen Entwicklungsstand erreicht hatte. Aber die unterentwickelten Länder verfügen heute nur über Monokulturen wie Kaffee, Tee, Sisal usw., die allein zum Nutzen der reichen Völker angelegt worden sind, weshalb sie zu Lebensmittelimporten gezwungen sind. Das Erreichen eines westlichen Standards mag Jahrhunderte dauern oder sich gar als unmöglich erweisen.

Es gibt aber Anzeichen dafür, daß trotz einer gewissen Faszination, die das technische Spielzeug aus dem Westen ausübt, viele unterentwickelte Länder sich doch nur mit Vorbehalt den westlichen Einflüssen öffnen, weil sie Wege finden wollen, die ihnen die Beibehaltung ihrer kulturellen Eigenart erlauben. Es ist keineswegs das gleiche, ob man für »Entwicklung« im westlichen Sinne ist oder für die Bekämpfung von Hunger und Armut. Vor allem Amerikanern ist dieser Unterschied nur schwer begreiflich zu machen. Auf jeden Fall sollte man aufhören, das Wohlergehen eines Volkes am Bruttosozialprodukt zu messen. (Selbst in westlichen Staaten sehen wir ja, wie ein Absinken der Lebensqualität durchaus mit einem Anstieg des Bruttosozialprodukts einhergehen kann.) In den armen Ländern bestünde eine rationale Politik darin, daß man alles daransetzte, Bevölkerungsumschichtungen zu vermeiden, die zu einer Verschärfung des Gegensatzes von Stadt und Land führen müßten. Ein Schritt in diesem Sinne wäre die Errichtung von Einkaufszentren auf dem Land.

Wiewohl die Bevölkerung der Dritten Welt zu 70 % auf dem Land lebt, fließt das Geld der ausländischen Helfer doch größtenteils in die großen Städte, wo pro Kopf zehnmal soviel zur Besserung der Lebensverhältnisse getan wird als in der Provinz. Es müssen aber größere Anstrengungen unternommen werden, um den kleinen Bauern mit wenigen Hektar Land zu helfen. Diese kleinen Bauern produzieren wenig, und es steht kaum zu erwarten, daß sich dies ändern wird. Allerdings zeigt das Beispiel Japans, daß es nicht völlig unmöglich ist. Dort produzieren nämlich die Kleinbauern pro Flächeneinheit das Vierfache dessen, was die Kleinbauern in der Dritten Welt erzeugen. Kleinbauern brauchen Kredite, Wasserversorgung und Beratung sowie Institutionen, die sie auf ein höheres Produktionsniveau bringen können (etwa Landwirtschaftsschulen). Sie brauchen auch Preisstabilität sowie die soziale und ärztliche Betreuung, die ihnen ein wirksames Arbeiten ermöglicht.

Dr. Sen von der FAO vertritt schon seit langem die Meinung, daß zur Bannung der Hungersgefahr mehr Geld in die Taschen der Armen gelangen müsse. Aber gegenwärtig werden nur die ohnehin reichen Großbauern noch reicher, während die Armen weiterhin arm bleiben. Allein dem landbesitzenden Bauern fällt auch Profit zu. In vielen Ländern, vor allem in Südamerika, ist daher das zentrale Problem die Frage des Eigentums an Grund und Boden. Dort ist das Land in große Latifundien aufgeteilt, entweder als Weideland oder für Kaffeeplantagen, und häufig kümmern sich die Eigentümer überhaupt nicht darum. Natürlich ließe sich da viel Land sofort unter den Pflug nehmen, aber die Eigentümer widersetzen sich der Aufteilung ihrer Ländereien. Wenn aber Pächter zugelassen werden, dann meistens nur unter unglaublichen Belastungen; so muß mancher Pächter 50 bis 60% seiner Ernte dem Grundherrn überlassen. Die Millionen Kleinbauern in aller Welt besitzen bloß 20% des bebaubaren Landes.

Radikale Abhilfe ist hier notwendig. Die armen Länder werden ihre Probleme auch mit eigenem Bemühen lösen müssen: Verschwendung muß beseitigt, Korruption und Privilegierung abgeschafft werden. Die westlichen Länder können ihnen dabei vor allem durch Öffnung ihrer Märkte helfen, da Exporte in die Industrieländer sich zugunsten der Handelsbilanz der Entwicklungsländer niederschlagen. Sie müßten Schulden erlassen und nicht länger Koppelungsgeschäfte abschließen, bei denen Hilfeleistungen an industrielle Konzessionen gebunden sind. Sie müßten auch auf Konkurrenz gegen die Exporte der Entwicklungsländer verzichten. Sie müßten Alternativtechnologien weiterverfolgen, die sich zur Anwendung in unterentwickelten Ländern eignen. Sie müßten auf dem Erziehungssektor helfen. Professor Mende schlägt vor, Teams zu bilden, die keiner Regierung unterstellt sind und die sich bestimmte Problemkreise vornehmen sollten, wobei sie durch spontan zu bildende Unterstützungsfonds zu finanzieren seien. Dabei solle jeder Bürger, statt über die Steuer zu einem gemeinsamen Topf für Entwicklungshilfe beizutragen, jeweils einen Unterstützungsfonds seiner Wahl mittragen. So könnten Entwicklungsfonds für Nutzpflanzenforschung, für Bautechniken, für bewegliche Energiequellen, für kleine Düngemittelfabriken, für landwirtschaftliche Ausbildung und anderes mehr geschaffen werden.

Vor allem sollten die westlichen Länder sich jeglicher Einmischung enthalten und nicht stets von neuem die Selbständigkeit der Entwicklungsländer zu untergraben versuchen; auch sollten sie endlich aufhören, sie im politisch-militärischen Schachspiel als Bauern einzusetzen und bei Bedarf zu opfern. Nur – es ist unwahrscheinlich, daß sie dies tun werden. Die multinationalen Konzerne möchten die Dritte Welt ungleichgewichtig, also mit Schlagseite entwickeln: Auf dem wohlhabenden Sektor sollen ihre Exportgüter gekauft, auf dem armen Sektor soll Arbeit in Bergwerken und auf Plantagen geleistet werden. Die Banken des Westens wünschen »ein Investitionen begünstigendes Klima«. Westliche Regierungen verweigern internationalen Handelsabkommen ihre Unterschrift, obwohl diese in gemeinsamem Bemühen ausgearbeitet worden waren, und betätigen sich ganz groß im Waffengeschäft – meist nach beiden Seiten einer Konfliktkonstellation. Man kann die Schlußfolgerung kaum abweisen, daß die Lage da notwendig schlechter werden muß. Mit der explosiven Entladung von Verbitterung ist zu rechnen. Wenn die Menschen in diesen Ländern die Geduld verlieren, werden sie sich zuerst gegen ihre eigenen Führer wenden, werden sie zuerst ihre eigenen Städte niederbrennen, auch wenn dadurch nur alles noch schlimmer wird. Schon stehen die Zeichen flammend an der Wand. So wurden 1973 in Belutschistan über 860 Soldaten getötet, die gegen Aufrührer und oppositionelle Gruppen im Einsatz waren. (Wiewohl diese Zahl amtlich ist, wurde sie doch nie veröffentlicht, und den Eltern der Gefallenen wurde der Tod ihrer Söhne verheimlicht, weil man die ganzen Vorfälle herunterzuspielen versuchte.) Junge Männer bewaffnen sich und bilden Widerstandsgruppen. Nach der Aussage des Führers der Nationalen Awami-Liga stehen 16 000 Mann in Bereitschaft, um diese Revolte zu unterdrücken.

Aber irgendwann wird die Dritte Welt dann schließlich ihre Blicke auf jene Länder werfen, die so viel besitzen. Der algerische Staatspräsident Boumedienne sagte der Reporterin Vanya Walker-Leigh, daß die Dritte Welt sich mit Europa zusammentun solle, um eine neue Welt aufzubauen, aus der Armut und Elend verbannt sein müßten und in der alle Menschen sich verwirklichen könnten, anderenfalls »noch so viele Atombomben nicht in der Lage wären, die Flut von Milliarden Menschen aufzuhalten, die eines Tages aus dem armen Süden der Welt in die noch etwas Raum bietenden Länder des reichen Nordens einbrechen werden, weil sie überleben wollen«.

Auch diese Perspektive eröffnet den Blick auf einen möglichen Zukunftsverlauf. Und selbst dann, wenn Anwendung von Gewalt durch entfesselte Massen vermieden werden mag – wollen wir zusehen, wie Gewaltherrscher aus Süd und Ost durch das schiere Übergewicht der Zahl die zivilisatorisch weiter entwickelten, aber dann vielleicht zerfallenden Kulturen des Nordens und Westens beherrschen?

Sechster Teil
Vorschläge

Kapitel 17
Vorschläge zur Gesellschaft

Festen Boden unter die Füße

Jüngst zeigte eine Karikatur einen Mann, der aus einem Raum herauskam, über dem »Denkbunker« zu lesen stand, und dessen Faust ein Bündel Lochstreifen voll Computerdaten umklammerte. Er rief seinen Kollegen zu: »Rennt in die Berge!«

Die gegenwärtige Stimmung hat der Zeichner genau getroffen, aber die Warnung aus dem Denkbunker käme wohl zu spät. Wer daran denkt, die Luken dicht zu machen, bis sich der Sturm wieder verzogen hat, sollte jetzt schnell handeln und sich auf eine lange Zeit des Ausharrens vorbereiten. Er sollte sich einen Zufluchtsort weitab von den Städten einrichten, ihn mit einer unabhängigen Energiequelle versehen, ein kleines Medikamentenlager anlegen und Bücher für praktische Fragen sowie Handwerkszeug organisieren. Seine Ernährung müßte sich möglichst auf Eigenbau stützen, und es wäre ihm von Nutzen, sich den Lebensstandard der Schotten im 18. Jahrhundert zu vergegenwärtigen, die bekanntlich fast ausschließlich von Hafermehl lebten (es ist erstaunlich, was sich aus Hafermehl alles machen läßt). Nach ein bis zwei Eingewöhnungsjahren werden sich manche Probleme – etwa der Art, wie man aus geerntetem Hafer das Mehl bereitet – zufriedenstellend lösen lassen. Unerläßlich – aber wer denkt schon daran – ist die Mitnahme eines ganzen Päckchens von Nadeln, denn die lassen sich kaum in Handarbeit herstellen. Auch Backhefe sollte man nicht vergessen. Da das Feuermachen eine mühselige Angelegenheit ist, wenn schließlich die Zündhölzer ausgegangen sind, wird man wohl wieder wie in alten Zeiten eine Art heiliges Feuer auf einem Herd unterhalten müssen, von dem nach Belieben Glut genommen werden kann. Ein Vergrößerungsglas als Brennglas wäre ebenfalls eine nützliche Anschaffung.

Kleine Gruppen üben sich in vielen Ländern im autarken Leben, und eine wahre Schwemme von nützlichen Büchern zu den damit verbundenen Fragen kommt gegenwärtig auf den Markt, was mich weiterer Ausführungen zu diesem Thema enthebt. Ich schlage jedoch noch zusätzlich vor, daß ein derartiger Zufluchtsort mit Wall und Graben umgeben wird, damit die weniger auf vorsichtige Vorausplanung Bedachten abgeschreckt werden, wenn sie aus den Städten ausschwärmen, um Sicherheit und einen Lebensunterhalt zu suchen. Ich möchte außerdem die Bildung von Wohltätigkeitsfonds anregen, mit deren Geldern die Erprobung dieser Lebensweise in großem Stil geübt wird.

Aber diese Vorschläge zum Überleben dürften sich im Ernstfall als unverläßlich und wirklichkeitsfremd erweisen, da die Regierungen sehr wahrscheinlich all diese halbautarken Einheiten schnell unter ihre Gewalt zu bringen versuchen, zumindest aber ihre Vorräte und ihre Ausrüstung für eigene Zwecke beschlagnahmen würden, sofern ein solches Refugium nicht durch neidische Dritte oder Kriminelle zerstört wird. Außerdem würden Krieg, eine kleine Eiszeit oder ein großer Unfall mit radioaktivem Material einen solchen Versuch ohnehin durchkreuzen. Es ist also schon besser, man bleibt im Geschehen und versucht für eine Politik zu kämpfen, welche die Katastrophe unwahrscheinlicher macht.

Die vordringlichste Maßnahme wäre – ich wies bereits darauf hin –, sich jene kurzsichtigen und entschlußlosen Regierungen vom Hals zu schaffen, unter denen die meisten westlichen Länder zu leiden haben, und dies bedeutete gleichzeitig eine Anhebung der ganzen Verwaltung auf ein bescheidenes Niveau der Kompetenz. Aber nur legitime Gewalt, in irgendeiner Form und auf irgendeiner Ebene, kann die Reformen ausführen, die für uns nötig sind. Ehe nicht die Verwaltung wieder Sachkompetenz erlangt haben wird, ist auch jeder Vorschlag, wie sich das Chaos vermeiden ließe, pure Zeitverschwendung.

Was sich im nationalen Rahmen vorerst tun ließe, wäre, durch entsprechende vorläufige Maßnahmen aller nur denkbaren Art die Situation abzusichern, bis langfristige Planungen wirksam werden können. Ich denke da etwa an Einsparungsmaßnahmen bei Rohstoffen und Energieträgern, an ein Recycling, wo immer dies möglich ist, an die Entwicklung von alternativen Energiequellen. Auf dem

Gebiet der Ernährungswirtschaft bedeutete dies: Getreidereserven für den Notfall, Weiterarbeit auf dem Gebiet der Ernährung mit künstlichem Eiweiß und der Hydrokultur sowie Umstellung auf eine weniger energiezehrende Landwirtschaft. Die Notwendigkeit solcher Schritte wird längst zugegeben, wenn auch noch wenig zu ihrer Verwirklichung geschehen ist.

Das Problem muß freilich auch in weltweiten Zusammenhängen gesehen werden. Wahrscheinlich sollten die Industriestaaten wieder etwas mehr nach wirtschaftlicher Autarkie streben, statt weiter den Welthandel aufzublähen. Sich an den großen Mechanismus des Welthandels anzuschließen, ist recht und gut, solange dieser Mechanismus funktioniert; kommt er aber ins Stottern, dann hat das gefährliche Rückwirkungen für die daran Angeschlossenen.

Selbstverständlich muß unter globalen Gesichtspunkten auch entschlossener darauf hingearbeitet werden, die Kluft zwischen den reichen und den armen Völkern zu verringern, wobei die Entwicklungsländer davor zu warnen wären, die Fehler des Westens zu wiederholen. All dies weiß man wohl. Vergessen wir indes nicht, daß dies kaum mehr sein könnte als ein Holzpflock ins Leck eines Schiffes. Die Segel aber bleiben noch zu flicken.

Technopolismus und seine Metaprobleme

Welche Linien wir auch weiterverfolgen – sie führen uns stets zum gleichen Punkt zurück. Versuchen wir, die Energiekrise durch die Entwicklung der Kernenergie zu beheben, so verheddern wir uns sogleich in die Probleme der Abwärmeschäden und der Lagerung radioaktiven Abfalls. Allerdings könnten wir mehr Nahrungsmittel produzieren, wenn wir über mehr Energie verfügten. Der Ölverknappung ließe sich etwa begegnen, indem wir Pflanzen züchteten, aus deren Destillation sich wiederum Alkohol als Ersatztreibstoff gewinnen ließe – aber wir brauchen die Äcker andererseits dringend zum Anbau von Nahrungspflanzen. Das sind nur wenige Beispiele.

Wenn wir auf eine Gruppe von Problemen stoßen, bei der die Lösung des einen Problems sofort schon das nächste Problem um so dringlicher werden läßt, können wir daraus auf das Vorhandensein eines gemeinsamen Problems schließen, das all diesen Problemen zugrunde liegt: eines »Metaproblems«, wie die Philosophen sagen würden. Die aufscheinenden Probleme sind also bloß Symptome eines tiefer anzusiedelnden Kernproblems. In unserem Falle ist das Metaproblem, wie wir immer klarer erkennen, die gesamte Lebensweise, die sich an unsere überkomplizierte, im weitesten Sinne technisch verfaßte Gesellschaft knüpft. Als handlicher Terminus für diese Art Lebensverfassung sei hier der Begriff »Technopolismus« verwendet.

Technopolismus ist der Boden, auf dem nicht allein die materiellen Probleme des Rohstoffraubbaues, der Umweltverschmutzung und ähnliches hochgeschossen sind, sondern nicht minder auch die sozialen Probleme wie Gewalt und fehlender Zusammenhalt. Selbst wenn es möglich wäre, die ganze Erdoberfläche im Zuge eines sich immer weiter steigernden Materialverbrauchs und zwecks weiteren Gewinns von Rohstoffen und Energie völlig aufzuarbeiten, wie einige optimistische Vogelstraußmeier meinen, so sprächen doch soziale Gründe dafür, mit dem Technopolismus Schluß zu machen. Der Technopolismus sprengt unsere Gesellschaft auseinander. Im Bewußtsein dieser Tatsache wurde dieses Buch geschrieben.

Schon beginnen wir zu ahnen, daß der Technopolismus gegenwärtig uns in zweifacher Hinsicht bedroht. Nicht nur zerreißt er die sozialen Strukturen und die Ideengebäude, auf denen eine stabile Gesellschaft beruht. Durch die Schnelligkeit, mit der er stets nach Neuerungen verlangt, macht er das Leben unüberschaubar, läßt Pläne veralten, noch ehe sie ganz zu Ende entworfen sind, und läßt die sozialen Anpassungsprozesse, die der Überbrückung zwischen den Generationen dienen, hoffnungslos schwierig werden. Es wäre ratsam, das Maß der Neuerungen einzuschränken, aber selbst wenn dies vollkommen gelingen könnte, wäre eine Gesellschaft, die sich aufwendigem Konsum und rapidem Rohstoffverbrauch verschrieben hat, sozial nicht lebensfähig.

Wiewohl die Natur der Erkrankung nun diagnostiziert wurde und die Behandlung vorschreibbar geworden ist, weiß niemand, wie der Patient zur Befolgung des ärztlichen Ratschlags veranlaßt werden könnte. Die Profitscheffelmaschine scheint nicht imstande zu sein, sich aus sich selbst heraus zu ändern oder in eine sozial tragfähige Form überzugehen. Tagtäglich lesen wir in der Zeitung von Fällen, in denen die Profitgier einzelner zum Schaden aller führt – das Leerfischen der Gewässer ist hierfür ein Beispiel. Umweltverschmutzung und Rohstoffraubbau sind weitere Beispiele, und sie lassen erkennen, daß staatliche Versuche zur Eindämmung privaten Profitstrebens gewöhnlich halbherzig, verspätet und nur teilweise wirksam ins Geschehen eingreifen. (Wie verschiedene Untersuchungen gezeigt haben, werden regulative Institutionen wie etwa die Federal Communications Commission in den USA oder das Alkali Inspectorate in Großbritannien nach und nach zu Anwälten der Industrie, zu deren Überwachung sie doch eigentlich ins Leben gerufen wurden.) Auf jeden Fall aber verrät ein System, in dem eine Gruppe von Leuten etwas versucht, was eine andere Gruppe von Leuten wieder zu verhindern trachtet, kein sehr eindrucksvolles Konzept. Das wäre doch eine unsinnige und schwierige Art, ein Auto zu fahren, wenn man wegen eines eingebauten Mechanismus, der das Rad konstant nach links einschlagen läßt, beim Fahren ständig rechts gegenzusteuern hätte.

Unter diesem Gesichtspunkt zumindest gewinnt die verbreitete Idee rebellisch gesinnter Geister, es sei das »System« in allen Übeln schuld und daher zu stürzen, einen Kern an Wahrheit. Doch die bloße Tatsache, daß das private Profitstreben zu einem Raubbau an den Rohstoffen führt, kann eine Ablehnung des Systems allein nicht tragen. Das eigentliche Problem liegt darin, daß dieses System ohne die Weckung neuer Bedürfnisse gar nicht existieren kann, daß es den Verschleiß maximieren muß, weil sonst die Räder der Produktion stillständen. In dieser Zwangslage machen die Regierungen, die Arbeitslosigkeit vermeiden wollen, gemeinsame Sache mit der Industrie, die nicht nur aus Profitgründen, sondern auch wegen des Prestiges nach Expansion strebt. Jeder weiß das, kein Wort weiter darüber. Ich rede von diesen Dingen bloß, weil ich von ihnen her zu Alternativerwägungen gelangen möchte.

Eine Reduzierung der Arbeitsstundenzahl, wie oft vorgeschlagen, würde zwar den Rohstoffverschleiß drosseln, die sozialen Probleme aber nicht lösen. In einer Freizeitgesellschaft müßten die Menschen das Fehlen des Gefühls, gebraucht zu werden, und den Mangel an kollegialer Anerkennung noch schmerzhafter empfinden, als sie das jetzt ohnehin bereits tun. Denn zumindest der Arbeitsplatz bietet Möglichkeiten zwischenmenschlichen Kontakts, und eine Gehalts-

oder Lohnaufbesserung gibt doch ein Gefühl der Wichtigkeit und des Erfolgs (solche Motivationen stehen zweifellos letztlich real hinter einem Großteil der industriellen Leistungen). Zudem läßt sich hier in manchen Fällen die persönliche Geschicklichkeit entfalten. Ein anderer Vorschlag ging dahin, die Gesellschaft in zwei Gruppen zu unterteilen, in »Arbeiter« und »Drohnen«, wobei letztere von einer Art Grundrente des Staates zu leben hätten. Sofern das überhaupt zu verwirklichen wäre – es könnte nicht lange so bleiben, weil für Müßiggänger bekanntlich bald der Teufel die Arbeit aussucht.

Wenn ich das System der Profitmacherei kritisiere, so plädiere ich damit keineswegs für Staatskapitalismus oder Kommunismus. Denn auch diese Systeme streben nach Produktionsmaximierung, wie die Russen nur allzu deutlich gezeigt haben. Zudem arbeiten sie mit Verfolgung und Unterdrückung und können nicht die Mängel verbergen, die einem solchen System entspringen. (Es ist wahrhaft seltsam, wie Rußland wiederholt just jene Maßnahmen ergriffen hat, die andere Völker von einer Übernahme des Kommunismus abschrecken mußten; fast möchte man meinen, es sei ihnen daran gelegen, ihr System als einzigartig für sich zu behalten.) Die chinesische Variante scheint noch weniger Freiheitsspielraum zu bieten.

Wie ich an anderer Stelle – in *»Das Experiment Glück«* – gezeigt habe, gibt es eine dritte Alternative: Vielfalt der Motivation. In den Gesellschaften der älteren, schlichteren Machart wurde das Tun und Lassen nicht allein unter wirtschaftlichen Gesichtspunkten gesehen, sondern ebenso gleichzeitig unter menschlichen und religiösen. Unsere Gesellschaft aber legt wirtschaftliche Entscheidungen in die Hände von Menschen, die von den sozialen oder persönlichen Konsequenzen ihrer Entscheidungen gar nicht betroffen werden. Was Wunder, daß sie diese dann entweder gering einschätzen oder gar völlig ignorieren. (Mir hat jüngst ein Vorschlag großen Eindruck gemacht, daß alle Justizbeamten vor Aufnahme ihrer Tätigkeit erst einmal für achtundvierzig Stunden selber in einer Gefängniszelle einsitzen müßten, damit sie am eigenen Leibe erführen, zu was sie andere Menschen verurteilen. Gelegentlich wird dies in den USA praktiziert, wo neugewählte Richter sich ihrer Kleider entledigen und all ihre Habseligkeiten ganz wie ein Gefangener aushändigen müssen, damit sie verstehen, was es heißt, seine Identität zu verlieren. Diese Idee, die Bewunderung verdient, sollte weitere Verbreitung erfahren: Wer in einem Sozialberuf tätig ist, sollte bloß einmal eine Nacht zusammen mit hundert anderen Leuten in einem überfüllten Schlafsaal eines der überalterten britischen Irrenhäuser verbringen, und die für Wohlfahrt zuständigen Beamten sollten einmal versuchen, sich eine Woche lang von Armenunterstützung zu ernähren. Ebenso müßten Vorsitzende von örtlichen Wohlfahrtskomitees alleine in einem Haus wohnen, das man mit Vorbedacht unbewohnbar gemacht hat, ohne Telefon oder irgendeine der anderen besonderen Einrichtungen, die nach den Bestimmungen aus dem Jahr 1970 eigentlich kranken und behinderten Personen dauernd zustehen sollten, von vielen Komitees aber immer noch nicht vorgesehen werden.)

Um eine Gesellschaft mit vielfältiger Motivation zu schaffen, in der materieller Gewinn überall durch soziale und individuelle Wertmaßstäbe reguliert wird, bedürfen wir eines besseren Bewertungssystems. Es muß Regulationen geben, die berücksichtigen, daß wir zwar eine bestimmte Sache hoch einschätzen können, nicht aber andere Sachen ebenso einschätzen müssen, nur weil sie zu der ersten führen.

Einen Lichtstrahl sehe ich in einer jüngst in Japan ergriffenen Initiative. Auf Ersuchen des Ministerpräsidenten wurde eine Sonderkommission ins Leben gerufen, die unter Leitung von Dr. Miyohei Shinohara die »Nettolebensqualität« des Landes untersuchen sollte. Ziel dieser Untersuchung war es, einen neuen Index auszuarbeiten, mit dessen Hilfe ausgedrückt werden sollte, in welchem Umfang die japanische Wirtschaft qualitativen Bedürfniszielsetzungen entspricht, und gleichzeitig Vorschläge zu unterbreiten, welche Änderungen in den Bewertungsnormen unter diesem Aspekt angezeigt erschienen.

Nach einer von Japan der OECD übermittelten Denkschrift hat sich die Sonderkommission auf vier Hauptperspektiven der Betrachtung konzentriert, von denen jede für ein Regierungsorgan erstaunlich neuartig erscheint:

1. *Das Bruttosozialprodukt soll nach sozialen Zielsetzungen eine neue Bewertung erfahren.* Gegenwärtig bezeichnet das Bruttosozialprodukt nur die Menge der angeschafften Güter, gibt aber keine Auskunft darüber, für welche Zwecke sie gekauft wurden. In die

Zahlen des Bruttosozialprodukts geht Napalm ebenso ein wie Antibiotika oder Lebensmittel.

2. *Das Bruttosozialprodukt soll als Index für die Lebensqualität in Erscheinung treten.* In der Summe des Bruttosozialprodukts erscheinen heute unterschiedslos Gelder, die infolge von Verkehrsunfällen ausgegeben wurden, Gelder, die für die Eindämmung von Umweltverschmutzung sowie für Ersatzleistungen bei Umweltschäden aufzuwenden waren, oder Ausgaben für Fahrten zum Arbeitsplatz im Gefolge der Ausdehnung der Städte, obwohl all diese Geldaufwendungen vom Standpunkt der Lebensqualität aus einer negativen Bewertung unterliegen müßten. In den Betrag eines herkömmlich errechneten Bruttosozialprodukts kann sogar Umweltverschmutzung als positiver Faktor eingehen. Andererseits erscheint eine Verkürzung der Arbeitszeit als negativer Faktor des Bruttosozialprodukts, während er für die Lebensqualität ein positiver Faktor ist oder doch zumindest sein kann.

3. *Übergang von einer Warenfluß-Wirtschaft zu einer Werte-Wirtschaft.* Unter »Werten« versteht die Sonderkommission nicht nur Werte im üblichen kaufmännischen Sinne, sondern zum Beispiel auch Gruppen von Menschen mit besonderen Fähigkeiten wie Ärzte und Lehrer; gesellschaftliche Sachwerte wie Wohnhäuser, Straßen, Parks; Werte privaten Gebrauchs wie Kleider und Alltagsgerät; Naturwerte wie saubere Luft und sauberes Wasser oder landschaftliche Schönheit; Kulturwerte wie Gemäldesammlungen, Orchester, Kommunikationsmedien; Sozialwerte institutionalisierter Art wie etwa die Sozialversicherung. Eine ziemlich reichhaltige Liste. Gegenwärtig halten wirtschaftliche Verlautbarungen fest, wieviel Geld hereinkam und wieviel Geld ausgegeben wurde. Sie sind Feststellungen über die Relation zwischen Einkünften und Ausgaben, nicht aber Feststellungen von Errungenschaften. Die Sicherung von Errungenschaften, vor allem sozialer Errungenschaften, ist aber das, was hier zählt.

4. *Ein Index der Lebensqualität ohne monetäre Bewertungsskala.* Viele wichtige Gesichtspunkte der Lebensqualität lassen sich schwerlich auf der Vergleichsbasis des Geldes ausdrücken. Zwar läßt sich die Kostensumme einer ärztlichen Behandlung beziffern, nicht aber Gesundheit sich in Werteinheiten festlegen. Dies gilt im allgemeinen auch für die Güte des Essens, das Niveau der Erziehung, für Freizeit

und Sicherheit. Wenn aber diese Dinge sich einer Bewertung durch ein monetäres Äquivalent entziehen – könnten sie dann nicht in irgendeiner anderen Form bewertet werden?

Diese bemerkenswert eigenständigen und weitzielenden Vorschläge wurden von der europäischen und der amerikanischen Presse wie auch von Wirtschaftsfachleuten aus einsichtigen Gründen so gut wie ignoriert. In Japan jedoch hat man den Wirtschaftsplan für 1967–1975, der eine Verdoppelung der Einkommen vorsah, schon vom Tisch genommen, und an seine Stelle trat das Ziel einer Verdoppelung der Nettolebensqualität. In der übrigen Welt werden weiterhin Gartenzwerge aus Plastik als Bereicherungen des Lebensstandards angesehen, werden sie immer noch zum Bruttosozialprodukt pro Kopf der Bevölkerung gerechnet. In Wahrheit aber gibt das Bruttosozialprodukt nur Aufschluß über die im Lauf eines Jahres verbrauchten Rohmaterialien. Wie Philip Brachi, dessen Berechnungen ich diese Fakten entnahm, es umschrieben hat: »Da wird zusammengeschmissen, was gut und schlecht ist und was in den Augen britischer Wirtschaftstheoretiker, deren Herabsteigen aus den distanzierten weißen Elfenbeintürmen in die Dümmlichkeit ihrer realen Existenz dringend zu wünschen wäre, unterschiedslos alles das gleiche ist.«

Ein ausschließlich wirtschaftswissenschaftlicher Standpunkt bietet immer nur eine Teilantwort. Dank der japanischen Initiative wird das ganze Spektrum des Problems ausgebreitet, werden die Fehleinschätzungen sichtbar, wiewohl wir auch hier nicht erfahren, wie dem abzuhelfen wäre. Das Problem hat seine zwei Seiten: Die Gesellschaft muß geändert werden, aber ihre Menschen auch. In diesem Kapitel behandle ich den ersten Punkt, im nächsten den zweiten.

Gesellschaftspolitik

Wenn auch Landwirtschaft, Fischerei und eine Reihe anderer Gewerbe in Norwegen rein wirtschaftlich immer weniger abwerfen, so wollen die Norweger sie doch gern beibehalten, damit die abgelegenen Landesteile weiterhin bewohnt bleiben und der besondere Lebensstil des Landes nicht aufgegeben wird. Wenn sie gegen den

Beitritt zur Europäischen Gemeinschaft gestimmt haben, so deshalb, weil sie durch einen Anschluß eine Zerstörung dieser herkömmlichen Berufstätigkeiten und Lebensformen befürchten mußten. Gegenwärtig kommt ernste Sorge auf wegen der Auswirkung der Erdölfelder in der Nordsee.

Anders in Schottland. Trotz großer Besorgnis vieler Gemeinden, so auf den Shetlandinseln oder den Orkneys, aber auch andernorts, über die Auflösung herkömmlicher Lebensweisen setzt sich die zentrale Regierungsbehörde über derlei unzeitgemäße Brauchtümelei hinweg und arbeitet nun mit allen Mitteln auf die Gewinnung von Erdöl hin, unbekümmert um soziale Folgen. Die ablehnende Haltung der Inselgemeinden beruht keineswegs auf Unwissenheit und Rückständigkeit. Die meisten der dort lebenden Menschen sind zu irgendeiner Zeit ihres Lebens an Orten gewesen, die wir so gern als »Zentren modernen Lebens« bezeichnen, und ihre Ablehnung erfolgt ganz bewußt in der Erkenntnis, daß eine Gemeinschaft mit festem Zusammenhalt und einfachen Ansprüchen an das Leben etwas zu bieten hat, was materielle Unzulänglichkeiten aufwiegt.

Norwegens Beispiel zeigt, daß selbst Regierungen sich gegen die auflösende Kraft des Technopolismus stellen können, mag dies auch nur selten geschehen. Hier sei jetzt einmal angenommen, daß alle Regierungen gleiche Einsicht beweisen: Was könnten sie dann tun? Aus den vorangegangenen Diskussionen ließe sich leicht der Rahmen dessen abstecken, was geschehen könnte. Hier sollen einige Schlüsselpunkte noch einmal zusammengefaßt ins Gedächtnis gerufen werden. Dabei muß die Notwendigkeit bewußt bleiben, daß die Gesellschaft sowohl gegen desintegrierende Kräfte im realen Zusammenleben wie in den wirtschaftlichen Prozessen geschützt werden muß, daß es vor allem darum geht, den sozialen Zusammenhalt wieder zu festigen.

Vordringlich notwendig wären Maßnahmen zur Dezentralisierung – nicht der Bevölkerung, sondern der Macht. Dezentralisiert werden müßte auch die ganze materielle Basis, etwa die Erzeugung und die Verteilung von Strom, denn erst dadurch würde die politische Dezentralisierung sinnvoll. Eine Gemeinde besitzt keine Selbständigkeit, wenn andere es in der Hand haben, über ihre Grundbedürfnisse zu verfügen. Da immer nur der die Macht hat, der den Schnürbändel des Geldbeutels hält, müßte auch den örtlichen Gemeinden ein größerer Spielraum für Steuereinnahmen und Geldausgaben eingeräumt werden. Es wäre dafür Sorge zu tragen, daß durch geeignete Kontrollen Korruption und Unfähigkeit in Grenzen gehalten werden – aber diese Kontrolle müßte durch eine unabhängige Person, etwa vom Status eines Ombudsmans, ausgeführt werden, nicht in der Form einer Vorgesetztenkontrolle.

Gesellschaftlicher Zusammenhalt verlangt wohl auch eine Beschränkung der Mobilität, vor allem eine Beschränkung häufigen Wohnsitzwechsels. Eine Besteuerung solcher Ortsveränderungen ließe sich unverzüglich einführen. Ohnehin wird die Ölverknappung zu einer Begrenzung der Freizügigkeit führen.

Die Schaffung von gesellschaftlichen Zusammenschlüssen beschränkten Umfangs wäre zu ergänzen durch die Herausbildung innerer Strukturen, so durch Wiederherstellung einer lebensfähigen Familie, die so weit wie möglich Züge der alten Großfamilie annehmen sollte. Außerdem sollten durch vermittelnde Strukturen die Bande zwischen den Gemeinden gefestigt werden. Auch wären angemessene Rituale und Zeremonien zu schaffen. Zusätzlich müßte jede Anstrengung unternommen werden, damit das auf Geld sich gründende Status-System aufgehoben wird und an seine Stelle ein anderes tritt, das den Menschen nach seinem Beitrag für das Leben der Gesellschaft bewertet. Ein erster Schritt in diese Richtung könnte in der Wiederherstellung der »Patronage-Komitees« bestehen, die solchen Unternehmern ihre Anerkennung aussprachen, die das übliche Verhalten ihrer Klasse durchbrochen hatten, wobei durch gleichzeitige Anerkennung von Schlagerstars und Fußballern die Zustimmung des Publikums gesichert würde. Abzulehnen wäre hingegen ein Bewertungskatalog, wie ihn in England »The Prime Minister's List« darstellt und wie er in Spielarten auch in anderen Ländern vorkommt. Öffentliche Anerkennung ist eine viel zu ernste Sache, als daß man sie den Vorlieben eines Premierministers überlassen könnte.

Bei der Bewerkstelligung solcher Veränderungen sollten die Regierungen sich mehr auf den Rat der Anthropologen als auf den der Wirtschaftsfachleute verlassen, und anthropologische Untersuchungen wären nachdrücklich zu unterstützen – vor allem solche zur praktischen Erfassung menschlichen Verhaltens und zur Sozialpsychologie. Die Forschung sollte auch dort gefördert werden, wo sie sich der Maximierung der Leistungsfähigkeit kleiner Industriebetriebe widmet. Wie Volvo in Schweden gezeigt hat, läßt sich ein Auto in Serienfertigung mit bestem Erfolg ohne das übliche Fließbandsystem herstellen. Einige Montagewerke von Volvo beschäftigen nur wenige Hundert Arbeiter und liegen im ganzen Land verstreut. Die Industrie der Kleinbetriebe muß als Konkurrenz nicht benachteiligt sein, wie allmählich eingesehen wird.

In jedem Programm der Umstellung wäre die schwierigste Aufgabe gewiß die Rückführung sozial abgekapselter Gruppen in die Gesellschaft – vor allem der Supergruppen des Unternehmertums und der organisierten Arbeiterschaft. Solange die Regierungen sich unter dem Einfluß solcher Wucherungsgebilde der Gesellschaft befinden, wird es wohl keinen Fortschritt in Richtung auf eine organisch sich selbst regulierende Gesellschaftsstruktur geben. Amerikanische Autoren, so etwa Galbraith, haben eine Politik der »Ausgewichtung« befürwortet, bei der eine mächtige gesellschaftliche Organisation durch eine zweite, nicht minder mächtige in Schach gehalten wird. Angesichts des warnenden Beispiels der gegenwärtigen Kämpfe zwischen Kapital und Arbeit wird klar, daß zwei derartige Monstergruppen nicht genug sind. Die Methode schlägt nämlich nur dann ein, wenn mehrere rivalisierende Interessengruppen bestehen. So wäre es gut, weitere Interessengruppen aufzubauen: Die Konsumenten, die Jugendlichen, die Berufstätigen könnten sich zu festen Verbänden zusammenschließen, und im Falle einer religiösen Erweckungsbewegung kämen die Kirchen dazu.

Schließlich bedürfen wir einer intensiven Unterrichtung über die Motivationen und die Strukturen des gesellschaftlichen Zusammenhalts auf allen Altersstufen. Praktische Erprobung der Selbstregierung, wie im Barns-Experiment (vgl. S. 174) vorgezeichnet, ließen den Leuten das Verständnis einiger Probleme leichter fallen. Die Idee vom Staat als einem Universalvater müßte der Idee der wechselseitigen Hilfe weichen. In den USA hat man immer Teilaspekte dieser Konzeption lebendig gehalten, die für urtümliche Gesellschaftsformen typisch ist. In den Zeremonien des »barn-raising« bei Errichtung neuer landwirtschaftlicher Gebäude finden wir einen Nachhall des gemeinsamen Ins-Wasser-Lassens der Boote oder der gemeinsam unternommenen Jagdexpeditionen kleiner Menschengruppen. Aber diese großartige Idee der Gemeinsamkeit ist zersetzt worden durch das im 19. Jahrhundert entstandene Bild vom Menschen als einem bloßen Atom, einem in Kämpfe verstrickten Einzelgänger.

Fraglos müßten derartige Veränderungen für viele Menschen eine Herausforderung bedeuten, und sie kämen gewiß als autoritäre Maßnahmen in Verruf. Jede Beschränkung individueller Freiheit gilt ja als autoritär, als ob es zwischen Totalitarismus und Chaos gar keine Mittelzustände gäbe. In Wirklichkeit aber muß die Frage lauten: Mit wieviel Chaos können wir noch leben? So wird denn ein langwieriger Erziehungsprozeß erforderlich sein, bevor die Menschen die Notwendigkeit derartiger Veränderungen einsehen. Viel Zeit allerdings haben wir nicht mehr.

Alles hängt davon ab, wieweit sich die Regierungen dazu bewegen lassen, Einsicht in die Notwendigkeit einer Entwicklung im hier umrissenen Sinne zu gewinnen, da Veränderungen dieser Größenordnung nicht ohne ihre Zustimmung und Unterstützung durchgeführt werden können. Der Ansatzpunkt für den Beginn der Reform ist daher die Verwaltung selbst.

Regierungsreform

Wenn die Annahme schon unrealistisch sein mag, daß Regierungen von sich aus solche Maßnahmen einleiten, so wäre es noch unrealistischer zu glauben, man könne sie zu solchen Maßnahmen irgendwie zwingen. Wer sollte sie dazu auch zwingen? Niemand kann einer Regierung etwas vorschreiben, und Regierungen beweisen gegenüber den eigenen Fehlern ein enormes Maß an Toleranz. Gleichwohl: Nur um darzulegen, was getan werden könnte, seien hier einige Vorschläge gemacht.

Dreizehnpunkteprogramm für die Modernisierung der Regierungen

1. Auswahl der Kandidaten unter Umgehung der Parteien in Direktwahl,
2. Wahl mittels einer fakultativ übertragbaren Einzelstimme,
3. Schaffung eines gleichgewichtigen Zweikammersystems,
4. Einsetzung unabhängiger Kontrollpersonen (Ombudsman), die über Untersuchungsvollmachten verfügen,

5. Kontrolle der Funktion des staatlichen Systems durch eine gemischte Kommission von Ausländern,

6. zeitgemäße Verwaltungsapparate für beide Kammern,

7. Trennung der Exekutive (Kabinett) vom Parlament,

8. zeitliche Begrenzung der Parlamentszugehörigkeit,

9. Prüfung der Volksvertreter vor Amtsaufnahme sowie Weiterbildung auf ihnen nicht geläufigen Sachgebieten,

10. weitgehende Aufhebung der Geheimhaltung in Verwaltungsmaschinerie und Exekutive,

11. kein Erlaß eines neuen Gesetzes ohne Abschaffung eines alten,

12. intensive Untersuchungen über die Mängel der Bürokratien sowie entsprechende Maßnahmen zu ihrer Behebung,

13. Einführung der Verfassungs- und Gesetzesinitiative für Bürgergruppen (wie sie in der Schweiz und einigen US-Staaten existiert).

Vor allem besteht die Notwendigkeit zur Schaffung einer Kontrollinstanz, die den Gesetzgebern etwas Respekt einzuflößen vermag. Die Parlamente versuchen ja nicht im geringsten, ihre Abgeordneten an die Leine zu nehmen; eher zeigen sie die Tendenz, Kontrollinstanzen abzubauen (aus ähnlichen Gründen, wie Schulkinder gern ihre Lehrer loswerden möchten). Leider haben die Parlamente ohnehin eine ganz falsche Auffassung von ihrer Aufgabe. Sie neigen dazu, sich als Produktionsstätte der Gesetzgebung zu verstehen und ihre Leistung an der Anzahl der Gesetze zu bemessen, die sie in einer Legislaturperiode durchbringen konnten. Die Folge davon ist, daß jedes Land von neuen Gesetzen förmlich zugeschneit wird, die nun aufs Wort festlegen, was besser traditioneller Übereinkunft überlassen bliebe. (Ein alter Indianer sagte zu der Anthropologin Ruth Benedict: »Es hat bei uns nie Streit wegen der Jagdgebiete gegeben, bis wir Gesetze über ihre Aufteilung erhielten.«) Leider haben nur wenige Abgeordnete es der Mühe wert gefunden, sich klarzumachen, welch geringe Rolle die Gesetze für den sozialen Zusammenhalt spielen. Auf jeden Fall haben sie ein begründetes Interesse an ihrer gesetzgeberischen Tätigkeit, die sie als ein Monopol ausüben, und wie Monopolisten meistens, mißbrauchen sie ihre privilegierte Position.

Die Parlamentarier oder Mitglieder der zweiten Kammer gelten allgemein als eine Art Extrakt der Öffentlichkeit, als Sprecher für das

Volk, welches sie repräsentieren, da die ganze Öffentlichkeit nicht immer von Fall zu Fall befragt werden kann. Das Parteiensystem zerstört indes diese demokratische Intention, und die professionelle Art, in der ein Abgeordneter nach langer Zugehörigkeit zum Parlament fungiert, macht ihn immer mehr zum Parlamentsmitglied und immer weniger zum Volksvertreter. Die inneren Zwistigkeiten der Politik werden ihm dann wichtiger als die realen Probleme. Gegenwärtig gemachte Vorschläge, Parlamentsmitgliedern keine anderen Einkünfte als ihre Abgeordnetendiäten zu gestatten, wären nur dann sinnvoll, wenn ihre Abgeordnetentätigkeit zeitlich befristet bliebe, andernfalls eine solche Regelung dem Professionalismus nur noch mehr Vorschub leisten müßte. Es hätte also das Ziel jeder Reform zu sein, diesen Professionalismus des Parlamentariers vor allen Dingen unmöglich zu machen. Wenn Parlamentarier weniger lange Gelegenheit haben, sich in ihren Aufgabenbereich einzuarbeiten, dann werden sie allerdings auch mehr Einweisung und Unterstützung nötig haben.

Ganz abzulehnen sind insbesondere das Parteiensystem und die wachsende Bereitschaft jeder Partei, im Interesse einer der großen Interessengruppen der Gesellschaft zu regieren – also entweder für das Kapital oder für die Arbeiterschaft –, wobei andere, kleinere Gruppen übergangen werden. Aber die parlamentarische Blockbildung kann nur dadurch überwunden werden, daß man die gesellschaftliche Blockbildung abbaut, die sich im Parlament nur spiegelt. Ein Anfang wäre aber bereits bei der Auswahl der Kandidaten zu machen. Überläßt man die Wahl Gruppen begeisterter Parteifreunde, dann wird das ganze System dadurch bereits vorbelastet, denn dieses Verfahren führt ja dazu, Männer von Augenmaß und unabhängiger Gesinnung auszuschließen. Die vernünftige Verfahrensweise, nach der auf britischen Universitäten Kandidaten abgelehnt werden konnten, verdient eine Wiederbelebung.

Ein Wort noch zur fakultativ übertragbaren Einzelstimme, die sich in vielen europäischen Ländern und auch in Nord-Irland bewährt hat. Durch sie wird die erstarrte Situation aufgelockert, die dadurch entsteht, daß Wähler, die mit den bestehenden Parteien unzufrieden sind, gleichwohl für eine dieser Parteien stimmen, da sie nicht sicher sind, ob eine neue Partei die Mindeststimmenklausel überspringt, ihre Stimmabgabe für die neue Partei mithin sinnvoll wäre. Die fakultativ übertragbare Einzelstimme macht es möglich, daß der Wähler auch eine zweite, ja selbst eine dritte oder eine vierte Wahl trifft. Eine Regelung dieser Art scheint mir wesentlich für die Aufbrechung des gegenwärtigen starren Wahlsystems in Großbritannien und anderen Ländern.

Dies sind nur einige Vorstellungen, die zeigen sollen, daß das derzeitige System nicht unveränderlich und sakrosankt sein sollte. Jedes Land wird seine eigenen Wege gehen müssen, und ich mache mich nicht anheischig, das Regierungssystem meines eigenen Landes oder gar das anderer Länder durch einen Gegenentwurf ersetzen zu können. Ich möchte hier nur auf wesentliche Dringlichkeitsaspekte der ganzen Problematik aufmerksam machen.

Ein Gefühl der Hilflosigkeit

Trotz steigenden Lebensstandards ist ein wachsendes Gefühl des Unbehagens allenthalben wahrzunehmen, vor allem unter der jüngeren Generation, aber auch in anderen Gruppen der Gesellschaft.

Dieses Gefühl des Unbehagens speist sich, wie ich glaube, aus zwei Quellen. Zum einen empfindet wohl jeder, der in einer Massengesellschaft lebt, ein Gefühl der Hilflosigkeit. Man spürt, daß man als einzelner nur eine Nummer ist und daß man keine Macht hat, den Gang der Ereignisse zu bestimmen. Die Flut von Leserzuschriften, die an die Zeitungen gehen; der Wunsch, auch einmal kurz auf dem Bildschirm des Fernsehens zu erscheinen, um dort ein Wort zu sagen; der Zulauf zu organisierten Interessengruppen und anderen Vereinigungen, die Einfluß versprechen – all dies zeugt vom Wunsch der Menschen, an der Regelung wichtiger Fragen persönlich teilzunehmen. Wie es die Schreiberin eines Leserbriefs ausdrückte: »Ich glaube nicht, daß sich für meine Ansicht allgemeine Zustimmung finden läßt, aber ich möchte doch, daß man sie wenigstens in Betracht zieht.« Dieses Gefühl der Hilflosigkeit beruht zu einem Teil auf der Unüberschaubarkeit der aufgeblähten Verwaltungsstrukturen, aber auch auf der Zentralisierung der Entscheidungsbildung und auf dem Fortfall der vermittelnden Organisationen und Strukturen. Um wieder auf Dostojewskij zu verweisen: Es ist nicht die vernünftige

Wahl, sondern die unabhängige Wahl zwischen Möglichkeiten, die von den Menschen wirklich gewünscht wird.

Der Psychiater S. L. Halleck hat dargelegt, daß dieses Gefühl der Hilflosigkeit dem Bewußtsein durch kompensatorische Aktivität verschleiert wird, denn das Handeln gibt doch wenigstens die Illusion, man habe die Dinge im Griff, und dieser psychologische Mechanismus ist entscheidend für die Entstehung kriminellen oder gewalttätigen Verhaltens. F. T. Melges und R. H. Harris haben dies so formuliert: »Das Gefühl, wenig Einfluß auf das eigene Leben zu haben, kann zu dem Versuch führen, sich selbst als aktiv Handelnder wieder ins Spiel zu bringen.«

Als Sozialarbeiter Leute, die erklärt hatten, sie seien unzufrieden mit der Gesellschaft, danach fragten, warum sie nichts unternähmen, um wenigstens die Dinge teilweise zum Besseren zu wenden (es ging um Großbritannien und die USA), erhielten sie von einem Drittel die Antwort, man glaube, eine Änderung liege gar nicht mehr in ihrer Macht. Franzosen und Schweden zeigten mehr Optimismus (etwa 17 % der Befragten fühlten sich den Ereignissen ausgeliefert), während die Japaner pessimistischer waren und zu 73 % äußerten, jeder Versuch zur Änderung schiene ihnen sinnlos, wiewohl neun von zehn der Befragten zugaben, eigentlich doch verantwortlich zu sein.

Fundamentaler ist der zweite Faktor: der unerklärbare Drang des Menschen, seinem Leben eine übergeordnete Zielsetzung zu geben. Solange ein Mensch friert, hungert und ohne Heim ist, zehrt der Kampf um die Erreichung eines Zustandes jenseits dieser Versagungen alle Energien auf. Hat er solche Entbehrungen aber hinter sich gebracht, meldet sich eine luziferische Unzufriedenheit, eine existentielle Verzweiflung. Dies ist ein echtes Problem in der Welt der entwickelten Länder von heute. Am stärksten davon betroffen sind die jungen Leute, die an den Universitäten großzügige Förderung erfahren und die noch nicht selber im Existenzkampf stehen müssen – sie haben Muße, über ihre Unerfülltheit nachzudenken. Wer am Fließband steht, mag das Leben auch als ziellos ansehen, aber immerhin verdient er Geld, und so wird ihm dann doch die Erfüllung irgendwelcher Wünsche möglich. Die Erfüllung sexueller Wünsche oder die Erreichung familiärer Zielsetzungen bietet zumindest vorübergehend ebenfalls Zufriedenheit. Am stärksten aber werden oft Menschen getroffen, denen eine Stufe ihres Lebens gut geglückt ist (etwa die Gründung einer Familie) und die nun plötzlich nicht wissen, was als nächster Schritt kommen soll. C. G. Jung sagt, daß viele seiner Patienten Männer in den Vierzigern gewesen seien, die plötzlich sich zu fragen begonnen hätten, was sie aus ihrem weiteren Leben denn machen sollten.

Es gibt drei klassische Möglichkeiten, sich solcher existentieller Ängste zu entledigen. Die eine ist, sich auf irgendein großes Projekt zu werfen – politisch, karitativ, künstlerisch – oder einfach nur den Kampf um persönliches Prestige und öffentliches Ansehen aufzunehmen. Die zweite Möglichkeit ist, sich ein Leben für den Augenblick zurechtzumachen, in dem man aus jeder Augenblickssituation ein Höchstmaß an Genüssen zieht und sich jeder sinnlichen oder emotionalen Regung überläßt. Die dritte Möglichkeit ist die Vorbereitung auf ein Leben in einer anderen Welt – die Wendung ins Religiöse. Zweifellos brauchen wir heute eine neue Religion, und es müßte eine Religion matristischer Prägung sein, ein orgiastischer Kult, etwas wie die ekstatischen Dienste an Ischtar und Kybele. Viele junge Leute scheinen auf der Suche nach etwas Ähnlichem zu sein, aber es fehlen ihnen die zwingenden kultischen Bilder. Die ruhelose Suche, die aus solcher Unzufriedenheit entspringt, das Gefühl, man sei um etwas betrogen oder von etwas enttäuscht worden, trägt mit zur Unruhe und zur Rastlosigkeit bei, deren Zeugen wir heute sind und die auch in der Niedergangszeit Roms herrschend waren. Hier liegt die Erklärung für das plötzliche weite Interesse an Mystik, Astrologie, Magie und Okkultismus. Hier liegt auch die Ursache des Glaubens an Besucher aus fernen Weltgegenden, die entweder den Menschen sagen werden, wie sie alle ihre Probleme lösen können, um dann für immer in Glück und Frieden zu leben, oder der Menschheit ein Ende bereiten werden – so oder so wären damit alle Ängste getilgt. Aus diesen Bedürfnissen erwächst auch der Utopismus: der Glaube an ein Goldenes Zeitalter, das in der Zukunft erreicht werden müsse – oder irgendwo in der Vergangenheit lag. Hierdurch wird eine Atmosphäre erzeugt, in der Revolutionäre mit handfesterer Zielsetzung ihren Weizen blühen sehen, wiewohl bei härteren Kraftproben die schwärmerischen Sympathisanten schnell das Feld räumen.

Wenn auch diese existentielle Unzufriedenheit zu einem Teil äußeren, sozialen Bedingungen entspringt, so kommt sie zu einem anderen Teil doch auch von innen. Um es genau zu sagen: Persönliche und soziale Erfahrungen lassen sich nicht trennen. So ist es nicht möglich, eine konstruktive Gesellschaft mit destruktiven Individuen zu errichten oder eine friedliche Gesellschaft mit aggressiven. Es gibt auch keine Zivilisation der Unzivilisierten. Eine Gesellschaft taugt so viel wie die einzelnen, aus denen sie besteht. Inwieweit ist es da aber möglich, die Menschen zu »bessern«? Hierin liegt das schwierigste aller Probleme. Hier ist uns die dringlichste Aufgabe gestellt.

Kapitel 18
Was den einzelnen angeht

Die Krisis der Gewalt ist eigentlich die Krisis des Menschen.

M. F. Gilula und G. Daniels

Psychologische Hilfen

Es gibt eine Zielsetzung möglichen Fortschritts, die hinlänglich Raum für engagierte Tätigkeiten läßt: Die Eindämmung jener Kräfte, die schuld an der Verderbtheit und seelischen Verkrüppelung von Menschen sind und die sie gewalttätig, kriminell und antisozial werden lassen. Nach über einem halben Jahrhundert eingehender und vielschichtiger Untersuchungen wissen wir heute mehr als genug, um bei verfügbaren Mitteln hier wirklich voranzukommen. Zudem haben bahnbrechende Verfahrensweisen, wie sie in verschiedenen Ländern auf diesem Gebiet entwickelt wurden, den Beweis erbracht, daß die meisten Menschen auch bei schwerer Schädigung ihres Sozialverhaltens und entsprechender Verhärtung ihrer Charakterstruktur ins Kriminelle sich wieder resozialisieren lassen. Es gibt zahlreiche Menschen guten Willens, die sofort bereit wären, hier mitzuwirken, sofern nur die abgestumpften Individuen, welche in der Gesellschaft zu bestimmen haben, zur Bereitstellung der entsprechenden Mittel und zur Gewährung der nötigen behördlichen Unterstützung das Ihre beitragen wollten.

Statt dessen aber wird nach verschärfter Strafe, längerer Haftzeit, nach der Wiedereinführung der Auspeitschung oder der Todesstrafe gerufen. Zwar mögen derartige Strafen einigen unserer Mitbürger eine gewisse Befriedigung bieten, auch ihnen das Gefühl geben, der Gerechtigkeit sei Genüge geschehen; aber die Tatsachen zeigen ganz klar, daß hierdurch die Häufigkeit von Verbrechen und Straftaten nicht im geringsten vermindert wird. Die Fakten sprechen eine unmißverständliche Sprache: Jugendliche, die in einer Erziehungsanstalt waren, werden mit höherer Wahrscheinlichkeit wieder straffällig als andere, die es nicht gewesen sind. Kriminelle, die durch Auspeitschung bestraft wurden, führen mit höherer Wahrscheinlichkeit ein Leben gegen das Gesetz als Menschen, die nicht ausgepeitscht worden sind. Gefängnisse sind wahre Schulen des Verbrechens. Sicher verhindert die Todesstrafe einen Menschen an einer weiteren Straftat – auf die Häufigkeit der Morde hat sie dagegen keinen Einfluß. In den Vereinigten Staaten finden wir sogar in jenen Staaten, wo die Todesstrafe noch gesetzlich ist, eine höhere Anzahl von Mordfällen als in den anderen Staaten, welche die Todesstrafe abgeschafft haben. Auch Südafrika, das die Todesstrafe ohne Einschränkung und Skrupel praktiziert, vermochte Gewaltverbrechen hierdurch nicht einzudämmen.

Andererseits hat es viele recht erfolgreiche Versuche sozialer Rehabilitation gegeben, wenn auch stets nur in kleinem Rahmen. Öffentlich sind sie nie honoriert worden, und man hat auch diese Ansätze nicht weiterentwickelt. Wissenschaftler der Universität von Kansas gründeten vor einiger Zeit eine Schule für Jungen im Alter von 11 bis 16 Jahren, die zu Problemfällen in ihren Schulen geworden waren. Der Unterricht orientierte sich an den Richtlinien, wie sie der Lerntheoretiker Burrhus Frederic Skinner entwickelt hatte: Belohnung für erwünschtes Verhalten, aber auch so gut wie keine Bestrafung unerwünschten Verhaltens. Schüler dieser Schule nahmen viel lebhafter am Unterricht teil als Problemkinder, die in Heimschulen saßen oder auf Bewährung unterrichtet wurden. (Die Erfolgsrate für Teilnahme am Unterricht lag bei den Schülern nach der Skinner-Methode bei 90 %, bei den Schülern der Heimschulen bei 9 %, bei den auf Bewährung unterrichteten Schülern bei 37 %. Das Schuljahr mußte nur von 6 % der Schüler wiederholt werden, und die Schule à la Skinner war weitaus billiger zu erstellen und zu führen als die Heimschulen.)

Bereits 1950 waren in einem ähnlichen Experiment in New Jersey zwanzig Jungen in einer Atmosphäre unterrichtet worden, in der ein Mindestmaß von Zwang gegeben war. Dieser Gruppe stellte man eine andere gegenüber, die in einer Besserungsanstalt üblichen Zuschnitts in Annandale (Minnesota) lernte. Schüler, die ein Schuljahr wiederholen mußten, gab es in der ersten Gruppe 16,5 %, in der zweiten Gruppe 48,9 %. Bei den Schülern in New Jersey genügten Aufenthaltszeiten von Monaten statt von Jahren, und die Kosten pro Kind lagen hier um ein Drittel niedriger.

Selbst hochgradig gewalttätige und verhärtete Kriminelle lassen sich wieder in die Gesellschaft eingliedern, wie die Dänen in Herstedvester gezeigt haben, wo ein Versuchsgefängnis nach dem Gesichtspunkt geführt wird, daß der Verurteilte wieder seine Selbstachtung zurückgewinnen muß – eine Einrichtung, die von Kriminologen aus aller Welt als vorbildlich anerkannt wurde. Zwar werden ausgesprochen psychopathische Delinquenten nicht aufgenommen, aber unter den Gefangenen befinden sich Sexualtäter, Alkoholiker, Gelegenheitsdiebe, Streuner und Straffällige mit ähnlicher Vergangenheit. Die Einsitzenden werden auf Ehrenwort entlassen, wenn man den Eindruck gewonnen hat, es werde ihnen eine Wiedereingliederung ins Alltagsleben glücken, können aber bei Nichtgelingen wieder zurückkehren, um dann erneut auf Ehrenwort entlassen zu werden, sobald man noch mehr Vertrauen in ihre Resozialisierbarkeit gewonnen hat. Zehn Jahre nach der Gründung befanden sich nur noch 10 % der ursprünglichen Insassen in Haft. Allerdings braucht ein solches Gefängnis einen großen Stab geschulter Mitarbeiter: Auf 200 Gefangene kommen 199 Betreuer. Da andererseits die Haftzeit kürzer als in normalen Gefängnissen ist, würden sich die Zahlen auf lange Sicht doch in einem günstigeren Verhältnis von Aufwand und Erfolg darstellen.

Fast dreißig Jahre nach den Dänen unternahmen Engländer in Grendon Underwood ein ähnliches Experiment. Ein weiterer englischer Versuch folgte – und hier ließ man die Gefangenen ihr Gefängnis selbst erbauen, wobei 2,5 Millionen Pfund Sterling gespart wurden, ja zuletzt noch ein Gewinn zu erzielen war.

Diese Beispiele stehen für die zahlreichen ermutigenden Versuche einer Rehabilitierung, wie sie in mehreren Ländern unternommen wurden. Unglücklicherweise aber bleiben die meisten Strafanstalten nach wie vor Einrichtungen, die ihre Insassen im Kern ihrer Persönlichkeit brechen. Die Vorstellung, man könne einen Menschen dadurch wieder in die Gesellschaft zurückführen, daß man ihn mit drei anderen Kriminellen zusammen in eine Zelle einsperrt, ist dermaßen aberwitzig, daß man kaum versteht, wieso ein solches

System nicht schon längst abgeschafft worden ist. Jeder Staat beklagt sich über allzu dicht belegte Gefängnisse, und in England werden jährlich 60 Millionen Pfund Sterling für Gefängniserweiterungen ausgegeben. Aber ein Drittel der Insassen sind Leute, die noch auf ihr Verfahren warten und die zu zwei Dritteln ohnehin nicht zu Haftstrafen verurteilt werden. Die ganze Situation ist einfach nichts weiter als ein öffentlicher Skandal.

Zu wünschen bleibt natürlich, daß junge Leute gar nicht kriminell werden, und darauf sollten sich die Bemühungen vor allem richten.

Austobenlassen

Dr. Mia Kellmer Pringle, die Leiterin des britischen National Children's Bureau, hat unübertrefflich knapp die Bedürfnisse genannt, deren Nichtachtung zu Ausbrüchen von Gewalt führen: »Es sind dies das Bedürfnis nach Liebe und Geborgenheit, nach neuen Erfahrungen, nach Lob und Anerkennung, nach Verantwortung.« Und sie führt dazu aus: »Diese Bedürfnisse müssen vom Beginn des Lebens an erfüllt werden, und sie müssen mehr oder minder bis zum Ende des Lebens weiter erfüllt werden. Wenn irgendeines dieser Grundbedürfnisse ungestillt oder ungenügend gestillt bleibt, dann kommt es zu einer Reaktion, die sich in zwei Formen manifestieren kann: in Flucht oder Aggression, im Angriff oder im Ausweichen.«

Wenn eine Gruppe junger Männer sich irgendwo am Rande einer Straße herumtreibt oder ziellos Geld in irgendwelche Automaten einer Spielhalle wirft, dann sehen wir zweifellos Leute vor uns, die keine Verantwortung tragen, die keine Anerkennung erhalten und die auch keine neuen Erfahrungen machen. Es sollte uns nicht überraschen, bei ihnen auf Anzeichen gleichgültigen oder aggressiven Verhaltens zu stoßen.

Ich möchte aber zur Aufzählung Frau Dr. Pringles noch zwei Punkte hinzufügen, die vor allem für Jungen wesentlich sind: das Bedürfnis, sich an einer Herausforderung zu bewähren, und das Bedürfnis, eine Aufgabe zu haben.

Anders als die untätigen oder unterbeschäftigten Jugendlichen in der modernen Stadt wird ein Junge in einer urtümlichen Gesellschaft nach Erweis seiner Tapferkeit und Selbstbeherrschung in den Initiationsriten ein »junger Krieger«, der für seinen Stamm gegen die Feinde zieht und mit einem Skalp wieder zurückkehrt – und das erfüllt die beiden genannten Bedürfnisse. Wo aber können wir in der Zivilisationsgesellschaft einen vergleichbaren Ersatz finden, wenn wir nicht Krieg in Kauf nehmen wollen? Jugendliche, die einen Bandenkampf entfesseln oder an einem Einbruch teilnehmen, versuchen ganz eindeutig ein instinktives Bedürfnis abzureagieren. Derartige Unternehmungen ermöglichen es ihnen, Mut und Geschicklichkeit zu beweisen, geben ihnen auch für die Dauer der Unternehmung ein festes Ziel, dem sich alles unterordnet, bringen Verantwortung mit sich und neue Erfahrung.

Wie aber ließen sich konstruktivere Aufgaben als ein Bandenkampf oder ein Einbruch finden, die dennoch die gleiche bedürfnisstillende Wirkung hätten? Es sind in kleinerem Rahmen hier Versuche gemacht worden, die sich bewährt haben, etwa die Freilandlager oder die Abenteuerschulen in England oder die Campingreisen, wie sie von Sozialhelfern in den USA und Kanada organisiert worden sind. Die Instruktoren in diesen Lagern konnten sich zu ihrer Überraschung von der umstimmenden Wirkung einer Umgebung überzeugen, die Bewährung abforderte.

Leider werden mit solchen Bemühungen die Probleme nur zu einem kleinen Bruchteil abgedeckt. Wenn man sich einmal klarmacht, daß nahezu ein Viertel aller Schwerverbrechen und über 40 % der Einbrüche und Raubüberfälle in Großbritannien von Jugendlichen unter Siebzehn begangen werden, dann gewinnt man einen Eindruck von den sozialen Belastungen, die durch Ignorierung dieses Problems entstanden sind. Übrigens lauten die Zahlen für andere Industriestaaten nicht sehr abweichend.

Kann man mit Abenteuerlagern noch Kinder im Schulalter von Handlungen gegen das Gesetz ablenken, so wird das eigentliche Problem erst dann virulent, wenn der junge Mensch die Schule hinter sich gebracht hat – vor allem dann, wenn er keine Arbeit findet oder in einem öden Job dahinvegetiert, der an ihn keine wirkliche Anforderung stellt. Was not tut, sind Berufslaufbahnen, die auch von der Sache her als lohnend empfunden werden. Gezeigt haben dies Ann Link und Mitarbeiter von der Universität Birmingham im Jahr 1971, als sie Möglichkeiten aufwiesen, wie sich Menschen ohne zufriedenstellende Aufgabe doch engagieren können. Die erste Ausgabe ihres *»Directory of Alternative Work«* (»Handbuch für alternative Arbeit«) war schon nach wenigen Wochen vergriffen, und eine neue Auflage von 2000 Exemplaren wurde schnellstens in Heimarbeit zusammengeheftet. Jetzt werden 6000 Exemplare jährlich verkauft. Unter den angegebenen Tätigkeitszielen sind die Errichtung von Unterkünften für Ausgeflippte, örtliche Zentren für geistig leicht gestörte Erwachsene, Heime für in Schwierigkeiten befindliche Frauen, demokratisch geführte Fabriken usw. Ann Link und ihr Mann erhalten jährlich etwa 3000 Anfragen. Immer mehr Menschen zeigen sich an alternativer Arbeit interessiert. Mindestens zwei britische Universitäten sind jetzt bemüht, den Studenten bei der Suche nach alternativer Arbeit zu helfen, wenngleich die meisten ihre Tätigkeit in diesem Rahmen nur als befristeten Erfahrungsgewinn betrachten.

Die Organisation Community Service Volunteers (CSV), hervorgegangen aus dem Voluntary Service Overseas, hat in zwölf Jahren Aufgaben für freiwillige Helfer entwickelt; diese können ein Jahr Gemeinschaftsdienst in einem Heim für schwer erziehbare Jugendliche, in einem Kinderheim, in einem Zigeunerlager oder bei Einwandererkindern machen. Unter den Freiwilligen sind selbst Einwanderer, ehemalige Häftlinge, auch Blinde. Einige lokale Behörden erkannten sofort die Vorteile. »Im Londoner Stadtteil Camden hat man zum Beispiel schon bald die Entlastung des Budgets und die günstigen Auswirkungen auf soziale Notsituationen gesehen. Man stellte zwei freiwillige Mädchen ein, die drei kleine Jungen versorgten, deren Mutter in der Klinik lag und zwei Jahre nicht nach Hause kam. Die einzige Alternative wäre gewesen, die Kinder in ein Heim zu geben. Im Stadtteil Islington sind 27 Freiwillige auf verschiedene Weise tätig. Diese Helfer erhalten freie Wohnung und Verpflegung, dazu 3 Pfund wöchentlich als Taschengeld, das auf verschiedene Weise ausgezahlt wird und unter CSV-Verwaltung steht.« So berichtet Caroline Moorehead, und sie fährt fort: »1965 erkannte man bei der Polizei den Wert dieser Art Ausbildung auch für Polizeischüler, und viele machen heute drei Monate Gemeinschaftsdienst, der als fester Bestandteil der Ausbildung gewertet wird. Chefinspektor John Harrison aus Hampshire ist der Ansicht, daß drei Monate auf der anderen Seite des Zauns, etwa in einer

Heilanstalt oder unter schwer erziehbaren Kindern, recht gute Wirkung tun. Er nimmt in Kauf, daß einige der Polizeischüler sich so stark engagieren, daß sie aus der Polizei ausscheiden und nach Verlauf ihrer drei Pflichtmonate weiter im CSV-Dienst bleiben.«

Leider hat die Industrie noch wenig Hilfe geleistet. Sie könnte manche Apparatur, so etwa elektronisches Gerät für die Behandlung Schwachsinniger, zur Verfügung stellen. Eine Organisation, das Action Resource Centre, wurde eigens gegründet, um derartige gemeinsame Vorhaben zu verwirklichen, und gegenwärtig bildet sie fünfzig junge Männer aus Westindien aus, die unter Assistenz von Facharbeitern und eines von der Industrie abgestellten Herstellungskoordinators verschiedene Übungsgeräte herstellen. Die Managerschulen könnten eigentlich auch einen Lehrgang zu diesen Fragen in ihr Programm aufnehmen. Selbstverständlich wäre auch die Hilfe von Personen im Ruhestand erwünscht.

Urtümliche Gesellschaften sind nahezu auf der ganzen Welt stets bestrebt gewesen, den Übergang von der Kindheit zum Erwachsenendasein möglichst klar durch ein öffentliches Zeremoniell abzugrenzen. In der Kindheit herrscht Freiheit von Verantwortung, doch gleichzeitig Abhängigkeit. Die einzige Anforderung, die gestellt wird, ist ein gewisses Maß an Zusammenarbeit mit jenen Menschen, die das Kind ernähren und betreuen. Als Mann steht jeder auf seinen eigenen Füßen, trägt Verantwortung für das, was er tut, und ist auch gegenüber der Gesellschaft verpflichtet. Die Unsicherheit junger Leute resultiert heute zu einem Teil aus der Verwischung dieser Übergangssituation. Ist man denn nach Schulabschluß wirklich ein Erwachsener? Dann müßte doch die Gesellschaft den Schulentlassenen brauchen und zu etwas heranziehen, müßte sie deutlich machen, was sie von ihm erwartet. In agrarischen Gesellschaften braucht man die Hilfe der Kinder schon vom frühestmöglichen Zeitpunkt an. Auch unsere Gesellschaft braucht Aufgaben für die Heranwachsenden, entweder in der Sozialhilfe oder auch in einigen Bereichen der Produktion. Und Rechte wie Pflichten des erwachsenen Mannes – etwa in bezug auf bürgerliche Ehrenämter, Wehr- und Zivildienst, Wahlen, Arbeit – sollten gleichzeitig beim Eintritt ins Erwachsenenleben jedem einzelnen zufallen. Ich möchte selbst so weit gehen und vorschlagen, daß irgendein äußeres Symbol – ein Abzeichen, besondere Kleidung, Haartracht oder was immer – den sozialen

Übergang sichtbar macht, damit auch die anderen wissen, welche Erwartungen und Forderungen an einen Menschen gestellt werden können.

Die Langeweile, von der ich im Kapitel 5 sprach, resultiert aus dem Fehlen einer sinnvollen Aufgabe, entsteht, weil der Jugendliche »nichts zu tun« hat. Klar ist, daß Arbeitslosigkeit dieses Gefühl unerfüllten Dahinlebens verstärkt. Der an der Schwelle zum Erwachsenenleben stehende Jugendliche möchte – vielleicht erst nach einer Zwischenphase des Suchens und Herumexperimentierens – nicht nur einen Geldjob, sondern eine Aufgabe, die sein ganzes Leben weiterbringt. Was er braucht, ist nicht bloß Verdienst und Förderung: Er will tätig teilhaben an einer Sache, die mehr ist als er selbst, damit er auch für etwas arbeitet, das seiner Anstrengung wirklich wert ist. Nur so verwirklicht er sich selber. Auch aus diesen Gründen stellten die Hitlerjugend und die Braunhemden der SA für die Arbeitslosen der Weimarer Republik eine so starke Verlockung dar. Und vor diesem historischen Beispiel sollte die gesellschaftliche Gefahr gesehen werden, die heute durch die Massen arbeitsloser junger amerikanischer Farbiger droht; keine vernünftige Regierung kann sie außer acht lassen. Wenn infolge einer großen Weltwirtschaftskrise die Arbeitslosigkeit in Europa und Japan ansteigen sollte, dann wäre die Gefahr des Totalitarismus in aller Schärfe da. Schon heute können wir beobachten, wie die Zugehörigkeit zu einer aktivistischen politischen Gruppe für Menschen in langweiligen Lebensumständen all das sichert, was Frau Dr. Pringle als Grundbedürfnisse aufgezählt hat: das Gefühl, gebraucht zu werden, Verantwortung, Lob und Anerkennung sowie neuartige Erfahrungen. Der studentische Protest erfüllt eine ähnliche Funktion.

Wenn die Gesellschaft keine Rollen anzubieten hat, dann fühlt sich der Jugendliche ihr entfremdet, ja geradezu zurückgestoßen. Seine Antwort ist dann: »Zum Teufel mit der Gesellschaft – wenn sie mich nicht haben will, dann will ich sie auch nicht.« Dieses Gefühl kann selbst bei einem Menschen virulent werden, der einen Beruf hat, sofern dieser Beruf ihm irgendwie nicht angemessen und ohne Anforderung an sein mögliches Können ist, sofern er nur als Arbeitsmaschine bewertet wird. Beim Arbeitslosen aber gewinnen solche Gefühle noch ungleich größere Dynamik. Der Psychiater S. L. Halleck bemerkt: »Verstöße gegen das Gesetz unter Jugendlichen nehmen ab, wenn diese Gelegenheit erhalten, sich einem sinnvollen Bemühen anzuschließen.«

Zu dem Gefühl, man werde nicht gebraucht, tritt das Gefühl der Hilflosigkeit, der »Unfähigkeit, den Lauf des eigenen Lebens oder gar den Lauf der Welt zu bestimmen«. Aus solcher Hilflosigkeit entstehen Depressionen. Wer ein Verbrechen begeht, fühlt sich nicht mehr als bloßes Opfer – er hat selbst gehandelt. Und dieses Handeln bringt einem Ziel näher, real etwa wegen des geraubten Geldes, aber auch psychologisch. (Eltern, die ihre Kinder in Abhängigkeit und Hilflosigkeit halten, nähren solche Impulse noch zusätzlich.)

Hinter jedem Erwachsenen steht das Kind, das er selbst einst gewesen ist. In den ersten fünf Lebensmonaten werden Verhaltensmuster vorgeprägt, werden auch Wunden geschlagen, die in manchen Fällen die Persönlichkeitsstruktur in einer Weise deformieren können, daß zur Heilung die hier geschilderten Maßnahmen nicht mehr ausreichen. Eine Verbesserung der elterlichen Fähigkeiten – und das bedeutet mehr, als bloß für ein Kind zu sorgen – ist das A und O bei der Bewältigung des gesamten Sozialproblems.

Hintergrund Familie

Wir verfügen heute über genügend psychologisches Wissen, um damit eine großangelegte Aktion gegen die familiären Bedingungen zu führen, durch die verbitterte und seelisch verkrüppelte Menschen mit Anfälligkeit für kriminelles und antisoziales Handeln hervorgebracht werden. (Es ist bezeichnend, daß 74 % der eindeutig Kriminellen in Herstedvester zwar aus an sich intakten Familien kommen, aber in Säuglingsheimen oder ähnlichen Einrichtungen ihre erste Lebenszeit verbracht haben.) Es sind tatsächlich Tausende von Untersuchungen über gestörte und kriminelle Kinder vorgenommen worden, und dies in vielen Ländern (von entsprechenden Untersuchungen über Erwachsene gar nicht zu reden). Das Ergebnis all dieser Erhebungen ist umstritten. Wenn es ein Gebiet gibt, in dem wir in der Lage sind, etwas Wirkungsvolles zu unternehmen, dann ist es dieses. »Wenn wir fünf Jahre lang alle Fchung über Kinder stillegten und nur das anwenden wollten, was wir bereits wissen, dann ließe sich damit schon einiges erreichen«, sagt hierzu Frau Dr. Pringle.

Vor einem Vierteljahrhundert fanden die beiden Gluecks, die auf diesem Gebiet bahnbrechend waren, daß »aggressive, antisoziale Personen aus einer Umgebung kamen, die gekennzeichnet war durch abweisende Haltung der Eltern, familiären Zwist, eine auf Bestrafung beruhende Disziplin und Unbeständigkeit der Verhältnisse«. Diese an Kindern der unteren Sozialschichten gewonnenen Erkenntnisse wurden später durch Beobachtungen von Bandura und Walters an Kindern der Mittelklasse bestätigt. Es sind also nicht die Kinder aus durch Scheidung der Eltern auseinandergerissenen Familien, die die großen Probleme stellen, wie oft gemeint wird; problematisch sind vielmehr nach außen hin intakte Familien, in denen das Kind aber weder Liebe noch eine verläßliche Umwelt bekommt. Häufig lassen gerade Familien an sich gutwilliger, beruflich stark beanspruchter Eltern mit hoher Intelligenz in dieser Hinsicht zu wünschen übrig, weil die Eltern gerade oft dann nicht anwesend sind, wenn das Kind sie besonders bei sich haben möchte – etwa bei den Mahlzeiten. Essen ist ja ein Symbol der Liebeszuwendung. Es genügt also nicht, daß bloß die Versorgung mit Nahrung sichergestellt ist. Es gehört für das Kind auch dazu, daß jemand sich ihm beim Essen liebevoll zuwendet, daß eine Atmosphäre gemeinsamen Tuns und geteilter Freude besteht. Noch wichtiger ist die Anwesenheit der Eltern beim Zubettgehen, wenn die Erfahrungen des ganzen Tages noch einmal vor das Bewußtsein treten und verarbeitet werden und die Gegenwart der Eltern Sicherheit gibt.

In einer weiteren sorgfältigen Untersuchung an 174 Jungen, die nicht kriminell waren, bei denen aber aggressionsauslösende Faktoren festgestellt werden sollten, wurde herausgefunden, daß die mehr zu Aggressivität neigenden Jungen meist Eltern hatten, die leicht bereit waren zu strafen, vor allem auch viele Drohungen vorbrachten, wobei aber das Fehlen liebevoller Zuwendung der ausschlaggebende Faktor war. Nur 5 % der aggressiven Jungen hatten Eltern, die sich beide liebevoll um sie kümmerten, während nur 5 % der nicht aggressiven Kinder lieblose Eltern hatten.

Sears, Maccoby und Levin befragten 1957 in den Neuenglandstaaten der USA 379 Mütter und fanden heraus, daß aggressives Verhalten bei kleinen Kindern abhängig war von »elterlichem Gewährenlassen gegenüber Aggressionen, Anwendung körperlicher

Strafen und mangelnder Selbstachtung bei der Mutter«. Sie schlossen daraus, daß »der Wunsch und der Vorsatz, anderen weh zu tun« in der Kindheit erlernt werde. (Vielleicht ist hier »erlernen« kein ganz passender Ausdruck, da man bei in totaler Isolation aufgezogenen Affen ebenfalls Aggressivität feststellte. Wie dem auch sei, klar ist in jedem Fall, daß ein Mangel an liebevoller Zuwendung bei der Bildung einer aggressiven Persönlichkeitsstruktur wesentlich beteiligt ist).

Aus der entgegengesetzten Blickrichtung hat sich Perry London dem Fragenkomplex genähert. Er untersuchte altruistische Menschen, die er »Helfertypen« nannte, und fand heraus, daß nahezu alle sich sehr eng mit ihren Eltern identifizierten, die ihrerseits gute Vorbilder für ethisches Verhalten gegeben hatten. Vor allem war der Einfluß des Vaters wichtig.* Laut einer britischen Untersuchung äußerten sich straffällig gewordene Jungen dahingehend, sie spürten, daß ihr Vater sie weniger liebe als ihre Mutter; eigentlich aber, setzten sie hinzu, *müsse* er sie mehr lieben. Im Gegensatz hierzu meinten nicht straffällig gewordene Jungen, sie würden von beiden Eltern gleichermaßen geliebt, und dies sei so richtig.

Besonderes Interesse verdient die Untersuchung von Bacon, Child und Barry (1963), die eine ganze Reihe unterschiedlicher Gesellschaften auf der ganzen Erde untersuchten und zu dem Ergebnis kamen, daß für kriminelles Verhalten bei Erwachsenen folgende Gegebenheiten während der Kindheit bestimmend sind:

1. vaterloser, nur aus Mutter und Kind bestehender Haushalt; daraus resultieren ungenügende Möglichkeiten der Identifikation mit dem Vater in früher Kindheit;

2. gemeinsamer Schlafraum oder gemeinsames Bett mit der Mutter; hierdurch wird ein überstarkes Abhängigkeitsverhältnis zur Mutter geschaffen;

3. abrupte, von Strafen begleitete Anpassung an die Normen der

* Ein interessantes Detail gibt Wolfenstein, Verfasser psychologischer Studien über Lenin, Trotzkij und Gandhi. Er weist darauf hin, daß alle drei Persönlichkeiten ein ungewöhnlich ambivalentes Verhältnis zu ihren Vätern hatten. Vor allem Trotzkij hatte einen Drang, seinen Vater zu demütigen, wobei er mit Haß die Beziehung seines Vaters zur Mutter verfolgte. Lenin entwickelte negative Empfindungen gegen den Vater wegen dessen häufiger beruflicher Abwesenheit und empfand beim Tod seines Vaters Schuldgefühle.

Gesellschaft und erzwungenes Hinausdrängen in die Selbständigkeit; beides führt zu emotionaler Verwirrung.

Die Autoren vertraten die Ansicht, daß Kindheitserfahrungen dieser Art zur Verfestigung einer Haltung führen müßten, bei der Rivalität, Mißtrauen und Feindseligkeit bis in das Erwachsenenalter erhalten blieben. Tatsächlich fanden sie Merkmale eines zu Mißtrauen neigenden, fast paranoiden Charakters noch in späteren Jahren. (Ein allzu jäh erfolgender Übergang in die Selbständigkeit scheint mehr die Bereitschaft zum Diebstahl als die Neigung zur Gewalt zu fördern und erschwert die Beziehungen zu anderen Menschen.)

Zahllose andere Untersuchungen könnten noch angeführt werden, doch geht es mir hier nicht darum, eine vollständige Analyse der Aggression zu liefern. Es soll aber deutlich werden, daß eine Gesellschaft, die auf Verringerung der Aggression hinarbeiten will, auch große Anstrengungen unternehmen muß, Familien der beschriebenen Struktur zu helfen. Viele Eltern kennen noch nicht einmal die simpelsten psychologischen Tatsachen. So darf etwa ein Kind bis zum siebten Lebensjahr nicht länger als 48 Stunden von den Eltern getrennt sein, und für niedrigere Altersstufen gelten entsprechend kürzere Trennungsfristen. Doch selbst gebildete Eltern gehen oft für vierzehn Tage und länger alleine auf Urlaub und lassen in dieser Zeit ihr Kind bei einer Pflegeperson oder bei Freunden. Kleinkinder müssen zudem stufenweise an eine Ausdehnung der elterlichen Abwesenheit gewöhnt werden.

Zum Teil sind hier soziale Faktoren im Spiel: Wenn die Eltern an entfernteren Arbeitsplätzen tätig sind, etwa sogar im Pendelverkehr dorthin gelangen müssen, dann können sie nicht rechtzeitig zu Hause sein, um ihre Kinder zu füttern und zu Bett zu bringen. (Ich komme im nächsten Abschnitt auf diesen sozialen Aspekt noch zurück.) Aber von solchen Gegebenheiten einmal abgesehen: Es besteht in der Tat die Notwendigkeit einer Schulung für Eltern. Keith Joseph, 1973 britischer Gesundheitsminister, kündigte an, man werde in begrenztem Rahmen bemüht sein, den Teufelskreis zu durchbrechen, in dem schlechte Eltern schlechte Kinder heranziehen, die dann ihrerseits wieder schlechte Eltern werden – und so immer weiter. Zweifellos wird auch der kleinste Ansatz in dieser Richtung als »Einmischung in Privatangelegenheiten« kritisiert werden. Gerade jene Eltern, die ein Umlernen nötig hätten, werden die letzten sein, die auf entsprechende Ratschläge hören. Ohnedies können psychisch gestörte Eltern nicht auf bloße Ratschläge hin ihr Verhalten ändern. Da müßte das Problem schon mehr an den Wurzeln angepackt werden. Gleichwohl müssen wir tun, was sich tun läßt und wo immer sich etwas tun läßt.

Professor Cortés hat in Washington den Vorschlag gemacht, man möge eine repräsentative Anzahl von besonders gefährdeten Familien auswählen und nur der einen Hälfte dieser Familien ein Maximum an Hilfe und Unterstützung zukommen lassen, wobei nach etwa zehn Jahren ja sichtbar werden müsse, in welcher der beiden Gruppen mehr gestörte und straffällige Kinder zu finden seien.

Es ist heute möglich, potentielle Straftäter mit einer Sicherheit um 90 % bereits im Alter von etwa acht Jahren auszumachen, und zwar mittels Informationen über ihren familiären Hintergrund und über die Körperkonstitution der Kinder; so zeigen muskulöse Knaben häufiger die Neigung, ihre Probleme in körperlicher Aktivität abzuragieren, während die mehr zerebral bestimmten Typen ihre Probleme internalisieren und »Neurotiker« werden.

Kaum läßt sich der Glaube ausrotten, Eltern wüßten instinktiv schon am besten, was gut für ihr Kind sei. Aber früher glaubte man auch, jede Mutter wisse, wie sie ihr Kind zu ernähren habe, und doch können Eltern ohne Richtlinien für Säuglingsdiät keine gesunden Kinder großziehen. Es ist auch gar nicht der Instinkt, sondern vielmehr die Nachahmung von Beispielen, die frühere Ernährungspraktiken bestimmte, und es ist die mangelnde Gelegenheit zur Nachahmung, die in der modernen Gesellschaft dazu zwingt, die Säuglingsernährung zum Gegenstand eines mehr abstrakten Lernprozesses werden zu lassen, bei dem Handbuch oder Gebrauchsanweisung das anschauliche Beispiel ersetzen müssen. Denn in der Lehmhütte oder am Lagerfeuer sah schon das kleine Mädchen Mütter mit ihren Säuglingen beschäftigt und lernte durch Zusehen und Fragen. Eine solche Direktvermittlung fehlt in der Mietwohnung unserer Tage. (Tatsächlich haben Untersuchungen in einer amerikanischen Wohngemeinde gezeigt, daß die Mütter sehr unterschiedliche Methoden bei Entwöhnung, Sauberkeitserziehung, Folgsamkeit usw. praktizieren, im allgemeinen aber glauben, sie machten es so wie alle anderen Mütter auch.)

Bei den Gerichten und den sozialen Betreuungsinstitutionen herrscht Übereinkunft hinsichtlich der Art, in der mit einem jugendlichen Straftäter verfahren werden sollte, wie E. S. Higgins, der Vorsitzende der Society of London Directors of Social Service, sagt. »Aber die nötigen Mittel hierfür«, so Higgins, »sind einfach nicht in hinreichender Menge vorhanden, auch nicht immer in der erwünschten Güte. Es fehlt an geschulten Helfern, und die gegenwärtigen Besoldungsmaßstäbe für diese besonders mühevolle und auch gesundheitlich nicht unbedenkliche Arbeit sind völlig unrealistisch.«

Tod der Familie?

Der bedenklichste unter all den gegenwärtig kursierenden Mythen ist jener von der Überholtheit der Familie als Institution. Offenbar speist sich diese Auffassung aus der Vorstellung einer Sozialisierungsfunktion der Familie: Die Familie sei es, die das Kind in die bestehende Kultur eingliedert und es Respekt vor der Autorität älterer und erfahrener Mitglieder der Gesellschaft lehrt. Wenn man also Revolution machen möchte, dann schaffe man am besten die Familie ab. Da mögen populärpsychologische Thesen wie die von Theodor Reik dahinterstehen, aber der Gedanke ist älter. Bald nach der Oktoberrevolution gab es in Rußland Versuche einer Abschaffung der Familie, doch folgte schnell die Einsicht, daß die Betreuung der Kinder in institutionalisierten Gruppen bloß Menschen mit asozialen Tendenzen hervorbringt, die sich in keine Gesellschaft einordnen. So wurde davon wieder Abstand genommen.

Tatsächlich ist die Familie der Mikrokosmos der Gesellschaft, und dies in einer weitaus komplexeren Weise, als revolutionärer Übereifer sich das klarmacht. Wer die Familie aufbricht, bricht auch die Gesellschaft auseinander. Die Geschichte des Niedergangs unserer Zivilisation ließe sich beschreiben als stufenweiser Abbau familiärer Strukturen. Zu unterscheiden ist aber zunächst die Kernfamilie – Eltern und Kinder – von der Familie im weiteren Sinne, der Verwandtschaft. In der vorindustriellen Gesellschaft lebte die Verwandtenfamilie in einer Entfernung von der Kernfamilie, die gewöhnlich einige Gehminuten, allenfalls Gehstunden nicht überschritt. Die heranwachsenden Kinder sahen die meisten ihrer Verwandten regelmäßig, und häufige Familienereignisse führten alle immer wieder zusammen. Eine solche Großfamilie bietet mehr Sicherheit und Erleichterung als die Kernfamilie von heute: Ist einer der Eltern krank, so springen Verwandte helfend ein. Übrigens zeigt die Anthropologie, daß die Familie verschiedene Formen annehmen kann. In nicht wenigen Primitivgesellschaften werden die Kinder von der Mutter und ihrem Bruder erzogen, in anderen erfüllen die Mütter mit ihren Schwestern gemeinsam die Mutterrolle an den eigenen wie an den Schwesterkindern. Polygamie, Polyandrie und Gruppenehen schaffen wieder andersartige Familienstrukturen, die sich alle mehr oder weniger bewährt haben. Die Familie, wie wir sie kennen, ist mitnichten die einzige, sakrosankte Möglichkeit. Aber wer andere Familienformen für zulässig erklärt, befürwortet damit keineswegs die Abschaffung der Familie schlechthin.

Wichtig ist allein, daß durch menschliche Beziehungen Vorbilder geschaffen werden, an die das Kind emotional gebunden ist, mit denen es sich identifizieren kann und die Sicherheit und eine geordnete Umwelt garantieren. Fehlen aber diese Bedingungen, so entstehen Neurosen, Ichschwäche und Unfähigkeit zu Gewissensentscheidungen. In der Familie wird weitergegeben, was kulturell überliefert ist, wobei das Kind sowohl durch Nachahmung als auch durch die Befolgung erteilter Lehren lernt. Es eignet sich die Fertigkeiten, Techniken, Wertsysteme an, übernimmt die Tabus, die Rituale, die ganze Grundeinstellung. Das alles kann brauchbar aussehen oder auch nicht, die Tabus können irrational, die Einstellungen nicht eben erwünscht sein (vom Standpunkt unserer Kultur aus) – es ist doch immer besser als gar nichts.

Die Erfahrung in den Kibbuzim zeigt, daß Kinder auf längeren Kontakt mit ihren biologischen Eltern angewiesen sind – Betreuer und Lehrer, wie zuwendungsbereit sie sein mögen, sind doch nicht genug. Wahrscheinlich brauchen Kinder auch Dinge, die ihnen alleine gehören. So hat man den Kindern in den Kibbuzim mittlerweile eigenes Spielzeug zugestanden, während früher die ganzen Spielsachen allen gemeinsam gehörten.

Aufgrund ausgedehnter Untersuchungen in einem halben Dutzend verschiedener Länder hat Dr. Urie Bronfenbrenner die Verbindung zwischen enger emotionaler Elternbeziehung und dem Sozialverhalten herausgearbeitet. Das einzige Land, in dem Kinder noch häufiger als in den USA Bereitschaft zu antisozialem Verhalten an den Tag legten, war England. Bronfenbrenner: »England ist das einzige Land unserer Untersuchungsreihe, das ein geringeres Maß elterlicher Zuwendung von seiten beider Eltern zeigt als unser eigenes Land [die USA], wobei besonders die Väter weniger Zuneigung und Kameradschaftlichkeit bekunden und sich überhaupt weniger mit ihren Kindern abgeben.« Bestätigung erfährt diese Aussage durch R. G. Andry vom St. Thomas Hospital in London, der feststellen konnte, daß die von ihm beobachteten Straffälligen gern ein engeres Verhältnis zu ihren Eltern gehabt hätten, daß sie sich mehr Lob für Geleistetes vor allem von ihren Vätern wünschten. Tatsächlich hatten diese Väter weniger Kontakt zu ihren Söhnen als die Väter nicht straffällig Gewordener und unternahmen mit ihnen viel weniger gemeinsam.* Ähnliche Ergebnisse liegen aus den USA vor. Hierzu der Verhaltensforscher Irenäus Eibl-Eibesfeldt in seinem Buch »*Liebe und Haß*«: »Die Familie gewährt dem Menschen jene Liebe und Sicherheit, in der das Urvertrauen zu Mitmenschen wächst.« Aus diesem Urvertrauen entwickelt sich unsere Fähigkeit, soziale Bindungen einzugehen.

Wenn also politische Bewegungen sich gegen die Familie richten, weil sie angeblich die Quelle aller Unterdrückung darstellt, so ist das eine gefährliche Sache. »Was dabei übersehen wird, ist die Tatsache, daß mit einer solchen künstlichen Unterbindung starker persönlicher Bindungen erst recht Entbehrungserlebnisse erzeugt werden«, schreibt Eibl-Eibesfeldt. »Und zwar nicht, weil wir Menschen überall durch Erziehung falsch programmiert wurden, sondern *weil wir bereits so programmiert zur Welt kommen.*« (Hervorhebende Kursive von mir.) Wird einem Kind die Erfahrung der Elternbeziehung vorenthalten, so wird seine Persönlichkeit daran Schaden nehmen. Eibl-Eibesfeldt: »Solche Menschen gehen überhaupt keine starken Bindungen mehr ein, sie werden selbstbezogen, was man doch gerade vermeiden will.«

In einigen Kommunen hat man versucht, durch gemeinsame

* Es gab freilich noch andere Faktoren, die hier nicht berücksichtigt wurden. So waren unter den Straffälligen häufiger Kinder, die nicht an der Brust gestillt worden waren; außerdem glaubten die Untersuchten, ihre Mütter seien ihnen gegenüber zu nachsichtig gewesen.

Kasse, polygame Sexualbeziehungen, gemeinsames Essen aus einer Schüssel ein Gemeinschaftsbewußtsein zu schaffen. Hier herrscht die Theorie, daß ein Kind sich nicht bloß an seine Eltern binden solle, sondern zu einer Anzahl von Elternfiguren Beziehungen entwickeln müsse; daß es keine eigenen Spielsachen besitzen dürfe, weil dadurch der Besitztrieb angestachelt werde. In Wahrheit aber erzeugt die Verweigerung jeglichen Eigentums Frustrationen, und nur durch die Erfahrung des Besitzes kann man auch lernen zu teilen.

Diese Kommunarden bedenken Leistungen nicht mit Lob, da sie dafürhalten, Leistungsstreben sei eine Quelle der Aggression. Sie wollen auch keine Distanzierung von der Gruppe billigen; wenn ein Kind alleine herumlaufen möchte, wird es zurückgebracht und sein Verhalten einer Analyse unterzogen. Indessen ist das Bedürfnis nach Ruhe und Sammlung allen Menschen gemeinsam. Die Leidenschaft für Gemeinsamkeit geht in einigen Kommunen so weit, daß selbst die Klotüren ausgehängt wurden.

Vor allem soll die Familie als ein Bollwerk der Autorität abgeschafft werden. Daher ist weder Lob noch Tadel erlaubt, und bei der Erziehung der Kinder soll weder die Bekundung von Liebe noch auch Bestrafung als pädagogisches Mittel zur Anwendung kommen. Aber es gehört zu den menschlichen Grundbedürfnissen, durch Leistung die Anerkennung der Mitmenschen zu gewinnen, und hierauf beruht die ganze Selbstachtung. Somit sind diese Erziehungsmethoden alles andere als progressiv, sie sind im Gegenteil extrem rückständig und werden mit Sicherheit im Lauf der Zeit hochgradig gestörte Erwachsene hervorbringen. Ein Familienleben – von Kommunarden als »bürgerlich« abgetan – existiert in allen primitiven Gesellschaften, wie Eibl-Eibesfeldt gezeigt hat, und hat mit Bürgertum gar nichts zu tun. Zu Recht nennt Eibl-Eibesfeldt jede Form einseitiger Erziehung fundamental intolerant und daher repressiv.

Leider bricht die Industriegesellschaft die Familie auch ohne Assistenz der Kommunarden entzwei. Jede Regierung, die auf Wiederherstellung eines bescheidenen Maßes an sozialem Zusammenhalt abzielt, sollte sich die Wiederherstellung der Familie zum Ziel setzen – durch Änderung der Bedingungen, die Väter und Mütter dazu zwingen, fernab von ihren Kindern zu arbeiten; durch Aufklärung und soziale Hilfe gegenüber Eltern, die keine Einsicht in ihre Lage haben oder gar selbst unter psychischen Schwierigkeiten leiden; durch Verknüpfung ihrer Wohnungsbauentwicklungspläne mit Projekten, die zur Wiederherstellung größerer Sozialgruppierungen oberhalb der Eltern-Kind-Familie führen, zu jenen Großfamilien also, von denen ich eingangs gesprochen habe.

Werden diese Zusammenhänge erst einmal besser verstanden sein, dann werden Regierungsstellen oder Großfirmen ihre Mitarbeiter nicht mehr alle zwei oder drei Jahre auf neue Posten verschieben, wie das in einigen Bereichen der Industrie schon gang und gäbe ist. Man wird den Kindern wie den Eltern nicht mehr die Möglichkeit nehmen, in ein soziales Gefüge hineinzuwachsen.

Aber wie die Dinge zur Zeit noch stehen, werden die familienfeindlichen, trennenden Kräfte immer noch stärker. Die soziale Lage muß sich daher weiter verschlechtern. Eibl-Eibesfeldt nimmt diese Aussicht ernst genug, wenn er sagt: »So spricht der oberflächliche Eindruck dagegen, daß wir den Anforderungen der Massengesellschaft auf die Dauer gewachsen sind.«

Schlußfolgerung

Dieses Buch hat nicht Kriminalität und Gesetzesverstöße zum Thema, so daß ich auf eine gedrängte Aufführung aller hier hereinwirkenden Faktoren verzichte. Ebensowenig vermag ich alle denkbaren Gegenmaßnahmen zu erwähnen. Eine jedoch soll hier genannt sein, da sie nur wenig bekannt ist: Erst jüngst ist festgestellt worden, daß viele Personen, die zu Gewalttätigkeit und asozialem Verhalten neigen, bei der Geburt einen kleinen Gehirnschaden erlitten haben – wohl durch vorübergehende mangelnde Sauerstoffzufuhr beim Passieren der Geburtswege. (Auch das Gehirn des Erwachsenen wird unwiderruflich geschädigt, sofern die Sauerstoffversorgung nur wenige Minuten unterbunden wird.) In der Regel lassen sich solche Gehirnschäden feststellen, und zwar durch geringfügige Abweichungen der Gehirnstromwellen im Elektroenzephalogramm. Es wäre daher eine Präventivmaßnahme, alle Kinder einer solchen Untersuchung zu unterziehen oder doch zumindest all jene, die Anzeichen einer Verhaltensstörung zeigen. Kinder, die gehirnphysiologisch auffällige Fehlfunktionen aufweisen, könnten dann weiter ärztlich beobachtet werden. In einem Alter, wo sie das Verständnis dazu haben, müßte man sie dann auf ihre besonderen Bedingungen hinweisen, wodurch es ihnen vielleicht leichter fiele, mit dem geringen Defekt zu leben und ihn zu kontrollieren. Es wäre denkbar, daß durch Verabfolgung von Sedativa mancher heraufziehende Wutanfall oder Ausbruch beigelegt werden könnte. Natürlich ließe sich so etwas nicht in jedem Fall durchführen, und der Umgang mit der explosiven Psyche stellt delikate ethische Probleme.

Wir haben andere Individuen, die an »Reizarmut« leiden. Das Leben erscheint ihnen trostlos langweilig, sofern sie nicht hochgradig stimuliert werden. Sie suchen daher jegliche Art von Nervenkitzel: tollkühne Motorradfahrten, einen Banküberfall, Angriff auf ein Maschinengewehrnest mit Handgranaten – solche Dinge geben ihnen Wohlbefinden, geben das Gefühl, »wirklich zu leben«. Daher bewähren sie sich auch stets in kritischen Situationen, ein Umstand, der den mehr zu banger Vorsicht neigenden Menschen schwer verständlich scheint. Hier käme es darauf an, solche Menschen auf entsprechenden Tätigkeitsgebieten zum Zuge kommen zu lassen: Löschen von Ölbränden, Katastropheneinsätze, Aufträge bei Spezialeinheiten, Arbeit auf dem Hochbaugerüst – das wäre besser, als wenn man sie in Berufe entläßt, in denen sie sich sterblich langweilen und dann vielleicht auf den Gedanken kommen, daß ungesetzlicher Geldverdienst viel prickelnder sein könnte.

Ich übersehe nicht die Bedeutung der gesamten sozialen Umweltstruktur für diese Probleme – Verbrechen sind besonders häufig in sozial strukturlosen Wohngebieten. Auch den kulturellen Faktor darf man nicht unterschätzen: Gewalt kann die Form sein, in der sich der Mann zu bewähren hat, oder es gibt traditionell verfestigtes Verhalten, das Gewalt impliziert, wie in Fehde und Blutrache. Andererseits finden wir auslösende Effekte. Das Dabeisein bei Gewalthandlungen, ja schon der schiere Anblick von Werkzeugen der Gewalt kann auch bei Leuten Aggressionen auslösen, die unter anderen Umständen sich hätten beherrschen können. Die Anthropologin Margaret Mead hat die Notwendigkeit fester Rituale für Aggressionsabfuhr und Schulderlassung unterstrichen. Andere Autoren haben darauf hingewiesen, daß durch Lärmbelastung oder drangvolle Enge Aggressionen ausgelöst werden können. Aus Tierversuchen kann man vermuten, daß auch unter Menschen durch das Eindringen eines Fremden in eine stabile Gruppe Aggressionsbereitschaft entsteht, weil das Gleichgewicht der Beziehungen gestört wird und die Rangordnung wiederhergestellt werden muß, was nicht ohne Auseinandersetzungen abgeht.

Wir verfügen heute über eine Menge an Information, sowohl hinsichtlich der Ursachen aggressiven Verhaltens als auch in bezug auf asoziale Haltungen allgemein. Angesichts der Bedeutung der hier zur Diskussion stehenden Fragen machen wir viel zuwenig Gebrauch von unserem Wissen. Aus dem Blickwinkel künftiger Einsicht wird sich unsere gegenwärtige Haltung des Laisser-faire gegenüber psychologischer und sozialer Problematik ähnlich geistestrüb ausnehmen wie dem Menschen von heute die mittelalterliche Hilflosigkeit gegenüber der Pest.

Natürlich glaube ich nicht, daß *alle* krankhaften Erscheinungen zum Verschwinden gebracht werden können; auch bei noch so großen Anstrengungen wird dies niemals realisierbar sein. Zufälligkeiten spielen eine große Rolle und sind nicht auszuschließen. Ein Kind, das einen der Eltern oder gar beide verliert, gerät psychisch unter eine große Belastung. Bei manchen Menschen dürften erbliche Anlagen hinzutreten: charakterliche Schwächen oder die Unfähigkeit, starke Belastungen zu ertragen, wodurch Neurosen ein günstiges Vorklima hätten. Aber das Bestehen einiger gut geordneter und friedlicher Gesellschaften läßt doch die Hoffnung zu, daß die Gesellschaft auch bei uns besser eingerichtet sein könnte, als sie es tatsächlich ist.

Mit einiger Berechtigung besteht ein Vorbehalt gegenüber Versuchen, die Persönlichkeit von Menschen zu ändern, da ein willentlicher oder versehentlicher Mißbrauch befürchtet wird. Allerdings kommt es darauf an, welches Bild vom Menschen und von seiner Psyche vorliegt. Wenn diese Psyche wirklich die Tabula rasa darstellt, in die sich nach der Methode Skinners so viele Reflexe eingraben lassen, dann könnten allerdings Versuche, bessere Individuen durch Konditionierung zu gewinnen (wie er dies vorschlägt), in der Tat gefährliche Folgen haben. Geht man aber davon aus, daß die menschliche Persönlichkeit sich ganz ähnlich wie der Körper nach normalen Entwicklungsgesetzmäßigkeiten entfaltet, dann handelt es sich allein darum, den Menschen gut zu nähren und gut auf das Leben vorzubereiten, ihn nicht extremen Belastungen auszusetzen, ihm die nötige Muße zu sichern – er wird dann von selbst sich so harmonisch und vollkommen entwickeln, wie dies nach Maßgabe seiner Anlagen möglich ist. Nur diese Rahmenbedingungen für günstige Entwicklung empfehle ich mit Nachdruck – die Gefahren einer »Persönlichkeitsumprägung« oder einer »Gedankenüberwachung« fürchte ich nicht weniger als die meisten anderen Menschen auch.

In der Perspektive meiner Betrachtungen steht immer der soziale Zusammenhalt. Auf ihn sei nun auch im folgenden, letzten Kapitel nochmals der Blick gerichtet.

Kapitel 19
Perspektiven

Der Mythos erfüllt in primitiven Kulturen eine unentbehrliche Funktion. Er gibt den ewigen Wahrheiten Ausdruck, Steigerung und feste Form. Er schützt und verwirklicht die Sitte. Er gibt Zeugnis für die Wirksamkeit des Rituals und enthält praktischen Rat für die Lebensführung der Menschen. Mythos ist also ein tief verwurzelter Teil der menschlichen Kultur.

Bronislaw Malinowski

Mythisches Denken

Das zentrale Problem für die westliche Zivilisation liegt darin, daß es ihr wieder gelingen muß, eine organische Sozialstruktur zu schaffen, andernfalls sie im Chaos untergeht. In den beiden vorangegangenen Kapiteln habe ich zu zeigen versucht, nach welchen Perspektiven dies möglich wäre. Doch dies stellt uns vor das Metaproblem: Wenn klar ist, was getan werden müßte – warum wird es dann nicht getan? Warum geraten wir immer tiefer in den Strudel hinein?

Nun, vor allem deshalb, weil wir geradezu gebannt sind von verschiedenen fixen Ideen, an denen wir mit einer irrationalen Intensität festhalten und die unsere Urteilskraft trüben. Irrationale Meinungen, sofern sie sich weiter Verbreitung erfreuen, werden in einer bestimmten wissenschaftlichen Terminologie als Mythen bezeichnet. (Dieser Terminus will nicht unbedingt besagen, daß eine solche Meinung falsch sei; er weist aber darauf hin, daß hier Rechtfertigungen für ein Verhalten bereitgestellt werden.) Hinter Mythen wird viel Emotionalität gespeichert, weshalb jeder, der sie in Frage stellt oder gar kritisiert, mit Widerspruch oder Sanktionen rechnen muß. Ein bekanntes Beispiel haben wir im Kommunismus, den Kommunisten nicht kritisieren dürfen, wollen sie Strafe vermeiden. Ähnlich stand es früher mit der christlichen Glaubenslehre.

Es gibt eine ganze Reihe Mythen minderer Ordnung in unserer Gesellschaft, von denen einige bereits an Überzeugungskraft verlieren – zum Beispiel, daß alles, was gut fürs Geschäft ist, auch gut für die Gesellschaft sei. Oder daß sich die Probleme der Technik wiederum durch die Technik lösen ließen. Oder daß alle Menschen den amerikanischen Lebensstil neidvoll anerkennen. Ich will diese Mythen auf sich beruhen lassen, denn mehr als sie beunruhigen mich so emphatisch verteidigte Glaubenssätze wie die, daß Freiheit und Spontaneität des einzelnen unumstößliche Werte seien. Gewiß sind sie zu wünschen, aber nicht minder erwünscht sind auch ihre Gegenwerte: Ordnung und Disziplin. Es kommt auf die richtige Balance zwischen den Werten an.

Gegenwärtig steht ein weiterer machtvoller Mythos in Flor: die Idee, daß Gleichheit ein absoluter Weg sei, weshalb jegliche Hierarchie und Unterordnung Teufelswerk darstelle. Man riskiert schon einiges, wenn man heute ein Wort für die Ungleichheit einlegt. Tatsächlich können sich viele Leute nur schwer damit abfinden, daß zwischen den Individuen qualitative Unterschiede bestehen. Aber auch hier liegt das wirkliche Problem darin, daß man den rechten Kompromiß zwischen der großartigen Idee der Qualität sowie anderen, nicht minder gültigen, wiewohl weniger zeitgängigen Vorstellungen – so etwa der des Verdienstes – auf der einen Seite und der Vorstellung der Chancengleichheit auf der anderen Seite herstellt. Denn nicht nur das Bedürfnis nach Gerechtigkeit und gerechter Verteilung ist tief im Menschen verwurzelt – auch das Bedürfnis nach Auszeichnung und Unterscheidung.

Der trügerischste all dieser Mythen ist der Glaube, Utopia lasse sich verwirklichen. Viele junge Menschen glauben in der Tat, daß mit nur wenig mehr Anstrengung die Welt in einen ungleich besseren Zustand gebracht werden könnte und daß allein eine böswillige Verschwörung handfester Interessen die Verwirklichung vereitle. Bestärkt werden sie in ihrem Glauben durch jene Technomanen, die seit über fünfzig Jahren die Parole ausgeben, es bestehe kein Grund mehr, warum noch irgend jemand weiterhin in Dürftigkeit dahinleben müsse. Die Wahrheit ist aber, daß die Menschen gerade wegen ihrer erratischen, ungleichartigen und irrationalen Wesensart sich äußerst schwer damit tun, selbst auf der Hand liegende kleinere Reformen zu verwirklichen. Es ist leider traurige Wahrheit, daß eine vollkommene Gesellschaft auf vollkommenen Menschen beruhen müßte, und Menschen sind nun einmal nicht vollkommen.

Die Täuschung der Utopie beruht ja gerade auf dem radikalsten aller gegenwärtig wirkenden Mythen, nämlich auf dem Glauben, der Mensch sei von Natur aus gut und seine Schlechtigkeit sei bloß das Ergebnis einer Korrumpierung durch die Gesellschaft. Also komme es darauf an, die Gesellschaft ins Lot zu bringen, damit die Menschen von selbst vollkommen werden und jedermann fürderhin glücklich weiterlebt. Dieser Glaube stellt natürlich den polaren Gegensatz zur puritanischen Überzeugung von der Schlechtigkeit des Menschen dar, der einzig durch Strafen hienieden und die Androhung von Strafen im Jenseits am Sündigen zu hindern ist.

In Wahrheit trifft ja keine der beiden Ansichten zu. Der Mensch ist weder gut noch böse. Er folgt allein erlernten oder im Instinkt verankerten Verhaltensmustern, die je nach dem Zusammenhang seines Handelns und den Zielen und Werten des Beurteilers »gut« oder »böse« genannt werden. Zu der Tatsache, daß jeder Mensch die natürliche Neigung besitzt, seine eigenen Interessen an die erste Stelle zu setzen und somit die Interessen anderer zu verletzen, hat der einzelne auch zu lernen, diese Neigung in bestimmtem Maße zu zügeln, sofern er in Gemeinschaft mit anderen zu leben wünscht. Menschen, die überhaupt nicht gelernt haben, sich zu bezähmen, können vom Standpunkt der Gesellschaft aus nur für »böse« oder »schlecht« gelten, jene aber, die sich im Zaum halten können, werden für »gut« gehalten. So können also einzelne Individuen in bestimmten Situationen als »gut« oder »böse« eingestuft werden, doch ist eine solche Einstufung nicht auf die Menschheit als Ganzes anwendbar.

Das mag alles reichlich akademisch klingen, ist es aber nicht. Viele soziale Probleme, die starke Emotionen wecken, verbinden sich mit dem heutigen romantischen Glauben an den Menschen als gutes Wesen. Der Mythos von der inneren Vollkommenheit geht Hand in Hand mit der gegenwärtigen Ablehnung jeglicher Autorität und der Wertschätzung der Spontaneität. Denn wenn der Mensch von Natur gut ist, so braucht er nur seinen Instinkten zu folgen, muß er nur tun, was er seinen Impulsen gemäß tun möchte, und alles wird von selbst gut werden. Die Schwäche dieser Position wird deutlich, wenn auch Menschen in Betracht gezogen werden, die ihren Impulsen nachgeben und Kinder quälen oder ähnlich verabscheuungswürdige Dinge begehen.

Der unauflösbare Gegensatz wirkt auch auf die Einstellung gegenüber der Klasse. Der Konservative hält die Menschen für unterschiedlich im Rang und im Vermögen zur guten Tat, weshalb er es für vernünftig erachtet, daß die Gesellschaft Wege findet, den fähigsten und gewissensstrengsten Männern die wichtigen Posten anzuvertrauen, weshalb es auch eine Stufenleiter gesellschaftlicher Geltung und differenzierender Auszeichnung geben soll. Der Radikale, der allen Menschen die gleiche Möglichkeit, gut zu sein, zuspricht, beharrt auf Gleichheit, während er (nicht ganz logisch) die an der Macht Befindlichen als »schlecht« oder »unfähig« anklagt.

Es kommt mir hier darauf an, die politischen Folgen dieses Mythos darzustellen. Wenn wir glauben, daß der Mensch vollkommen ist oder zumindest sein könnte, dann wenden wir natürlich alle unsere Kräfte an die Besserung der Gesellschaft und kehren damit nur den Irrtum der Kirche des Mittelalters um, die sich die Besserung des menschlichen Handelns zum Ziel setzte. Tatsache aber ist, daß wir uns um beides bemühen müssen, vor allem um die sozialen Gegebenheiten, die das Verhalten bestimmen und von denen bereits die Rede war. Heutzutage kommt aber der Aspekt einer Reform des Menschen zu kurz, während der Aspekt der Gesellschaftsreform überbetont wird.

So versuchen wir in der Erziehung nach Wesleys Vorschlag nicht länger den Willen des Kindes zu brechen, es nicht mehr durch Strafe zu belehren oder zu motivieren. Viele Erzieher vertreten die Auffassung, daß dem Kind eine optimale Umwelt für die Entwicklung seiner Möglichkeiten geboten werden muß und daß man eher gute Leistungen belohnen als Fehler bestrafen solle. Wie eine Blume wisse der Schüler schon, was er von der Außenwelt aufnehmen müsse; er könne sehr wohl über seinen eigenen Werdegang entscheiden und aus sich selbst heraus alle Anlagen zur Vollendung entfalten. Diese weitverbreitete Auffassung ist in allen Stücken genauso lächerlich wie ihr puritanisches Gegenbild. Auch hier liegt die Wahrheit in der Mitte. Ein Schüler braucht sowohl die Unterweisung durch andere als auch Gelegenheit für konstruktive Selbstentfaltung, braucht sowohl

Strafe als auch Belohnung, braucht ebenso Disziplin wie ein gewisses Maß an Freiheit.*

Die Philosophie der permissiven Erziehung untergräbt die ganzen Bahnen, in denen der einzelne an die Gesellschaft herangeführt wird. Wenn die Kinder tun dürfen, was sie wollen, entsteht zuletzt auch eine Gesellschaft, in der jeder tut, was er will.

Es gibt noch eine Reihe anderer Mythen, von denen mir einer besonders schädlich erscheint: der Glaube an die Heilsamkeit von Zentralisierung und Standardisierung. Aus unerfindlichen Gründen stoßen sich viele Leute an Abweichungen und Varianten. Wie ein General, der seine Männer gern uniformiert in mathematisch exakter Reihe aufgebaut sieht, betrachtet auch der Zivilbeamte »einheitliche Durchführung« als vordringlich. Im wirklichen Leben aber ist jeder Einzelfall verschieden, und von Ort zu Ort gibt es oft ziemlich abweichende Auffassungen darüber, was selbst in durchaus vergleichbaren Fällen zu geschehen habe. Das Leben ist bereits viel zu stark standardisiert, und man muß mehr Abwechslung und Flexibilität hineintragen, nicht aber ihren Anteil zu verringern suchen. Entscheidungen sollten daher auch nach unten delegiert werden, selbst wenn dies zu Abweichungen von der Norm führt. Es ist natürlich leicht, gleichmäßige Handhabung unter Berufung auf die Gerechtigkeit zu verteidigen; hier wird ein weiterer Aspekt der Vorliebe für Gleichheit sichtbar. Aber Gleichheit wird oft als Deckungsgleichheit verstanden. Auch hier sind Kompromisse nötig: Gleichheit hat ihr Gutes, aber Verschiedenheit auch. Beständigkeit stiftet Positives, aber Beweglichkeit ebenfalls. Wir müssen uns das rechte Augenmaß bewahren.

* Es ist mir bewußt, daß ich mit solchen Äußerungen kein geringes Risiko eingehe, und zweifellos werden mir zornige Zuschriften ins Haus flattern. Als ich in einem meiner früheren Bücher einen Mittelweg zwischen allzu viel und allzu wenig Disziplin befürwortet hatte, warf mir eine prominente kritische Stimme (sie gehörte einer Dame von aggressivem Charakter) denn auch prompt vor, ich wolle die Auspeitschung wiedereingeführt sehen. Derart maßlose Reaktionen lassen den irrationalen Charakter der dahinter stehenden Überzeugungen deutlich werden.

Verrat der Intelligenz

Heutzutage wird das mythische Denken gerade durch jene gepflegt, deren Aufgabe es eigentlich sein sollte, es bloßzulegen: von der Intelligenz, um diesen Sammelbegriff zu gebrauchen. *»La Trahison des Clercs«*, ein Buch des französischen Philosophen Julien Benda, erschien vor nun gut fünfzig Jahren, ist aber nach wie vor aktuell. Benda vertrat die Auffassung, der Intellektuelle solle sich von politischen oder sonstigen Voreingenommenheiten freihalten und die Tatsachen so ehrlich wie möglich darlegen. Unter »clercs« verstand er allgemein Personen höherer Bildung.

Freiheit von Vorurteilen ist vor allem wichtig bei Lehrern, welche die jüngere Generation unterrichten. Heutzutage wird oft argumentiert, daß der Religionsunterricht nicht dogmatisch sein dürfe, daß auch Alternativen zur Sprache kommen sollten, unter Hervorhebung der Stärken und Schwächen, so daß der Zuhörer sich eine eigene Meinung bilden könne. Ist dies schon für die Religionslehre zu wünschen, so ganz sicher für die Politik, die heute für viele Menschen die Stelle der Religion einnimmt.

Dessenungeachtet versuchen gegenwärtig viele Lehrer – vor allem junge Universitätsdozenten – ganz bewußt politische Standpunkte zu vertreten. Ironischerweise verlangen auch die Studenten selbst, daß sich ein Dozent »engagieren« müsse. Gerade jene, die sich darüber beklagen, daß die herkömmliche Art des Lehrens durch unbewußte Voreingenommenheit aus der Ideologie der politischen Rechten oder durch Zustimmung zum Gegebenen eingefärbt werde, wollen nun weit Schlimmeres: nämlich eine bewußt gesteuerte, mit Vorsatz betriebene Meinungsbeeinflussung.* Solche Extreme aus Klassenvorurteilen, die in England die wissenschaftliche Lehre bis zu einem Punkt durchwachsen haben, daß die Widersinnigkeiten hervorspringen, haben einen irrationalen, um nicht zu sagen paranoiden Charakter. Ein Dozent sagte mir, daß eine festgelegte Rechtschrei-

* Man wird aber auch von seiten der Rechten eine bewußt gesteuerte Meinungsbeeinflussung feststellen müssen. Unter Hitler ging an den deutschen Universitäten diese vorsätzliche Meinungsbeeinflussung von rechts so weit, daß Anthropologen vom Katheder die Ausrottung »Minderrassiger« in Erwägung zogen und Juristen wie Germanisten die Notwendigkeit erkennen zu müssen glaubten, ihre wissenschaftlichen Meinungen in den Dienst der Hitlerschen Kriegspolitik zu stellen. (Anm. d. Ü.)

bung nur einen Trick der Mittelklasse darstelle, um der Unterklasse das Lernen schwerzumachen! (Seine Annahme, daß die Unterklasse von Natur aus zur Rechtschreibung weniger befähigt sei als die Mittelklasse, ist ziemlich entlarvend.)

Politische Vorurteile haben ungehindert ihren Weg in die Sozialwissenschaften genommen, die gerade vor allen anderen Fächern davon frei sein sollten. Die intellektuelle Voreingenommenheit eines Autors wie des verstorbenen C. Wright Mills, dessen Arbeiten großen Einfluß unter den Studenten hatten, ist ebenso gefährlich für die Gesellschaft wie das vielleicht unbewußte Vorurteil mit Rechtsdrall, das etwa bei David Riesman sichtbar wird. Beide Autoren vertreten ihre Ansichten in dogmatischer Form. Beide können nicht recht haben. Ich erwähne vor allem diese beiden Autoren, weil die Widersprüchlichkeit ihrer Positionen durch William Kornhauser in seinem Aufsatz »›Power Elite‹ or ›Veto Groups‹?« (»›Machtelite‹ oder ›Vetogruppen‹?«) dargestellt wurde. Er zieht den Schluß, daß keiner der beiden Autoren die Richtigkeit seines Standpunkts beweisen könne, sofern die Fragen nicht mit streng wissenschaftlichen Methoden angegangen werden. Das heißt, daß die Darlegungen beider Autoren nicht wissenschaftlich, sondern polemisch sind. Dieses Beispiel ist gewiß noch milde. Aber wenn von Männern, die Soziologie zu ihrem Beruf gemacht haben, zum Wandalismus aufgerufen wird, dann stülpt sich einem der Magen um.

Noch abstoßender vom moralischen Standpunkt aus sind jene Verteidiger der Gewalt, die es besser wissen sollten (wie Jean-Paul Sartre), oder die philosophische Doppelzüngigkeit und die semantische Zweideutigkeit von Autoren wie Herbert Marcuse. (Ich beziehe mich hier nicht auf Marcuses Schlußfolgerungen als solche, sondern mehr auf seine mit philosophischen Mitteln irreführende Darstellung, die naive Leser zum Narren hält. Die gefährliche Natur derartiger intellektueller Spielereien wird deutlich in der indignierten Bemerkung Adornos angesichts von Studenten, die seine Vorlesung störten: »Als ich ihnen sagte, sie sollten der Autorität trotzen, erwartete ich nicht, daß sie dies wörtlich verstehen würden!«)*

* In der deutschen Presse wurde Adornos Bemerkung seinerzeit anders wiedergegeben: »Wie konnte ich ahnen, daß sie meine Gedanken mit Molotowcocktails verwirklichen wollten!« – und der Tenor dieser Äußerung war nicht indigniert, sondern schmerzlich-erstaunt. (Anm. d. Ü.)

Es ist schwer, Voreingenommenheit unter Lehrenden zu verhindern. Niemand möchte eine noch so diskrete Zensur über sich dulden. Andererseits wird man aber einen Geographen nicht gewähren lassen können, der seinen Studenten erzählt, die Erde sei flach oder könne dies womöglich doch sein. So kann eigentlich verlangt werden, daß bei strittigen Fragen der Lehrer einen neutralen Standpunkt einnimmt.

Die eigentliche Sünde der intellektuellen Linken ist aber, daß sie unbekümmert die eigentliche Natur der ganz realen Probleme falsch darstellt und dadurch ihre Lösung erschwert, wenn nicht gar verhindert hat. Der Sündenfall des Herbert Marcuse und anderer besteht darin, daß sie der Aufforderung zu Haß und Zerstörungswut intellektuelle Reputation verliehen, wodurch nur der Abwrackung der Gesellschaft Vorschub geleistet wurde – und dies ist ein letzter Grund, die Zukunft pessimistisch zu sehen.

Die verfälschende Darstellung greift aber auch auf die Art und Weise über, in der Sprache verwendet und verstanden wird. So werden die Armen gewöhnlich als »enteignet« dargestellt. Aber »enteignen« bedeutet, jemandem etwas wegzunehmen, der zuvor etwas besessen hat. Es stimmt aber nicht, daß die Armen heute weniger als früher haben; selbst die Ärmsten von heute sind reicher als die Armen vor einem Jahrhundert. Zudem setzt das Wort »enteignen« die Existenz eines Enteigners voraus, eines Schurken – während doch in Wahrheit die Reichen heutzutage nicht weniger, sondern mehr zum Wohlergehen der Armen beitragen. Allgemein wird heute ein Gefühl des Unterdrücktseins kultiviert; auf allen Ebenen soll den Menschen suggeriert werden, daß man sie um etwas betrogen habe. Neid, einst eine Todsünde, wird geradezu gezüchtet. Eine Gesellschaft kann unter solchen Umständen nicht Bestand haben. Auf der Basis des Hasses kann sie ihre Probleme nicht besser, sondern nur schlechter lösen.

Damit soll nicht gesagt sein, daß die gegenwärtige Situation zufriedenstellend wäre. Ich meine einfach, daß die höchst schwierige Frage, wie zueinander im Gegensatz liegende, einander ausschließende Ansprüche sich in eine Art Gleichgewicht bringen lassen, durch ihre falsche Auffassung noch erschwert wird und daß dadurch die Gefahr besteht, ein Chaos heraufzubeschwören, durch das alles nur noch schlimmer werden kann.

Gefährlich ist auch die Unbekümmertheit, mit der einige Wissenschaftler, gestützt auf ihr wissenschaftliches Renommee, Aussagen auf Gebieten machen, in denen sie keine Fachleute sind. (Man erinnert sich an die Äußerungen Robert Oppenheimers, des Atomphysikers, über Kindererziehung.) Gerade weil solche Spezialisten sich so tief mit den Geheimnissen der Wissenschaft eingelassen haben, sind sie in Alltagsfragen schlechtere Ratgeber als irgendein beliebiger Zeitgenosse. Viele Wissenschaftler haben die Wissenschaft gerade deshalb als Tätigkeitsfeld gewählt, weil sie frei von den Problemen emotionaler Stellungnahme und Bewertung ist, denen sie sich nicht recht gewachsen fühlen. In einer von Wissenschaftlern geführten Welt ließe sich nicht leben.

Noch schlimmer wird es, wenn Soziologen sich ans reale Leben machen. Man muß nur einmal einen Blick auf die Arbeiten von Professor David McClelland werfen, der sein Leben dem Studium der Motivationen für Spitzenleistungen gewidmet hat. Seine Vorschläge, wie man Kinder erziehen müsse, damit sie sich in wilder Konkurrenzlust ins Leben stürzen, um so eine noch mehr nach den Gesetzen des Dschungels sich orientierende Gesellschaft hervorzubringen, als es die amerikanische ohnehin schon ist, kann nur mit tiefer Besorgnis erfüllen.* Die Verbindung von kindisch-naivem soziopolitischem Denken mit Expertentum, wie es hier vorgeführt wird, ist eine der großen Gefahren für unsere Gesellschaft. Aber anstatt ihre Mißbilligung deutlich zu machen, bestätigt die Gesellschaft diese wohlmeinenden, aber zutiefst ahnungslosen und anmaßenden Männer.

Das gleiche gilt von den Technomanen. Eine Gesellschaft mit mehr Weisheit als die unsere würde ihnen klarmachen, daß ihre Schuljungenvorstellungen von der Zukunft mit all dem technischen Krimskrams und ohne Humanität einfach unerwünscht sind und daß ihr Glaube, alles, was machbar sei, müsse auch gemacht werden, einen gefährlichen Mangel an geistiger Reife verrät. Auch hier herrscht Anmaßung, ja Hybris.

* Eine weltumspannende Untersuchung verschiedener Kulturen erbrachte, daß dort, wo in der Erziehung das Leistungsprinzip betont wird, die Gesellschaft eine Tendenz zeigt, aggressiven Idealen von militärischem Ruhm zu folgen, und Gewaltanwendung einschließlich der Folter zur Erreichung ihrer Ziele gutheißt. Die Erziehungsvorschläge McClellands dürften geeignet sein, einen Weltkrieg nur noch wahrscheinlicher zu machen.

Besonders widerwärtig sind jene Optimisten vom Dienst, wie man sie nennen möchte, die für sich den Blick von der hohen Warte der Wissenschaft in Anspruch nehmen, dabei aber die Leute mit Argumenten einzulullen suchen, deren Fadenscheinigkeit sie eigentlich kennen müßten. Ein häufiges Beispiel dieser Geistesart ist die stets von neuem wiederholte Behauptung, daß das Bevölkerungsproblem keinen Anlaß zur Sorge gebe, da ja die Geburtenraten bereits im Fallen begriffen seien. Die entscheidende Tatsache, daß die Sterberaten noch stärker fallen, wird dabei gewöhnlich unterschlagen. Jeder Demograph weiß, daß die Geburtenraten fallen – in einigen Ländern bereits seit über einem Jahrhundert –, aber die Bevölkerung dennoch ständig zunimmt. (In anderen Fällen kann das Absinken der Geburtenrate eine vorübergehende Erscheinung sein, dann nämlich, wenn die Ehepaare den Zeitpunkt, zu dem sie ihr erstes Kind haben wollen, auf ein höheres Alter als bis dahin üblich verschieben.)

Das gemeinsame Merkmal all dieser Ex-cathedra-Verlautbarungen ist Arroganz – und Arroganz scheint leider die allgemeine Krankheit unserer Zeit zu sein.

Aufgeblähtes Ego

Die Welt sieht sich einer Explosion der Arroganz gegenüber. Als ich jung war, redeten die Leute von »Minderwertigkeitskomplexen«. Heutzutage aber scheinen viele Menschen an einem ungerechtfertigten Überlegenheitskomplex zu leiden. Überall sehen wir, wie Leute ohne die mindeste Kenntnis der Gegebenheiten sich darüber auslassen, was eigentlich zu geschehen habe. Die Zuschriften an die Zeitungen geben tagtäglich Zeugnis von dieser erstaunlichen Selbstsicherheit. Anmaßung wird ebenso sichtbar in der Unbeirrbarkeit, mit der die Leute dieses oder jenes Zugeständnis als ihr »Recht« einfordern, wie in der mangelnden Bereitschaft zum Respekt gegenüber Personen, die ihre Befähigung bewiesen haben, während sie selbst mit größter Hochachtung behandelt zu werden wünschen.

Es ist dies eine Form der Egomanie, verbunden mit dem – hier schon mehrfach erwähnten – Wunsch, jemand zu sein. Der unmittelbare Auslöser für dieses Verhalten ist aber in der übertrieben ermutigenden und Unterstützung gewährenden Haltung der Erwachsenen gegenüber vielen Kindern zu sehen, die eine Reaktion auf allzu entmutigende und in Grenzen weisende Erziehungsmethoden von vor sechzig Jahren darstellt. Zweifellos gewährt eine solche Erziehungsmethode dem einzelnen mehr Lustgewinn, doch im Hinblick auf die Möglichkeiten einer ausgewogenen und von Zusammenhalt bestimmten Gesellschaft scheint sie nicht eben zu Hoffnungen Anlaß zu geben.

Arroganz liegt vor allem auch den Handlungsweisen der Politiker zugrunde, die so unbedenklich – wir sprachen davon – den ausdrücklichen Willen der Öffentlichkeit mißachten, und ebenso wirkt sie im Tun der Beamten, die meinen, sie wüßten schon am besten, was gut für die Gesellschaft ist, weshalb sie denn auch einen Schleier von Geheimhaltung über alles breiten, um mißliche Nachfragen zu vermeiden. Die höchste Anmaßung kommt in der Annahme zum Ausdruck, man habe das Recht zur Vernichtung Unschuldiger (etwa durch Bombenwürfe auf Zivilisten), wenn dies nur den eigenen Zielen dient.

Das Gegenstück zum totalen Selbstvertrauen ist der totale Zynismus gegenüber allen anderen. Jeder andere wird als gefährlich oder stupide eingestuft. Die Psychologen wissen, daß es zwei Arten von Individuen gibt: jene, die sich selbst die Schuld geben, wenn etwas schiefgeht, und die anderen, welche die Schuld abwälzen. Die einen sind »intropunitiv«, die anderen »extrapunitiv«. Ein weniger schmeichelhafter Ausdruck für diese Geisteshaltung des Abwälzens, die heutzutage geradezu epidemische Ausmaße annimmt, wäre »Verfolgungswahn«. Verfolgungswahn ist die Überzeugung, daß alle eigenen Schwierigkeiten auf das Konto der Nachstellungen und Machenschaften der Feinde gehen.

Ich glaube, daß wir tatsächlich in einer an Verfolgungswahn leidenden Welt leben. Natürlich hat es auch schon früher Bedingungen gegeben, in denen eine Atmosphäre des Verfolgungswahns gedieh, aber doch wohl nie im heutigen Ausmaß. Die psychologischen Ursachen der Paranoia sind, wie wir seit Freud wissen, in einem gestörten Vaterverhältnis zu suchen. Die Gesellschaft ist krank, weil die Menschen krank sind, nicht umgekehrt.

Selbst wenn dies manchem übertrieben klingen mag, so muß doch zugegeben werden, daß wir Menschen uns insgesamt schwertun, einen Zustand der Reife zu erlangen. Viel zu viele Menschen bleiben in kindhafter Abhängigkeit oder in narzissistischer Selbstbezogenheit befangen, unfähig zum Aufschub von Triebbefriedigung, unfähig zum Ertragen von Frustrationen. Andererseits aber ist die Gesellschaft wohl bereits überreif – allzu starr, vielleicht schon vergreist.

Soziale Erstarrung

In England herrscht Linksverkehr. Die an sich wünschenswerte Umstellung auf den Rechtsverkehr nach europäischem und amerikanischem Muster wäre allzu kostspielig und verwirrend, weshalb sie als unpraktikabel abgelehnt wird. Als die gleiche Umstellung in Indien angeordnet wurde – es gibt dort weniger Autos, und Verkehrsampeln sind nicht allzu häufig –, wollten die Wasserbüffel ihre Gewohnheiten nicht ändern, die sich seit Jahren dem Straßenverkehr angepaßt hatten, und der Staat sah sich zur Suspendierung seiner Maßnahmen gezwungen.

Das Beispiel zeigt, wie schwer es ist, einmal eingefahrene Gleise wieder zu verlassen. Auch die westliche Welt hat Gewohnheiten und Einrichtungen entstehen lassen, die nur schwer wieder verändert werden können, die aber mit der Zeit immer weniger der Wirklichkeit angemessen sind. Man kann geradezu von einer Sklerose der Gesellschaft sprechen, denn sie altert in einem negativen Sinne: Sie wird immer starrer, weniger anpassungsfähig und ist zunehmend mit Überholtem belastet. Dieser Prozeß wurde bisher noch wenig beachtet, doch fand er jüngst in Professor E. Orowan vom Massachusetts Institute of Technology einen Untersucher, der die Ergebnisse seiner Forschungsarbeit in seinem Buch »*The Aging of Societies*« vorgelegt hat.

Es besteht die Tendenz, daß selbst der Fortschritt in der Gesellschaft sich an traditionellen Mustern orientiert. Ohne die anerkannten »Qualifikationen« ist es schwer, einen Platz in der Elite zu erhalten, doch sind diese Qualifikationen meist ganz irrelevant für die geforderte Tätigkeit – etwa wenn die Kenntnis ausgestorbener

Sprachen gefordert wird. Die Kenntnis rechtlicher Präzedenzfälle wird für wichtiger gehalten als ein Verständnis der politischen Gleichheitsideen. Nur wenige in der herrschenden Elite haben einen Begriff von den bedeutenderen neuen Ideen, die unsere ganze Auffassung vom Regieren verändert haben. Kaum einer von ihnen kennt sich aus in Gebieten wie allgemeine Systemtheorie oder Informationstheorie – ganz abgesehen von den großen Grundvorstellungen der Physik wie Entropie, Quantenmechanik und Relativitätstheorie. Noch weniger kümmern sie sich um das, was wir aus den Erkenntnissen der Sozialpsychologie lernen könnten.

Eine flexible Gesellschaft hält »Hintertreppen« bereit, auf denen Menschen, deren Denkweise originell und schöpferisch ist, ihren Weg zu Ebenen finden, wo ihr Denken auch Anwendung erfährt. Wenn 1829 der angehende Theologe Charles Darwin nicht ein Mikroskop in die Hände bekommen hätte, wenn ihm nicht die Gelegenheit zu einem Weiterstudium auf dem Gebiet der Naturwissenschaften geboten worden wäre, dann hätte er kein derart entwickeltes theoretisches Konzept von so unorthodoxer Prägung wie das von der Entstehung der Arten vorgelegt. Die moderne Gesellschaft ist aber eifrig darum bemüht, derartige »Hintertreppen« zu sperren und selbst jenen, die an der Vorderfront Einlaß wünschen, noch eine Besuchserlaubnis abzufordern.

Dies sind einige der Faktoren, die erklären, warum in England, Frankreich, der Bundesrepublik Deutschland und in anderen Staaten zunehmend der Ruf nach einem »Umschwung«, nach einer »Tendenzwende« laut wird. Die Forderung nach Veränderung kommt aus unterschiedlichen sozialen Schichten, und sie steht auch hinter der wachsenden Zustimmung, die separatistische Bestrebungen finden. Tatsächlich bekundet sich hier eine abgedämpfte, verschwiegene Entsprechung zum Wunsch des Extremisten nach blutiger Revolte; man will die sanfte »Mini-Revolution«. (Auf den ersten Blick mag solch ein Verlangen in einer Zeit tiefgreifender und ständiger Veränderung geradezu pervers erscheinen, und es wird Leute geben, die dagegenhalten, es sei jetzt endlich nötig, sich einmal hinzusetzen und die Scherben zu zählen.)

Die Unzufriedenheit mit den herrschenden Zuständen entzündet sich an der »herrschenden Elite«. Wie ich bereits in einem der vorangehenden Kapitel ausgeführt habe, ist die herrschende Elite im

Grunde längst ohne Bezug zur Realität; überholt ist ihr Bild von der Gesellschaft, und unrealistisch ist ihre Vorstellung vom »Erfolg« – von dem, was angestrebt werden kann und erreicht werden sollte. Die Elite reagiert nicht auf die unterschwelligen Bedürfnisse hinter den öffentlich laut werdenden Forderungen, teils weil es ihr an Einfühlungsvermögen fehlt, teils weil sie diese nicht billigt. Aber selbst dann, wenn sie einmal zuhört und zustimmt, kommt die Reaktion doch viel zu spät und ist gewöhnlich ganz unangemessen und unzulänglich.*

Der Grund für diese Sklerose der Eliten ist ihr hohes Durchschnittsalter, mehr aber noch die zeitliche Dauer, über die ihre Tätigkeit sich erstreckt. In einer Welt, in der die Hälfte der Bevölkerung unter Dreißig ist, muß eine Regierung mit einem Durchschnittsalter von fünfundfünfzig Jahren, eine höhere Beamtenschaft mit einem Durchschnittsalter von sechzig Jahren in der Vergangenheit leben. Laut Roger Garaudy ist bei der exponentiellen Entwicklung der Menschheit die Mitte der Geschichte vor fünfzig Jahren anzusetzen. Die Welt hat heute 4 Milliarden Einwohner, hatte aber damals, 1925, nur 2 Milliarden. Sieht man jedoch die Geschichte der Energieproduktion der Menschheit, so liegt die Mitte der Geschichte im Jahr 1966! Jeder, der vor Beendigung des Zweiten Weltkriegs geboren wurde – der Autor schließt sich hier ein –, lebt daher in der Vergangenheit, sofern er nicht außerordentliche Anstrengungen unternimmt, mit seinem Weltverständnis auf dem laufenden zu bleiben.

Leider neigen Eliten dazu, sich selbst fortzuzeugen, da sie nur jene akzeptieren, die ihren Maßstäben gerecht werden, also nur Kandidaten, die ihnen gleichen und die keine Neigung erkennen lassen, »Schwierigkeiten zu machen« – etwa indem sie unangenehmen Änderungen das Wort redeten, die den Status der in Amt und Würden Befindlichen durch Überholung ihres Wissens und ihrer Methoden in Frage stellen könnten.

Die herrschende Elite hat einen tiefsitzenden Horror vor Neuerern und kennt kein vernichtenderes Urteil, als über jemanden zu sagen,

* Tatsache ist, daß die herrschende Elite ihr Charisma verloren hat, wie Toynbee sagt. Das Wort »Charisma« meint eine besondere, auszeichnende Gabe oder Befähigung, auch eine spezifische Anziehungskraft und Vorbildlichkeit – alles Eigenschaften, die der heutigen Elite fehlen. Die Gesellschaft spürt keinen Anreiz, ihr zu folgen.

er sei »ein bißchen zu gescheit«. Diese ausgesuchte Intellektuellenfeindlichkeit nagt an der Zuversicht der Neuerer, die sich dann oft damit begnügen, innerhalb des Systems eine Pfründe zu ergattern. Daher fehlt es überall an schöpferischer Kraft.

Die Franzosen haben einen treffenden Ausdruck für jene Art von Akademikern, die ihre eigene Stellung dadurch zu behaupten suchen, daß sie die Leistungen jüngerer Rivalen unter den Tisch fallen lassen, weil sie selbst dadurch als überholt gelten könnten. Bei ihnen heißt ein solcher Typ »cuistre« (wörtlich: Pedant). Der »cuistre« widersetzt sich dem Aufstieg origineller Denker zu Lehrstühlen oder in die Académie Française, bis diese ihre Originalität verloren haben und ebenfalls steril geworden sind. Der große Pasteur ist ein klassisches Beispiel eines Neuerers, der stets von den »cuistres« abgelehnt wurde. Allerdings fürchte ich, daß die »cuistres« nicht nur die akademische Welt bevölkern.

Man mag also daraus den Schluß ziehen, daß unsere Gesellschaft an Vergreisung leidet, an einer Verhärtung ihrer Blutgefäße, die durch nichts wirklich rückgängig gemacht werden kann. Selbst wenn wir die Geschichte unter deterministischer Perspektive sehen, als zielgerichtet verlaufende Entwicklung, müßte dies nicht ausschließen, daß Kulturen altern. In solch einem Zustand können sie vielleicht noch lange Zeit dahinleben – vorausgesetzt, daß kein Druck von außen erfolgt. Im China der Han-Zeit war dies so. Aber unsere westliche Kultur ist durch keine vergleichbare Isolation geschützt.

Die vermeidbare Zukunft

Woher stammen wir alle? Die Menschen fühlen sich einer Gemeinschaft zugehörig, wenn sie in ihren Vorlieben, ihren Überzeugungen und Erfahrungen übereinstimmen und gemeinsame Freunde haben, wenn sie sich gemeinsamen Symbolen und Ritualen gefühlsmäßig verbunden fühlen, wenn bei allen eine enge Beziehung zu den gleichen Landschaften oder Tätigkeiten besteht. In den Vereinigten Staaten, wo eine Bevölkerung mit hohem Einwandereranteil solcher gemeinsamen Bande weithin enträt, fragt man einen Fremden zunächst meist nach der Herkunft. Vermag der Gesprächspartner dann zu sagen, er kenne diesen Ort – oder besser noch: er kenne Leute von dort –, so ist eine gemeinsame Basis hergestellt. Bei Herkunft aus kleineren und älteren Gemeinden, etwa im schottischen Hochland, lassen sich zumeist sogar gemeinsame Vorfahren oder regelrechte Vetternschaften ausfindig machen.

In einem weiteren Sinne ist also ein ganzes Land durch gemeinsame Kultur, gemeinsame Eßgewohnheiten, durch Haar- und Barttracht, durch Kleidung, rituelle Feste (Weihnachten, Ramadan, Yom Kippur) und häufig auch durch gleiche Religion verbunden. Auch die Kultur im Sinne des Intellektuellen kann als einigendes Moment wirken. Ich kann einen total Fremden treffen, der sich von mir in den meisten, wenn nicht gar in allen der oben aufgeführten Gemeinsamkeitskriterien unterscheidet. Vorausgesetzt aber, daß überhaupt Verständigung möglich ist, kann ich doch eine Beziehung zu ihm gewinnen, wenn sich herausstellt, daß er viele der Bücher gelesen hat, die auch ich kenne, daß er die gleiche Art von Musik liebt, dieselben Kunstwerke gesehen hat und daß er – wichtigste Bedingung – mit mir die Kenntnis der gleichen Grundideen in Philosophie und Naturwissenschaften teilt. Bis zu unserer Zeit gab es eine gemeinsame Kultur aller gebildeten Europäer und Amerikaner, der aber auch viele Gebildete in anderen Ländern zugehörten. Aufgrund moderner Erziehungsvorstellungen, die den Akzent auf die Zukunft setzen, und wegen des verbreiteten Glaubens, daß uns die Vergangenheit nichts Wesentliches zu lehren habe, verschwinden solche Gemeinsamkeiten immer mehr. Zunächst war es zum Auseinanderfallen von Naturwissenschaften und Geisteswissenschaften gekommen (die »zwei Kulturen«, die Charles Percy Snow beschrieb); heute aber gibt es viele, die sich zu den Gebildeten zählen, doch aufgrund früher und übertriebener Spezialisierung weder in der einen noch in der anderen Kultur eigentlich zu Hause sind.

Schlimmer noch: Viele Leute haben heutzutage gar nicht mehr den Wunsch, »gebildet« zu sein. Bereits das Wort »gebildet« enthält ja einen leisen Unterton des Negativen: Es bezeichnet oft mehr einen etwas antiquierten Anspruch auf Bildung kraft Zugehörigkeit zu einer bestimmten Schicht denn tatsächliche Kenntnisse und Erfahrungsmöglichkeiten in kulturellen Dingen. Zweifellos wird es immer schwieriger, einen breiten Zugang zur Kultur zu finden, da die Gedankengänge der Naturwissenschaften stets komplizierter werden und der Bestand an künstlerischen und philosophischen Leistungen mit jedem Jahr zunimmt. Außerdem wäre ein rein auf Europa gerichtetes Kulturbewußtsein heute zu eng; man sollte schon auch von der übrigen Welt etwas wissen. Aber es ist nicht die Schwierigkeit des Sich-Bildens, die hier das größte Hindernis darstellt. Vielmehr liegt es an der fortwährenden Preisgabe von Bildungszielen und Bildungsmotivationen.

Die Frage stellt sich: Was ist wert, gewußt zu werden? Wenn man liest, daß Anwärter für die Beamtenlaufbahn in England (16 Jahre alt) keine Ahnung hatten, was ein Monopol ist (»wo Menschen zusammenleben«, meinte einer), auch nicht angeben konnten, was man unter einer Börse versteht (»ein Ort, wo die Buchmacher Wetten annehmen«), und daß einige Jugendliche die Schule mit Sechzehn verließen, ohne von Jesus Christus gehört zu haben, ahnt man die Dimensionen des Bildungsproblems. Wenn wir eine Gesellschaft mit mehr Zusammenhalt wünschen, sollten wir es uns ernsthafter angelegen sein lassen, diese Mängel zu beheben. Denn es gibt keinen gesellschaftlichen Zusammenhalt ohne eine gemeinsame Kultur.

Betrachtet man die menschliche Gesellschaft in einer weiter in die Zukunft greifenden Perspektive, so macht am meisten betroffen, daß überhaupt keine gemeinsame Zielsetzung, keine wirklich die Erde umspannende Idee vorhanden ist. Die Welt des Mittelalters fand sich einig in den Zielsetzungen von Frömmigkeit, Gehorsam und Ordnung. Die Renaissance suchte Harmonie mit dem Menschen als Maß. Was aber suchen wir heute? Wir wissen zu wenig über Weltsichten und wie sie entstanden sind, und die Diskussion dieser Frage wird von den meisten Leuten als abwegiges und akademisches Philosophieren betrachtet.

Vielleicht sollten wir sie ernster nehmen. Die Geschichte hat genug Beispiele dafür, daß zu Zeiten geistiger Desorientierung beim Auftauchen eines neuen, Gemeinsamkeit stiftenden Prinzips sich die Menschen mit explosiver Verve diesem Neuen zuwandten. Das Material für solch eine Explosion haben wir gegenwärtig vorbereitet.

Kommt es aber nicht zu solch einer aufrüttelnden Wendung, so möchte ich kaum annehmen, daß die westliche Kultur einen Mittelweg zwischen Freiheit und Chaos zu finden vermag oder daß sie die gesellschaftliche Vernunft entwickelt, welche den Zusammenhalt wieder herbeiführen könnte, der sie für die folgenden Jahrhunderte wenn nicht mächtig, so doch wenigstens ausstrahlungskräftig macht. Auf kürzere Sicht betrachtet – etwa in der Lebensspanne jener, die heute noch jung sind –, scheint es drei mögliche Entwicklungen zu geben: Diktatur der Rechten, Diktatur der Linken oder Kryptodiktatur in einer Welt, die wie die unsrige ist – nur noch viel ausgeprägter.

Der Philosoph Stephen Toulmin hat den Gedanken geäußert, daß der Westen in eine Phase des Alexandrinertums der Wissenschaften eingetreten sei, in der (wie in Alexandria vor zwei Jahrtausenden) technisches Wissen vor den Grundeinsichten in die Zusammenhänge rangiere. Wie dem auch sei – in der Kunst befinden wir uns im Übergang vom »Silbernen Zeitalter« zum »Bronzenen Zeitalter«. Und wenn auch manche Alltagsdinge besser vonstatten gehen, so ist doch die Kluft zwischen dem, was uns an Wissen zur Verfügung steht, und dem, was wir daraus machen, immer nur breiter geworden.

Ungeachtet dieser beängstigenden Perspektiven gibt es immer noch die ewigen Vogelstraußmeier, die sich selbst einreden, daß die gegenwärtigen Erschütterungen nichts weiter als ein gewaltiger Schluckauf seien, nach dessen Vorübergehen alles viel besser geordnet wieder an seinen Platz käme. Wenn ich die Argumentation dieser Leute recht verstehe – sofern man überhaupt von Argumentation sprechen kann, da die ganze Einstellung häufig auf irrationalem Optimismus beruht –, so ist bereits die Tatsache, daß alte Vorstellungen sich auf die Probe stellen lassen müssen, daß die jüngeren Ideen eine bessere Welt im Blick haben und diese zudem als machbar und möglich erachten, etwas so unerhört Neues, daß allein dieser Umstand zu Optimismus Anlaß gibt. Und beinahe wäre dem auch so. Doch der Weg zur Hölle, sagt ein Sprichwort, ist mit guten Vorsätzen gepflastert. Was mich bedrückt, ist das Fehlen jeglicher Detailplanung, jeglicher konkreter Problemlösung, ist dieser idealistische Glaube, daß Menschen guten Willens irgendwie auch ohne Schulung und Planung eine brauchbare Lösung ausarbeiten könnten, ist diese schwere Unterlassung, Hindernisse auch realistisch einzuschätzen und Pläne zu ihrer Bewältigung auszuarbeiten. Der Idealist hält jeden, sofern er nicht durch schlechte Lebenserfahrung oder Habgier korrumpiert ist, für ebenso wohlwollend, wie er selbst ist. Wenn aber kaputte Familien weiterhin geschädigte Menschen hervorbringen, dann wird die Welt gar nicht zu ändern sein. Vor einiger Zeit noch glaubten die Kolonialvölker, daß man nur die imperialistischen Mächte aus dem Land jagen müsse, um einen neuen Morgen der Welt heraufzuführen – aber sie fanden bald, daß Korruption und Unterdrückung oft ziemlich unverändert blieben, ja manchmal noch schlimmer wurden. Ähnlich glaubt auch die optimistische Linke, daß man nur die gegenwärtigen Machthaber vertreiben müsse, damit sich alles von selbst zum besten wende.

Eines ist unumgänglich: ein Wechsel des Stils. Erfindungsreichtum, Enthusiasmus und guter Wille reichen nicht aus. Bei falscher Anwendung führen sie uns nur weiter auf dem falschen Weg. Wir müssen von einem Gesellschaftsbild, das Zersplitterung voraussetzt, wieder zu einem Gesellschaftsbild gelangen, das organisch sich zusammenfügt. Wenn nicht, dann sind wir auf dem Weg ins Chaos.

Nach bestem Vermögen habe ich versucht, Zukünftiges vorherzusehen und Verfahrensweisen vorzuschlagen, die den Auswirkungen möglicher Zukunftsgefahren begegnen oder sie doch wenigstens abmildern könnten. Aber wenn wir auch noch vieles tun *könnten*, so hat es doch den Anschein, als wenn die Menschheit, so, wie sie ist, real gar nicht mehr viel tun kann. Und mein Pessimismus bezieht sich auch nicht auf die Bedrohung durch die Umstände, sondern auf unsere eigene Schwäche. Indes würde eine völlig pessimistische Einschätzung der Situation die Mühe nicht wert erscheinen lassen, die mit der Abfassung eines Buches über ebendiese Situation verbunden ist.

Am Schluß meiner Ausführungen frage ich mich selbst, ob ich nicht vielleicht doch die Probleme allzu kraß gezeichnet habe und ob ich nicht möglicherweise die Befähigung und Entschlossenheit der Menschen zur Erzielung einer Lösung unterschätze. Wenn man so viel entmutigendes Material sammelt, mag man wohl auch selber entmutigt werden. Doch auch bei großzügigster Veranschlagung dessen, was durch Glück, hohe Befähigung und den sechsten Sinn fürs jeweils Richtige noch zu erreichen sein könnte, bleibe ich doch vor die Tatsache gestellt, daß wir nicht mehr in einer traditionellen Gesellschaft, sondern vielmehr in einer rationalen leben, in der nichts mehr als unverbrüchlich gelten kann. Armut und Ungerechtigkeit sind leichter zu ertragen, wenn sie naturgegeben und unveränderbar scheinen. Das ist aber nicht mehr der Fall. Hier haben wir die zentrale Tatsache. Aus diesem Grund versuchen wir in die Hand zu nehmen, was früher dem Zufall überlassen blieb. Und weil die Haltung des Alles-in-die-Hand-nehmen-Wollens unvermeidlich zur Inkompetenz führt und ganz sicherlich nicht nach jedermanns Gefallen ist, werden wir dazu verdammt sein, in einer Welt des Protests, der Erbitterung, der kostspieligen Fehlplanungen zu leben. Die Anthropologen sprechen vom Übergang aus der Tradition in die Rationalität, aber der Mensch ist natürlich nur sehr unvollkommen rational: Emotion, Vorurteil und Aberglauben bestimmen sein Verhalten ungleich stärker.

Nicht mehr haltbar ist auch die Annahme, daß der Fortschritt unvermeidbar sei. Wer diesem Glauben noch anhängt, lehnt die Warnungen der Pessimisten ab, da er sich in seinem Sicherheitsbedürfnis in Frage gestellt sieht; aus diesem Grund wird pessimistischen Voraussagen mit so hitziger Argumentation widersprochen. Es steht aber nicht nur der materielle Fortschritt in Zweifel; ebenso glaubt man beunruhigt zu spüren, daß der moralische Idealismus seine Kraft eingebüßt hat und daß an seiner Stelle schiere Macht und bloßer Sachverstand triumphieren.

Auf der Seite der möglichen Positiva aber wäre zu nennen, daß wir mehr Wissen von den Dingen besitzen als etwa das dem Untergang geweihte Rom, daß auch unsere Zielsetzungen ethisch höher greifen. Wir verfügen über ungleich größere Mengen an Energie, sowohl im materiellen als auch im psychischen Sinne. Aber werden wir den Mut und die Beweglichkeit gegenüber der Zukunft haben und auch die Selbstlosigkeit, die nötig ist zu einem guten Ende? Sollte es uns möglich sein, zur ersten Kultur in der Geschichte zu werden, die sich über alle Zeiten hin auf hohem Stand hält? Dieses Ziel wäre unserem hochfliegenden Ehrgeiz wohl angemessen – wenn wir nur imstande wären, es auch zu erreichen.

Nachtrag

Im Jahr 1948 kam mir der Gedanke, daß viele historische Wandlungen verständlich werden könnten, wenn man, wie ich in *»Conditions of Happiness«* (1949) bemerkte, sie dahingehend untersucht, welches Vater- und Mutterbild jeweils gültig war. Anthropologen haben festgestellt, daß zahlreiche primitive Gesellschaften sich in zwei Gruppen einteilen lassen: In der einen herrscht eine Himmelsvater-Religion, eine restriktive Moral, und die Frauen besitzen einen niedrigen Status; in der andern herrscht eine Erdmutter-Religion, eine permissive Moral, und die Frauen nehmen eine Vorrangstellung ein. Da Gottheiten Projektionen des Unbewußten sind, erschien es einleuchtend, daß in der einen Gruppe die Vater-Projektion überwog, in der andern indes die Mutter-Projektion vorherrschte. Ich nannte diese beiden Gesellschaftsmodelle »patristisch« und »matristisch«.

In *»Wandlungen der Sexualität«* (1957) legte ich dar, daß mit diesen Modellen verschiedene weitere, untergeordnete Verhaltensnormen verknüpft sind. So ist bei Patristen die Homosexualität, bei Matristen der Inzest Stein des Anstoßes. Patristen ziehen dunkle Kleidung vor und kennen strenge Bekleidungsvorschriften, Matristen nicht. Patristen verstehen sich vornehmlich auf disziplinierte, intellektuelle Kunstformen wie Architektur, während Matristen vor allem in Improvisationskünsten wie Musik und Tanz glänzen. Auch sind die politischen Strukturen bei Patristen hierarchischer, bei Matristen hingegen demokratischer oder egalitärer Natur. Patristen beunruhigen sich über Leute, die sich an fremdem Eigentum vergreifen oder die öffentliche Ordnung stören, Matristen sorgen sich über Kranke und Hungernde. Es fehlen auch nicht merkwürdige Verhaltensdetails; so bevorzugen Patristen glatte, geschmeidige, Matristen rauhe, zottige Oberflächenstrukturen – und so weiter.

Es war augenfällig, daß diese Trennungsmerkmale nicht nur die

Unterschiede zwischen einigen primitiven Gesellschaften erklärten (sofern der Ausdruck »primitiv« hier überhaupt angebracht ist), sondern auch auf historische Wandlungen innerhalb der westlichen Zivilisation ein erhellendes Licht werfen mußten. Das Mittelalter war zweifellos eine patristische Epoche – im Gegensatz zu der voraufgegangenen, von den Kelten geprägten Periode. Ebenso trug die Viktorianische Zeit wiederum einen patristischen Stempel, der sie von der freisinnig-matristischen Aufklärungszeit nachhaltig unterschied. Der Aufstieg des Christentums selbst war ein Triumph der Vaterfigur über die heidnischen Muttergottheiten der frühen Mittelmeerkulturen.

Heute schwimmen wir im Westen eindeutig auf einer matristischen Welle, welche die patristische der Viktorianischen Zeit abgelöst hat, was vielleicht eine völlige Trendumkehr heraufbeschwören mag.

Freilich, Projektionen des Unbewußten – etwa in bezug auf das die Religion bestimmende Vater- und Mutterbild – sind nicht der einzige psychologische Faktor im Sozialgefüge. In »*The Angel Makers*« (1958), worin ich die Gründe analysierte, welche die Heraufkunft von Viktorianismus und Puritanismus ermöglichten, führte ich zumindest zwei weitere Faktoren auf, von denen jener, der in der Polarität zwischen »hartem Ich« und »weichem Ich« besteht, besonderes Gewicht besitzt; in »*Das Experiment Glück*« (1973) erörterte ich die Bedeutung ebendieses Faktors für die Gegenwart.

Zwei Anmerkungen sind hier anzufügen. Zum einen: Es gibt keinerlei Anzeichen dafür, daß die Gesellschaft zwischen den vorgenannten Extremen in berechenbarem Rhythmus hin- und herpendelt. Manchmal schlägt das Pendel rasch, bisweilen bleibt es in dieser oder jener Richtung »hängen«. Zum andern: Die schöpferischsten und erfolgreichsten Kulturen sind jene, die, wie die griechische der Antike, eine Zeitlang im Gleichgewicht verharren; patristische Disziplin und matristische Kreativität müssen eine innige Verbindung eingehen, soll eine Kultur Größe erlangen. Dieses Gleichgewicht wiederzugewinnen ist unsere Aufgabe von heute.

Quellenverzeichnis

Die folgende Aufstellung enthält die wichtigsten der vom Autor verwendeten Bücher. Als Quellen dienten ferner zahlreiche Veröffentlichungen in Zeitungen und Zeitschriften. Die englische Originalausgabe bringt einen genauen Zitatnachweis, der für die deutsche Ausgabe entfiel, da er sich fast ausschließlich auf englischsprachige Bücher und Blätter bezieht. (Anm. d. Red.)

ALLCHIN, W. H. *Young People: problems of adaptation to a fragmented society.* Guild of Pastoral Psychology, London 1970

ANDERSON, J. I. W. *The Aquacultural Revolution.* ICI, Bedford 1974 (roneoed)

ANDRESKI, Stanislav *Prospects of a Revolution in the USA.* Stacey, London 1973

ANDRY, R. G. *Delinquency and Parental Pathology.* Staples Press, London 1971

ANON The New Technology of Repression: lessons from Ireland (BSSRS Paper 2). British Society for Social Responsibility in Science, London 1974

APTER, David E./JOLL, James (Hrsg.) *Anarchism Today.* Macmillan, London 1971

ARENDT, Hannah *On Fascism.* Allen Lane, London (o. J.)

BANDURA, A./WALTERS, R. H. *Adolescent Aggression.* Ronald Press, New York 1959

BARRON, John *KGB: the secret work of Soviet secret service agents.* Hodder & Stoughton, London 1974

BECKWITH, Burnham *The Next 500 Years.* Exposition-University Book, Jericho, New York 1967

BENDIX, R./LIPSET, S. M. (Hrsg.) *Class, Status and Power.* Routledge & Kegan Paul, London 1967

BENN, Anthony W. *The New Politics: a socialist reconnaissance* (Fabian Tract 402). Fabian Society, London 1970

BERNSTEIN, M. *Regulating Business by Independent Commissions.* Princeton University Press, Princeton/N. J. 1972

BOOKCHIN, Murray *Listen, Marxist!* Times Change Press, New York 1971

BRINTON, Crane *The Anatomy of Revolution.* Vintage Books, Englewood Cliffs/N. J. 1965

BRITISH CENTRAL STATISTICAL OFFICE Social Trends, No. 4. HMSO. 1973

BRONFENBRENNER, Urie *Two Worlds of Childhood: USA and USSR.* Allen & Unwin, London 1972

BRONWELL, A. B. (Hrsg.) *Science and Technology in the World of the Future.* Wiley-Interscience, New York 1970
BROWN, Lester *United Nations, World without Borders.* Random House, New York 1972
BRUNNER, John *The Jagged Orbit.* Arrow Books, London 1972
BURY, J. B. *A History of the Later Roman Empire* (2 Bde.). Macmillan, London 1923
CAMPBELL, A./CONVERSE, P. (Hrsg.) *The Human Meaning of Social Change.* Russell Sage Foundation, New York 1972
CHEVALIER, L. *Classes laborieuses et classes dangereuses à Paris pendant la première moitié du 19e siècle.* Plon, Paris 1970
COELHO, G. V./RUBINSTEIN, E. A. *Social Change and Human Behaviour.* National Institute of Mental Health, Bethesda/Md. 1972
COMMITTEE ON RESOURCES AND MAN *Resources and Man: a study and recommendations.* W. H. Freeman, San Francisco 1969
CORTÉS, J. B./GATTI, F. M. *Delinquency and Crime: a biopsychological approach.* Seminar Press, New York und London 1972
COUSINS, Jane *Turkey: torture and political persecution.* Pluto Press, London 1973
CRANSTON, Maurice *The New Left.* Bodley Head, London 1970
CROZIER, Brian *The Rebels: a study of post-war insurrections.* Chatto & Windus, London 1960
DANIELS, D. N./GILULA, M. F./OCHBERG, F. M. (Hrsg.) *Violence and the Struggle for Existence.* Little, Brown, Boston 1970
DE TOCQUEVILLE, Alexis *Democracy in America.* Vintage Books, New York 1954
DILL, Samuel *Roman Society in the last Century of the Western Empire.* Macmillan, London 1910
DONALDSON, Peter *Economics of the Real World.* Penguin Books, Harmondsworth 1973
DRUCKER, Peter F. *Age of Discontinuity.* Heinemann, London 1969
DRUCKER, Peter F. *The Landmarks of Tomorrow.* Heinemann, London 1959
DUESENBERRY, J. S. *Income, Saving and the Theory of Consumer Behavior.* Harvard University Press, Cambridge/Mass. 1952
DURKHEIM, Emile *Professional Ethics and Civic Morals.* The Free Press, Glencoe/Ill. 1958
EIBL-EIBESFELDT, I. *Liebe und Haß.* Piper, München 1971
ELEFTHERIOU, B. E./SCOTT, J. P. (Hrsg.) *The Physiology of Aggression and Defeat.* Plenum Press, New York 1971
ELLUL, Jacques *Violence: reflections from a Christian perspective.* SCM Press, London 1970
ENDLEMAN, S. (Hrsg.) *Violence in the Streets.* Quadrangle Books, Chicago 1968
FINLEY, M. I. *The Ancient Economy.* Chatto & Windus, London 1974
FOWLER, Norman *The Cost of Crime* (CPC 521). Conservative Political Centre, London 1973
GALBRAITH, J. *American Capitalism: the concept of countervailing power.* Houghton Mifflin, Boston 1952
GARAUDY, R. *L'Alternative.* Laffont, Paris 1972

GEDDES, T. E./LONG, J. O. *Killer: a journal of murder.* Macmillan, London und New York 1970

GLUECK, S./GLUECK, E. *Unraveling Juvenile Delinquency.* Commonwealth Fund, New York 1950

GORDON, Theodore H. »Some Crises which will determine the World of 1944«. AAAS Symposium, San Francisco 1974 (roneoed)

HALLECK, S. L. *Psychiatry and the Dilemmas of Crime.* Harper & Row, New York 1967

HAMILTON, Peter *Computer Security.* Cassell/Associated Business Programmes, London 1972

JOHNSON, G. C./SMITH, L. P. (Hrsg.) *The Biological Significance of Climatic Changes in Britain.* Symposium 14 of the Institute of Biology. Academic Press, London und New York 1965

JOHNSON, R. C./DOKEČKI, P. R./MOWRER, O. H. *Conscience, Contract and Social Reality.* Holt, Rinehart and Winston, New York 1972

JONES, A. H. M. *The Later Roman Empire, 284–602.* Blackwell, Oxford 1964

JUNGK, R./GALTUNG, J. (Hrsg.) *Mankind 2000.* Allen & Unwin, London 1969

KAHN, H./BRUCE-BRIGGS, B. *Things to Come: thinking about the seventies and eighties.* Macmillan, New York 1972

KORNHAUSER, William *Politics of Mass Society.* Routledge & Kegan Paul, London 1960

LAKEMAN, Enid *How Democracies Work.* Faber and Faber, London 1975

LAMB, H. H. *Climate: Present, Past and Future.* Methuen, London 1972

LEDERER, E. *State of the Masses.* W. W. Norton, New York 1940

LEWIS, R. S./SPINRAD, B. I. in *The Energy Crisis.* L. E. Rocks and R. Runyon, Crown Press, New York 1972

LOVINS, Amory B. *World Energy Strategies: facts, issues and options.* Earth Resources Research Ltd., London 1973

LOWENSTEIN, L. F. *Violence in Schools and its Treatment.* National Association of Schoolmasters, Hemel Hempstead 1972

MACAULAY, J./BERKOWITZ, L. (Hrsg.) *Altruism and Helping Behavior.* Academic Press, London und New York 1970

MCMULLEN, Ramsay *Enemies of the Roman Order.* Harvard University Press, Cambridge/Mass. 1967

MARCHETTI, Victor/MARKS, John *The CIA and the Cult of Intelligence.* Jonathan Cape, London 1974

MATTHEWS, W. H., KELLOG, W./ROBINSON, G. D. (Hrsg.) *Man's Impact on the Climate.* MIT Press, Cambridge/Mass. 1971

MAYO, Patricia Elton *The Making of a Criminal.* Weidenfeld & Nicolson, London 1969

MEGARGEE, E. I./HOKANSON, J. E. (Hrsg.) *The Dynamics of Aggression: individual, group and international analyses.* Harper & Row, New York 1970

MENDE, Tibor *From Aid to Re-Colonisation: lessons of a failure.* Harrap, London 1973

MILLS, Charles Wright *Power, Politics and People.* Oxford University Press, New York 1963

MOORE, Jr, Barrington *Reflections on the Causes of Human Misery.* Allen Lane, The Penguin Press, Harmondsworth 1972

MORAES, Dom *A Matter of People.* André Deutsch, London 1974

MURDOCH, William W. (Hrsg.) *Environment: Resources, Pollution and Society.* Sinauer Associates, Stamford/Conn. 1971

NEUMANN, Franz *Demokratischer und autoritärer Staat.* Europäische Verlags-Anstalt, Frankfurt/Main (o. J.)

NEUMANN, Sigmund *Permanent Revolution: the total state in a world at war.* Harper Bros., New York 1942

NEVILLE, Richard *Playpower.* Paladin Books, London 1970

NEWMAN, Oscar *Defensible Space.* Architectural Press, London 1973

NISBET, R. A. *The Quest for Community.* Oxford University Press, London 1953

PACKARD, Vance *Die große Verschwendung.* Econ, Düsseldorf 1961

POLUNIN, N. (Hrsg.) *The Environmental Future.* Macmillan, London 1972

REDFORD, E. M. *Administration of National Economic Control.* Macmillan, New York 1952

ROSTOVTZEFF, M. *Geschichte der Alten Welt 2. Rom.* 5. Aufl. Sammlung Dieterich (Bd. 73). Schünemann, Bremen 1970

SCHURR, S. H. (Hrsg.) *Energy Consumption Trends and Patterns.* Johns Hopkins Press, Baltimore/Md. 1972

SEABROOK, Jeremy *City Close up.* Pelican Books, Harmondsworth 1973

SEARS, R. R./MACCOBY, B./LEVIN, N. *Patterns of Child Rearing.* Harper Bros., New York 1957

SINGER, J. L. (Hrsg.) *The Control of Aggression and Violence: cognitive and physiological factors.* Academic Press, New York 1971

SMITH, T. E. (Hrsg.) *The Politics of Family Planning in the Third World.* Allen & Unwin, London 1973

SPETH, J. G./TAMPLIN, A. R./COCHRAN, T. B. *The Plutonium Decision.* National Resources Defense Council, Washington D. C. 1974

STETLER, Russell (Hrsg.) *Palestine: the Arab–Israeli conflict.* Ramparts Press, San Francisco 1972

STURUP, G. K. *Treating the ›Untreatable‹: chronic criminals at Herstedvester.* Johns Hopkins Press, Baltimore/Md. 1968

TAVERNE, Dick *The Future of the Left: Lincoln and After.* Jonathan Cape, London 1974

THOMPSON, Antony A. *Big Brother in Britain Today.* Michael Joseph, London 1970

THOMPSON, Robert *Defeating Communist Insurgency.* Chatto & Windus, London 1966

TISELIUS, A./NILSSON, S. (Hrsg.) *The Place of Values in a World of Facts: proceedings of the 14th Nobel symposium, Stockholm 1969.* Wiley, New York 1970

TOCH, Hans *The Social Psychology of Social Movements.* Methuen, London 1971

TOFFLER, Alvin (Hrsg.) *Kursbuch ins dritte Jahrtausend.* Scherz, München 1973

TOYNBEE, Arnold *A Study of History* (abridged by D. C. Somervell). Oxford University Press, London und New York 1947

TREVELYAN, G. M. *History of England* (Bd. 1). Longmans Green 1943

VACCA, Roberto *Il Medioevo Prossimo Venturo.* Mondadori, Mailand 1971
WAELDER, Robert *Progress and Revolution: a study of the issues of our age.* International Universities Press, New York 1967
WALBANK, F. W. *The Awful Revolution.* Liverpool University Press 1969
WARD, Colin (Hrsg.) *Vandalism.* The Architectural Press, London 1973
WARREN, Kenneth *Mineral Resources.* Penguin Books, Harmondsworth 1973
WEBER, Max *Wirtschaft und Gesellschaft.* Mohr, Tübingen 1956
WEEKS, H. Ashley (u. a.) *Youthful Offenders at Highfields: an evaluation.* University of Michigan, Ann Arbor/Mich. 1958
WERTHAM, Fredric *The Show of Violence.* Gollancz, London 1949
WILLRICH, Mason/TAYLOR, Theodore B. *Nuclear Theft: Risks and Safeguards.* Ballinger, Cambridge/Mass. 1974
WILLS, W. D. *The Barns Experiment.* Allen & Unwin, London 1945
WOLFENSTEIN, E. V. *The Revolutionary Personality.* Princeton University Press, Princeton/N. J. 1967
WOOTTON, Barbara *Social Science and Social Pathology.* Allen & Unwin, London 1959
YOUNG, George *Tourism: Blessing or Blight?* Penguin Books, Harmondsworth 1973

Gespräch zwischen Rüdiger Proske und dem Autor

Im Oktober 1975 traf Gordon Rattray Taylor in Hamburg mit Rüdiger Proske zusammen, um sich, einer Anregung des Verlags folgend, dessen kritischen Fragen zum Thema »Zukunftsbewältigung« im allgemeinen und zu seiner, Taylors, im vorliegenden Buch vorgetragenen Darstellung dieses weiten Problemkreises im besonderen zu stellen.

R. P.: Mister Taylor, schon in Ihrem Buch *»Das Selbstmordprogramm«* war für Sie der Weg bis zum Untergang der Menschheit nicht weit. Dieser Weg scheint für Sie inzwischen eher noch kürzer geworden zu sein. Bezog sich jenes Buch noch beinahe ausschließlich auf die wachsende Belastung unserer Umwelt und die daraus für uns entstehende Bedrohung, so schließen Sie in dem vorliegenden Buch nun auch die gesellschaftlichen Entwicklungen auf unserem Stern in Ihre Betrachtung ein. Und siehe da: Auch sie gelingt Ihnen, wie mir scheint, zu einer so gut wie aussichtslosen Sackgasse in das Verderben.

Mister Taylor, sind Sie inzwischen vielleicht das Opfer einer Stimmung geworden, die wir in Deutschland »die Lust am Untergang« nennen?

G. R. T.: O nein, ich halte mich für einen Realisten, nicht für einen Optimisten oder Pessimisten. Mir geht es darum, zu beobachten, wie die Gesellschaft sich verändert. Vor Jahren schrieb ich ein Buch über Sex in der Geschichte, das unter dem schlimmen Titel *»Im Garten der Lüste«* ins Deutsche übersetzt wurde. Man hätte es besser »Die Psychologie der Geschichte« nennen sollen. Jedenfalls wollte ich darin zeigen, wie die verschiedenartigen Methoden, Kinder aufzuziehen, die Entwicklung von Gesellschaften beeinflussen. Ich habe mich immer für den Nexus zwischen psychologischen und gesellschaftlichen Phänomenen interessiert.

Nachdem ich dieses Problem durchdacht hatte, schrieb ich ein Buch über die unterschiedlichen gesellschaftlichen Voraussetzungen im achtzehnten Jahrhundert, das durch große moralische Freizügigkeit gekennzeichnet war, und im eher puritanischen neunzehnten Jahrhundert. Wie war es möglich, daß sich binnen zweier Generationen die gesamte gesellschaftliche Szene total veränderte?

Von dieser Arbeit her begann ich schließlich die Zukunft ins Auge zu fassen und beschäftigte mich zunächst mit der Biologie. Ich wollte wissen, wie sie unsere Welt veränderte. Dann stieß ich auf das Problem der Umweltbelastung, und auf einer Konferenz in den USA wurde ich mit den Fragen der Übervölkerung vertraut gemacht. Ich war von den neuen Herausforderungen fasziniert, und so entstand das Buch *»Das Selbstmordprogramm«*.

Auch meine Töchter – ich habe zwei, die eine zweiundzwanzig, die andere fünfundzwanzig Jahre alt – hatten es gelesen und begannen mich zu fragen, was sie denn nun machen sollten. Ob sie vielleicht nach Australien auswandern sollten? Die Frage nach der Zukunft, sagen wir in den nächsten zwanzig Jahren, wurde auch für mich immer dringender. Ich begann wieder zu schreiben, und dabei entdeckte ich neben der Bevölkerungsexplosion und der Umweltfrage ein drittes Problem: das Problem des gesellschaftlichen Zusammenhalts oder, besser, des fortschreitenden Verlusts dieser Voraussetzung allen menschlichen Lebens. Was würde uns schon Kernenergie im Jahr zweitausend nützen, wenn Anarchisten die Reaktoren in die Luft jagten? Was war ein Flugzeug schon wert, wenn es von Luftpiraten entführt wurde? Die Frage, ob unsere Gesellschaft in der Zukunft überhaupt noch würde funktionieren können, wurde das Thema, das mich immer mehr beschäftigte. Ihm ist mein neues Buch gewidmet.

R. P.: Wenn Sie sich als Realisten bezeichnen – sind dann Ihre Aussagen nicht doch zu pessimistisch?

G. R. T.: Bedeutet Pessimismus nicht, daß man meint, alles sei schlimmer, als es ist oder als man erwartet, alles werde noch schlimmer werden? Wenn unter Pessimismus die übertriebene

Tendenz verstanden wird, alles schwarzzusehen, bin ich sicher kein Pessimist. Ich sehe durchaus nicht alles schwarz. Etwas anderes ist es, ernsthafte Schwierigkeiten vorauszusehen, und ich meine, eben das sei konstruktiv. Wer die Gefahren der Zukunft ins Auge faßt, kann sie vermeiden.

R. P.: Im Vorwort zu diesem Buch schreiben Sie, die moderne technologische Gesellschaft könne ohne einen hohen Grad von gesellschaftlichem Zusammengehörigkeitsgefühl nicht funktionieren, und dieser Zusammenhang sei in Großbritannien heute mehr gelockert als irgend anderswo. Vielleicht werde deshalb gerade das Land, das als erstes Demokratie wagte, sich als erstes industrialisierte, als erstes Arbeitergewerkschaften entstehen ließ, auch das erste sein, das nun zugrunde gehe.

Mister Taylor, vieles in Ihrem Buch hängt mit solchen speziell britischen Erwartungen zusammen. England ist in der Tat zur Zeit in einer Verfassung, die Bedauern auslöst. Aber diese Verfassung rührt nicht zuletzt daher, daß das Land die Weiterentwicklung der bürgerlichen Gesellschaft, wie sie sich auf dem Kontinent vollzog, nicht mitmachte. Vielleicht wird hier in dramatischer Weise der Nachteil gewonnener Kriege sichtbar. Aus zwei Weltkriegen ging Großbritannien als Sieger hervor. Aber diese Kriege haben die Struktur der britischen Gesellschaft nur verfestigt; sie haben dem Land zwar schmerzliche Umwälzungen erspart, aber gesellschaftlichen Fortschritt zugleich verhindert. Bei aller relativen Egalisierung der Einkommen ist England wie kaum ein anderes westliches Land auf der Welt bewußtseinsmäßig ein Klassenstaat geblieben.

Indessen: Der Westen ist mehr als die Britischen Inseln. Ist Ihr Buch nicht vielleicht allzu einseitig aus dem Blickwinkel eines Engländers geschrieben?

G. R. T.: Sicher sehe ich die Dinge aus einem britischen Gesichtswinkel. Ich lebe schließlich in England, lese britische Zeitungen, Englisch ist meine Muttersprache. Und so gibt es wohl eine Tendenz zur Einseitigkeit, obwohl ich ihr zu widerstehen suche. Aber die Probleme, die mir besonders am Herzen liegen: die aufkommende antigesellschaftliche Haltung, das Ansteigen der Kriminalität, die Zunahme der Gewalttätigkeit – das gibt es im Westen überall.

Mindestens in Amerika sind diese Phänomene mit gesellschaftlichen Prozessen verbunden. Die Art der Kindererziehung, der Mangel an Disziplin im Elternhaus, die Abwesenheit des Vaters, die zunehmende Berufstätigkeit der Frauen – das alles sind Entwicklungen, die es überall im Westen und vielleicht heute überall auf der Welt gibt. Und Amerika führt diesen Reigen an; hier ist das Familiensystem schon tiefer zerstört und die Kriminalität deshalb größer. Am besten hat sich die Familie noch in Frankreich gehalten. Die Verhältnisse in England und Deutschland erscheinen mir in etwa gleich.

R. P.: Was die Familie angeht, so mögen Sie recht haben, was die Gewerkschaften betrifft, sicher nicht. Im Gegensatz zu den Gewerkschaften aller anderen westeuropäischen Länder, selbst jener, in denen es starke kommunistische Gewerkschaften gibt, maßen sich die britischen Gewerkschaften eine Rolle an, die eine vernünftige wirtschaftliche Entwicklung einfach nicht mehr zuläßt. Sehen Sie aus diesen Erfahrungen die Zukunft nicht schwärzer, als sie ist?

G. R. T.: Nun, ich verbrachte letztes Jahr eine lange Zeit in Frankreich und war auch verschiedene Male in Italien. Ich hatte nicht den Eindruck, daß die Lage dort besonders stabil sei. Die modernen Gesellschaften sind so eng miteinander verbunden, daß jeder wirtschaftliche oder technische Zusammenbruch sie alle unmittelbar berührt.

Aber vielleicht sollte ich etwas hinzufügen. Was heißt hier eigentlich Zusammenbruch? Ein Land bricht nie zusammen. Was geschieht, ist ein Wechsel seiner Herrschaftsformen. Diese können sich zu einer faschistischen Diktatur wandeln oder zu einem kommunistischen Regime. Und sobald das geschehen ist, wird alles anders.

R. P.: Wenn Sie von der Weltbevölkerung oder der Umweltbelastung sprechen, so machen Sie hier und da wohl darauf aufmerksam, daß andere auch anderer Meinung sind, aber ihre Ansichten werden schnell vom Tisch gewischt, und so bleibt dann die Vision des Jüngsten Gerichts in all ihrem dunklen Glanz unberührt erhalten. Dabei fehlen uns für eine hinreichende Beurteilung der weltweiten Bevölkerungstendenzen, der verschiedenartigsten Umweltentwicklungen oder der Klimaveränderungen vorläufig hinreichende Unterlagen. Unsere Beobachtungsdaten reichen nicht weit genug zurück, um schon die Zukunft voraussagen zu können.

Mister Taylor, warum erwähnen Sie in Ihrem Buch nicht die Möglichkeit, daß das Wachstum der Weltbevölkerung schließlich einen Sättigungsgrad erreichen und damit zu einem Ende kommen könnte?

G. R. T.: Nun, einfach deshalb, weil das nicht das Thema meines Buchs war. Ich wollte nur etwa zwanzig Jahre in die Zukunft blicken, und was ich sehe und gesagt habe, ist, daß in zwanzig Jahren mehr Menschen in Städten leben werden, daß infolgedessen mehr Familien von der Auflösung bedroht sein werden und die Gewalttätigkeit um sich greifen wird. Sehen Sie sich doch nur an, wie die Städte in Südamerika, in Asien, in Afrika wachsen! Dieses überbordende Wachstum bedeutet mehr Verbrechen, mehr Krankheit, mehr Psychosen, mehr Probleme und mehr Menschen, die Bomben werfen wollen, um diese Probleme zu lösen.

R. P.: Ja, aber wird die Entwicklung immer so weitergehen? Unsere Bevölkerung zum Beispiel wächst nicht mehr, und unsere Städte entleeren sich; die Menschen ziehen in die Vororte, aufs Land.

G. R. T.: Das sehe ich etwas anders. Aus eigener Erfahrung – ich bin Mitglied eines Komitees für Landschaftsschutz – weiß ich, wer sich alles um Land bemüht: die Armee, die Bauern, die Touristen, die Industriellen. Manche Landschaften in England dienen sechs Verwendungszwecken zur gleichen Zeit. Der Auszug aus den Städten verstärkt den Druck nur noch, und es besteht die Gefahr, daß das »Land«, wie Sie es im Deutschen nennen, eine Art Museum unter strengster Kontrolle wird. Wir können zum Beispiel auf dem Land ohne Erlaubnis schon kein Haus mehr bauen, kein Rohr mehr verlegen. Eine solche Kontrolle ist notwendig, damit nicht alles durcheinandergeht. Und was die reine Zahl betrifft, denke ich hier analog zum Gas, in dem der Druck von der Anzahl der Moleküle und von der Energie bestimmt wird. Es kommt nicht nur auf die Anzahl der Menschen an, sondern auch auf deren Mobilität und deren Verfügung über Energie. Menschen können heute eher als früher

Dinge zerstören. Zum Fällen von Bäumen nehmen sie eben Motorsägen, und sie verletzen oder töten Menschen mit ihren Autos. Der Bevölkerungsdruck steigt so gesehen stetig an, auch wenn die Bevölkerung selbst stagniert. Vor hundert Jahren traf man vielleicht am Tag zehn Menschen; geht man heute durch eine große Stadt, mögen es Zehntausende sein, und so nimmt die Wahrscheinlichkeit, mit jemandem zusammenzustoßen, ständig zu. Wenn früher ein Bauer, der sein Feld pflügte, verrückt spielte, so schadete das niemandem. Wenn der Fahrer eines Autos heute verrückt spielt, können fünfzig Menschen in einem Omnibus sein Opfer sein, und wenn ein Pilot durchdreht, gar zweihundertfünfzig oder noch mehr Flugzeuginsassen. Nein, wir können es nicht zulassen, daß die Bevölkerung weiter wächst. Ihre Anzahl muß sinken, damit der gesellschaftliche Druck nicht weiter steigt.

R. P.: Was die Umweltbelastung angeht, gibt es diesen »Weg zurück« offenbar schon. Die düsteren Warnungen von vor zwei, drei oder vier Jahren haben bereits einen gewissen Erfolg gehabt: In der Themse schwimmen schon wieder Lachse, und in unserem Bodensee kann man wieder baden. Waren die Voraussagen von früher, sind Ihre Voraussagen in diesem Buch deshalb nicht eher übertrieben?

G. R. T.: Ich meine: nein. Es geht hier um das Tempo der gesellschaftlichen Rückkopplung. Die Menschen suchen und finden natürlich Antworten auf die Herausforderungen. Die Frage ist nur, ob sie diese Antworten schnell genug finden. Deshalb mag es notwendig sein, die Herausforderung deutlicher darzustellen, und bisher kann ich nicht sehen, daß die Menschheit sich der Herausforderung des sinkenden gesellschaftlichen Zusammenhalts stellt. Wenn in einer Rakete, die zum Mond fliegt, etwas nicht funktioniert, dann werden die Verantwortlichen zitiert; sie müssen einen genauen Erfahrungsbericht schreiben, und man sorgt dafür, daß das Bauteil nicht noch einmal versagen kann. Aber bei einem gesellschaftlichen Zusammenbruch fragt niemand nach dem Hintergrund, nach den Details, den verborgenen Gründen. Wenn ein junger Mann drei Menschen tötet, dann müssen wir herausfinden, warum er das getan hat. Wir finden die Tat schrecklich, meinen, der Junge sei vielleicht ein bißchen verrückt – und vergessen ihn. Wir stecken ihn ins

Gefängnis, wo er andere Kriminelle trifft und krimineller wird, als er je war. Unsere Antwort auf antigesellschaftliche Haltungen erscheint mir gänzlich ungenügend.

R. P.: Es gibt natürlich Gesellschaftsformen, die zumindest einige der gesellschaftlichen Probleme, um die Sie sich sorgen, gelöst haben. Faschistische und kommunistische Systeme können offensichtlich manches erzwingen, was wir Demokraten bestenfalls heilen können: Gewalt gegen Therapie. Und so scheint mir vieles, was Sie als drohende Zeichen des Verfalls in unserer Welt ansehen, auf Grundprobleme zurückzugehen, die unsere Philosophen schon seit Jahrhunderten beschäftigen. Im Grunde geht es um das uralte, der Quadratur des Kreises gleichende philosophische Problem, wie bürgerliche Freiheit, also individuelle Freiheit, die vom Eigentum nicht zu trennen ist, und Gleichheit miteinander verträglich gemacht werden könnten. Solange das bürgerliche Bewußtsein die Familienstrukturen wirksam schützte, religiöse Ethik Maßstäbe setzte und eine hinreichende Übereinkunft über gesellschaftliche Prioritäten vorhanden war, konnte zwischen Freiheit und Gleichheit ein Kompromiß gefunden werden. Mit der Heraufkunft der marxistischen Gegenwelt hat sich das geändert. Nichts ist mehr unbestritten, aber die meisten unter uns halten sich weder an das Normenpaket der einen noch an das der anderen, sondern an gar keines mehr.

G. R. T.: Das ist ein interessanter Gedanke. Lassen Sie mich zunächst über die Gleichheit nachdenken. Was bedeutet Gleichheit in der Gesellschaft? Ist Gleichheit überhaupt möglich? In der Wirklichkeit haben Menschen verschiedene Fähigkeiten, verschiedene Wünsche. Gleichheit wird allzuoft mit Identität verwechselt. Warum hat der ein Boot und ich nicht? Aber genaugenommen ist jener, der so denkt, für sein Geld nach Mallorca in die Ferien gefahren, und deshalb hat er kein Boot. In England erregt es Unmut, jemanden Wein trinken zu sehen; man betrachtet das als bourgeoise Völlerei. Aber andere geben ihr Geld eben für Schnaps aus. In England sind wir heute auf dem Weg, Identität mit Gleichheit zu verwechseln. Binnen kurzem wird niemand mehr ein privates Krankenzimmer in einem Hospital haben dürfen. Jeder soll in dem gleichen kleinen Haus wohnen. Niemand soll anders sein als der andere, und wenn einer anders ist, gerät er unter Kritik. Wir sind mit dem Begriff der Gleichheit bisher offensichtlich noch nicht fertig geworden. Nehmen wir nur die Einkommensgleichheit. Wollten wir sie verwirklichen, müßten zuallererst die Gehälter der höheren Gewerkschaftschargen gekürzt werden. In der Öffentlichkeit werden aber nur die Einkommen der Industriellen kritisiert. Der Einkommensunterschied in England zwischen den Höchstbezahlten und den Ärmsten steht im Verhältnis eins zu acht. Das ist ein weit geringerer Spielraum als zum Beispiel in der Sowjetunion. Und doch gibt es in England Klassen. Wir sind das am meisten klassenbewußte Land des Westens, und die Frage unserer Klassenstruktur wird bei uns hitziger diskutiert als irgendwo anders – und dies zu einem Zeitpunkt, da es sie in Wahrheit eigentlich nicht mehr gibt. Das gehört zu den Ironien der Geschichte. Man regt sich wohl immer dann besonders über etwas auf, wenn es historisch gerade vergeht. Die Forderung nach Gleichheit ist absolut unrealistisch, weil sie etwas Unmögliches fordert. Wenn das bürgerliche System sie nur in Annäherung akzeptiert, so nicht deshalb, weil sie auf einem unfairen System beruht, sondern deshalb, weil bisher niemand zu definieren wußte, was die auf Gleichheit gestellte klassenlose Gesellschaft in der Wirklichkeit ist.

R. P.: Die bürgerliche Freiheit war bisher eingebettet in eine Vielzahl von Normen und Ordnungsvorstellungen, die unsere Gesellschaft ausmachten. Sie reichten von der Religion, von der Übereinkunft, was wissenschaftlicher Fortschritt sei, über eine bestimmte Familienordnung bis hin zu demokratischen, auf Toleranz und Pluralität gegründeten Verfassungen. Diese Normen und Ordnungsvorstellungen verlieren zusehends an Prägekraft, und so findet sich unsere individuelle Freiheit plötzlich nicht mehr sinnvoll eingebunden in ein Netz wirksamer gesellschaftlicher Beziehung, sondern entdeckt sich als eine Art freischwebende Voraussetzung für alles oder nichts.

Freiheit und Ordnung hängen aber offenbar viel enger miteinander zusammen, als viele meinen. Chaos ist die Frucht unbegrenzter Freiheit. Ordnung gründete sich auf unser bürgerliches Bewußtsein. Sind deshalb die Phänomene der Unordnung, die Sie, Mister Taylor, beschreiben, nicht in Wahrheit Krisenzeichen unserer traditionellen geistigen Verfassung?

G. R. T.: Ich bin nicht bereit, zuzugeben, daß man Wertmaßstäbe frei wählen kann. Es gibt absolute Werte. Es gibt keine Alternativen zu Ehrlichkeit und Unehrlichkeit. Es gibt Werte, die weit über die bürgerliche Verfassung hinausreichen, und ich meine, daß eine Gesellschaft, die diese Regeln ablehnt, zum Tode verurteilt ist. Gesellschaft bedeutet Einhaltung bestimmter Regeln durch alle. Das überhaupt ist erst Gesellschaft.

Es gibt heute Menschen, die unser System zurückweisen oder sich von ihm zurückgestoßen fühlen. Sie leben dann nach eigenen Regeln, so wie die Rote-Armee-Fraktion, und allein schon die Tatsache, daß es Regeln gibt, ist ihnen Grund genug, sie zu brechen. Das ist eine wahrhaft gefährliche Haltung. Eine Gesellschaft kann nur funktionieren, wenn sich die Mehrheit zu gemeinsamen Wertmaßstäben bekennt.

R. P.: Das ist sicher richtig. Aber das Problem der Wertmaßstäbe bleibt. Sie sagen: Ehrlichkeit und Unehrlichkeit sind absolute Begriffe. Marxisten würden das bestreiten; sie könnten sagen, die »Ehrlichkeit« von Kapitalisten diene nur der Stabilisierung eines Systems, das die Benachteiligten unterdrückt. Wir kommen, glaube ich, nicht daran vorbei, daß ein zentrales Problem der gesellschaftlichen Unruhe unserer Zeit in der Aufsplitterung unserer Wertmaßstäbe zu suchen ist.

G. R. T.: Vielleicht sollte ich als nächstes ein ganz anderes Buch schreiben. Ein ganz und gar politisches Buch. Man müßte versuchen, eine unabhängige Position zwischen Marx und Anti-Marx, zwischen marxistischem und bürgerlichem Bewußtsein zu beschreiben und so einen neuen Standort zu finden. Eine interessante Aufgabe mit dem sicheren Erfolg, von beiden Seiten gehaßt zu werden. Aber mit dem Buch, das hier vorliegt, habe ich das nicht gewollt. Die Aufgabe wäre mir im Augenblick noch zu umfassend gewesen. Mein Ziel war bescheidener: Ich wollte nur zu beschreiben versuchen, wie wir die nächsten zwanzig Jahre überleben könnten. Und wenn Sie sagen, daß insoweit dieses Buch einen Mangel aufweist, so kann ich Ihnen nicht widersprechen. Andererseits muß man – das wissen Sie genausogut wie ich – seinen Zielen Grenzen setzen.

R. P.: Was mir interessant zu sein scheint, ist, daß überall im Westen Gedanken, wie wir sie hier diskutieren, nachdenkliche Beobachter bewegen. So hat Daniel Moynahan, zur Zeit Botschafter der Vereinigten Staaten bei den Vereinten Nationen, in einer amerikanischen Zeitschrift gerade den pessimistischen Gedanken geäußert, die liberale pluralistische Demokratie in unserem Jahrhundert sei, ähnlich wie die Monarchie einige Jahrhunderte zuvor, eine zum Aussterben verurteilte Form des organisierten menschlichen Zusammenlebens. Würden Sie Moynahan folgen wollen?

G. R. T.: Sicher nicht. Aber Unordnung motiviert Menschen, nach einer stärkeren Führung zu verlangen. Und da ich wachsende Unordnung vorhersehe, muß ich auch mit immer wieder einander ablösenden stärkeren Führern rechnen. Plato hatte recht, wenn er sagte, Demokratie gehe in Anarchie über und Anarchie in Monarchie. Nun, vielleicht nicht gerade Monarchie, aber wir sollten sehr wachsam sein, daß wir nicht in einer Diktatur enden, wenn wir Auflösungsprozesse nicht rechtzeitig unterbinden.

Ich bin im übrigen nicht der Meinung, daß ein bestimmtes Gesellschaftssystem einer bestimmten Zeit zugeordnet werden müsse. Ich wüßte nicht, was das bedeuten sollte. Es gibt Menschen, die nach bestimmten Mustern aufeinander reagieren und so bestimmte politische Systeme schaffen. Solche Prozesse vollziehen sich mit Hilfe von Rückkopplungen. Was uns vom Römischen Reich vor zweitausend Jahren unterscheidet, ist, daß wir über ein wesentlich größeres Informationssystem verfügen, über mehr gebildete Menschen, einen entschieden leistungsfähigeren Kommunikationsapparat und über bessere Voraussetzungen, Probleme zu durchschauen. Aber vielleicht nutzen wir alle diese Möglichkeiten noch nicht genug. Mit dem Buch, das ich hier geschrieben haben, versuche ich, diese Rückkopplungssysteme zu beschleunigen; in dieser Beschleunigung läge eine Lösung.

R. P.: Von hier aus gäbe es auch einen neuen Blick auf die pluralistische Demokratie. Denn eines ist sicher: Weder in der Monarchie noch in den Diktaturen faschistischer oder kommunistischer Spielart funktionieren die Rückkopplungssysteme auch nur annähernd so gut wie in der Demokratie.

Aber lassen Sie mich zu der Fähigkeit der Menschen zurückkommen, auf eine Herausforderung angemessen zu antworten. Halten Sie diese Fähigkeit für so groß, daß es sich lohnt, sie durch ein Buch wie dieses hier anzuregen?

G. R. T.: Wenn ich in eine neue Stadt komme, dann besorge ich mir zuerst eine Karte. Ich möchte wissen, wo ich bin. Ich wollte seit je wissen, wo ich bin. Ich hatte eine sehr gestörte Kindheit. Ich wurde durch ganz Europa geschleppt, und auch psychologisch war meine Kindheit gestört. Ich wußte nie, wo ich war. Meine Mutter war eine Trinkerin, mein Vater verließ sie. Ich hatte kein Heim. Ich wurde zu anderen Familien gegeben, einer nach der anderen. Deshalb ist es für mich so wichtig zu wissen, wo ich bin. Ich will wissen, wo wir sind, vor welchen Problemen wir stehen. Mein Buch sollte ursprünglich den Titel haben: »Ein skeptischer Blick in die Zukunft«, und es sollte eine Kritik der Science-fiction-Literatur werden. Ich wollte wissen, wo im Vergleich zu den Prophezeiungen der Literaten wir wirklich stehen. Und dann wurde für mich das Problem des sozialen Zusammenhalts zum überwältigenden Problem, und ich begann, mich von außen in das Thema einzuarbeiten. »Außen« – das waren die Wirkungen, die von gestörten Familien ausgehen, und die Erkenntnis, daß der Jugend von heute kaum annehmbare gesellschaftliche Rollen angeboten werden, so daß sich die Jugendlichen irgendwann in Gruppen oder Banden zusammentun, um zu stehlen oder Bomben zu werfen, nur um sich in einer undurchschaubar gewordenen Gesellschaft zurechtzufinden. Wir beschäftigen uns nicht mit den eigentlichen Krankheiten der Gesellschaft, sondern setzen uns vor den Fernsehapparat und werden durch die Bilder, die wir sehen, nur darin bestärkt, unrealistische Erwartungen zu pflegen. Wenn Demokratie nur als ein System verstanden wird, das Stimmen zählt, so ist sie meines Erachtens mißverstanden. Für mich ist Demokratie das Regierungssystem, das am ehesten Minderheiten eine faire Chance bietet. Viele Leute meinen, die Demokratie tue einfach, was die meisten Leute sagen. Aber das genügt nicht. Wir müssen Menschen dazu erziehen, den Mechanismus der Gesellschaft zu verstehen. Ich glaube nach wie vor, daß es absolute Wertmaßstäbe gibt, aber nicht die totale Freiheit. Die Freiheit ist eingeschränkt. Man darf seinen Nachbarn nicht ermorden. Wir brauchen den Kompromiß zwischen Freiheit und Gleichheit; das heißt: Wir werden den Verlust eines Stücks Freiheit und eines Stücks Gleichheit hinnehmen müssen. In England wurde die »wissenschaftliche Feststellung«, daß die Hälfte unserer Bevölkerung einen Intelligenzquotienten unter dem Durchschnittswert hundert hat, von klassenbewußten Vertretern der Linken als »Skandal« gebrandmarkt, und man erzählt sich von dem Gewerkschaftsführer, der da gesagt habe, er werde nicht ruhen und rasten, bis jedermann mehr als der Durchschnitt verdiene . . . So also nicht. Aber mehr Beachtung der Familie, mehr Hilfe, wirtschaftlich und psychologisch, bessere Rollenangebote für die Jugendlichen, systematische Diskussion und Interpretation der Werte, auf die unsere Gesellschaften sich gründen. Denken Sie an die Wirkungen, welche die Diskussion über den Umweltschutz gehabt hat! Einmal in aller Munde, wurde die Herausforderung zum Denkanstoß für viele. Die praktischen Ergebnisse waren eindrucksvoll. Warum sollten wir nicht auch der Belastung unserer Ideale so begegnen können?

R. P.: Also Evolution statt Revolution?

G. R. T.: Für mich, der ich mich ja auch viel mit Biologie beschäftigt habe, ist es das natürlichere System. Revolutionen sind kostspielig; man zerstört zuviel und tötet zu viele Menschen. Mit der Evolution kommt man schneller zum Ziel. Ich glaube, daß wir für Revolutionen gar keine Zeit mehr haben. Sehen Sie sich nur an, wie lange sich Rußland schon darum bemüht, die Folgen seiner Revolution zu überwinden! Nein, es geht um einen Kompromiß, in dem für die bürgerliche Welt die Kombination von Freiheit und Gleichheit einen ebenso hohen gesellschaftsordnenden Wert erhalten muß wie in den kommunistischen Staaten die Gleichheit allein.

Register